Carlos Edison do RÊGO MONTEIRO FILHO
Carlos Eduardo PIANOVSKI RUZYK
Nelson ROSENVALD

2023

COORDENADORES

RESPONSABILIDADE CIVIL E A LUTA PELOS DIREITOS FUNDAMENTAIS

Ana Carla Harmatiuk Matos · **Antonio** dos Reis Júnior · **Augusto** Tanger Jardim · **Bruno** Montanari Rostro · **Carlos Edison** do Rêgo Monteiro Filho · **Carlos Eduardo** Pianovski Ruzyk · **Cícero** Dantas Bisneto · **Daniel** Veiga Ayres Pimenta · **Eloá** Leão Monteiro de Barros · **Eroulths** Cortiano Junior · **Fábio** Jun Capucho · **Fabrício** Muraro Novais · **Felipe** Cunha de Almeida · **Fernanda** Nunes Barbosa · **Graziella** Trindade Clemente · **Iara** Antunes de Souza · **Iuri** Bolesina · **Karenina** Tito · **Leandro Reinaldo** da Cunha · **Liane** Tabarelli · **Lígia** Ziggiotti de Oliveira · **Luciana** Fernandes Berlini · **Marcelo** de Mello Vieira · **Marcia Andrea** Bühring · **Marina** Carneiro Matos Sillmann · **Mônica** Cecilio Rodrigues · **Nelson** Rosenvald · **Rodrigo** Wasem Galia · **Tássia** A. Gervasoni · **Vivian Carla** da Costa

Dados Internacionais de Catalogação na Publicação (CIP) de acordo com ISBD

R434
    Responsabilidade Civil e a Luta pelos Direitos Fundamentais / Ana Carla Harmatiuk Matos ... [et al.] ; coordenado por Carlos Edison do Rêgo Monteiro Filho, Carlos Eduardo Pianovski Ruzyk, Nelson Rosenvald. - Indaiatuba : Editora Foco, 2023.

    416 p. ; 17cm x 24cm.

    Inclui bibliografia e índice.

    ISBN: 978-65-5515-791-8

    1. Direito. 2. Direito civil. 3. Responsabilidade civil. 4. Direitos fundamentais. I. Matos, Ana Carla Harmatiuk. II. Reis Júnior, Antonio dos. III. Jardim, Augusto Tanger. IV. Rostro, Bruno Montanari. V. Monteiro Filho, Carlos Edison do Rêgo. VI. Ruzyk, Carlos Eduardo Pianovski. VII. Bisneto, Cícero Dantas. VIII. Pimenta, Daniel Veiga Ayres. IX. Barros, Eloá Leão Monteiro de. X. Cortiano Junior, Eroulths. XI. Capucho, Fábio Jun. XII. Novais, Fabrício Muraro. XIII. Almeida, Felipe Cunha de. XIV. Barbosa, Fernanda Nunes. XV. Clemente, Graziella Trindade. XVI. Souza, Iara Antunes de. XVII. Bolesina, Iuri. XVIII. Tito, Karenina. XIX. Cunha, Leandro Reinaldo da. XX. Tabarelli, Liane. XXI. Oliveira, Lígia Ziggiotti de. XXII. Berlini, Luciana Fernandes. XXIII. Vieira, Marcelo de Mello. XXIV. Bühring, Marcia Andrea . XXV. Sillmann, Marina Carneiro Matos. XXVI. Rodrigues, Mônica Cecilio. XXVII. Rosenvald, Nelson. XXVIII. Galia, Rodrigo Wasem. XXIX. Gervasoni, Tássia A. XXX. Costa, Vivian Carla da. XXXI. Título.

2023-1323   CDD 347   CDU 347

Elaborado por Vagner Rodolfo da Silva – CRB-8/9410
Índices para Catálogo Sistemático:

    1. Direito civil 347

    2. Direito civil 347

Carlos Edison do
RÊGO MONTEIRO FILHO

Carlos Eduardo
PIANOVSKI RUZYK

Nelson
ROSENVALD

COORDENADORES

RESPONSABILIDADE CIVIL E A LUTA PELOS DIREITOS FUNDAMENTAIS

Ana Carla Harmatiuk Matos · **Antonio** dos Reis Júnior · **Augusto** Tanger Jardim · **Bruno** Montanari Rostro · **Carlos Edison** do Rêgo Monteiro Filho · **Carlos Eduardo** Pianovski Ruzyk · **Cícero** Dantas Bisneto · **Daniel** Veiga Ayres Pimenta · **Eloá** Leão Monteiro de Barros · **Eroulths** Cortiano Junior · **Fábio** Jun Capucho · **Fabrício** Muraro Novais · **Felipe** Cunha de Almeida · **Fernanda** Nunes Barbosa · **Graziella** Trindade Clemente · **Iara** Antunes de Souza · **Iuri** Bolesina · **Karenina** Tito · **Leandro Reinaldo** da Cunha · **Liane** Tabarelli · **Lígia** Ziggiotti de Oliveira · **Luciana** Fernandes Berlini · **Marcelo** de Mello Vieira · **Marcia Andrea** Bühring · **Marina** Carneiro Matos Sillmann · **Mônica** Cecilio Rodrigues · **Nelson** Rosenvald · **Rodrigo** Wasem Galia · **Tássia** A. Gervasoni · **Vivian Carla** da Costa

2023 © Editora Foco

Coordenadores: Carlos Edison do Rêgo Monteiro Filho, Carlos Eduardo Pianovski Ruzyk e Nelson Rosenvald
Autores: Ana Carla Harmatiuk Matos, Antonio dos Reis Júnior, Augusto Tanger Jardim, Bruno Montanari Rostro, Carlos Edison do Rêgo Monteiro Filho, Carlos Eduardo Pianovski Ruzyk, Cícero Dantas Bisneto, Daniel Veiga Ayres Pimenta, Eloá Leão Monteiro de Barros, Eroulths Cortiano Junior, Fábio Jun Capucho, Fabrício Muraro Novais, Felipe Cunha de Almeida, Fernanda Nunes Barbosa, Graziella Trindade Clemente, Iara Antunes de Souza, Iuri Bolesina, Karenina Tito, Leandro Reinaldo da Cunha, Liane Tabarelli, Lígia Ziggiotti de Oliveira, Luciana Fernandes Berlini, Marcelo de Mello Vieira, Marcia Andrea Bühring, Marina Carneiro Matos Sillmann, Mônica Cecilio Rodrigues, Nelson Rosenvald, Rodrigo Wasem Galia, Tássia A. Gervasoni e Vivian Carla da Costa
Diretor Acadêmico: Leonardo Pereira
Editor: Roberta Densa
Assistente Editorial: Paula Morishita
Revisora Sênior: Georgia Renata Dias
Capa Criação: Leonardo Hermano
Diagramação: Ladislau Lima e Aparecida Lima
Impressão miolo e capa: FORMA CERTA

DIREITOS AUTORAIS: É proibida a reprodução parcial ou total desta publicação, por qualquer forma ou meio, sem a prévia autorização da Editora FOCO, com exceção do teor das questões de concursos públicos que, por serem atos oficiais, não são protegidas como Direitos Autorais, na forma do Artigo 8º, IV, da Lei 9.610/1998. Referida vedação se estende às características gráficas da obra e sua editoração. A punição para a violação dos Direitos Autorais é crime previsto no Artigo 184 do Código Penal e as sanções civis às violações dos Direitos Autorais estão previstas nos Artigos 101 a 110 da Lei 9.610/1998. Os comentários das questões são de responsabilidade dos autores.

NOTAS DA EDITORA:

Atualizações e erratas: A presente obra é vendida como está, atualizada até a data do seu fechamento, informação que consta na página II do livro. Havendo a publicação de legislação de suma relevância, a editora, de forma discricionária, se empenhará em disponibilizar atualização futura.

Erratas: A Editora se compromete a disponibilizar no site www.editorafoco.com.br, na seção Atualizações, eventuais erratas por razões de erros técnicos ou de conteúdo. Solicitamos, outrossim, que o leitor faça a gentileza de colaborar com a perfeição da obra, comunicando eventual erro encontrado por meio de mensagem para contato@editorafoco.com.br. O acesso será disponibilizado durante a vigência da edição da obra.

Impresso no Brasil (05.2023) – Data de Fechamento (05.2023)

2023
Todos os direitos reservados à
Editora Foco Jurídico Ltda.
Rua Antonio Brunetti, 593 – Jd. Morada do Sol
CEP 13348-533 – Indaiatuba – SP

E-mail: contato@editorafoco.com.br
www.editorafoco.com.br

APRESENTAÇÃO

"É somente lutando que obterás o teu direito. No momento em que o direito renuncia à luta, ele renuncia a si mesmo. Também ao direito aplicam-se estas palavras do poeta: *a vida e a liberdade só as merece aquele que sem cessar tem de conquistá-la*" (*Rudolf Von Ihering*. Última estrofe de A luta pelo direito – 1872).

Festejamos a publicação deste livro "Responsabilidade civil e direitos fundamentais", precisamente a décima segunda obra coletiva empreendida pelo IBERC (Instituto Brasileiro de Estudos de Responsabilidade Civil), graças ao empenho de seu conjunto de associados, nacionais e internacionais, estudiosos e divulgadores da temática, em toda sua transdisciplinaridade.

A par do elogiável conteúdo dos 26 artigos aqui reunidos – tendo como fio condutor a atualidade da tutela aos direitos humanos e situações existenciais por meio da responsabilidade civil – há um dado subjacente, igualmente "fundamental" e inspirador desta publicação. Tal como fizemos em relação ao livro "Protagonistas da responsabilidade civil", voltamos nossa atenção ao passado, desta feita para homenagear a efeméride dos 150 anos da publicação do clássico de Rudolf Von Ihering, "A luta pelo Direito" (*Der Kampf ums Recht*).

Longe de se tratar de um autor dogmático e monolítico, Ihering protagoniza um acervo proteico e pluridimensional. Hoje, qualquer pessoa que escorregue em uma folha de alface diante de um balcão de alimentos poderá pleitear indenização do supermercado – inegável a contribuição de Ihering também aqui: foi ele o primeiro a derivar a responsabilidade por violações pré-contratuais do direito romano, sendo o conceito de "culpa in contrahendo" conhecido por todos os estudantes de direito. Mais recentemente, a redescoberta das ideias de interesse contratual positivo e negativo no direito brasileiro encontra seu DNA no Catedrático de Göttingen. Ademais, não há como se esquecer da sempre referenciada polêmica entre Ihering e Savigny no tocante ao conceito da posse e sua natureza jurídica. No catálogo de Ihering, são encontrados 84 escritos, desde a sua dissertação de 1842 "De heridate possidente" até manuscritos publicados *post-mortem*. Por essas e muitas outras razões, uma longa produção escrita e pensada para a Alemanha do século XIX acabou por lhe transcender temporalmente e ultrapassar limites geográficos, espraiando-se por diferentes ordenamentos jurídicos e despertando interesses de estudantes e operadores do Direito até hoje.

Rudolf von Ihering nasceu em Aurich em 1818 em uma família de advogados da Frísia Oriental. Aos 27 anos já era professor em Basileia, depois em Rostock, Kiel, Giessen e desde 1868 em Viena. Na capital do Império Austro-húngaro, ele estava a caminho de se tornar o advogado mais importante de seu tempo. Na época, havia preocupação em Göttingen com a queda acentuada no número de estudantes de Direito. A faculdade precisava de um dínamo científico e dificilmente poderia competir com Viena, mas tinha uma vantagem: a paz. Ihering justamente procurava tranquilidade para escrever sua *magnum opus*, sem as distrações de uma grande cidade. Na calma da parte sul de Göttingen, Rudolf Ritter von Ihering conseguiu se concentrar inteiramente em sua obra principal "A Luta pelo Direito". Ele viveu e trabalhou em Göttingen por vinte anos. Faleceu há 130 anos, exatamente em 17 de setembro de 1892. Um obelisco adorna seu túmulo no cemitério da cidade. A mesa em que a Luta pelo Direito foi desenvolvida pode ser visitada no Fórum do Conhecimento, o novo museu da Universidade de Göttingen.

Diz-se que, na luta pelo Direito, Ihering fundou a sociologia jurídica: o Direito não como um sistema lógico separado, mas que objetiva atender a interesses sociais concretos. Para Ihering, isso significava um equilíbrio entre as demandas de uma sociedade em evolução e a liberdade dos indivíduos. Seu trabalho foi e é criticado em detalhes, porém conserva relevância e influência inegáveis.

No Brasil, a segunda tradução do opúsculo foi publicada em 1909 (Tradução de José Tavares Bastos), recebendo o ilustrado prefácio de Clovis Bevilaqua, que já inicia o texto afirmando se tratar de "um livro admirável, que fala à razão e ao sentimento, convencendo e comovendo; onde as ideias originais cintilam deslumbrando e as frases felizes dão ao pensamento a expressão que ele reclama; um livro feito de eloquência e saber, que não somente instrui e educa, mas ainda mostra o direito na sua realidade palpitante, ressumando da vida social, enrodilhando-se nela, impulsando-a, adaptando-a a certos fins, dirigindo-a, e, ao mesmo tempo, amoldando-se a ela e sendo, afinal, uma de suas expressões mais elevadas".

Por mais que Ihering seja lido e relido por aqueles que traçam as origens contemporâneas da responsabilidade contratual, ao compulsarmos a Luta pelo Direito, em várias passagens percebemos a inquietação do jurista com o monopólio da função compensatória da responsabilidade civil aquiliana. Uma estrofe em particular sinaliza contundente crítica à exclusividade da noção de justiça corretiva:

> O que deve garantir o direito do que for violado em sua propriedade, senão o objeto em litígio ou o seu valor? Admitindo-se a justiça desta objeção, imperioso se tornava chegar à conclusão de que não poderia ou não devia ser castigado o ladrão que tivesse restituído o objeto roubado. Mas, replicar-se-á ainda, o ladrão não ataca somente a pessoa lesada, mas também as leis do Estado, a ordem legal e a lei moral. Queremos que se nos diga se não acontece o mesmo com o devedor que nega de má fé o empréstimo que se lhe fez, o mandatário que abusa indignamente valendo-se da confiança em si depositada. É reparar-se a lesão que se fez ao nosso sentimento legal, o não conceder-nos, depois de longo pleito, senão o que desde o princípio nos pertencia? Mas, afora esse desejo tão motivado de se obter satisfação, – não é irritante o desequilíbrio natural que existe entre as partes? O perigo que a ameaça de perder a demanda consiste para um em perder o bem que era seu e para o outro na entrega do objeto que injustamente conservava; no caso contrário, um teria a vantagem de nada haver perdido, e o outro de se haver enriquecido à custa do seu adversário. Não é isto provocar a maior das falsidades e conceder um prêmio à deslealdade? (fls.49).

A lição acima transcrita adquire especial relevância quando o direito violado tem natureza jusfundamental. A rigor, a violação a direitos fundamentais não permite o restabelecimento do equilíbrio anterior ao ato ilícito, uma vez que se refere aos atributos que derivam diretamente da dignidade da pessoa humana. Daí porque a reflexão sobre a resposta da responsabilidade civil quanto a lesão a direitos fundamentais passa pela sua multifuncionalidade.

Não se pode perder de vista, ainda, sempre tendo em conta os sólidos alicerces fincados pela obra de Ihering, que, se como sustentava o autor, a gravidade da violação do direito não se reduz ao seu valor econômico, com maior razão essa exortação ao valor intrínseco do direito se apresenta hoje, ao tratarmos de direitos fundamentais, como dotados de absoluta centralidade no ordenamento constitucional, espraiando sua força normativa sobre as relações entre particulares.

Daí porque a luta pelos direitos fundamentais é um papel que se integra ao objeto da responsabilidade civil, em suas múltiplas funções, dando razão à citação de Ihering, indicada à epígrafe deste texto, que se reporta ao Fausto, de Goethe: a sede fáustica pela realização do direito não se compraz com a leniência diante da sua violação.

Saltando no tempo, por ocasião dos 150 anos da publicação dessa obra-prima, a necessidade da luta segue o curso previsto por Ihering, segundo o qual "enquanto o Direito estiver sujeito às ameaças da injustiça – e isso perdurará enquanto o mundo for mundo –, ele não poderá prescindir da luta". Cruzando-se as fronteiras do século XXI, a luta mais importante parece travar-se pela efetividade dos direitos fundamentais assegurados nas constituições de feições humanistas, promulgadas a partir da segunda metade do século passado. E a teoria da responsabilidade civil, nessa direção, não deve renunciar à batalha; pelo contrário, como os textos da presente obra coletiva do IBERC permitem concluir, a partir de sua relação cada dia mais próxima e intensa com os direitos fundamentais, nossa disciplina reafirma seu compromisso intenso e ininterrupto com a agenda de valores constitucionais, por meio de mecanismos compensatórios e preventivos, a assegurar e promover, de um só jato, a reparação integral dos danos. Boa leitura!

Carlos Edison do Rêgo Monteiro Filho
Carlos Eduardo Pianovski Ruzyk
Nelson Rosenvald

SUMÁRIO

APRESENTAÇÃO
Carlos Edison do Rêgo Monteiro Filho, Carlos Eduardo Pianovski Ruzyk e Nelson Rosenvald VII

RESPONSABILIDADE CIVIL E VIOLÊNCIA DOMÉSTICA
Ana Carla Harmatiuk Matos e Lígia Ziggiotti de Oliveira 1

A FUNÇÃO PROMOCIONAL DA RESPONSABILIDADE CIVIL E OS NOVOS CONTORNOS DOS PRINCÍPIOS DA SOLIDARIEDADE E DA CELERIDADE
Antonio dos Reis Júnior 13

RESPONSABILIDADE CIVIL POR ASSÉDIO JUDICIAL E O DIREITO À LIBERDADE DE EXPRESSÃO
Augusto Tanger Jardim e Fernanda Nunes Barbosa 33

O DANO EXTRAPATRIMONIAL COMO RESULTADO DO DESCUMPRIMENTO CONTRATUAL: RAZÃO, REQUISITOS E LIMITES DA PROTEÇÃO AOS DIREITOS DA PERSONALIDADE POR VIOLAÇÃO DO NEGÓCIO JURÍDICO
Bruno Montanari Rostro 51

LUTA PELO DIREITO FUNDAMENTAL À REPARAÇÃO DOS DANOS EXTRAPATRIMONIAIS: ALGUNS ASPECTOS DA SUA EVOLUÇÃO
Carlos Edison do Rêgo Monteiro Filho 71

DESAFIOS DA LIBERDADE DE EXPRESSÃO NAS REDES SOCIAIS E O PAPEL DA RESPONSABILIDADE CIVIL NO DIREITO BRASILEIRO FRENTE À TESE DA POSIÇÃO PREFERENCIAL
Carlos Eduardo Pianovski Ruzyk 89

DANO MORAL POR CORPO ESTRANHO EM ALIMENTO SEM INGESTÃO DO PRODUTO: O DANO COMO PRESSUPOSTO INAFASTÁVEL DA RESPONSABILIDADE CIVIL
Cícero Dantas Bisneto 107

SISTEMA CARCERÁRIO E DANOS EXTRAPATRIMONIAIS: A RESPONSABILIDADE DO ESTADO POR VIOLAÇÃO A DIREITOS FUNDAMENTAIS DAS PESSOAS PRIVADAS DE LIBERDADE
Daniel Veiga Ayres Pimenta 121

MULTIFUNCIONALIDADE DA RESPONSABILIDADE CIVIL COMO PROTEÇÃO DOS DIREITOS FUNDAMENTAIS
Eroulths Cortiano Junior e Vivian Carla da Costa 139

APONTAMENTOS SOBRE O DANO MORAL COLETIVO NA JURISPRUDÊNCIA DO SUPERIOR TRIBUNAL DE JUSTIÇA
Fábio Jun Capucho 153

AGRONEGÓCIO BRASILEIRO, MEIO AMBIENTE E DANO AMBIENTAL: UMA ANÁLISE DE RESPONSABILIDADE CIVIL NA CADEIA PRODUTIVA
Fabrício Muraro Novais 175

REPARAÇÃO INTEGRAL COMO DIREITO FUNDAMENTAL À LUZ DO PARÁGRAFO ÚNICO, DO ARTIGO 944, DO CÓDIGO CIVIL E A (IM) POSSIBILIDADE DE REDUÇÃO EQUITATIVA DO VALOR DO *QUANTUM* NA RESPONSABILIDADE OBJETIVA
Felipe Cunha de Almeida 189

RESPONSABILIDADE CIVIL POR VIOLAÇÃO A DIREITO FUNDAMENTAL NO CONTEXTO DA EDIÇÃO GENÉTICA
Graziella Trindade Clemente e Nelson Rosenvald 207

DIREITOS FUNDAMENTAIS DA PESSOA COM DEFICIÊNCIA E O INSTRUMENTO DE AVALIAÇÃO BIOPSICOSSOCIAL: CONTORNOS SOBRE A RESPONSABILIDADE CIVIL DE ESTADO
Iara Antunes de Souza e Eloá Leão Monteiro de Barros 229

RESPONSABILIDADE CIVIL DECORRENTE DA "ARQUITETURA HOSTIL": QUANDO O DIREITO À CIDADE É ASSEDIADO PELO NEOLIBERALISMO E PELA FINANCEIRIZAÇÃO DOS DIREITOS FUNDAMENTAIS
Iuri Bolesina e Tássia A. Gervasoni 243

TELEMEDICINA E A RESPONSABILIDADE CIVIL DO MÉDICO NO VAZAMENTO DE DADOS SENSÍVEIS DO PACIENTE
Karenina Tito 261

POPULAÇÃO TRANSGÊNERO, DIREITOS FUNDAMENTAIS E RESPONSABILIDADE CIVIL

Leandro Reinaldo da Cunha 275

A RESPONSABILIDADE CIVIL DO EMPREGADOR ENVOLVENDO DANOS MORAIS INDIVIDUAIS E COLETIVOS E INTERESSES DIFUSOS NAS DISPENSAS COLETIVAS NO BRASIL APÓS A REFORMA TRABALHISTA: ATUAÇÃO DO MINISTÉRIO PÚBLICO DO TRABALHO – ANÁLISE DOUTRINÁRIA, JURISPRUDENCIAL E LEGAL

Liane Tabarelli e Rodrigo Wasem Galia 291

DO DIREITO FUNDAMENTAL À PROTEÇÃO DE DADOS PESSOAIS E A RESPONSABILIDADE CIVIL DO ADVOGADO

Luciana Fernandes Berlini.. 311

IDENTIDADE, DIREITO À ORIGEM E RESPONSABILIZAÇÃO CIVIL: UMA RELAÇÃO POSSÍVEL?

Marcelo de Mello Vieira e Marina Carneiro Matos Sillmann 329

RESPONSABILIDADE CIVIL POR DANO AMBIENTAL: DANO MORAL E DANOS PUNITIVOS

Marcia Andrea Bühring.. 343

A REPARAÇÃO CIVIL POR INFRINGÊNCIA A GARANTIA AO DIREITO DE HERANÇA

Mônica Cecilio Rodrigues 377

O DANO-MORTE: A RESPONSABILIDADE CIVIL PELA VIOLAÇÃO AO DIREITO FUNDAMENTAL À VIDA

Nelson Rosenvald.. 385

RESPONSABILIDADE CIVIL E VIOLÊNCIA DOMÉSTICA

Ana Carla Harmatiuk Matos

Doutora e Mestre em Direito pela Universidade Federal do Paraná e mestre em Derecho Humano pela Universidad Internacional de Andalucía. Tutora in Diritto na Universidade di Pisa-Italia. Professora na graduação, mestrado e doutorado em Direito da Universidade Federal do Paraná. Vice-Presidente do IBDCivil. Diretora Regional-Sul do IBDFAM. Advogada. Conselheira Estadual da OAB-PR.

Lígia Ziggiotti de Oliveira

Doutora em Direitos Humanos e Democracia pela Universidade Federal do Paraná. Mestra em Direito das Relações Sociais pela mesma instituição. Autora de livros e artigos científicos. Membra das Comissões de Estudos sobre Violência de Gênero, de Diversidade Sexual e de Gênero e de Direitos Humanos da OAB-PR. Presidenta da ANAJUDH-LGBTI. Advogada.

Sumário: 1. Introdução – 2. Violência doméstica: o distanciamento civilista frente a um ilícito cotidiano – 3. A indenização patrimonial como possível resposta à violência doméstica – 4. Critérios de análise para a responsabilização civil em casos de violência doméstica – 5. Considerações finais – 6. Referências.

1. INTRODUÇÃO

Durante a década de 70, a espetacularização da violência doméstica alcançou um exemplo notável no Brasil. O namorado de Ângela Diniz, que com ela formava um casal frequente em colunas sociais, assassinou-a em uma casa em que haviam planejado conviver em Praia dos Ossos, no estado do Rio de Janeiro.

Levado a júri popular pelo que atualmente se denominaria como feminicídio, Doca Street, tal qual era conhecido, submeteu-se a julgamento por duas vezes. Só na segunda, após forte pressão do então recém-articulado movimento feminista, foi responsabilizado. Na primeira, não só fora absolvido, como fora tido como herói pela imprensa nacional, que, seguindo a argumentação do advogado do agressor, calcada em legítima defesa da honra do assassino, culpou Ângela Diniz pelo próprio destino.

O século seguinte a este assassinato, marcante para os movimentos sociais em defesa das mulheres, reservou inúmeras conquistas para a superação da violência de gênero. Entre as normativas, destacam-se a Lei Maria da Penha (Lei 11.340 de 2006), como fruto de uma intensa atividade de advocacy transnacional para que o Brasil incrementasse o combate ao problema, bem como a Lei do Feminicídio (Lei 13.104 de 2015).

Contudo, como afirma Rita Laura Segato, "a ocupação depredadora dos corpos femininos ou feminizados se pratica como nunca antes e, nesta etapa apocalíptica da humanidade, é voraz até deixar apenas restos".[1]-[2] Segue urgente a ampliação de medidas pedagógicas avessas à persistente cultura cis-heteropatriarcal no país.

As tentativas de diálogo responsivo ao sofrimento humano a partir do direito ilustram inquietações recorrentes no debate da violência doméstica.[3] Isso porque multiplicam-se as críticas ao potencial controverso das ferramentas oferecidas, especialmente considerado o movimento de criminalização das condutas, que tem se destacado dentre as respostas mais acionadas pelo Estado.

Tido como último recurso, o campo penal ocupa, paradoxalmente, o sentido preferencial de projetos jurídicos, políticos e midiáticos dedicados à violência doméstica. Com o objetivo de conduzir as soluções para outros campos que detêm pretensão preventiva em relação a comportamentos ilícitos especialmente relevantes para a agenda da igualdade de gênero, o presente capítulo explora as possibilidades da responsabilidade civil para o enfrentamento do tema.

Para tanto, em primeiro lugar, insere-se a crítica relativa à parca experiência civilista frente a violência doméstica, a qual, embora configure, de modo óbvio, um ilícito passível de subsunção aos critérios da responsabilidade civil para o alcance da indenização, não ocupa, neste âmbito, um espaço teórico ou prático substancial.

A despeito deste esvaziamento, sequencialmente, busca-se apontar o potencial relativo à responsabilidade civil para contornar problemas raramente processados por outras áreas, em especial, quanto às respostas patrimoniais demandadas pelas vítimas. Ainda, inserem-se os critérios legislativos e os balizamentos jurisprudenciais para a melhor caracterização da hipótese indenizatória em tais situações.

Por fim, apresentam-se limitações para a transformação efetiva de contextos de violência doméstica a partir da responsabilidade civil – as quais, embora não consubstanciem motivação para se recuar quanto ao uso de tal instrumento, convocam outras ferramentas para a superação dos desafios ligados à desigualdade de gêneros.

2. VIOLÊNCIA DOMÉSTICA: O DISTANCIAMENTO CIVILISTA FRENTE A UM ILÍCITO COTIDIANO

A frequência do fenômeno do feminicídio, em escala global, revela a profundidade da violência de gênero em sociedades contemporâneas. Particularmente trágico é o contexto brasileiro – quinto colocado no ranking mundial de homicídios cujas vítimas são mulheres.[4]

---

1. Tradução livre para: "La ocupación depredadora de los cuerpos femeninos o feminizados se practica como nunca antes y, en esta etapa apocalíptica de la humanidad, es expoliadora hasta dejar solo restos".
2. SEGATO, Rita Laura. *La crítica de la colonialidad en ocho ensayos y una antropología por demanda*. Buenos Aires: Prometeo Libros, 2013, p. 71-72.
3. Apesar da necessária crítica à associação equivocada entre violência de gênero e violência doméstica, tendo em vista a conhecida dificuldade de grupos como o de trabalhadoras do sexo para o enquadramento em hipóteses legais, para os fins deste capítulo, o recorte se justifica pelo aporte a partir do Direito Civil, considerado o Direito das Famílias como parte deste.
4. FLACSO; OPAS-OMS; ONU MULHERES; SPM. Mapa da Violência 2015: *Homicídio de mulheres no Brasil*. Disponível em: http://agenciapatriciagalvao.org.br/wp-content/uploads/2015/11/MapaViolencia_2015_homicidiodemulheres.pdf. Acesso em: 11 mar. 2022.

Mesmo com relevantes transformações, o imaginário social revela contornos cis-heteropatriarcais impactantes sobre as assimetrias de gênero, os quais insistem em naturalizar violências desta natureza. Em 2014, o Instituto de Pesquisa Econômica Aplicada publicou um relatório intitulado "Tolerância social à violência contra as mulheres".[5]

Nele, constam dados significativos sobre a culpabilização da vítima por violências desta natureza no país. Da análise, observa-se que 42,7% dos entrevistados concordavam que mulher que é agredida e continua com o parceiro gosta de apanhar. Para 58,4% dos entrevistados, em briga de marido e mulher não se mete a colher, confirmando a tradição de privatismo doméstico pela qual não se admite a interferência estatal em relações de conjugalidade. Ainda, 35,3%, opinaram que se as mulheres soubessem se comportar melhor, haveria menos estupros, o que reprisa a culpabilização das vítimas pelos crimes que sofrem.

Consequentemente, são urgentes os mecanismos pedagógicos para o enfrentamento de referido contexto. E, a despeito de a responsabilidade civil ser tradicionalmente apontada como medida pós-violatória, a ela se atribuem, em uma perspectiva contemporânea, funções multifacetadas, incluída a de "desestímulo para qualquer pessoa que pretenda desenvolver atividade capaz de causar efeitos prejudiciais a terceiros".[6] Logo, o seu uso, além de punitivo e compensatório, dialoga com uma pretensão preventiva.

Todavia, não é frequente o enfrentamento da violência doméstica por tal via. Uma hipótese para que a experiência civilista seja a ela resistente parece consistir em simbolização da conduta, por ser criminosa, como pertencente às consequências penais, tidas como preferenciais para a condução do problema:

> É interessante perceber que ao longo da década de 1990 e de 2000 há uma significativa tendência de movimentos feministas interpretarem o incremento do sistema punitivo como mecanismo de enfrentamento à violência de gênero. Investe-se assim em duas frentes: a) no campo da política criminal, tem-se a ideia de que o direito penal, por meio de penas mais pesadas, e o processo penal, por intermédio de procedimentos mais "rigorosos", seriam a solução mais "lógica" para lidar com os problemas de violência de gênero, e b) no campo simbólico-discursivo, tem-se a concepção de que o reconhecimento jurídico-penal de uma situação diferenciada da mulher traz maior visibilidade e reconhecimento à violência de gênero (por meio de uma lei própria ou de um tipo penal específico).[7]

Sobre este aspecto, cabe destacar que a Lei Maria da Penha estabelecia, para os juizados de violência doméstica, competência híbrida – tanto cível quanto criminal – mas, na prática, nunca houve esta multidimensionalidade dedicada às agressões notificadas. Conforme pesquisa do Conselho Nacional de Justiça em parceria com o Instituto de

---

5. INSTITUTO BRASILEIRO DE PESQUISA ECONÔMICA APLICADA. *Tolerância social à violência contras as mulheres*. Disponível em: https://www.ipea.gov.br/portal/index.php?option=com_content&view=article&id=21827&catid=10&Itemid=9. Acesso em: 20 ago. 2022.
6. DE FARIAS, Cristiano Chaves; BRAGA NETTO, Felipe Peixoto; ROSENVALD, Nelson. *Novo tratado de responsabilidade civil*. São Paulo: Atlas, 2015, p. 55.
7. BORGES, Clara Maria Roman; BORTOLOZZI JUNIOR, Flávio. Uma crítica foucaultiana à criminalização do feminicídio: reflexões sobre um direito pós-identitário para a diminuição da violência de gênero. *Revista da Faculdade de Direito – UFPR*, v. 61, n. 3, p. 334-335. 2016.

Pesquisa Econômica Aplicada, não se atestou aplicabilidade desta previsão, mesmo que de central importância para a proteção integral das mulheres.[8]

Em sentido contrário à redação original da Lei 11.340 de 2006, o Fórum Nacional de Juízes de Violência Doméstica (FONAVID) aprovou enunciado marcando a necessidade de ajuizamento de ações cíveis e de família em varas com tais abrangências temáticas, reservando-se aos encaminhamentos penais as especializadas em violência doméstica.

Diante do impacto negativo desta previsão para a efetividade dos direitos das vítimas, obrigadas a um verdadeiro calvário burocrático após sofrerem uma agressão, a Lei 13.894 de 2019 alterou a Lei Maria da Penha para mitigar o sentido do enunciado acima descrito. A partir disto, ao menos, autoriza-se a decretação de divórcios e dissoluções de uniões estáveis em Juizados dedicados à causa, sem resolver a partilha de bens. Mesmo assim, confirma-se que se sobressai o aspecto penal.

Contudo, além do conhecido diagnóstico sobre a falência deste campo para a transformação contextual, considerado o último recurso para a produção de respostas às problemáticas sociais, é sabido que a responsabilização em diversas esferas é possível[9] – embora a pretensão indenizatória para violações em contextos familiares ateste baixo interesse doutrinário e jurisprudencial, vez que "é corriqueira a reserva ao direito penal das infrações consideradas especialmente graves".[10]

Que áreas alheias à seara familista adentrem em confins domésticos, os quais já se consideraram sagrados e fechados ao ambiente externo, é percepção relativamente recente. Coube à desmitificação cotidiana do ambiente privado a evidência de que, não obstante devesse realizar existencialmente os indivíduos da família, o espaço tem significado, para considerável parte da população, um lugar de opressão.

Ilustrativamente, abordadas as relações familiares nos eixos da conjugalidade e da parentalidade, é curioso notar, conforme diagnostica Nelson Rosenvald, que a maior resistência se centra na admissão da responsabilidade civil nas relações entre pais e filhos, sendo menor nas relações entre companheiros e esposos.[11] Tal conclusão já é suficientemente incômoda, considerado o possível futuro da chamada família democrática,

---

8. CONSELHO NACIONAL DE JUSTIÇA; INSTITUTO DE PESQUISA ECONÔMICA APLICADA. *Poder Judiciário no Enfrentamento à Violência Doméstica e Familiar Contra as Mulheres*, 2019. Disponível em: https://www.cnj.jus.br/wp-content/uploads/2011/02/7b7cb6d9ac9042c8d3e40700b80bf207.pdf. Acesso em: 29 ago. 2022.
9. Conforme o art. 1.525 do Código Civil: "A responsabilidade civil é independente da criminal; não se poderá, porém, questionar mais sobre a existência do fato, ou quem seja o seu autor, quando estas questões se acharem decididas no crime".
10. DE FARIAS, Cristiano Chaves; BRAGA NETTO, Felipe Peixoto; ROSENVALD, Nelson. *Novo tratado de responsabilidade civil*. São Paulo: Atlas, 2015, p . 100.
11. ROSENVALD, Nelson. *Entrevista ao Instituto Brasileiro de Direito de Família*. Disponível em: http://www.ibdfam.org.br/noticias/5134/+ENTREVISTA%3A+especialista+vai+abordar+a+responsabilidade+civil+-no+IX+Congresso+Brasileiro+de+Direito+de+Fam%C3%ADlia. Acesso em: 20 ago. 2022.

cuja configuração deve contar com maior autonomia existencial nas relações conjugais e responsabilização crescente e solidarista nas relações parentais.[12]

Além disso, a ideia sobre a qual mais se parece atentar se concentra no debate acerca de cabimento de indenização por conta de infidelidade. Este ponto centraliza as análises em outros países onde também se parecem associar danos morais em relações conjugais apenas com descumprimento de deveres conjugais, e onde se trata, sobre a violação destes últimos, automática e quase que exclusivamente acerca do adultério.[13]

O excesso de visibilidade sobre este fenômeno, de turva caracterização como violador da integridade física e psíquica, da liberdade, da igualdade ou da solidariedade, demonstra "o elemento obrigacional mais próximo do espectro moralista que por muito tempo imperou na racionalidade jurídica",[14] cujo maquinário só de modo recente se mobilizou em prol da violência doméstica.

Com efeito, considerados os bens jurídicos em questão, "a predominância da regra da monogamia tem-se prestado a intensificar a desigualdade e, fundamentalmente, a marginalização da mulher",[15] de modo que a hipertrofia desta temática, em responsabilidade civil, e a atrofia daquela, ligada à violência doméstica, compartilham de raízes similares.[16]

Todavia, a resposta pela via patrimonial, neste último caso, não só conta com simplificada subsunção aos critérios da responsabilidade civil como, igualmente, apresenta potencial relevante para o enfrentamento do tema, em especial, consideradas as demandas manifestadas pelas múltiplas vítimas da violência doméstica.

3. A INDENIZAÇÃO PATRIMONIAL COMO POSSÍVEL RESPOSTA À VIOLÊNCIA DOMÉSTICA

Grávida de 04 meses, Cláudia, mulher, negra e pobre, após solicitar alimentos no valor de R$ 50,00 ao pai de uma criança em comum de 04 anos, foi por ele espancada. Ao acionar a Delegacia Especializada de Atendimento à Mulher local, a vítima teve

---

12. BODIN DE MORAES, Maria Celina. *A nova família, de novo*: estruturas e funções das famílias contemporâneas. *Pensar Revista de Ciências Jurídicas da Universidade de Fortaleza*, v. 18, n. 2, 2013.
13. A percepção é colhida por Esther Algarra Prats, em "Incumplimiento de deberes conyugales y responsabilidad civil" e leva em conta os contextos espanhol, italiano, francês e alemão (PRATS, Esther Algarra. *La responsabilidad civil en las relaciones familiares*. Madrid: Dykinson, 2012).
14. LIMA, Francielle Elisabet Nogueira; OLIVEIRA, Ligia Ziggiotti de. Reflexões e desafios propostos pela leitura feminista acerca do descumprimento de deveres conjugais. *Civilistica*. Rio de Janeiro, a. 7, n. 3, 2018.
15. SILVA, Marcos Alves da. *Da monogamia*: a sua superação como princípio estruturante do Direito de Família. Curitiba: Juruá, 2013, p. 295-296.
16. Neste sentido: "No eixo da conjugalidade, destacamos a violência doméstica, em suas várias facetas, contra a mulher como principal merecedora de atenção, inclusive para fins de compensação por dano moral, em razão dos dados extraídos da realidade brasileira. Por fim, contextos como desequilibrada distribuição do trabalho doméstico, do cuidado dos filhos, da viabilidade para o exercício da profissão podem render debates mais interessantes sobre como impactam negativamente, por exemplo, na liberdade e na igualdade da parte mais onerada do casal, podendo ter repercussões no campo das indenizações" (MATOS, Ana Carla Harmatiuk; DE OLIVEIRA, Ligia Ziggiotti. Responsabilidade civil e relacionamento extraconjugal. In: MADALENO, Rolf; BARBOSA, Eduardo (Coord.). *Responsabilidade civil no direito de família*. São Paulo: Atlas, 2015, p. 12).

produzida em seu favor a medida de afastamento pretendida, mas a questão patrimonial não se viu contemplada no encaminhamento. Assim, a aproximação física se fazia, concretamente, necessária, diante da solução pífia do poder estatal quanto à necessidade material da filha de Cláudia e do agressor.

O relato acima compõe pesquisa empírica realizada por Márcia Nina Bernardes e Mariana Imbelloni Braga Albuquerque em três Juizados de Violência Doméstica e Familiar contra a Mulher no Estado do Rio de Janeiro.[17] Focadas nas experiências das mulheres pobres e negras, as autoras concluíram no seguinte sentido:

> As soluções para esta questão [a violência doméstica] demandam remédios materiais e simbólicos, preventivos e repressivos, que são distintos para diferentes mulheres, como vimos, e demandam das políticas públicas o reconhecimento da interseccionalidade em que certas mulheres estão situadas.[18]

É certo que há previsão legal apta a encampar variadas demandas como as acima expostas em sede de tratamento jurídico da violência doméstica. Ao contemplar o fenômeno da violência de gênero, a Lei Maria da Penha tipifica, nos incisos do art. 7º, as violências física, psicológica, patrimonial e moral.

Com tal encarte de tipos apresentado, tora-se possível observar que a violência física sofrida por Claudia se viu contemplada, ao passo que a patrimonial, não. Tanto o art. 22, V,[19] quanto o art. 23, III,[20] da Lei Maria da Penha, constituiriam respostas de natureza alimentar para a personagem da trama com que introduziu o presente tópico. E do ponto de vista indenizatório, mesmo o art. 387, IV, do Código de Processo Penal,[21] autorizaria a fixação de *quantum* mínimo reparatório.

Interligadas por expressarem a fundamentalidade de um direito em termos monetários, ambas corriqueiras para a análise civilista, nem uma nem outra solução foram acionadas pelos operadores jurídicos que conduziram o caso. A tradução dos fatos, no processamento jurídico, portanto, movimenta excessos de visibilidade a um fenômeno em absoluto detrimento de outro, o que perturba a efetividade, em especial a grupos de mulheres em condições de maior vulnerabilidade.

A resistência civilista quanto à incorporação de crimes de violência doméstica como parte dos ilícitos de que se ocupa se encontra com a ausência de intimidade das delegacias especializadas neste crime com as respostas pecuniárias, igualmente buscadas pelas vítimas, as quais, contudo, não costumam perceber medidas desta natureza.

---

17. BERNARDES, Márcia Nina; ALBUQUERQUE, Mariana Imbelloni Braga. Violências interseccionais silenciadas em Medidas Protetivas de Urgência. Revista Direito & Práxis, v. 07, n. 3, 2016.
18. BERNARDES, Márcia Nina; ALBUQUERQUE, Mariana Imbelloni Braga. Violências interseccionais silenciadas em Medidas Protetivas de Urgência. Revista Direito & Práxis, v. 07, n. 3, p. 728. 2016.
19. Art. 22. Constatada a prática de violência doméstica e familiar contra a mulher, nos termos desta Lei, o juiz poderá aplicar, de imediato, ao agressor, em conjunto ou separadamente, as seguintes medidas protetivas de urgência, entre outras: (...)V – prestação de alimentos provisionais ou provisórios.
20. Art. 23. Poderá o juiz, quando necessário, sem prejuízo de outras medidas: III – determinar o afastamento da ofendida do lar, sem prejuízo dos direitos relativos a bens, guarda dos filhos e alimentos.
21. Art. 387. O juiz, ao proferir sentença condenatória: (...) IV – fixará valor mínimo para reparação dos danos causados pela infração, considerando os prejuízos sofridos pelo ofendido.

Conforme visto, a inocorrência da competência híbrida contribui para a inaplicabilidade de remédios essenciais à solução dos problemas cotidianamente experimentados pelas mulheres impactadas pela violência doméstica.

Neste sentido, apesar de notáveis iniciativas de se repensar a entrega pecuniária como exclusivo encaminhamento para a responsabilização civil,[22] este modo de resposta, para fins de concretização de igualdade de gênero, apresenta-se como válido.

Embora a solução patrimonial pareça em desacordo com as tendências de despatrimonialização do Direito Civil, o efetivo acesso a bens materiais e imateriais, tantas vezes monetarizado, pode referenciar a concretização de aspectos existenciais em um contexto de violência de gênero. Com isso, a função compensatória também se apresenta como relevante desde a perspectiva das vítimas, e deve ser considerada pelos operadores jurídicos quando enfrentados os pressupostos da responsabilidade civil para a hipótese.

4. CRITÉRIOS DE ANÁLISE PARA A RESPONSABILIZAÇÃO CIVIL EM CASOS DE VIOLÊNCIA DOMÉSTICA

A despeito da escassez circundando a temática, a configuração abstrata da hipótese compensatória para as vítimas de violência doméstica é simples. Em conformidade com a perspectiva clássica, já desgastada pela complexidade contemporânea,[23] ato ilícito, culpa, nexo causal e dano figuram como critérios para o estabelecimento do dever de indenizar.

Diferentemente das tormentosas tentativas de parte do Direito das Famílias em caracterizar o relacionamento extraconjugal como passível de indenização, uma leitura rasa do art. 186 e do art. 927 Código Civil comporta a percepção da violência doméstica como ilícito gerador desta consequência.

Quanto à culpa, aplicam-se os pressupostos da modalidade subjetiva, sendo o dolo a categoria, por excelência, vislumbrada em situações desta natureza. Afivelar, enfim, a ação ou a omissão do agressor ao dano causado na vítima confere conteúdo ao nexo causal – o qual, além de conferir à conduta em questão o motivo eficiente para o dano, também serve como parâmetro para a mensuração da extensão deste último.[24]

Em acréscimo, a Lei Maria da Penha, através de alteração promovida pela Lei 13.871 de 2019, passou a contemplar, expressamente, a consequência indenizatória às vítimas de ação ou omissão causadora de lesão, violência física, sexual ou psicológica e dano moral ou patrimonial no âmbito de aplicação deste microssistema.

De modo peculiar, os atuais §§ 4º e o 5º do art. 9º da Lei 11.340 de 2006 não apenas atribuem ao agressor os danos causados à mulher violentada, como, ainda, o ressarci-

---

22. SCHREIBER, Anderson. Responsabilidade civil e direito de família: a proposta da reparação não pecuniária. In: MADALENO, Rolf; BARBOSA, Eduardo (Coord.). *Responsabilidade civil no direito de família*. São Paulo: Atlas, 2015, p. 34-35.
23. SCHREIBER, Anderson. *Novos paradigmas da responsabilidade civil*. 3. ed. São Paulo: Atlas, 2011, p. 06.
24. DE FARIAS, Cristiano Chaves; BRAGA NETTO, Felipe Peixoto; ROSENVALD, Nelson. *Novo tratado de responsabilidade civil*. São Paulo: Atlas, 2015.

mento do que houver sido dispendido pelo Sistema Único de Saúde para o atendimento dela, além de os custos havidos para os dispositivos de segurança necessários ao monitoramento da vítima.

Particularmente, quanto ao dano moral, conforme o Superior Tribunal de Justiça, sequer se apresenta como necessária a indicação do *quantum* em pedido desta natureza, mesmo sem instrução probatória.

Através do Tema Repetitivo 983 firmou-se a tese:

> Nos casos de violência contra a mulher praticados no âmbito doméstico e familiar, é possível a fixação de valor mínimo indenizatório a título de dano moral, desde que haja pedido expresso da acusação ou da parte ofendida, ainda que não especificada a quantia, e independentemente de instrução probatória.[25]

Para tal encaminhamento, portanto, basta constar o pedido, seja pela parte ofendida, seja pelo Ministério Público, sem qualquer necessidade de digressão argumentativa sobre os valores devidos, os quais deve o juízo, em âmbito penal, fixar minimamente, considerando a extensão do dano e a capacidade econômica do ofensor, em observância aos princípios da proporcionalidade e da razoabilidade.[26]

Por evidência, para a complementação do que restar recebido em esfera criminal, através do âmbito cível, é preciso registrar que a comprovação da extensão do dano impacta no montante percebido.[27] Tal encaminhamento, diante da mitigação da competência híbrida, torna-se especialmente recomendável, considerando que a esfera penal costuma se acionar, de modo discricionário e criticável, contra determinadas camadas socioeconômicas desfavorecidas. Somado à noção de que a fixação indenizatória se constitui como mínima, quando inexiste indicação do *quantum* e demonstração da extensão do dano, este fato contribui para que notavelmente baixos valores sejam deferidos nestes juízos.

Em acréscimo, revelando problemática em se hierarquizar as modalidades de violência de gênero, aquelas consideradas mais leves produzem menor *quantum* indenizatório.[28] O encaminhamento é digno de crítica à medida em que ainda pende de seriedade a percepção social de variadas formas de agressão. Nesta cadência, em uma amostragem composta por 956 homens, 53% reconhecem já terem xingado e, 5%, já terem humilhado em público a cônjuge ou a companheira anterior ou atual. Todavia, apenas 6% e 31% entendem que tais circunstâncias, respectivamente, legitimam a busca pela Delegacia da Mulher por parte delas.[29]

---

25. SUPERIOR TRIBUNAL DE JUSTIÇA. REsp 1675874/MS e REsp 1643051/MS. Rel. Min. Rogério Schietti Cruz. Julgamento em 08 de março de 2018.
26. SUPERIOR TRIBUNAL DE JUSTIÇA. AgREsp 1626962. Rel. Min. Sebastião Reis Junior. Julgamento em 16 de dezembro de 2016.
27. SUPERIOR TRIBUNAL DE JUSTIÇA. REsp 1675874/MS e REsp 1643051/MS. Rel. Min. Rogério Schietti Cruz. Julgamento em 08 de março de 2018.
28. Ilustrativamente, é esta a compreensão em julgado relativo ao crime de ameaça (TJDF. Ap. Crim. 00010977220198070010. Julgado em 12 de maio de 2021).
29. INSTITUTO AVON; DATA POPULAR. Percepções dos homens sobre a violência doméstica contra a mulher. Disponível em: http://www.spm.gov.br/area-imprensa/documentos-1/pesquisa_instituto22x44_5.pdf. Acesso em: 20 ago. 2022.

De qualquer modo, o Supremo Tribunal Federal, categoricamente, afasta a hipótese de resposta pecuniária irrisória à violência doméstica, sob pena de não se alçar, com isso, o caráter pedagógico da medida, conforme trecho do acórdão abaixo:

> IV – O valor fixado a título de mínimo indenizatório, em razão dos danos morais experimentados pela vítima, não pode perder o seu caráter pedagógico, consubstanciando-se em quantia irrisória, e muito menos deve representar enriquecimento desmedido para o lesado. Considerando as circunstâncias do caso concreto, revela-se razoável e proporcional a quantia arbitrada, R$ 3.000,00 (três mil reais), a qual atende aos objetivos legais, nos termos do artigo 387, inciso IV, do CPP.[30]

A modulação da extensão do dano para a mensuração pecuniária não se confunde, todavia, com a necessidade de comprovação de que este tenha existido, porque o Superior Tribunal de Justiça, acertadamente, desonerou as vítimas deste ilícito da instrução de existência do dano para o acesso à resposta compensatória, sendo considerado, para a hipótese de violência doméstica, presumido:

> A simples relevância de haver pedido expresso na denúncia, a fim de garantir o exercício do contraditório e da ampla defesa, ao meu ver, é bastante para que o juiz sentenciante, a partir dos elementos de prova que o levaram à condenação, fixe o valor mínimo a título de reparação dos danos morais causados pela infração perpetrada, não sendo exigível produção de prova específica para aferição da profundidade e/ou extensão do dano. O merecimento à indenização é ínsito à própria condição de vítima de violência doméstica e familiar. O dano, pois, é *in re ipsa*.[31]

Logo, a jurisprudência atual reforça a percepção objetiva do dano moral em situações de violência doméstica, o qual, obviamente, pode-se cumular ao patrimonial e estético – por força da lógica civilista –, e, ainda, ao ressarcimento ao Sistema Único de Saúde, bem como dos equipamentos de segurança para o monitoramento da vítima, segundo a redação atual da Lei Maria da Penha.

Por fim, importa rechaçar as tentativas de se emplacar as noções de culpa concorrente ou exclusiva da ofendida em referidas situações. Tem sido dada importância louvável ao abuso do direito de defesa quando o fôlego argumentativo envolve o agravamento da desigualdade de gênero. Neste sentido, o Supremo Tribunal Federal não só declarou inconstitucional a tese de legítima defesa da honra em situações de violência[32] como o Superior Tribunal de Justiça condenou, recentemente, ao pagamento de R$ 20.000,00 (vinte mil reais), a título de danos morais, advogado que ofendeu, a partir da conduta sexual, mãe da parte autora em ação de investigação de paternidade.[33]

Observado o passado odioso de utilização de ferramentas jurídicas para agravar a culpabilização da vítima, a exemplo de legítima defesa da honra como tese que acom-

---

30. SUPREMO TRIBUNAL FEDERAL. ARE 1260888. Rel. Min. Alexandre de Moraes. Julgamento em 17 de março de 2020.
31. SUPERIOR TRIBUNAL DE JUSTIÇA. REsp 1675874/MS e REsp 1643051/MS. Rel. Min. Rogério Schietti Cruz. Julgamento em 08 de março de 2018.
32. SUPREMO TRIBUNAL FEDERAL. ADPF 779. Rel. Min. Dias Toffoli. Julgamento em 15 de março de 2021.
33. SUPERIOR TRIBUNAL DE JUSTIÇA. REsp 1.761.369. Rel. Min. Nancy Andrighi. Julgamento em 05 de julho de 2022.

panhou o caso Ângela Diniz para a redenção do agressor, com o qual se introduziu o presente capítulo, e os dados estatísticos persistentes em responsabilizá-las pelos crimes que sofrem, conclui-se como oportuno o entendimento jurisprudencial sedimentado.

5. CONSIDERAÇÕES FINAIS

A violência doméstica constitui fenômeno multifacetado. A tradução dos fatos, no processamento jurídico, porém, movimenta excessos de visibilidade a um fenômeno em absoluto detrimento de outro, o que perturba a concretização da igualdade de gênero, em especial a grupos de mulheres em condições de maior vulnerabilidade.

Por exemplo, praticamente 40% das mulheres negras em atividade laboral encontram-se em atividades precárias, contra 27% de mulheres.[34] A ofuscação de respostas patrimoniais em relação às demais, portanto, é especialmente grave. Assim, se, por um lado, o campo penal não detém intimidade com consequências desta natureza para os crimes de que se ocupa, o Direito Civil oferece um importante arsenal de medidas de cunho pecuniário – não só punitivas, nem reparatórias, para a violência doméstica, mas, inclusive, preventivas. Neste sentido, a responsabilidade civil aporta como possibilidade de alcance relativamente simples, do ponto de vista argumentativo, para as vítimas de violência doméstica.

Além de figurar como ilícito gerador do dever de reparar, tanto em sede codificada como em microssistema especialmente dedicado à proteção das mulheres, a violência doméstica produz dano presumido a quem dela tenha sofrido. Para além do dano moral, material e estético, conhecidos pela ótica civilista, recentemente, incluiu-se à Lei 11.340 de 2006 o ressarcimento, pelo agressor, ao Sistema Único de Saúde, pelo atendimento à vítima, e pelos dispositivos de segurança necessários à proteção dela. O atual estado jurisprudencial mitiga, ainda, as hipóteses de abuso de direito de defesa quanto a argumentos agravantes da desigualdade de gênero, o que mitiga as teses de culpa concorrente ou exclusiva da ofendida pelo ilícito.

Como visto, a despeito de tais avanços legislativos e jurisprudenciais, para uma maior efetivação do caminho indenizatório, a viabilização, atualmente distanciada, da competência híbrida dos Juizados especializados em situações de violência doméstica apresenta-se como imprescindível.

O recuo das políticas públicas em um contexto neoliberal refreiam potencialidades desta sorte, o que incrementa a necessidade de que, no Direito Civil, amplie-se a incorporação da violência doméstica como um problema de que constantemente se ocupa, inclusive pela via da responsabilidade civil.

---

34. INSTITUTO DE PESQUISA ECONÔMICA APLICADA. *Mulheres e trabalho*: breve análise do período 2004-2014. Disponível em: http://www.ipea.gov.br/portal/images/stories/PDFs/nota_tecnica/160309_nt_24_mulher_trabalho_marco_2016.pdf. Acesso em: 20 ago. 2022.

6. REFERÊNCIAS

BERNARDES, Márcia Nina; ALBUQUERQUE, Mariana Imbelloni Braga. Violências interseccionais silenciadas em Medidas Protetivas de Urgência. *Revista Direito & Práxis*, v. 07, n. 3, 2016.

BODIN DE MORAES, Maria Celina. A nova família, de novo: estruturas e funções das famílias contemporâneas. *Pensar Revista de Ciências Jurídicas da Universidade de Fortaleza*, v. 18, n. 2, 2013.

BORGES, Clara Maria Roman; BORTOLOZZI JUNIOR, Flávio. Uma crítica foucaultiana à criminalização do feminicídio: reflexões sobre um direito pós-identitário para a diminuição da violência de gênero. Revista da Faculdade de Direito – UFPR, v. 61, n. 3, 2016.

CONSELHO NACIONAL DE JUSTIÇA; INSTITUTO DE PESQUISA ECONÔMICA APLICADA. Poder Judiciário no Enfrentamento à Violência Doméstica e Familiar Contra as Mulheres, 2019. Disponível em: https://www.cnj.jus.br/wp-content/uploads/2011/02/7b7cb6d9ac9042c8d3e40700b80bf207.pdf. Acesso em: 29 ago. 2022.

DE FARIAS, Cristiano Chaves; BRAGA NETTO, Felipe Peixoto; ROSENVALD, Nelson. *Novo tratado de responsabilidade civil*. São Paulo: Atlas, 2015.

FLACSO; OPAS-OMS; ONU MULHERES; SPM. Mapa da Violência 2015: Homicídio de mulheres no Brasil. Disponível em: http://agenciapatriciagalvao.org.br/wp-content/uploads/2015/11/MapaViolencia_2015_homicidiodemulheres.pdf. Acesso em: 11 mar. 2022.

INSTITUTO AVON; DATA POPULAR. Percepções dos homens sobre a violência doméstica contra a mulher. Disponível em: http://www.spm.gov.br/area-imprensa/documentos-1/pesquisa_instituto22x44_5.pdf. Acesso em: 20 ago. 2022.

INSTITUTO DE PESQUISA ECONÔMICA APLICADA. Mulheres e trabalho: breve análise do período 2004-2014. Disponível em: http://www.ipea.gov.br/portal/images/stories/PDFs/nota_tecnica/160309_nt_24_mulher_trabalho_marco_2016.pdf. Acesso em: 20 ago. 2022.

LIMA, Francielle Elisabet Nogueira; OLIVEIRA, Ligia Ziggiotti de. Reflexões e desafios propostos pela leitura feminista acerca do descumprimento de deveres conjugais. *Civilistica*. a. 7, n. 3, Rio de Janeiro, 2018.

MATOS, Ana Carla Harmatiuk; DE OLIVEIRA, Ligia Ziggiotti. Responsabilidade civil e relacionamento extraconjugal. In: MADALENO, Rolf; BARBOSA, Eduardo (Coord.). *Responsabilidade civil no direito de família*. São Paulo: Atlas, 2015.

PRATS, Esther Algarra. *La responsabilidad civil en las relaciones familiares*. Madrid: Dykinson, 2012.

ROSENVALD, Nelson. *Entrevista ao Instituto Brasileiro de Direito de Família*. Disponível em: http://www.ibdfam.org.br/noticias/5134/+ENTREVISTA%3A+especialista+vai+abordar+a+responsabilidade+civil+no+IX+Congresso+Brasileiro+de+Direito+de+Fam%C3%ADlia. Acesso em: 20 ago. 2022.

SCHREIBER, Anderson. *Novos paradigmas da responsabilidade civil*. 3. ed. São Paulo: Atlas, 2011.

SCHREIBER, Anderson. Responsabilidade civil e direito de família: a proposta da reparação não pecuniária. In: MADALENO, Rolf; BARBOSA, Eduardo (Coord.). *Responsabilidade civil no direito de família*. São Paulo: Atlas, 2015.

SEGATO, Rita Laura. *La critica de la colonialidad en ocho ensayos y una antropologia por demanda*. Buenos Aires: Prometeo Libros, 2013.

SILVA, Marcos Alves da. *Da monogamia*: a sua superação como princípio estruturante do Direito de Família. Curitiba: Juruá, 2013.

SUPERIOR TRIBUNAL DE JUSTIÇA. AgREsp 1626962. Rel. Min. Sebastião Reis Junior. Julgamento em 16 de dezembro de 2016.

SUPERIOR TRIBUNAL DE JUSTIÇA. REsp 1.761.369. Rel. Min. Nancy Andrighi. Julgamento em 05 de julho de 2022.

SUPERIOR TRIBUNAL DE JUSTIÇA. REsp 1675874/MS e REsp 1643051/MS. Rel. Min. Rogério Schietti Cruz. Julgamento em 08 de março de 2018.

SUPERIOR TRIBUNAL DE JUSTIÇA. REsp 1675874/MS e REsp 1643051/MS. Rel. Min. Rogério Schietti Cruz. Julgamento em 08 de março de 2018.

SUPREMO TRIBUNAL FEDERAL. ADPF 779. Rel. Min. Dias Toffoli. Julgamento em 15 de março de 2021.

SUPREMO TRIBUNAL FEDERAL. ARE 1260888. Rel. Min. Alexandre de Moraes. Julgamento em 17 de março de 2020.

TJDF. Ap. Crim. 00010977220198070 0010. Julgado em 12 de maio de 2021.

A FUNÇÃO PROMOCIONAL DA RESPONSABILIDADE CIVIL E OS NOVOS CONTORNOS DOS PRINCÍPIOS DA SOLIDARIEDADE E DA CELERIDADE

Antonio dos Reis Júnior

Doutor e Mestre em Direito Civil pela Faculdade de Direito da Universidade do Estado do Rio de Janeiro (UERJ). Especialista em Direito Privado Europeu pela Universidade de Coimbra. Professor de Direito Civil do IBMEC-RJ e UCAM-RJ. Professor dos Programas de Pós-Graduação em Direito Civil da PUC-RJ, CEPED-UERJ e EMERJ.

Sumário: 1. Introdução: a função promocional da responsabilidade civil – 2. Os fundamentos constitucionais da função promocional da responsabilidade civil: os princípios da solidariedade e celeridade – 3. A função promocional da responsabilidade civil, a máxima efetividade e os confins da transação – 4. Os estímulos e instrumentos da função promocional da responsabilidade civil – 5. Inferências finais – 6. Referências.

1. INTRODUÇÃO: A FUNÇÃO PROMOCIONAL DA RESPONSABILIDADE CIVIL

Norberto Bobbio,[1] na propositura de uma concepção funcionalista do direito,[2] considerava insuficientes as tradicionais finalidades "protetora" e "repressiva" do or-

---

1. *Da estrutura à função*: novos estudos de teoria do direito. Trad. Daniela Beccaccia Versiani. Barueri: Manole, 2007.
2. Ainda que a funcionalização do direito seja uma característica marcante da metodologia do direito civil-constitucional, é necessário consignar que não se trata de um novo modo de compreender o direito. Em seus primórdios, quando se falava apenas de *"função social"*, como princípio ou critério de controle da autonomia, já se trabalhava com a releitura da teoria individualista dos direitos subjetivos. Para Léon Duguit, um dos percussores da chamada *funcionalização* do direito, a vontade individual só fazia sentido na coletividade, sendo a solidariedade um fato social irrefutável, que merecia tutela na ordem jurídica. Em suas palavras, no exercício de suas vontades individuais, o home se apega com solidariedade a outros homens, como representação do que provavelmente tenha sido um dos primeiros atos de consciência humana: "une volonté individuelle, même déterminée par un but collectif, reste une volonté individuelle. Qui affirme cette prétendue conscience collective? L'individu. Son affirmation est un acte de conscience individuelle. Que l'individu se saisisse comme solidaire des autres hommes; que le premier acte de la conscience humaine ait été une représentation de la solidarité sociale, c'est possible, c'est même probable" (*L'état, le droit objectif et la loi positive*. Paris: Albert Fontemoing, 1901, p. 7-8). A evolução dessa vertente resultou numa perspectiva mais ampla de função e funcionalização dos institutos, que não se restringe ao seu caráter social, indo além, a representar verdadeira "razão genética do instituto", encontrando na finalidade essencial o seu real elemento caracterizador, a sua "razão de ser", como se vê em Salvatore Pugliatti: "Non soltanto la struttura per sè conduce inevitabilmente al tipo che si può descrivire, ma non individuare, bensi inoltre funzione esclusivamente è idonea a fungere da criterio d'individuazione: essa, infatti, dà la ragione genetica dello strumento, e la ragione permamente del suo impiego, cioè la ragione d'essere (oltre a quella di essere stato)" (*La proprietà nel nuovo diritto*. Milano: Giuffrè, 1964, p. 300).

denamento jurídico, apresentado como um conjunto de normas negativas.[3] Revelou, neste contexto, que, ao contrário do que antes imaginava a "ciência do direito",[4] o direito positivo se constitui como modelo normativo composto tanto por sanções negativas, quanto por sanções positivas, ainda que estas representassem fenômeno ainda rarefeito.[5]

A finalidade do ordenamento jurídico não se restringe à realização do valor das liberdades individuais. Além de buscar uma sociedade livre, a ordem jurídica visa construir uma sociedade solidária (art. 3º, I da CF). O *valor da solidariedade* impõe que as partes mantenham relações de cooperação umas com as outras, não apenas no aspecto negativo, mas também no perfil positivo, de promoção dos valores merecedores de tutela. E para alcançar tal desiderato, é útil que a ordem jurídica dê um "empurrão", ou ofereça um "gatilho", para que as relações sociais se desenvolvam na plenitude dos comportamentos desejados.[6]

---

3. Nas palavras do racionalismo pragmático de Alf Ross, o ordenamento jurídico é o "corpo integrado de regras que determina as condições sob as quais a força física será exercida contra uma pessoa", extraindo, daí, a ideia de coercibilidade e de sanção negativa (*O direito e a justiça*. Bauru: Edipro, 2003, p. 58).
4. Movimento dogmático de grande repercussão teórica, o estudo "científico" do direito representava o estopim da doutrina positivista, no sentido investigar o dano normativo (objeto cientificamente analisado) em sua pureza, com as características da neutralidade, generalidade, abstração e universalidade, sem a interferências de outras realidades da ordem social. A obra de maior relevância, no sistema europeu continental, a cumprir tal desiderato é atribuída à Hans Kelsen, onde ele afirma que "a teoria pura do direito é uma teoria do direito positivo – do direito positivo em geral, não de uma ordem jurídica especial (...). Como teoria, quer única e exclusivamente conhecer o seu próprio objeto. Procura responder a esta questão: o que é e como é o Direito? Mas já não lhe importe a questão de saber como deve ser o Direito, ou como deve ele ser feito. É ciência jurídica e não política do Direito" (*Teoria pura do direito*. São Paulo: Martins Fontes, 2000, p. 1).
5. Como já salientava Eduardo Talamini, a sanção "não consiste necessariamente na 'realização compulsória de um mal', eis que pode se apresentar sob a forma de um prêmio (concessão de um bem) a quem observa voluntariamente determinada norma jurídica; e, como consequência dos traços anteriores, não é necessariamente reação a um ato ilícito, embora tenha em mira sempre a observância de normas jurídicas" (*Tutela relativa aos deveres de fazer e de não fazer e sua extensão aos deveres de entrega da coisa*. São Paulo: Ed. RT, 2003, p. 169).
6. A referência ao termo empurrão (ou cutucada) é uma tradução livre de "*nudge*", a que se referem Cass S. Sunstein e Richard H. Thaler. Segundo eles, o "*empurrão*" é um perfil da arquitetura da escolha, que altera o comportamento das pessoas de uma forma previsível, sem retirar-lhes as opções ou modificar significativamente seus incentivos econômicos. Em suas palavras: "A nudge, as we will use the term, is any aspect of the choice architecture that alters people's behavior in a predictable way without forbidding any options or significantly changing their economic incentives. To count as a mere nudge, the intervention must be easy and cheap to avoid. Nudges are not mandates. Putting the fruit at eye level counts as a nudge. Banning junk food does not" (*Nudge*: improving decisions about health, wealth, and happiness. New Haven: Yale University Press, 2008, p. 6). É um conceito essencial à adoção do chamado "paternalismo libertário", expressão da corrente behaviorista, por meio do qual seus defensores creem ser legítimo que as instituições públicas e privadas tentem influenciar o comportamento das pessoas, de modo que caminhem na direção de escolhas que irão melhorar o seu próprio bem-estar. Ademais, sustentam que é possível ainda complementar tal conceito ao de "benevolência libertária", segundo o qual as regras padronizadas, os efeitos contextuais e os pontos de partida sejam direcionados ao melhor interesse de terceiros vulneráveis: "The paternalistic aspect consists in the claim that it is legitimate for private and public institutions to attempt to influence people's behavior even when third-party effects are absent. In other words, we argue for self-conscious efforts, by private and public institutions, to steer people's choices in directions that will improve the choosers' own welfare. In our understanding, a policy therefore counts as "paternalistic" if it attempts to influence the choices of affected parties in a way that will make choosers better off. Drawing on some well-established findings in behavioral economics and cognitive psychology, we emphasize the possibility that in some cases individuals make inferior decisions in terms of their own welfare – decisions that they would change if they had complete information, unlimited cognitive abilities, and no lack of self-control. In addition, the notion of libertarian paternalism can be complemented by that of libertarian benevolence, by which plan

Com efeito, dentre os instrumentos normativos aptos a realizar a função promocional do direito, expressa na Constituição – destacando-se, nesta seara, que o constituinte elegeu como objetivo republicano a construção de uma "sociedade livre, justa e solidária" (art. 3º, I, da CF) –, apresenta-se a técnica vinculada às sanções positivas. No escólio de Bobbio:

> A noção de sanção positiva deduz-se, *a contrario sensu*, daquela mais bem elaborada de sanção negativa. Enquanto o castigo é uma reação a uma ação má, o prêmio é uma reação a uma ação boa. No primeiro caso, a reação consiste em restituir o mal ao mal; no segundo, o bem ao bem. Em relação ao agente, diz-se, ainda que de modo um tanto forçado, que o castigo retribui, com uma dor, um prazer (o prazer do delito), enquanto o prêmio retribui, com um prazer, uma dor (o esforço pelo serviço prestado). Digo que é um tanto forçado porque não é verdade que o delito sempre traz prazer a quem o pratica nem que a obra meritória seja sempre realizada com sacrifício. Tal como o mal do castigo pode consistir tanto na atribuição de uma desvantagem quanto na privação de uma vantagem, o bem do prêmio pode consistir tanto na atribuição de uma vantagem quanto na privação de uma desvantagem.[7]

Esclarece-se, portanto, que uma ordem jurídica positiva, dentro de um contexto constitucional organizado por uma jurisprudência de valores, como sói ocorrer com a Carta de 1988, permite que a coercibilidade do direito, que atua através dos mecanismos de sanção, apresente-se como reação negativa ou positiva ao comportamento de seus atores.[8] Assim, persegue-se a conduta desejada tanto por meio de arranjos legais que afetarão a esfera pessoal ou patrimonial do agente que descumprir ao comando de atuação conforme a lei (sanções negativas), como por via de uma normativa que premie ou agracie o agente que realizou certos escopos eleitos pelo ordenamento como merecedores de tutela diferenciada, dado o cumprimento de certas finalidades essenciais (sanções positivas).[9]

Com apoio nessa ideia de direito, notadamente funcional e de viés axiológico e teleológico, defende-se aqui uma perspectiva de releitura funcional do instituto da responsabilidade civil, reconhecendo nela uma função promocional.

---

design features such as default rules, framing effects, and starting points are enlisted in the interest of vulnerable third parties. We shall devote some discussion to this possibility" (SUNSTEIN, Cass S.; THALER, Richard H. Libertarian Paternalism Is Not an Oxymoron. *Civilistica.com*. Revista eletrônica de direito civil. Rio de Janeiro: a. 4, n. 2, 2015, p. 4. Disponível em: http://civilistica.com/libertarian-paternalism-is-not-an-oxymoron. Acesso em: 02 out. 2018).

7. BOBBIO, Norberto. *Da estrutura à função*, cit., p. 24-25.
8. "Vistos de um ângulo sociopsicológico, o prêmio e a pena são estabelecidos a fim de transformar o desejo do prêmio e o receio da pena em motivo da conduta socialmente desejada" (KELSEN, Hans. *Teoria pura do direito*, cit., p. 28).
9. "Se é verdade, de fato, que a recompensa é o meio usado para determinar o comportamento alheio por aqueles que dispõem das reservas econômicas, a isto segue que o Estado, à medida que dispõe de recursos econômicos cada vez mais vastos, venha a se encontrar em condição de determinar o comportamento dos indivíduos, não apenas com o exercício da coação, mas também com o de vantagens de ordem econômica, isto é, desenvolvendo uma função não apenas dissuasiva, mas também, como já foi dito, promocional. Em poucas palavras, essa função é exercida com a promessa de uma vantagem (de natureza econômica) a uma ação desejada, e não com a ameaça de um mal a uma ação indesejada. É exercida, pois, pelo uso cada vez mais frequente do expediente das sanções positivas" (BOBBIO, Norberto. *Da estrutura à função*, cit., p. 68).

2. OS FUNDAMENTOS CONSTITUCIONAIS DA FUNÇÃO PROMOCIONAL DA RESPONSABILIDADE CIVIL: OS PRINCÍPIOS DA SOLIDARIEDADE E CELERIDADE

Assentir com a existência de uma *função promocional da responsabilidade civil* pressupõe, fundamentalmente, aderir à tese de que (i) a ordem jurídica positiva visa cumprir determinadas finalidades, podendo delas extrair uma teleologia; (ii) em razão disso, os institutos e categorias devem ser interpretados de maneira funcionalizada ao cumprimento de tais finalidades; (iii) os mecanismos normativos, definidores dos comportamentos desejados, pela via da previsão de reação do direito diante da conduta dos sujeitos, apresentam-se de duas formas: sanções negativas e positivas; (iv) a sanção positiva, definida como uma resposta benéfica do ordenamento a um comportamento desejável, que se faz necessário *estimular*, é admitida no âmbito da responsabilidade civil e extraída do contexto global do sistema; (v) os seus efeitos podem ser revelados mediante uma interpretação teleológica do direito posto, no qual já se pode vislumbrar uma *aplicação prática*, mesmo sem a existência de uma regulamentação específica; (vi) a sua construção dogmática deve gozar de autonomia suficiente para não se confundir com as demais funções já consagradas, ainda que possa ter relação de dependência com uma delas.[10]

Em cumprimento a este itinerário, já se demonstrou que o direito positivo contemporâneo, pós-positivista, organiza-se por um conjunto de normas cujo escopo não se resume a garantir o seu próprio cumprimento, numa perspectiva puramente formal, mas vinculado às finalidades materialmente determinadas na Constituição.[11] Se o direito atende, desta forma, a uma teleologia que se pode extrair da tábua de valores definida na Carta Maior, a responsabilidade civil se vincula a axiologia que não se limita ao aspecto lógico e interno do instituto, mas que se conecta com os valores globais do ordenamento (daí o seu aspecto funcional).[12]

Desta forma, se àquele aspecto interno, inerente ao instituto, que remonta às suas origens e aos alicerces de sustentação de sua existência, emerge a sua finalidade primária (função reparatória/compensatória), como resposta negativa (sanção negativa) do ordenamento a um dano injusto produzido na esfera jurídica de alguém,[13] o desafio do

---

10. Permita-se remeter às observações preliminares apresentadas em REIS JÚNIOR, Antonio dos. Por uma função promocional da responsabilidade civil. SOUZA, Eduardo Nunes; SILVA, Rodrigo da Guia (Coord.). *Controvérsias atuais em responsabilidade civil*. São Paulo: Almedina, 2018, p. 597.
11. PERLINGIEIRI, Pietro. *O direito civil na legalidade constitucional*. Rio de Janeiro: Renovar, 2008, p. 589-591.
12. Nesta direção, acerca do "dano injusto", muito caro ao direito italiano, como já demonstrado no capítulo 1, *supra*, notadamente em face da previsão legal do art. 2.043 do Código Civil, leciona Adolfo Di Majo que "il concetto di 'danno ingiusto' realizza una 'clausola generale', la quale ha riguardo a tutte le situazioni giuridiche che possono ricondursi alla violazione di principi, anche più generali, come quello di solidarietà, di cui è parola massimamente nella Costituzione (art. 2) ma non solo in essa" (Discorso generale sulla responsabilità civile. In: LIPARI, Nicolò; RESCIGNO, Pietro (Coord.). *Diritto civile*. Milano: Giuffrè, 2009, v. IV, t. III, p. 23).
13. Importante reforçar que a ideia de sanção não se confunde com a de punição, ou imposição de pena. Neste sentido, sanção negativa representa, em termos gerais, uma resposta negativa a um comportamento negativo, rejeitado pela ordem jurídica, motivo pelo qual a imputação do dever de indenizar ao responsável representa uma forma de aplicação de uma sanção negativa, mesmo que desprovida de viés punitivo (REALE, Miguel. *Filosofia do direito*. 12. ed. São Paulo: Saraiva, 1987, p. 673).

intérprete é obter o significado de sua finalidade última.[14] Neste sentido, entende-se por finalidade última aquela que se realiza no escopo global do ordenamento jurídico, como último degrau de concretização do direito, em sua unidade. Tal sentido só pode ser identificado através do reconhecimento de um *objetivo final* destacado na tábua de valores que compõem o vértice da escala hierárquica do ordenamento, cujo teor encontre perfeita harmonização com a intencionalidade primeira do instituto da responsabilidade civil.[15]

Eis por que a finalidade última da responsabilidade civil só pode estar associada ao comando do art. 3º, I, da CF, que define como "objetivo fundamental" da República Federativa do Brasil "construir uma sociedade livre, justa e solidária", com apoio no vetor principiológico da "razoável duração do processo", através dos "meios que garantam a celeridade de sua tramitação" (art. 5º, LXXVIII, da CF). Se a liberdade já encontra lugar como um dos fundamentos de imputação da responsabilidade e a justeza do modelo é de sua própria natureza, calcada nos parâmetros de igualdade e preservação da incolumidade da esfera jurídica alheia (ambos sustentam a finalidade primária da responsabilidade civil), é na *solidariedade* e no valor da *celeridade* na composição dos conflitos que se deve desenvolver o conteúdo da última fronteira na teleologia da responsabilidade civil.[16]

Decerto que já são muitos os esforços no sentido de transpor para a solidariedade o fundamento da responsabilidade civil. Como já demonstrado, costuma-se ancorar no valor da *solidariedade* tanto o movimento de "objetivação" da responsabilidade civil,[17] quanto a corrente que sustenta o abandono do viés individualista do dever de reparar, por um sistema global de socialização dos riscos e das perdas,[18] ou mesmo no sentido de fundamentar a expansão dos "novos" danos indenizáveis (ou a seleção de novos interesses dignos de tutela jurídica),[19] até aqueles que atribuem à solidariedade o fundamento de valor da função preventiva.[20] Entretanto, aqui se defende uma outra atribuição de sentido ao valor da solidariedade, que revela a finalidade última da responsabilidade civil, na fronteira derradeira de concretização (máxima efetividade) de sua finalidade primária.

---

14. Segundo Mafalda Miranda Barbosa, a teleologia última da responsabilidade civil corresponde à "intencionalidade que a caracteriza e que lhe comunica um determinado sentido do direito enquanto direito" (Reflexões em torno da responsabilidade civil: teleologia e teleonomologia em debate. *Boletim da Faculdade de Direito da Universidade de Coimbra*, Coimbra: FDUC, 2005, v. 81, p. 512).
15. Mais uma vez, saliente-se, a referência à finalidade primária, primeira ou originária não implica superioridade hierárquica do *thelos* reparatório, em comparação, por exemplo, à finalidade preventiva, mas apenas que ela representa a referência teleológica nuclear do instituto, sem a qual a responsabilidade não encontra razão de ser.
16. Marcante a passagem de Maria Celina Bodin de Moraes, ao identificar o conteúdo do princípio da solidariedade: "a pessoa humana, no que se difere diametralmente da concepção jurídica de indivíduo, há de ser apreciada a partir da sua inserção no meio social, e nunca como célula autônoma, nunca microcosmo cujo destino e cujas atitudes possam ser diferentes aos destinos e às atitudes dos demais (...). O princípio da solidariedade, ao contrário, é a expressão mais profunda da sociabilidade que caracteriza a pessoa humana. No contexto atual, a Lei Maior determina – ou melhor, exige – que nos ajudemos, mutuamente, a conservar a nossa humanidade porque a construção da sociedade justa, livre e solidária cabe a todos e a cada um de nós" (O princípio da solidariedade. *Na medida da pessoa humana*. Rio de Janeiro: Renovar, 2008, p. 264-265).
17. SALLES, Raquel Bellini. *A cláusula geral de responsabilidade objetiva*. Rio de Janeiro: Lumen Juris, 2011, p. 61.
18. SCHEREIBER, Anderson. *Novos paradigmas da responsabilidade civil*. São Paulo: Atlas, 2012, p. 30.
19. RODOTÀ, Stefano. *Il problema della responsabilità civile*. Milano: Giuffrè, 1967, p. 89-116.
20. VENTURI, Thaís Goveia Pascoaloto. *Responsabilidade civil preventiva*: a proteção contra a violação dos direitos e a tutela inibitória material. São Paulo: Malheiros, 2014, p. 241.

Na busca de seu significado, não é prudente que seja compreendida como contraponto ao valor da liberdade. Antes, deve conviver harmonicamente com ela, delineando, nos confins de sua interseção, o conteúdo daquela e vice-versa. Em outras palavras, não se trata de travar um embate de fundamentos entre liberdade *versus* solidariedade. Cuida-se de identificar em ambos os valores, de igual peso hierárquico, as finalidades e funções que a responsabilidade civil persegue, numa perspectiva unitária.

Neste raciocínio, compreende-se que a liberdade, como fundamento da responsabilidade civil, influenciada pela solidariedade, só pode ser entendida em contexto *inter-relacional*, não individualista e não-voluntarista, mas que encontra na pessoa humana o *locus* de sua atuação, considerando toda a complexidade de interesses que a envolvem, máxime aqueles de natureza existencial.[21] Ciente de que sua autonomia só pode ser realizada na consideração do Outro, como elemento integrante daquilo que representa a personalidade humana, confere-se à liberdade, assim, um sentido ético (e não moralista), positivo (com senso de dever de conduta), vinculado à personalidade, que se realiza na comunicação com os demais centros de interesses,[22] ainda que não se perca de vista o seu sentido negativo, associado à definição de seus limites de atuação, onde a responsabilidade atua como modelo de reação ao dano proveniente de seu indevido exercício. Aqui se observa a finalidade primária da responsabilidade civil: o viés reativo, de resposta, como sanção negativa, a um dano causado por alguém na esfera jurídica alheia.

À solidariedade, por sua vez, deve-se atribuir um novo sentido que não se contraponha à liberdade, mas que se comunique a ela, extraindo dessa relação a finalidade última do instituto.[23] Nesta direção, a solidariedade exprime também, quando conectada à função primária, um sentido (ligado à ideia de uma liberdade positiva) que convoca os atores envolvidos no evento danoso (que *já ocorreu*) a movimentarem-se (como senso de dever) do modo mais eficaz possível à realização da reparação/compensação

---

21. "A pessoa – entendida como conexão existencial em cada indivíduo da estima de si, do cuidado com o outro e da aspiração de viver em instituições justas – é hoje o ponto de confluência de uma pluralidade de culturas, que nela reconhecem a sua própria referência de valores. (...) A pessoa é inseparável da solidariedade: ter cuidado com o outro faz parte do conceito de pessoa. (...) Nesta perspectiva, a solidariedade exprime a cooperação e a igualdade na afirmação dos direitos fundamentais de todos" (PERLINGIERI, Pietro. *O direito civil na legalidade constitucional*, cit., p. 460-462).
22. "O homem não é mais o indivíduo absoluto, que tem ao seu dispor um mundo objecto manipulável, mas a pessoa convivente, que age no mundo por que é responsável; e por outro lado e consonantemente o direito não é o mero regular do encontro de arbítrios, subjectivamente titulados, que recíproca e mecanicamente se comprimem, mas autenticamente co-instituída exigência de sentido em que a pessoa aceita rever-se" (BRONZE, Pinto. O Visconde de Seabra (um exercício de memória). *Boletim da Faculdade de Direito*. Coimbra: Ed. Coimbra, 1995, v. LXXI, p. 593). Em conexão com a responsabilidade, Malfada Miranda Barbosa leciona que "o homem já não pode ser entendido isoladamente, como uma parcela do todo, mas deve ser entendido como um ser que realiza plenamente a dignidade ética na comunicação com os outros semelhantes" (*Reflexões em torno da responsabilidade civil* cit., p. 557).
23. "Não se trata (...) somente de impor limites à liberdade individual, atribuindo inteira relevância à solidariedade social: o princípio cardeal do ordenamento é o da dignidade humana, que se busca atingir através deu uma medida de ponderação que oscila entre os dois valores, ora propendendo para a liberdade, ora para a solidariedade. A resultante dependerá dos interesses envolvidos, de suas consequências perante terceiros, de sua valoração em conformidade com a tábua axiológica constitucional, e determinará a disponibilidade ou indisponibilidade da situação jurídica protegida" (BODIN DE MORAES, Maria Celina. *O princípio da solidariedade*, cit., p. 264-265).

dos danos concretizados na esfera jurídica da vítima. De um lado, convoca o agente à busca pela maneira mais eficiente de reparar ou compensar a vítima. De outro, concretizado o dano, invoca a vítima a abrir os canais de comunicação para a realização de tal desiderato, exigindo-se cooperação de sua parte. Abre-se um canal de diálogo possível e desejável (daí o sentido ético) na ambiência normalmente hostil da responsabilidade extracontratual ou aquiliana, onde agente e vítima não mantinham relações ou vínculos pretéritos. É um passo adiante na escala do avanço civilizatório e comunitário.

Ao remate, no constitucionalismo contemporâneo do pós-guerra, não se pode admitir que o modelo de responsabilidade sirva a escopos individualistas, seja na perspectiva da vítima, seja pela ótica do agente ofensor. É que o valor da pessoa humana representa o centro maior de interesses do ordenamento jurídico, de maneira que a responsabilidade civil só pode fundamentar-se da consideração da pessoa (e não do indivíduo, ou sujeito de direito), na complexidade de seus atributos (patrimoniais e existenciais), como núcleo maior de tutela e critério-mor de conformação do instituto. Assim é que a dignidade, que não se realiza sem liberdade e solidariedade, representa a ideia de ter na pessoa a *finalidade do direito*, conferindo à responsabilidade civil um caráter ético imanente. A obrigação de indenizar existe em razão do exercício da liberdade, mas não como limite externo desta, senão como componente de modelação de seu exercício, que exige o cumprimento de deveres (solidariedade). Quanto mais eficazmente forem tais deveres cumpridos (especialmente o dever de reparar ou compensar), melhor para a comunidade na qual as pessoas se inter-relacionam, aproximando-se mais à vítima, em igual medida, de sua reparação integral.[24]

A celeridade, por sua vez, é um vetor axiológico de extrema relevância para a função promocional da responsabilidade civil. É que a satisfação do pleno interesse da vítima normalmente está conectada à rápida medida de reparação/compensação do dano sofrido.[25] É importante, todavia, conferir a adequada interpretação deste que é não só um princípio constitucional do processo (endoprocessual), mas de todo e qualquer procedimento, seja ele judicial ou extrajudicial.[26] Sua composição conceitual é síntese

---

24. É a mesma linha adotada por BODIN DE MORAES, Maria Celina. A constitucionalização do direito civil e seus efeitos sobre a responsabilidade civil. *Revista Direito, Estado e Sociedade*, n. 29, p. 317-342. Rio de Janeiro, 2006.
25. Sobre a relação entre o tempo, a velocidade e a busca pela felicidade na sociedade contemporânea, marcada pela "liquidez" de seus fundamentos antes "sólidos", cf. BAUMAN, Zygmunt. *Tempos líquidos*. Rio de Janeiro: Zahar, 2007, passim.
26. Dispõe o art. 5º, LXXVIII da CF que "a todos, no âmbito judicial e administrativo, são assegurados a razoável duração do processo e os meios que garantam a celeridade de sua tramitação". Evidentemente, se a celeridade é valor constitucional a ser perseguido inclusive no âmbito administrativo, é porque o constituinte não pretende que seja restrito ao âmbito judicial. Considerando a celeridade como verdadeiro *princípio*, é de reconhecer a fluidez e amplitude de seu conteúdo, atribuindo à sua abertura a possibilidade de abarcar situações jurídicas subjetivas inovadoras não antes imaginadas pelos redatores originais do texto normativo. É essa abertura que permite a assimilação do procedimento de reparação espontânea extrajudicial como verdadeiro *iter* procedimental que atrai a atuação do princípio da celeridade. Em última análise, é o reconhecimento da máxima efetividade dos direitos fundamentais, para que sejam eles concretizados em sua mais ampla medida: "a uma norma constitucional deve ser atribuído o sentido que maior eficácia lhe dê. (...) no caso de dúvidas deve preferir-se a interpretação que reconheça maior eficácia aos direitos fundamentais" (CANOTILHO, Joaquim José Gomes. *Direito Constitucional e Teoria da Constituição*. Coimbra: Almedina, 1999, p. 1.149).

da ideia de celeridade, no sentido de agilidade, presteza, brevidade, com a medida da razoabilidade, como valor que exige dos interessados a compreensão das especificidades do caso concreto, que podem demandar um diferimento temporal das tratativas ou negociações, como pressuposto para a própria apuração precisa da medida e intensidade dos danos causados. Eis por que é perfeito o arranjo de princípios que consta do texto constitucional, ao fazer referência expressa à "razoável duração do processo".

É a razoabilidade que deve evitar a tomada de decisão precipitada da vítima – e do próprio agente –, no sentido de uma reparação ou compensação espontânea imediata que pode deixar pontos em aberto, gerando grande potencial para o surgimento de controvérsias futuras. A função promocional rejeita uma reparação espontânea demasiadamente apressada, pouco refletida, ou forçada, que ao invés de pôr termo à lide, provavelmente apenas a difere no tempo. A formação da vontade da vítima deve se pautar num razoável equilíbrio reflexivo, especialmente nas hipóteses de dano extrapatrimonial.[27] Quando todas essas cautelas são tomadas, por ambas as partes, o consentimento se dá de modo mais íntegro possível. Ponderadas tais questões, maior será a satisfação da vítima quanto mais rápido razoavelmente o agente reparar/compensar o dano.

A função promocional da responsabilidade civil, portanto, define-se como finalidade última do direito dos danos, como degrau derradeiro de seu aperfeiçoamento, cujo sentido, conectado à sua finalidade primária, revela-se pelo conjunto de medidas que visam *estimular*, com amparo na ideia de sanção positiva, a reparação ou compensação *espontânea* dos danos.[28]

Com fundamento no binômio liberdade negativa-responsabilidade, em sua finalidade primária, o causador do dano é obrigado, com ou sem culpa (conforme seja a responsabilidade subjetiva ou objetiva), a reparar ou compensar a vítima, medindo a indenização pela extensão do dano (sanção negativa). Sendo este o efeito que se impõe, pelo conjunto normativo estabelecido pelo ordenamento jurídico (art. 186, 187 e 927 do Código Civil), cumpre realizá-lo da maneira mais efetiva possível, permitindo-se, assim, extrair a finalidade última da responsabilidade civil, de modo a emanar do sistema jurídico um conjunto de sanções positivas (prêmios ou recompensas), cujo objetivo é estimular a reparação espontânea e eficiente dos danos. Fala-se de um conjunto de efeitos favoráveis ao agente que (atribuindo-lhe uma vantagem ou privando-o de uma desvantagem), uma vez reconhecidos pela doutrina e pela jurisprudência, terão força

---

27. A tomada de decisão da vítima, como ato de exercício da autonomia, ainda que amparada na realização do interesse na velocidade da solução da controvérsia, não pode deixar de pautar-se em equilibrada consideração da complexidade do evento danoso, especialmente na avaliação de sua extensão. Assim, a razoabilidade (e proporcionalidade) atuam como importantes fatores de ponderação tanto quantitativa (contagem do tempo), quanto qualitativa (especialmente na valoração de interesses não patrimoniais). Como acentua Pietro Perlingieri, "o merecimento de tutela [no exercício da autonomia] não pode se inspirar exclusivamente no aspecto quantitativo. Com efeito, a proporcionalidade consiste na justa proporção ou quantificação e configura, portanto, um parâmetro ulterior e sucessivo em relação àquele de razoabilidade" (*O direito civil na legalidade constitucional*, cit., p. 406-407).
28. Mais uma vez, pede-se a devida licença para remeter a REIS JÚNIOR, Antonio dos. *Por uma função promocional da responsabilidade civil*, cit., p. 601.

suficiente para gerar um ambiente inter-relacional ideal, cujo maior beneficiário continuará sendo a própria vítima: pessoa lesada cujo centro de interesses se mantém como aquele mais importante a tutelar.[29]

3. A FUNÇÃO PROMOCIONAL DA RESPONSABILIDADE CIVIL, A MÁXIMA EFETIVIDADE E OS CONFINS DA TRANSAÇÃO

A *função promocional da responsabilidade civil* é expressão da finalidade última do instituto. Aquela função que se liga às exigências comportamentais e éticas derradeiras, para que as pessoas, no exercício da solidariedade, corrijam seus equívocos espontaneamente, ainda que pela via de um estímulo. Como está ligada umbilicalmente à finalidade primária, pressupõe o dano e se orienta para a sua *melhor* reparação ou compensação.[30] Como direciona o foco ao comportamento elogiável (ético) das partes envolvidas, para solver o litígio e restabelecer a harmonia social, *não se prende inexoravelmente à exata medida da extensão do dano*,[31] mas ao aspecto *subjetivo* dos envolvidos: o agente causador quer e se comporta de maneira a compensar de forma célere, eficiente e segura; enquanto a vítima quer e se comporta de modo favorável à resolução rápida, também eficiente e de tal sorte que satisfaça o seu interesse.[32]

Quando se diz que a função promocional é modelo de estímulo à reparação espontânea do dano, faz-se necessário destacar alguns pontos que podem sofrer objeções razoáveis. O primeiro deles é o conceito de espontaneidade. A rigor, uma pessoa age espontaneamente quando movida por impulsos próprios (sejam eles de ordem intuitiva ou racional), sem que haja interferência externa na conformação de sua vontade. De fato, essa é a apuração conceitual comum mais precisa, mas que aqui será ressignificada à luz dos valores do ordenamento (*dever-ser*) e da praxe (*ser*), de modo a impingir-lhe significado jurídico próprio.

A questão está ligada, impreterivelmente, ao problema da *eficácia* do direito. Mesmo o autor expoente do positivismo jurídico já afirmou que as normas jurídicas somente permanecem válidas (e, portanto, vigentes) "*se* esta ordem jurídica é eficaz, quer dizer, enquanto a ordem jurídica (*numa consideração global*) for eficaz".[33] Neste caso, a importância da praxe (mundo do ser) na conformação da ordem jurídica positiva (mundo

---

29. Valiosas as palavras de Louis Josserand, para quem "a história da responsabilidade é a história da jurisprudência, e também, de alguma forma, da doutrina: é, mais geralmente, o triunfo do espírito, do senso jurídico" (Evolução da responsabilidade civil. *Revista Forense*. a. 38. v. 86. p. 559. Rio de Janeiro, 1941).
30. A alteração do perfil de satisfação da vítima é um dos traços marcantes que distinguem a função reparatória/compensatória clássica, da função promocional. Enquanto aquela visa a *reparação integral*, aos moldes tradicionais, esta vislumbra uma ideia ressignifica de reparação integral, no sentido de *reparação eficiente* e, portanto, suficiente, que satisfaça os interesses da vítima.
31. Embora a função promocional pressuponha o dano, não se rende a ele, na medida em que o critério para a sua concretização não depende da apuração perfeita da recomposição danosa, pois se volta ao comportamento colaborativo das partes para o alcance da satisfação do interesse da vítima, cuja régua pode não equivaler à exata medida da extensão do dano.
32. Para além dos critérios de eficiência, celeridade e segurança, traduz-se em comportamento cooperativo que homenageia a boa-fé objetiva. Todos esses são fatores de concretização do princípio da solidariedade.
33. KELSEN, Hans. *Teoria pura do direito*, cit., p. 237.

do dever-ser) é de tal grau que se torna condicionante da própria existência válida do direito objetivo, enquanto tal. Sendo assim, faz-se mister compreender o fenômeno do "*agir espontâneo*" de acordo com as circunstâncias da realidade e pela via dos valores e instrumentos que a ordem positiva põe à disposição do agente causador do dano.

É por essa razão que aqui se considera *espontânea* tanto a conduta motivada pelo despertar íntimo e pessoal, de raiz puramente religiosa ou moral subjetiva, quanto o comportamento impulsionado pela existência de uma sanção determinada (a qual a pessoa prestou obediência), como senso de dever (ético-moral objetivo ou simplesmente jurídico),[34] ainda que se utilizem de uma ponte oferecida pela ordem jurídica (*nudge*) para convencer-se acerca da tomada de decisão.[35] É que, como já se defendeu, a eficácia do direito tem significado normativo: se uma pessoa age conforme o direito, a norma é eficaz, ainda que o móvel subjetivo daquele agente não guarde relação com a estrutura de sanções oferecidas (positivas ou negativas).[36] Assim, serão espontâneos todos os atos de composição extrajudicial, como também aqueles que se deram no curso do processo, pelo caminho das oportunidades oferecidas na legislação processual. A *contrario sensu*, o comportamento não será espontâneo, tão somente, quando a pessoa é compelida, coercitivamente, a realizá-lo, como por exemplo, pela via de decisão judicial, ou de protesto de título, ou de execução forçada extrajudicial etc.

Outra objeção de extrema relevância é aquela que pode invocar suposta contradição entre a ideia de *reparação espontânea dos danos* e a utilização da *transação* como um dos mecanismos de direito material essencial à concretização da função promocional da responsabilidade civil.[37] Em outras palavras, pode traduzir-se em sofisma a consideração de que a transação é meio de reparação dos danos.[38]

De fato, em termos dogmáticos, a composição negocial do litígio não pode ser interpretada como equivalente à reparação de danos. É instrumento, de direito material,

---

34. Na filosofia moral, Immanuel Kant ressalta que a "vontade absolutamente boa" é apenas aquela formal, que atua "enquanto autonomia; isto é, a aptidão da máxima de toda boa vontade a se tornar um alei universal" (*Fundamentação da metafísica dos costumes*. Trad. Guido Antônio de Almeida. São Paulo: Barcarola, 2009, p. 301), no sentido de que apenas o comportamento que cumpre o dever proveniente da razão é aquele "bom comportamento". Aqui não se restringe o móvel subjetivo a este espectro, podendo mesmo tratar-se de atuação espontânea influenciada por fontes heterônomas, ou mesmo senso meramente intuito ou benevolente (não racional).
35. Dedica-se ao estudo dos "incentivos" para a prática das boas condutas sociais a escola *behaviorista* do direito. Por todos, cf. ALEMANNO, Alberto; SIBONY, Anne-Lise. *Nudge and the law*: a european perspective. London: Bloomsbury, 2015.
36. KELSEN, Hans. *Teoria pura do direito*, cit., p. 28.
37. Como é cediço, a transação é o negócio jurídico, de direito material, que se busca alcançar pelos meios processuais da conciliação e da mediação, *supra* referenciados, cujo espoco é a prevenção ou o término do litígio, mediante concessões mútuas (art. 840 do Código Civil). A aludida autocomposição é formatada por via da transação. Neste sentido, afirma Francisco Cavalcanti Pontes de Miranda que "ainda quando feitas em juízo, as transações regem-se pelo direito material" (*Tratado de direito privado*. Rio de Janeiro, Borsoi, 1971, v. 25, p. 142).
38. Evidentemente, não poderia um contrato representar uma modalidade de extinção da obrigação. Extinção de relação jurídica é efeito (situação jurídica extintiva), sendo o contrato, quando muito, o título que integra a causa da extinção. Acerca da distinção entre causa, título e efeito (situação jurídica subjetiva), Cf. PERLINGIERI, Pietro. *O direito civil na legalidade constitucional*, cit., p. 737-740.

cuja função é auxiliar, na responsabilidade civil, a vítima de danos sofridos a alcançar a satisfação de seu interesse, mediante concessões recíprocas. Logo, também não pode corresponder à ideia de reparação ou compensação *integral* dos danos. Esta representa a exata medida (extensão) da lesão experimentada (art. 944, *caput*, do Código Civil).[39] A transação corresponde a instrumento negocial por via do qual os interessados buscam evitar ou pôr termo a litígio, *mediante concessões mútuas* (art. 840 do Código Civil).[40-41] Logo, são situações jurídicas distintas.

A transação é acordo de vontades que tem por finalidade *evitar* ou *extinguir* um litígio,[42] tornando-se natural que os interessados formem o consentimento considerando a redução recíproca da posição jurídica atual de cada um.[43] A sua função é garantir a paz e a harmonia entre as partes, que rejeitam a sua manutenção em zona de litígio, eliminando a incerteza da relação jurídica e certificando-se de que a controvérsia será prontamente solucionada, por via de instrumento negocial juridicamente seguro.[44] Ambos têm *pressa* em resolver a disputa, sendo o interesse pela celeridade uma característica imanente da transação. O devedor se prontifica a solver imediatamente o débito acordado, para que a situação não prolongue no tempo, causando-lhe prejuízos maiores. O credor aceita o pagamento célere da prestação definida no acordo, sabendo que provavelmente não corresponderá à exata medida do dano (reparação integral), mas ciente de que lhe causará maior satisfação, pela rápida composição. Os interesses da vítima encerram complexidade que não pode se restringir ao desejo da recomposição exata do prejuízo ou da compensação equivalente da lesão sofrida.

No instrumento transacional, portanto, os interessados podem (i) criar nova obrigação ao agente causador do dano, para extinguir ou substituir a anterior, formatando-se uma novação objetiva (art. 360, I do Código Civil); ou, sem necessariamente *novar* a obrigação de indenizar, podem também (ii) acordar pela redução do *quantum* indenizatório, mediante pronto pagamento, ou com vencimento de curto prazo; (iii) estipular que a vítima aceita receber prestação diversa da que lhe é devida, imediatamente

---

39. "Art. 944. A indenização mede-se pela extensão do dano".
40. "Art. 840. É lícito aos interessados prevenirem ou terminarem o litígio mediante concessões mútuas".
41. A propósito, desta Orlando Gomes ser "necessário que haja concessões mútuas, de qualquer teor", pois "concessões feitas somente por um dos interessados implicam renúncia ou reconhecimento do direito do outro". E segue: "tudo conceder sem nada receber não é transigir" (*Contratos*. 26. ed. Rio de Janeiro: Forense, 2007, p. 544).
42. "*La transazione infime è il contratto con il quale le parti pongono fine a una lite già cominciata o prevengono una lite che sta per sorgere tra loro, facendosi reciproche concessioni*" (TRABUCCHI, Alberto. *Istituzioni di diritto civile*. 47. ed. Padova: CEDAM, p. 1089).
43. A reciprocidade de concessões é elemento essencial da transação, residindo daí o seu caráter constitutivo, como defende MESSINEO, Francesco. *Manuale di diritto civile*. Milano: Giuffrè, 1947, v. 3, p. 236.
44. A *eliminação das incertezas* é a finalidade nodal do instituto, identificada por ENNECCERUS, Ludwig; KIPP, Theodor; WOLFF, Martin. *Tratado de derecho civil*. Barcelona: Bosch Publicaciones Jurídicas, 1948, t. 2, v. 2, p. 495. No mesmo sentido, SANTORO-PASSARELI, Francesco. *La transazione*. 2. ed. Napoli: Jovene, 1963, v. 1, p. 12. Destaca-se, aliás, que a intenção de eliminar as incertezas não precisa se calcar em fato objetivamente incerto, bastando a que haja incerteza do ponto de vista subjetivo (ENNECCERUS, Ludwig; KIPP, Theodor; WOLFF, Martin. *Tratado de derecho civil*, cit., p. 496).

ou em tempo exíguo, como forma de dação em pagamento (art. 356 do Código Civil), assim como acordar outros arranjos semelhantes.[45]

É negócio jurídico bilateral e de forma necessariamente escrita (escritura pública ou instrumento particular).[46] É também negócio consensual,[47] ainda que o exercício da autonomia seja limitado pela lei aos atos de *caráter privado* e de *natureza patrimonial*,[48] devendo-se, enfim, interpretá-lo restritivamente.[49] Não gera efeitos perante terceiros desinteressados,[50] mas se admite a imposição de pena convencional, como medida coercitiva para o seu cumprimento.[51]

Postas em relevo as características fundamentais do negócio jurídico, volta-se à questão apresentada acima, acerca da possibilidade de ser a transação instrumento para o alcance da reparação espontânea do dano.

Com efeito, é inequívoco o fato de não servir a transação como modalidade de extinção da obrigação de indenizar. Não seria correto afirmar que a transação é modo de pagamento, relacionado à obrigação de indenizar proveniente do dano causado na esfera extracontratual.[52] Contudo, não há contradição ao indicar a transação como um dos meios relevantes para a concretização da função promocional da responsabilidade civil. É que, como já se acentuou, a novel função persegue um modelo instrumental de *fomento à reparação espontânea do dano*, pela via das chamadas sanções positivas: se

---

45. A transação já foi considerada como modalidade de extinção das obrigações, mas tal concepção restritiva já foi há muito superada pela sua qualificação como contrato, de caráter constitutivo, capaz de criar relações jurídicas, "eficácia que não se teria de fora o negócio simplesmente declaratório" (GOMES, Orlando. *Contratos*, cit., p. 543).
46. Art. 842. A transação far-se-á por escritura pública, nas obrigações em que a lei o exige, ou por instrumento particular, nas em que ela o admite; se recair sobre direitos contestados em juízo, será feita por escritura pública, ou por termo nos autos, assinado pelos transigentes e homologado pelo juiz.
47. Não é possível realizar transação como negócio jurídico real, isto é, efetivamente, por meio dela, atos materiais como pagamento ou transmissão de direitos. Tudo o que nela constar terá efeito declaratório, como o reconhecimento da obrigação a cargo do devedor, que se obriga por meio dela. O pagamento, assim, reveste como cumprimento da prestação nela imposta, e não como ato material constitutivo da transação. Neste sentido, o art. 843 do Código Civil: "A transação interpreta-se restritivamente, e por ela não se transmitem, apenas se declaram ou reconhecem direitos".
48. "Art. 841. Só quanto a direitos patrimoniais de caráter privado se permite a transação".
49. "Art. 843. *A transação interpreta-se restritivamente*, e por ela não se transmitem, apenas se declaram ou reconhecem direitos".
50. "Art. 844. A transação não aproveita, nem prejudica senão aos que nela intervierem, ainda que diga respeito a coisa indivisível.
    § 1º. Se for concluída entre o credor e o devedor, desobrigará o fiador.
    § 2º. Se entre um dos credores solidários e o devedor, extingue a obrigação deste para com os outros credores.
    § 3º. Se entre um dos devedores solidários e seu credor, extingue a dívida em relação aos codevedores".
51. "Art. 847. É admissível, na transação, a pena convencional".
52. A propósito, a transação era definida pelo Código Civil de 1916 como forma de *adimplemento*. Descreve Clóvis Bevilaqua que a transação "é um acto jurídico pelo qual as partes, fazendo-se concessões recíprocas, extinguem ou previnem litígios (...). Não é a transacção um simples contracto, embora contenha os elementos constitutivos dessa espécie de actos jurídicos (...). Mas, por seu objecto, por seu fim, a transacção é, realmente, um modo de extinguir obrigações" (*Direito das obrigações*. 5. ed. Rio de Janeiro: Freitas Bastos, 1940, p. 134). Entretanto, tal qualificação abstrata já foi bastante criticada pela doutrina, dada a sua natureza contratual (GOMES, Orlando. *Contratos*, cit., p. 543). Logo, a transação pode até importar em extinção da obrigação anterior, mas esta será mero efeito do contrato e não ela mesma uma forma de pagamento, como bem reconheceu o Código Civil de 2002.

agires do modo desejado, terás um determinado benefício, alçando uma posição jurídica necessariamente mais favorável que a anterior.

Portanto, sendo a função promocional uma finalidade voltada ao controle de comportamentos, não se vincula ela ao cumprimento da obrigação de indenizar de *forma integral*, orientada à recomposição perfeccionista da lesão. A reparação integral é componente da função reparatória-compensatória. O estímulo a condutas desejadas, ainda que não se alcance a totalidade da finalidade primária (função reparatória-compensatória), voltando os olhos ao bom comportamento humano e inter-relacional, é o ingrediente que compõe a função promocional da responsabilidade civil.[53]

Dessa arte, é possível que determinado agente concretize a função reparatória-compensatória, sem dar cabo à função promocional, como sói ocorrer na quase totalidade das situações atuais. Por outro lado, é possível que a vítima se satisfaça sem que se realize a função reparatória-compensatória, *em sua integralidade* (ou a realize de modo parcial), porque ela decidiu, em conjunto com o agente causador do dano, seguir os estímulos da função promocional.[54] Exatamente por isso, é razoável que um dos benefícios possíveis da atuação conforme o valor da autocomposição seja a desnecessidade de cumprir com a reparação integral, desde que tenha realizado uma prestação que seja equivalente ao que seria uma *reparação suficiente* (e *eficiente*), satisfazendo plenamente o interesse do credor (vítima).[55]

---

53. Eis aqui o marco que define a autonomia entre a função reparatória e a função promocional, não sendo esta mera parte integrante daquela. Não se trata, pois, a função promocional, de uma função da função. Na perseguição do sentido ético da finalidade última do direito dos danos, o ordenamento prevê que mesmo a possibilidade de superação da ideia central originária da reparação integral, por outra ético-comportamental, de autocomposição, que já não visa a restituição ao *status quo ante*, mas, simplesmente, a uma forma alternativa, eficaz, célere e humana (inter-relacional) de *satisfação* do interesse da vítima no pós-dano.
54. É importante destacar que a função promocional, como escopo ligado à finalidade última da responsabilidade civil, ainda que se concentre no perfil ético-comportamental das partes, pressupõe o dano e dele não se desliga, o que implica reconhecer ser ela ancorada na finalidade primária, que também orienta a função reparatória-compensatória. Contudo, por focarem em aspectos distintos, ainda que paralelos, de satisfação do interesse da vítima (seara comportamental, de um lado, e de recomposição objetiva das perdas, de outro), se é bem verdade que a realização da função promocional não garante a plena realização da função reparatória-compensatória, pela não vinculação à regra da reparação integral, não se pode negar que a concretização do perfil promocional da responsabilidade civil, pelo estímulo à reparação espontânea do dano, sempre atenderá à finalidade primária *em alguma medida*. Inconcebível, por exemplo, que na transação a vítima abra mão de toda e qualquer forma mitigada ou alternativa de compensação, pois já não se trataria de transação, mas de renúncia do direito à indenização. Decerto que nada impede à vítima renunciar a seu direito à indenização, por não haver impedimento algum neste sentido (CAVALCANTI, José Paulo. *Da renúncia no direito brasileiro*. Rio de Janeiro: Forense, 1958, p. 108), constituindo-se como "perda voluntária de um direito mediante declaração unilateral de seu titular" (ALMEIDA COSTA, Mário Júlio de. *Direito das obrigações*. 12. ed. Coimbra: Almedina, 2011, p. 1115), mas tal ato unilateral não é estimulado pela função promocional.
55. Fala-se em reparação *suficiente* como aquela que é capaz de ocupar, de alguma forma, o vazio deixado pela lesão, substituindo, satisfatoriamente, o conteúdo do interesse violado (patrimonial ou existencial). Esse juízo de suficiência é subjetivo e, por essa razão, só pode ser realizado pela própria vítima, pela via da transação, nunca por terceiros ou pelo juiz. Por sua vez, a *eficiência* é mais um valor do ordenamento que se mostra mais apto à realização na função promocional que no âmbito judicial da função reparatória-compensatória. A reparação espontânea do dano, quando extrajudicial, é evidentemente mais eficiente que aquela imposta pela resolução de uma lide judicial. Mesmo a autocomposição judicial ganha em eficiência, porque poupa os atos processuais subsequentes que são obrigatórios para a prolação da sentença (devido processo legal). Quer-se dizer que a

Na função promocional, a *integralidade* ou *plenitude* que deve ser buscada é da realização do interesse subjetivo da vítima, para uma reparação que preencha suficientemente o vácuo causado pelo dano, já não a recomposição perfeita do dano.⁵⁶ Pelo lado do agente, busca-se o agir conforme o direito em sua máxima efetividade. Se aquele que causou o dano extracontratual deve repará-lo, estando em mora desde o instante em que o praticou (art. 398 do Código Civil), que seja purgada prontamente, beneficiando-se, também, o ofensor, por sua conduta louvável.⁵⁷

4. OS ESTÍMULOS E INSTRUMENTOS DA FUNÇÃO PROMOCIONAL DA RESPONSABILIDADE CIVIL

Ilustrativamente, se João, numa situação de trânsito de veículos, atinge, culposamente, o automóvel de Maria, causando-lhe prejuízos de ordem patrimonial e extrapatrimonial (lesões corporais), poderá ser ele condenado a indenizar Maria. Em tese, para que ele se exonere deste dever, faz-se necessário o pagamento de todas as despesas pelo desfalque patrimonial imediato, verificado pelos danos causados ao veículo, como também os custos do tratamento de Maria, além daquilo que ela comprovadamente deixou de receber em seu trabalho, com espeque no art. 949 do Código Civil, reunindo danos emergentes e lucros cessantes, na perspectiva dos danos patrimoniais. Ademais, é possível também que seja ele obrigado a indenizar o dano extrapatrimonial causado pela lesão corporal sofrida por Maria, podendo até mesmo ser verificada a ocorrência de danos estéticos.

Nesta situação, a posição jurídica de João é de considerável *incerteza*. Primeiro, não sabe *se* será condenado. É preciso que haja uma ação e que o juízo se convença acerca da

---

transação exala eficiência naturalmente superior à resolução judicial das controvérsias, no sentido de que os benefícios alcançados por ambas as partes foram atingidos, necessariamente, com menores custos, em comparação àqueles que seriam obtidos na relação jurídica processual. Neste quesito, essa perspectiva econômica do direito é uma visão que agrega a realização dos valores civis-constitucionais. Como ainda se mencionará, a *eficácia* é outro valor que é concretizado na transação, desde que o objetivo seja alcançado de modo seguro, em negócio firmado sem vícios. Daí apresentar, ao remate, a necessidade de buscar, à guisa de completude, a *máxima efetividade* dos valores que norteiam a responsabilidade civil, especialmente aqueles de natureza constitucional, no sentido de propor instrumentos suficientes a alcançar a maior eficácia possível (Cf. SARLET, Ingo Wolfgang. *A eficácia dos direitos fundamentais*. 12. ed. Porto Alegre: Livraria do Advogado, 2015, passim).

56. Substitui-se o perfeccionismo e a infalibilidade da aritmética da função reparatória-compensatória por uma ética comportamental de composição dos interesses em litígio, como concretização do princípio da solidariedade. Afinal, já afirmava Maurice Blondel que "La responsabilité est la solidarité de la personne humaine avec ses actes, condition préalable de toute obligation" (*Vocabulaire technique et critique de la philosophie*. Paris: Ed. PUF, 1947, p. 907). Como lembra Geneviève Viney, se a evolução da responsabilidade civil levou à admissão de objetivos até mesmo distintos da reparação (*l'evolution des idées sur la responsabilité civile a fait apparaître d'autres perspectives qui conduisent à assigner également à cette institution des objectifs nettement distincts de la réparation, même entendue le plus largement possible*), maior razão haverá em reconhecer objetivos a ela conectados (*Traité de droit civil*: la responsabilité – effets. Paris, LGDJ, 1988, p. 4).

57. Se é certo que a prevenção do dano é a função cronologicamente prioritária, também é verdade que, numa concepção realista do direito, nem mesmo a sociedade mais bem ordenada será capaz de evitar certos danos, o que não implica sacrificar, de plano, o agente causador, quando se pode oferecer a ele a alternativa da redenção. Deste modo, caso busque, prontamente, compensar a vítima do modo mais eficiente possível, realizando integralmente o seu interesse (que não se confunde com o aritmético princípio da reparação integral), tendo na transação um dos instrumentos propícios a tal desiderato, deve gozar de certos benefícios que não teria se inerte se mantivesse. Sobre que tipo de benefícios seriam esses, cf. infra.

narrativa fática e dos fundamentos jurídicos do pedido do autor, com base no acervo probatório produzido nos autos. Neste balanço, não se pode desconsiderar o peso do exercício do direito de defesa, que será tão maior quanto mais convicto o réu estiver de sua inocência, em conjunto com o que puder produzir de prova a seu favor. Caso sejam frágeis seus argumentos de defesa ou a prova que pretende produzir (ou mesmo a ausência dela), maior será a convicção de João acerca de sua condenação. Ainda assim, permanecerá acesa a chama da *incerteza,* não apenas em torno da própria condenação (ainda que provável), mas também sobre *o que* será condenado (se apenas à indenização dos danos materiais ou, também, de danos morais, ou, ainda, se serão acrescidos valores a título de indenização de danos estéticos),[58] e o sobre *o quanto* será obrigado a pagar, condenação esta certamente imposta na modalidade pecuniária (porque assim foi o pedido específico da parte autora/vítima).[59]

A eliminação desse *conjunto de incertezas* em torno do litígio é o primeiro móvel que serve de estímulo natural (*interno*) para que as partes envolvidas prefiram compor os seus interesses,[60] reduzindo reciprocamente as suas posições jurídicas ao ponto de confluência suficiente para a satisfação mútua. Para o ordenamento jurídico, como foi salientado, a transação também ocupa posição preferencial na ordem de valores, seguindo uma tendência hodierna de desjudicialização dos litígios e realização concreta do ideal de harmonização e pacificação social. Contudo, a experiência demonstra que tais fatores não são suficientes para o alcance de um número expressivo e razoavelmente esperado de autocomposição. É necessário o "empurrão" do Estado (*nudge*), para que os interessados, livremente, sintam-se verdadeiramente estimulados para realizar o valor que a ordem jurídica e social, considerada globalmente, tanto espera.[61] Aqui entra o estímulo *externo* à autocomposição: a formatação de arcabouço legislativo, com normas de direito material e processual, que criam ambiente propício à transação, sendo este um ingrediente de estímulo normativo.[62] É o espaço de atuação da função promocional da responsabilidade civil. A transação é o instrumento mais utilizado ao cumprimento

---

58. Sabe-se que, jurisprudencialmente, há entendimento consolidado no sentido de que "é lícita a cumulação das indenizações de dano estético e dano moral" (Súmula n. 387 do Superior Tribunal de Justiça).
59. Tal ideia não se coaduna do entendimento segundo o qual "a indenização é compensatória (...), sendo representada sempre por um valor em dinheiro, denominado *id quod interest*" (WALD, Arnoldo. *Direito civil.* São Paulo: Saraiva, 2015, v. 2, p. 175). Sobre a possibilidade e o fundamento das reparações não pecuniárias, cf. REIS JÚNIOR, Antonio dos. *Função promocional da responsabilidade civil.* Indaiatuba: Ed. Foco, 2022, p. 167.
60. PEREIRA, Caio Mário da Silva. *Instituições de Direito Civil.* 11. ed. Rio de Janeiro: Forense, 2003, v. 3, p. 507-508.
61. É essa composição entre intervencionismo estatal, apenas no ponto de partida, com o apreço pela liberdade de escolha dos cidadãos, que se tem denominado de "paternalismo libertário". Veja-se, por todos, SUNSTEIN, Cass S.; THALER, Richard H. *Libertarian Paternalism Is Not an Oxymoron*, cit., passim.
62. Acrescente-se a isso, ainda, as medidas da administração judiciária, de cunho executivo, como a organização das "Semanas de Conciliação", supervisionadas pelo Conselho Nacional de Justiça (Cf. http://www.cnj.jus.br/programas-e-acoes/conciliacao-e-mediacao-portal-da-conciliacao/semana-nacional-de-conciliacao), bem como os programas da "Justiça Itinerante", organizados pela Administração judiciária de cada Estado da Federação. No Estado do Rio de Janeiro, por exemplo, o *Programa Justiça Itinerante* "tem por objetivos precípuos dar concreção ao postulado do amplo acesso à Justiça e fomentar a cidadania, por meio de atendimentos regulares previamente estabelecidos mediante calendários amplamente divulgados", incluindo objetivo específico "*buscar soluções conciliadas como fórmula de pacificação social eficiente*" (grifos nossos). Cf. http://www.tjrj.jus.br/web/portal-conhecimento/tj-sociedade/justica-itinerante?inheritRedirect=true.

da função promocional, ainda que as partes a realizem de modo inconsciente. Mas não é a única forma.

Não se pode olvidar a possibilidade de cumprimento da função promocional sem que o agente causador do dano opte pela via da transação. Nada impede que ele, simplesmente, *renuncie* a qualquer benefício que poderia extrair da autocomposição, preferindo se colocar à disposição para a pronta reparação integral da vítima, de forma espontânea e extrajudicial. Se já estabelecida a relação jurídica processual, não há óbice, na mesma linha, que a parte ré *reconheça a procedência do pedido* da parte demandante. Para este caso, há solução processual prevista no art. 487, III, "a" do Código de Processo Civil, segundo o qual o juiz deve homologar "o reconhecimento da procedência do pedido formulado na ação ou na reconvenção", extinguindo o processo, com resolução do mérito (art. 487, *caput*, do Código de Processo Civil).

Na primeira hipótese, entretanto, ante ato espontâneo do agente em reparar/compensar integralmente o dano, realizando o pagamento voluntário, pela via do aceite, por exemplo, da oferta da vítima sobre os valores a serem pagos, ou prestações (de dar, fazer ou não fazer) a serem cumpridas, é prudente que as partes firmem um termo, por escrito, com a consequente emissão de quitação de dívida.[63] O instrumento deve servir de meio de defesa (prova de fato extintivo do direito, pelo pagamento), contra eventual ação imoral da vítima pleiteando novos valores, violando a regra da reparação integral, eis que objetiva exceder a exata medida da extensão do dano já reparado (art. 944, *caput*, do Código Civil). Nada impede, inclusive, que se ajuste nesta minuta a renúncia ao direito de ação por parte da vítima, ainda que neste caso o acordo se aproxime novamente da ideia de transação.[64] É inegável, contudo, que mesmo um termo firmado entre as partes, neste sentido, não garante que será ele integralmente válido, a depender das condições nas quais ele foi obtido, bem como a qualidade das partes. Mas, mesmo nestes casos, é possível ainda se vislumbrar um benefício que, na pior das hipóteses, deve servir, ao menos, para deduzir o valor da indenização originalmente devida.

Se a função promocional se revela como expressão da finalidade última do sistema, de maneira a estimular a reparação espontânea dos danos, será ela realizada em *maior medida* (i) quanto mais próxima do evento (celeridade razoável);[65] e (ii) quanto

---

63. Código Civil. Art. 319. O devedor que paga tem direito a quitação regular, e pode reter o pagamento, enquanto não lhe seja dada.
64. De fato, a renúncia ao direito de ação por parte da vítima deve ser qualificada como uma *concessão* que ela faz ao devedor, que também cede, mutuamente, ao reconhecer, sem contestar, o valor da indenização apresentado pela vítima. Em havendo "reciprocidade das concessões", efetiva-se o contrato de transação (LÔBO, Paulo. *Direito civil*: contratos. São Paulo: Saraiva, 2012, p. 443). Haverá outro ato jurídico se ocorrem, isoladamente, o reconhecimento do direito do outro, sem contrapartida, ou apenas a renúncia do próprio direito, sem concessão mútua. Com ambos, qualifica-se a transação.
65. A celeridade, neste caso, deve ser interpretada em conformidade com o princípio da razoabilidade, verificando-se, no caso concreto, hipóteses em que a própria vítima só consegue diagnosticar e quantificar as suas perdas (patrimoniais e extrapatrimoniais) após o transcurso do tempo. É o melhor interesse da vítima que deve guiar o valor da celeridade, que exprime uma ideia de *"duração razoável"* do itinerário da reparação, não sendo necessariamente uma celeridade objetiva (art. 5º, LXXVIII da CF). Esta, por vezes, pode levar a tomada de decisão precipitada da vítima e do próprio agente, deixando pontos em aberto que podem gerar controvérsias futuras.

mais se aproximar da reparação integral (exata medida da extensão do dano), uma das características mais marcantes da finalidade primária da responsabilidade civil, representada pela função reparatória-compensatória dos danos. Neste caso, há uma confluência funcional entre a medida reparatória integral (função reparatória clássica) e a sua realização espontânea (função promocional), porque o agente se prontifica a reparar integral, voluntária e imediatamente o dano causado, sem que exija da vítima concessões mútuas para a resolução imediata da controvérsia (transação). Neste caso, o termo firmado entre as partes, no qual o agente renuncia qualquer vantagem, reconhecendo o pleito integral da vítima, deveria representar acordo ainda mais seguro e difícil de ser contestado que a avença firmada pela via da transação. É que representa síntese de interesses com merecimento de tutela ainda mais abrangente que a própria transação.

De todo modo, como se pode notar, os meios e bonificações da função promocional da responsabilidade civil, conquanto existentes a favor das partes no ambiente pós-dano, ainda são limitados. É notável o desafio legislativo para conferir maior concretização aos princípios constitucionais da solidariedade e celeridade na responsabilidade civil. *De lege ferenda*, há um longo caminho a percorrer, que inclui a criação de novos instrumentos, para além da transação, capazes de fomentar a reparação espontânea e a satisfação célere e eficiente dos interesses da vítima. A começar por um amplo programa de pontuação – nas relações de consumo – às empresas/fornecedores de produtos e serviços, com parâmetros bem definidos e critérios transparentes, que atribuam aos agentes benefícios de imagem – e de vantagem mercadológica – conforme o índice de resolução dos conflitos e de satisfação dos consumidores que foram vítimas de danos provenientes de defeitos no produto ou no serviço.

O leque de "prêmios" por boa conduta é vastíssimo, passando pelo desenvolvimento de ferramentas eficientes de divulgação e transparência dos perfis das "boas empresas", incluindo o fomento à possibilidade de obter vantagens em sites de buscas, com auxílio da inteligência artificial, até o nível máximo da sanção positiva, representada por benefícios de ordem econômica, como aqueles de índole fiscal. Neste ponto, exige-se apenas que o critério definidor dos benefícios inclua filtros eficientes que evitem o estímulo à conduta oposta: causar muitos danos para repará-los espontaneamente e, assim, gozar de benefícios. Uma sugestão seria estipular metas progressivas de redução da quantidade de danos causados a cada ano, como baliza para a manutenção no *ranking* de boas empresas.[66]

De uma maneira ou de outra, enquanto o sistema de sanções positivas ainda é embrionário, os instrumentos já consagrados pelo legislador à disposição da função promocional da responsabilidade civil têm respondido de modo suficiente ao deside-

---

A função promocional rejeita uma reparação espontânea apressada e forçada, que ao invés de pôr termo à lide, apenas a difere no tempo.

66. Sobre algumas sugestões para os estímulos premiais na responsabilidade civil proveniente das relações de consumo, Cf. REIS JÚNIOR, Antonio dos. A função promocional da responsabilidade civil nas relações de consumo. In: MONTEIRO FILHO, Carlos Edison do Rêgo et. al. (Coord.). *Responsabilidade civil nas relações de consumo*. Indaiatuba: Ed. Foco, 2022, p. 99-117.

rato ético-jurídico da nova perspectiva funcional do instituto. É papel da doutrina e da jurisprudência promovê-los e aperfeiçoá-los, havendo amplo espaço de concretização da função promocional.

5. INFERÊNCIAS FINAIS

A função promocional representa, em última análise, a concretização do *princípio da máxima efetividade* ao sistema de proteção à vítima conferido pela responsabilidade civil contemporânea.[67] Toda vez que se fala de máxima efetividade, quer-se afirmar que é possível formatar um arranjo normativo que realize, no grau mais alto de eficácia, os princípios que norteiam determinado instituto. Na função promocional da responsabilidade civil, para além do respeito aos seus princípios e regras mais característicos, está ela a realizar os contornos axiológicos mais abrangentes, delineados pela Constituição da República, notadamente os valores da solidariedade, celeridade, eficácia, eficiência e do bem-estar social.[68]

No ambiente atual, destacam-se os instrumentos, de direito material e processual, postos a favor das partes envolvidas no pós-dano para que busquem a reparação espontânea dos danos (transação judicial ou extrajudicial, renúncia, confissão de dívidas, reconhecimento do pedido etc.), entendida como a célere composição do litígio (fora ou dentro do processo civil) em satisfação plena do interesse da vítima. Sobre estes *meios* para o exercício da função promocional, os maiores desafios estão não tanto na necessidade de criação de novos institutos, mas na consolidação das regras que conferem *segurança* aos pactos ou atos unilaterais por via dos quais se perfazem os comportamentos cooperativos (solidários) de satisfação plena e espontânea da(s) vítima(s) dos danos extracontratuais.

O mesmo não se pode dizer quanto aos estímulos (*nudges*) ora existentes no ordenamento para que os autores do ato ilícito *lato sensu* busquem o comportamento desejável pela função promocional: a rápida, eficaz e eficiente satisfação da vítima. Em termos factuais, o aspecto que mais tem estimulado os autores a buscar a compensação das vítimas, de modo espontâneo (sem a coercibilidade ínsita ao processo civil) é o "ganho de imagem" ou, em alguns casos, a busca pela "reconstrução" da imagem do autor do fato, que não quer carregar a pecha de ofensor, mas de agente solidário que, apesar

---

67. Nas palavras de Maria Celina Bodin De Moraes, "a responsabilidade civil hoje é o principal instrumento com que conta o ordenamento para garantir efetividade aos interesses existenciais, sendo o principal remédio adotado para enfrentar a violação da maior parte deles" (A prescrição e o problema da efetividade do direito. *A juízo do tempo*. BODIN DE MORAES, M. C. et. al. (Coord.). Rio de Janeiro: Ed. Processo, 2019, p. 14).
68. Os valores da solidariedade e do bem-estar social estão previstos como objetivos da república, no art. 3º, incisos I e IV da Constituição da República: "Constituem objetivos fundamentais da República: I – construir uma sociedade justa, livre e *solidária*; (...) IV – *promover o bem de todos* (...). Note-se que o conceito de *bem* extraído do art. 3º, IV é axiológico, distinto daquele de natureza utilitarista (BENTHAM, Jeremy. *An introduction to the principles of morals and legislation* [1781]. Kitchner: Batoche Books, 2000, passim). Por sua vez, os princípios da celeridade e da eficácia e eficiência estão previstos, respectivamente, no art. 5º, LXXVIII: "a todos, no âmbito judicial e administrativo, são assegurados a razoável duração do processo e os meios que garantam a celeridade de sua tramitação" e art. 5º, § 1º: "As normas definidoras dos direitos e garantias fundamentais têm aplicação imediata".

de ter causado um dano que não pretendia, faz de tudo para recompor os prejuízos ou recompensar as vítimas. Curiosamente, tal perspectiva premial é carente de regulamentação no ordenamento brasileiro. O desenvolvimento das ferramentas de divulgação das "boas empresas" que solucionam os danos no ambiente de consumo – por exemplo – é até hoje realizado por empresas privadas (a mais famosa, o "Reclame Aqui") e ambiente de verdadeira autorregulamentação.

Se por um lado, os partidários da autorregulamentação dos interesses privados podem se laurear de ter um bom exemplo em que o próprio mercado criou ferramentas de autocontrole de seus comportamentos, em sistema interessante que vêm se aperfeiçoando com o tempo, não se pode negar que a regulamentação dos estímulos de imagem elevaria a tendência à reparação espontânea e extrajudicial dos danos a outro patamar. Um sistema de estímulos de ganhos ou recuperação de imagem claro, regulado e transparente, com participação ativa da sociedade, é o que falta para a próxima etapa evolutiva da função promocional da responsabilidade civil no ordenamento brasileiro. O espaço para o seu desenvolvimento está posto. A ver em que momento será devidamente desenvolvido e melhor aproveitado.

6. REFERÊNCIAS

ALEMANNO, Alberto; SIBONY, Anne-Lise. *Nudge and the law*: a european perspective. London: Bloomsbury, 2015.

ALMEIDA COSTA, Mário Júlio de. *Direito das obrigações*. 12. ed. Coimbra: Almedina, 2011.

BARBOSA, Mafalda Miranda. Reflexões em torno da responsabilidade civil: teleologia e teleonomologia em debate. *Boletim da Faculdade de Direito da Universidade de Coimbra*, v. 81, Coimbra: FDUC, 2005.

BAUMAN, Zygmunt. *Tempos líquidos*. Rio de Janeiro: Zahar, 2007.

BENTHAM, Jeremy. *An introduction to the principles of morals and legislation* [1781]. Kitchner: Batoche Books, 2000.

BEVILAQUA, Clovis. *Direito das obrigações*. 5. ed. Rio de Janeiro: Freitas Bastos, 1940.

BLONDEL, Maurice. *Vocabulaire technique et critique de la philosophie*. Paris: Ed. PUF, 1947.

BOBBIO, Norberto. *Da estrutura à função*: novos estudos de teoria do direito. Trad. Daniela Beccaccia Versiani. Barueri: Manole, 2007.

BODIN DE MORAES, Maria Celina. A constitucionalização do direito civil e seus efeitos sobre a responsabilidade civil. *Revista Direito, Estado e Sociedade*, n. 29, Rio de Janeiro, 2006.

BODIN DE MORAES, Maria Celina. A prescrição e o problema da efetividade do direito. . In: BODIN DE MORAES, M. C. et. al. (Coord.). *A juízo do tempo*. Rio de Janeiro: Ed. Processo, 2019.

BODIN DE MORAES, Maria Celina. *Na medida da pessoa humana*. Rio de Janeiro: Renovar, 2008.

BRONZE, Pinto. O Visconde de Seabra (um exercício de memória). *Boletim da Faculdade de Direito*. v. LXXI. Coimbra: Ed. Coimbra, 1995.

CANOTILHO, Joaquim José Gomes. *Direito Constitucional e Teoria da Constituição*. Coimbra: Almedina, 1999.

CAVALCANTI, José Paulo. *Da renúncia no direito brasileiro*. Rio de Janeiro: Forense, 1958.

DI MAJO, Adolfo. Discorso generale sulla responsabilità civile. In: LIPARI, Nicolò; RESCIGNO, Pietro (Coord.). *Diritto civile*. Milano: Giuffrè, 2009. v. IV, t. III.

DUGUIT, Léon. *L'état, le droit objectif et la loi positive*. Paris: Albert Fontemoing, 1901.

ENNECCERUS, Ludwig; KIPP, Theodor; WOLFF, Martin. *Tratado de derecho civil*. Barcelona: Bosch Publicaciones Jurídicas, 1948. t. 2, v. 2.

GOMES, Orlando. *Contratos*. 26. ed. Rio de Janeiro: Forense, 2007.

JOSSERAND, Louis. Evolução da responsabilidade civil. *Revista Forense*. a. 38. v. 86. Rio de Janeiro, 1941.

KANT, Immanuel. *Fundamentação da metafísica dos costumes*. Trad. Guido Antônio de Almeida. São Paulo: Barcarola, 2009.

KELSEN, Hans. *Teoria pura do direito*. São Paulo: Martins Fontes, 2000.

LÔBO, Paulo. *Direito civil*: contratos. São Paulo: Saraiva, 2012.

MESSINEO, Francesco. *Manuale di diritto civile*. Milano: Giuffrè, 1947. v. 3.

PEREIRA, Caio Mário da Silva. *Instituições de Direito Civil*. 11. ed. Rio de Janeiro: Forense, 2003. v. 3.

PERLINGIEIRI, Pietro. *O direito civil na legalidade constitucional*. Rio de Janeiro: Renovar, 2008.

PONTES DE MIRANDA, Francisco Cavalcanti. *Tratado de direito privado*. Rio de Janeiro, Borsoi, 1971. v. 25.

PUGLIATTI, Salvatore. *La proprietà nel nuovo diritto*. Milano: Giuffrè, 1964.

REALE, Miguel. *Filosofia do direito*. 12. ed. São Paulo: Saraiva, 1987.

REIS JÚNIOR, Antonio dos. A função promocional da responsabilidade civil nas relações de consumo. In: MONTEIRO FILHO, Carlos Edison do Rêgo et. al. (Coord.). *Responsabilidade civil nas relações de consumo*. Indaiatuba: Ed. Foco, 2022.

REIS JÚNIOR, Antonio dos. *Função promocional da responsabilidade civil*. Indaiatuba: Ed. Foco, 2022.

REIS JÚNIOR, Antonio dos. Por uma função promocional da responsabilidade civil. SOUZA, Eduardo Nunes; SILVA, Rodrigo da Guia (Coord.). *Controvérsias atuais em responsabilidade civil*. São Paulo: Almedina, 2018.

RODOTÀ, Stefano. *Il problema della responsabilità civile*. Milano: Giuffrè, 1967.

ROSS, Alf. *O direito e a justiça*. Bauru: Edipro, 2003.

SALLES, Raquel Bellini. *A cláusula geral de responsabilidade objetiva*. Rio de Janeiro: Lumen Juris, 2011.

SANTORO-PASSARELI, Francesco. *La transazione*. 2. ed. Napoli: Jovene, 1963. v. 1.

SARLET, Ingo Wolfgang. *A eficácia dos direitos fundamentais*. 12. ed. Porto Alegre: Livraria do Advogado, 2015.

SCHREIBER, Anderson. *Novos paradigmas da responsabilidade civil*. São Paulo: Atlas, 2012.

SUNSTEIN, Cass S.; THALER, Richard H. Libertarian Paternalism Is Not an Oxymoron. *Civilistica.com*. Revista eletrônica de direito civil. Rio de Janeiro: a. 4, n. 2, 2015, p. 4. Disponível em: http://civilistica.com/libertarian-paternalism-is-not-an-oxymoron. Acesso em: 16 ago. 2022.

SUNSTEIN, Cass S.; THALER, Richard H. *Nudge*: improving decisions about health, wealth, and happiness. New Haven: Yale University Press, 2008.

TALAMINI, Eduardo. *Tutela relativa aos deveres de fazer e de não fazer e sua extensão aos deveres de entrega da coisa*. São Paulo: Ed. RT, 2003.

TRABUCCHI, Alberto. *Istituzioni di diritto civile*. 46. ed. Padova: CEDAM, 2005.

VENTURI, Thaís Goveia Pascoaloto. *Responsabilidade civil preventiva*: a proteção contra a violação dos direitos e a tutela inibitória material. São Paulo: Malheiros, 2014.

VINEY, Genevieve. *Traité de droit civil*: la responsabilité – effets. Paris, LGDJ, 1988.

WALD, Arnoldo. *Direito civil*. São Paulo: Saraiva, 2015. v. 2.

RESPONSABILIDADE CIVIL POR ASSÉDIO JUDICIAL E O DIREITO À LIBERDADE DE EXPRESSÃO

Augusto Tanger Jardim

Doutor em Direito pela Universidade Federal do Rio Grande do Sul (UFRGS). Mestre em Direito pela Pontifícia Universidade Católica do Rio Grande do Sul (PUCRS). Professor da graduação e da pós-graduação em Direito da Fundação Escola Superior do Ministério Público (FMP/RS). Advogado. E-mail: augusto_jardim@yahoo.com.br.

Fernanda Nunes Barbosa

Doutora em Direito pela Universidade do Estado do Rio de Janeiro (UERJ). Mestre em Direito pela Universidade Federal do Rio Grande do Sul (UFRGS). Professora da Graduação em Direito e do Mestrado em Direitos Humanos da UniRitter. Editora da Série Pautas em Direito/Editora Arquipélago. Advogada. E-mail: fernanda@tjnb.adv.br.

Sumário: 1. Introdução – 2. O abuso do direito e o acesso à justiça – 3. A constitucionalização, a massificação das relações sociais e o abuso do direito de demandar – 4. Casos brasileiros – 5. Assédio judicial, judicialização predatória e autocensura – 6. Conclusão – 7. Referências.

1. INTRODUÇÃO

Intimidações, ameaças, coações e mesmo a violência física sempre foram instrumentos utilizados por Estados, organizações e pessoas naturais na tentativa de conter o uso da liberdade de expressão por outros iguais. Muito mais que um direito individual, a liberdade de expressão constitui um direito social, coletivo, estrutural. Embora possa ser reclamada pelos indivíduos, ela é precondição para um processo eminentemente social, o da deliberação democrática. Quando o Estado mobiliza (ou deixa mobilizar) a máquina pública para promover desinformação, polarização, reduzir a transparência e deixar que os diferentes interesses sociais se autorregulem independentemente de suas forças e dos valores que representem na sociedade ele não promove liberdade, mas a sufoca.[1]

Promover a liberdade de expressão é também papel do Estado por meio de todos os seus Poderes. O Estado é quem detém a autoridade de fazer valer esse direito para todos, o que, em última análise, concretizará outro importante valor contemporâneo, o da igualdade, agora numa compreensão material e não mais apenas formal. Quando

---

1. FISS aponta, por exemplo, que os ricos podem tão amplamente dominar os espaços publicitários na mídia e em outros espaços públicos que só se possa ouvir a sua mensagem. "Consequentemente, a voz dos menos prósperos pode ser soterrada". FISS, Owen M. *A ironia da liberdade de expressão*: Estado, regulação e diversidade na esfera pública. Trad. Gustavo Binenbojm e Caio Mário da Silva Pereira Neto. Rio de Janeiro: Renovar, 2005, p. 48.

um Poder é utilizado com a finalidade de silenciar discursos, como se verifica pela instrumentalização do Judiciário nas chamadas demandas opressivas, tanto a liberdade quanto a igualdade são violadas. E mais, com custos sociais e orçamentários para toda a coletividade. Isso porque, "Na medida em que a garantia dos direitos depende da vigilância judicial, os direitos custam no mínimo o montante necessário para recrutar, treinar, fornecer, pagar e (como não?) monitorar os órgãos judiciais que guardam nossos direitos básicos".[2]

No Brasil, o Conselho Nacional de Justiça do Poder Judiciário aprovou a recomendação 127, de 15 de fevereiro de 2022, para o fim de "recomendar aos tribunais a adoção de cautelas visando a coibir a judicialização predatória que possa acarretar o cerceamento de defesa e a limitação da liberdade de expressão". O fenômeno da judicialização predatória foi levado ao Observatório dos Direitos Humanos do Poder Judiciário pelo Ministério Público Federal, após denúncia da Associação Brasileira de Imprensa (ABI) sobre o ajuizamento de ações ao redor do país contra um único jornalista devido a uma publicação sua na rede social *Twitter*.[3] Tratava-se do escritor J.P. Cuenca e o tuíte trazia a seguinte frase: "O brasileiro só será livre quando o último Bolsonaro for enforcado nas tripas do último pastor da Igreja Universal". O escritor explicou que o tuíte era a paráfrase de uma metáfora de quase 300 anos, na qual o sacerdote anticristão, materialista e ateu Jean Meslier defendia que "o homem só será livre quando o último rei for enforcado nas tripas do último padre".

Com o declínio da censura imposta por outros Poderes em tempos autoritários, aos juízes foi imposto o papel de censores, por uma pessoa, ou grupo de pessoas, com a pretensão de fazer valer seus valores sobre o restante da sociedade por meio estranho ao processo democrático. É sobre o uso disfuncional dos direitos, em especial do acesso à justiça, com o fim de constranger o pleno exercício do direito fundamental à liberdade de expressão e suas consequências no terreno da responsabilidade civil que trata o presente texto.

Para enfrentar esse problema, o presente artigo propõe-se a, em um primeiro momento, refletir sobre o exercício abusivo do direito de ação e como a massificação das relações sociais pode impactar na sua caracterização e, em um segundo momento, apresentar casos em que o exercício abusivo do direito de demandar configura judicialização predatória que, além de causar prejuízos à parte passíveis de reparação, viola o direito fundamental à liberdade de expressão.

2. O ABUSO DO DIREITO E O ACESSO À JUSTIÇA

É premissa essencial do estado democrático de direito, como o próprio nome sugere, que os indivíduos possam exercer de forma plena seus direitos, seja em face do Estado,

---

2. HOLMES, Stephen; SUNSTEIN, Cass R. *O custo dos direitos*: por que a liberdade depende dos impostos? São Paulo: Martins Fontes, 2019, p. 32.
3. Disponível em: https://atos.cnj.jus.br/files/original185501202202116206b105e6170.pdf. Acesso em: 10 ago. 2022.

seja em face de outros sujeitos, sendo-lhes assegurada a tutela estatal em caso de usurpação por parte de terceiros.[4] Ocorre que, em determinadas circunstâncias, diante da complexidade das interações sociais, o exercício de um direito por parte de um sujeito pode confrontar com o direito a outrem garantido pela ordem jurídica. Tal circunstância, que poderia pôr em risco o sistema de justiça, é harmonizada pelo próprio sistema por meio de instrumentos como o da figura do ato ilícito por abuso do direito.[5] Assim, como já observava Alfredo Valladão no início do século passado, "O exercício do Direito, também, constitui uma injúria, sempre que ele se pratique com abuso manifesto".[6] Daí que, em verdade, não haveria a violação de um direito pelo outro, mas a violação de um direito pela prática abusiva.

Ao tratar do tema, o Código Civil de 1916 (art. 160) indicava não se tratar de ato ilícito aqueles praticados no exercício regular de um direito reconhecido. Se de um lado o mencionado dispositivo excluía a ilicitude de um ato quando do exercício de um direito conferido pela ordem normativa, de outro, exigia que tal direito fosse exercido de maneira *regular*. Tomando por exemplo o direito de ação, este seria considerado lícito mesmo que, causando dano a outrem, seu exercício se desse de forma regular, normal. *A contrario sensu*, sendo ele exercido de forma anormal, não regular, não seria causa de excludente de ilicitude. Restava, no entanto, saber quando ocorria o exercício anormal (diremos, disfuncional) de um direito a ponto de caracterizar o seu abuso.

Assim, verificado sempre com relação ao exercício de determinada situação jurídica subjetiva, o abuso do direito fez-se presente já sob a égide do Código Civil de 1916. Nas palavras do próprio Bevilaqua, "O Código Civil, art. 160, I, diz que não constitui ato ilícito o praticado no exercício regular de um direito reconhecido, e no art. 100, já declara que o exercício normal de um direito não se considera coação. Está nestas proposições o fundamento da teoria do abuso do direito".[7]

Uma primeira questão que chama a atenção a respeito do abuso do direito diz com a relevância, ou não, da intenção do agente para a sua caracterização. Neste contexto, a doutrina passou a cogitar da existência de um abuso do direito de natureza subjetiva

---

4. Após apontar a inadequação de se considerarem sinônimas as expressões "estado de direito" e "estado democrático de direito", porquanto não teria sido sem propósito que a Constituição Federal de 1988 abandonou a primeira expressão, optando pela segunda, Miguel Reale defendia que no quadro de um estado democrático de direito é o mais amplo possível o espectro das opções ideológicas, "sob a condição *sine qua non* do respeito aos direitos e deveres atribuídos aos indivíduos e às diversas categorias coletivas pelos preceitos constitucionais e, por via de consequência, pelos imperativos do processo legislativo exercido em consonância e em sintonia com os limites e horizontes que a Carta Magna traça para o ordenamento jurídico do País". REALE, Miguel. *O estado democrático de direito e os conflitos das ideologias*. 2. ed. São Paulo: Saraiva, 1999, p. 9-10.
5. A esse respeito, interessante é a ponderação de Menezes Cordeiro, ao afirmar que: "O abuso do direito é um excelente remédio para garantir a supremacia do sistema jurídico e da Ciência do Direito sobre os infortúnios do legislador e sobre as habilidades das partes. Até hoje, não se encontrou melhor. MENEZES CORDEIRO, António. *Tratado de Direito Civil Português*. 2. ed. Coimbra: Almedina, 2000, v. I, t. I. p. 248.
6. VALLADÃO, Alfredo. O abuso do direito. *Doutrinas Essenciais de Direito Civil*. São Paulo: Ed. RT, out. 2010. v. 4, p. 551-559.
7. BEVILAQUA, Clovis. *Teoria Geral do Direito Civil*. 2. ed. rev. e atual. Rio de Janeiro: Editora Rio, 1980, p. 275.

(decorrente da vontade do agente) e outro de natureza objetiva (em que a vontade do agente desimporta para fins de sua caracterização).[8]

O Código Civil de 2002, ao dispor, em seu art. 187, que "Também comete ato ilícito o titular de um direito que, ao exercê-lo, excede manifestamente os limites impostos pelo seu fim econômico ou social, pela boa-fé ou pelos bons costumes" dá uma indicação clara sobre qual a visão que o direito brasileiro adotou sobre o tema a partir de então. Percebe-se no texto legal que a finalidade com que o ato é praticado e, por consequência, o resultado alcançado, e não a intenção do agente (embora muitas vezes esteja presente em casos de exercício disfuncional do direito), é que é determinante para caracterizar o ilícito.

Inicialmente, o ilícito decorrente do abuso do direito exige que haja um excesso manifesto no seu exercício. A locução "excede manifestamente" presente na lei merece uma observação, pois embora possa parecer redundante, trata de coisas diferentes. Isso porque, enquanto o verbo exceder traz a falta de correspondência entre o exercício do direito e os seus fins esperados, a forma "manifestamente" indica que a percepção entre a falta de correspondência entre o exercício do direito e os seus fins deve ser observável em grande medida. Trata-se de dois elementos diferentes, mas complementares. Não basta o excesso no exercício do direito (pré-condição); o excesso deve ser manifesto.

No tocante à caracterização do excesso quanto aos limites, o texto legal indica as **fronteiras** que o exercício do direito não pode transpor: seu fim econômico e social, a boa-fé e os bons costumes. É possível perceber que o legislador não adota por critério a presença (ou ausência) da culpa do agente. Prefere a adoção de conceitos abertos que permitem, independentemente da vontade do agente, caracterizar o abuso diante do caso concreto. Segundo Teresa Ancona Lopez,[9] o abuso do direito "existe desde que em seu exercício haja afronta aos valores e princípios do sistema, vindo a prejudicar terceiros".

Em geral, quando se busca a proteção do Estado por meio da prestação da tutela jurisdicional age-se em face de uma (potencial) violação a direito por parte de um sujeito. Assegura-se o direito (público e subjetivo) de ação de modo a permitir que todos exerçam pretensão jurídica a ser tutelada. Ocorre que, no plano ideal, "o processo há de ser um instrumento efetivo de atuação do direito material violado ou ameaçado",[10] mas fato é que o exercício do direito de ação independe da existência do direito perseguido. É por meio da ação, inclusive, que por vezes esse direito venha a ter a sua existência reconhecida. Assim, o reconhecimento do direito não é (de regra) pressuposto para o exercício do direito de ação, mas o resultado da prestação da tutela jurisdicional de natureza cognitiva. Isso produz como efeito prático que o exercício do direito de ação, amparado constitucionalmente pelos Direitos Fundamentais do acesso à justiça e da

---

8. Sobre as posições doutrinárias europeias a respeito do tema, ver: ROSAS, Roberto. Abuso de direito e dano processual. *Revista de Processo*, v. 32, p. 28-38, out.-dez. 1983.
9. LOPEZ, Teresa Ancona. Exercício do direito e suas limitações: abuso do direito. *Revista dos Tribunais*, v. 885, p. 49-68, jul. 2009.
10. GRINOVER, Ada Pellegrini. Ética, abuso do processo e resistência às ordens judiciárias: o contempt of court. *Revista de Processo*, v. 102, p. 219-227, abr.-jun. 2001.

inafastabilidade da prestação da tutela jurisdicional, possa (também) vir a ser exercido de forma abusiva.

Antes de aprofundar esse fenômeno, é importante realizar uma distinção. De um lado, existe o abuso do direito de agir (demandar) frente ao Estado no exercício da prestação da tutela jurisdicional.[11] De outro lado, representa situação distinta quando a ilicitude se manifesta no curso do processo por meio do abuso do direito de agir ou de reagir (defesa).

A doutrina processual ocupou-se do tema do direito de demandar, ao menos, em dois estágios distintos: o direito de propor demanda (agir) e o direito de acesso à justiça.

No campo das teorias da ação, desde uma perspectiva tradicional, houve debate sobre se tratar o direito de ação um direito independente ou não do direito material invocado. Cogitando-se da dependência do direito material pelo direito de ação, não se poderia, logicamente, configurar um abuso do direito de agir, pois, na hipótese de improcedência do pedido não se estaria exercitando um direito de ação, na medida em que a existência do direito lhe era pressuposto. Contudo, ainda assim, sendo proposta demanda sem que houvesse um direito de ação e material que assistisse ao autor, haveria a configuração de um ilícito que seria reprimido, no mínimo, pela atribuição de ônus sucumbenciais. Importante referir que, em que pese no início do século XIX não se percebesse uma distinção entre o direito de ação e o direito material, a evolução do debate sobre o tema fez com que a ação fosse compreendida (inclusive no direito processual brasileiro atual[12]) como um direito abstrato e independente do direito material. Assim, o direito de ação é assegurado ainda para aqueles que não detêm o direito material invocado na inicial.

---

11. Lapidar a lição de Alcides Mendonça Lima a esse respeito: "A infração mais grave ao princípio da probidade processual é, sem dúvida, a que caracteriza o "abuso do direito de demandar". Tal direito não diz respeito apenas à atividade do autor ao propor ação, mas, também, abrange o do réu em defender-se ou, na linguagem de nosso Código de Processo Civil, em responder (excepcionar; contestar e reconvir). Mesmo uma ação bem proposta ou uma defesa lisa podem originar, contudo, atos de improbidade em vários atos no decorrer da causa. Mas, se a origem já é pecaminosa, todo o processo ficará maculado, ainda que nenhum ato mais se apresente infringente do preceito da lealdade. São, portanto, situações diferentes: o abuso do direito de demandar e os atos de má fé no curso do processo. Esses podem existir – ainda que um só – independentemente daquela atitude inicial; mas aquela contaminará todo o processo, mesmo que, depois, venha correr sem nenhum vício em qualquer dos atos. (...) O "abuso do direito de demandar", equivalendo ao próprio "abuso do exercício do direito de ação" (aquela é expressão mais ampla, porque abrange o réu; a última mais restrita, porque ficaria circunscrita ao autor, que é o verdadeiro titular da "ação"), é o máximo de malícia que pode ser tentado perante os órgãos judiciários. É o meio de, seja qual for o ato (ou atos) de improbidade, alguém tentar conseguir um fim ilícito, com o beneplácito da justiça. É um verdadeiro "pecado original". Não é mera contingência surgida no curso do processo. A ideia já nasce com o próprio exercício do direito, ainda que possa apresentar-se com outros matizes ao longo do próprio processo. Em última análise, é falsear a verdade, para triunfar, procurando iludir, enganar, fraudar o adversário e os juízes, para conquistar um pseudo direito e uma irreal justiça, sob o manto do comportamento regular e, até, ético. Sempre, porém, que os juízes puderem apontar e destruir a farsa, deverão ser rigorosos, porque "el proceso es la realización de la justicia y ninguna justicia se puede apoyar en la mentira" (Couture, cit., v. III, p. 249, n. 6). (LIMA, Alcides de Mendonça Lima. Abuso do direito de demandar. Revista de Processo, v. 19, p. 57-66, jul.-set. 1980).
12. Recomenda-se para a compreensão sobre o tema as obras: MARINONI, Luiz Guilherme; ARENHART, Sérgio Cruz; MITIDIERO, Daniel. *Curso de processo civil*. 4. ed. São Paulo: Ed. RT, 2019, v. 1, p. 221-247; DIDIER JR. Fredie. *Curso de direito processual civil*. 21. ed. Salvador: Juspodivm, 2019, v. 1, p. 237-243.

Do ponto de vista legal,[13] o exercício abusivo do direito de demandar recebeu tratamento próprio em relação ao abuso do direito geral previsto na lei civil desde muito cedo. O Código de Processo Civil de 1939, em seu art. 3º, dispunha que "Responderá por perdas e danos a parte que intentar demanda[14] por espírito de emulação, mero capricho, ou erro grosseiro". Apontava o diploma processual, portanto, não apenas a possibilidade de existir abuso do direito de ação, como também elementos caracterizadores do abuso (espírito de emulação, mero capricho, ou erro grosseiro) e a sua consequência jurídica (responsabilidade civil por perdas e danos). Como observava Roberto Rosas, "Em todos os casos, há necessidade de procurar-se a intenção do agente".[15] Os Códigos de Processo Civil de 1973[16] e o de 2015[17] não trataram especificamente dos requisitos caracterizadores do abuso do direito de demandar. Optaram por situar o tema no âmbito do exercício de má-fé do aludido direito. Tal exercício pode ser considerado, respeitando cada peculiaridade, tanto no exercício do direito de demanda, quanto na prática dos atos processuais praticados no curso da demanda. As consequências para o ligante de má-fé podem ser a aplicação de multa (correspondente ao percentual do valor da causa), imposição de indenização pelos prejuízos sofridos e "arcar com os honorários advocatícios e com todas as despesas que efetuou" (art. 81 do CPC/2015).

3. A CONSTITUCIONALIZAÇÃO, A MASSIFICAÇÃO DAS RELAÇÕES SOCIAIS E O ABUSO DO DIREITO DE DEMANDAR

Partindo de outro ângulo de análise, e em outro momento histórico do processo civil no qual ele passou a experimentar os efeitos da sua *constitucionalização*, o direito de ação foi ressignificado para compreender o direito de acessar a justiça para a obtenção de prestação justa de tutela jurisdicional aos direitos perseguidos. Um marco importante para a compreensão do acesso à justiça foi lançado por meio do Projeto

---

13. A doutrina já se ocupava do tema. Exemplo marcante pode ser observado na obra de Jorge Americano (AMERICANO, Jorge. *Do abuso do direito no exercício da demanda*. 2. ed. São Paulo: Saraiva, 1932) que, partindo da doutrina estrangeira e do Código Civil de 1916, conclui que "O direito de acção exige certos requisitos, quanto á substância da relação jurídica invocada, quanto ás condições de quem exercita e quanto á modalidade do seu exercício. A ausência manifesta de alguns desses requisitos constitúe o abuso do direito no exercício da acção" (p. 151).
14. Acrescentava o parágrafo único do mencionado artigo que esse abuso de direito (expressão usada pelo legislador) também era atribuível ao exercício da defesa pelo réu.
15. ROSAS, Roberto. Abuso de direito e dano processual. *Revista de Processo*, v. 32, p. 28-38, out.-dez. 1983.
16. Na redação original do CPC/73 estava disciplinado que: "Art. 17. Reputa-se litigante de má-fé aquele que: I – deduzir pretensão ou defesa, cuja falta de fundamento não possa razoavelmente desconhecer; II – alterar intencionalmente a verdade dos fatos; III – omitir intencionalmente fatos essenciais ao julgamento da causa; IV – usar do processo com o intuito de conseguir objetivo ilegal; V – opuser resistência injustificada ao andamento do processo; VI – proceder de modo temerário em qualquer incidente ou ato do processo; VII – provocar incidentes manifestamente infundados".
17. Com redação similar a do CPC/73, o CPC/2015 dispõe que: "Art. 80. Considera-se litigante de má-fé aquele que: I – deduzir pretensão ou defesa contra texto expresso de lei ou fato incontroverso; II – alterar a verdade dos fatos; III – usar do processo para conseguir objetivo ilegal; IV – opuser resistência injustificada ao andamento do processo; V – proceder de modo temerário em qualquer incidente ou ato do processo; VI – provocar incidente manifestamente infundado; VII – interpuser recurso com intuito manifestamente protelatório".

Florença.[18] Como resultado desse projeto, Mauro Cappelletti e Bryan Garth publicaram relatório[19] em que eram apontadas três *ondas* que promoveriam a superação dos problemas relacionados ao acesso à justiça: a primeira relacionada ao acesso à justiça para os pobres, a segunda relacionada à representação dos interesses difusos e a terceira relacionada à adoção de uma concepção mais ampla de acesso à justiça. Nesta terceira onda os autores ressaltam a necessidade de que o processo esteja adaptado ao direito violado que nele se veicula, enfatizando que "as disputas têm repercussões *coletivas tanto quanto individuais*", bem como que "é importante, do ponto de vista conceitual e prático, distinguir os tipos de repercussão, porque as dimensões coletiva e individual podem ser atingidas por medidas diferentes".[20] Em síntese, percebe-se ao longo do século XX que, da preocupação de assegurar o direito individual (inicialmente em abstrato e depois em concreto – eliminando barreiras econômicas ao exercício desse direito) e formal (obter uma resposta do estado) de demandar em juízo, passa-se a buscar soluções para que, diante da massificação das relações sociais e dos conflitos daí inerentes, o acesso à justiça deixe de ser apenas formal (reclamando um processo justo[21]) e atenda a interesses difusos e coletivos.

Esse ambiente social e jurisdicional que já se fazia presente no último quarto do século passado vem se intensificando de maneira cada vez mais intensa no primeiro quarto do século XXI. Se já existia uma litigância massificada no século passado, diante do avanço tecnológico apresentado na área das comunicações (disseminação de rádio, jornal e TV), o advento e popularização da internet multiplicou em dimensão inimaginável seus efeitos. Relações e conflitos são estabelecidos de forma quase instantânea em escala global, exigindo-se do Estado, no que tange à prestação da tutela jurisdicional, respostas cada vez mais rápidas (a noção de tempo contemporânea sofre efeitos com essa nova teia de relações sociais). Conflitos em escala importam, na prática, em escalada de

---

18. Dierle Nunes e Ludmila Teixeira relatam que o "Projeto Florença" tratou-se de um "projeto de pesquisa patrocinado pela Fundação Ford, conjuntamente com o Conselho Nacional de Pesquisa da Itália, (...) levado a cabo a partir de 1973 – cujos resultados foram publicados em 1978, em 4 volumes –, sob a direção de Mauro Cappelletti. Envolveu 23 países, que, representados por grandes juristas nacionais, responderam a um questionário e prepararam um relatório, que apontou as chagas e possíveis soluções técnicas para os problemas de seus sistemas jurídicos". (NUNES, Dierle; TEIXEIRA, Ludmila. Por um acesso à justiça democrático: primeiros apontamentos. *Revista de Processo*, v. 217, p. 75-120, mar. 2013). Analisando os impactos em retrospectiva (durante a Conferência de Seoul de 2014), Ada Pellegrini Grinover, Kazuo Watanabe, Carlos Alberto de Salles, Daniela Monteiro Gabbay, Valeria Ferioli Lagrasta e Masahiko Omura afirmaram que "No momento do projeto Florença, vivia-se a realidade pós-segunda guerra mundial, tendo os diversos países que foram objeto do estudo passado por intensas transformações sociais, econômicas e políticas que impactaram no efetivo acesso à justiça". (GRINOVER, Ada Pellegrini; WATANABE, Kazuo; SALLES, Carlos Alberto de; GABBAY, Daniela Monteiro; LUCHIARI, Valeria Ferioli Lagrasta; OMURA, Masahiko. Constituição e processo – acesso efetivo à justiça: o direito de acesso à justiça e responsabilidades públicas. *Revista de Processo*, v. 250, p. 17-31, dez. 2015).
19. CAPPELLETTI, Mauro; GARTH, Bryant. *Acess to Justice*: The worldwide movement to make rights effective. Milan: Giuffrè, 1978.
20. CAPPELLETTI, Mauro; GARTH, Bryant. *Acesso à justiça*. Trad. Ellen Gracie Northfleet. Porto Alegre: Sérgio Antonio Fabris Editor, 1988, p .72.
21. Nas palavras de Comoglio, Ferri e Taruffo, "il <<diritto al processo>> non è caratterizzato da un oggetto puramente formale o astratto (<<processo>> *tout court*), ma assume un contenutto modale qualificato (come <<diritto al giusto processo>>)" (COMOGLIO, Luigi Paolo; FERRI, Corrado; TARUFFO, Michele. *Lezioni sul processo civile*. 2. ed. Bologna: Il Mulino, 1998, p. 229).

demandas frente ao Poder Judiciário (em que pese existam técnicas processuais voltadas às tutelas coletivas do direito).

No entanto, esse problema que, do ponto de vista estrutural, seria um problema do Poder Judiciário (como dar conta de uma demanda crescente de processos diante de um desejável acesso à justiça amplo?), passa a ser potencialmente utilizado como meio de causar prejuízo a determinados sujeitos (em geral, concentradores da atenção da opinião pública) diante do exercício capilarizado do direito de acesso à justiça (ação) por um grande número de pessoas.

De um lado, o abuso do direito baseado no "excesso manifesto dos limites" do exercício do direito, tal como proposto pelo Código Civil vigente, foi concebido em um cenário econômico e social em que os danos e a pretensões à tutela jurisdicional tinham por característica comum estarem voltados a solucionar problemas de natureza individual (com dualidade de parte). A massificação das relações sociais e dos respectivos conflitos foi potencializada pela expansão do acesso à justiça (fatores consolidados ainda na última metade do século passado) e ganha proporções em grande escala na sociedade contemporânea diante do advento dos sistemas de redes sociais como espaço coletivo de trocas de informações e interesses e, consequentemente, de surgimento de conflitos. Neste contexto, o "excesso manifesto dos limites", que no exercício do direito individual (de Caio frente a Tício) é facilmente percebido, tem o potencial de ser dissimulado por meio de múltiplas ações de múltiplos agentes que, individualmente considerados, pode não se mostrar nem excessivo, nem manifesto.

De outro lado, o abuso do direito de demanda situado no âmbito do exercício de má-fé, embora tenha sido a opção do legislador processual de 2015, reproduz com pequenas alterações o modelo presente desde o CPC/1973. Diante disso, sua concepção não levou em conta (ou deliberadamente ignorou) novas modalidades de abuso que o direito de demandar pode assumir na sociedade contemporânea.

Entretanto, se compreendido o exercício de diversos direitos individuais de forma coletiva, pode se configurar uma ação (em sentido material) coletiva (individual homogênea, para pegar empresada por analogia uma expressão típica das tutelas coletivas) que excede manifestamente os limites do direito, ainda que individualmente consideradas não tenham esse condão, como se verá no caso das ações propostas por 111 pastores da Igreja Universal contra o escritor J.P. Cuenca.[22]

Este tipo de violação vem sendo objeto de estudo no direito norte-americano (sob o nome de *sham litigation*[23]) e no direito inglês (sob o nome de *vexatory litigation*) para

---

22. CORTÁZAR, Naiara Galarraga. A cruzada judicial de 111 pastores da Igreja Universal contra um escritor por um tuíte: Religiosos demandam que J. P. Cuenca os indenize por danos morais causados por uma frase citando a igreja de Edir Macedo, Bolsonaro, enforcamento e tripas. *El País*. São Paulo. 18 out. 2020. Disponível em: https://brasil.elpais.com/cultura/2020-10-18/a-cruzada-judicial-de-111-pastores-evangelicos-contra-um--escritor-brasileiro-por-um-tuite.html. Acesso em: 20 ago. 2022.
23. KLEIN, C. C. Strategic sham litigation: Economic incentives in the context of the case law. *International Review of Law and Economics,* 1986, 6(2), 241-253.

resolver conflitos de ordem concorrencial. O conflito que os tribunais foram chamados a resolver decorre, em sentido amplo, dos efeitos negativos que a litigância pode ocasionar a um concorrente e como uma empresa pode ilicitamente obter vantagem. O abuso do direito de litigar, neste contexto, pode se dar, principalmente, de duas formas: (1) o uso fraudulento ou deturpado do processo regulatório e (2) a instigação da litigância com o proposito colateral de ocasionar um dano anticompetitivo.[24] No que toca ao objeto de estudo do presente artigo, a forma que mais se aproxima do campo de análise é a segunda. O caso que serve como ponto de partida para este debate nos EUA (que é uma distinção do caso Eastern Railroad Presidents Conference v. Noerr Motors julgado em 1961) é o California Motor Transport v. Trucking Unlimited (1972).

Segundo relata Thomas Balmer,[25] no aludido caso a Suprema Corte se deparou com a alegação de que um grande grupo de empresas (19 ao todo) de transporte adotaram medidas judiciais e administrativas infundadas (com ou sem causa provável) para impedir a atuação de outras empresas do mesmo ramo (15 empresas). O abuso, portanto, estaria na repetição de demandas com uma finalidade comum de causar prejuízo a um determinado sujeito de direito ou grupo determinado e não com o propósito de buscar prestação de tutela jurisdicional.

Como se vê, também na doutrina da *sham litigation*, assim como no Brasil, a identificação do abuso vale-se de conceitos de cunho objetivo – como "pedidos infundados" (*baseless claims*), causa provável (*probable cause*) – e de cunho subjetivo – como os motivos lesivos da litigância.[26] Esses elementos, com a devida adaptação da linguagem, podem ser encontrados no Código de Processo Civil brasileiro quando trata da litigância de má-fé. Ao indicar as práticas que configuram o agir de má-fé, o art. 80, I, do CPC estabelece que é considerado litigante de má-fé quem "deduzir pretensão ou defesa contra texto expresso de lei ou fato incontroverso". Daí que a noção de "pedido infundado" e "causa provável" poderiam ser materializados no direito positivo brasileiro como violação ao "expresso texto de lei". A solução proposta pelo legislador processual no dispositivo é acanhada. Qualquer pretensão abusiva não atrairia responsabilidade se não houve previsão clara e abstrata (na lei) do direito veiculado na demanda. Some-se a isso o fato de que o direito moderno, ao se valer de técnicas legislativas mais abertas do ponto de vista interpretativo (por exemplo: cláusulas gerais e princípios), dificulta (para além da típica indeterminação dos textos legais[27]) a identificação de quando ocorreria violação a "expresso texto de lei". No entanto, reside no inciso III do artigo anteriormente mencionado uma *solução* para o problema, na medida em que também é considerado litigante de má-fé quem faz uso do processo "para conseguir objetivo ilegal". Assim, se

---

24. LIANOS, Ioannis, & REGIBEAU, Pierre. "Sham" Litigation: When Can It Arise and How Can It Be Reduced? *The Antitrust Bulletin*, 2017, 62(4), 643-689, p. 647-648.
25. BALMER, Thomas A. Sham Litigation and the Antitrust Laws. *Buffalo Law Review*, v. 29, n. 1, p. 42. Winter 1980.
26. LIANOS, Ioannis, & REGIBEAU, Pierre. "Sham" Litigation: When Can It Arise and How Can It Be Reduced? *The Antitrust Bulletin*, 2017, 62(4), 643-689, p. 655.
27. Sobre o tema, recomenda-se a leitura de ÁVILA, Humberto. *Teoria da indeterminação no direito*. São Paulo: Malheiros Editores, 2022.

uma determinada pessoa, ainda que não viole "expresso texto de lei", proponha demanda com a finalidade de atingir objetivo ilegal, tal como causar prejuízo a outrem com o ajuizamento da própria demanda, será considerada litigante de má-fé e responsabilizada (a teor do que dispõe o art. 79 do CPC) pelas perdas e danos ocasionados.

Na hipótese de litigância de má-fé diante do objetivo ilegal, o abuso do direito pode vir a ser caracterizado quando considerado o conjunto de demandas propostas. Ou seja, a finalidade de causar prejuízo somente viria a se materializar diante da multiplicidade de abusos perpetrados em demandas distintas. Deste modo, uma demanda que não viole "expresso texto de lei" e que individualmente considerada não promova objetivo ilegal (levando em consideração que o custo da litigância é inerente à prestação da tutela jurisdicional) não conduz a prejuízos responsabilizáveis diante de litigância de má-fé. Por outro lado, se identificado um liame entre demandas individuais que explicitem um interesse comum de causar prejuízo a alguém, o "objetivo ilícito" se materializa pela conduta coletivamente considerada, reclamando a incidência dos efeitos da litigância de má-fé.

Essa reflexão teórica, à luz da legislação processual, por mais que pareça improvável, tem ocorrido na contemporaneidade. Nos próximos tópicos, serão apresentados casos ocorridos no Brasil e como o Estado, em sentido amplo, vem respondendo a eles.

4. CASOS BRASILEIROS

O caso do jornalista e escritor João Paulo Cuenca, que deu ensejo à Recomendação 127 do CNJ, foi descrito com detalhes na Representação apresentada pela Associação Brasileira de Imprensa (ABI) ao Ministério Público, requerendo a instauração de Inquérito Civil para apurar as violações perpetradas ao seu direito à liberdade de expressão.

O escritor foi processado por vários pastores da Igreja Universal em diversas comarcas do país por uma publicação no *Twitter* na qual ele parodiava uma famosa citação de Jean Meslier. Como acima referido, o tuíte dizia que "o brasileiro só será livre quando o último Bolsonaro for enforcado nas tripas do último pastor da Igreja Universal". Segundo a defesa do escritor, em certo momento existiam mais de 80 ações tramitando no Poder Judiciário, em 19 estados brasileiros, com pedidos de ressarcimento por dano moral entre R$ 10 mil e R$ 20 mil cada. Ademais, as ações eram praticamente idênticas, o que demonstrava o movimento coordenador e caracterizador da litigância de má-fé, e continuavam a ser ajuizadas com o passar do tempo.[28]

O caso de J. P. Cuenca não configura uma exceção. O jornalista Lúcio Flávio Pinto sofreu 33 ações judiciais entre os anos de 1992 e 2005 por sua atuação denunciando a exploração da Amazônia e os negócios escusos de famílias e políticos que atuam na

---

28. Disponível em: http://www.abi.org.br/wp-content/uploads/2020/11/ABI-Caso-Joa%CC%83o-Paulo-Cuenca-MPF-Assinado.pdf. Acesso em: 10 ago. 2022. Em reportagem de janeiro de 2021, a revista Piauí contabilizava o total de 143 ações movidas contra o escritor. Disponível em: http://www.abi.org.br/wp-content/uploads/2020/11/ABI-Caso-Joa%CC%83o-Paulo-Cuenca-MPF-Assinado.pdf. Acesso em: 10 ago. 2022.

região.[29] O jornalista Carlos Santos, do Rio Grande do Norte, no ano de 2011, enfrentava 27 ações judiciais e 9 interpelações movidas por autoridades ofendidas por seus textos.[30] Em 2008, a jornalista Elvira Lobato foi acionada em 111 ações judiciais por fiéis e pastores também da Igreja Universal do Reino de Deus por publicar reportagem em que revelava os negócios de uma rede de empresas ligadas à referida Igreja.[31] A jornalista conta os detalhes sobre esses processos no *podcast* Jornalismo sem Trégua, da Associação Brasileira de Jornalismo Investigativo (Abraji). Entre os pontos de destaque, a jornalista diz que nenhuma das ações fora ajuizada em capital ou cidade de grande ou médio porte do país, mas sim em cidades muito pequenas, cujo acesso poderia levar até 3 dias de viagem. Além disso, o próprio ajuizamento das demandas já alcançava o objetivo dos autores de a silenciar, considerando que a oposição de lados em demandas judiciais desta envergadura, com toda certeza, retirava da jornalista o que é mais fundamental a qualquer repórter, que é a imparcialidade que lhe possibilita escrever as matérias com credibilidade.

Casos como esses são frequentemente denunciados pela organização Repórteres sem Fronteiras (RSF) como censura por assédio judicial.[32] Em termos pretorianos, a Abraji propôs Ação Direta de Inconstitucionalidade com pedido de concessão de medida cautelar, tendo por objeto a fixação de interpretação conforme a Constituição dos arts. 53, IV, a, 55, § 3º, art. 69, II e § 2º, VI, todos do CPC[33] e art. 4º, III, da Lei n. 9.099/1995 (Lei dos Juizados Especiais Cíveis),[34] por violação às liberdades de expressão, de imprensa e de informação, e aos princípios do devido processo legal, da ampla defesa e da razoável duração do processo a que se referem os arts. 5º, IV, IX, XIV, LIV, LV, LXXVIII e 220, caput e §§ 1º, 2º e 3º, da Constituição Federal. A Ação denuncia os abusos cometidos na propositura de demandas judiciais contra jornalistas com a escolha do foro onde as ações são propostas pelos autores, que de forma coordenada visam prejudicar o direito de defesa dos réus, com dezenas ou mesmo centenas de ações indenizatórias com o mesmo conteúdo e, não raras vezes, com a apresentação de idêntica peça processual.

---

29. RABIN, Cláudio. Jornalista amazonense resiste apesar de décadas de ameaças e perseguições. *Mongabay*: notícias ambientais para informar e transformar. 16/10/2016. Disponível em: https://brasil.mongabay.com/2016/10/jornalista-amazonense-resiste-apesar-de-decadas-de-ameacas-e-perseguicoes/. Acesso em: 10 ago. 2022.
30. Disponível em: https://abraji.org.br/noticias/assedio-judicial-contra-jornalistas-uma-nova-forma-de-censura. Acesso em: 10 ago. 2022.
31. Disponível em: https://www.abraji.org.br/noticias/elvira-lobato-e-leticia-kleim-conversam-sobre-assedio-judicial-contra-jornalistas. Acesso em: 10 ago. 2022.
32. Disponível em: https://www.dw.com/pt-br/justi%C3%A7a-d%C3%A1-margem-a-uma-nova-forma-de-censura-no-brasil/a-19346073. Acesso em: 10 ago. 2022.
33. "Art. 53. É competente o foro: (...) IV – do lugar do ato ou fato para a ação: a) de reparação de dano (...)"
"Art. 55. Reputam-se conexas 2 (duas) ou mais ações quando lhes for comum o pedido ou a causa de pedir. (...) § 3º Serão reunidos para julgamento conjunto os processos que possam gerar risco de prolação de decisões conflitantes ou contraditórias caso decididos separadamente, mesmo sem conexão entre eles." "Art. 69. O pedido de cooperação jurisdicional deve ser prontamente atendido, prescinde de forma específica e pode ser executado como (...) II – reunião ou apensamento de processos;(...) § 2º Os atos concertados entre os juízes cooperantes poderão consistir, além de outros, no estabelecimento de procedimento para (...) VI – a centralização de processos repetitivos".
34. "Art. 4º É competente, para as causas previstas nesta Lei, o Juizado do foro (...) III – do domicílio do autor ou do local do ato ou fato, nas ações para reparação de dano de qualquer natureza".

A ação ainda aponta a assimetria das forças envolvidas no assédio judicial, favorecida pelos dispositivos legais apontados, com afronta não apenas ao direito individual de manifestar opiniões em respeito à liberdade de expressão, mas sobretudo no direito difuso da liberdade de informação.[35]

No mesmo sentido, a Associação Brasileira de Imprensa (ABI) também ajuizou Ação Direta de Inconstitucionalidade (ADI 6792),[36] apontando o abuso na instrumentalização do Poder Judiciário como forma de silenciamento da atividade jornalística e requerendo a realização de interpretação conforme a Constituição dentre outros dispositivos legais, dos arts. 79, 80 e 81 do CPC, que tratam da Responsabilidade Civil das Partes por Dano Processual. Nesse sentido, postula a associação a interpretação conforme a Constituição dos aludidos dispositivos processuais para "estabelecer a interpretação segundo a qual o ajuizamento de múltiplas ações com o objetivo de intimidar jornalistas e órgãos de imprensa, no âmbito de estratégia de assédio judicial, gera o dever de ressarcir danos materiais e morais aos réus, além do de arcar com multa e ônus sucumbenciais."

Afora as questões processuais suscitadas, a ação da ABI requer interpretação conforme a Constituição do artigo 927, *caput* e parágrafo único, do Código Civil, para "estabelecer a interpretação segundo a qual a prática do assédio judicial produz dano moral coletivo, passível de ser apurado e ressarcido por meio do ajuizamento de ação coletiva, a ser proposta pelo Ministério Público e por associações representativas da sociedade civil." Nesse sentido, aponta que a referida ADI se ocupa especificamente dos problemas associados à responsabilização civil de jornalistas e órgãos de imprensa pelo Judiciário brasileiro e integra-se ao conjunto de iniciativas da sociedade civil voltadas à preservação da liberdade e da democracia no Brasil. No momento em que este artigo é escrito, ambas as Ações Diretas de Inconstitucionalidade encontram-se conclusas com a relatora, não tendo sido proferida, até a presente data, nenhuma decisão. A ABI ainda destacou em sua ação que o emprego de processos judiciais para censurar, intimidar e silenciar os críticos vem sendo denominado por meio da sigla "SLAPP = Strategic Lawsuit Against Public Participation" e que, neste contexto, é comum que ações judiciais sejam ajuizadas mesmo sem a probabilidade da procedência, apenas mesmo para intimidar jornalistas e órgãos de imprensa.

Com efeito, a responsabilização civil por uso indevido do aparato processual já foi objeto de exame pelo Superior Tribunal de Justiça, sendo de destacar o Recurso Especial 1.817.845/MT,[37] no qual prevaleceu o voto-vista da Ministra Relatora Nancy Andrighi em ação de reparação de danos materiais e morais movida em razão da utilização indevida de imóvel, na qual se pleiteou a reparação de danos por assédio processual. Isso porque, resumidamente, desde o surgimento da controvérsia entre as partes, no ano de 1970,

---

35. STF. ADI 7055. Rel. Min. Rosa Weber. Disponível em: https://portal.stf.jus.br/processos/detalhe.asp?incidente=6325731. Acesso em: 29 ago. 2022.
36. STF. ADI 6792. Rel. Min. Rosa Weber. Disponível em: https://portal.stf.jus.br/processos/detalhe.asp?incidente=6150300. Acesso em: 29 ago. 2022.
37. STJ. Resp. 1.817.845/MT. Rel. Min. Paulo de Tarso Sanseverino. Rel. p/acórdão Min. Nancy Andrighi. J. 10.10.2019. Terceira Turma. DJe 17.10.2019.

quase 10 ações judiciais ou processos administrativos foram ajuizados pela parte ré com o fim de retardar a efetivação do direito da contraparte. Conforme aponta a relatora, esse é o contexto da ação de reparação de danos, que tem como causa de pedir a prática de atos de assédio processual que teriam, por consequência, privado a parte autora, por décadas, de usar, dispor e fruir da propriedade familiar de que seriam herdeiros.

Ao proferir o voto vencedor, a ministra relatora destacou que embora a tese do assédio processual aparentasse algum ineditismo, a questão em debate não era nova, pois tratava-se do alegado abuso processual, figura bastante estudada no direito material, sobretudo em razão do que dispõe o art. 187 do Código Civil. E registrou: "O chicaneiro nunca se apresenta como tal, mas, ao revés, age alegadamente sob o manto dos princípios mais caros, como o *acesso à justiça*, o *devido processo legal* e a *ampla defesa*, para cometer e ocultar as suas vilezas. *O abuso se configura não pelo que se revela, mas pelo que se esconde*" (grifos no original).

5. ASSÉDIO JUDICIAL, JUDICIALIZAÇÃO PREDATÓRIA E AUTOCENSURA

Nos termos da suprarreferida Recomendação do CNJ, entende-se por judicialização predatória "o ajuizamento em massa em território nacional de ações com pedido e causa de pedir semelhantes em face de uma pessoa ou de um grupo específico de pessoas, a fim de inibir a plena liberdade de expressão" (art. 2º). Em tais casos, o CNJ poderá acompanhar a sua tramitação, independentemente de requerimento, bem como sugerir medidas para evitar o efeito inibidor (*chilling effect*) que dela decorre (art. 4º).

A judicialização predatória vem sendo denunciada de modo cada vez mais frequente nos últimos anos. O caso do escritor J.P. Cuenca, como já se afirmou, não é exceção. O ajuizamento de ações repetitivas especialmente contra falas ou escritos de jornalistas e escritores demonstra mais do que uma intenção de tutelar direitos da suposta vítima, como honra, privacidade e imagem. Denota, em verdade, um comportamento assediador, de caráter vingativo e intimidador. Trata-se de uma judicialidade falsa, ilegítima, em que o objetivo é coibir a expressão do pensamento – e não o seu excesso – com reflexos no direito fundamental e humano à liberdade de expressão. Liberdade que é instrumento de autodefinição e autodeterminação individual e que tem o seu escoramento na dignidade da pessoa humana.[38]

Conforme ressaltam Canotilho, Machado e Gaio Jr., não é de hoje que os constitucionalistas apontam a "função constitutiva e estabilizadora da livre formação da opinião individual e coletiva através de uma esfera de discurso público aberta e pluralista".[39] Jónatas Machado lembra que a dupla dimensão desse direito compreende a dimensão substantiva, que envolve a própria atividade de "pensar, formar a própria opinião e ex-

---

38. MACHADO, Jónatas E. M. *Liberdade de expressão*: dimensões constitucionais da esfera pública no sistema social. Coimbra: Coimbra, 2002, p. 359-360.
39. CANOTILHO, José Joaquim Gomes; MACHADO, Jónatas E. M.; GAIO JÚNIOR, Antônio P. *Biografias não autorizadas versus liberdade de expressão*. Curitiba: Juruá, 2014, p. 27-28.

teriorizá-la", e a dimensão instrumental, que traduz "a possibilidade de utilizar os mais diversos meios adequados à divulgação do pensamento".[40]

No Brasil, o direito pátrio aponta para a proteção constitucional da liberdade de expressão por meio de distintos enunciados normativos.[41] Na ordem internacional, o Brasil é signatário de tratados que igualmente afirmam a liberdade de expressão, como a Declaração Universal dos Direitos Humanos, onde se lê, no art. XIX, que: "Toda pessoa tem direito à liberdade de opinião e expressão; este direito inclui a liberdade de, sem interferência, ter opiniões e de procurar, receber e transmitir informações e ideias por quaisquer meios e independentemente de fronteiras".[42] Da Convenção Americana de Direitos Humanos (1969) – Pacto de San José da Costa Rica – extrai-se também que toda pessoa tem o direito à liberdade de pensamento e de expressão.[43]

---

40. MACHADO, Jónatas E. M. *Liberdade de expressão:* dimensões constitucionais da esfera pública no sistema social. Coimbra: Coimbra, 2002, p. 417.
41. No Título II – Dos direitos e garantias fundamentais, Capítulo I – Dos direitos e deveres individuais e coletivos, da Constituição Federal tem-se que: IV – "é livre a manifestação do pensamento, sendo vedado o anonimato"; IX – "é livre a expressão da atividade intelectual, artística, científica e de comunicação, independentemente de censura ou licença"; e XIV – "é assegurado a todos o acesso à informação e resguardado o sigilo da fonte, quando necessário ao exercício profissional". Já no Título VIII – Da ordem social, Capítulo III – Da educação, da cultura e do desporto, a Carta de 1988 prescreve: "Art. 215 O Estado garantirá a todos o pleno exercício dos direitos culturais e acesso às fontes da cultura nacional, e apoiará e incentivará a valorização e a difusão das manifestações culturais. § 1º O Estado protegerá as manifestações das culturas populares, indígenas e afro-brasileiras, e das de outros grupos participantes do processo civilizatório nacional. § 2º A lei disporá sobre a fixação de datas comemorativas de alta significação para os diferentes segmentos étnicos nacionais. § 3º A lei estabelecerá o Plano Nacional de Cultura, de duração plurianual, visando ao desenvolvimento cultural do País e à integração das ações do poder público que conduzem à: I defesa e valorização do patrimônio cultural brasileiro; II produção, promoção e difusão de bens culturais; III formação de pessoal qualificado para a gestão da cultura em suas múltiplas dimensões; IV democratização do acesso aos bens de cultura; V valorização da diversidade étnica e regional." E no Título VIII – Da Ordem Social, Capítulo V – Da comunicação social, tem-se ainda: "Art. 220 A manifestação do pensamento, a criação, a expressão e a informação, sob qualquer forma, processo ou veículo, não sofrerão qualquer restrição, observado o disposto nesta Constituição. § 1º Nenhuma lei conterá dispositivo que possa constituir embaraço à plena liberdade de informação jornalística em qualquer veículo de comunicação social, observado o disposto no art. 5º, IV, V, X, XIII e XIV. § 2º É vedada toda e qualquer censura de natureza política, ideológica e artística. § 3º Compete à lei federal: I – regular as diversões e espetáculos públicos, cabendo ao Poder Público informar sobre a natureza deles, as faixas etárias a que não se recomendem, locais e horários em que sua apresentação se mostre inadequada; II – estabelecer os meios legais que garantam à pessoa e à família a possibilidade de se defenderem de programas ou programações de rádio e televisão que contrariem o disposto no art. 221, bem como da propaganda de produtos, práticas e serviços que possam ser nocivos à saúde e ao meio ambiente. § 4º A propaganda comercial de tabaco, bebidas alcoólicas, agrotóxicos, medicamentos e terapias estará sujeita a restrições legais, nos termos do inciso II do parágrafo anterior, e conterá, sempre que necessário, advertência sobre os malefícios decorrentes de seu uso. § 5º Os meios de comunicação social não podem, direta ou indiretamente, ser objeto de monopólio ou oligopólio. § 6º A publicação de veículo impresso de comunicação independe de licença de autoridade".
42. Convenção adotada e proclamada pela Resolução 217 A (III) da Assembleia Geral das Nações Unidas, em 10 de dezembro de 1948.
43. Dispõe o art. 13 da Convenção, na íntegra: "Art. 13. Liberdade de pensamento e de expressão: 1. Toda pessoa tem o direito à liberdade de pensamento e de expressão. Esse direito inclui a liberdade de procurar, receber e difundir informações e ideias de qualquer natureza, sem considerações de fronteiras, verbalmente ou por escrito, ou em forma impressa ou artística, ou por qualquer meio de sua escolha. 2. O exercício do direito previsto no inciso precedente não pode estar sujeito à censura prévia, mas a responsabilidades ulteriores, que devem ser expressamente previstas em lei e que se façam necessárias para assegurar: a) o respeito dos direitos e da reputação das demais pessoas; b) a proteção da segurança nacional, da ordem pública, ou da saúde ou da moral públicas. 3. Não se pode restringir o direito de expressão por vias e meios indiretos, tais como o abuso de controles oficiais

Conforme aponta o próprio Ato Normativo do CNJ que deu ensejo à Recomendação 127, a preocupação com essa espécie de assédio judicial já chegou ao Poder Legislativo.[44] O PL 90/2021 "Dispõe sobre a reunião de ações judiciais em face da identificação de demanda opressiva", assim caracterizada, nos termos do art. 2º do referido PL, como "o ajuizamento de ações diversas com a mesma causa de pedir, pelo mesmo autor ou por diversos autores que tenham entre si identidade de qualquer espécie, contra a mesma pessoa, com o intuito de prejudicá-la ou de causar-lhe dificuldade de exercício do direito de defesa ou que propicie deslocamentos entre comarcas ou regiões distintas em razão de fato comum às demandas". O par. 1º do mesmo artigo ainda caracteriza a demanda opressiva como abuso de direito e torna certo o dever de reparação do dano causado,[45] sendo, nos termos do par. 2º, o foro do domicílio do demandado o competente para processar e julgar as ações.

Com efeito, o que a judicialização predatória provoca no terreno da liberdade de expressão é, no mínimo, a promoção da autocensura. Ainda que as demandas ajuizadas venham a ser julgadas improcedentes, o dano já foi causado aos direitos da personalidade do autor do discurso, pois não se desenvolve livremente a personalidade se há embaraço à expressão do pensamento. Em sendo a liberdade de expressão um direito, a tentativa de contê-lo é ato ilícito e deve ser reparado. A Recomendação do CNJ não tratou deste aspecto – e não era mesmo o seu objeto – tratando apenas de "recomendar" aos tribunais medidas destinadas, exemplificativamente, a "agilizar a análise da ocorrência de prevenção processual, da necessidade de agrupamento de ações, bem como da eventual má-fé dos demandantes, a fim de que o demandado, autor da manifestação, possa efetivamente defender-se judicialmente" (art. 3º). Resta ao mesmo Poder Judiciário, no âmbito das respectivas competências, dar o passo seguinte na direção da efetiva prevenção, reparação e/ou compensação dos danos causados por tais condutas, tanto em nível individual quanto coletivo.

6. CONCLUSÃO

O ajuizamento de demandas massivas contra uma única pessoa ou grupo de pessoas como forma de silenciá-las e de intimidar a coletividade é apenas uma das possibilidades de assédio judicial. Com efeito, a responsabilização civil não se limita aos casos de

---

ou particulares de papel de imprensa, de frequências radioelétricas ou de equipamentos e aparelhos usados na difusão de informação, nem por quaisquer outros meios destinados a obstar a comunicação e a circulação de ideias e opiniões. 4. A lei pode submeter os espetáculos públicos à censura prévia, com o objetivo exclusivo de regular o acesso a eles, para proteção moral da infância e da adolescência, sem prejuízo do disposto no inciso 2. 5. A lei deve proibir toda propaganda a favor da guerra, bem como toda apologia ao ódio nacional, racial ou religioso que constitua incitamento à discriminação, à hostilidade, ao crime ou à violência".

44. Projeto de Lei 90/2021, de autoria do Deputado Pompeo de Mattos (PDT-RS), aprovado em 10.05.2022 pela Comissão de Constituição e Justiça e de Cidadania da Câmara dos Deputados e remetido ao Senado Federal em 17/05/2022. Disponível em https://www.camara.leg.br/propostas-legislativas/2268742. Acesso em: 10 ago. 2022.

45. O art. 6º dispõe ainda que: "Art. 6º. O demandado poderá, na resposta, formular pedido contraposto de reparação do dano moral decorrente da demanda opressiva. Parágrafo único. O pedido contraposto ofertado em uma ação estender-se-á a todas as ações conexas, se assim o requerer o demandado".

"demanda opressiva", embora este tenha sido o objeto deste breve artigo. Os já referidos dispositivos legais do art. 187 do Código Civil de 2002 e art. 79 do Código de Processo Civil de 2015 apontam para a possibilidade de se pleitear indenização por perdas e danos a todo aquele que litigar de má-fé, utilizando-se do processo como forma de causar intimidação, vingança ou coação.

Os parâmetros da caracterização do abuso de demandar por meio de ajuizamento de múltiplas ações contra uma mesma pessoa podem variar. Se cada uma das demandas individuais puder ser considerada como proposta de má-fé (nos termos do art. 80 do CPC), ou como violadora da boa-fé objetiva ou dos fins sociais ou econômicos do ato (nos termos do art. 187 do CC) cada um dos demandantes pode vir a ser chamado a indenizar os danos causados pelo exercício abusivo do seu direito de ação (art. 187 c/c art. 927, *caput*, do CC).

Contudo, quando for possível demonstrar que a multiplicidade de demandas individuais decorre do *orquestramento* de pessoa ou de grupo com intenção de causar dano à parte adversa ("objetivo ilícito") é possível a atribuição de responsabilidade civil, tanto para quem exerceu direito de ação individual aparentemente (se considerada em perspectiva individual) de boa-fé (situação que pode ser resolvida na própria demanda), quanto para quem praticou o ato de coordenação do ajuizamento massivo de demandas (que reclamará ação indenizatória própria).

Isso se deve à circunstância de se tratar de atos jurídicos distintos. Ao(s) autor(es) da(s) demanda(s) individual(is) há o abuso do direito de ação materializado pelo propósito de causar dano injusto a outrem (seja em face da sua própria demanda, seja em face do conjunto de demandas a que a parte adversa será submetida). Ao sujeito que coordenou (ou instigou) o abuso do direito de demandar perpetrado individualmente, não há o cometimento do abuso do direito de demandar (já que não apresentou demanda), mas violação pura e simples ao dever jurídico de não causar dano a outrem (princípio do *neminem laedere*). Daí o motivo pelo qual se faz necessário o ajuizamento de demanda autônoma em face daquele que praticou o ato ilícito, sede na qual será possível demonstrar o fato afirmado (coordenação ou instigação do ajuizamento de múltiplas demandas individuais) e aquilatar a indenização correspondente aos prejuízos sofridos.

7. REFERÊNCIAS

AMERICANO, Jorge. *Do abuso do direito no exercício da demanda*. 2. ed. São Paulo: Saraiva, 1932.

ÁVILA, Humberto. *Teoria da indeterminação no direito*. São Paulo: Malheiros Editores, 2022.

BALMER, Thomas A. Sham Litigation and the Antitrust Laws. *Buffalo Law Review*, v. 29, n. 1, p. 39-72. Winter 1980.

BEVILAQUA, Clovis. *Teoria Geral do Direito Civil*. 2. ed. rev. e atual. Rio de Janeiro: Editora Rio, 1980.

CANOTILHO, José Joaquim Gomes; MACHADO, Jónatas E. M.; GAIO JÚNIOR, Antônio P. *Biografias não autorizadas versus liberdade de expressão*. Curitiba: Juruá, 2014.

CAPPELLETTI, Mauro; GARTH, Bryant. *Acess to Justice:* The worldwide movement to make rights effective. Milan: Giuffrè, 1978.

CAPPELLETTI, Mauro; GARTH, Bryant. *Acesso à justiça*. Trad. Ellen Gracie Northfleet. Porto Alegre: Sérgio Antonio Fabris Editor, 1988.

COMOGLIO, Luigi Paolo; FERRI, Corrado; TARUFFO, Michele. *Lezioni sul processo civile*. 2. ed. Bologna: Il Mulino, 1998.

DIDIER JR. Fredie. *Curso de direito processual civil*. 21. ed. Salvador: JusPodivm, 2019. v. 1.

FISS, Owen M. *A ironia da liberdade de expressão*: Estado, regulação e diversidade na esfera pública. Trad. Gustavo Binenbojm e Caio Mário da Silva Pereira Neto. Rio de Janeiro: Renovar, 2005.

GRINOVER, Ada Pellegrini. Ética, abuso do processo e resistência às ordens judiciárias: o contempt of court. *Revista de Processo*, v. 102, p. 219-227, abr.-jun. 2001.

GRINOVER, Ada Pellegrini; WATANABE, Kazuo; SALLES, Carlos Alberto de; GABBAY, Daniela Monteiro; LUCHIARI, Valeria Ferioli Lagrasta; OMURA, Masahiko. Constituição e processo – acesso efetivo à justiça: o direito de acesso à justiça e responsabilidades públicas. *Revista de Processo*, v. 250, p. 17-31, dez. 2015.

HOLMES, Stephen; SUNSTEIN, Cass R. *O custo dos direitos*: por que a liberdade depende dos impostos? São Paulo: Martins Fontes, 2019.

KLEIN, C. C.. Strategic sham litigation: Economic incentives in the context of the case law. *International Review of Law and Economics,* 1986, 6(2), 241-253.

LIANOS, Ioannis., & REGIBEAU, Pierre. "Sham" Litigation: When Can It Arise and How Can It Be Reduced? *The Antitrust Bulletin,* 2017, 62(4), 643-689.

LOPEZ, Teresa Ancona. Exercício do direito e suas limitações: abuso do direito. *Revista dos Tribunais*, v. 885, p. 49-68, jul. 2009.

MACHADO, Jónatas E. M. *Liberdade de expressão*: dimensões constitucionais da esfera pública no sistema social. Coimbra: Coimbra, 2002.

MARINONI, Luiz Guilherme; ARENHART, Sérgio Cruz; MITIDIERO, Daniel. *Curso de processo civil*. 4. ed. São Paulo: Ed. RT, 2019. v. 1.

MENEZES CORDEIRO, António. *Tratado de Direito Civil Português*. 2. ed. Coimbra: Almedina, 2000. v. I, t. I.

NUNES, Dierle; TEIXEIRA, Ludmila. Por um acesso à justiça democrático: primeiros apontamentos. *Revista de Processo,* v. 217, p. 75-120, mar. 2013.

REALE, Miguel. *O estado democrático de direito e os conflitos das ideologias*. 2. ed. São Paulo: Saraiva, 1999.

ROSAS, Roberto. Abuso de direito e dano processual. *Revista de Processo*, v. 32, p. 28-38, out.-dez. 1983.

VALLADÃO, Alfredo. O abuso do direito. *Doutrinas Essenciais de Direito Civil*. São Paulo: Ed. RT, out. 2010. v. 4.

O DANO EXTRAPATRIMONIAL COMO RESULTADO DO DESCUMPRIMENTO CONTRATUAL: RAZÃO, REQUISITOS E LIMITES DA PROTEÇÃO AOS DIREITOS DA PERSONALIDADE POR VIOLAÇÃO DO NEGÓCIO JURÍDICO

Bruno Montanari Rostro

Doutorando e Mestre em Direito Civil e Empresarial pela UFRGS. Pós-Graduado em Direito dos Contratos e Responsabilidade Civil pela UNISINOS. Advogado. bmrostro@gmail.com.

Sumário: 1. Introdução – 2. Os direitos da personalidade como fundamento do dever de indenizar danos extrapatrimoniais por descumprimento do contrato – 3. A dificuldade de sistematização da teoria do dano extrapatrimonial por descumprimento contratual – 4. Conclusão – 5. Referências.

1. INTRODUÇÃO

A indenização do dano extrapatrimonial decorrente do descumprimento contratual está entre os últimos passos dados em relação à admissibilidade de indenização por danos desta natureza. Se hoje há consenso com relação à possibilidade de indenização do dano extrapatrimonial, tanto em virtude da violação de preceitos jurídicos contidos no ordenamento quanto na esfera contratual, o tema nem sempre percorreu caminhos pavimentados. Primeiro, havia resistência quanto a simples possibilidade de compensação do dano de natureza extrapatrimonial em qualquer situação; depois, quando se passou a admitir a compensação de danos a esse título, o problema foi tê-lo de forma autônoma, sem que se tratasse de mero reflexo de danos patrimoniais.

Agostinho Alvim,[1] entre 1949 e 1972, identificou a indenizabilidade do dano extrapatrimonial como uma questão bastante controvertida. Constatava àquela época que a doutrina convergia para aceitação do dano puramente moral, porém, o tema encontrava forte resistência de aplicação pelos Tribunais. Dizia o autor que a possível razão da demora das cortes em aceitá-lo residia no fato de que a doutrina atuava simplesmente no campo teórico, onde era mais fácil a construção do tema, mas os juízes, que atuavam no caso concreto, encontravam extrema dificuldade em identificar o dano extrapatrimonial e aplicar condenações equivalentes, o que fazia, então, o tema retroceder nos Tribunais.

Também, mostrava-se necessário superar algumas barreiras para que se admitisse uma espécie de dano que dissesse respeito somente aos elementos da personalidade

---

1. ALVIM, Agostinho. *Da inexecução das obrigações e suas consequências.* 5. ed. São Paulo: Saraiva, 1980.

da pessoa, como, por exemplo, a insistência de tratar por dano extrapatrimonial o que Agostinho Alvim constatava ser nada além de um dano patrimonial presumido, como no caso do art. 1.530 do CC/16, que previa que, na hipótese de cobrança de dívida não vencida, reter-se-iam juros pelo tempo que faltava para vencer, caso que, embora muitos sustentavam ser indenização por dano moral, tratava-se não mais do que abalo de crédito cuja prova dos danos para evitar a cobrança indevida por vezes era de difícil estimação. Para Agostinho Alvim, com razão, tratar o dano moral como o que repercute no patrimônio era o mesmo que negar indenizá-lo, pois o dano moral é somente aquele que não repercute no patrimônio da vítima.[2]

Mas ainda que àquele tempo, quando se cogitava de compensação por dano não patrimonial, isso somente ocorreria nos casos previstos em lei, igual a sistemas como dos direitos alemão e italiano, países que passaram pelo mesmo roteiro de evolução da matéria havida no Brasil. Na Itália, p.ex., cuja previsão legislativa determinava a indenização dos danos não patrimoniais somente nos casos previstos em lei, segundo relata Barcellona,[3] foi apenas em 2003 que houve a redefinição dos pressupostos e do conteúdo do dano não patrimonial pela jurisprudência, para determinar que o dano não patrimonial é ressarcível também nos casos em que o fato ilícito venha a lesar um interesse ou um valor da pessoa de relevo constitucional e não suscetível de avaliação econômica. Nesse aspecto, no Brasil, a CF/88 foi determinante para erradicar de vez a impossibilidade de o lesado obter indenização de cunho não patrimonial, ou que essa hipótese de indenização se prendesse à lei, o que depois veio arrebatado pelo CC/02, na conjunção dos artigos 186 e 927.

Além disso, o reconhecimento da indenizabilidade do dano extrapatrimonial necessitou superar argumentos de que não se deveria cogitar indenizar pelo sofrimento e que não seria possível encontrar a equivalência entre dor e dinheiro, ambos fundamentos hoje vencidos pelo entendimento de que há prevalência da proteção da pessoa no ordenamento jurídico[4] e de que a indenização monetária não visa à equiparação ou supressão da dor, mas uma compensação em forma de conforto pelo abalo sofrido.[5]

---

2. Mesmo quando o ilícito tem no seu suporte fático a pessoa humana e o dano lhe seja acometido (e.g. na injúria), mas exista repercussão patrimonial (e.g., a perda de clientela), não significa que estaremos tratando de danos extrapatrimoniais, mas, como distingue terminologicamente Fernando Noronha (*Direito das obrigações*. 3. ed. São Paulo: Saraiva, 2010), danos pessoais impuros de repercussão patrimonial.
3. BARCELLONA, Mario. *Il danno non patrimoniale*. Giuffrè: Milano, 2008.
4. "Se se nega a estimabilidade patrimonial do dano não-patrimonial cai-se no absurdo da não indenizabilidade do dano não-patrimonial; portanto, deixar-se-ia irressarcível o que precisaria ser indenizado. Mais contra a razão ou o sentimento seria ter-se como irressarcível o que tão fundo feriu o ser humano, que há de considerar o interesse moral e intelectual acima do interesse econômico, porque se trata de ser humano. A reparação pecuniária é um dos caminhos; se não se tomou êsse caminho, pré-elimina-se a tutela dos interesses mais relevantes. Não só no campo do direito penal se há de reagir contra a ofensa à honra, à integridade física e moral, à reputação e à tranqüilidade psíquica" (PONTES DE MIRANDA, Francisco Cavalcanti. *Tratado de Direito Privado*. São Paulo: Ed. RT, 1984, t. LIII. p. 218).
5. SANSEVERINO, Paulo de Tarso. *Princípio da reparação integral*: indenização no Código Civil. São Paulo: Saraiva, 2010.

Entretanto, vencer esses obstáculos não significou a aceitação automática de que os danos extrapatrimoniais estariam abarcados pelo regime da responsabilidade contratual. Para tanto, havia um passo a mais a ser dado. Eis que o presente trabalho se dedica a pesquisar os fundamentos adotados pela doutrina e jurisprudência nacional para, enfim, estabelecer em nosso sistema jurídico a possibilidade de indenização do dano extrapatrimonial decorrente das relações jurídicas contratuais. Também fará parte do escopo da pesquisa a viabilidade de sistematização da matéria no direito brasileiro, assim como a forma com que a jurisprudência vem se posicionando defronte a casos concretos, e de que modo tal tratamento influencia (positiva ou negativamente) essa imaginável sistematização da matéria.

2. OS DIREITOS DA PERSONALIDADE COMO FUNDAMENTO DO DEVER DE INDENIZAR DANOS EXTRAPATRIMONIAIS POR DESCUMPRIMENTO DO CONTRATO

a) O desfoque do interesse patrimonial da obrigação e a relevância dos interesses extrapatrimoniais

A recorrente oposição que havia ao reconhecimento da possibilidade de indenização do dano não patrimonial pelo inadimplemento contratual encontrava justificativa no indispensável caráter patrimonial da prestação convencionada pelas partes, então, pelo fundamento de que todo o prejuízo decorrente da violação do contrato teria caráter exclusivamente patrimonial. Essa ideia permeou a mais renomada doutrina nacional, como, por exemplo, de Clóvis Beviláqua, autor do Código Civil de 1916, que afirmava:

> (...) nas relações entre credor e devedor, o que se tem de regular é a necessidade de cumprir a obrigação ou de satisfazer o prejuízo causado pelo não cumprimento. A obrigação, no sentido técnico do têrmo, é relação patrimonial, é conceito econômico. A indenização, que substitui o seu não cumprimento, somente se refere ao patrimônio do credor.[6]

Mas não é preciso voltar ao tempo de Beviláqua. Embora em alguns casos concretos já fosse possível identificar um avanço no sentido de admitir indenização de danos extrapatrimoniais nas relações contratuais, encontram-se decisões do Superior Tribunal de Justiça, nos anos de 2000 e 2001, afirmando que "o inadimplemento contratual implica a obrigação de indenizar os danos patrimoniais; não, danos morais",[7] e que "o dano moral resulta de atos ilícitos absolutos. A conduta inconveniente de um contratante, ou mesmo a inadimplência deste, se resolve em perdas e danos".[8] A ideia aí compreendida era de que, quando entre as partes existia um contrato, presumia-se que as consequências do inadimplemento definitivo e da mora já estariam reguladas no instrumento contratual e nas perdas e danos dos artigos 402 a 404 do Código Civil, de maneira que, para o reconhecimento da existência de danos extrapatrimoniais decorrentes do des-

---
6. BEVILAQUA, Clóvis. *Direito das obrigações*. Edição histórica. Rio de Janeiro: Editora Rio – Sociedade Cultural Ltda. 1977, p. 176.
7. BRASIL. STJ. Terceira Turma. REsp 201414/PA. Relator: Min. Ari Pargendler, julgado em 20.06.2000.
8. BRASIL. STJ. Terceira Turma. AgReg no AREsp 303129/GO. Rel.: Min. Ari Pargendler, j. 29.03.2001.

cumprimento contratual, foi preciso então dar enfoque não ao objeto da prestação e ao indissociável caráter econômico de todos os contratos, mas aos interesses envolvidos na relação jurídica, o que levou ao estabelecimento da distinção entre aquilo que se trata da patrimonialidade da prestação inerente a toda e qualquer relação contratual e o que se trata da extrapatrimonialidade do interesse do credor.[9]

Ou seja, a ideia de dano extrapatrimonial vinculado ao não cumprimento de obrigação negocial consolidou-se a partir da segregação do que se define como conteúdo da obrigação e daquilo que são os interesses das partes na relação jurídica, esses podendo ser de natureza não patrimonial. A esse respeito, Nelson Rosenvald refere que:

> ...embora a prestação tenha conteúdo patrimonial, o interesse do credor na prestação pode, conforme as circunstâncias, apresentar um caráter extrapatrimonial, porque ligado à sua saúde ou de pessoas de sua família, ao seu lazer, à sua comodidade, ao bem-estar, à educação aos seus projetos intelectuais.[10]

E isso se pode facilmente constatar em hipóteses concretas. Por exemplo: não há como negar a natureza não patrimonial do interesse do paciente submetido a uma cirurgia;[11] de quem contrata serviços para uma festa de casamento; também não se pode negar que há interesses que podem ser atingidos pela lesão de coisas as quais, embora não tenham valor econômico possuem certamente valor afetivo, como na hipótese daquele que leva a revelar antigas fotos de família.

Avançando nessa linha, categoricamente, o italiano Francesco Billotta[12] refere que, mesmo nos contratos em que os interesses são inicialmente referentes à esfera patrimonial, a incidência negativa sobre direito inviolável da pessoa e sobre interesses outros que não patrimoniais pode ser resultado do comportamento do devedor na fase executiva do contrato, perspectiva pela qual se passou a admitir a hipótese que, da violação do negócio jurídico, seria possível resultar violação de mais de um interesse, como dos direitos da personalidade dos contratantes ao lado e em separado do interesse patrimonial, atraindo para esse âmbito o remédio da indenização dos danos extrapatrimoniais.[13] Segundo Noronha, para o dano extrapatrimonial, "assume especial relevo a tutela da integridade física, psíquica e moral da pessoa, com o consequente reconhecimento do direito à reparação por todos os danos resultantes de atos ou fatos que atentem contra ela".[14] Nessa mesma linha de raciocínio, Yussef Cahali, definiu assim o dano:

> ...a privação ou diminuição daqueles bens que têm um valor precípuo na vida do homem e que são a paz, a tranquilidade de espírito, a liberdade individual, a integridade individual, a integridade física, a

---
9. FARIAS, Cristiano Chaves de; ROSENVALD, Nelson. *Curso de direito civil*: obrigações. 11. ed., rev., ampl., e atual. Salvador: Ed. JusPodivm, 2017.
10. FARIAS, Cristiano Chaves de; ROSENVALD, Nelson, op. cit. p. 609.
11. ANDRADE, André Gustavo C. de. A evolução do conceito de dano moral. *Revista Forense*. v. 375, 2004.
12. BILLOTTA, Francesco. Inadempimento contrattuale e danno esistenziale. *GI*, I, 2001, p. 1159.
13. Para ir adiante nesse ponto, é preciso ter sempre presente que quando se trata de danos extrapatrimoniais, necessariamente, está-se tratando da violação a direitos da personalidade (cf. NORONHA, Fernando. *Direito das Obrigações*. 3. ed. São Paulo: Saraiva, 2010), ou seja, dos bens jurídicos que se relacionam com as esferas existencial e relacional da pessoa humana.
14. NORONHA, op. cit., p. 582.

honra e os demais sagrados afetos, classificando-se desse modo, em dano que afeta a parte social do patrimônio moral (honra, reputação etc.) e dano que molesta a parte afetiva do patrimônio moral (dor, tristeza, saudade etc.), dano moral que provoca direta ou indiretamente dano patrimonial (cicatriz deformante etc.) e dano moral puro (dor, tristeza etc.).[15]

E o tema do dano moral (extrapatrimonial) contratual não pode fugir dessa perspectiva: os esforços doutrinários e, sobretudo, jurisprudenciais devem sempre e acima de tudo valorizar o enfoque aos direitos da personalidade, independentemente da relação subjacente. Nesse cenário, tem-se que a existência ou a inexistência da reparação dos danos extrapatrimoniais em decorrência de descumprimento contratual não se fundamenta na "(...) natureza contratual da obrigação descumprida, mas antes na gravidade da lesão, ou dos efeitos danosos no ofendido, na esfera de sua personalidade".[16] Assim, principalmente na doutrina, passou a prevalecer o entendimento de que, contanto constatada lesão a atributo da personalidade, já não tem mais relevância a causa remota do dano[17] (se decorrente de ilícito absoluto ou relativo), pois o fato ilícito, independentemente de sua origem, terá consequências idênticas na esfera individual e merecerá igual reação do ordenamento jurídico. Nas palavras de Bodin de Moraes:

> ...sendo o dano moral lesão à personalidade, fica sem sentido a indagação de onde se origina o dano: se do descumprimento do contrato ou não, de modo que toda a circunstância que atinja o ser humano em sua personalidade será automaticamente considerada como causadora de dano moral reparável.[18]

Pela perspectiva do lesado, portanto, não se pode fazer qualquer distinção entre o dano moral oriundo de ilícito absoluto ou de ilícito contratual. A ele tanto faz decorrer da relação entre devedor e credor, ou quando não há vínculo jurídico preestabelecido entre as partes. O que se deve ter em conta é que não é o descumprimento em si que causa o dano moral, mas as consequências que dele decorrem para o lesado. Por consectário, a existência e compensação dos danos morais em virtude do descumprimento do contrato independe da natureza da obrigação descumprida, relacionando-se estritamente com a repercussão dos efeitos danosos na esfera da personalidade da vítima.

b) Críticas ao emprego de conceitos indeterminados: uma defesa da tutela dos direitos da personalidade

Nas Cortes o tema evoluiu para admitir o dano extrapatrimonial por descumprimento contratual,[19] mas sempre mantendo-se a distinção acerca da origem do dano,

---

15. CAHALI, Yussef Said. *Dano moral*. 2. ed., São Paulo: Ed. RT, 1998, p. 20.
16. MONTEIRO FILHO, Carlos Edison do Rêgo. *Responsabilidade contratual e extracontratual*: contrastes e convergências no direito civil contemporâneo. Rio de Janeiro: Processo, 2016, p. 153.
17. ANDRADE, André Gustavo C. de. op. cit.
18. MORAES, Maria Celina Bodin de. *Danos à pessoa humana*: uma leitura civil-constitucional dos danos morais. Rio de Janeiro: Renovar, 2003, p. 188.
19. Essa tardia evolução ocorreu não só no Brasil. Na Itália, por exemplo, foi em julgamento da Sessione Unite no ano de 2008 que abriu-se o leque das possibilidades de reparação do dano extrapatrimonial derivado do descumprimento contratual, ao se consolidar o entendimento de que: "il danno non patrimoniale, quando ricorrano le ipotesi espressamente previste dalla legge, o sia stato leso in modo grave un diritto della persona tutelato dalla Costituzione, è risarcibile sia quando derivi da un fatto illecito, sia quando scaturisca da un inadempimento

tanto que em julgado de 2007 o Superior Tribunal de Justiça voltou a repetir que: "(...) só inadimplemento contratual, desacompanhado de circunstâncias especiais que caracterizem a ofensa a direitos da personalidade, não acarreta dano moral. O dano moral resulta de atos ilícitos absolutos".[20] E, ao julgar o REsp 1651957,[21] em 2017, afirmou que "(...) a configuração de dano moral depende da identificação concreta de grave agressão ou atentado à dignidade da pessoa humana" e que "(...) no contexto das relações negociais (...) o descumprimento de obrigação contratual é resolvido mediante mecanismos como a reparação judicial de danos emergentes ou lucros cessantes, o pagamento de juros e multas", concluindo que "(...) a caracterização do dano moral pressupõe muito mais do que o aborrecimento decorrente de um negócio frustrado; é imprescindível que se caracterize uma significativa e anormal violação a direito de personalidade".

E esse vem a ser o retrato da regra atual sobre o tema moldado pela jurisprudência brasileira, i.e., de que o descumprimento contratual não dá margem à indenização por danos morais senão (i) de modo excepcional e (ii) em atenção às circunstâncias do caso,[22] prevalecendo o entendimento originado de que o simples inadimplemento contratual não acarreta danos morais, pois o dano moral pressupõe ofensa *anormal* à personalidade.

Então, tomou conta do tema a costumeira expressão de que o mero descumprimento do contrato não enseja danos morais. Porém, o aprofundamento do assunto mostra que a matéria não deve ser resumida de modo tão simplório. É pertinente que se questione se essa é realmente a expressão que melhor sintetiza e sistematiza a matéria e se o uso de superlativos como "mero descumprimento" e "ofensa anormal", ou de conceitos vagos como "aborrecimento", se justificam defronte à lesão de direitos da personalidade, ou assim sendo, como devem ser lidas essas expressões.

Certamente, falta consenso na doutrina e na jurisprudência sobre o que se configura como "aborrecimento" e se há uma certa medida para a violação aos direitos de personalidade, e também como se define quando se está diante de "mero" ou "simples" inadimplemento de obrigação contratual e quando se está diante de um verdadeiro dano extrapatrimonial. Pelo uso contínuo e não reflexivo da jurisprudência, é difícil crer que ela se empenhe em buscar algum significado para as expressões. No entanto, a complexidade e a importância dos direitos da personalidade demonstram que disseminar a expressão cunhada pelos Tribunais, de que o mero descumprimento contratual não gera dano moral, não ajuda na exata medida.

Por si só, em realidade, ela pode levar a diversos equívocos, tais como: (i) de que todo e qualquer direito da personalidade é via de regra relativizado quando se está diante de uma situação contratual; ou (ii) de que a proteção dos direitos da personalidade não

---

(Cass., Sez. Un., 11.11.2008, n. 26973, FI, 2009, I, 120 ss.)" (PONCIBÒ, Cristina. Il dano non patrimoniale da inadempiemento contrattuale: il valore esistenziale del denaro. Disp. Disponível em: https://www.personaedanno.it/dA/bae349db36/allegato/AA_021858_resource1_orig.pdf. Acesso em: 19 set. 2020.

20. BRASIL. STJ. Terceira Turma. REsp 704.384/MG. Relator: Min. Ari Pargendler, julgado em 18.12.2007.
21. BRASIL. STJ. Terceira Turma. REsp 1651957/MG. Relator: Min. Nancy Andrighi, j. em 16.03.2017.
22. SERPA, Pedro Ricardo. Dano moral por inadimplemento do contrato. *Revista da Faculdade de Direito da UFRGS*, Porto Alegre, n. 43, p. 293-309, ago. 2020.

é prioritária no âmbito do direito contratual; ou (iii) de desconsiderar que, embora a reparação patrimonial seja o curso natural do inadimplemento de uma obrigação, o descumprimento contratual por vezes pode dar causa somente o dano extrapatrimonial, sem reflexos patrimoniais; ou, até mesmo, em *contrario sensu*, (iv) de que toda situação de ilícito extracontratual gera, em regra, dano moral, quando se sabe que nela os danos podem ser normalmente absorvidos somente pelos prejuízos materiais.[23]

Referir sem contextualização que o mero descumprimento contratual não gera dano moral é desconsiderar um sem número de casos em que há violação aos direitos de personalidade pelos triviais não cumprimento ou cumprimento defeituoso da obrigação e dos deveres contratuais. Mas aí surge uma grande interrogação: está a jurisprudência realmente preocupada com a ampla e irrestrita proteção dos atributos da personalidade? Parece que não. A jurisprudência costuma referir o termo mero aborrecimento como consequência do descumprimento que não implica danos extrapatrimoniais, porém, da definição de aborrecimento não se extrai uma diferenciação das consequências que não sejam mero aborrecimento.[24] Não existe um critério definidor ou científico da jurisprudência para conferir um mínimo grau de objetividade. Da forma como posta, o que a jurisprudência nos sinaliza é que curiosamente parece haver um limite aceitável de violação aos atributos da personalidade, que estaria fora do campo do direito tutelado.

Nessa imprecisão, muitos julgados podem até nos remeter à conclusão de que o aborrecimento pode até configurar verdadeira lesão, mas lesão que seria tolerável pela baixa intensidade. Há a lesão, mas ela é irrelevante, daí porque tolerável.[25] Também, quando define a necessidade de ofensa *anormal* à personalidade, outras ofensas de menor potencial ofensivo aos direitos da personalidade parecem ser admitidas. Mais ainda, hoje o tratamento dado à questão tem mais se relacionado com a conduta do ofensor do que com a dimensão da esfera da personalidade afetada pelo ilícito contratual. Contudo, essas questões parecem, antes, estarem relacionadas com a extensão do dano (do *quantum debeatur*), e não com a sua existência.[26]

Decerto não se quer dizer que todo o ilícito contratual acarreta lesão aos direitos da personalidade e, por isso, deve haver sempre a compensação de danos extrapatrimoniais, porém, é indissolúvel que a relevância deva ser dada aos direitos da personalidade, de modo a, pelo menos, constatar-se a existência do dano. Sua quantificação, no entanto, dependerá sim desses outros critérios de intensidade. Se haverá diferença prática, somente o caso concreto poderá revelar, mas a técnica deve ser rigorosamente aplicada para evitar cogitar relativização dos direitos da personalidade.

---

23. Ninguém há de desconsiderar que um acidente de carro entre duas desconhecidas pessoas, por culpa de uma, possa acarretar somente danos emergentes e lucros cessantes. E ninguém há de negar tratamento equânime aos direitos de personalidade quando se trata de acidente que decorre de um contrato de transporte ou do encontro casual e culposo de dois veículos em uma sinaleira.
24. MEIRELES, Edilton. Mero aborrecimento ou dano moral mínimo? Da definição do dano imaterial. *Revista dos Tribunais*. v. 1001. p. 131-159, mar. 2019.
25. MEIRELES, Edilton, op. cit.
26. SCHREIBER, Anderson. *Novos paradigmas de responsabilidade civil*: da erosão dos filtros da reparação à diluição dos danos. 2. ed. São Paulo: Atlas, 2009.

Para compreensão, é necessário reconhecer que o ilícito relativo atingirá, inúmeras vezes, interesses relacionados à personalidade. E a personalidade da pessoa é uma apenas, de modo que, lesada dentro ou fora de uma relação contratual, deverá ela ser protegida com igual rigor. Então, quando se diz que o simples ou mero inadimplemento não causa dano moral, a ideia de fundo deve ser bem resumida, como referem Sérgio Cavalieri Filho[27] e Sérgio Buarque,[28] no sentido de que o risco e a frustração do negócio pelo não cumprimento contratual ficam subsumidos pelo dano material, salvo se os efeitos do inadimplemento repercutirem na esfera da personalidade da vítima.

Sobre o tema, Schreiber[29] defende que o critério da gravidade da conduta padece de inconsistência, pois confunde-se frequentemente a gravidade do dano com a gravidade da conduta do ofensor, todavia, há vezes que condutas graves podem não dar margem a dando moral, e, ao contrário, condutas levemente reprováveis ou mesmo não reprováveis podem produzi-lo. Para o autor, só se justificaria deixar de indenizar na ausência de lesão ao interesse constitucionalmente garantido, sem embargo da gravidade da conduta do ofensor ou das consequências patrimoniais dessa conduta. A gravidade quer se referir à lesão que a conduta do ofensor representa para a personalidade do ofendido.

E ainda advoga Schereiber que não parece legítimo distinguir, dentre as lesões à personalidade, as que se apresentam como graves e as que não se apresentam para ressarcir apenas as primeiras. Sustenta, para tanto, que um semelhante critério não é aplicado aos danos patrimoniais, onde mesmo a mais leve lesão ao patrimônio afigura-se, em teoria, ressarcível. Na mesma linha, por sua vez analisando a orientação dos Tribunais italianos, Bilotta[30] refere que, por força da orientação sobre a gravidade do dano, a lesão de alguns direitos invioláveis poderia ser admitida e se viria a criar uma discriminação com o dano patrimonial, ao qual o ordenamento jurídico não prevê nenhum limite mínimo para o ressarcimento. Então, agir diferentemente no que tange aos danos não patrimoniais representaria verdadeira inversão axiológica, privilegiando o patrimônio ao invés da pessoa, por emprego de critério quantitativo que nenhuma base normativa encontra.[31]

Na doutrina italiana, Ponzanelli[32] refere que os direitos invioláveis devem ser sempre ressarcidos, mesmo que com pequeno ressarcimento. E segundo Edilton Meireles:

> O que não se pode perder de vista, porém, é que o dano moral também varia em grau econômico (extensão do prejuízo). O ato danoso (a ofensa), de fato, pode ser muito insignificante, diante do caso concreto, mas, ainda assim, causar dano moral, ainda que irrelevante ou irrisório. O que vai variar é a extensão do dano do ponto de vista econômico. Ainda que insignificante a ofensa moral, há lesão. Logo, ela deve ser reparada, ainda que em valor irrisório.[33]

---

27. CAVALIERI FILHO, Sérgio. *Programa de responsabilidade civil*. 12. ed. São Paulo: Atlas, 2015.
28. BUARQUE, Sidney Hartung. *Da demanda por dano moral na inexecução das obrigações*. 2. ed. Rio de Janeiro: Lumen Juris, 2007.
29. SCHREIBER, op. cit.
30. BILOTTA, Francesco. Inadempimento contrattuale e danno esistenziale, Giur. it., I, 2001.
31. SCHREIBER, op. cit.
32. PONZANELLI, Giulio. La prova del danno non patrimoniale e i confini tra danno esistenziale e danno non patrimoniale, nota a Cass. 4.3.2006, n. 65723, 2006.
33. MEIRELES, Edilton. op. cit., p. 16.

Em suma, a ideia é de que os direitos da personalidade podem ser realizados em diferentes dimensões e, também, podem ser violados em diferentes níveis. Resulta daí que o dano moral, em sentido amplo, envolve esses diversos graus de violação dos direitos da personalidade e abrange todas as ofensas à pessoa, objetivamente considerada essa em suas dimensões individual e social. Então, aos Tribunais deveria recair a missão de identificar quando a violação do contrato não produz nenhuma repercussão sobre os atributos da personalidade do contratante, porque faz parte somente do risco patrimonial do negócio que por autodeterminação e autonomia privada a parte optou a se submeter, e quando o descumprimento é capaz de acarretar em qualquer lesão aos direitos de personalidade. Provavelmente, essa conexão com a ideia de limite do risco patrimonial do contrato venha a construir uma melhor definição para o aborrecimento que não afeta os direitos da personalidade.

Todavia, a realidade é que hoje, em tese, os Tribunais ainda dão margem a certa perturbação dos atributos da personalidade, ao construírem o entendimento de que é imprescindível que se caracterize uma significativa e anormal violação a direito de personalidade, pois parece existir uma régua muita alta em que toda medida de dano à personalidade que não a atinja passa a ser admitido. Por isso é que se faz necessário destacar novamente a definição de dano extrapatrimonial como sendo toda lesão que viole direitos da personalidade. Somente com essa compreensão é que a responsabilidade civil relacionada ao descumprimento contratual deixará de estar limitada a valores subjetivos e será enriquecida com rigorismo técnico para que não apenas se classifiquem as consequências do inadimplemento em aborrecimento, dor, grande aflição, mas para que, efetivamente, analise-se o impacto absorvido pelos direitos da personalidade diante do inadimplemento. Então, na comprovada violação, haverá o dano moral para ser quantificado.

3. A DIFICULDADE DE SISTEMATIZAÇÃO DA TEORIA DO DANO EXTRAPATRIMONIAL POR DESCUMPRIMENTO CONTRATUAL

a) A preponderância da análise casuística

Embora os argumentos levantados na primeira parte desse estudo possam parecer bastante lógicos, não se pretende levar o leitor ao engano de que a solução prática seja tão simplista. Ainda que se busque uma regra a proteger na exata medida os direitos da personalidade, e que seja objetiva para estabelecer o que se deve ter como deflagrador do dano não patrimonial, a rigor, somente o exame casuístico poderá decretar a necessidade de indenização. Todavia, a casuística oferece uma infinidade de variantes.

O fato violador na hipótese é o descumprimento do contrato. Por certo, em algumas vezes o descumprimento não se trata de ofensa imediata aos direitos de personalidade, como, p.ex., na falta de entrega de livros em tempo certo. Em outras vezes, contudo, há que se considerar que o descumprimento ou o mau cumprimento tende a afetá-los imediatamente, como, p.ex., na hipótese de erro médico em uma cirurgia plástica. No entanto, em realidade, o exame casuístico demonstra uma grande dificuldade de sistematização de toda a matéria, pois não existem (e quiçá inexistirão) fórmulas predefinidas em lei, na doutrina ou na jurisprudência para constatar a violação aos direitos da personalidade, tampouco para afirmar que em determinada série de casos a indenização do dano extrapatrimonial é ínsita ao descumprimento do contrato, conquanto a jurisprudência já tenha condições de colocar em ordem determinados tipos contratuais, como se verá na parte final da pesquisa. E a dificuldade é justificável, porque:

> O juízo de merecimento de tutela, a cargo das cortes, somente pode derivar de uma análise concreta e dinâmica dos interesses contrapostos em cada conflito particular, que não resulte em aceitações gerais pretensamente válidas para todos os casos, mas que se limite a ponderar interesses à luz das circunstâncias peculiares.[34]

De fato, a jurisprudência ao redor do tema tem se formado a partir de casos concretos e das circunstâncias que contextualizam o descumprimento da obrigação, todavia, sem se apoiar em uma linha científica capaz de definir conceitos indeterminados como os do mero aborrecimento, da ofensa anormal, ou do simples descumprimento. O entendimento consagrado no sentido de que apenas excepcionalmente o inadimplemento contratual gera dano moral não auxilia o intérprete na identificação do interesse lesado e tampouco na valoração acerca da sua ressarcibilidade, assim como não será por meio de súmulas ou leis que haverá diferenciação entre o dano extrapatrimonial e o mero aborrecimento.[35] Ao julgador sempre caberá sopesar a existência ou não de lesão aos direitos da personalidade, i.e., lesões a interesses extrapatrimoniais objetivamente apreendidos, independentemente do tipo contratual – senão o que seus riscos podem afetar – e sem a necessidade de se voltar à esfera psicológica de cada indivíduo.

Carlos Monteiro Filho e Luiza Bianchini[36] defendem que a solução há de ser dada de forma funcional e caso a caso, devendo-se analisar inicialmente a natureza dos valores perseguidos ou presentes no contexto em que a avença se desenvolveu. Milena Oliva,[37] por sua vez, refere ser pouco útil a regra geral estabelecida pelo STJ quanto à não indenização de danos morais decorrentes do inadimplemento contratual, sustentando que a existência de inúmeras exceções não traz luz à matéria, sendo ideal, segundo a autora, atribuir maior relevância ao interesse juridicamente tutelado, ou seja, para que se altere a perspectiva valorativa, de maneira que se desloque o foco do inadimplemento para os interesses lesados. Assim, o interesse lesado representará o cerne valorativo e assumirá papel proeminente na configuração do dano moral. Ainda, Sidney Buarque[38] também defende uma análise casuística para se verificar a possibilidade ou não de se conferir

---

34. SCHREIBER, op. cit., p. 140.
35. MEIRELES, op. cit.
36. MONTEIRO FILHO, Carlos Edison do Rêgo; BIANCHINI, Luiza Lourenço. A responsabilidade civil do terceiro que viola o contrato. In: MONTEIRO FILHO, Carlos Edison do Rêgo. *Problemas de responsabilidade civil*. Rio de Janeiro: Revan, 2016.
37. OLIVA, Milena Donato. Dano moral e inadimplemento contratual nas relações de consumo. *Revista de Direito do Consumidor*. v. 93, p. 13-28, maio-jun. 2014.
38. BUARQUE, op. cit.

danos morais decorrentes de quebra do contrato, referindo que o dano moral decorre da frustração pelo inadimplemento e não do próprio inadimplemento.

Efeito disso, entende-se que a dificuldade de sistematização da matéria está no fator de que, no caso do inadimplemento do contrato, impõe-se uma necessária análise de cada caso concreto e suas variáveis, com a finalidade de averiguar a existência de lesão a direito de personalidade objetivamente considerado em consequência do descumprimento do contrato. E para isso, pontual a colocação da autora italiana Emanuela Navarretta,[39] ao referir à necessidade de um exame em concreto que tenha em conta a extraordinária flexibilidade dos direitos invioláveis, os quais refletem os valores do homem ou sua dimensão social e relacional.[40] Em sendo assim, em cada caso concreto caberá a demonstração dos fatos pertinentes do descumprimento contratual e será somente o exame das circunstâncias do caso em si que dirá se é possível extrair das consequências do inadimplemento o ato capaz de irradiar-se para a esfera da personalidade da pessoa.

Nesse contexto, de modo nem sempre acertado, mas que reflete a problemática, veremos casos em que o contexto da mora poderá ou não justificar o dano extrapatrimonial, como no exemplo da demora no pagamento do valor de seguro de veículo, em que foi negada a indenização pelo TJRS,[41] mas conferida pelo TJRJ,[42] aludindo ao caso concreto que envolvia veículo utilizado por profissional motorista de táxi;[43] ou na entrega de imóvel residencial, em que a demora injustificada ora implica a indenização[44] ora não a justifica.[45]-[46] Também veremos casos em que o contexto do inadimplemento total

---

39. NAVARRETTA, Emanuela. *Il valore della persona nei diritti inviolabili e la sostanza dei danni non patrimoniali*, nota a Cass., Sez. Un., 11.11.2008, n. 26972, 26973, 26974, in FI, 2009, I, 139-145.
40. Sobre a dimensão relacional do ser humano: GONÇALVES, Diogo Costa. *Pessoa e direitos de personalidade*. Fundamentação ontológica da tutela. Coimbra: Almedina, 2008.
41. Estado do RS. TJRS. Quarta Turma Recursal Cível. Recurso Cível n. 71008551459, rel. Gisele Anne Vieira de Azambuja, Julgado em 24.05.2019.
42. Estado do RJ. TJRJ. 13ª Câmara Cível, Apelação Cível 2002.001.14430, Rel. Des. Ademir Pimentel, julgado em 17.09.2003.
43. O exemplo é pertinente, pois demonstra que o desfecho pode variar nas Cortes de acordo com a situação fática do caso concreto, embora aqui ainda se entenda que o fato se subsumiria ao risco patrimonial do contrato, portanto, sendo suficiente a indenização pelos lucros cessantes em virtude de eventual prejuízo ao exercício profissional. Tal impressão se fortifica quando se constata ter o acórdão fundamentado o dano moral apenas no aspecto pedagógico da condenação.
44. BRASIL. STJ. Quarta Turma. AgRg no AREsp 684.176/RS, Rel. Min. Raul Araújo, j. em 09.06.2015.
45. BRASIL. STJ. Quarta Turma. REsp 712.469/PR, Rel. Min. Aldir Passarinho Junior, j. em 13.12.2005.
46. Luís Renato Ferreira da Silva faz precisa crítica a *ratio decidendi* usualmente adotada pelas Cortes ao julgar esses tipos de ações indenizatórias, assim: "O que se vê aqui não é um dano moral objetivo (descumprimento que frustra um direito fundamental à moradia), mas a consequência fática (o tempo de mora na entrega da moradia). O que restou sancionado com indenização foi a dor de esperar muito tempo, mais do que o fato do inadimplemento (que ocorreu tanto no atraso de nove quanto no de três meses) ... A meu juízo (e portanto salvo vários outros melhores), o julgado está correto na conclusão de que os três meses de atraso é dano patrimonial e não deveria haver dano moral. Entretanto, não precisaria validar o anterior julgado que acabou por entender ser a dimensão temporal a que gera dano. Das duas uma: ou é dano patrimonial e o maior tempo gerará indenização pecuniária maior (por exemplo com mais meses de aluguel que o adquirente teria que pagar) ou é dano moral porque o direito à moradia é fundamental (e aí a maior ou menor demora resultaria em maior ou menor indenização, mas não em elemento da existência da responsabilidade)". (Contrato e Dano Moral. In: ROSENVALD, Nelson; DRESCH, Rafael; WESENDONCK, Tula (Coord.). *Responsabilidade Civil*. Novos riscos. Indaiatuba: Foco, 2019, p. 414).

pode justificar o dano moral, como na não divulgação dos serviços prestados em feira especializada,[47]-[48] ou não justificar, como na falta de entrega de móveis planejados.[49] Outras vezes, casos de descumprimento dos deveres anexos, como no caso de bloqueio de cartão de crédito, em que foi conferida indenização por dano moral em favor de casal que se deparou com a situação em lua de mel;[50] ou, hipoteticamente, como seria o caso de indenização ao artista que celebra contrato para participar de publicidade de determinada empresa, mas sua imagem é utilizada de uma forma deturpada em relação ao objeto da contratação.

Portanto, desse breve apanhado tem-se que, pela necessidade de sempre se avaliar o caso concreto para aferir se houve violação a direito da personalidade, a variedade de situações e contextos fáticos comprometem a pretensão de sistematização da matéria. Não obstante, a doutrina vem empregando esforços para dar certa conformação ao tema, ao menos em determinadas áreas, como ocorre com a corrente que sustenta a vinculação dos danos extrapatrimoniais que decorrem do descumprimento dos contratos existenciais. No entanto, ainda assim o tema enfrenta dificuldades pela falta de perspectiva valorativa voltada aos interesses do lesado, conforme será abordado no próximo e último tópico à luz dos contratos de plano de saúde.

b) Em defesa da tutela da personalidade nos casos de plano de assistência à saúde

Atualmente, para uma leva de tipos contratuais há certa aproximação do que se pode chamar de uma sistematização do dano extrapatrimonial decorrente do descum-

---

47. Agravo Interno no Agravo em Recurso Especial. Responsabilidade Civil. Inadimplemento Contratual Comprovado. Impossibilidade de divulgação dos serviços prestados pela ora recorrida em feira especializada na área de intercâmbio de estudantes. configuração de dano moral. Reexame De Prova. Súmula 7/STJ. Quantum indenizatório. Razoabilidade. Agravo não provido. 1. Mediante análise do conjunto fático-probatório dos autos, tem-se que o eg. Tribunal de origem concluiu que houve inadimplemento da ora recorrente e que a não divulgação dos serviços prestados pela ora recorrida na feira especializada na área de intercâmbio de estudantes enseja reparação por danos morais. Nesse contexto, afigura-se inviável rever tal conclusão, tendo em vista o óbice da Súmula 7/STJ. 2. É possível a revisão do montante da indenização nas hipóteses em que o quantum fixado for exorbitante ou irrisório, o que, no entanto, não ocorreu no caso em exame. Isso, porque o valor da indenização por danos morais, arbitrado em R$ 20.000,00 (vinte mil reais), não é desproporcional aos danos sofridos pelo autor. 3. Agravo interno a que se nega provimento. (BRASIL. STJ. Quarta Turma. AgInt no AREsp 897.012/RJ, Rel. Min. Raul Araújo, julgado em 07.03.2017).
48. Analisando caso análogo, da jurisprudência francesa, Luis Renato Ferreira da Silva refere que o dano moral existe, porém, é externo ao contrato. *In verbis*: "No caso, uma empresa havia contratado o aluguel de um stand em uma feira de livros, o que era um hábito há mais de cinco edições da referida feira. Três meses antes do evento, entretanto, a locadora rompeu o contrato, impedindo que a empresa participasse do referido evento. Isso ensejou uma ação por rompimento contratual e também, uma outra demanda visando indenização por "rupture brutale" de uma relação comercial. O que a Corte decidiu é que se a ruptura é feita de forma vexatória outra pretensão assoma, ou seja, o que estava a proteger não era mais o interesse material do contrato, mas o uso do rompimento como uma forma de constrangimento ao empresário que se viu afastado do seu meio de atuação (que frequentava há cinco anos) de forma a ferir o direito ao bom nome da empresa. Não há, a meu juízo, um dano moral decorrente do inadimplemento contratual, mas da forma do inadimplemento atingindo um outro direito que não estava no contrato" (SILVA, op. cit., p. 412).
49. Estado do RS. TJRS, 12ª Câmara Cível. Apelação Cível 70077706984, Rel.: Umberto Guaspari Sudbrack, Julgado em: 14.06.2018.
50. BRASIL. STJ. Quarta Turma. AgReg no AREsp 576.265/SP, Rel. Min. Raul Araújo, j. 23.10.2014.

primento contratual,[51] todavia, nas Cortes, a matéria ganha forma ainda sem atingir o objetivo de garantir de modo irrestrito a salvaguarda dos direitos da personalidade.

Estão nesse grupo aqueles contratos que se destacam pela essencialidade do bem contratado, chamado por alguns de contratos existenciais[52] e, por outros, de contratos morais.[53] Basicamente, são contratos que certamente necessitam de uma tutela diferenciada, porque voltados para interesses dos indivíduos que essencialmente extrapolam o interesse patrimonial, tais como a vida, saúde, moradia, educação. E até certo ponto há reconhecimento desse paradigma da essencialidade para constatação de danos extrapatrimoniais, na medida em que a sua compensação nessa espécie de relação jurídica passou a ser regra, como, por exemplo, tem-se entendido que a ilícita interrupção na prestação de serviços essenciais de água e energia elétrica configura ínsito dano moral.

Contudo, ainda é de se duvidar que, mesmo nesse âmbito dos contratos existenciais, a jurisprudência esteja verdadeiramente preocupada em resguardar os direitos da personalidade na mais elevada potência. Isso porque, no mais das vezes, o dano moral vem reconhecido somente a partir de uma abusividade da conduta do ofensor, quando poderia e deveria determinar-se a indenização independente da intensidade ou característica da conduta do ofensor, bastando para tanto o descumprimento, que é ilícito, e a ofensa aos direitos da personalidade.

Os casos de descumprimento dos contratos de planos de saúde ilustram bem o que se quer dizer.

Tais contratos são existenciais por excelência, nos quais os interesses do aderente são, sobretudo, extrapatrimoniais. Conquanto não se possa ignorar que a contratação eventualmente represente uma economia do aderente, precipuamente na hipótese de sobrevir a cobertura do tratamento de uma doença, ninguém contrata para lucrar ou se ver doente e usufruir do respectivo plano. Sua finalidade, pela perspectiva do aderente, será sempre resguardar os direitos biológicos da personalidade.

---

51. Luis Renato Ferreira da Silva propõe distinguir o dano moral quando decorre do descumprimento de contrato que versa sobre algum direito da personalidade ou trata de bens essenciais à dignidade da pessoa, de modo que eventual inadimplemento importa atingimento do direito à personalidade, e quando o contrato é apenas meio para lesão da esfera extrapatrimonial da vítima, tratando-se o primeiro de dano moral contratual e, o segundo, extracontratual. Para tanto, refere o autor a uma versão objetiva do dano moral, na qual tem objeto próprio, que são os direitos de personalidade, ou, nas palavras de Miguel Reale (O Dano Moral no Direito Brasileiro. *Temas de Direito Positivo*. São Paulo: Ed. RT, 1992, p. 22), aquele que atinge a dimensão moral da pessoa no meio social em que vive; e uma versão subjetiva, que segundo Miguel Reale (op. cit. p. 23) significa que esse seria "o mal sofrido pela pessoa em sua subjetividade, em sua intimidade psíquica, sujeita à dor ou sofrimento intransferíveis porque ligados a valores do seu ser subjetivo". Segundo Luis Renato, para que haja dano moral contratual, o dano deve ser compreendido na sua acepção objetiva. No caso de se estar diante de dano moral subjetivo, a lesão ocorre fora do contrato, *in verbis*: "A diferença entre esse julgado e o anterior parece residir no fato de que aqui o STJ reconhece que o caso não é de direito da personalidade atingido (porque se trata de direito meramente contratual), mas sim do reflexo extracontratual no qual o dano moral não decorreu do inadimplemento, mas do modo como, ao tentar sanar o dano, feriu-se o subjetivismo das vítimas". (SILVA, op. cit. p. 415).
52. SERPA, Pedro Ricardo. Dano moral por inadimplemento do contrato. *Revista da Faculdade de Direito da UFRGS*, Porto Alegre, n. 43, p. 293-309, ago. 2020.
53. BRAZ, Alex Trevisan. *Dano moral por inadimplemento contratual*. São Paulo: Almedina, 2016.

Mas não só ao aspecto biológico se limitam os interesses extrapatrimoniais envolvidos na relação, tanto que, no comum das vezes, o descumprimento de tais contratos, além de impactar a condição biológica das pessoas, também afeta elementos da psique humana, por aflição e angústia, como corretamente vêm constatando os Tribunais, a exemplo do STJ ao julgar o AgInt no REsp 1665052/PR.[54] Outras vezes, por certo, não se pode deixar de ressalvar, o que sobressai em hipóteses de descumprimento são somente interesses patrimoniais, como também acertadamente aferiu o STJ ao julgar o REsp 1244781/RS.[55] Em realidade, os contratos de plano de saúde estão dentre os tipos contratuais que reúnem a maior quantidade de interesses relacionados com a personalidade da pessoa humana, pois pretendem, verdadeiramente, salvaguardar elementos indissociáveis da personalidade, como a saúde, a vida e a integridade física, permitindo a manutenção das condições biofísicas necessárias à qualidade da vida humana.[56]

E no que se refere aos danos extrapatrimoniais, o enunciado 411 da V Jornada de Direito Civil prescreve que "o descumprimento de um contrato pode gerar dano moral presumido, quando envolver valor fundamental protegido pela Constituição Federal", constando em sua justificativa que se admite *in re ipsa* danos morais em contratos que envolvem a saúde, quando a contratada nega a cobertura ao segurado, fazendo com que essa tenha que buscar o Judiciário para obter o cumprimento do contrato. E o próprio STJ já anunciou ser essa a regra, ao julgar o REsp 1072308/RS:

> Conquanto a jurisprudência do STJ seja no sentido de que o mero inadimplemento contratual não ocasiona danos morais, esse entendimento deve ser excepcionado nas hipóteses em que da própria descrição das circunstâncias que perfazem o ilícito material é possível se verificar consequências de cunho psicológico que são resultado direto do inadimplemento. A recusa indevida à cobertura médica ocasiona danos morais, pois agrava o contexto de aflição psicológica e de angústia sofrido pelo segurado.[57]

A ideia compreendida na aludida regra é bem sintetizada por Luis Renato Ferreira da Silva ao referir que:

> (...) o eventual inadimplemento que negue um atendimento essencial, traduz-se numa violação contratual que importa em atingimento do direito à saúde e integridade física... haverá eventual indenização por dano moral decorrente do atendimento não ter sido pronto e ter deixado alguma sequela física ou psíquica.[58]

---

54. "A recusa indevida de cobertura médico-assistencial pela operadora de plano de saúde às situações de emergência gera dano moral, porquanto agrava o sofrimento psíquico do usuário, já combalido pelas condições precárias de saúde, não constituindo mero dissabor, ínsito às hipóteses correntes de inadimplemento contratual." (BRASIL. STJ. AgInt no REsp 1665052/PR, Rel. Min. Ricardo Villas Bôas Cueva, julgado em 22.08.2017).
55. "(..) .a recusa de ressarcimento de despesas por parte da entidade operadora do plano de saúde, no caso, teve consequências apenas patrimoniais, não proporcionando abalo ao recorrente caracterizador de dano moral" (BRASIL. STJ. Quarta Turma. REsp 1244781/RS, Rel. Min. Maria Isabel Gallotti, j. 24.05.2011).
56. MIRAGEM, Bruno. Direito Civil. *Responsabilidade Civil*. São Paulo: Saraiva, 2015.
57. BRASIL. STJ. Terceira Turma. REsp 1072308/RS, Rel. Min Nancy Andrighi, julgado em 25.05.2010.
58. SILVA, op. cit., p. 411.

Segundo o autor, debruçando-se sobre o julgamento do AREsp 1324159/MG, quando ocorre de o STJ reconhecer o dano moral por recusa de atendimento de urgência ou emergencial por plano de saúde, está-se diante de hipótese de dano moral por simples descumprimento contratual, ainda que a Corte insista em justificar para que assim não pareça. Entretanto, conquanto anuncie ser a regra, o que realmente se extrai dos Tribunais é que não basta ter sido descumprido o contrato com implicações sobre os direitos da personalidade. De fato, ainda é possível verificar casos nos quais distinguem-se situações de descumprimento contratual, deixando alheias à indenização uma série de situações lesivas. Isso porque a jurisprudência em torno desses casos tem demandado um elemento a mais, que é a abusividade da conduta materializada pela "recusa injustificada" (ou "infundada") da cobertura. Nos julgamentos do REsp 842.767/RJ e do REsp 1.632.752, pelo STJ, essa ressalva fica evidenciada.

No primeiro, mais antigo, referiu a Terceira Turma que:

> Há diferença entre a recusa fundada e a recusa infundada da cobertura securitária. Se o plano de saúde nega a indenização com base em cláusula contratual, ainda que posteriormente declarada inválida ou ineficaz, a recusa é fundada e não revela dever de indenizar danos morais.[59]

No segundo, para negar a cobertura, a mesma Turma reconheceu a existência de uma dúvida razoável sobre a cobertura por decorrência de interpretação de normas do setor. E assim decidiu:

> Há situações em que existe dúvida jurídica razoável na interpretação de cláusula contratual, não podendo ser reputada ilegítima ou injusta, violadora de direitos imateriais, a conduta de operadora que optar pela restrição de cobertura sem ofender, em contrapartida, os deveres anexos do contrato, tal qual a boa-fé, o que afasta a pretensão de compensação por danos morais. Não há falar em dano moral indenizável quando a operadora de plano de saúde se pautar conforme as normas do setor. No caso, não havia consenso acerca da exegese a ser dada ao art. 10, incisos I e V, da Lei 9.656/1998.[60]

E em diversas outras decisões proferidas nos Tribunais do país[61] segue-se a linha de sempre se referir à abusividade da conduta do ofensor configurada pela recusa injusta.

Em paralelo a isso, consolidando o entendimento de que, mesmo na hipótese de descumprimento contratual, a indenização será conferida apenas à luz da conduta do ofensor, a jurisprudência adota tentativas de antecipar alguns casos de abusividade, como na hipótese da Súmula 302/STJ, em que se firmou ser "abusiva a cláusula contratual de plano de saúde que limita no tempo a internação hospitalar do segurado".

Do que se verifica nas Cortes do país, então, é a conduta do operador do plano que acaba sendo decisiva para o reconhecimento do dano, quando, *a fortiori*, o foco deveria

---

59. BRASIL. STJ. Terceira Turma. AgRg no REsp 842.767/RJ, Rel. Min. Humberto Gomes de Barros, julgado em 21.06.2007.
60. BRASIL. STJ. Terceira Turma. REsp 1632752/PR, Rel. Min. Ricardo Villas Bôas Cueva, j. 22.08.2017.
61. Por exemplo: Distrito Federal. TJDFT. Primeira Turma Cível. APC 954187, 20150111110387APC, Rel: Alfeu Machado, data de julgamento: 13/7/2016; e Distrito Federal. TJDFT. Quinta Turma. APC 20150110826946APC, Rel.: Hector Valverde, julgamento: 08.06.2016.

ser tão somente os direitos da personalidade da vítima. Isso é, deveria ser levado em conta se o descumprimento do contrato de assistência à saúde atinge ou não bem jurídico de expressiva importância, quer seja, a vida, a saúde ou a psique do consumidor. Nesse contexto, nada mais deveria ser objeto de análise afora o ilícito e sua consequência.

Contudo, os direitos da personalidade, nesses casos em que há demanda por uma recusa infundada, certamente, não são resguardados em toda sua extensão, pois quando a conduta abusiva é o fator determinante para a própria configuração do dano, ao invés do dano em si, torna-se fácil admitir que o foco não está totalmente direcionado à tutela da personalidade humana. E a crítica que se faz a esse entendimento é a de que os riscos da dúvida de interpretação de cláusula contratual ou norma legal recai sobre os direitos da personalidade do aderente, quando é pouco provável que exista diferença, pela perspectiva do lesado e de seus direitos da personalidade, se a negativa de cobertura se dá com justificada dúvida da operadora ou não. As angústias psíquicas e as expectativas do aderente serão exatamente as mesmas nas duas situações de recusa e, ao cabo, em ambas as situações, com dúvida razoável ou não, havendo posterior reconhecimento judicial da cobertura, a negativa inicial de operadora significa que descumpriu o contrato.

Portanto, recobrando-se que os direitos da personalidade podem ser feridos independente da relação jurídica existente e independente da gravidade da conduta do ofensor, provavelmente, estariam eles protegidos em quaisquer situações se porventura os Tribunais se limitassem a analisar o caso concreto somente pela perspectiva do lesado e de seus direitos da personalidade. Efeito disso, a solução para a hipótese em análise seria melhor conduzida da seguinte forma: (i) se o caso não implica lesão aos direitos da personalidade, como na falta de urgência para alguma aprovação pelo plano ou demora no reembolso de despesas, não haverá indenização cabível; (ii) porém, quando a vítima está acometida de moléstia e não recebe o tratamento imediato por recusa da operadora, posteriormente condenada a cobrir, a nocividade aos direitos da personalidade por decorrência da negativa inicial será sempre a mesma, devendo sempre ser indenizada a vítima do descumprimento contratual, independe daquilo que levou a operadora, por arbítrio seu e interpretação sua, a negar a prestação correspondente. Entende-se, nesse compasso, que, na circunstância de descumprimento contratual dos planos de saúde, os direitos da personalidade estarão amparados em toda a sua amplitude, tal como estão, sem controvérsias, os interesses patrimoniais.

4. CONCLUSÃO

Intercalando a pesquisa doutrinária e a análise da jurisprudência nacional, o presente estudo esteve voltado à indenizabilidade do dano extrapatrimonial que decorre do descumprimento contratual. Sem rodeio, lançou-se luz àquilo que realmente interessa ao tema em pauta quando se trata de dano extrapatrimonial, que são os direitos de personalidade. Assim, desenvolveu-se o estudo com objetivo de potencializar a disciplina do dano moral contratual, para fins salvaguardar na mais elevada potência aqueles valores que se entrelaçam com o ser humano na disciplina do "ser", como aponta Perlingieri ao dizer que não há dualidade entre sujeito e objeto, pois ambos representam o ser e o objeto de tutela é a pessoa, constituindo ela ao mesmo tempo o sujeito titular do direito e o ponto de referência objetivo da relação.

Para tanto, foi necessário superar a ideia de que o dano extrapatrimonial somente excepcionalmente decorre de inadimplemento contratual, como se a regra fosse a absoluta ausência de violação aos direitos da personalidade. Fez-se aqui prevalecer a ideia de que, no ordenamento jurídico brasileiro, o qual tem a pessoa humana como vetor central, o qual autoriza submeter relações contratuais à consecução de fins existenciais, e o qual coloca situações existenciais em hierarquia superior a interesses patrimoniais, o dano extrapatrimonial consequente do inadimplemento há de ser analisado exclusivamente em virtude da repercussão que o inadimplemento efetivamente produz sobre os interesses extrapatrimoniais da personalidade presentes na relação contratual em questão, e sobre aqueles que por ela possam ser afetados ainda que não façam parte do objeto do contrato.

E, assim, mesmo reconhecendo uma dificuldade de sistematização da matéria, pois o dano extrapatrimonial apenas tem condição de ser aferido nos casos concretos, diante das inúmeras variações de circunstâncias e consequências do inadimplemento, quis-se fazer prevalecer que, independentemente da causa remota, havendo lesão a direito da personalidade, seja qual for o grau de intensidade, deve haver indenização, relegando-se a sua extensão ao problema do *quantum debeatur*.

Isso é, valorizando os interesses extrapatrimoniais que, não raras vezes, constituem a razão de ser do contrato, como no caso de garantir o acesso e a proteção a bens essenciais, advogou-se pela indenização sempre que houver mínima ofensa aos direitos de personalidade, demonstrando-se que não mais se legitima que violações à personalidade fiquem irressarcidas pelo subterfúgio retórico de que o simples descumprimento contratual não enseja dano moral e dependa a indenização de fatores externos, como se não bastasse a simples verificação da lesão a direito da personalidade, o que bem se ilustrou ao se tratar do descumprimento do contrato de plano de saúde por dúvida da operadora na interpretação do contrato ou da lei, cuja hodierna tendência da jurisprudência é a inconcebível transferência do risco da interpretação aos direitos da personalidade dos aderentes.

5. REFERÊNCIAS

AGUIAR JUNIOR, Ruy Rosado de. *Extinção dos contratos por incumprimento do devedor*. Rio de Janeiro: Aide, 2004.

ALVIM, Agostinho. *Da inexecução das obrigações e suas consequências*. 5. ed. São Paulo: Saraiva, 1980.

ALVIM NETTO, José Manoel. Responsabilidade contratual: inaplicabilidade do efeito pedagógico punitivo do dano moral. *Soluções Práticas*. São Paulo: Ed. RT, ago. 2001. v. 2.

AMARAL, Francisco. O dano à pessoa no direito civil brasileiro. *Revista Brasileira de Direito Comparado*. Rio de Janeiro, n. 1, jul. 1982.

ANDRADE, André Gustavo C. de. A evolução do conceito de dano moral. *Revista Forense*. v. 375, set.-out. 2004.

ANDRADE, André Gustavo C. de. Dano moral em caso de descumprimento de obrigação contratual. *Revista da EMERJ*. v. 8, n. 29, 2005.

ASSIS, Araken de. *Resolução do contrato por inadimplemento*. 5. ed., rev. e atual. São Paulo: Ed. RT, 2013.

ASSIS, Araken de. Liquidação do Dano. *RT*. v. 759. p. 11-23. jan. 1999 BARCELLONA, Mario. *Il danno non patrimoniale*. Giuffrè: Milano, 2008.

BEVILAQUA, Clóvis. *Direito das obrigações*. Edição histórica. Rio de Janeiro: Editora Rio – Sociedade Cultural Ltda. 1977.

BILLOTTA, Francesco. Inadempimento contrattuale e danno esistenziale. *GI*, I, 2001, p. 1159.

BILLOTTA, Francesco; ZIVIZ, Patricia. *Il nuovo danno esistenziale*, Bologna, 2009.

BITTAR, Carlos Alberto. *Reparação civil por danos morais*. 3. ed. atual. e ampl. São Paulo: Ed. RT, 1999.

BRAZ, Alex Trevisan. *Dano moral por inadimplemento contratual*. São Paulo: Almedina, 2016. BUARQUE, Sidney Hartung. *Da demanda por dano moral na inexecução das obrigações*. 2. ed. Rio de Janeiro: Lumen Juris, 2007.

CAHALI, Yussef Said. *Dano moral*. 2. ed. São Paulo: Ed. RT, 1998.

CANDIA, Ana Carolina N. B. Inadimplemento contratual e danos morais. *Revista de Direito Privado*. v. 80, p. 57-87. 2017.

CAVALIERI FILHO, Sérgio. *Programa de responsabilidade civil*. 12. ed. São Paulo: Atlas, 2015. COELHO, Fábio Ulhoa. *Curso de direito civil*: obrigações e responsabilidade civil. 6. ed. São Paulo: Saraiva, 2014. v. 2.

DIAS, José de Aguiar. *Da responsabilidade civil*. 11. ed. Rio de Janeiro: Renovar, 2006. DONNINI, Rogério. *Responsabilidade civil na pós-modernidade*: felicidade, proteção, enriquecimento com causa e tempo perdido. Porto Alegre: Sergio Antonio Fabris Ed., 2015.

EHRHARDT JUNIOR, Marcos. *Responsabilidade civil pelo inadimplemento da boa-fé*. 2. ed., rev. e atual. Belo Horizonte: Fórum, 2017.

FACCHINI NETO, Eugênio. Da responsabilidade civil no novo código. In: SARLET, Ingo Wolfgang. *O novo Código Civil e a Constituição*. Porto Alegre: Livraria do Advogado, 2003.

FARIAS, Cristiano Chaves; ROSENVALD. *Curso de direito civil: obrigações*. 11. ed., rev., ampl., e atual. Salvador: Ed. JusPodivm, 2017

FARIAS, Cristiano Chaves; BRAGA NETTO, Felipe Peixoto. *Curso de direito civil*: responsabilidade civil. São Paulo: Atlas, 2015.

FERRANDIN, Mauro. *Dano moral contratual*. Jurisprudência Catarinense. ano XXXII, n. 110, 1º trim. 2006.

GOMES, Josiane Araújo. Dos contratos de plano de saúde à luz da boa-fé objetiva. *Doutrinas Essenciais de Dano Moral*. 2015. v. 4.

MARINANGELO, Rafael. *Indenização Punitiva e o dano extrapatrimonial a disciplina contratual*. Tese PUCSP, 2016.

MARTINS-COSTA. Judith. *Comentários ao novo Código Civil*: do inadimplemento das obrigações. São Paulo: Forense, 2003.

MAZZAMUTO, Salvatore. *Il danno non patrimoniale contrattuale*. DEJURE, Europa e dir. privado. 2012, 02, 437, Giuffrè.

MEIRELES, Rose Melo Venceslau. *Autonomia privada e dignidade humana*. Rio de Janeiro: Renovar, 2009.

MEIRELES, Edilton. Mero aborrecimento ou dano moral mínimo? Da definição do dano imaterial. *Revista dos Tribunais*. v. 1001. p. 131-159, mar. 2019.

MIRAGEM, Bruno. *Direito Civil*. Responsabilidade Civil. São Paulo: Saraiva, 2015.

MORAES, Maria Celina Bodin de. *Danos à pessoa humana*: uma leitura civil-constitucional dos danos morais. Rio de Janeiro: Renovar, 2003.

MONTEIRO FILHO, Carlos Edison do Rêgo; BIANCHINI, Luiza Lourenço. A responsabilidade civil do terceiro que viola o contrato. In: MONTEIRO FILHO, Carlos Edison do Rêgo. *Problemas de responsabilidade civil*. Rio de Janeiro: Revan, 2016.

MONTENEGRO, Antonio Lindbergh C. *Ressarcimento de Danos*. Pessoais e Materiais. 6. ed. Rio de Janeiro: Lumen Juris, 1999.

NALIN, Paulo. Apontamentos críticos sobre o dano moral contratual: enfoque a partir da jurisprudência predominante do Superior Tribunal de Justiça. In: POPP, Carlyle (Coord.). *Direito em movimento por Popp&Nalin Advogados*. Curitiba: Juruá, 2007, v. II.

NALIN, Paulo. *Responsabilidade civil*: descumprimento do contrato e dano extrapatrimonial. Curitiba: Juruá, 1996.

NAVARRETTA, Emanuela. Funzioni del risarcimento e quantificazione dei danni non patrimoniale. *Resp. Civ. E Prev. 2008*, 03, 500, Giuffrè Editore.

NAVARRETTA, Emanuela. *Il valore della persona nei diritti inviolabili e la sostanza dei danni non patrimoniali*, nota a Cass., Sez. Un., 11.11.2008, n. 26972, 26973, 26974, in FI, 2009, I, 139-145

NORONHA, Fernando. *Direito das obrigações*. 3. ed. São Paulo: Saraiva, 2010.

OLIVA, Milena Donato. Dano moral e inadimplemento contratual nas relações de consumo. *Revista de Direito do Consumidor*. v. 93, p. 13-28, maio-jun. 2014.

PASQUALOTTO, Adalberto. Dignidade do consumidor e dano moral. *Revista de Direito do Consumidor*. v. 110, p. 79-116, mar.-abr. 2017

PERLINGIERI, Pietro. *Perfis do direito civil*: introdução ao direito civil constitucional. Trad. Maria Cristina De Cicco. Rio de Janeiro: Renovar, 1997.

PONCIBÒ, Cristina. *Il danno non patrimoniale da inadempiemento contrattuale*: il valore esistenziale del denaro. Disponível em: https://www.personaedanno.it/dA/bae349db36/allegato/AA_021858_resource1_orig.pdf. Acesso em: 19 set. 2020.

PONTES DE MIRANDA, Francisco Cavalcanti. *Tratado de Direito Privado*. São Paulo: Ed. RT, 1984. t. LIII.

PONZANELLI, Giulio. La *prova del danno non patrimoniale e i confini tra danno esistenziale e danno non patrimoniale*, nota a Cass. 4.3.2006, n. 65723, 2006.

REALE, Miguel. O dano moral no direito brasileiro. *Temas de Direito Positivo*. São Paulo: Ed. RT, 1992.

SANSEVERINO, Paulo de Tarso. *Princípio da reparação integral*: indenização no Código Civil. São Paulo: Saraiva, 2010.

SANTANA, Hector Valverde; CORDEIRO, Carolina Souza. Dano moral decorrente de inadimplemento contratual de plano privado de assistência à saúde. *Revista de Direito do Consumidor*. v. 80, p. 213-234, out.-dez. 2011.

SANTOS, Antonio Jeová. *Dano moral indenizável*. 4. ed. São Paulo: Ed. RT, 2003. SCHREIBER, Anderson. *Novos paradigmas de responsabilidade civil*: da erosão dos filtros da reparação à diluição dos danos. 2. ed. São Paulo: Atlas, 2009.

SCOGNAMIGLIO, Claudio. Il sistema del danno non patrimoniale dopo le decisioni delle Sezioni Unite. *Responsabilità civile e previdenza*. v. 74, 2009.

SERPA, Pedro Ricardo. Dano moral por inadimplemento do contrato. *Revista da Faculdade de Direito da UFRGS*, Porto Alegre, n. 43, p. 293-309, ago. 2020.

SILVA, Luis Renato Ferreira da. Contrato e dano moral. In: ROSENVALD, Nelson; DRESCH, Rafael; WESENDONCK, Tula (Coord.). *Responsabilidade civil*. Novos riscos. Indaiatuba: Foco, 2019.

STOCO, Rui. *Tratado de responsabilidade civil: doutrina e jurisprudência*. 7. ed. São Paulo: Ed. RT, 2007.

LUTA PELO DIREITO FUNDAMENTAL À REPARAÇÃO DOS DANOS EXTRAPATRIMONIAIS: ALGUNS ASPECTOS DA SUA EVOLUÇÃO

Carlos Edison do Rêgo Monteiro Filho

Professor Titular de Direito Civil da UERJ. Professor permanente e coordenador da Linha de Direito Civil no Programa de Pós-Graduação em Direito da UERJ. Procurador do Estado do Rio de Janeiro. Sócio fundador de Carlos Edison do Rêgo Monteiro Filho Advogados.

Sumário: 1. A lição de Ihering na história recente da responsabilidade civil – 2. Conceito de dano moral: delimitação em concreto à luz da teoria dos efeitos da lesão – 3. O problema da reparabilidade na responsabilidade civil contratual.

1. A LIÇÃO DE IHERING NA HISTÓRIA RECENTE DA RESPONSABILIDADE CIVIL

A percepção de que todas as grandes conquistas da história do Direito só puderam ser alcançadas por meio de lutas intensas e ininterruptas talvez constitua uma das maiores lições da obra-prima de Rudolf Von Ihering.[1]

Aplicada a máxima à função nuclear da responsabilidade civil, pode-se constatar que a marcha pela reparação integral se desenvolve entre avanços e retrocessos em todos os seus elementos: da concepção psicológica à normativa, na culpa; do juízo de certeza ao de probabilidade, no nexo causal; da indenização dos efeitos patrimoniais da lesão à compensação dos extrapatrimoniais, no dano.

O presente trabalho buscará, dentro das limitações editoriais que lhe são dirigidas, lançar luzes sobre a luta pela efetividade da reparação dos danos extrapatrimoniais no Brasil. Tema que se revelou, senão o maior, um dos maiores desafios da teoria da responsabilidade civil desde as últimas décadas do século XX, tendo enfrentado renhida trajetória até que os tribunais brasileiros consolidassem posição favorável à compensação, em direcionamento que se insere no mais amplo contexto de luta pelo reconhecimento de tutela das situações existenciais atreladas ao princípio da dignidade da pessoa humana e, como destacado supra, da jornada rumo à concretização do princípio da reparação integral.[2]

---

1. *A luta pelo direito*. Texto integral. Trad. Pietro Nassetti. São Paulo: Martins Claret, 2000.
2. O princípio da reparação integral constitui "verdadeiro princípio constitucional, dotado de dois perfis: o existencial e o patrimonial". No perfil existencial, o artigo 5º da Constituição, em seus incisos V e X, consagra a plena compensação dos danos morais e repudia qualquer atentado à integridade da dignidade humana, "forjando assim cláusula geral de tutela que embasa o mecanismo sancionatório a assegurar, em sua totalidade, a compensação dos danos extrapatrimoniais". "Noutro giro, a perspectiva patrimonial da

Assim, como identifiquei e melhor desenvolvi em outra sede, data de 1966 o *leading case* do Supremo Tribunal Federal na matéria, a proclamar a possibilidade de compensação de danos extrapatrimoniais no sistema jurídico brasileiro, muito embora a fundamentação do julgado ainda permitisse entrever certo apego à ótica patrimonialista.[3] Compreendia-se, à época, ser contrário à moral e ao Direito qualquer pagamento compensatório em decorrência de danos extrapatrimoniais por se entender que, nesses casos, haveria precificação da dor (*pretium doloris*), e, ao espírito da década de 1960, repugnava a ideia de obtenção de dinheiro a título de compensação de sofrimento humano. Afirmava-se, então: *a dor não tem preço*.

Decorre daí que, impregnados pela influência da objeção, até a promulgação da Constituição de 1988, os tribunais brasileiros hesitavam bastante e, em muitos casos, sob a rubrica de dano moral, ressarciam danos patrimoniais duvidosos, travestidos ora de danos emergentes ora de lucros cessantes, e não propriamente os efeitos não patrimoniais da lesão. Na morte de filhos, como no exemplo do julgado inaugural mencionado *supra*, a liquidação da verba de reparação do dano moral era calculada com base nos gastos que os pais tiveram até então com a criança, e na expectativa de que, no futuro, ela lhes pudesse conferir algum tipo de renda, mesmo que não exercesse ainda qualquer trabalho remunerado. Exatamente por conta dessa quantificação oblíqua, mais próxima dos mecanismos de indenização das duas espécies de danos patrimoniais, respectivamente dano emergente e lucro cessante, surgiu o falso problema da acumulação das verbas ressarcitórias por danos morais e por danos materiais sofridos em razão de um mesmo fato. E muitos foram os acórdãos do próprio STF que, ao longo das décadas de 1970 e 80, diante da comprovação da existência de danos patrimoniais, deixaram sem compensação danos extrapatrimoniais.

---

reparação integral parece fundamentar-se no direito de propriedade (art. 5º, XXII). A indenização, sob a perspectiva da reparação integral, consiste em expediente pelo qual a vítima procura reaver o patrimônio que efetivamente perdeu ou deixou de lucrar, na exata medida da extensão do dano sofrido". (MONTEIRO FILHO, Carlos Edison do Rêgo. Limites ao princípio da reparação integral no direito brasileiro. *civilistica.com*, a. 7, n. 1, 2018, p. 3).

3. V. MONTEIRO FILHO, Carlos Edison do Rêgo. *Elementos de responsabilidade civil por dano moral*. Rio de Janeiro: Renovar, 2000. O julgado, em período mais recente, voltou a ser objeto de análise em: MONTEIRO FILHO, Carlos Edison do Rêgo. *Responsabilidade contratual e extracontratual*: contrastes e convergências no direito civil contemporâneo. Rio de Janeiro: Processo, 2016. No caso (RE 59.940-SP, RTJ 39/38-44), os pais pleiteavam indenização pela morte de dois filhos menores causada, culposamente, por uma empresa de ônibus. Os votos do Min. Rel. Aliomar Baleeiro e do Min. Pedro Chaves ressaltaram, na fundamentação, a possibilidade de ressarcimento dos danos morais na hipótese. Apesar disso, percebe-se que o valor da indenização foi arbitrado a partir de uma visão patrimonialista da lesão. É o que se extrai do seguinte trecho do voto do relator: "O homem normal, que constitui família, não obedece apenas ao impulso fisiológico do sexo, mas busca satisfações espirituais e psicológicas, que o lar e os filhos proporcionam ao longo da vida e até pela impressão de que se perpetua neles. (...) Se o responsável pelo homicídio lhes frustra a expectativa futura e a satisfação atual, deve reparação, ainda que seja a indenização de tudo quanto despenderam para um fim lícito malogrado pelo dolo ou culpa do ofensor. Perderam, no mínimo, tudo quanto investiram na criação e educação dos filhos, e que se converteu em pura frustração pela culpa do réu. O patrimônio não são apenas coisas concretas, mas o acervo de todos os direitos que o titular dele pode exercitar".

A temática apenas encontrou rumo certo a partir da Constituição de 1988, que desarmou as resistências à reparabilidade do dano extrapatrimonial[4] ao prevê-la expressamente nos incisos V e X do artigo 5º.[5]

Uma vez pacificada a admissibilidade da compensação do dano extrapatrimonial como gênero,[6] muitas novas questões, derivadas dessa mesma temática central, assumiram lugar de destaque nos debates acadêmico-forenses, podendo-se mencionar: a reparação do dano estético; a configuração do dano existencial; a controvérsia do dano extrapatrimonial da pessoa jurídica (dano institucional); os problemas do prazo prescricional das ações reparatórias e eventuais situações imprescritíveis; a admissibilidade da reparação *in natura* (não pecuniária), dentre outras.

Para o desenvolvimento deste estudo, no entanto, o roteiro abrangerá (i) o conceito de dano moral, por meio do qual se busca delimitar as hipóteses de reparação; e (ii) o reconhecimento de danos extrapatrimoniais decorrentes de descumprimento contratual.[7]

2. CONCEITO DE DANO MORAL: DELIMITAÇÃO EM CONCRETO À LUZ DA TEORIA DOS EFEITOS DA LESÃO

"Não é o prosaico interesse pecuniário, mas a dor moral da injustiça sofrida que impele a vítima a instaurar o processo" – Ihering.[8]

Grande parte da doutrina e dos tribunais tem adotado posicionamento que associa, de certo modo, dano moral a sentimentos como dor, vexame e humilhação, sofridos pela vítima como resultado de ato praticado pelo ofensor. Aguiar Dias, em fórmula consagrada, apoiada em Minozzi, descreve o dano moral como "a dor, o espanto, a emoção, a vergonha, a injúria física ou moral, em geral uma dolorosa sensação experimentada

---

4. "A Constituição Federal de 1988 veio a pôr uma pá de cal na resistência à reparação do dano moral". (PEREIRA, Caio Mário da Silva. *Responsabilidade Civil*. 11. ed. rev. Atual. Gustavo Tepedino. Rio de Janeiro: Forense, 1998, p. 79).
5. "Art. 5º Todos são iguais perante a lei, sem distinção de qualquer natureza, garantindo-se aos brasileiros e aos estrangeiros residentes no País a inviolabilidade do direito à vida, à liberdade, à igualdade, à segurança e à propriedade, nos termos seguintes: V – é assegurado o direito de resposta, proporcional ao agravo, além da indenização por dano material, moral ou à imagem; X – são invioláveis a intimidade, a vida privada, a honra e a imagem das pessoas, assegurado o direito a indenização pelo dano material ou moral decorrente de sua violação".
6. Como exemplo do reconhecimento da importante função que a compensação pecuniária tem em casos de violação severa a interesses associados à dignidade da pessoa, mencione-se o caso do rompimento da barragem de Brumadinho, em Minas Gerais. Na primeira sentença em ação individual movida contra a Vale S.A., o Poder Judiciário mineiro determinou que a mineradora indenize em R$ 11,875 milhões os familiares de dois irmãos e de uma mulher grávida falecidos na tragédia. (TJMG, 2ª Vara Cível, Criminal e de Execuções Penais da Comarca de Brumadinho, Processo 5000580-65.2019.8.13.0090, Juiz Rodrigo Heleno Chaves, julg. 18.09.2019).
7. O roteiro do presente trabalho, ora revisto, atualizado e ampliado, corresponde ao originariamente desenvolvido no artigo de minha autoria intitulado "De volta à reparação do dano moral: 30 anos de trajetória entre avanços e retrocessos", publicado na obra coletiva organizada por mim e dois colegas de Departamento de Direito Civil da Faculdade de Direito da UERJ. MONTEIRO FILHO, Carlos Edison do Rêgo; OLIVA, Milena Donato; SCHREIBER, Anderson (Coord.). *Problemas de direito civil*: homenagem aos 30 anos de cátedra do professor Gustavo Tepedino por seus orientandos e ex-orientandos. Rio de Janeiro: Forense, 2021, p. 563-577.
8. *A luta pelo direito*. Texto integral. Trad. Pietro Nassetti. São Paulo: Martins Claret, 2000, p. 38.

pela pessoa, atribuída à palavra dor o mais largo significado". Percebe-se que o método de identificação empregado pelo autor para definir a espécie recorre às consequências anímicas produzidas na pessoa da vítima.[9] Por isso mesmo, convencionou-se denominar de subjetiva essa posição, que passou a atrair objeções cujo foco residia na dificuldade prática de comprovação de sentimentos: como se fará a prova em juízo das pretensões deduzidas em cada ação de responsabilidade civil? E, na esteira, quem efetivamente sofreu dano moral e merecerá reparação: as pessoas incapazes de compreender a real significação de certas situações lesivas e suas respectivas consequências, seja por sua idade ou por qualquer razão de ausência de discernimento, não poderiam pleitear reparação? Além disso, destaca-se o problema, antes mencionado, do dano extrapatrimonial da pessoa jurídica.[10]

No contexto de tais reflexões, desenvolveram-se também, na doutrina brasileira, teorias ditas objetivas de conceituação do dano. As várias espécies desse gênero convergem no sentido de reconhecerem a extrapatrimonialidade do dano na natureza do bem jurídico atingido pela conduta lesiva, isto é, compreendem como extrapatrimonial não já o resultado suportado pela pessoa ofendida, mas o dano provocado a um bem jurídico específico de natureza extrapatrimonial. Divergem entre si, no entanto, quanto à identificação desse bem jurídico, a sobressaírem três diferentes subteorias.

A primeira delas entende como dano extrapatrimonial violação ao *patrimônio moral* da vítima, instituto que se oporia ao patrimônio material e que seria atingido, em listagem meramente exemplificativa, por violação "à honra, ao decoro, à paz interior de cada qual, às crenças íntimas, aos sentimentos afetivos de qualquer espécie, à liberdade, à vida, à integridade corporal".[11] Bastaria, portanto, a prova da violação a algum desses bens jurídicos tutelados para *ipso facto* caracterizar a lesão, merecedora, por seu turno, da pronta resposta do direito, por meio dos mecanismos reparatórios disponíveis.

A segunda subteoria compreende o dano extrapatrimonial como lesão a um dos direitos da personalidade. Trata-se, portanto, de concepção um pouco mais restrita, se comparada à subteoria da violação ao patrimônio moral. Segundo seus fautores, "não há outras hipóteses de danos morais além das violações aos direitos da perso-

---

9. Sobre a perspectiva subjetiva, v., por todos, AGUIAR DIAS, José de. *Da responsabilidade civil*. 11. ed. Atual. Rui Berford Dias. Rio de Janeiro: Renovar, p. 993, que citando Minozzi, qualifica o dano moral como "a dor, o espanto, a emoção, a vergonha, a injúria física ou moral, em geral uma dolorosa sensação experimentada pela pessoa, atribuída à palavra dor o mais largo significado". Na jurisprudência, destaca-se acórdão caricato do TJRJ a respeito de publicação não autorizada, por jornal popular, de fotos íntimas de famosa atriz, no qual os julgadores concluíram pela improcedência do pedido de compensação por danos extrapatrimoniais ao argumento de que "o uso inconsentido da imagem não acarretou para a pessoa fotografada dor, tristeza, mágoa, sofrimento, vexame, humilhação, tendo-lhe proporcionado, ao revés, alegria, júbilo, contentamento, satisfação, exultação e felicidade". (TJRJ, 2º Grupo de Câmaras Cíveis, Emb. Infringentes 0011236-18.1998.8.19.0000, Rel. Des. Wilson Marques, julg. 29.09.1999).
10. Outras questões assemelhadas também ganharam dimensão na jurisprudência nos últimos tempos, a exemplo do reconhecimento, pelo Superior Tribunal de Justiça, da impossibilidade de os condomínios edilícios sofrerem danos morais em razão de sua natureza de ente despersonalizado que não possui honra objetiva. (STJ, 3ª T., REsp 1.736.593, Rel. Min. Nancy Andrighi, julg. 11.02.2020).
11. SILVA, Wilson Melo da. *O dano moral e sua reparação*. 3. ed. Rio de Janeiro: Forense, 1999. p. 2.

nalidade", de modo que "*fora dos direitos da personalidade são apenas cogitáveis os danos materiais*".[12]

Finalmente, a terceira subteoria da corrente objetiva identifica o dano moral na violação à dignidade da pessoa humana. Conforme explica Maria Celina Bodin de Moraes, "constitui dano moral a lesão a qualquer dos aspectos componentes da dignidade humana – dignidade esta que se encontra fundada em quatro substratos e, portanto, corporificada no conjunto dos princípios da igualdade, da integridade psicofísica, da liberdade e da solidariedade".[13] Trata-se, portanto, de concepção ainda mais restritiva dos danos extrapatrimoniais, pois apenas aquelas lesões que atingem o ser humano em sua dignidade seriam reparáveis. Em sentido bastante semelhante, Sérgio Cavalieri Filho procura definir dano moral como lesão ao que denomina direito subjetivo à dignidade humana.[14]

No final do ano de 2020, acórdão de relatoria do Ministro Luis Felipe Salomão, para além de observar que "o direito à compensação de dano moral, conforme a expressa disposição do art. 12 do CC, exsurge de condutas que ofendam direitos da personalidade", afirmou, em firme posicionamento contrário ao que denominou de sentido natural da expressão dano moral: "não se pode tomar o dano moral em seu sentido natural, e não jurídico, associando-o a qualquer prejuízo incalculável, como figura receptora de todos os anseios, dotada de uma vastidão tecnicamente insustentável, e mais comumente correlacionando-o à dor, ao aborrecimento, sofrimento e à frustração". Na sequência, arremata o raciocínio da seguinte maneira: "essas circunstâncias todas não correspondem ao seu sentido jurídico, a par de essa configuração ter o nefasto efeito de torná-lo sujeito ao subjetivismo de cada um".[15]

Conforme delineado, constata-se que, no Brasil, o debate que contrapõe as linhas objetivas e subjetivas persiste na ordem do dia, trazendo consigo a permanente e angustiante tentativa de construção da linha demarcatória que separa o dano moral reparável do tal mero aborrecimento cotidiano. Embora não cheguem propriamente a ser antagônicas, as fórmulas empregadas pelas teorias mostram-se bem distintas: dizer-se *dano=lesão* é bem diferente de se afirmar *dano = efeito da lesão*. E, como a lesão pode suscitar variados efeitos, é a partir deles que a teoria dos efeitos da lesão, em linha de superação da dicotomia apontada, parece conduzir a uma definição mais segura e técnica do que seja o dano extrapatrimonial e de suas hipóteses reparatórias, sem imiscuir-se nos meandros da subjetividade da pesquisa da dor e demais sentimentos correlacionados a ela.

---

12. LÔBO, Paulo Luiz Neto. Danos morais e direitos da personalidade. *Revista Trimestral de Direito Civil – RTD,*. v. 6, p. 95-96, abr.-jun. 2001.
13. BODIN DE MORAES, Maria Celina. *Danos à pessoa humana*: uma leitura civil-constitucional dos danos morais. Rio de Janeiro: Renovar, 2003, p. 327.
14. "Temos hoje o que pode ser chamado de direito subjetivo constitucional à dignidade. (...) Em sentido estrito dano moral é violação do direito à dignidade". (CAVALIERI FILHO, Sergio. *Programa de Responsabilidade Civil*. 11. ed. São Paulo: Atlas, 2014, p. 106).
15. STJ, 4ª T., REsp 1.406.245/SP, Rel. Min. Luis Felipe Salomão, julg. 24.11.2020.

Em perspectiva crítica, não é difícil constatar que a lesão a direito da personalidade, ao patrimônio moral ou mesmo à dignidade humana pode gerar também efeitos patrimoniais,[16] como se sabe, na forma de danos emergentes e lucros cessantes, donde não se poder tomá-la como sinônima, síntese ou núcleo de definição de dano moral e de delimitação de seu arco reparatório, em que pese o respeito e a admiração por seus precursores e adeptos.[17]

Na experiência estrangeira, em congruência com a teoria do dano como efeito da lesão, tem-se constatado a pertinência de se realizar distinção entre dano e lesão, e qualificar aquele como consequência desta. Nesse sentido, na Itália, por exemplo, a partir de estudo clássico desenvolvido por Gino Gorla, contrapõe-se o denominado *danno evento* ao *danno conseguenza*.[18] Nessa linha, explica Miquel-Martin Casals, considera-se dano-evento a *lesão* a interesse lícito, enquanto o dano-consequência associa-se a *efeitos produzidos pela lesão* ao interesse jurídico protegido, que se repartiriam na *summa divisio* entre as consequências que se dão no patrimônio ou aquelas que são extrapatrimoniais.[19]

Pietro Sirena, em recente trabalho sobre o conceito de dano no direito italiano e francês da responsabilidade civil, e na esteira da consagrada dualidade dano-evento/dano-consequência, faz alusão à elaboração conceitual de dois tipos de nexo de causalidade, aos moldes do que se verifica no direito alemão: um, de sentido natural (ou de fato), associado à própria etiologia do ato ilícito e disciplinado pelo art. 2.043 do Código Civil Italiano; outro, jurídico (ou de direito), relativo aos efeitos do dano-evento sobre a pessoa do ofendido e regido pelo art. 1.223 do mesmo diploma. Nas palavras do autor, "se não for provado pelo autor [o primeiro nexo causal], o juiz verificará que nenhum fato ilícito ocorreu e, portanto, indeferirá o pedido de indenização; quando, em vez disso, for provado, o autor também terá o ônus de provar que o dano-consequência que alega é uma consequência do dano-evento causado pelo réu".[20]

---

16. Nesse sentido, vale mencionar o Enunciado 624 da Súmula do STJ, que, acerca da reparação de perseguidos políticos durante o regime militar no Brasil, esclarece serem cumuláveis a compensação por dano moral e a indenização patrimonial: "É possível cumular a indenização do dano moral com a reparação econômica da Lei 10.559/2002 (Lei da Anistia Política)". Em sentido análogo, veja-se também o Enunciado 642 estabelece: "São imprescritíveis as ações indenizatórias por danos morais e materiais decorrentes de atos de perseguição política com violação de direitos fundamentais ocorridos durante o regime militar".
17. Sobre o tema, MONTEIRO FILHO, Carlos Edison do Rêgo. O conceito de dano moral e as relações de trabalho. *Rumos contemporâneos do direito civil*: estudos em perspectiva civil-constitucional. Belo Horizonte: Fórum, 2017, p. 85-100.
18. GORLA, Gino. Sulla cosiddetta causalità giuridica: 'fatto dannoso e conseguenze', *Rivista del diritto. commerciale*, 1951, I, p. 405 ss.
19. Miguel-Martin Casals esclarece que: "La idea de daño ressarcible en el sentido italiano de danno evento, y que daria respuesta a la pregunta de cuando hay daño juridicamente relevante, se encuentra presente tanto em los PETL como el DCFR. De um modo parecido, se propone ahora introducir de manera explicita el concepto de daño como 'lesión de um interés lícito'. (...) Esta idea se contrapone a la de danno conseguenza, que daria respuesta a qué tipo de consecuencias ha producido la lesión al interés jurídico protegido, y partiria de la summa divisio de si las consecuencias se han dado em el patrimonio o si son extrapatrimonialies". (CASALS, Miquel-Martin. La modernización del derecho de la responsabilidad extracontratual. *Cuestiones actuales en materia de responsabilidad civil*: XV Jornada de la Asociación de Profesores de Derecho Civil. Murcia: Universidad de Murcia, Servicio de Publicaciones, 2011, p. 41).
20. Pietro Sirena anota que "la distinzione tra danno-evento e danno-conseguenza ha indotto il diritto italiano a elaborare concettualmente due tipi di nesso causale, cosí come avviene nel diritto tedesco. Affinché il fatto imputato al danneggiante sia illecito, esso deve anzitutto aver cagionato un danno ingiusto. Questo primo nesso

De outro giro, no exemplo do direito espanhol, faz-se distinção entre os conceitos de *daño* e de *perjuicio*, muito bem ilustrado no artigo 2:101 dos Princípios de Direito Europeu da Responsabilidade Civil, que, na versão espanhola, possui a seguinte dicção: "el daño requiere un perjuicio material o inmaterial a un interés jurídicamente protegido". Também, no direito argentino, Matilde Zavala de González ensina que "cuando el Derecho se ocupa de reparar, no es relevante el exclusivo mal que entraña la lesión, intrínsecamente considerada, sino las concretas consecuencias – económicas o espirituales – que aquélla infiere a la víctima".[21]

Em sentido análogo, o professor francês Jean-Sebastién Borghetti arremata: "o dano se define como uma lesão a uma pessoa, a uma coisa ou a uma situação. O prejuízo consiste, por sua parte, nas consequências dessa lesão para o demandante". E, em seguida, conclui: "essas consequências podem ser patrimoniais – diminuição do valor do patrimônio, lucros cessantes, entre outros – ou extrapatrimoniais – sofrimento psíquico ou moral, essencialmente".[22]

No direito francês, aliás, o projeto reforma da responsabilidade civil,[23] proposto em 2017, parece corroborar a tendência de distinção entre os conceitos. A nova redação conferida ao artigo 1.235 do *Code Civil* pelo projeto, se aprovada, exigirá como pressuposto ao surgimento do dever de indenizar um prejuízo certo (*préjudice certain*) decorrente de um dano (*dommage*), que, ainda de acordo com o dispositivo, consiste na lesão a um interesse lícito (*lésion d'un intérêt licite*).[24]

Trata-se de redação bastante distinta daquela prevista no atual artigo 1.240 do *Code Civil*, que cuida da matéria e indica apenas a necessidade da existência de um dano (*dommage*) provocado por ato culposo (*faute*) do agente.[25] Essa alteração, de acordo com Pietro Sirena, não redundaria em mera modificação terminológica, mas estabeleceria

---

causale, che si considera disciplinato dall'art. 2043 c.c., è perciò definito come «di fatto» (o «naturale»). Ove esso non sia provato dall'attore, il giudice accerterà che non si è verificato alcun fatto illecito e respingerà pertanto la domanda risarcitoria; ove esso sia invece provato, l'attore avrà altresí l'onere di provare che il dannoconseguenza che lamenta costituisce una conseguenza del danno-evento cagionato dal convenuto. Questo secondo nesso causale, che si considera disciplinato dall'art. 1223 c.c., è definito come «giuridico»". (SIRENA, Pietro. Il concetto di 'danno' nel diritto italiano e francese della responsabilità civile. *Rassegna di diritto civile*, n. 2, p. 547-548, 2019).

21. GONZÁLEZ, Matilde Zavala de. *Resarcimiento del daño moral*. Buenos Aires: Astrea, 2009, p. 10.
22. No original: "el daño se define como una lesión a una persona, a una cosa o a una situación. El perjuicio consiste, por su parte, en las consecuencias de esta lesión para el demandante. Estas consecuencias pueden ser patrimoniales –disminución del valor del patrimonio, pérdida de ingresos, entre otros – o extra-patrimoniales –sufrimiento psíquico o moral, essencialmente". (BORGHETTI, Jean-Sebastién. Los intereses tutelables y la dimensión de los perjuicios reparables en el derecho francés de la responsabilidad civil extracontractual. *Themis*: Revista de Derecho, n. 66, p. 289, 2015). Para análise detalhada do tema, v. BASTOS, Daniel Deggau; SILVA, Rafael Peteffi da. A busca pela autonomia do dano pela perda do tempo e a crítica ao *compensation for injury as such*. *civilistica.com*, a. 9, n. 2, p. 6-11, 2020.
23. O projeto de reforma da responsabilidade civil no direito francês pode ser conferido a seguir: http://www.justice.gouv.fr/publication/Projet_de_reforme_de_la_responsabilite_civile_13032017.pdf.
24. Confira-se a nova redação do artigo 1.235 proposta no projeto de reforma da responsabilidade civil francês: "*Est réparable tout préjudice certain résultant d'un dommage et consistant en la lésion d'un intérêt licite, patrimonial ou extrapatrimonial*".
25. Veja-se a redação atual do artigo 1.240 do Code Civil: "Tout fait quelconque de l'homme, qui cause à autrui un dommage, oblige celui par la faute duquel il est arrivé à le réparer".

requisito adicional à responsabilização civil naquele sistema, de modo que a existência do *dano*, por si só, seria insuficiente para deflagrar a reparação, a exigir-se que dele decorra um *prejuízo*.[26]

Essa percepção teórica acerca da necessária distinção entre lesão e dano pode ser mais bem compreendida quando da análise da *lesão ao tempo*, considerado este como novo bem jurídico autonomamente tutelado e acerca do qual muito se diverge quanto à natureza dos danos decorrentes de sua violação. Para alguns, tratar-se-ia de categoria autônoma relativamente aos danos material e moral.[27] Outros sustentam que a perda de tempo seria, na verdade, espécie de dano extrapatrimonial.[28]

A perda de tempo, contudo, não configura *tertium genus* de dano, ao lado do material e do moral, nem tampouco espécie, ou hipótese de dano extrapatrimonial. Na esteira do que, em outra sede, já se disse por ocasião do estudo do chamado dano estético,[29] e do que se afirmou acima, a caracterização do dano decorre do efeito que ele produz na vítima, e não da natureza do interesse juridicamente tutelado. Ou seja, sua qualificação variará conforme os reflexos em concreto da lesão ao novo interesse juridicamente protegido, os quais podem ser de duas ordens: patrimonial ou extrapatrimonial.[30]

Neste sentido, caso se verifique que a vítima, em razão da perda do seu tempo livre (i.e, devido à lesão ao bem jurídico tempo) sofreu uma efetiva diminuição patrimonial (dano emergente) ou uma concreta privação do que poderia ganhar (lucros cessantes), configurado estará o dano material. Se, sob outro aspecto, a lesão gerar efeitos extrapatrimoniais objetivamente apreciáveis, estar-se-á diante de um dano moral.[31] Sob essa

---

26. "In questo modo, il Projet de réforme non si propone di introdurre un mutamento meramente terminologico (dal risarcimento del dommage a quello del préjudice), né un passaggio neutrale da un concetto ad un altro. Piuttosto, esso si propone di stabilire un requisito ulteriore della responsabilità civile stricto sensu (ossia, del risarcimento del danno), il quale si aggiungerebbe a quelli già previsti dal Code civil oggi in vigore. Infatti, il dommage verrebbe a contrapporsi concettualmente al préjudice, il quale lo seguirebbe logicamente (se non anche cronologicamente); in altri termini, il dommage non sarebbe più risarcibile di per sé, ma solamente in quanto sia logicamente (se non anche cronologicamente) seguito da un préjudice" (SIRENA, Pietro. Il concetto di 'danno' nel diritto italiano e francese della responsabilità civile. *Rassegna di diritto civile*, n. 2, p. 545-546, 2019).
27. MAIA, Maurilio Casas. O dano temporal indenizável e o mero dissabor cronológico no mercado de consumo: quando o tempo é mais que dinheiro – é dignidade e liberdade. *Revista de Direito do Consumidor*, v. 92, p. 162. 2014.
28. DESSAUNE, Marcos. *Desvio produtivo do consumidor*: o prejuízo do tempo desperdiçado. São Paulo: Ed. RT, 2011, p. 134.
29. Confira-se: "Do mesmo modo, a lesão estética não é uma terceira espécie de dano, autônoma em relação aos danos morais e materiais. Deve-se entender por tal a lesão aos bens jurídicos integridade física e imagem, as quais podem gerar efeitos patrimoniais (dano patrimonial), ou efeitos extrapatrimoniais (dano moral)" (MONTEIRO FILHO, Carlos Edison do Rêgo. *Elementos de responsabilidade civil por dano moral*. Rio de Janeiro: Renovar, 2000, p. 49-62).
    Ver, em sentido semelhante, FERREYRA, Roberto Vázquez. Daño a la estética de la persona. *Thémis – Revista de Derecho*, n. 19, p. 61-66. 1991.
30. MONTEIRO FILHO, Carlos Edison do Rêgo. Lesão ao tempo: configuração e reparação nas relações de consumo. *Revista da Ajuris*, v. 43, n. 141, p. 106, 2016.
31. O professor argentino Sergio Sebastián Barocelli, em consonância com o aqui se defende, indica que a perda de tempo útil pode gerar efeitos patrimoniais (danos emergentes e lucros cessantes) e morais. O Autor, indica, ainda, que a perda de tempo útil implica uma lesão ao que ele chama de "direito ao tratamento digno". Confira-se: "En primer término, la pérdida de tiempo puede vislumbrase en un daño emergente: un daño a la salud o integridad

perspectiva, portanto, que considera o *dano como efeito da lesão*, mostram-se insuficientes a criação de categoria autônoma sob a alcunha de "dano temporal" ou análogos e a afirmação que o restringe a dano moral. No exemplo genérico da injustificada perda do tempo na fila de agência bancária, é bem crível que, para além da questão extrapatrimonial, decorram do inesperado atraso efeitos de ordem patrimonial na vítima, como a perda de compromissos profissionais e, em última análise, do tempo produtivo que se esvai na longa espera (exemplos do representante comercial e do taxista parados).

Nessa esteira, o que se leva em conta são os efeitos concretos, que se projetam na pessoa da vítima da lesão sofrida, e não esta abstratamente considerada. Não fosse assim, todas as situações em que a lesão atinge bens e interesses jurídicos para além da pessoa ofendida exigiriam uma elasticidade capaz de comprometer os conceitos de personalidade, patrimônio moral e dignidade humana, revelando-se a insuficiência da abordagem puramente objetiva.[32]

De fato, o extravio de bagagem, de bens materiais com valor de afeição (fotografias, anel de casamento, heranças familiares, obras de arte), a perda ou maus tratos de animal doméstico de estimação, a morte ou a lesão de pessoa querida, a destruição de material genético, todas essas situações são reconduzíveis à ideia de produção de um efeito extrapatrimonial antijurídico na pessoa atingida, resultante da atenta consideração dos fatores de ponderação envolvidos. Assim também os chamados novos danos – mais propriamente, novas situações lesivas, como visto – decorrentes das novas tecnologias conspiram a favor da tese do *dano como efeito da lesão*, pois incompatíveis com a rigidez dos tipos preconcebidos.

---

física ante la tardanza en la atención sanitaria, la pérdida de un servicio de transporte (aéreo, terrestre, marítimo etc.). Dichos caso creemos que no genera demasiada dificultad, por lo que no profundizaremos al respecto. Pero también en los supuestos que analizamos en este trabajo (defectos de producto, deficiencias em la prestación de servicios etc.) pueden generar gastos que configuran un daño emergente: llamadas telefónicas, procuración de copias para denuncias y reclamaciones, traslado y viáticos, entre otros, que merecen ser compensados. (...) En segundo término, la pérdida de tiempo puede encuadrarse en un supuesto de lucro cesante. Tiempo que, por ser escaso, el consumidor le resta a sus actividades económicas, caso que implicaría un lucro cesante (actividad laboral, productiva, profesional etc.) o, en sentido más técnico, al desarrollo de actividades esenciales para la vida (descanso, ocio, vida familiar y de relación) o de su personalidad (actividades educativas, culturales, deportivas, espirituales, recreativas etc.) (...) La pérdida de tiempo implica también un desgaste moral y un trastorno espiritual para el consumidor, quien debe desatender sus para enfrascarse en una lucha en al que está casi siempre en clara desigualdad de condiciones frente al proveedor, en razón de la debilidad y vulnerabilidad estructural en que se sitúan los consumidores en las relaciones de consumo. (...) En el ámbito del derecho del consumidor, de conformidad con las previsiones de los artículo 42 de la Constitución Nacional y 8 bis de la LDC, constituye un supuesto particular indemnizable el incumplimiento del derecho al trato digno y equitativo por parte de los proveedores de bienes y servicios" (BAROCELLI, Sergio Sebastián. Cuantificación de daños al consumidor por tiempo perdido. *Revista de Direito do Consumidor*, v. 90, p. 119, 2013).

32. "La lesión a um mismo bien puede afectar intereses patrimoniales y espirituales. Por eso un mismo hecho puede generar daños morales y patrimoniales. En este sentido afirma Zannoni que 'aunque el interés jurídico está referido a un poder de actuar hacia el objeto de satisfacción, sucede que a través de bienes patrimoniales el sujeto puede satisfacer también um interés no patrimonial, o sea, un poder de actuar hacia bienes no patrimoniales, y viceversa, a través de bienes no patrimoniales el sujeto puede satisfacer además un interés patrimonial, es decir un poder de actuar hacia bienes patrimoniales. La salud de alguien, por ejemplo, permite trabajar, obtener ingresos económicos'" (FERREYRA, Roberto Vázquez. Daño a la estética de la persona. *Themis – Revista de Derecho*, n. 19, p. 63, 1991).

Em todos os casos, a rigor, reconhecer o efeito extrapatrimonial tutelado juridicamente na pessoa do ofendido é tarefa do aplicador/intérprete, independentemente de qualquer *comprovação de dor* por parte da vítima. Nessa direção, já proclamou o STF que a constatação do dano moral se dá por meio do reconhecimento de um "mal evidente".[33]

A vítima, tendo o ônus da prova ou beneficiando-se de sua inversão, bem como o ofensor, deverão contribuir para a elucidação dos fatos que propiciaram ou não a ocorrência da lesão. Os fatos hão de ser muito bem demonstrados e, uma vez assentado o suporte probatório sobre o qual repousa a questão em exame, o reconhecimento do efeito danoso extrapatrimonial poderá operar-se *in re ipsa*.[34]

À luz da teoria dos efeitos da lesão, o efeito extrapatrimonial tutelado que define o dano moral em sentido estrito deve-se apresentar nos moldes do *mal evidente* mencionado na decisão da corte suprema, vale dizer: o efeito é objetivamente apreciável, perceptível de fora para dentro e não o inverso – este, o palco das controvertidas noções de subjetividade e dor.

E, além disso, na tortuosa tarefa de discernir entre as situações concretas que mereçam ressarcimento e as que não configuram juridicamente dano moral,[35] o julgador, chamado a dirimir a questão, mais do que se ater a identificar a lesão em abstrato, irá sopesar todos os fatores objetivos e subjetivos envolvidos no caso em análise para identificar, em perspectiva funcional, eventual efeito extrapatrimonial reparável e sua extensão.[36] Assim, respectivamente, e em síntese conclusiva, não deverá descuidar da *gravidade da lesão* (relevância jurídica do bem ou interesse tutelado, extensão, intensidade e duração do dano, dentre outros)[37] e da *conduta das partes* (boa-fé, condições

---

33. No voto vista do Min. Francisco Rezek, quando do julgamento do RE 172.720-9, RJ (STF, 2ª T., j. 06.02.1996).
34. Em julgamento que versava sobre a prática de *mobbing*, o TST deu provimento a recurso de revista majorando a indenização de R$6.000,00 para R$30.000,00, ressaltando que: "não há como se exigir do autor a comprovação da exata repercussão que as humilhações sofridas no trabalho tiveram em sua vida familiar e social e em sua autoimagem e autoestima, uma vez que se trata de *in re ipsa*, ou seja, prova-se apenas a conduta ilícita do ofensor, daí se presumindo abalo emocional suportado pela vítima". TST, RR 2743900-70.2008.5.09.0011, 8ª T., rel. Min. Dora Maria da Costa, *DEJT* 10.02.2012.

    No mesmo sentido, mas apontando para conclusão diversa, confira-se a ementa do seguinte julgado: "Indenização por danos morais. Assédio moral. Restrição ao uso do banheiro. Não comprovação. Não evidenciada a restrição do uso do banheiro por motivo de produtividade, nem eventual constrangimento do empregado quando necessitou utilizá-lo fora das pausas autorizadas pela NR-17 da Portaria 9 do MTE, para os empregados de teleatendimento, não há que se falar em afronta aos arts. 1º, III e IV, 5º, V e X, e 170, *caput*, da CF, 186, 187 e 927 do CC. Sem a demonstração de efetiva afronta ao princípio da dignidade da pessoa humana não se configura o assédio moral apto para ensejar a responsabilização da reclamada por danos morais. Recurso de revista não conhecido" TST, , AI RR 25.2006.5.18.0141, 6ª T., rel. Min. Aloysio Corrêa da Veiga, *DEJT* 06.07.2012.
35. Monteiro Filho, Carlos Edison do Rêgo. *Elementos de responsabilidade civil por dano moral*. Rio de Janeiro: Renovar, 2000, p. 29: "(...) está-se a estudar o dano moral na acepção técnico-jurídica da expressão, que se não confunde com o sentido vulgar dos vocábulos, podendo-se afirmar que *não são todas as dores morais que ensejam sanção da ordem jurídica, mas apenas aquelas especialmente qualificadas pela norma, aquelas que interessam ao direito* – que no dizer de Miguel Reale seriam aquelas alcançadas pela projeção do feixe luminoso do jurídico nos fatos sociais" [destacou-se].
36. MONTEIRO FILHO, Carlos Edison do Rêgo. *Elementos de responsabilidade civil por dano moral*. Rio de Janeiro: Renovar, 2000.
37. O Código Civil de Portugal nomeadamente exige o requisito da gravidade da lesão no dispositivo que cuida da cláusula geral dos danos não patrimoniais, como se depreende do teor do art. 496.º, a seguir transcrito: "Art.

pessoais das partes, histórico da relação etc.) para individuar a normativa adequada e bem medir suas dimensões para efeito de quantificação da compensação (CC, art. 944).

Nesse procedimento dinâmico e atento à função do instituto, não deve, por outro ângulo, deixar-se aprisionar por categorias rígidas, de natureza estrutural, reveladas nos entendimentos que excluem aprioristicamente a possibilidade de dano extrapatrimonial proveniente de relações familiares ou contratuais.

3. O PROBLEMA DA REPARABILIDADE NA RESPONSABILIDADE CIVIL CONTRATUAL

"(...) o interesse de um na defesa do direito sempre se contrapõe ao interesse de outro no seu desrespeito"
– Ihering.[38]

A possibilidade de decorrerem, do descumprimento contratual, danos extrapatrimoniais reparáveis tem sido igualmente foco de debates entre estudiosos e operadores da responsabilidade civil. Curioso notar que, inicialmente, a doutrina apontava firme na direção da reparabilidade,[39] ao passo que a jurisprudência predominante se consolidava em ter como regra o não reconhecimento de tais situações lesivas.[40]

Hoje, parece não se sustentar a noção de que o contrato se constituiria em um gueto normativo, à moda liberal oitocentista, imune à incidência dos comandos constitucionais pertinentes à espécie. Como se a patrimonialidade típica dos negócios jurídicos pudesse limitar os efeitos do inadimplemento a seus próprios e exclusivos mecanismos reparatórios, sob o pálio de se evitar a industrialização dos danos morais, receio que embasou posição refratária da jurisprudência.

Para se evitar esse risco, no entanto, não tem lugar o afastamento, *tout court*, da reparabilidade do dano extrapatrimonial em casos de descumprimento contratual, o

---

496.º – Danos não patrimoniais – 1. Na fixação da indemnização deve atender-se aos danos não patrimoniais que, pela sua gravidade, mereçam a tutela do direito".
38. *A luta pelo direito*. Texto integral. Trad. Pietro Nassetti. São Paulo: Martins Claret, 2000, p. 35.
39. Vejam-se, a título de exemplo, as posições que se extraem da doutrina, na síntese incisiva de Youssef Sahid Cahali: "No direito brasileiro, não obstante a ausência de disposição legal explícita, a doutrina é uniforme no sentido da admissibilidade de reparação do dano moral tanto originário de obrigação contratual quanto decorrente de culpa aquiliana, uma vez assente a indenizabilidade do dano moral, não há fazer-se distinção entre dano moral derivado de fato ilícito absoluto e dano moral que resulta de fato ilícito relativo; o direito à reparação pode projetar-se por áreas as mais diversas das sociais, abrangendo pessoas envolvidas ou não por um liame jurídico de natureza contratual: assim, tanto pode haver dano moral nas relações entre devedor e credor quanto entre o caluniador e o caluniado, que em nenhuma relação jurídica se acha, individualmente, com o ofensor". (CAHALI, Yussef Sahid. *Dano moral*. 2. ed. São Paulo: Ed. RT, 1998, p. 462).
40. "Civil e processual civil. Negativa de prestação jurisdicional. Inocorrência. Seguro-viagem. Danos morais. Descumprimento contratual. Inocorrência em regra. Situação excepcional não caracterizada. Recurso desacolhido. I – Como anotado em precedente (REsp 202.504-SP, DJ 1.10.2001), 'o inadimplemento do contrato, por si só, pode acarretar danos materiais e indenização por perdas e danos, mas, em regra, não dá margem ao dano moral, que pressupõe ofensa anormal à personalidade. Embora a inobservância das cláusulas contratuais por uma das partes possa trazer desconforto ao outro contratante - e normalmente o traz - trata-se, em princípio, do desconforto a que todos podem estar sujeitos, pela própria vida em sociedade'". (STJ, 4ª T., REsp 338.162/MG, Rel. Min. Sálvio De Figueiredo Teixeira, julg. 20.11.2001).

que provocaria grave violação ao princípio da reparação integral. Cumpre, nesse sentido, que se identifiquem critérios sólidos para definição, no caso concreto, daqueles inadimplementos hábeis a ensejar a reparação por danos extrapatrimoniais, que, por certo, não são todos.

O presente item buscará, assim, apresentar tais critérios a partir do conceito de dano moral elaborado e retratado acima, evidenciando que os temas se entrelaçam em seus fundamentos. A análise detida dos argumentos elaborados por aqueles que defendiam a impossibilidade de compensação por danos extrapatrimoniais em decorrência de inadimplemento contratual demonstra que esse entendimento se fundamentava na suposta ausência de gravidade do ilícito contratual, incapaz de deflagrar a tutela privilegiada da dignidade da pessoa humana.[41]

Observa-se, no entanto, que a tese da irreparabilidade de danos extrapatrimoniais decorrentes de inadimplemento jamais foi encarada como absoluta, vez que, em situações contratuais concretas nas quais se vislumbrava gravidade suficiente a ensejar reparação por dano extrapatrimonial, a jurisprudência mostrava-se plenamente apta a repará-lo de pronto, sem qualquer óbice – conquanto se justificasse sempre a decisão como caso de exceção à regra geral. Exemplo dessa compreensão depreende-se do Enunciado 75 da Súmula do Tribunal de Justiça do Estado do Rio de Janeiro, revogada em 2018, e cuja redação indicava expressamente a excepcionalidade da reparação de danos extrapatrimoniais decorrente de ilícito contratual, admitindo-a em casos graves, ao indicar que "o simples descumprimento de dever legal ou contratual, por caracterizar mero aborrecimento, em princípio não configura dano moral, salvo se da infração advém circunstância que atenta contra a dignidade da parte".

Aqui, percebe-se que o problema se desprende da ontologia contratual e se reporta, na verdade, à gravidade do dano. Resta explicitamente admitida a hipótese de que o inadimplemento não mereça a designação de "simples", e, então, caberia a reparação do dano moral contratual.

O que deve distinguir a reparabilidade da irreparabilidade não é a natureza contratual da obrigação descumprida, mas sim a constatação da lesão e dos efeitos danosos no ofendido.[42] A esse respeito, Edgar Santos Júnior, referindo-se à experiência portuguesa, aduz: "A identidade de natureza entre a responsabilidade contratual e a aquiliana também não é posta em causa pela questão da indenização dos danos morais. Para além de a jurisprudência de uma boa parte da doutrina admitirem o ressarcimento de danos

---

41. Nesse sentido, v., por todos, CAVALIERI FILHO, Sergio. *Programa de Responsabilidade Civil*. 11. ed. São Paulo: Atlas, 2014, p. 112: "Outra conclusão que se tira desse novo enfoque constitucional é a de que mero inadimplemento contratual, mora ou prejuízo econômico não configuram, por si sós, dano moral, porque não agridem a dignidade humana. Os aborrecimentos deles decorrentes ficam subsumidos pelo dano material, salvo se os efeitos do inadimplemento contratual, por sua natureza ou gravidade, exorbitarem o aborrecimento normalmente de uma perda patrimonial e também repercutirem na esfera da dignidade da vítima, quando, então, configurarão o dano moral".
42. SANTOS JÚNIOR, Edgar. *Da responsabilidade civil de terceiro por lesão do direito de crédito*. Coimbra: Almedina, 2003, p. 210.

morais no domínio da ressarcibilidade contratual (...), o fato de a questão se colocar mais frequentemente no domínio da responsabilidade aquiliana – basta atentar que a tutela dos direitos da personalidade ocorre, em regra ou fundamentalmente, no âmbito desta – não significa qualquer negação do princípio: os danos morais, conquanto existam, são danos e, como tal, só há que aplicar o princípio de que todo o dano – qualquer que seja a sua natureza – deve ser reparado".

Atualmente, especialmente com a ascensão da doutrina civil-constitucional,[43] como se tem visto, perderam vigor algumas grandes distinções teóricas consagradas na dogmática clássica, como a que contrapunha o direito público ao direito privado, e a que estremava os direitos reais dos direitos de crédito.[44] Ressalta-se, uma vez mais, a opção deliberada do constituinte em favor da tutela privilegiada dos valores extrapatrimoniais. Caindo por terra as demais, justifica-se agora a criação da linha divisória entre duas grandes categorias de situações jurídicas: patrimoniais e extrapatrimoniais. Percebe-se, então, o papel de relevo outorgado pela Constituição ao campo da extrapatrimonialidade.[45]

Conclui-se, assim, que o dano moral pode derivar de qualquer das espécies de lesões aludidas – contratual ou extracontratual –, nada obstando, igualmente, que o dever de reparar advenha da responsabilidade sem ou com culpa. Não se sustenta concepção estruturalista em que se impusesse o dever de reparar danos extrapatrimoniais em todos os casos de descumprimento da obrigação contratada, como se todas as situações de inadimplência se fizessem acompanhar necessariamente do respectivo efeito existencial. Por outro lado, inegável a impossibilidade técnica em se excluir previamente tal ou qual tipo contratual por incompatibilidade apriorística com os danos extrapatrimoniais.

A definição, não existe outro caminho, há de ser pronunciada *funcionalmente* e em *cada caso*. É na busca dos pressupostos do dever de reparar que reside a pedra de toque

---

43. Sobre o tema, v. TEPEDINO, Gustavo. Premissas metodológicas para a constitucionalização do direito civil. *Temas de direito civil*. Rio de Janeiro: Renovar, 2004.
44. "As situações subjetivas patrimoniais podem ser objeto de uma abordagem unitária, embora não tenha sido elaborada, interpretativamente, uma normativa comum que lhe sirva de referência. Essa normativa comum não se pode identificar exclusivamente com o direito das obrigações ou com aquele das relações reais, mas deve ser concebida como a síntese da disciplina de todas as relações patrimoniais. Nesta perspectiva, por exemplo, reputa-se que que a operatividade da vedação a atos emulativos (...) não se limite ao âmbito da propriedade ou mesmo das relações reais, mas se refira a todas as situações subjetivas patrimoniais; e que as cláusulas gerais de lealdade e de diligência (...) não se apliquem apenas às situações creditórias, mas tenham relevância geral. É a compatibilidade do interesse particular (consubstanciado na situação concreta) com cada uma das disposições normativas que determina a exata individuação da disciplina aplicável, e não a apriorística e abstrata possibilidade de recondução da situação concreta a uma ou outra das duas categorias tradicionais de natureza patrimonial". (PERLINGIERI, Pietro. *O direito civil na legalidade constitucional*. Trad. Maria Cristina de Cicco. Rio de Janeiro: Renovar, 2008, p. 892-893).
45. "A interposição dos princípios constitucionais nas vicissitudes das situações jurídicas subjetivas está a significar uma alteração valorativa do próprio conceito de ordem pública, tendo na dignidade da pessoa humana o valor maior, posto ao ápice do ordenamento. Se a proteção aos valores existenciais configura momento culminante da nova ordem pública instaurada pela Constituição, não poderá haver situação jurídica subjetiva que não esteja comprometida com a realização do programa constitucional". TEPEDINO, Gustavo. Normas constitucionais e relações de Direito Civil na experiência brasileira. *Temas de direito civil*. Rio de Janeiro: Renovar, 2006, t. II, p. 42).

apta a identificar em cada caso prático os contornos de verificação do dano extrapatrimonial. Não se tendo como impor solução generalizada, no campo das abstrações, impõe-se a pesquisa em concreto da existência do dano extrapatrimonial juridicamente qualificado, resultante de ponderação da tutela dos interesses contrapostos, além do nexo de causalidade e da culpa ou dolo (quando exigidos), para se deflagrar o mecanismo reparatório.

Assim, inevitável no tema alguma subjetividade,[46] capaz de distinguir, v.g., a insegurança ocasionada pelo comportamento duvidoso da parte contrária (na formação do vínculo), a ansiedade no aguardar do cumprimento do dever que custa a se verificar (na execução do contrato), ou a frustração, por fim, com o inadimplemento absoluto (na resolução do ajuste) que não configura dano moral, daquelas situações nas quais essas mesmas hipóteses, à luz de outras circunstâncias porém, revelam-se caracterizadoras do dano. Parece que, sem dúvida, ao elenco dos pressupostos consagrados (dano, nexo e, eventualmente, culpa ou dolo), deve-se acrescer o requisito, posto não expresso no ordenamento, da *concretude* da lesão.

Avançando-se um pouco mais no raciocínio, com o fito de auxiliar o intérprete ao deslinde das situações que se lhe desafiam solução, mostra-se importante também, à caracterização da concretude, a perquirição da *natureza dos valores* perseguidos ou presentes no contexto em que a avença se desenvolveu. Se em jogo a saúde (ou a própria vida) humana, como em tema de responsabilidade médica, identifica-se de pronto fortíssimo indício de concretude do dano. No mesmo sentido, dentre outros, o bem-estar almejado com viagem de férias, para lembrar a hipótese consagrada no direito italiano (*vacanze rovinate*), oportunidade lúdica, muitas vezes única na vida de certas pessoas, potencializa hipóteses de reparação.

Exemplo emblemático também se identifica nos contratos de trabalho. Quando ocorre, por parte do empregador, abuso de sua posição hierárquica, frequentemente se verificarão efeitos lesivos a interesses como a liberdade e a honra do empregado, intimamente ligados à sua dignidade. Nessa direção, o Tribunal Regional do Trabalho da 15ª Região, condenou a empregadora a pagar R$ 180.000,00 a título de reparação por danos extrapatrimoniais a empregada que teve pulso amarrado como forma de retaliação por ter saído mais cedo do trabalho.[47]

Nessa direção, alguns tipos contratuais que, por sua própria natureza, envolvem com mais intensidade interesses existenciais do contratante, como a contratação de plano de saúde, por exemplo, parecem mais propensos a gerar efeitos lesivos extrapatrimoniais na pessoa da vítima em caso de descumprimento. Desse modo, o Superior Tribunal de Justiça possui entendimento consolidado no sentido de que "a recusa indevida/

---

46. A expressão é proveniente da lição do professor Luiz Edson Fachin: "Parece inafastável alguma subjetividade inerente ao conceito de vida digna. Mesmo assim, é ineliminável a existência de uma esfera de integração a cargo do aplicador, considerando-se, ademais, as peculiaridades do caso concreto". (FACHIN, Luiz Edson. *Estatuto jurídico do patrimônio mínimo*. Rio de Janeiro: Renovar, 2001, p. 304-305).
47. TRT 15, 7ª C., Recurso Ordinário 0010344-27.2016.5.15.0102, Rel. Des. Luciane Storel, julg. 12.05.2020.

injustificada, pela operadora de plano de saúde, em autorizar a cobertura financeira de tratamento médico, a que esteja legal ou contratualmente obrigada, enseja reparação a título de dano moral, por agravar a situação de aflição psicológica e de angústia no espírito do beneficiário".[48]

Isso não significa, por outro lado, que não seja identificável dano extrapatrimonial decorrente de contrato cujos interesses envolvidos sejam preponderantemente patrimoniais. Como já esclarecido, não se mostra condizente com o princípio da reparação integral afastar, aprioristicamente, a reparação de eventuais danos extrapatrimoniais em razão do objeto do contrato, devendo-se sempre perquirir a existência do dano à luz do caso concreto.

O estado de *irreversibilidade* do fato provocado pelo evento danoso torna-se outra circunstância que impende seja sopesada quando do discrímen da existência concreta do dano (v.g., os casos da festa de 15 anos ou do fotógrafo das bodas de prata, figurados na casuística). O Tribunal de Justiça do Estado de São Paulo julgou caso caricato a respeito de contrato celebrado para prestação de serviço de buffet em festa de casamento, que, segundo restou comprovado, apresentou diversos problemas: comida insuficiente para atender a todos os convidados, atraso na montagem do bar e cerveja que acabou por duas vezes no decorrer da festa, sendo reposta por marca diversa e em temperatura acima da adequada. Diante disso desse contexto fático, o tribunal paulista manteve o valor de R$ 20.000,00 arbitrado pela primeira instância para compensação de danos extrapatrimoniais sofridos pelos noivos e asseverou que "o vício na prestação do serviço em situações irreversíveis, como se dá ordinariamente nas festas de casamento, incute no consumidor um sentimento de injustiça decorrente da frustração de não ver cumprido o que fora antes contratado".[49]

E, por fim, a *deliberada conduta dirigida em sentido contrário à boa-fé* também acarreta consequências jurídicas, constituindo-se em parâmetro não somente da existência como também da própria extensão do dano (CC, art. 944, *caput*). Casos há em que o contratante se obriga a determinada prestação, induz a outra parte a confiar na palavra dada, no compromisso assumido, e age, rigorosamente, no sentido contrário ao pactuado. A atitude de intencionalmente descumprir a obrigação assumida (dolo) parece preencher por si só o requisito de concretude característico da existência do dano extrapatrimonial, a desafiar o mecanismo sancionatório. Aqui, o comportamento da parte, em si mesmo, para além de revelar a existência do dano extrapatrimonial, permite lhe seja medida a extensão. Demais disso, há um interesse social, geralmente reconhecido, no cumprimento dos negócios, em prol da segurança das relações sociais e jurídicas. De fato, sem penetrar o âmago da questão atinente à compatibilidade de uma função punitiva no ordenamento brasileiro, há que se reconhecer nesta sede a eficácia

---

48. STJ, 4ª T., AgInt no AREsp 1544942/SP, Rel. Min. Antonio Carlos Ferreira, julg. 22.06.2020.
49. TJSP, 36ª C. Dir. Priv., Rel. Des. Pedro Baccarat, Apelação 1020771-46.2017.8.26.0564, julg. 28.06.2018: "Ação indenizatória fundada em contrato de prestação de serviço sem festa de casamento. Defeito do serviço de 'buffet' comprovado. Vício relacionado à interrupção injustificada no fornecimento de comida e bebida. Dano moral configurado. Indenização bem arbitrada em R$ 20.000,00. Recurso desprovido".

de mecanismos de prevenção como único meio de se evitar a má-fé do contratante, que, para além de restar impune, ainda lhe traga eventuais benefícios. Conforme alerta Pietro Perlingieri sobre atual debate acerca do papel do perfil subjetivo no sistema da responsabilidade civil:

> Elemento este não excluído por quem, identificando o fundamento da responsabilidade civil no princípio solidarístico, propugnou'o deslocamento da atenção do autor do dano para a vítima' e atribuiu ao ressarcimento o papel de remédio para o dano, não de sanção para a ilicitude. Na realidade, à solidariedade de adapta não apenas o conteúdo do direito do lesado ao ressarcimento do dano sofrido, mas também o dever de comportamento do agente.[50]

A esse respeito, vale mencionar interessante caso também julgado pelo Tribunal de Justiça do Estado de São Paulo envolvendo a prática de pirâmide financeira. No acórdão, referido tribunal, além de declarar nulo o negócio celebrado pelas partes, condenou a ré a compensar danos morais sofridos pela autora, que "foi vítima de engodo, de sistema de captação de verba para sustentar um negócio praticamente inexistente, caindo na artimanha da ré para lhe fornecer quantia que jamais veria novamente". Por fim, a decisão ainda consignou a necessidade de a condenação ser capaz de "impingir à ré o dever de observar os deveres de boa-fé e lealdade na atuação no mercado".[51]

Outro interessante caso acerca da conduta contrária à boa-fé negocial como fundamento para a reparação de dano moral foi analisado pelo Tribunal de Justiça do Rio Grande do Sul, que anulou acordo judicial celebrado em demanda de dissolução parcial de sociedade empresária e apuração de haveres por dolo. Segundo consta do acórdão, o sócio que estava se retirando e que detinha 28,05% do capital social da sociedade, após ser informado acerca das dificuldades financeiras da empresa, aceitou receber R$3.132.500,00 por sua parte. Dois dias após a celebração do acordo, no entanto, a

---

50. PERLINGIERI, Pietro. *O direito civil na legalidade constitucional*. Trad. Maria Cristina de Cicco. Rio de Janeiro: Renovar, 2008, p. 153-154.
    No direito brasileiro, a respeito da função preventiva da responsabilidade civil, v. VENTURI, Thaís. *Responsabilidade civil preventiva*: a proteção contra a violação dos direitos e a tutela inibitória material. 1ª ed. São Paulo: Malheiros, 2014; e ROSENVALD, Nelson. *As funções da responsabilidade civil*, 3. ed. São Paulo: Saraiva, 2017.
51. TJSP, 30ª C. Dir. Priv., Rel. Des. Maria Lúcia Pizzotti, Apelação 1020808-58.2014.8.26.0506, julg. 05.10.2016: "Restituição de quantias sistema de pirâmide negócio nulo partes que devem ser devolvidas ao estado anterior ação coletiva dano moral. 1. Perfeitamente possível o ajuizamento de ação individual na pendência de ação coletiva, tratando-se de instituto que visa a beneficiar o prejudicado e não para causar maior obstáculo ao seu acesso à justiça. Releva notar que o microssistema de tutela de direitos difusos e coletivos é formado por mais de um Diploma, inclusive pelo CDC, o que não necessariamente implica em reconhecimento de relação de consumo. Afastada, assim, a tese de falta de interesse de agir por parte do autor da ação; 2. Evidente a prática de pirâmide-financeira. A parte é incentivada a ingressar em um programa tendo que contribuir com determinada quantia ao ingresso e, ao trazer novos membros para o grupo, recebe uma parte da contribuição de cada um destes. Verdadeiro sistema de captação de dinheiro; 3. – Autor que foi vítima de engodo, de sistema de captação de verba para sustentar um negócio praticamente inexistente, caindo na artimanha da ré para lhe fornecer quantia que jamais veria novamente. Sabido que a fixação do dano moral deve levar em conta as funções ressarcitória e punitiva da indenização. Na função ressarcitória, olha-se para a vítima, para a gravidade objetiva do dano que ela sofreu. Dano moral configurado; 4. É o caso de fixar o dano moral em quantia equivalente a R$ 10.000,00, quantia suficiente para reparar os danos causados e impingir à ré o dever de observar os deveres de boa-fé e lealdade na atuação no mercado. Recurso do autor provido, reconhecendo o dano moral. Recurso da ré improvido".

sociedade foi vendida por grupo estrangeiro pelo valor de US$14.080.000,00. Ainda de acordo com o acórdão, a negociação da venda da sociedade ao grupo estrangeiro "se deu no anonimato, justamente para causar prejuízo e induzir em erro o autor, de modo a impingir-lhe extremo prejuízo financeiro e, ao contrário, concentrar vantagem estratosférica aos sócios remanescentes" e, então, concluiu-se que não se estava diante de senso de negociação e lucro decorrente de lícita atividade comercial, mas sim de negociações nebulosas com o escopo voltado a causar prejuízo ao autor, na condição de sócio dissidente, pessoa de idade avançada e estado de saúde bastante desgastado.

Desse modo, restaram demonstrados "a má-fé e o dolo direto e acidental na conclusão do negócio extremamente favorável a uma das partes e intenso e programado prejuízo à outra que sequer sabia da negociação que se travava com terceiro", o que corroborou o reconhecimento da ocorrência de dano moral em sentido estrito no caso em questão.[52]

Assim, não sendo correto supor-se que todo e qualquer descumprimento contratual deflagre o dever de compensar danos imateriais, pode-se concluir que somente a síntese conclusiva da ponderação em concreto dos interesses contrapostos (lesante *vs.* lesado) mostra-se capaz de orientar o intérprete no procedimento de qualificação (*an debeatur*) e quantificação (*quantum debeatur*) da chamado dano moral contratual. Nessa direção, a perquirição do tríplice fundamento demonstrado supra – natureza dos valores em jogo, irreversibilidade do fato danoso e conduta contrária à boa-fé – pode contribuir como parâmetro determinante, respectivamente, da imposição do dever de reparar e do cálculo da extensão dos efeitos da lesão, na "intensa e ininterrupta luta", como formulado por Ihering, pelo direito fundamental à reparação integral dos danos.

---

52. TJRS, 6ª C.C., Apelação 0262029-34.2019.8.21.7000, Rel. Des. Niwton Carpes da Silva, julg. 10.12.2019.

DESAFIOS DA LIBERDADE DE EXPRESSÃO NAS REDES SOCIAIS E O PAPEL DA RESPONSABILIDADE CIVIL NO DIREITO BRASILEIRO FRENTE À TESE DA POSIÇÃO PREFERENCIAL

Carlos Eduardo Pianovski Ruzyk

Doutor e Mestre em Direito pela UFPR. Professor de Direito Civil da UFPR. Presidente Estadual do IBDFAM/PR. Membro do IBERC. Advogado. Árbitro.

Sumário: 1. Introdução – 2. Do desenho da liberdade de expressão na constituição brasileira – 3. Redes sociais, liberdade de expressão, e potencial lesivo: *la calunnia è un venticello* – 4. Da opção do Marco Civil da Internet quanto ao dever de apagar postagens – 5. Disponibilidade relativa dos direitos fundamentais e autonomia privada – 6. À guisa de conclusão: alguns critérios para o controle das limitações à liberdade de expressão dos usuários realizadas pelos provedores no cumprimento de suas condições gerais de contratação.

1. INTRODUÇÃO

O presente artigo tem o escopo de analisar o papel da responsabilidade civil frente à liberdade de expressão nas redes sociais.

O estudo passa, por conseguinte, pelo perfil constitucional da liberdade de expressão, como garantia/direito fundamental, assim como pela sua apreensão no âmbito da Lei 12.965/2014 (Marco Civil da Internet).

Um duplo escopo compõe o objetivo deste artigo: (A) o exame do emprego lesivo da liberdade de expressão pelo usuário, no que diz respeito ao desenho da responsabilidade civil do provedor, e (B) a análise sobre o controle, pelo provedor, da liberdade de expressão do usuário.

Circunscreve-se o estudo proposto ao âmbito da responsabilidade civil na relação entre particulares, sem pretender, assim, examinar eventuais mecanismos regulatórios por meio de outros ramos do Direito – ainda que as premissas aqui desenvolvidas, à luz da metodologia civil-constitucional, possam indicar, mesmo que pontualmente, balizas também a esses mecanismos, sobretudo no que tange à simbiótica relação entre liberdade de expressão e democracia e ao princípio da proporcionalidade.

2. DO DESENHO DA LIBERDADE DE EXPRESSÃO NA CONSTITUIÇÃO BRASILEIRA

O inevitável ponto de partida da análise a respeito da responsabilidade civil de provedores de Internet no âmbito das redes sociais consiste no exame do desenho da liberdade de expressão na ordem constitucional brasileira. Trata-se de etapa indispensável, seja para compreender como pode se configurar dano indenizável (ou passível de tutela de remoção de ilícito) causado pelo agente no exercício da liberdade de expressão, com sua eventual repercussão sobre a esfera jurídica do provedor, seja para investigar eventual responsabilidade civil do provedor por violação à liberdade de expressão do usuário.

Esse desenho constitucional aponta para aquilo que se denomina posição preferencial da liberdade de expressão.[1] Embora não isenta de controvérsia doutrinária,[2] a tese da posição preferencial é contemplada pela jurisprudência do Supremo Tribunal Federal.[3]

A jurisprudência do Supremo Tribunal Federal firmou historicamente esse entendimento, a partir do precedente decorrente da ADPF 130.[4]

A posição preferencial constitucionalmente definida em proveito da liberdade de expressão frente a outros direitos constitucionalmente assegurados não consiste,

---

1. Em diferentes ordenamentos jurídicos, o desenho da liberdade de expressão pode variar consideravelmente, sobretudo quanto à extensão e aos fundamentos das limitações impostas ao seu exercício. Sobre o tema, BRUGGER, Winfried. Proibição ou proteção do discurso do ódio? Algumas observações sobre o direito alemão e o americano. *Revista de Direito Público*, v. 15, n. 117, Brasília, jan.-mar. 2007, e SARMENTO, Daniel. A liberdade de expressão e o problema do hate speech. *Revista de Direito do Estado*. ano 1, n. 4, p. 56, Rio de Janeiro: Renovar, out./dez. 2006.
2. Exemplo disso é o Enunciado 613 da VIII Jornada De Direito Civil do Conselho da Justiça Federal: "A liberdade de expressão não goza de posição preferencial em relação aos direitos da personalidade no ordenamento jurídico brasileiro". Em respaldo a essa concepção crítica, ver SCHREIBER, Anderson. Liberdade de Expressão e Tecnologia. SCHREIBER, Anderson; MORAES, Bruno Terra de; TEFFÉ, Chiara Spadaccini de (Coord.). *Direito e mídia*: tecnologia e liberdade de expressão. Indaiatuba, São Paulo: Foco, 2020, p. 8; FACCHINI NETO, Eugenio; RODRIGUES, Maria Lúcia Boutros Buchain Zoch. Liberdade de expressão e discurso de ódio: o direito brasileiro à procura de um modelo. Espaço Jurídico *Journal of Law* [EJJL], [S. l.], v. 22, n. 2, p. 481-516, 2021. DOI: 10.18593/ejjl.29220. Disponível em: https://periodicos.unoesc.edu.br/espacojuridico/article/view/29220. Acesso em: 8 mar. 2023; SOARES, Felipe Ramos Ribas; MANSUR, Rafael (2020). A tese da posição preferencial da liberdade de expressão frente aos direitos da personalidade: análise crítica à luz da legalidade constitucional. SCHREIBER, Anderson; MORAES, Bruno Terra de; TEFFÉ, Chiara Spadaccini de (Coord.). *Direito e mídia*: tecnologia e liberdade de expressão. Indaiatuba, São Paulo: Foco, 2020.
3. Conforme Ingo Sarlet, ao explicar a tese prevalente no STF, "mesmo que, em um primeiro momento, a CF assegure um idêntico status protetivo a privacidade e a garantia da liberdade de manifestação e expressão, percebe-se que, em relação à segunda, o texto constitucional entendeu por bem ser mais explícito e detalhista no que se refere aos critérios de controle e de restrição dessa liberdade, tal como se vê das regras constitucionais contidas nos artigos 220 e 221. Isso porque a CF, além de fixar de antemão impedimentos legislativos (§§ 1º e 3º do artigo 220), entendeu por bem já prever a proibição categórica à censura (§ 2º do artigo 220), assim como fixar princípios diretivos que deverão guiar a produção publicitária, de rádio e de televisão (§§ 4º, 5º e 6º do artigo 220 e artigo 221). Tal opção constitucional pode ser interpretada como sendo um sinal de que o Constituinte foi mais seletivo no que se refere às restrições que poderão ser aplicadas à liberdade de imprensa, de manifestação de pensamento e de expressão do que foi em relação à proteção da intimidade e da privacidade, a qual deverá contar com uma ponderação *a posteriori* para identificar as situações de grave e intolerável interferência na esfera de proteção privada. Essa opção do constituinte de 1988 pode ser interpretada como indicando a escolha constitucional por tratar restrições à liberdade de manifestação e expressão como sendo algo excepcional, exigindo que eventuais restrições adicionais necessitem de um esforço argumentativo diferenciado e mais intenso que consiga justificar a necessidade particular de uma nova limitação". SARLET, Ingo Wolfgang. Liberdade de expressão e o problema da regulação do discurso do ódio nas mídias sociais. *Rei – Revista Estudos Institucionais*, [S.l.], v. 5, n. 3, p. 1207-1233, dez. 2019. ISSN 2447-5467. Disponível em: https://estudosinstitucionais.com/REI/article/view/428/443. Acesso em: 08 março 2023. doi:https://doi.org/10.21783/rei.v5i3.428.
4. STF – ADPF 130 – Rel. Min. Ayres Britto, DJE: 06.11.2009.

ressalte-se, em hierarquia entre normas constitucionais, mas, sim, na afirmação de uma prevalência *prima facie* da liberdade de expressão em confronto com outros direitos.

Essa preferência, precisamente por ser *prima facie*, e não absoluta, pode ceder nos casos concretos.

Duas são as repercussões imediatas da posição preferencial detida pela liberdade de expressão na ordem constitucional brasileira. A primeira e mais evidente é a vedação à censura prévia; a segunda, a seu turno, consiste na imposição de um reforço ao ônus argumentativo para sustentar a prevalência em concreto de outros direitos frente à liberdade de expressão.[5]

Cabe destacar que a posição preferencial ocupada pela liberdade de expressão, a par de impedir a censura prévia, também demanda especial atenção à sua colisão com outros direitos, o que se reflete até mesmo na imposição de responsabilidade civil *a posteriori* - ou seja, na aferição de responsabilidade civil por violação a outros direitos da personalidade, decorrente do exercício da expressão/discurso por parte do agente a quem se pretende imputar responsabilidade civil. Na investigação sobre ser o alegado dano indenizável ou não, a partir de um juízo de merecimento de tutela, deve-se atentar para a posição preferencial *prima facie* assegurada à liberdade de expressão.

Essa posição preferencial tem entre seus fundamentos a recíproca instrumentalidade entre liberdade de expressão e princípio democrático.

Pela democracia, as convicções individuais chegam à ágora, como expressões de liberdade positiva, apta a contribuir para os rumos do complexo de relações sociais. Daí deriva a recíproca dependência, a ensejar correspectividade entre os princípios.

Dessa forma, liberdade de expressão e democracia têm dependência recíproca. Não há verdadeira liberdade de expressão fora da democracia, e não há democracia sem ampla liberdade de expressão.[6]

---

5. Sobre o tema, ensina Luis Roberto Barroso: "Na verdade, tanto em sua manifestação individual. como especialmente na coletiva, entende-se que as liberdades de informação e de expressão servem de fundamento para o exercício de outras liberdades, o que justifica uma posição de preferência – *preferred position* – em relação aos direitos fundamentais individualmente considerados" (BARROSO, Luis Roberto. Colisão entre Liberdade de Expressão e Direitos da Personalidade. Critérios de Ponderação. Interpretação Constitucionalmente Adequada do Código Civil e da Lei de Imprensa. *Revista de Direito Administrativo*, v. 235, p. 1-36, 2004).
6. É inevitável a lembrança das palavras de Tocqueville, alicerce do pensamento democrático liberal, a respeito da liberdade de imprensa – ela própria, em nosso sistema, derivada do princípio mais amplo da liberdade de expressão: "Num país em que reina ostensivamente o dogma da soberania do povo, a censura não é apenas um perigo, mas um grande absurdo. Quando se concede a cada qual um direito de governar a sociedade, cumpre reconhecer-lhe a capacidade de escolher entre as diferentes opiniões que agitam seus contemporâneos e apreciar os diferentes feitos cujo conhecimento pode guiá-lo. A soberania do povo e a liberdade de imprensa são, pois, duas coisas inteiramente correlativas. A censura e o voto universal são, ao contrário, duas coisas que se contradizem e não se podem encontrar por muito tempo nas instituições políticas de um mesmo povo". (TOCQUEVILLE, Alexis de. *A democracia na América*: leis e costumes de certas leis e certos costumes políticos que foram naturalmente sugeridos aos americanos por seu estado social democrático. Trad. Eduardo Brandão. 2. ed. São Paulo: Martins Fontes, 2005, p. 209).

A instrumentalidade não é, diga-se, de mão única, uma vez que tanto a democracia quanto a liberdade de expressão, na ordem constitucional, têm valor em si mesmas.

Daí porque se pode afirmar a existência de repercussão recíproca entre liberdade de expressão e democracia, ambas expressões da liberdade individual.[7]

Por conseguinte, dada a interpendência entre os princípios, constata-se que a liberdade de expressão não pode ser empregada em prejuízo da democracia, sob pena de se eliminar condição de possibilidade para a própria liberdade de expressão. A rigor, quando se limita a liberdade de expressão em proveito da democracia – desde que atendidos aos pressupostos da adequação e da necessidade – o que se está a proteger, em conjunto, é a própria condição de possibilidade da liberdade de expressão.

Em suma: não há liberdade para solapar a própria liberdade.

O discurso que estimula a supressão da democracia entra em contradição performativa com as condições de possibilidade de reprodução do próprio discurso livre, e, portanto, pode ser legitimamente limitado, desde que atendidos aos pressupostos da proporcionalidade (adequação e necessidade) em proveito da própria liberdade de expressão.

Uma vez que a liberdade de expressão e a liberdade democrática são, ambas, manifestações de um mesmo princípio (a liberdade), servindo, portanto, ao próprio indivíduo, e não a um coletivo abstrato, a deliberação majoritária não pode por sob rédeas a liberdade de expressão, sob pretextos coletivistas. É a garantia da autêntica liberdade dos indivíduos em relação, que só é possível no âmbito da democracia, e que pode justificar a (sempre) proporcional e excepcional limitação aos discursos, quando estes colocam em risco imediato a ordem democrática.

No âmbito dessa *ratio* que reafirma a opção preferencial, se, de um lado, não se admite a censura prévia, de outro, não se pode afastar, a partir do próprio desenho constitucional, a responsabilidade individual *a posteriori*, na constatação de violação de outros direitos. Se a posição preferencial é pressuposto que serve de alicerce à vedação à censura prévia à expressão do pensar, esta não afasta a resposta coerciva posterior, em caso de violação a outros direitos fundamentais, perpetrada por meio do abuso da liberdade de expressão.

Emergem, nessa seara, as tutelas ressarcitória e de remoção do ilícito, quando se evidencia que o agente excedeu os limites externos impostos à liberdade de expressão, mediante violação a outros direitos merecedores de tutela, já considerada a posição preferencial *prima facie*.

---

7. Nesse sentido, cabe a lição de Denis Rosenfield: "A democracia, para vingar, deve estar assentada na liberdade individual, no reconhecimento de que o homem é um ser livre, que age à sua guisa, seguindo a orientação que ele mesmo se dá. O que constitui o fundamento da democracia é, assim, o seu limite, pois se um processo, digamos coletivo de escolha, abolir a liberdade individual, ele não poderá ser dito livre, embora possa se apresentar como o resultado de uma decisão coletiva. Uma decisão política que suprima a liberdade individual, mesmo tomada por uma coletividade, logo pela maioria de seus membros, apenas reduziria os seus membros à condição de servos, impedindo e extinguindo a vida dos indivíduos". (LERRER ROSENFIELD, D. Democracia e Liberdade de Escolha. *Revista Opinião Filosófica*, [S. l.], v. 1, n. 1, 2017).

Ou seja: o fato de a posição preferencial implicar vedação à censura prévia e estabelecer balizas para o reconhecimento do dever de indenizar no âmbito da responsabilidade civil em sua função ressarcitória, não exclui a tutela de remoção do ilícito[8] também integrante da responsabilidade civil.

Não é cabível, nesses baldrames, assumir-se a tutela inibitória como compatível com a ordem constitucional. A tutela de remoção do ilícito, porém, não ofende a liberdade de expressão. Ao contrário, decorre, a um só tempo, do desenho constitucional que assegura a resposta à lesão causada pelo discurso contrário ao ordenamento jurídico, e da função institucional do Poder Judiciário decorrente do princípio constitucional da tripartição dos poderes.

Assim, a tutela de remoção do ilícito não se confundirá com censura, desde que ela atenda, de modo proporcional, aos deveres de proteção a outros direitos fundamentais de modo atento à posição preferencial ocupada pela liberdade de expressão. Ou seja: a remoção de conteúdos é tutela constitucionalmente legítima quando adequada e necessária à proteção de outros direitos fundamentais, desde que, no exame da proporcionalidade em sentido estrito, as circunstâncias concretas justifiquem o afastamento da preferência *prima facie* da liberdade de expressão – exigido, assim, o reforço ao ônus de fundamentação para justificar a prevalência do direito que se afirma violado.

Destarte, o parâmetro da tutela da remoção do ilícito no âmbito da liberdade de expressão é o mesmo que deve, sob a perspectiva metodológica de construção normativa concreta, ser aplicado à definição da tutela ressarcitória no âmbito da responsabilidade civil

Não é difícil constatar que a determinação judicial para a supressão de postagens em redes sociais consiste, precisamente, em expressão dessa tutela de remoção do ilícito.

O passo seguinte na análise proposta é, pois, o exame dos limites e possibilidades da resposta jurisdicional *a posteriori* aos discursos que excedem os limites externos que a ordem jurídica impõe à liberdade de expressão.

3. REDES SOCIAIS, LIBERDADE DE EXPRESSÃO, E POTENCIAL LESIVO: *LA CALUNNIA È UN VENTICELLO*

A atuação coerciva *a posteriori* como resposta à lesão a direitos derivada de discursos vedados pelo ordenamento não é uma realidade nova no Direito Brasileiro. O Direito

---

8. Conforme Marinoni, "a evidência da necessidade da remoção do ilícito está na necessidade de se dar efetividade às normas de direito material que, objetivando a prevenção, proíbem certas condutas. Se o direito material, para evitar dano, proíbe uma conduta, é evidente que a sua violação deve abrir ensejo para uma ação processual a ela ajustada. Ora, essa ação somente pode ser a de remoção do ilícito, uma vez que o direito material, nesse caso, somente pode ser reavivado com a remoção do ilícito. Em outras palavras, de nada adiantaria a norma de direito material que proíbe um agir se não existisse a possibilidade de uma ação processual capaz de permitir a sua remoção. Portanto, essa ação também encontra fundamento no art. 5º, XXXV da Constituição Federal, que consagra o direito fundamental à tutela jurisdicional efetiva". Ainda segundo o pensamento do autor. "Assim como a ação inibitória, a ação de remoção do ilícito é decorrência do próprio direito material, especialmente das normas que estabelecem condutas de não fazer para proteger os direitos". MARINONI, Luiz Guilherme. Tutela inibitória e de remoção do ilícito. *Revista Ibero-Americana de Direito Público*, v. 1, p. 15-30, 2003.

Penal, por exemplo, de longa data, veda, mediante qualificação como conduta típica, antijurídica e culpável, a expressão da palavra que enseja difamação, calúnia ou injúria, a partir de seu próprio arcabouço conceitual.

A honra objetiva e subjetiva, como direito da personalidade, é tutelada, a um só tempo, pela responsabilidade penal e pela responsabilidade civil.

É também (e, quiçá, sobretudo) a responsabilidade civil, por certo, instrumento protetivo a direitos da personalidade, impondo, nos termos do arcabouço constitucional, resposta proporcional ao dano, inclusive como consequência jurídica de discursos que excedem os limites impostos pelo ordenamento.[9]

Ao mesmo tempo, a responsabilidade civil, como integrante do Direito Civil, sujeita-se à dimensão funcional *prima facie* que caracteriza a normatividade aplicável às relações entre particulares, que consiste em contributos aptos a propiciar o exercício, a conservação ou a ampliação de liberdade(s). No Direito Civil, a liberdade é a regra, e a coerção, a exceção.[10]

O papel funcional centrado na liberdade, porém, se sujeita a difícil campo de provas quando seus instrumentos são desafiados por uma realidade em que o potencial de violação a direitos diversos da própria liberdade é tamanha, que parece demandar ampliação dos meios de coerção.

É precisamente nessas searas que a reafirmação da liberdade se mostra ainda mais relevante. A realidade das redes sociais é um desses campos de prova.

O exemplo da violação à honra por meio das redes sociais é emblemático do problema que se está a descrever. As condutas violadoras da honra, por meio da expressão da palavra, conforme já exposto neste texto, são coibidas pelo ordenamento desde há muito, antes mesmo de se cogitar das redes sociais.

A metáfora que se extrai de conhecida ária operística é útil à análise que aqui se propõe.[11] Em *Il Barbiere di Siviglia*, de Gioachino Rossini, o personagem Don Basilio propõe a Doutor Bartolo campanha difamatória contra o Conde de Almaviva, rival de Bartolo no amor da jovem Rosina. A ária, de irresistível apelo cômico, se desenvolve principiando pela afirmação de que a calúnia é como uma brisa, "um arzinho assaz su-

---

9. LOTUFO, Renan. Responsabilidade Civil na Internet. GRECO, Marco Aurelio; MARTINS, Ives Gandra da Silva (Coord.). *Direito e Internet*: relações jurídicas na sociedade informatizada. São Paulo: Ed. RT, 2001, p. 240.
10. PIANOVSKI RUZYK, Carlos Eduardo. *Institutos Fundamentais do Direito Civil e Liberdade(s)*. Rio de Janeiro: GZ Ed, 2011, p. 10.
11. "La calunnia è un venticello/un'auretta assai gentile/che insensibile, sottile,/leggermente, dolcemente,/incomincia a sussurrar./Piano piano, terra terra,/sotto voce, sibilando,/va scorrendo, va ronzando;/nelle orecchie della gente/s'introduce destramente,/e le teste ed i cervelli/fa stordire e fa gonfiar./Dalla bocca fuori uscendo,/lo schiamazzo va crescendo:/prende forza a poco a poco,/vola già di loco in loco./Sembra il tuono, la tempesta/che nel sen della foresta,/va fischiando, brontolando,/e ti fa d'orror gelar./Alla fin trabocca e scoppia,/si propaga,/si raddoppia/e produce un'esplosione/come un colpo di cannone,/un tremuoto, un temporale,/*[un tumulto generale]*/che fa l'aria rimbombar./ E il meschino calunniato,/avvilito, calpestato,/sotto il pubblico flagello/per gran sorte va a crepar." STERBINI, Cesare (libretto); ROSSINI, Gioacchino (mus.). *Il Barbiere di Siviglia*. Milano: Casa Ricordi (s/d).

ave", mas que, "lentamente, docemente, começa a sussurrar" no ouvido das pessoas, de modo que "adquire força pouco a pouco", até se converter em uma tempestade, a atingir o "pobre caluniado" como um "tiro de canhão" (*un colpo di cannone*).

No âmbito das redes sociais *il colpo di cannone* tem a aptidão para ser disparado quase de imediato, diante da inaudita capacidade das redes de, muito rapidamente, disseminar discursos atentatórios à honra ou a outros direitos da personalidade. O potencial lesivo é, sem dúvida, extraordinariamente ampliado.

Isso gera a questão sobre se, ante a ampliação do potencial lesivo, próprio da sociedade contemporânea, a resposta deveria ser a ampliação da coerção, a se impor não apenas ao agente que causa o dano, mas, também, ao provedor da rede social.

A ordem constitucional e a opção legislativa vigentes apontam para caminho diverso, em proveito da reafirmação da liberdade como regra. É o que se constata do exame do Marco Civil da Internet.

4. DA OPÇÃO DO MARCO CIVIL DA INTERNET QUANTO AO DEVER DE APAGAR POSTAGENS

Como não poderia deixar de ser, a liberdade de expressão é um dos princípios fundamentais enunciados no Marco Civil da Internet. O artigo 2º da referida lei deixa claro, já no *caput*, que a disciplina do uso da Internet tem como fundamento o respeito à liberdade de expressão. A norma faz por evidente, referência também a outros princípios, entre os quais o respeito aos direitos humanos, ao desenvolvimento da personalidade, e ao exercício da cidadania em meios digitais.

O artigo 3º da mesma lei reitera o princípio referente a garantia da liberdade de expressão comunicação e manifestação de pensamento como princípio fundamental do referido diploma legal, fazendo, inclusive, remissão aos termos da Constituição Federal. O mesmo artigo se refere à proteção da privacidade, dos dados pessoais, e à "responsabilização dos agentes de acordo com suas atividades, nos termos da lei".

O dispositivo legal que define os parâmetros para a responsabilidade civil dos provedores, todavia, é o artigo 19 do Marco Civil, que tem a seguinte redação:

> Art. 19. Com o intuito de assegurar a liberdade de expressão e impedir a censura, o provedor de aplicações de internet somente poderá ser responsabilizado civilmente por danos decorrentes de conteúdo gerado por terceiros se, após ordem judicial específica, não tomar as providências para, no âmbito e nos limites técnicos do seu serviço e dentro do prazo assinalado, tornar indisponível o conteúdo apontado como infringente, ressalvadas as disposições legais em contrário.
>
> § 1º A ordem judicial de que trata o caput deverá conter, sob pena de nulidade, identificação clara e específica do conteúdo apontado como infringente, que permita a localização inequívoca do material.

A norma acima transcrita afasta, como se observa, a responsabilidade do provedor pelos conteúdos produzidos por terceiros. Assim o faz com expresso fundamento na liberdade de expressão.

A opção legislativa, a toda evidência, reconhece o provedor como agente que propicia a ampliação da disseminação dos discursos, ao oportunizar o acesso dos usuários às plataformas, sendo a sua não responsabilização pelos conteúdos produzidos por terceiros uma medida de preservação e de incentivo a essa liberdade de expressão.

Não há, como decorrência da norma, dever de controle prévio dos conteúdos por parte do provedor. Da mesma forma, não há imposição de realização de controle *a posteriori*, mediante mecanismos de moderação – os quais, todavia, não são, por evidente, vedados.[12]

Assim, como se observa sob a perspectiva do direito posto, sobretudo no artigo 19 da do Marco Civil da Internet, não se impõe responsabilidade civil dos provedores por conteúdos violadores a direitos da personalidade postados por terceiros, emergindo essa responsabilidade exclusivamente na hipótese em que a rede social, devidamente intimada de decisão judicial, deixa de proceder a supressão do conteúdo.[13]

Sabe-se, porém, que a constitucionalidade da norma foi desafiada perante o Supremo Tribunal Federal por meio do Recurso Extraordinário 1037396. O tema foi reconhecido como de repercussão geral número 987.

Cabe, assim, ponderar se a opção legislativa está em consonância com o texto constitucional. A resposta parecer ser positiva.

Trata-se o artigo 19 do Marco Civil de uma opção legislativa coerente com o perfil constitucional da liberdade de expressão que, como já exposto, detém posição preferencial no sistema.

A ausência de responsabilidade *a priori* do provedor por danos decorrentes de conteúdo gerado por terceiros está fundamentada expressamente no princípio da liberdade de expressão, o que está em linha com a tese da posição preferencial.

---

12. No âmbito da União Europeia, solução diversa foi adotada pela Resolução 2022/2065. Não são impostas obrigações gerais de vigilância ou de apuração de fatos, conforme o artigo 8º. Há, porém, dever de oferta de ferramentas de recebimento de notificações, bem como de moderação de conteúdos, uma vez notificado o provedor sobre a possível prática de atos ilícitos, independentemente de decisão judicial. Exemplo disso está no artigo 6º, 1.b: 1. "Em caso de prestação de um serviço da sociedade da informação que consista na armazenagem de informações prestadas por um destinatário do serviço, o prestador do serviço não é responsável pelas informações armazenadas a pedido de um destinatário do serviço, desde que: (a) Não tenha conhecimento efetivo da atividade ou conteúdo ilegal e, no que se refere a uma ação de indemnização por perdas e danos, não tenha conhecimento de factos ou de circunstâncias que evidenciem a ilegalidade da atividade ou do conteúdo; ou (b) A partir do momento em que tenha conhecimento da ilicitude, atue com diligência no sentido de suprimir ou desativar o acesso aos conteúdos ilegais.

    Cabe notar, porém, que a opção do Direito Europeu parece não ser a ais congruente com a posição preferencial da liberdade de expressão que é a tônica do desenho constitucional dessa garantia no Direito brasileiro.

13. Conforme Giacchetta e Meneguetti, "Essa previsão legal coloca fim à divergência jurisprudencial quanto ao momen to a partir do qual o provedor de aplicações de internet poderia se tornar civilmente responsável pelos danos decorrentes de conteúdo criado e divulgado pelos usuários. Não mais se sustentam as alegações no sentido de que o provedor de aplicações de Internet seria responsável de forma objetiva ou caso não procedesse à remoção após o recebimento de notificação extrajudicial". GIACCHETA, André Zonaro; MENEGUETTI, Pamela Gabrielle. A garantia constitucional à inviolabilidade da intimidade e da vida privada como direitos dos usuários no marco civil da Internet. In: LEITE, George Salomão; LEMOS, Ronaldo. *Marco Civil da Internet*. São Paulo: Atlas, 2014, p. 383.

Precisamente para assegurar essa prevalência *prima facie* da liberdade de expressão, estimulando a manutenção de amplo espaço livre de coerção, é que a escolha do legislador foi tomar como regra a responsabilidade do provedor somente na hipótese em que, após ordem judicial específica, este não tomar providências para tornar indisponível o conteúdo definido pelo Poder Judiciário como violador de normas.

Ou seja: não se impõe postura ativa do provedor na busca e supressão de conteúdos ilícitos, nem, tampouco, será bastante, para fins de responsabilidade civil, a notificação do usuário por meio de ferramentas de moderação que sejam ofertadas pelos provedores.[14]

É evidente que essa opção legislativa não é a única apta a assegurar a posição preferencial. Não está, porém, eivada, em si mesma, de inconstitucionalidade.

Cabe notar, nesse passo, que o artigo 21 do mesmo diploma legal traz disciplina diversa no que diz respeito à violação da intimidade corrente de divulgação de imagens, como se observa da literalidade do dispositivo legal abaixo:

> Art. 21. O provedor de aplicações de internet que disponibilize conteúdo gerado por terceiros será responsabilizado subsidiariamente pela violação da intimidade decorrente da divulgação, sem autorização de seus participantes, de imagens, de vídeos ou de outros materiais contendo cenas de nudez ou de atos sexuais de caráter privado quando, após o recebimento de notificação pelo participante ou seu representante legal, deixar de promover, de forma diligente, no âmbito e nos limites técnicos do seu serviço, a indisponibilização desse conteúdo.

A distinção entre as opções legislativas levadas a efeito nos artigos 19 e 21 se justifica. O artigo 21, que se refere a violação da intimidade, está circunscrito à publicação de imagens ou vídeos. A violação da privacidade, assim, é objetivamente aferível mediante a notificação realizada pelo participante, ou seja, pelo interessado na supressão da imagem ou do vídeo, sem que se demande do provedor que realize uma valoração sobre o conteúdo.

Trata-se, reitere-se, da constatação objetiva da postagem da imagem contendo cena de nudez ou atos sexuais de caráter privado.

Coisa diversa ocorre quanto a postagens que possam repercutir sobre outros direitos da personalidade, as quais demandariam do provedor uma valoração sobre o conteúdo, e sua aptidão ou não para causar danos – ou em sentido lato, sobre sua ilicitude.

Com efeito, a aferição da violação a outros direitos a da personalidade por meio da expressão escrita ou oral da palavra demanda um inevitável juízo de valor a respeito do conteúdo da postagem de modo a permitir que se compreenda ou não a referida postagem como violação a tais direitos.

Ainda que não se negue que determinadas formas de violação a direitos da personalidade seriam de fácil aferição pelas próprias plataformas, por seu caráter flagrante,

---

14. Trata-se de opção diversa daquela levada a efeito pela União Europeia, por meio do Regulamento 2022/2065, que impõem aos provedores instrumentos para a recepção de notificação pelos usuários, sendo tais notificações reputadas como bastantes para a ciência do provedor a respeito do conteúdo supostamente ilícito, para fins da responsabilidade derivada do artigo 6º do diploma legal.

o óbice residiria na definição legal de limites à atuação dos próprios provedores que, se sujeitos à responsabilidade civil decorrente de postagem de tais conteúdos, mesmo sem determinação judicial para supressão, poderiam tender a uma postura mais restritiva quanto aos conteúdos, optando, na dúvida, pela supressão.

O risco imposto pela coerção estatal poderia inverter a lógica da opção preferencial, gerando primazia da restrição, com evidente prejuízo à liberdade de expressão. O risco será tão maior quanto mais graves forem as sanções previstas, ensejando, no limite, estímulo à censura.

Se isso poderia servir à supressão de conteúdos manifestamente ilegais, ao mesmo tempo, permitiria suprimir outros conteúdos que estariam protegidos pelo desenho constitucional da liberdade de expressão.[15]

A solução legal, assim, ainda que não seja a única opção possível ao Poder Legislativo no âmbito do desenho constitucional, foi delineada em consonância com a posição preferencial, claramente definindo uma proeminência à manutenção do discurso, salvo o controle institucional superveniente realizado pelo Estado-juiz, limitando, assim, imposições coercitivas que poderiam derivar de opção legislativa diversa.

Assim, embora outros desenhos possam vir a ser compatíveis com a Constituição, desde que preservem a posição preferencial da liberdade de expressão e atentem aos

---

15. Leonardi enumera um conjunto de óbices, frente à proteção da liberdade de expressão, que tornam indesejável o sistema de suspensão de conteúdos mediante notificações realizadas por usuários e/ou intressados (*notice and takedown*): "a) notificação e retirada incentiva a remoção arbitrária de conteúdo. A possibilidade de remoção sumária de informações online mediante simples reclamação do interessado, sem ordem judicial, cria espaço para que reclamações frívolas, infundadas ou até mesmo ilegais, que jamais seriam acolhidas pelo Judiciário, sejam necessariamente atendidas pelas plataformas online, que ficariam obrigadas a fazê-lo para se isentar de responsabilidade. Essa situação incentiva a remoção arbitrária de conteúdo, atribuindo a uma requisição privada o mesmo poder de uma medida liminar, sem o necessário devido processo legal. b) regrasprocedimentais de notificação e retirada não impedem a censura temporária. Ainda que eventuais regras procedimentais tentem impedir abusos na utilização de mecanismos de notificação e retirada, isso não afasta o risco de imposição de censura temporária, calando manifestações cujo momento de divulgação é crucial (tais como campanhas políticas, acontecimentos recentes e notícias urgentes) e cuja divulgação posterior será inútil ou irrelevante. c) notificação e retirada permite abusos frequentes. Estudos realizados por membros da Electronic Frontier Foundation e do Berkman Center for Internet & Society da Harvard Law School demonstram, com riqueza de exemplos, que o sistema de notificação e retirada instituído nos Estados Unidos pelo DMCA é rotineiramente utilizado de forma abusiva, servindo como ferramenta de intimidação ou sendo empregado impropriamente para a retirada de conteúdo não protegido por direito autoral, trazendo enormes implicações para a liberdade de expressão, além de não combater adequadamente a violação de direitos online. Entre outras situações, o conteúdo indevidamente removido por abuso do DMCA inclui fatos e informações não sujeitos à proteção autoral, material em domínio público, crítica social e material de utilização livre em razão de limitações aos direitos autorais. d) notificação e retirada não oferece granularidade e é desproporcional. Em muitas situações, o conteúdo apontado como ilegal consiste em apenas um item (ou seja, um único arquivo, texto, vídeo, fotografia, post, link ou URL), mas a plataforma ou o serviço são obrigados a desativar completa- mente um website para atender à notificação e se beneficiar da isenção de responsabilidade. Como exemplo, isso ocorre quando o serviço apenas oferece espaço para armazenamento de websites e não controla nem gerencia as ferramentas utilizadas por seus usuários. Essa ausência de granularidade do mecanismo de notificação e retirada traz sérias implicações para a liberdade de expressão online e ofende a regra da proporcionalidade consagrada no sistema constitucional brasileiro". LEONARDI, Marcel. A garantia fundamental do direito à privacidade e à liberdade de expressão nas comunicações como condição ao pleno exercício do direito de acesso à Internet. In: LEITE, George Salomão; LEMOS, Ronaldo. *Marco Civil da Internet*. São Paulo: Atlas, 2014, p. 629-630.

juízos de adequação e necessidade próprios do princípio da proporcionalidade, dúvida não há de que o artigo 19, tal como posto no ordenamento jurídico atual, não é eivado de inconstitucionalidade.

Trata-se, inclusive, no que diz respeito estritamente ao papel da responsabilidade civil no âmbito das relações entre particulares, da opção legislativa, mais congruente com a posição preferencial da liberdade de expressão.

Isso não implica dizer, sem embargo, no que diz respeito a dados conteúdos, como aqueles pertinentes à possível prática de determinados crimes graves crimes – iminente, ou consumada –, como ameaças à vida ou à integridade de pessoas, ou, ainda, como ameaças reais e iminentes à ordem democrática, que outra solução legislativa não seja desejável. Nesses casos, uma alteração legislativa que determine, por exemplo, a partir da ciência derivada de notificação realizada por usuário, o dever de prestar informações às autoridades públicas, seria medida dotada de proporcionalidade, sem afronta à liberdade de expressão.

Não se trata de imposição de investigação ativa, mas, sim, de exigência razoável quando, mediante mecanismos de moderação constantes de condições gerais de contratação, tais informações chegam ao conhecimento do provedor.

De *lege ferenda*, pode-se cogitar de diferenciação das soluções legislativas conforme se trate da proteção a direitos da personalidade e ou da prática de crimes que digam respeito à vida ou à integridade física das pessoas,[16] ou, ainda, contra a condição de possibilidade para a própria liberdade de expressão, que consiste na preservação do princípio democrático.

Emerge, assim, quanto a esses temas específicos (crimes contra à vida, a integridade física ou à democracia), possível insuficiência do regime instituído pelo artigo 19 – que, todavia, são muito mais pertinentes a um papel regulatório do Estado, do que, propriamente, à responsabilidade civil circunscrita às balizas que lhe são próprias.

Nessa linha, fazendo referência específica a ameaças de crimes que digam respeito ao terrorismo ou à supressão do Estado Democrático de Direito, a opção preferencial pela liberdade de expressão, por certo, atendidas a dadas condições, pode não prevalecer *prima facie*, sob pena de contradição performativa, sobre as suas próprias condições de possibilidade.

---

16. Elogiável, nesse ponto, a norma do artigo 18 do Regulamento 2022/2065 da EU, que dispõe: "Artigo 18.o – 1. Sempre que um prestador de serviços de alojamento virtual tome conhecimento de qualquer informação que levante suspeitas de que ocorreu, está a ocorrer ou é suscetível de ocorrer um crime que envolva uma ameaça à vida ou à segurança de uma ou várias pessoas, o prestador de serviços de alojamento virtual informa imediatamente da sua suspeita as autoridades policiais ou judiciárias do ou dos Estados-Membros em causa e fornece todas as informações pertinentes disponíveis. 2. Sempre que não puder identificar com razoável certeza o Estado-Membro em causa, o prestador de serviços de alojamento virtual informa as autoridades responsáveis pela aplicação da lei do Estado-Membro em que se encontra estabelecido ou em que o seu representante legal reside ou se encontra estabelecido ou informa a Europol, ou ambas. Para efeitos do presente artigo, o Estado-Membro em causa é o Estado-Membro no qual se suspeita que tenha ocorrido, esteja a ocorrer ou seja suscetível de ocorrer o crime, ou o Estado-Membro em que o suspeito de ter cometido o crime resida ou esteja localizado ou o Estado-Membro em que a vítima do presumido crime resida ou esteja localizada".

O princípio democrático pressupõe como pilar essencial a liberdade individual. A participação democrática é expressão da liberdade dos indivíduos no âmbito da deliberação pública. É na democracia que os valores individuais são, simultaneamente, assegurados em face até mesmo da deliberação majoritária, e, ao mesmo tempo, são relevantes na tomada da própria deliberação.

É no exercício da liberdade democrática que os valores dos indivíduos livres postos em conflito encontram a acomodação possível em um ambiente de não violência – violência esta contrária, *de per se*, às condições de possibilidade de reprodução da liberdade.

Quanto a conteúdos que ponham em risco ponderável e imediato a ordem social e a democracia, uma opção legislativa diversa, que admitisse a imposição de coerção sobre os provedores de Internet quanto ao controle dos conteúdos produzidos por terceiros, desde notificados por usuários, no âmbito de seus mecanismos de moderação, não seria necessariamente inconstitucional. Caberia, é certo, o cuidado legislativo com a preservação dos pressupostos inerentes ao princípio da proporcionalidade, notadamente da adequação e da necessidade.

O objeto da presente reflexão, porém, como exposto ao início – ainda que demande, na identificação da posição preferencial, a sua relação como o princípio democrático –, não tem o escopo de propor eventual adequação do artigo 19 à necessidade de oferecer respostas institucionais proporcionais e eficientes a discursos que impliquem risco real e imediato ao princípio democrático.

Assim tem esta reflexão o escopo central de analisar a responsabilidade civil no âmbito estrito da relação entre particulares, vale dizer, entre provedor e usuário, com ênfase à relação entre liberdade de expressão e outros direitos da personalidade. Sob esse enfoque, o artigo 19 do Marco Civil é, repita-se, coerente com a Constituição.

Cabe investigar, a seguir, a questão sobre a responsabilidade civil que o próprio provedor pode ter frente aos seus usuários, na hipótese de efetiva violação à liberdade de expressão. Emerge, sob esse aspecto, a inequívoca relevância da relação contratual entre provedor e o usuário, bem como de sua aptidão para fundamentar limitações a conteúdos que possam ser postados, bem como a justificar, pela autonomia privada, a imposição, pelo provedor, de sanções ao próprio usuário. É o que se examinará a seguir.

5. DISPONIBILIDADE RELATIVA DOS DIREITOS FUNDAMENTAIS E AUTONOMIA PRIVADA

Não afronta a liberdade de expressão a voluntária inserção em condições gerais de contratação, pelos provedores de internet, de instrumentos de moderação de conteúdos, desde que o emprego desses instrumentos não implique, em concreto, a ofensa ao conteúdo essencial da liberdade de expressão.

Mesmo tratando-se de condições gerais de contratação, está-se no âmbito da autonomia privada, e, portanto, da liberdade individual.

A leitura contemporânea sobre o exercício da autonomia privada, como liberdade contratual e como liberdade de contratar, não se pauta em uma perspectiva puramente voluntarista, mas, diversamente, na objetivação da conduta intencional da parte, com o escopo de obter o contributo existencial ou econômico que o contrato pode propiciar.

Isso permite afirmar que a aferição da ação contratual livre, como manifestação negocial, se reporta à exteriorização volitiva que não está, necessariamente, vinculada de modo específico a cada uma das cláusulas do contrato celebrado, mas à realização da operação econômica em sua integralidade.[17]

No âmbito dos contratos por adesão, essa afirmação é especialmente relevante, uma vez que a aferição de eventual invalidade de cláusulas constantes de contratos celebrados por meio dessa técnica deve se dar muito mais pela congruência das cláusulas frente à dimensão funcional de que se reveste o contrato (e que não se confunde, diga-se, necessariamente, com uma função social) do que uma análise subjetivista da vontade real das partes.

Ou seja, no âmbito dos contratos celebrados com provedores de Internet, a autolimitação ao exercício da liberdade de expressão se justifica sempre que for coerente com os escopos próprios da ferramenta oferecida pelo provedor.

Não se ignora a posição de Teubner,[18] e seu ceticismo a respeito das possibilidades de proteção a direitos fundamentais na Internet apenas por meio do reconhecimento da eficácia desses direitos nas relações entre particulares, a partir de uma lógica individualista de Direito Privado. Para Teubner, entre outros fatores, essa insuficiência derivaria do poder das grandes plataformas, seja pelo seu caráter monopolista, seja pelo controle dos dados pessoais, e, sobretudo, pelo caráter autoexecutório dos códigos/algoritmos, como instrumentos, por excelência, de regulação dos comportamentos. Tudo isso colocaria em xeque a autonomia individual, fazendo com que as condições gerais de contratação que definem as regras no âmbito das plataformas não mais possuíssem, em seu entender, natureza contratual propriamente dita. Seria necessário, para o autor, que a reflexão se desse sob a perspectiva da institucionalização de uma esfera pública digital. Haveria, assim, para Teubner, uma insuficiência na aplicação dos direitos constitucionais nacionais, sendo necessário que os Tribunais adotassem uma perspectiva transnacional, na construção do que denomina de "constituição digital transnacional".

A liberdade dos indivíduos, porém, é sempre contextual. Em diferentes espaços sociais, formados por vínculos intersubjetivos com características diversas entre si, a circunscrição dos espaços de liberdade substancial – possibilidade concreta de realização

---

17. Souza Ribeiro, ao tratar das condições gerais de contratação, demonstra que as declarações volitivas são partes de uma estrutura complexa de contrato, como uma totalidade, em que "o consenso das partes é pensado em conjunto com o 'ambiente' em que se manifesta, integrando, como factor constitutivo e modelador, um sistema de coordenação vinculativa de acções individuais aberto à comunicação com outros sistemas de enquadramento e de referência". SOUZA RIBEIRO, Joaquim de. *O problema do contrato*. As cláusulas contratuais gerais e o princípio da liberdade contratual. Coimbra: Almedina, 2003. p. 107.
18. TEUBNER, Gunther. Horizontal Effects of Constitutional Rights in the Internet: *A Legal Case on the Digital Constitution*. Edizioni Scientifiche Italiane, v. 3, n. 1, p. 193-205, 2017.

de escolhas valorosas para o indivíduo – será mais amplo ou mais restrito. No âmbito específico das redes sociais, objetos deste estudo, o ingresso ou não do usuário é uma escolha individual. A escolha por não ingressar priva o indivíduo, é certo, do acesso a serviço útil no âmbito de uma sociedade cada vez mais digital, e que pode, inclusive, servir de instrumento para o exercício de atividades econômicas. Não há, porém, ao menos por ora, efetiva essencialidade desses serviços (redes sociais)[19] para a vida dos indivíduos, uma vez que o não ingresso em redes sociais não priva – reitere-se, ao menos por ora – as pessoas de elementos indispensáveis à sua existência digna na vida em sociedade.[20]

Ainda se está, pois, no âmbito das escolhas. Mesmo que as condições gerais de contratação e a execução de decisões derivadas dos algoritmos não estejam sob o controle do usuário, a escolha sobre aceder ou não ao uso das redes ainda está sob o seu espaço de liberdade individual. Por isso, mesmo reconhecendo como limitado o espaço de escolhas, pode-se afirmar que a decisão por ingressar em uma rede social, aderindo às suas condições gerais tem natureza de ação intencional consistente em manifestação negocial, e, assim, apta, dentro dos limites legais, a gerar a força obrigatória, como expressão da autorresponsabilidade individual.

Por isso, reitera-se o entendimento pela viabilidade, sob o pálio da autonomia privada negocial, da limitação definida pelas condições gerais de contratação ao exercício da liberdade de expressão do usuário, obviamente sujeita ao escrutínio jurisdicional, sob a perspectiva do dever de proteção (imposto ao Estado-Juiz) aos direitos fundamentais.

Isso pode justificar limitação, inclusive, quanto aos conteúdos que possam ser debatidos ou postados no âmbito de uma dada rede social, ou de um fórum de internet, desde que haja clareza quanto à sujeição das postagens a mecanismos de moderação. É isso que permite, por exemplo, afastar postagens que se caracterizam como *spam*, ou, ainda, no âmbito de determinadas ferramentas que sejam destinadas a debates circunscritos a dados temas, afastar debates que se qualificam como *off topic* (como nos antigos fóruns, bastante frequentes nos primórdios da internet e que ainda persistem em meio a prevalência das redes sociais).

Impor responsabilidade civil derivada de deveres de controle do discurso pelo próprio particular (provedor) por meio da lei é coisa diversa de admitir que esse provedor possa, no âmbito negocial, constituir voluntariamente ferramentas para exercer tal controle.

É, quiçá, desejável que assim o façam – e não seria inconstitucional a imposição legal de ferramentas de notificação e moderação, especialmente tratando-se de provedores de

---

19. A mesma conclusão não se aplica ao acesso à Internet, este, sim, já dotado de essencialidade. Sobre o tema, Rodotà já qualificou esse acesso como dotado de natureza jusfundamental. RODOTÀ, Stefano. *Il Mondo nella Rete*: Quali i diritti, quali i vincoli. Roma: Laterza, 2014, p. 72.
20. Sobre o paradigma da essencialidade, no âmbito das relações contratuais, NEGREIROS, Tereza. *Teoria do contrato*: novos paradigmas. Rio de Janeiro: Renovar, 2002, p. 380. Vinculando o critério de aferição da essencialidade ao conceito de liberdade substancial, PIANOVSKI RUZYK, Carlos Eduardo. *Institutos Fundamentais do Direito Civil*. Rio de Janeiro: Renovar, 2021, p. 291.

grandes plataformas *on-line*. Não é desejável, porém, que se imponha responsabilidade civil pela decisão da plataforma manter os conteúdos, mesmo após notificada por meio dos seus mecanismos de ciência e moderação. É que a imposição ao particular (provedor) de dever de correta valoração da ilicitude de discursos seria inadequada, por se tratar de função constitucional do Poder Judiciário, e não dos particulares. Afastada a adequação da medida, evidencia-se a sua desproporcionalidade.

Ou seja: a ordem constitucional não é incompatível com a imposição, por meio de lei (*lege ferenda*), da oferta de ferramentas e de procedimentos de notificação e moderação, mas não se pode converter em regra geral, sob pena de se estimular condutas excessivamente restritivas à liberdade de expressão dos usuários, a sujeição dos provedores a um controle jurisdicional do mérito das decisões daí decorrentes, para o fim de sua responsabilização civil.

O estímulo legislativo à realização, pelo provedor, de limitação aos discursos, sob o risco de sua própria responsabilidade civil, pode se equiparar-se à própria e indevida limitação estatal (ainda que por via mediata) à expressão dos usuários. Daí porque a imposição legal (e, portanto, cogente) de responsabilidade civil dos provedores por suas decisões tomadas no âmbito dos mecanismos de moderação pode ensejar o risco de controle estatal sobre a liberdade de expressão.[21]

Sendo essa conclusão pautada na preservação da posição preferencial da liberdade de expressão, cabe, todavia, cogitar da viabilidade de um controle jurisdicional sobre danos causados pelos provedores, no âmbito dos instrumentos de moderação, à própria liberdade de expressão.

Se não cabe, porque desproporcional, responsabilizar o provedor pela decisão de manter conteúdos de terceiros – salvo, por evidente, decisão judicial para a sua supressão, ou nos casos especiais já referidos neste artigo –, é possível cogitar de sua responsabilidade civil pela supressão de postagens ou suspensão de contas, quando atentatória ao conteúdo essencial da liberdade de expressão (ou ao devido processo legal, tomado como instrumento de proteção à própria liberdade de expressão). Isso poderia se dar, como regra, por uma tutela que imponha obrigação de fazer (restabelecer o conteúdo ou reativar a conta do usuário), ou, em dados casos, por eventual tutela ressarcitória. Trata-se de decorrência da posição preferencial constitucionalmente assegurada.

Cabe, nessa senda, evitar a restrição ao discurso como regra *prima facie*, quando a posição preferencial impõe a lógica inversa.

Vem à tona, assim, a relevância dos princípios da proibição do déficit e do devido processo legal.

---

21. Com a ressalva de que, pelos fundamentos já expostos neste texto, tais mecanismos cogentes podem ser cogitados, sem eiva de inconstitucionalidade, quando se tratar de discursos que coloquem em risco imediato o Estado Democrático de Direito, especialmente se esses mecanismos, fortes no princípio da proporcionalidade, ainda que derivados de eventual futura imposição legislativa, se desenvolverem mediante uma lógica de autorregulação por parte dos provedores, ou, ainda, ameaça de crimes contra a vida ou a integridade física de pessoas.

6. À GUISA DE CONCLUSÃO: ALGUNS CRITÉRIOS PARA O CONTROLE DAS LIMITAÇÕES À LIBERDADE DE EXPRESSÃO DOS USUÁRIOS REALIZADAS PELOS PROVEDORES NO CUMPRIMENTO DE SUAS CONDIÇÕES GERAIS DE CONTRATAÇÃO

Como exposto, se a imposição, pelas plataformas, de limites à liberdade de expressão dos usuários pode decorrer de instrumentos de controle voluntariamente instituídos nas condições gerais de contratação, dúvida não há de que cabe ao Estado-Juiz a garantia da posição preferencial da liberdade de expressão, seja na decisão sobre a validade das cláusulas que impõem as limitações, seja, na aferição em concreto sobre a ocorrência de restrição desproporcional/ilícita a essa garantia fundamental – que pode, por exemplo, impor o restabelecimento de conteúdos suprimidos, ou de contas suspensas ou, mesmo, excluídas.

Sem a pretensão de exaurir os instrumentos metodológicos para o cumprimento desse dever estatal de proteção, cabe destacar dois princípios fundamentais para essa finalidade: a proibição do déficit e o devido processo legal.

A proibição do déficit (ou da proteção deficiente, ou da insuficiência de proteção) consiste em imposição ao Estado, na realização dos direitos fundamentais, de medidas suficientes para garantir uma proteção constitucionalmente adequada do direito fundamental. Ao seu lado, a proibição do excesso diz respeito à proibição de limitação estatal a direitos fundamentais que exceda o estritamente necessário para atender aos pressupostos da proporcionalidade na realização de um fim constitucionalmente legítimo.[22]

Trata-se de aferir, quanto à proibição do déficit, se a proteção oferecida atende a exigências mínimas quanto à sua eficiência na garantia do gozo de direitos fundamentais, e, ainda, se os bens jurídicos eventualmente contrapostos não estariam sobreavaliados.[23]

Assim, uma decisão de supressão de conteúdos, suspensão provisória ou cancelamento de contas de usuários pode se sujeitar a escrutínio das funções da responsabilidade civil quando consistir em ofensa ao conteúdo essencial da liberdade de expressão, em concreto, sob a perspectiva da proibição do déficit de proteção estatal (e, de outro lado, caso se pudesse entender que o provedor seria, ela próprio, diretamente, garante da proteção aos direitos fundamentais, proibição do excesso na restrição à liberdade de expressão).

Além disso, uma vez que a plataforma se reserva à realização de moderação, é necessário que se atendam elementos mínimos de garantia do devido processo legal.[24] A leitura do devido processo legal, aqui, deve se fazer em proveito da posição preferencial da liberdade de expressão. Isso não é incompatível com a suspensão preventiva de

---

22. NOVAIS, Jorge Reis. *As restrições aos direitos fundamentais não expressamente autorizadas pela Constituição*. Coimbra: Coimbra, 2003, p. 741.
23. CANOTILHO, J.J. Gomes. *Direito Constitucional e Teoria da Constituição*. 7. ed. Coimbra: Almedina, p. 273.
24. A incidência do princípio do devido processo legal sobre relações interprivadas não é estranha à experiência constitucional brasileira, como se constata do precedente RE 201.819-8/RJ, de relatoria para acórdão do Min. Gilmar Mendes, julgado em 11 de outubro de 2005.

conteúdos, ou, mesmo, de contas de usuários, desde que essas medidas procedimentais sejam postas com clareza nas condições gerais de contratação, e sejam oferecidos mecanismos efetivos para a ciência sobre as razões da suspensão, oferta de defesa e realização de deliberação.

Ausente o atendimento ao devido processo legal, devida é a imposição judicial do restabelecimento de contas ou de postagens – cabendo, porém, por parte do Poder Judiciário, a valoração da licitude do próprio conteúdo da postagem, no exercício de seu próprio dever de proteção aos direitos fundamentais.

Tratam-se, portanto, de critérios que guardam congruência com a posição preferencial que a Constituição oferece à liberdade de expressão e à *ratio* que emerge das opções normativas constantes do Marco Civil da Internet.

DANO MORAL POR CORPO ESTRANHO EM ALIMENTO SEM INGESTÃO DO PRODUTO: O DANO COMO PRESSUPOSTO INAFASTÁVEL DA RESPONSABILIDADE CIVIL

Cícero Dantas Bisneto

Mestre em Direito Civil pela Universidade Federal da Bahia (UFBA). Doutorando em Direito Civil pela Universidade de São Paulo (USP). Membro do Instituto Brasileiro de Estudos da Responsabilidade Civil – IBERC e do Deutsch-Brasilianische Juristenvereinigung (DBJV). Juiz de Direito do Tribunal de Justiça do Estado da Bahia. E-mail: cicero_ufba@hotmail.com.

Sumário: 1. Introdução – 2. Evolução do tema na jurisprudência do Superior Tribunal de Justiça (STJ) – 3. Dano como pressuposto inafastável da responsabilidade civil – 4. Conclusões – 5. Referências.

1. INTRODUÇÃO

A caracterização do dano extrapatrimonial nos casos de presença de corpo estranho em produtos alimentícios, ainda que não tenha sido consumido, tem sido alvo de acirrados debates doutrinários. A temática foi ainda objeto de distintos acórdãos do Superior Tribunal de Justiça, que, embora responsável pela uniformização da legislação federal, vinha decidindo a matéria de forma errática, evidenciando-se uma nítida discrepância entre os entendimentos da Terceira e Quarta Turmas. Como se verá, a questão restou recentemente pacificada pela Segunda Seção daquele tribunal, embora a conclusão sufragada, por maioria, não pareça espelhar o melhor entendimento sobre o tema.

A matéria tem estreita conexão com pontos de grande relevo no âmbito da responsabilidade civil, como a ideia de ampliação de suas funções, abarcando escopos como a prevenção de lesões e a punição do infrator, bem assim a defesa de uma "responsabilidade civil sem dano". Também a concepção de um "dano moral presumido" ou "in re ipsa" vem sendo largamente utilizada pela doutrina e jurisprudência nacionais, servindo como supedâneo para a fundamentação de decisões reconhecendo a existência do dano moral nas mais variegadas hipóteses. Nos casos de existência de objeto estranho em alimentos, essas teses são empregadas sem maiores aprofundamentos teóricos, dando ensejo a julgamentos por equidade, ante a ausência de critérios objetivos de determinação da imputação.

Este trabalho tem por desiderato analisar a evolução da jurisprudência do STJ sobre a questão, partindo dos primeiros julgados até a aparente pacificação da matéria. Serão examinados, de forma crítica, os fundamentos teóricos empregados para o acolhimento e rejeição dos pleitos indenizatórios. Em seguida, se passará à avaliação das teses que supostamente sustentam o entendimento de que a mera presença do corpo estranho em produtos alimentício caracteriza o dano extrapatrimonial.

2. EVOLUÇÃO DO TEMA NA JURISPRUDÊNCIA DO SUPERIOR TRIBUNAL DE JUSTIÇA (STJ)

O Superior Tribunal de Justiça tem discutido, em diversos casos, se a mera presença de corpo estranho em alimento, ainda que não tenha havido a sua ingestão pelo consumidor ou por terceiro, confere direito à compensação por danos morais. O tema colocou em lados opostos a Terceira e Quarta Turmas do STJ, tendo sido a questão recentemente decidida pela 2ª Seção.

Em consulta ao sítio eletrônico do STJ, constata-se que a primeira decisão envolvendo a temática remonta ao ano de 2000. No AgRg no Ag 276671/SP,[1] o Superior Tribunal de Justiça afirmou que a simples aquisição de um produto danificado, uma garrafa de refrigerante contendo um objeto estranho, sem que se tenha ingerido o seu conteúdo, não enseja a reparação por dano moral. Ressaltou-se que a indenização pela lesão extrapatrimonial tem por escopo atenuar o sofrimento, físico ou psicológico, que atinge aspectos íntimos e sociais da personalidade humana. Na hipótese em exame, entendeu-se que os fatos narrados não seriam capazes de revelar o sofrimento descrito pelos autores.

Por sua vez, no REsp 414.986/SC,[2] analisou-se o caso em que pai e filha, inaugurando um escritório de contabilidade, convidaram amigos e comerciantes da cidade para jantar em casa e, ao abrirem uma garrafa de cerveja *Kaiser*, encontraram uma minhoca em seu interior, o que teria causado humilhação perante a comunidade em que vivem, prejudicando o negócio que pretendiam abrir. Constituiu alvo de controvérsia a questão de saber se o revendedor poderia ser responsabilizado pelo fato, tendo em vista que não realizou o ato de engarrafamento. Após o juiz de primeiro grau reconhecer a ilegitimidade passiva da empresa ré, o Tribunal de Justiça de Santa Catarina deu provimento à apelação, indicando que são solidariamente responsáveis pelo vício de qualidade do produto o fabricante e o revendedor. O STJ não conheceu do recurso especial interposto, afirmando apenas que o art. 25 do CDC[3] estabelece a responsabilidade solidária se identificada a existência de mais de um responsável pela causação do dano.

Em 2012, em processo de relatoria do Ministro Antonio Carlos Ferreira, o Superior Tribunal de Justiça[4] limitou-se a afirmar ser firme a jurisprudência daquela Corte no sentido de reconhecer a possibilidade de lesão à honra subjetiva decorrente da aquisição

---

1. STJ, AgRg no Ag 276671/SP, Rel. Min. Carlos Alberto Menezes Direito, 3ª T., j. 04.04.2000, *DJ* 08.05.2000.
2. REsp 414986/SC, Rel. Min. Carlos Alberto Menezes Direito, 3ª T., j. 29.11.2002, *DJ* 24.02.2003.
3. "Art. 25. É vedada a estipulação contratual de cláusula que impossibilite, exonere ou atenue a obrigação de indenizar prevista nesta e nas seções anteriores. § 1º Havendo mais de um responsável pela causação do dano, todos responderão solidariamente pela reparação prevista nesta e nas seções anteriores. [...]".
4. AgRg no AREsp 38957/SP, Rel. Min. Antonio Carlos Ferreira, 4ª T., j. 06.11.2012, *DJe* 13.11.2012.

de alimentos e bebidas contendo corpo estranho. No ano seguinte, entretanto, registrou-se, em sentido contrário, que "a ausência de ingestão de produto impróprio para o consumo, em razão da presença de objeto estranho, não acarreta dano moral apto a ensejar reparação".[5] Tratava-se de caso em que o autor teria comprado um bolo da ré que continha um pedaço de pano, do tipo "perfex". O demandante e sua família não chegaram a consumir o alimento estragado.

No mesmo sentido, no caso da aquisição de refrigerante contendo inseto morto em sua composição, entendeu a Terceira Turma do STJ[6] que, a fim de vedar o enriquecimento sem causa, não haveria de se cogitar de dano extrapatrimonial indenizável.[7] Foi feita menção, nesse caso, ao precedente[8] julgado em 2000, acima examinado.[9] Também a Quarta Turma[10] registrava que a ausência de ingestão de produto impróprio para consumo configura, em regra, mero dissabor vivenciado pelo consumidor, afastando eventual pretensão indenizatória.

A mudança de entendimento da Terceira Turma deu-se em 2017, no julgamento do REsp 1644405,[11] relatado pela Ministra Nancy Andrighi. Tratava-se de caso em que os autores adquiriram, em 19.06.2012, um biscoito recheado. Ocorre que, dentro do produto, encontrava-se uma aliança. O filho dos demandantes, à época com oito anos de idade, ao mastigar o produto, percebeu o objeto, cuspindo-o antes de engolir. Asseverou-se, no acórdão mencionado, que o entendimento mais justo e adequado à legislação consumerista seria aquele que dispensa a ingestão do corpo estranho indevidamente presente nos alimentos, para fins de caracterização do dano extrapatrimonial. Neste sentido, a mera existência do objeto sujeitou os autores à ocorrência de diversos tipos de danos. A lesão indenizável, portanto, decorreria do risco a que fora exposto o consumidor. A questão da ingestão seria relevante apenas na fase de quantificação da indenização.

A partir deste julgado, a Terceira Turma do STJ consolidou o entendimento de que a aquisição de produto alimentar contendo em seu interior corpo estranho, expondo o consumidor à risco concreto de lesão à saúde e segurança, ainda que não ocorra a ingestão de seu conteúdo, dá direito à compensação por dano moral, em razão da ofensa ao direito fundamental à alimentação adequada, corolário do princípio da dignidade da pessoa humana.[12] A tese restou confirmada no REsp 1744321/RJ,[13] também de relatoria

---

5. AgRg no AREsp 1305512/SP, Rel. Min. Luís Felipe Salomão, 4ª T., j. 20.06.2013, *DJe* 28.06.2013.
6. REsp 1395647/SC, Rel. Min. Ricardo Villas Bôas Cueva, 3ª T., j. 18.11.2014, *DJe* 19.12.2014.
7. Sob o fundamento de que a ausência de ingestão de objeto estranho não implica desrespeito à dignidade da pessoa humana, a 3ª Turma do STJ manteve firme o seu entendimento no sentido de que a situação não caracteriza dano extrapatrimonial indenizável (AgRg no AREsp 662222/SE, Rel. Min. João Otávio de Noronha, 3ª T., j. 01.09.2015, *DJe* 04.09.2015).
8. AgRg no Ag 276671/SP, Rel. Min. Carlos Alberto Menezes Direito, 3ª T., j. 04.04.2000, *DJ* 08.05.2000.
9. No mesmo sentido, cf. STJ, AgInt no REsp 1597890/SP, Rel. Min. Moura Ribeiro, 3ª T., j. 27.09.2016, *DJe* 14.10.2016.
10. AgRg no AREsp 489030/SP, Rel. Min. Luis Felipe Salomão, 4ª T., j. 16.04.2015, *DJe* 27.04.2015.
11. REsp 1644405/RS, Rel. Min. Nancy Andrighi, 3ª T., j. 09.11.2017, *DJe* 17.11.2017.
12. A propósito, cf. AgInt no REsp 1558010/MG, Rel. Min. Moura Ribeiro, 3ª T., j. 06.03.2018, *DJe* 12.03.2018.
13. REsp 1744321/RJ, Rel. Min. Nancy Andrighi, 3ª T., j. 05.02.2019, *DJe* 08.02.2019.

da Ministra Nancy Andrighi,[14] no caso em que o consumidor comprou, em determinada loja de varejo, bombons que continham larvas em seu interior, mas não houve a ingestão do produto.

Em que pese a alteração de entendimento da Terceira Turma, a Quarta Turma se manteve firme no sentido de afirmar que, "ausente a ingestão do produto considerado impróprio para o consumo, em virtude da presença de corpo estranho no alimento, não se configura o dano moral indenizável". Em 2019, julgou-se caso semelhante ao anteriormente relatado,[15] decidido pela Terceira Turma. Foi constatada a existência de larva viva no chocolate "Caribe", produzido pela ré. Registrou-se que, em que pese o posicionamento contrário da Terceira Turma, a Quarta Turma teria entendimento consolidado no sentido que é necessária a ingestão do produto para a configuração do dano moral indenizável.

Mantida a divergência entre as turmas, o tema foi levado à julgamento pela Segunda Seção do STJ.[16] O caso versava sobre a presença de corpo estranho (conglomerado de fungos, insetos e ácaros) em alimento comercializado pelas rés (pacote de arroz). A relatora ressaltou que a jurisprudência da Terceira Turma evoluiu seu posicionamento, passando a reconhecer o dano moral indenizável não apenas nas hipóteses de ingestão do produto alimentício, mas também nos casos em que ele não chega a ser consumido, pois, em tais situações, há exposição do consumidor a risco concreto de lesão à sua saúde e segurança, configurando-se o dano moral pela ofensa ao direito à fundamental à alimentação adequada. A imputação da responsabilidade do fornecedor estaria relacionada, assim, à frustração da razoável expectativa de segurança do consumidor.

No que concerne à existência do dano extrapatrimonial, sublinhou-se que, não obstante sentimentos negativos decorrentes da exposição ao alimento contaminado sejam aptos à desencadear abalo psicológico, tem-se reconhecido, na jurisprudência do STJ, a possibilidade de compensação independentemente de demonstração de dor ou sofrimento, traduzindo-se a lesão extrapatrimonial na consequência *in re ipsa*, "intrínseca à própria conduta que injustamente atinja alguns aspectos da dignidade do ser humano".

Único integrante da Quarta Turma a acompanhar a relatora, o Ministro Marco Buzzi apresentou ressalvas de fundamentação, aduzindo que a circunstância da ingestão

---

14. Em outro caso, envolvendo a presença de corpo estranho – "semelhante a um inseto em decomposição ou uma espécie de sacola plástica", dentro de uma garrafa de Coca-Cola, entendeu-se que haveria ofensa ao direito fundamental à alimentação adequada (REsp 17680095/MG, Rel. Min. Nancy Andrighi, 3ª T., j. 07.05.2019, *DJe* 09.05.2019).
15. AgInt no REsp 1797805/PR, Rel. Min. Raul Araújo, 4ª T., j. 21.05.2019, *DJe* 06.06.2019. Confira-se, ainda, a propósito, no mesmo sentido: AgInt no REsp 1765845/SP, Rel. Min. Raul Araújo, 4ª T., j. 28.05.2019, *DJe* 14.06.2019; AgInt no REsp 1865253/SP, Rel. Min. Raul Araújo, 4ª T., j. 10.08.2020, *DJe* 26.08.2020; AgInt no REsp 1877119/MG, Rel. Min. Raul Araújo, 4ª T., j. 30.11.2020, *DJe* 18.12.2020; AgInt no AgInt no REsp 181476/MG, Rel. Min. Luis Felipe Salomão, 4ª T., j. 19.04.2021, *DJe* 26.04.2021; AgInt no REsp 1897310/RS, Rel. Min. Antonio Carlos Ferreira, 4ª T., j. 16.08.2021, *DJe* 19.08.2021.
16. REsp 1899304/SP, Rel. Min. Nancy Andrighi, 2ª Seção, j. 25.08.2021, *DJe* 04.10.2021.

acidental do alimento não se mostra pertinente como requisito à configuração do dano reparável, visto que há hipóteses nas quais, ainda que não tenha havido o consumo do produto alimentício, cumpre admitir o direito à indenização. Sustentou que devem ser reconhecidos casos de menor importância, de modo que a mera presença de corpo estranho nos gêneros alimentícios não pode ser considerado dano moral *in re ipsa*. Para a caracterização do dano moral, o material tem de ter o condão – potencial tecnicamente demonstrado – de causar risco à saúde ou integridade física do consumidor, caso ingerido, manuseado ou utilizado. Deste modo, dois seriam os requisitos para a constatação do dano moral indenizável: (a) o corpo estranho presente no alimento seja distinto da substância ou constituição natural do alimento; e (b) capaz – por prova bastante – de causar risco à saúde ou incolumidade física do consumidor caso ingerido, manuseado ou utilizado.

O Ministro Luis Felipe Salomão, inaugurando a divergência, defendeu ser equivocado o entendimento de que a imputação da responsabilidade do fornecedor por defeito do produto está correlacionada à frustração da razoável expectativa de segurança do consumidor. Segundo o ministro, a configuração do dano moral apenas se verifica com o "ataque concreto a um direito da personalidade". Neste sentido, não se deveria aproximar o reconhecimento do dano extrapatrimonial em situações de responsabilidade por "mera conduta", não bastando, para a caracterização do dano, a constatação do ilícito praticado. Por fim, sustentou que não viceja a argumentação de que, reconhecida a abusividade ou a ilicitude, os danos seriam *in re ipsa*.

Ao final, por maioria de votos, decidiu-se que a presença de corpo estranho em alimento industrializado viola a razoável expectativa de segurança do produto, expondo o consumidor a riscos concretos, ensejando direito de indenizar.

Após a sedimentação do posicionamento pela Segunda Seção, a Quarta Turma passou a adotar o posicionamento da desnecessidade da ingestão do alimento contaminado para fins de caracterização do dano moral indenizável. No AgInt no REsp 1879416/SC,[17] o Ministro Luis Felipe Salomão, ressalvando o seu entendimento pessoal, entendeu, em nome da segurança jurídica, que, no caso da presença de filamento de natureza desconhecida em ovo de Páscoa, estaria caracterizado o dever de indenizar, sob o fundamento de que o consumidor foi exposto a risco concreto de lesão à sua saúde e à sua incolumidade física. Em julgados posteriores, o STJ seguiu este entendimento.[18]

---

17. AgInt no REsp 1879416/SC, Rel. Min. Luis Felipe Salomão, 4ª T., j. 21.09.2021, *DJe* 27.09.2021.
18. A propósito, cf. AgInt no REsp 1927719/DF, Rel. Min. Marco Aurélio Belizze, 3ª T., j. 14.02.2022, *DJe* 21.02.2022; AgInt no REsp 1949473/SP, Rel. Min. Ricardo Villas Bôas Cueva, 3ª T., j. 14.03.2022, *DJe* 18.03.2022; AgInt no EREsp 1901134/CE, Rel. Min. Raul Araújo, 2ª Seção, j. 17.05.2022, *DJe* 14.06.2022; AgInt nos EDV nos EREsp 1877119/MG, Rel. Min. Nancy Andrighi, 2ª Seção, j. 14.06.2022, *DJe* 17.06.2022; AgInt no REsp 1969674/SP, Rel. Min. Ricardo Villas Bôas Cueva, 3ª T., j. 27.06.2022, *DJe* 30.06.2022.

3. DANO COMO PRESSUPOSTO INAFASTÁVEL DA RESPONSABILIDADE CIVIL

Com o movimento de expansão da responsabilidade civil,[19] tem-se testemunhado a eclosão de diversas novas funções a esta atribuídas,[20] relegando-se o escopo reparatório a um segundo plano, subvertendo as bases conceituais do instituto. Acentua-se, nesta toada, as funções punitiva[21] e preventiva[22] da indenização, alçadas, agora, a finalidades precípuas da responsabilidade civil.[23] Dentre as diversas flexibilizações dos pressupostos do dever de indenizar, a exigência do dano também não tem passado incólume às críticas doutrinárias, sendo ainda mitigada a sua imprescindibilidade pela jurisprudência.

Diversos subterfúgios têm sido utilizados para afastar a necessidade de comprovação do dano. Em primeiro lugar, tem-se sustentado a relevância de os ordenamentos jurídicos priorizarem a aplicação dos princípios da prevenção e da precaução, com o escopo de conter a sua ocorrência, especialmente quando se mostrarem comprovados ou altamente prováveis. Dever-se-ia, segundo este posicionamento, operar uma inversão fundamental, no sentido de enxergar o dano "pelo retrovisor", intentando-se evitar a sua efetivação.[24]

Enquanto o princípio da prevenção fundar-se-ia na existência de um risco concreto, o princípio da precaução teria por base um risco abstrato. Caracterizar-se-ia, nesta última hipótese, a denominada "responsabilidade civil sem dano", renovando-se a responsa-

---

19. A expansão desenfreada da responsabilidade civil e ausência de limites claros à reparação dos danos não constituem fenômenos exclusivos do direito brasileiro, embora adquira, em território nacional, contornos peculiares. Na França, reconhece-se que as regras sobre responsabilidade civil são formuladas em termos bem gerais. Esta circunstância propicia espaço para a discrição judicial e conduz ao resultado paradoxal de que a responsabilidade civil francesa é, de fato, altamente casuística (BORGHETTI, Jean-Sébastien; WHITTAKER, Simon. Introduction. In: BORGHETTI, Jean-Sébastien; WHITTAKER, Simon (Ed.). *French civil liability in comparative perspective*. Oxford; London; New York; New Delhi; Sydney: Hart Publishing, 2019, p. 6).
20. Nelson Rosenvald defende o estabelecimento de três funções para a responsabilidade civil: a) função reparatória; b) função punitiva; c) função precaucional. Afirma o autor que certamente há uma função preventiva subjacente às três anteriores, sustentando, entretanto, que a prevenção deve ser considerada um princípio do direito de danos e não propriamente uma quarta função (ROSENVALD, Nelson. *As funções da responsabilidade civil*: a reparação e a pena civil. São Paulo: Saraiva, 2017, p. 95).
21. Defendendo uma alteração legislativa, que permita a aplicação da indenização punitiva no direito brasileiro, cf. DAL PIZZOL, Ricardo. *Responsabilidade civil*: funções punitiva e preventiva. Indaiatuba: Foco, 2020, p. 290; HIGA, Flávio da Costa. *Responsabilidade civil punitiva*: os "punitive damages" no direito brasileiro. Rio de Janeiro: Lumen Juris, 2016, p. 307.
22. Acerca da diferenciação entre as funções punitiva e preventiva, cf. CODERCH, Pablo Salvador; PALOU, Maria Teresa Castiñeira. *Prevenir y castigar*: libertad de información y expresión, tutela del honor y funciones del derecho de daños. Madrid: Marcial Pons, 1997, p. 9.
23. No direito alemão, discute-se se a indenização teria uma função de satisfação (*Genugtuungfunktion*), ao lado da função compensatória (FUCHS, Maximilian; PAUKER, Werner; BAUMGÄRTNER, Alex. *Delikts – und Schadensersatz*. 9. Auflage. Berlin; Heidelberg: Springer, 2017, p. 57). A função punitiva, entretanto, é estranha ao direito tedesco (EKKENGA, Jens; KUNTZ, Thilo. Vor § 249. *Soergel*: Kommentar zum Bürgerlichen Gesetzbuch. Band 3/2. 13. Auflage. Stuttgart: W. Kohlhammer, 2014, p. 44). Há quem sustente, contudo, que satisfação é pena privada (KERN, Bernd-Rüdiger. A função de satisfação na indenização do dano pessoal: um elemento penal na satisfação do dano? *Revista da Faculdade de Direito de UFRGS*, v. 17, p. 25-46, 1999).
24. VENTURI, Thaís Goveia Pascoaloto. *Responsabilidade civil preventiva*: a proteção contra a violação dos direitos e a tutela inibitória material. São Paulo: Malheiros, 2014, p. 249.

bilidade civil, agora comprometida com a prevenção de futuras e graves lesões. Antes as dificuldades apresentadas pela aplicação dos princípios indicados, apela-se para os princípios da proporcionalidade e da razoabilidade, limitando-se, assim, a incidência de um viés precaucional sem limites.[25]

Defende-se, nesta toada, ao lado dos mecanismos inibitórios processuais, a existência de uma "tutela inibitória material", apta a, independentemente de qualquer intervenção judicial, implementar mecanismos mais adequados e eficazes objetivando a prevenção contra a violação dos direitos subjetivos. A "tutela inibitória material" poderia ser compreendida como "a pura proteção gerada pelo próprio direito material contra a violação e para a realização da integralidade dos direitos subjetivos, tanto quanto possível e razoável (...)".[26] Constituiriam mecanismos inibitórios materiais, exemplificativamente, a garantia do exercício da autotutela para proteção de direitos fundamentais, a imputação de responsabilidade civil objetiva, a implementação de instrumentos sancionatórios, como as multas civis, e o caráter punitivo-pedagógico da responsabilidade civil como forma de prevenção à violação de direitos.[27]

Ancorada na expansão das funções da responsabilidade civil, parcela da doutrina defende ainda a "cisão parcial" do instituto, subtraindo desta disciplina parte relevante da dinâmica relativa às indenizações. Ao chamado "direito das condutas lesivas" caberia estudar e pesquisar o ilícito sob o ponto de vista de suas causas, ou seja, a conduta do agente, tomando como norte interpretativo a possibilidade de dissuadir o comportamento faltoso. Por sua vez, o "direito dos danos"[28] se ocuparia das regras concernentes ao processo de indenização da vítima.[29]

Na visão de Daniel Levy,[30] o "direito dos danos" concentrar-se-ia no processo de reparação das lesões, a cargo quase que exclusivamente de mecanismos extrajudiciais, focando-se o juiz na caracterização da conduta lesiva e na prevenção de novos ilícitos, debruçando-se sobre as novas funções da responsabilidade civil. Sustenta o autor que estas novas funções, em um futuro próximo, serão exclusivas da responsabilidade civil. Neste sentido, a culpa reassumiria um papel de destaque como fator de análise da conduta do agente ofensor, tendo em vista que a modalidade objetiva seria totalmente absorvida pelos mecanismos indenizatórios.

---

25. VENTURI, Thaís Goveia Pascoaloto. *Responsabilidade civil preventiva* ..., cit., p. 262-268.
26. VENTURI, Thaís Goveia Pascoaloto. *Responsabilidade civil preventiva* ..., cit., p. 284.
27. VENTURI, Thaís Goveia Pascoaloto. *Responsabilidade civil preventiva* ..., cit., p. 285-361.
28. "Essas transformações jurídicas e metajurídicas vêm acompanhadas também de um câmbio na linguagem da responsabilidade civil. Há quem defenda a adoção da terminologia direito de danos, à moda do que ocorre na Argentina, país onde mais celeremente a responsabilidade civil foi contagiada pelos fatores metajurídicos assinalados. Percebe-se uma nova gramática dos elementos e pressupostos da responsabilidade civil, com o objetivo de, sob rótulos diferentes, proceder-se à justificação de algumas soluções flexibilizadoras" (RODRIGUES JUNIOR, Otavio Luiz. Nexo causal probabilístico: elementos para a crítica de um conceito. *Revista de Direito Civil Contemporâneo*, v. 8, ano 3, p. 115-137, jul.-set./2016).
29. LEVY, Daniel de Andrade. *Responsabilidade civil*: de um direito dos danos a um direito das condutas lesivas. São Paulo: Atlas, 2012, p. 217-227.
30. LEVY, Daniel de Andrade. *Responsabilidade civil*..., cit., p. 229.

Também Teresa Ancona Lopez,[31] amparada nos ensinamentos de Catherine Thibierge[32] advoga a tese de que atualmente é viável se falar em uma responsabilidade civil reparatória e uma responsabilidade civil preventiva, sendo perfeitamente possível uma responsabilidade civil sem dano. Defende a autora a existência do denominado "dano de risco", caracterizado pela ameaça ou risco de danos graves e irreversíveis. Fornece o exemplo de pessoas que tiveram contato com o vírus da AIDS, não sendo possível averiguar, naquele momento, se o exame iria dar positivo ou não. Cita ainda o caso da hepatite C, havendo um lapso temporal muito extenso entre o contágio e o desenvolvimento da doença. Nestes casos, o dano consistiria no próprio risco criado à vítima.

Outro subterfúgio bastante utilizado para se escapar à comprovação do dano é a invocação da figura do "dano moral presumido" ou "dano moral *in re ipsa*",[33] citado como justificativa, em alguns casos acima citados, para conceder a indenização nas hipóteses de não ingestão do produto contaminado. O dano extrapatrimonial *in re ipsa* decorreria inevitavelmente da ilicitude perpetrada, como nos casos de negativação indevida do nome do consumidor em cadastros de inadimplentes e na morte de um familiar.[34] A mera alusão à ocorrência do dano moral presumido, ainda que desprovida de quaisquer critérios objetivos de demarcação da responsabilidade, tem se mostrado suficiente na determinação do dever de indenizar.

O dano,[35] no direito brasileiro, constitui pressuposto inafastável da responsabilidade civil.[36] As elaborações que buscam a sua desconsideração, ainda que em hipóteses excepcionais, constituem artifícios que visam à concessão da indenização mediante

---

31. LOPEZ, Teresa Ancona. *Princípio da precaução e evolução da responsabilidade civil*. São Paulo: Quartier Latin, 2010, p. 133-140.
32. THIBIERGE, Catherine. Libres propos sur l'évolution du droit de la responsabilité. *Revue Trimestrielle de Droit Civil*, n. 3, p. 561-584, jul./set. 1999. Diz-se que, em certos casos, a mera presença de um risco é a fonte do dano resultante do receio que ele se materialize. Isso não significa, segunda essa visão, que o dano seja inexistente; em realidade, ele estaria implicado no risco e faria parte de uma lógica dupla de prevenção e reparação (VINEY, Geneviève; JOURDAIN, Patrice; CARVAL, Suzanne. *Les conditions de la responsabilité*. 4. ed. Paris: LGDJ, 2013, p. 6).
33. Para uma crítica à utilização do "dano moral *in re ipsa*" em casos de descumprimento no âmbito do contrato de transporte aéreo (ex. atrasos de voos e extravios de bagagem), cf. DANTAS BISNETO, Cícero. Dano moral presumido (*in re ipsa*) no âmbito do contrato de transporte aéreo: uma análise das inovações trazidas pela Lei 14.034/20. Revista de direito do consumidor, ano 30, v. 137, p. 217-242, set./out. 2021.
34. "(...) é possível presumir a existência de danos em algumas situações, o que dispensará a produção de outras provas. Trata-se dos danos presumidos, também chamados de danos *in re ipsa* (assim designados por tratar-se de danos comprováveis apenas do próprio fato" (OLIVEIRA, Carlos E. Elias; COSTA-NETO, João. *Direito civil*: volume único. Rio de Janeiro: Forense; Método, 2022, p. 835).
35. A doutrina alemã costuma dividir o conceito de dano em sentido natural (*Natürlicher Schadensbegriff*) e em sentido jurídico (*Normativer Schaden*). No primeiro caso, dano é considerado qualquer perda que alguém sofra como resultado de um determinado evento em seus bens, como a saúde, honra ou propriedade. No entanto, ao delimitar o conceito de dano, os valores das normas a serem aplicadas também devem ser levadas em consideração (GRÜNEBERG, Christian. Vorb v § 249. *Palandt*: bürgerliches Gesetzbuch. 79. Auflage. München: C.H. Beck, 2020, p. 289).
36. "A ideia de dano está no centro do instituto da responsabilidade civil, ligando-se muito proximamente ao valor que historicamente é dado à pessoa e suas relações com os demais bens da vida" (MARTINS-COSTA, Judith. Os danos à pessoa no direito brasileiro e a natureza de sua reparação. *Revista da Faculdade de Direito de UFRGS*, v. 19, p. 181-207, mar. 2021).

a utilização de juízos casuísticos de equidade, sem qualquer amparo na dogmática.[37] A mitigação da exigência do dano, como requisito para a configuração do dever de indenizar, deve ser enxergado dentro do movimento de alargamento, sem fronteiras, da responsabilidade civil, em fenômeno que se tem denominado de "erosão dos filtros tradicionais da reparação".[38]

Ocorre que, ainda que se aceite as funções preventiva e punitiva como ínsitas à responsabilidade, devem estas ser consideradas funções acessórias, decorrentes da reparação integral ou adequada[39] ou dano e não a sua finalidade principal. Como bem advertia Larenz,[40] a prevenção pode ser considerada, se não como objetivo principal (*Hauptzweck*), então pelo menos como uma consequência lateral (*Nebenprodukt*) desejada da reparação. Não constitui, entretanto, o princípio fundamental da responsabilidade civil. O que é comum a todos os casos é que o lesado deve receber uma indenização pelos danos causados a ele. Esta, no entanto, não é determinada pelo princípio sancionatório ou preventivo,[41] mas pelo princípio da compensação.

Não se há de acolher a ideia, portanto, da chamada "responsabilidade civil sem dano". Com efeito, não cabe à responsabilidade civil combater qualquer e todo ilícito, mas apenas aquele que redunde em um dano à vítima. A outros ramos do direito, como o penal e o administrativo, competem a aplicação de sanções, ainda que não evidenciada a lesão. A reparação civil, além de constituir um efeito mais brando em relação à penal e à administrativa, "denota sua vocação para cuidar tão somente dos danos realizados",[42] servindo estes como balizadores de suas fronteiras.

Neste sentido, o risco, per se, não deve ser considerado um dano suportado pela vítima,[43] podendo a sua concretização ser obstada por outros mecanismos, como a tutela

---

37. "Sem dúvida, o juiz não opera (ou não deveria operar) sem dogmática. Ele dela se serve, de um lado por um imperativo de conveniência, uma espécie de função de alívio, ou descarga (*Entlastung*), já que o trabalho prévio da dogmática apresenta o sistema jurídico, ao qual deverá tomar as normas que comporão a decisão, de forma, se não inteiramente pronta, ao menos suficientemente processada para aligeirar seu trabalho" (AUBERT, Eduardo Henrik. *Ensaio sobre a dogmática jurídica*. São Paulo: Almedina, 2022, p. 33).
38. SCHREIBER, Anderson. *Novos paradigmas da responsabilidade civil*: da erosão dos filtros da reparação à diluição dos danos. 5. ed. São Paulo: Atlas, 2013, p. 11.
39. No caso dos danos extrapatrimoniais, prefere-se a utilização do denominado "princípio da reparação adequada", ante à inaplicabilidade do princípio da reparação integral a este tipo de lesão. A respeito, cf. DANTAS BISNETO, Cícero. *Formas não monetárias de reparação do dano moral*: uma análise do dano extrapatrimonial à luz do princípio da reparação adequada. Florianópolis: Tirant Lo Blanch, 2019, p. 171-182.
40. LARENZ, Karl. *Lehrbuch des Schuldrechts*: Allgemeiner Teil. 14. Auflage. München: C. H. Beck'sche Verlagsbuchhandlung, 1987, Band I, p. 423-423.
41. Afirma-se que a ideia de prevenção, dentro de seu campo de aplicação, fornece uma base fundamental para o princípio da reparação total (EKKENGA, Jens; KUNTZ, Thilo. Vor § 249. *Soergel*: Kommentar zum Bürgerlichen Gesetzbuch. Band 3/2. 13. Auflage. Stuttgart: W. Kohlhammer, 2014, p. 43).
42. CARRÁ, Bruno Leonardo Câmara. *Responsabilidade civil sem dano*: uma análise crítica: limites epistemológicos a uma responsabilidade civil preventiva ou por simples conduta. São Paulo: Atlas, 2015, p. 274.
43. Andreas von Thur acentua que, no caso de condutas que ponham em perigo direitos alheios, tal comportamento, por si só, não está proibido, surgindo, entretanto, a obrigação de impedir a ocorrência do possível dano ou repará-lo, caso se concretize (THUR, Andreas von. *Derecho civil*: teoría general del derecho civil alemán. Buenos Aires: Editorial Depalma, 1948, v. 3, parte 2, p. 158).

inibitória e a tutela reintegratória (de remoção do ilícito).[44] De fato, não há cabimento em aguardar a ocorrência do dano para que a prestação jurisdicional seja invocada. No entanto, a inibição e a remoção do ilícito estão a cargo de técnicas processuais aptas a tutelar adequadamente os direitos e realizar o desejo preventivo do direito material. A confusão entre ilícito e dano leva à equivocada conclusão de que toda ação processual dirigida contra o ilícito é ação ressarcitória ou de reparação.[45]

Também a mera alusão, sem a fixação de critérios objetivos, ao dano moral presumido ou *in re ipsa*, permite ao julgador imputar responsabilidade a determinado agente segundo parâmetros meramente intuitivos. Na prática, a figura do dano extrapatrimonial *in re ipsa* é utilizada de forma extremamente discricionária, beirando o mero arbítrio do intérprete, que vislumbra nesta um caminho facilitado para a indenização, sem a necessidade de apontar qualquer tipo de fundamentação mais elaborada. São desconhecidos critérios dogmáticos determinados que permitam segregar os casos em que o dano moral deve ser presumido.[46]

Assim é que não se pode concluir que a mera presença de um corpo estranho em produto alimentício configure, por si só, dano extrapatrimonial ao consumidor, sob o frágil argumento, encampado pelo STJ, de que houve exposição a risco concreto de lesão à saúde e segurança, bem como ofensa ao direito à fundamental à alimentação adequada. Como bem ressaltado pelo Ministro Luis Felipe Salomão, no julgamento do REsp 1899304/SP,[47] citado anteriormente, tal entendimento acaba por resultar na aceitação da ideia de uma "responsabilidade civil por mera conduta", independentemente da violação de um concreto direito da personalidade.

Também o uso da figura do dano moral *in re ipsa* se apresenta artificiosa nesses casos. Em primeiro lugar, pois, como afirmado, a mera menção à presunção do dano não permite apartar as hipóteses em que configurado o dano extrapatrimonial daquelas em que não se caracterizou o evento lesivo. Trata-se, em realidade, de uso de argumento puramente retórico, desprovido de qualquer substrato objetivo, deixando a apreciação dos casos ao livre arbítrio do julgador, sem a fixação de balizas hermenêuticas que permitam o controle racional das decisões. Em acréscimo, a adoção da teoria do dano moral *in re ipsa* igualaria todas as situações de presença de corpo

---

44. "A distinção entre ilícito e fato danoso corresponde à diferença entre tutela reintegratória e tutela ressarcitória, a primeira dirigida a eliminar uma situação de ilicitude e a segunda destinada a reparar o dano provocado pelo ilícito, ainda que tal reparação possa se dar na forma específica e não pelo equivalente monetário ao valor do dano" (MARINONI, Luiz Guilherme. *Tutela específica*: arts. 461, CPC e 84, CDC. 2. ed. São Paulo: Ed. RT, 2001, p. 132-133).
45. MARINONI, Luiz Guilherme. *Técnica processual e tutela dos direitos*. 7. ed. São Paulo: Thomson Reuters Brasil, 2020, p. 185.
46. " Assim como para haver dano patrimonial não basta à vítima demonstrar que o réu agiu de forma antijurídica, trazendo risco à propriedade alheia, cumprindo-lhe provar que o seu patrimônio foi concretamente afetado, para haver dano extrapatrimonial não é suficiente que a vítima prove ter o réu se conduzido de forma a causar risco à sua privacidade, imagem, integridade física etc.; Exige-se a prova da concreta afetação (*rectius*: lesão) da sua privacidade, da sua imagem, de sua integridade física ou de qualquer outro aspecto da personalidade" (SCHREIBER, Anderson. *Novos paradigmas da responsabilidade civil*...cit., p. 206).
47. REsp 1899304/SP, Rel. Min. Nancy Andrighi, 2ª Seção, j. 25.08.2021, *DJe* 04.10.2021.

estranho em que não houve a ingestão do produto, embora diversos cenários possam se apresentar na realidade fática.

Parece acertada a afirmação do Ministro Marco Buzzi, em voto registrado no recurso especial indicado, de que, mesmo em certas hipóteses, ainda que restritas, em que não houve a ingestão do alimento, é possível se vislumbrar a ocorrência do dano extrapatrimonial. Para a configuração do dever de indenizar, faz-se necessário que algum direito da personalidade tenha sido violado,[48] atentando-se o julgador para a gravidade da lesão,[49] eis que ofensas insignificantes[50] não são tuteladas pelo ordenamento, integrando o próprio risco geral da vida.[51]

Em regra, deve prevalecer a ideia de que a simples aquisição de produto alimentar contendo objeto estranho não configura o dever de indenizar, uma vez que não há qualquer transgressão concreta a direito da personalidade. A mera existência de um inseto em uma garrafa ou lata de refrigerante, ou de uma larva em um chocolate, para ficar nos exemplos dos casos acima examinados, não parecem violar, com a gravidade exigida,[52] direito personalíssimo do consumidor.

Não se está a afirmar, com tal proposição, que o direito fundamental à alimentação adequada e a razoável expectativa de segurança do consumidor não devam ser tutelados,

---

48. LÔBO, Paulo Luiz Netto. Danos morais e direitos da personalidade. *Revista trimestral de direito civil*, n. 6, p. 79-97, abr./jun., 2001, p. 95; BREBBIA, Roberto H. *El daño moral*: doctrina, legislación y jurisprudencia. Buenos Aires: Editorial Bibliografica Argentina, 1950, p. 73.
49. MONTEIRO FILHO, Carlos Edison do Rêgo. O conceito de dano moral e as relações de trabalho. *Civilistica.com*. Rio de Janeiro, a. 3, n. 1, p. 1-15, jan.-jun./2014. Adotam a gravidade da ofensa como requisito à configuração do dano extrapatrimonial, a título de exemplo, o art. 496 do Código Civil português e o art. 49 do Código Suíço das Obrigações. Eis o teor da norma portuguesa: Art. 496. "Na fixação da indemnização deve atender-se aos danos não patrimoniais que, pela sua gravidade, mereçam a tutela do direito". Por sua vez, dispõe o art. 49 do Código Suíço das Obrigações: *"Art. 49. 1. Wer in seiner Persönlichkeit widerrechtlich verletzt wird, hat Anspruch auf Leistung einer Geldsumme als Genugtuung, sofern die Schwere der Verletzung es rechtfertigt und diese nicht anders wiedergutgemacht worden ist. 2. Anstatt oder neben dieser Leistung kann der Richter auch auf eine andere Art der Genugtuung erkennen"*. Em tradução livre: "Art. 49. 1. Quem, em sua personalidade, for ilicitamente lesado, tem pretensão a uma compensação em dinheiro a título de satisfação, desde que seja justificada pela gravidade da lesão e não tiver sido reparada de outra forma. 2. Ao invés, ou além desse pagamento, pode o juiz conceder outra forma de satisfação".
50. Os danos meramente bagatelares (*Bagattelschäden*) não dão ensejo a pretensões indenizatórias (PEREIRA, Rui Soares. *A responsabilidade por danos não patrimoniais*: do incumprimento das obrigações no direito civil português. Coimbra: Coimbra Editora, 2009, p. 133).
51. A noção é trabalhada especialmente pela doutrina alemã, funcionando como critério de exclusão de responsabilidade (STRAUCH, Robert G. Die Haftung des Verfolgten für Schäden des Verfolgers aus § 823 Abs. 1 BGB: Zugleich Anmerkung zum Urteil des BGH vom 3.7.1990 (VI ZR 33/90) VersR 91, 111. *Versicherungsrecht*, Heft 22, p. 932-937, 1992). Segundo essa ideia, existem certos riscos que estão tão associados à nossa forma de viver que não são percebidos como resultado de um evento, ainda que eles se materializem devido a uma circunstância que, por si só, obriga à indenização (LANGE, Hermann; SCHIEMANN, Gottfried. *Schadensersatz*. 3. ed. Tübingen: Mohr Siebeck, 2003, p. 131). O risco geral da vida (*allgemeines Lebensrisiko*) se relaciona com o acaso, no sentido de que ninguém deve responder pelo que ocorre acidentalmente, de modo que o titular do bem jurídico deve suportar, em regra, as perdas (DEUTSCH, Erwin. Das "allgemeine Lebensrisiko" als negativer Zurechnungsgrund. *Versicherungsrecht*, 44. Jahrg., Heft 25, p. 1041-1088, 1993).
52. "O que se há de exigir como pressuposto comum da reparação do dano não patrimonial, incluído, pois, o moral, é a gravidade (cf. Código suíços das Obrigações, art. 49, alínea 1ª), além da ilicitude" (PONTES DE MIRANDA, Francisco Cavalcanti. *Tratado de direito privado*. 3. ed. 2. reimp. São Paulo: Ed. RT, 1984, t. 26, p. 34).

mas apenas que a responsabilidade civil não constitui o *locus* adequado para prevenir e punir as condutas negligentes dos fornecedores. Compete aos órgãos reguladores, como a Anvisa (Agência Nacional de Vigilância Sanitária[53]), na seara administrativa, e ao órgão de persecução penal, na esfera criminal, adotar as providências cabíveis para evitar futuras comportamentos ilícitos e sancionar os infratores. Também é possível que os entes legitimados façam uso das tutelas inibitória e de remoção do ilícito para fins de afastar o risco existente.

Em algumas hipóteses, no entanto, há de ser reconhecido o dano extrapatrimonial, mesmo que o corpo estranho não tenha sido ingerido. É o caso dos profissionais que, na inauguração de seu escritório de contabilidade, abriram uma cerveja contendo uma minhoca em seu interior. Parece clara, nesta situação, a violação à honra ou reputação[54] dos lesados, de modo que a violação ao direito da personalidade conduz ao dever de reparação. Tem-se, assim, que a mera presença do corpo estranho não tem o condão, per se, de infringir direito da personalidade, devendo ser analisada a peculiaridade do caso concreto.

4. CONCLUSÕES

O presente estudo teve por escopo analisar se a simples existência de objeto estranho em produto alimentar caracteriza o dano extrapatrimonial. Tem-se afirmado, com frequência, especialmente no âmbito jurisprudencial, que a mera presença de matéria estranha ensejaria o dever de indenizar, sob o fundamento de que a responsabilidade civil exerce uma série de funções, além da estritamente reparatória, como a preventiva e a punitiva, de modo que competiria a este instituto primar pela inibição de condutas ilícitas potencialmente perigosas.

Investigou-se a evolução do tema na jurisprudência do STJ, verificando-se que, inicialmente, a matéria não se encontrava pacificada no âmbito do tribunal. Enquanto a Terceira Turma, a partir de 2017, passou a sustentar que a lesão indenizável decorreria do próprio risco a que fora exposto o consumidor, sendo a questão da ingestão irrelevante para fins de configuração do dano extrapatrimonial, a Quarta Turma manteve o entendimento de que seria necessário o consumo do produto alimentar. A matéria foi aparentemente pacificada a partir do julgamento, pela Segunda Seção, do REsp 1899304/SP, de relatoria da Ministra Nancy Andrighi. Concluiu-se, nesta decisão, que a lesão imaterial resta caracterizada pela ofensa ao direito fundamental à alimentação adequada.

---

53. A Resolução da Diretoria Colegiada – RDC n. 14, de 28 de março de 2014, da Anvisa, dispõe sobre matérias estranhas macroscópicas e microscópicas em alimentos e bebidas, bem como seus limites de tolerância. A resolução pode ser acessada em: https://bvsms.saude.gov.br/bvs/saudelegis/anvisa/2014/rdc0014_28_03_2014.
54. Pontes de Miranda assevera que o dano à honra ou à reputação constituem danos concretos ou reais, caracterizando o sentido estrito de dano moral (PONTES DE MIRANDA, Francisco Cavalcanti. *Tratado de direito privado...*, cit., p. 24 e 31). Em outra passagem, afirma que também as pessoas jurídicas podem ter a sua reputação atingida, que não se confunde com a de seus membros e diretoria (PONTES DE MIRANDA, Francisco Cavalcanti. *Tratado de direito privado*. 3. ed. 2. reimp. São Paulo: Ed. RT, 1984, t. 54, p. 79).

Em seguida, sustentou-se que que o dano constitui pressuposto inafastável da responsabilidade civil, de forma que o mero risco não é suficiente para a configuração do dano extrapatrimonial. As funções punitiva e preventiva constituem meras consequência acessórias da reparação, não devendo ser consideradas finalidades precípuas do instituto, sob pena de seu desvirtuamento. Incabível o dever de indenizar, portanto, nas hipóteses de mera conduta ilícita, quando ausente dano concreto e grave a direito da personalidade. Também não se deve recorrer à figura meramente retórica do "dano moral *in re ipsa*", que, longe de contribuir com critérios objetivos para a demarcação da imputação, acentua a discricionariedade do julgador, que frequentemente acaba decidindo por razões de equidade.

Por fim, defendeu-se que, em regra, a simples presença de corpo estranho em produto alimentar não caracteriza o dano extrapatrimonial indenizável, salvo se violado direito personalíssimo do adquirente, como a sua integridade psicológica ou a sua reputação. A gravidade da lesão deve ser utilizada como parâmetro da configuração do dever indenizatório. A prevenção e a repressão às condutas potencialmente perigosas ficam à cargo das instâncias administrativas e penais competentes, franqueando-se ainda aos órgãos legitimados o uso das tutelas inibitória e de remoção do ilícito.

5. REFERÊNCIAS

AUBERT, Eduardo Henrik. *Ensaio sobre a dogmática jurídica*. São Paulo: Almedina, 2022.

BORGHETTI, Jean-Sébastien; WHITTAKER, Simon. Introduction. In: BORGHETTI, Jean-Sébastien; WHITTAKER, Simon (Ed.). *French civil liability in comparative perspective*. Oxford; London; New York; New Delhi; Sydney: Hart Publishing, 2019.

BREBBIA, Roberto H. *El daño moral*: doctrina, legislación y jurisprudencia. Buenos Aires: Editorial Bibliografica Argentina, 1950.

CARRÁ, Bruno Leonardo Câmara. *Responsabilidade civil sem dano*: uma análise crítica: limites epistemológicos a uma responsabilidade civil preventiva ou por simples conduta. São Paulo: Atlas, 2015.

CODERCH, Pablo Salvador; PALOU, Maria Teresa Castiñeira. *Prevenir y castigar*: libertad de información y expresión, tutela del honor y funciones del derecho de daños. Madrid: Marcial Pons, 1997.

DAL PIZZOL, Ricardo. *Responsabilidade civil*: funções punitiva e preventiva. Indaiatuba: Foco, 2020.

DANTAS BISNETO, Cícero. Dano moral presumido (*in re ipsa*) no âmbito do contrato de transporte aéreo: uma análise das inovações trazidas pela Lei 14.034/20. *Revista de direito do consumidor*, ano 30, v. 137, p. 217-242, set./out. 2021.

DANTAS BISNETO, Cícero. *Formas não monetárias de reparação do dano moral*: uma análise do dano extrapatrimonial à luz do princípio da reparação adequada. Florianópolis: Tirant Lo Blanch, 2019.

DEUTSCH, Erwin. Das "allgemeine Lebensrisiko" als negativer Zurechnungsgrund. *Versicherungsrecht*, 44. Jahrg., Heft 25, p. 1041-1088, 1993.

EKKENGA, Jens; KUNTZ, Thilo. Vor § 249. *Soergel*: Kommentar zum Bürgerlichen Gesetzbuch. Band 3/2. 13. Auflage. Stuttgart: W. Kohlhammer, 2014.

FUCHS, Maximilian; PAUKER, Werner; BAUMGÄRTNER, Alex. *Delikts – und Schadensersatz*. 9. Auflage. Berlin; Heidelberg: Springer, 2017.

GRÜNEBERG, Christian. Vorb v § 249. *Palandt*: bürgerliches Gesetzbuch. 79. Auflage. München: C.H. Beck, 2020.

KERN, Bernd-Rüdiger. A função de satisfação na indenização do dano pessoal: um elemento penal na satisfação do dano? *Revista da Faculdade de Direito de UFRGS*, v. 17, p. 25-46, 1999.

LANGE, Hermann; SCHIEMANN, Gottfried. *Schadensersatz*. 3. ed. Tübingen: Mohr Siebeck, 2003.

LARENZ, Karl. *Lehrbuch des Schuldrechts*: Allgemeiner Teil. 14. Auflage. München: C. H. Beck'sche Verlagsbuchhandlung, 1987, Band I.

LEVY, Daniel de Andrade. *Responsabilidade civil*: de um direito dos danos a um direito das condutas lesivas. São Paulo: Atlas, 2012.

LÔBO, Paulo Luiz Netto. Danos morais e direitos da personalidade. *Revista trimestral de direito civil*, n. 6, p. 79-97, abr./jun. 2001.

MARINONI, Luiz Guilherme. *Técnica processual e tutela dos direitos*. 7. ed. São Paulo: Thomson Reuters Brasil, 2020.

MARINONI, Luiz Guilherme. Tutela específica: arts. 461, CPC e 84, CDC. 2 ed. São Paulo: Editora Revista dos Tribunais, 2001.

MARTINS-COSTA, Judith. Os danos à pessoa no direito brasileiro e a natureza de sua reparação. *Revista da Faculdade de Direito de UFRGS*, v. 19, p. 181-207, mar./2021.

MONTEIRO FILHO, Carlos Edison do Rêgo. O conceito de dano moral e as relações de trabalho. Civilistica. com. Rio de Janeiro, a. 3, n. 1, p. 1-15, jan.-jun./2014.

OLIVEIRA, Carlos E. Elias; COSTA-NETO, João. *Direito civil*: volume único. Rio de Janeiro: Forense; Método, 2022.

PEREIRA, Rui Soares. *A responsabilidade por danos não patrimoniais*: do incumprimento das obrigações no direito civil português. Coimbra: Coimbra Editora, 2009.

PONTES DE MIRANDA, Francisco Cavalcanti. *Tratado de direito privado*. 3. ed. 2. reimp. São Paulo: Ed. RT, 1984. t. 26.

PONTES DE MIRANDA, Francisco Cavalcanti. *Tratado de direito privado*. 3. ed. 2. reimp. São Paulo: Ed. RT, 1984. t. 54.

RODRIGUES JUNIOR, Otavio Luiz. Nexo causal probabilístico: elementos para a crítica de um conceito. *Revista de Direito Civil Contemporâneo*, v. 8, ano 3, p. 115-137, jul.-set./2016.

ROSENVALD, Nelson. *As funções da responsabilidade civil*: a reparação e a pena civil. São Paulo: Saraiva, 2017.

SCHREIBER, Anderson. *Novos paradigmas da responsabilidade civil*: da erosão dos filtros da reparação à diluição dos danos. 5. ed. São Paulo: Atlas, 2013.

STRAUCH, Robert G. Die Haftung des Verfolgten für Schäden des Verfolgers aus § 823 Abs. 1 BGB: Zugleich Anmerkung zum Urteil des BGH vom 3.7.1990 (VI ZR 33/90) VersR 91, 111. *Versicherungsrecht*, Heft 22, p. 932-937, 1992.

THIBIERGE, Catherine. Libres propos sur l'évolution du droit de la responsabilité. *Revue Trimestrielle de Droit Civil*, n. 3, p. 561-584, jul./set. 1999.

THUR, Andreas von. *Derecho civil*: teoría general del derecho civil alemán. Buenos Aires: Editorial Depalma, 1948. v. 3, parte 2.

VENTURI, Thaís Goveia Pascoaloto. *Responsabilidade civil preventiva*: a proteção contra a violação dos direitos e a tutela inibitória material. São Paulo: Malheiros, 2014.

VINEY, Geneviève; JOURDAIN, Patrice; CARVAL, Suzanne. *Les conditions de la responsabilité*. 4. ed. Paris: LGDJ, 2013.

SISTEMA CARCERÁRIO E DANOS EXTRAPATRIMONIAIS: A RESPONSABILIDADE DO ESTADO POR VIOLAÇÃO A DIREITOS FUNDAMENTAIS DAS PESSOAS PRIVADAS DE LIBERDADE

Daniel Veiga Ayres Pimenta

Doutorando em Ciência da Comunicação na Universidade do Vale do Rio Sinos. Mestre em Direito pela Faculdade de Direito da Universidade de Lisboa (2013). Especialista em Ciências Jurídico-Ambientais pela Faculdade de Direito da Universidade de Lisboa (2011). Especialista em Direito, Impacto e Recuperação Ambiental pela Universidade Federal de Ouro Preto (2010). Bacharel em Direito pela Pontifícia Universidade Católica de Minas Gerais (2008). Professor do Curso de Graduação em Direito do Centro Universitário do Leste de Minas Gerais (Unileste/MG). Professor do Curso de Graduação em Direito da Faculdade Pitágoras (Campus de Ipatinga/MG). Coordenador de Judicialização da Administração Pública da Procuradoria do Município de Coronel Fabriciano (01/2018-07/2018). Associado titular do Instituto Brasileiro de Estudos de Responsabilidade Civil (IBERC). Membro do Instituto Brasileiro de Ciências Criminais (IBCCRIM). Membro do Instituto dos Advogados de Minas Gerais (IAMG). Presidente da Comissão de Direito Ambiental da 72ª Subseção da Ordem dos Advogados do Brasil – Seção do Estado de Minas Gerais (2016-2018). Gerente de Advocacia Contenciosa da Procuradoria do Município de Coronel Fabriciano (07/2018-06/2020). Gerente Consultivo de Prevenção da Procuradoria do Município de Coronel Fabriciano. Advogado.

Sumário: 1. Introdução – 2. *"Vós que aqui entrais, abandonai toda a esperança"*: o sistema carcerário brasileiro como meio de violação a direito fundamentais – 3. Responsabilidade extrapatrimonial do Estado por violação de direitos fundamentais no sistema carcerário – 4. Considerações finais – 5. Referências.

1. INTRODUÇÃO

As instituições totais brasileiras foram palco de inúmeros massacres e rebeliões, dentre os quais, podem ser citados: **(i)** rebelião da Alcatraz brasileira, ocorrida na Colônia Correcional da Ilha Anchieta (Ubatuba/SP) aos 20 de Junho de 1952, que resultou na morte de 100 detentos; (ii) Massacre do Carandiru, ocorrida na Casa de Detenção de São Paulo (São Paulo/SP) aos 02 de Outubro de 1992, que resultou em 111 presos mortos; (iii) Massacre da Papuda, ocorrida no Complexo Penitenciário da Papuda (São Sebastião/DF) aos 17 de Agosto de 2000, que resultou na morte de 11 presos; (iv) Chacina do Urso Branco, ocorrida no Presídio de Urso Branco (Porto Velho/RO) aos 01 de Janeiro de 2002, que resultou na morte de 27 reclusos; (v) Chacina na Casa de Custódia de Benfica, ocorrida na Casa de Custódia de Benfica (Rio de Janeiro/RJ) aos 29 e 30 de Maio de 2004, que resultou na morte de 30 presos; (vi) Rebeliões Prisionais de Manaus, ocorridas no Complexo Penitenciário Anísio Jobim (Compaj – Manaus/AM) aos 01 de Janeiro de 2017, que resultou em 60 mortes; (vii) Rebelião no Presídio de

Alcaçuz (Nísia Floresta/RN) aos 15 de Janeiro de 2017, que resultou em 26 mortes (15 reclusos decapitados); (viii) Rebelião do Centro de Recuperação Regional de Altamira, ocorrida no Centro de Recuperação Regional de Altamira (Altamira/PA) aos 29 de Julho de 2019, com 59 mortes.[1]

Rebeliões e massacres que revelam a triste, crítica e perversa realidade do sistema prisional brasileiro, demonstrando que instituições jurídico-penais, criadas sob o discurso de possuírem finalidades retributiva, preventiva e ressocializadora, funcionam, apenas, como meio de dessocialização dos apenados. Isso porque, dominadas por facções criminais e destituídas das mais básicas infraestruturas para acomodar as pessoas custodiadas pelo Estado, são meios proliferadores de todas formas de violação do preceito fundamental da dignidade da pessoa humana.

Ciente da realidade do sistema prisional pátrio, que mais se assemelha a masmorras medievais, o presente artigo, sem a pretensão de esgotar o tema, objetiva proceder a uma análise da responsabilidade do Estado por violação dos direitos fundamentais das pessoas privadas de liberdade.

Nesse sentido, em um primeiro momento, tentar-se-á demonstrar que as instituições penais brasileiras convivem com uma realidade de superlotação e de total falta de infraestrutura, o que as transforma em meio difusor das mais diversas formas de violação da integridade física, psíquica e moral daqueles que se encontram acautelados. O que faz do sistema carcerário pátrio verdadeiro concretizador de um holocausto à brasileira.

Diante das inúmeras violações de direitos fundamentais que ocorrem no âmbito do sistema prisional nacional buscar-se-á, em um segundo momento, proceder a uma análise do instituto da responsabilidade extrapatrimonial do Estado, a fim de apontar meios que se acredita serem aptos de reparar os prejuízos causados aos apenados e aos seus familiares.

Ciente da impossibilidade de se apresentar respostas absolutas ao problema posto, o artigo, se encerra com breves apontamentos conclusivos que pretendem lançar luzes na busca de soluções para um problema grave e complexo que recai sobre as instituições penais do país como: reparar os danos extrapatrimoniais causados em razão das violações de direitos fundamentais ocorridos no âmbito do sistema carcerário brasileiro.

2. *"VÓS QUE AQUI ENTRAIS, ABANDONAI TODA A ESPERANÇA"*:[2] O SISTEMA CARCERÁRIO BRASILEIRO COMO MEIO DE VIOLAÇÃO A DIREITO FUNDAMENTAIS

O Direito possui lacunas e contradições que são inerentes às leis (*incompletude interna*), assim como não acompanha o dinamismo social (*incompletude externa*). Incompletudes que resultam na perda da legitimidade do ordenamento jurídico, pois

---

1. Dados extraídos de: https://pt.wikipedia.org/wiki/Lista_de_massacres_e_rebeli%C3%B5es_prisionais_no_Brasil.
2. Frase escrita no portão de entrada do inferno na obra *A Divina comédia* de Dante Alighieri, escrito no século XIV.

atestam a ineficácia do sistema. Ineficácia que impulsiona a busca por uma evolução das instituições jurídicas, inclusive dos seus métodos punitivos.[3]

Nesse sentido, a evolução da sanção penal, a grosso modo, pressupõe a busca por respostas à duas perguntas centrais, que são: (i) "por que punir?"; e, (ii) "como punir?". Questionamentos que teoricamente permitem um exercício reflexivo acerca de toda a máquina repressiva do sistema jurídico vigente.

Reflexão que não objetiva extirpar a pena, mas sim a obtenção de meios mais adequados de efetivá-la. Possível afirmar, portanto, que *a história da prisão não é a de sua progressiva abolição, mas a de sua reforma.*[4] Sendo certo que, *para uma melhor compreensão da sanção penal, deve-se analisá-la levando-se em consideração o modelo socioeconômico e a forma de Estado em que se desenvolve esse sistema sancionador.*[5]

A sanção penal, de tal forma, deve ser pensada e analisada conjuntamente com o modelo de Estado em que se encontra inserida. Afinal, a pena se apresenta como uma resposta estatal àquele que pratica um ilícito penal, representando o exercício do *ius puniendi* do Estado. Direito que, em um Estado Democrático de Direito, deve ser exercido em observância a princípios e finalidades legalmente estabelecidos.[6]

A pena, no Direito Brasileiro, deve ser aplicada em observância: (i) ao princípio da reserva legal (art. 5º, XXXIX, da CRFB[7] e art. 1º do Código Penal";[8] (ii) ao princípio da anterioridade (art. 5º, XXXIX, da CRFB e art. 1º do Código Penal); (iii) ao princípio da responsabilidade pessoal (art. 5º, XLV, da CRFB;[9] (iv) ao princípio da inderrogabilidade; (v) ao princípio da intervenção mínima; (vi) ao princípio da humanidade (art. 5º, XLVII e XVLIX, da CRFB[10]); (vii) ao princípio da proporcionalidade (art. 5º, XLVI, da CRFB[11]); e, (viii) ao princípio da individualização. Possuindo, ainda, finalidade preventiva e repressiva (art. 59, *caput*, do Código Penal[12]).

---

3. Sobre o tema, ver: CARVALHO, Salo de. *Antimanual de criminologia*. 7. ed. São Paulo: SaraivaJur., 2022. p. 108 ss.
4. BITENCOURT, Cezar Roberto. *Falência da pena de prisão*: causas e alternativas. 4. ed. São Paulo: Saraiva, 2011. p. 25.
5. BITENCOURT, Cezar Roberto. *Falência da...* Op. cit. p. 113.
6. Sobre o tema, ver: BITENCOURT, Cezar Roberto. *Falência da pena de* prisão: causas e alternativas. 4. ed. São Paulo. Saraiva. 2011. p. 113 e ss.; MASSON, Cleber. *Direito Penal: Parte Geral (Arts. 1º a 120)*. 13. ed. Rio de Janeiro: Forense, 2019. v. 1, p. 771 e ss.; AVENA, Norberto. *Execução Penal*. 5. ed. rev., atual e ampl. Rio de Janeiro: Forense, 2018. p. 23 e ss., entre outros.
7. "Art. 5º. (...) XXXIX – não há crime sem lei anterior que o defina, nem pena sem prévia cominação legal; (...)".
8. "Art. 1º Não há crime sem lei anterior que o defina. Não há pena sem prévia cominação legal".
9. "Art. 5º (...) XLV – nenhuma pena passará da pessoa do condenado, podendo a obrigação de reparar o dano e a decretação do perdimento de bens ser, nos termos da lei, estendidas aos sucessores e contra eles executadas, até o limite do valor do patrimônio transferido; (...)".
10. "Art. 5º (...) XLVII – não haverá penas: a) de morte, salvo em caso de guerra declarada, nos termos do art. 84, XIX; b) de caráter perpétuo; c) de trabalhos forçados; d) de banimento; e) cruéis; (...); XLIX – é assegurado aos presos o respeito à integridade física e moral; (...)".
11. "Art. 5º (...) XLVI – a lei regulará a individualização da pena e adotará, entre outras, as seguintes: a) privação ou restrição da liberdade; b) perda de bens; c) multa; d) prestação social alternativa; e) suspensão ou interdição de direitos; (...)".
12. "Art. 59. O juiz, atendendo à culpabilidade, aos antecedentes, à conduta social, à personalidade do agente, aos motivos, às circunstâncias e consequências do crime, bem como ao comportamento da vítima, estabelecerá, conforme seja necessário e suficiente para reprovação e prevenção do crime: (...)".

Princípios e finalidades cujos objetivos são assegurar uma sanção penal capaz de *proporcionar condições para a harmônica integração social do condenado*[13] e que assegure *todos os direitos não atingidos pela sentença ou pela lei*.[14] Significa dizer que a restrição e/ou limitação de direitos dos apenados deve ocorrer de forma proporcional e respeitando os exatos limites legais e da condenação imposta, o que é essencial para assegurar a concretização das finalidades preventivas e repressivas. A pena não pode ser um instrumento de vingança.

A ideia, portanto, é respeitar os direitos fundamentais de todos os apenados, pois estes não perderam a sua natureza humana, em razão do ilícito penal praticado e da sanção penal que lhes foi imposta. Isso porque, *os crimes cometidos pelos presos não conferem ao Estado a prerrogativa de tratá-los como menos gente. A pena admitida pela lei e pela Constituição é a de privação da liberdade e não a de perda da dignidade.*[15]

O apenado não pode, portanto, sofrer cerceamento de direitos humanos fundamentais como consequência de uma pena que lhe foi imputada. Isso porque, no âmbito das práticas punitivas, é necessário reconhecer que todos os seres humanos são humanos e que nenhuma visão dicotômica de mundo autoriza aplicar penas cruéis sob o pretexto de se restabelecer valores morais.[16]

O Estado possui o direito de exercer o seu *ius puniendi*, em face de quem se desviou da legalidade, mas, em contrapartida, tem o dever de assegurar a todas as pessoas privadas de liberdade tratamento digno, garantindo: (i) acesso à assistência material (art. 5º, XLVIII, da CRFB; arts. 8º, 9º e 10º da Resolução CNPCP 14/1994; e, arts. 12 e 13 da Lei de Execuções Penais); (ii) acesso à assistência à saúde (arts. 6º e 196 da CRFB; arts. 10, 16, 34, 35 e 36 da Resolução CNPCP 14/1994; e, art. 14 da Lei de Execuções Penais); (iii) acesso à assistência jurídica (art. 5º, XXXV, LXIII e LXXIV, da CRFB e arts. 15 e 16 da Lei de Execuções Penais); (iv) acesso à assistência educacional (arts. 205 e 208 da CRFB e do art. 17 ao 21-A da Lei de Execuções Penais); (v) acesso à assistência social (arts. 22 e 23 da Lei de Execuções Penais); (vi) acesso à assistência religiosa (art. 24 da Lei de Execução Penal); (viii) acesso ao trabalho (arts. 1º e 6º da CRFB e do art. 28 ao 37 da Lei de Execuções Penais); (ix) a proteção à integridade física e moral, proibindo penas cruéis e degradantes (art. 5º, XLVII e XVLIX, da CRFB), entre outros direitos fundamentais.

A realidade do sistema carcerário brasileiro é, contudo, diametralmente oposta ao previsto em nosso ordenamento jurídico. *O nosso sistema prisional é bárbaro, desumano e trata como menos gente a população encarcerada do país.*[17] O que foi constatado, já nos

---

13. Artigo 1º da Lei de Execução Penal.
14. Artigo 3º da Lei de Execução Penal.
15. BRASIL. Supremo Tribunal Federal. Recurso Extraordinário 580.252 do Mato Grosso do Sul. Plenário. Brasília. 16 de Fevereiro de 2017. p. 80. Disponível em: www.stf.jus.br.
16. Nesse sentido, ver: CARVALHO, Salo de. *Antimanual...* Op. cit., p. 206 ss.
17. SARMENTO, Daniel et al. *Petição Inicial da Arguição de Descumprimento de Preceito fundamental 347*. Rio de Janeiro. 26 de Maio de 2015. p. 02.

idos de 2009, pela Comissão Parlamentar de Inquérito do Sistema Carcerário[18] e, até a presente data, em nada melhorou.

O Anuário Brasileiro de Segurança Pública de 2022 aponta que, em 2021, havia: (i) 586.862 pessoas privadas de liberdade em razão de sentença condenatória; (ii) 233.827 pessoas presas provisoriamente; (iii) um contingente total de 820.689 pessoas privadas de liberdade para o total de 634.469 vagas no sistema carcerário brasileiro; (iv) um déficit de 186.220 vagas; (v) que entre os anos 2000 e 2021 houve um aumento de 252,6% na população carcerária brasileira; e, (vi) que entre os anos de 2000 e 2021 houve uma variação de 91,9% no déficit de vagas no sistema penitenciário.[19]

O Banco Nacional de Monitoramento de Prisões do Conselho Nacional de Justiça, apresentando dados do ano de 2022, aponta a existência de: (i) 1.455 pessoas em prisão civil; (ii) 304.428 pessoas em execução definitiva de pena; (iv) 194.877 pessoas em execução provisória; (v) 406.957 presos provisórios; (vi) um total de 907.717 pessoas privadas de liberdade no Brasil. Desse total, 46,4% são pessoas jovens (entre 18 e 29 anos) e 67,5% são negros.[20]

Importante observar que existem 359.239 mandados de prisão pendentes de cumprimento. Ou seja, se todos forem efetivados passaríamos a ter uma população carcerária de 1.266.956 pessoas privadas de liberdade.[21]

Números que, de acordo com o *World Prison Brief* da Universidade de Londres, colocam o Brasil em terceiro lugar no *ranking* mundial dos países com a maior população carcerária, ficando atrás, apenas, dos Estados Unidos da América (2.068.800 pessoas privadas de liberdade) e da China (1.690.000 pessoas privadas de liberdade).[22]

> As prisões brasileiras são, em geral, verdadeiros infernos dantescos, com celas superlotadas, imundas e insalubres, proliferação de doenças infectocontagiosas, comida intragável, temperaturas extremas, falta de água potável e de produtos higiênicos básicos. Homicídios, espancamentos, tortura e violência sexual contra os presos são frequentes, praticadas por outros detentos ou por agentes do próprio Estado. As instituições prisionais são comumente dominadas por facções criminosas, que impõem nas cadeias o seu reino de terror, às vezes com a cumplicidade do Poder Público. Faltam assistência judiciária adequada aos presos, acesso à educação, à saúde e ao trabalho.[23]

Nesse cenário o que se vê é uma *pena que não encontra sustentação no direito, pelo contrário, simboliza a própria negação do jurídico*.[24] Em outras palavras, tem-se um sistema

---

18. O relatório da CPI do Sistema Carcerário pode ser acessado em: https://bd.camara.leg.br/bd/handle/bdcamara/2701.
19. Todos os dados foram extraídos de: Fórum Brasileiro de Segurança Pública. *Anuário Brasileiro de Segurança Pública*. São Paulo: FBSP, 2022.
20. Os dados foram extraídos do site do Banco Nacional de Monitoramento de Prisões do Conselho Nacional de Justiça, consultado aos 30 de Julho de 2022. Disponível em: https://portalbnmp.cnj.jus.br/#/estatisticas.
21. Os dados foram extraídos do site do Banco Nacional de Monitoramento de Prisões do Conselho Nacional de Justiça, consultado aos 30 de Julho de 2022. Disponível em: https://portalbnmp.cnj.jus.br/#/estatisticas.
22. Dados extraídos do *World Prison Brief*, consultado aos 30 de Julho de 2022. Disponível em: https://www.prisonstudies.org/highest-to-lowest/prison-population-total?field_region_taxonomy_tid=All.
23. SARMENTO, Daniel et al. *Petição inicial...* Op. cit., p. 02.
24. CARVALHO, Salo de. *Antimanual...* Op. cit., p. 271 ss.

carcerário seletivo, que prima por um caráter meramente punitivo e que, ao tratar as pessoas privadas de liberdade como seres humanos de segunda categoria, ao invés de ressocializar, dessocializa e desumaniza. E, assim, não permite a recuperação daquele que violou a lei.

> Esse quadro constitui grave afronta à Constituição Federal, envolvendo a violação a diversos direitos fundamentais dos presos, como a dignidade da pessoa humana (art. 1º, III), a integridade física e moral (art. 5º, XLIX), a vedação à tortura e ao tratamento desumano ou degradante (art. 5º, III), a proibição de sanções cruéis (art. 5º, XLVII, "e"), a intimidade e a honra (art. 5º, X) e os direitos sociais à educação, saúde, alimentação, trabalho e moradia (art. 6º). Tal estado de coisas vulnera, ainda, a Lei de Execução Penal e diversos tratados internacionais sobre direitos humanos adotados pelo país, tais como o Pacto Internacional sobre Direitos Civis e Políticos, o Pacto de São José da Costa Rica e a Convenção contra a Tortura e Outros Tratamentos ou Penas Cruéis, Desumanos ou Degradantes.
>
> Diante dessa situação calamitosa, é evidente que, na esmagadora maioria dos casos, mandar uma pessoa para o sistema prisional é submetê-la a uma pena mais grave do que a que lhe foi efetivamente aplicada. Mais do que a privação de liberdade, impõe-se ao preso a perda da sua integridade, de aspectos essenciais de sua dignidade, assim como das perspectivas de reinserção na sociedade.[25]

Tal realidade permite afirmar que: (i) as instituições totais brasileiras são incapazes de ressocializar; (ii) o sistema carcerário não respeita condições mínimas de privacidade, higiene, integridade física, integridade psicológica e segurança; (iii) existe uma diferença gritante entre a "pena ficta" (pena cominada abstratamente pelo Código Penal e concretizada pela atuação do Poder Judiciário) e a "pena real" (a que é efetivamente cumprida pelo apenado, diante das reais condições a que é submetido no sistema prisional); e, (iv) que o sistema prisional brasileiro funciona como instrumento propulsor de uma retroalimentação da criminalidade, violência e insegurança pública.[26]

Significa dizer que as prisões brasileiras:

> (...) se parecem mais com campos de concentração para pobres, ou com empresas públicas de depósito industrial dos desejos sociais, do que com instituições judiciárias servido para alguma função penalógica – dissuasão, neutralização ou reinserção. O sistema penitenciário brasileiro acumula com efeito as taras das piores jaulas do Terceiro Mundo, mas levadas a uma escala digna do Primeiro Mundo, por sua dimensão e pela indiferença estudada dos políticos e do público: entupimento estarrecedor dos estabelecimentos, o que se traduz por condições de vida e de higiene abomináveis, caracterizadas pela falta de espaço, ar, luz e alimentação; negação de acesso à assistência jurídica e aos cuidados elementares de saúde, cujo resultado é a aceleração dramática da difusão da tuberculose e do vírus HIV entre as classes populares; violência pandêmica entre os detentos, sob forma de maus-tratos, extorsões, sovas, estupros e assassinatos, em razão da superlotação superacentuada, da ausência de separação entre as diversas categorias de criminosos, da inatividade forçada (embora a lei estipule que todos os prisioneiros devam participar de programas de educação ou de formação) e das carências da supervisão.[27]

---

25. BRASIL. Supremo Tribunal Federal. Recurso Extraordinário 580.252... Op. cit., p. 51.
26. Sobre o tema, ver: TAVARES, Juarez. *Parecer sobre as condições concretas de funcionamento do sistema prisional brasileiro*. ADPF 347. 07 de Abril de 2015. Disponível em: www.stf.jus.br; BRASIL. Supremo Tribunal Federal. Recurso Extraordinário 580.252... Op. cit. Disponível em: www.stf.jus.br.
27. WACQUANT, Loïc. *As prisões da miséria*. Trad. André Telles. Editora Zahar: Rio de Janeiro, 2001. p. 11. Sobre o tema, para uma melhor compreensão, ver, também: WACQUANT, Loïc. *Punir os* pobres: a nova gestão da miséria nos Estados Unidos (A onda punitivista). Trad. Sérgio Lamarão. 3. ed. rev. e ampl. Rio de Janeiro: Revan, 2019.

Situação que faz com que o sistema prisional pátrio se consubstancie em verdadeiro estado de coisas inconstitucional, pois: (i) resulta em uma violação concreta, massiva e generalizada de direitos fundamentais pertencentes a um número determinado e significativo de pessoas; (ii) decorre de uma histórica omissão do Estado em respeitar e cumprir as obrigações que lhes são impostas pelo ordenamento jurídico internacional e pátrio para proteger os direitos fundamentais da população carcerária; (iii) a resolução do problema demanda a adoção de medidas complexas que envolvem os poderes legislativo, executivo e judiciário, o que não ocorre; e, (iv) ameaça sobrecarregar, ainda mais, o judiciário acaso todos os apenados e seus familiares ingressem com demandas judiciais individuais.[28]

Desta feita, sendo o sistema de justiça criminal uma atividade exclusivamente estatal, torna-se imperioso reconhecer a responsabilidade do Estado pelas consequências decorrentes de sua perpétua má administração, o que implica a necessidade de se avaliar meios adequados de reparação aos danos causados aos apenados.

3. RESPONSABILIDADE EXTRAPATRIMONIAL DO ESTADO POR VIOLAÇÃO DE DIREITOS FUNDAMENTAIS NO SISTEMA CARCERÁRIO

A Constituição da República Federativa do Brasil de 1988, partindo da percepção de que a concretização de uma vida digna ultrapassa a mera subsistência, tornou isso sua fonte primária à efetivação de todas as facetas que compõe o princípio fundamental da dignidade da pessoa humana (art. 1º, III). E, por meios capazes de assegurar a devida proteção à integridade física, psíquica e moral de todos os seres humanos, nacionais e estrangeiros em território brasileiro, estabeleceu um sistema de responsabilidade civil.

Nesse sentido, garantiu o direito à indenização pelos danos materiais e/ou morais causados à pessoa humana, em razão de violências perpetradas em face de qualquer um dos aspectos que compõe a sua dignidade, como, por exemplo, a sua intimidade, vida privada, honra e imagem (art. 5º, V e X, da CRFB/88).

A ideia foi instituir um norte para o tratamento da obrigação de reparar os prejuízos causados ao patrimônio moral e/ou material que integram o ser humano. Obrigação de ressarcir que recai tanto sobre os particulares, quanto sobre o Estado, que, em razão de atos comissivos ou omissivos, produzam danos ao patrimônio moral ou material de outrem. Ônus que pode decorrer de uma responsabilidade civil contratual (art. 389, 390

---

28. Sobre o tema, ver: TAVARES, Juarez. *Parecer...* Op. cit.; BRASIL. Supremo Tribunal Federal. Recurso Extraordinário 580.252... Op. cit.; SARMENTO, Daniel et al. *Petição inicial...* Op. cit.; COLAÇO FILHO, Raimundo Evandro. O "estado de coisas inconstitucional" e a judicialização da política pública no âmbito do sistema carcerário brasileiro: mitigação do princípio da separação dos poderes. *Revista Acadêmica Escola Superior do Ministério Público do Ceará*. p. 179-199; FALCÃO, Ana Géssica Carneiro; FERNANDES, André Dias. *Estado de coisas inconstitucional no sistema carcerário brasileiro e a parceria público-privada*. Disponível em: https://periodicos.uni7.edu.br; DEPRÁ, Vinícius Oliveira Braz; VALER, Willian. Estado de coisas inconstitucional: uma discussão na pauta de julgamento do Supremo Tribunal Federal. *XI Seminário Nacional Demandas Sociais e Políticas Públicas na Sociedade Contemporânea*. Disponível em: https://online.unisc.br/acadnet/anais/index.php/snpp/article/view/14239; entre outros.

e 391 do Código Civil) ou extracontratual (art. 186 e 187 do Código civil). Ou seja, *a responsabilidade civil surge em face do descumprimento obrigacional, pela desobediência de uma regra estabelecida em um contrato ou por deixar determinada pessoa de observar um preceito normativo que regule a vida.*[29]

Já o dever de reparar do Ente Público (o princípio da responsabilidade estatal) encontra previsão expressa no artigo 37, § 6º, da Constituição da República Federativa do Brasil. Dispositivo que estabelece que *as pessoas jurídicas de direito público e as de direito privado prestadoras de serviços públicos responderão pelos danos que seus agentes, nessa qualidade, causarem a terceiros, assegurado o direito de regresso contra o responsável nos casos de dolo ou culpa.*[30]

Dispositivo constitucional que optou, ao adotar a teoria da responsabilidade objetiva na modalidade do risco administrativo, pela regra da responsabilidade objetiva do Estado e da responsabilidade subjetiva do agente público. Isso porque, não condiciona a obrigação do Estado em ressarcir os danos à demonstração da existência de culpa ou dolo (*responderão pelos danos que seus agentes, nessa qualidade, causarem a terceiros*), mas permite a ação de regresso se houver culpa ou dolo do agente público (*assegurado o direito de regresso contra o responsável nos casos de dolo ou culpa*). Aceitando, ainda, a existência de excludentes de responsabilidade estatal (culpa exclusiva da vítima, força maior e culpa de terceiro).[31]

> O dever estatal de indenizar particulares por danos causados por agentes públicos encontra dois fundamentos: legalidade e igualdade. Quando o ato lesivo for ilícito, o fundamento do dever de indenizar é o princípio da legalidade, violado pela conduta praticada em desconformidade com a legislação. No caso, porém, de ato lícito causar prejuízo especial a particular, o fundamento para o dever de indenizar é a igual repartição dos encargos sociais, ideia derivada do princípio da isonomia.[32]

Dano que precisa, para ser considerado indenizável, ser dotado de anormalidade (ultrapassa os limites dos inconvenientes inerentes à vida em sociedade) e de especificidade (atinge a um determinado grupo de destinatários). Atributos que constituem um dano resultante de um ato antijurídico.[33]

> Ato antijurídico não pode ser entendido, para esse fim, como ato ilícito, pois é evidente que a licitude ou ilicitude do ato é irrelevante para fins de responsabilidade objetiva; caso contrário, danos decorrentes de obra pública, por exemplo, ainda que licitamente realizada, não seriam indenizados pelo Estado. Somente se pode aceitar como pressuposto da responsabilidade objetiva a prática de ato antijurídico se este, mesmo sendo lícito, for entendido como ato causador de dano anormal e

---

29. TARTUCE, Flávio. *Manual de Direito Civil*: Volume Único. 6. ed. rev., atual e ampl. Rio de Janeiro: Editora Método, 2016.
30. Sobre o tema ver: MAZZA, Alexandre. *Manual de Direito Administrativo*. 9. ed. São Paulo: Saraiva Educação, 2019.
31. Nesse sentido, ver: MAZZA, Alexandre. *Manual de...*Op. cit., p. 706 ss.; DI PIETRO, Maria Sylvia Zanella. *Direito Administrativo*. 32. ed. Rio de Janeiro: Forense, 2019. p. 1275 ss.
32. MAZZA, Alexandre. *Manual de...*Op. cit., p. 725-726.
33. Nesse sentido, ver: MAZZA, Alexandre. *Manual de...* Op. cit., p. 706 ss.; DI PIETRO, Maria Sylvia Zanella. *Direito Administrativo...* Op. cit., p. 1275 e ss.

específico a determinadas pessoas, rompendo o princípio da igualdade de todos perante os encargos sociais. Por outras palavras, ato antijurídico, para fins de responsabilidade objetiva do Estado, é o ato ilícito e o ato lícito que cause dano anormal e específico.[34]

No que se refere às violações de direitos fundamentais, ocasionadas em razão do problema sistêmico, crônico e estrutural do qual padecem as instituições carcerárias brasileiras, é certo que: (i) se trata de hipótese de responsabilidade extracontratual do Estado, pois não resulta da violação de uma regra estabelecida em um contrato, mas sim da inobservância de preceitos internacionais, constitucionais e infraconstitucionais que devem nortear a vida em um Estado Democrático de Direito;[35] (ii) o ato lesivo resulta da violação de normas constitucionais, infraconstitucionais e internacionais, sendo, de tal forma, ilícito; e, (iii) o dano é dotado de anormalidade e especificidade, pois a realidade do sistema prisional pátrio transforma as nossas instituições totais em verdadeiras máquinas produtoras de dor, sofrimento e degradação da condição humana dos apenados.

Afinal, *diante do retrato do sistema carcerário brasileiro, revelado acima, parece também incontroverso que a situação de parcela considerável dos presos do país, mantidos em celas superlotadas, insalubres e em condições degradantes, atinge radicalmente a sua dignidade.*[36] Tal situação faz a pena real (pena em execução) ser muito mais severa que a pena ficta (pena aplicada na sentença), o que resulta na existência de dano indenizável. Isso porque, o Estado tem o dever de preservar a integridade física, psíquica e moral das pessoas que se encontram custodiadas nas instituições totais pátrias.

Necessário observar, sob a perspectiva do autor deste artigo, que a responsabilidade civil estatal relacionada à violação de direitos fundamentais no âmbito do sistema prisional brasileiro é, ao mesmo tempo, comissiva e omissiva.

É comissiva, pois, mesmo ciente do superencarceramento, o Estado, por meio dos órgãos de persecução criminal, continua abusando das prisões preventivas e de medidas carcerizadoras,[37] enviando mais pessoas para o inferno que são as institucionais de custódia nacionais.

É, também, omissiva, em razão de não adotar as medidas cabíveis para assegurar o necessário investimento no sistema penitenciário brasileiro. Aporte de recursos necessário para a mitigação dos danos decorrentes da superlotação e da precariedade estrutural dos presídios.

---

34. DI PIETRO, Maria Sylvia Zanella. *Direito Administrativo...* Op. cit., p. 1286..
35. Maria Sylvia Zanella Di Pietro afirma que "a responsabilidade extracontratual do Estado corresponde à obrigação de reparar danos causados a terceiros em decorrência de comportamentos comissivos ou omissivos, materiais ou jurídicos, lícitos ou ilícitos, imputáveis aos agentes públicos". (DI PIETRO, Maria Sylvia Zanella. *Direito Administrativo...* Op. cit., p. 1276.
36. BRASIL. Supremo Tribunal Federal. Recurso Extraordinário 580.252... Op. cit., p. 72. Disponível em: www.stf.jus.br.
37. Os dados disponíveis no site do Banco Nacional de Monitoramento de Prisões do Conselho Nacional de Justiça demonstram existir, atualmente, um contingente de 406.957 presos provisórios. Disponível em: https://portalbnmp.cnj.jus.br/#/estatisticas. Acesso em: 30 jul. 2022.

Ou seja, ao mesmo tempo em que os órgão responsáveis pelo sistema de justiça criminal atuam ampliando o superencarceramento, o Poder Executivo nada faz para implementar medidas capazes de auxiliar na redução da superlotação e na melhoria estrutural das instituições totais brasileira. Condutas estatais que, em conjunto, implicam nítida e grave violação às normas internacionais, constitucionais e infraconstitucionais que regulamentam a forma com que as pessoas privadas de liberdade devem ser tratadas. E, por conseguinte, resultam em danos indenizável, pois dotado de anormalidade e de especificidade.

Cabível observar que, em que pesem as divergências doutrinárias[38] sobre o tema, entende-se que a responsabilidade civil estatal comissiva e omissiva são objetivas, conforme se depreende de simples leitura do parágrafo 6º do artigo 37 da Constituição da República Federativa do Brasil.[39] Exigindo para a sua caracterização apenas a comprovação da (i) conduta estatal, do (ii) dano e do (iii) nexo de causalidade entre a conduta e o dano.

Elementos que se encontram presentes no estado de coisas inconstitucional que é o sistema carcerário brasileiro, pois: (i) a superlotação e os problemas estruturais das instituições totais pátrias decorrem de atos comissivos (abuso de medidas carcerizadoras) e omissivos (não adoção de medidas capazes de minimizar a superlotação e melhorar a estrutura dos presídios), representando, assim, a conduta estatal; (ii) o custodiado é lançado em um ambiente de violência e insegurança, sem ter acesso à assistência material, à saúde, jurídica, educacional, social, religiosa e ao trabalho; não possuindo quaisquer meios assecuratórios à integridade física, psicológica e moral, o que representa o dano; e, (iii) o dano é resultante da soma entre atos decorrentes de ações e omissões dos três poderes que integram o Estado, o que evidencia a existência do nexo de causalidade.

Não restam dúvidas de que o sistema carcerário brasileiro representa uma institucionalização da brutalidade, da tortura e da matança. Verdadeira concretização de um Estado Punitivista, que viola sistematicamente a dignidade da pessoa humana e atua como verdadeira "máquina de moer carne e ossos" de todos que são lançados em uma das instituições totais pátrias. O que faz nascer a responsabilidade civil do Estado, em razão dos danos morais e materiais ocasionados.[40]

---

38. Sobre as divergências doutrinárias, ver: MAZZA, Alexandre. *Manual de...* Op. cit., p. 706 e ss.; DI PIETRO, Maria Sylvia Zanella. *Direito Administrativo...* Op. cit., p. 1275 e ss.; OLIVEIRA, Rafael Carvalho Rezende. *Curso de Direito Administrativo*. 6. ed. rev., atual. e ampl. Rio de Janeiro: Forense; São Paulo: Método, 2018. p. 807 ss.; CARVALHO FILHO, José dos Santos. *Manual de direito administrativo*. 32. ed. rev., atual. e ampl. São Paulo: Atlas, 2018. p. 655 ss.; MARINELA, Fernanda. *Direito administrativo*. 10. ed. São Paulo: Saraiva, 2016. p. 1.153 ss.
39. Art. 37. A administração pública direta e indireta de qualquer dos Poderes da União, dos Estados, do Distrito Federal e dos Municípios obedecerá aos princípios de legalidade, impessoalidade, moralidade, publicidade e eficiência e, também, ao seguinte:(Redação dada pela Emenda Constitucional 19, de 1998). (...) § 6º As pessoas jurídicas de direito público e as de direito privado prestadoras de serviços públicos responderão pelos danos que seus agentes, nessa qualidade, causarem a terceiros, assegurado o direito de regresso contra o responsável nos casos de dolo ou culpa.
40. Sobre a responsabilidade civil do Estado por violação de direitos fundamentais. o Superior Tribunal de Justiça já decidiu que (i) o Estado possui responsabilidade objetiva nos casos de morte de custodiado em unidade prisional (AgRg no AREsp 850954/CE, Rel. Ministro Sérgio Kukina, Primeira Turma, Julgado em 10.03.2016,

Sendo certo que tal responsabilidade não pode ser afastada por meio da teoria da reserva do possível,[41] pois: (i) a reparação civil não é meio de distribuição de bens sociais, mas sim uma forma de buscar o restabelecimento de um equilíbrio abalado pelo ato antijurídico que resultou em danos; (ii) exige-se uma equivalência entre o dano e a reparação a ser atribuída; (iii) fixar limitação financeira poderia resultar na fixação de um regime de irresponsabilidade estatal, no qual o Estado, alegando ausência de recursos, poderia produzir toda sorte de danos sem se preocupar com uma possível obrigação de os reparar; (iv) significaria dar maior valor a questões financeiras em detrimento dos direitos fundamentais; e, (v) o Fundo Penitenciário Nacional sofre rotineiros contingenciamentos que impossibilitam o uso adequado de seus recursos.[42] Assertivas que impedem a utilização da saúde financeira dos Estados para negar aos presos a compensação pelos danos morais ocasionados, sob o argumento de que os recursos deveriam ser destinados à melhoria estrutural e material do sistema prisional e/ou à outras políticas públicas.[43]

Não havendo, portanto, meios de se afastar a responsabilidade estatal sob o pretexto de reserva do possível, resta avaliar a melhor forma de efetivar a compensação dos danos morais sofridos pelos acautelados.

Nesse sentido, a questão deve ser analisada sob a ótica de três possíveis situações: (i) do preso que ainda se encontra inserido dentro do sistema carcerário; (ii) do indivíduo que já se encontra fora das instituições totais; e, (iii) das famílias que perderam

---

DJE 28.03.2016; AgRg no AREsp 729565/PE, Rel. Ministro Benedito Gonçalves, Primeira Turma, Julgado em 22.09.2015, DJE 28.09.2015; AgRg no AREsp 528911/MA, Rel. Ministro Olindo Menezes (Desembargador Convocado do TRF 1ª Região), Primeira Turma, Julgado em 16.06.2015, DJE 25.06.2015; AgRg no AREsp 622716/PE, Rel. Ministro Og Fernandes, Segunda Turma, Julgado em 17.03.2015, DJE 20.03.2015; AgRg no AREsp 467394/PE, Rel. Ministra Marga Tessler (Juíza Federal Convocada do TRF 4ª Região), Primeira Turma, Julgado em 05.03.2015, DJE 13.03.2015; AgRg no AREsp 492804/PE, Rel. Ministra Assusete Magalhães, Segunda Turma, Julgado em 18.09.2014, DJE 30.09.2014); e, (ii) o Estado responde objetivamente pelo suicídio de preso ocorrido no interior de estabelecimento prisional (REsp 1549522/RJ, Rel. Ministro Herman Benjamin, Segunda Turma, Julgado em 03.09.2015, DJE 10.11.2015; REsp 1435687/MG, Rel. Ministro Humberto Martins, Segunda Turma, Julgado em 07.05.2015, DJE 19.05.2015; AgRg no Ag 1307100/PR, Rel. Ministro Sérgio Kukina, Primeira Turma, Julgado em 21.10.2014, DJE 24.10.2014; EDCL no AGRG no RESP 1305259/SC, rel. Ministro Mauro Campbell Marques, Segunda Turma, Julgado em 15.08.2013, DJE 22.08.2013; REsp 1014520/DF, Rel. Ministro Francisco Falcão, Rel. p/ Acórdão Ministro Luiz Fux, Primeira Turma, Julgado em 02.06.2009, DJE 1º.07.2009; REsp 780500/PR, Rel. Ministra Eliana Calmon, Segunda Turma, Julgado em 04.09.2007, DJ 26.09.2007). O Supremo Tribunal Federal já decidiu que o Estado é civilmente responsável pela morte de detento (RE 841.526, RE 580.252, ARE 638.467, RE 1.246.763, entre outros). A Corte Interamericana de Direitos Humanos tratou do tema ao julgar o *Caso Durand e Ugarte Vs. Peru*, o *Caso "Instituto de Reeducação do Menor" Vs. Paraguai*, o *Caso Tibi Vs. Equador*, o *Caso do Presídio Miguel Castro Castro*, entre outros.

41. A respeito da Teoria da Reserva do Possível, recomendo a leitura de: MAZZA, Alexandre. *Manual de... Op. cit.*, p. 706 e ss.; DI PIETRO, Maria Sylvia Zanella. *Direito Administrativo... Op. cit.*, p. 1275 e ss.; OLIVEIRA, Rafael Carvalho Rezende. *Curso de Direito... Op. cit.*, p. 807 e ss.; CARVALHO FILHO, José dos Santos. *Manual de direito... Op. cit.*, p. 655 e ss.; MARINELA, Fernanda. *Direito administrativo. Op. cit.*, p. 1.153 e ss.
42. Nesse sentido, ver: BRASIL. Supremo Tribunal Federal. Recurso Extraordinário 580.252... Op. cit., p. 75 e ss. Disponível em: www.stf.jus.br.
43. Nesse sentido, ver: BRASIL. Supremo Tribunal Federal. Recurso Extraordinário 580.252... Op. cit. p. 75 e ss. Disponível em: www.stf.jus.br.

entes enquanto, estes, se encontravam acautelados. Situações diversas que precisam ser abordadas sob óticas diferentes.

Isto porque, em que pese a cultura monetizadora que permeia a sociedade brasileira, a reparação de danos extrapatrimoniais não pode ser enxergada, exclusivamente, pelo viés pecuniário. Afinal, tais danos não possuem, primordialmente, uma feição patrimonial, o que resulta, inclusive, em dificuldades relacionadas à quantificação de sua reparabilidade. O valor da integridade física, psíquica e moral não pode ser convertido em dinheiro. Razão pela qual, ocorrendo violação a esses direitos não patrimoniais, é viável e prudente que se busque meios reparatórios que não se limitem a um montante pecuniário.[44]

> O problema decorre, em boa medida, de deficiências inerentes à lógica patrimonialista que ainda governa a reparação do dano moral no direito brasileiro. De modo paradoxal, a única resposta que se tem oferecido a lesões a interesses extrapatrimoniais é uma indenização em dinheiro. No entanto, diversamente do que ocorre com os danos materiais, no que diz respeito aos danos à personalidade, o pagamento de uma quantia monetária jamais será suficiente para restituir a pessoa à situação anterior ao dano ou aproximar-se disso: são bens essencialmente diversos em sua natureza e valor.[45]

No caso de responsabilidade estatal, em razão dos danos morais decorrentes das violações de direitos fundamentais no âmbito do sistema carcerário, a ótica monetizadora que incide sobre a reparação dos danos extrapatrimoniais pode acarretar inúmeros problemas: (i) representam soluções individuais que em nada contribuiriam para a solução das sistemáticas violações de direitos fundamentais e das deficiências estruturais das instituições totais; (ii) não retiram o apenado do ambiente violador de sua integridade física, psíquica e/ou moral, não fazendo, portanto, cessar o cenário de violência à dignidade da pessoa humana; (iii) podem agravar o problema financeiro do Estado, o que certamente reduziria ainda mais os parcos investimentos no sistema prisional; (iv) resultam na criação de uma ótica de custo-benefício, na qual o Estado seria impulsionado a avaliar se é mais barato custear as indenizações ou adequar o sistema carcerário às normas internacionais, constitucionais e infraconstitucionais que regulam o tratamento a ser dispensado às pessoas privadas de liberdade; e, **(v)** passam a ideia de que é possível precificar os direitos fundamentais.[46]

---

44. Nesse sentido, ver: SOUZA, Fábio Gaspar de. A reparação não pecuniária do dano extrapatrimonial – Racionalidade, efetividade e coerência. *Revista da Faculdade de Direito de São Bernardo do Campo*. v. 23. n. 2. 2017. Disponível em: https://revistas.direitosbc.br/index.php/fdsbc/article/view/912.
45. BRASIL. Supremo Tribunal Federal. Recurso Extraordinário 580.252... Op. cit., p. 81. Disponível em: www.stf.jus.br.
46. Nesse sentido, ver: BRASIL. Supremo Tribunal Federal. Recurso Extraordinário 580.252. Disponível em: www.stf.jus.br; SOUZA, Fábio Gaspar de. *A reparação não...* Op. cit. Disponível em: https://revistas.direitosbc.br/index.php/fdsbc/article/view/912; CANTALI, R. U. Reparação de danos extrapatrimoniais: entre medidas pecuniárias e não pecuniárias. *Civilistica.com*, v. 10, n. 3, p. 1-23, 6 dez. 2021. Disponível em: https://civilistica.emnuvens.com.br/redc/article/view/688; SCHREIBER, Anderson. Novas tendências da responsabilidade civil brasileira. *Revista Trimestral de Direito Civil*, v. 22, ano 6, p. 45-69, abr.-jun./2005; SCHREIBER, Anderson. Reparação não pecuniária dos danos morais. *Direito civil e constituição*. São Paulo: Atlas, 2013. SCHREIBER, Anderson. *Novos paradigmas da responsabilidade civil*. 6. ed. São Paulo: Atlas, 2015.

Ante aos problemas supracitados, partilha-se da ideia de que as pessoas que se encontram submetidas à violação de seus direitos fundamentais, por estarem privadas de liberdade em instituições totais, devem ter os danos morais sofridos reparados por meios não monetizadores. Afinal, dinheiro não irá reduzir os danos e, muito menos, impedir a sua perpetuação.[47]

> Nessa linha, a solução que se propõe é a de que os danos morais causados aos presos em função da superlotação e de condições degradantes sejam reparados, preferencialmente, pelo mecanismo da remição de parte do tempo de execução da pena, em analogia ao art. 126 da Lei de Execução Penal, que prevê que "[o] condenado que cumpre a pena em regime fechado ou semiaberto poderá remir, por trabalho ou por estudo, parte do tempo de execução da pena". Vale dizer: a cada "x" dias de cumprimento de pena em condições desumanas e degradantes, o detento terá o direito à redução de 1 dia de sua pena. Como a "indenização mede-se pela extensão do dano", a variável "x", isto é, a razão entre dias cumpridos em condições adversas e dias remidos, será fixada pelo juiz, de forma individualizada, de acordo com os danos morais comprovadamente sofridos pelo detento.[48]

Remição compensatória que deverá ser aplicada pelo juízo da Vara de Execuções Penais e que possui as vantagens de: (i) possuir como lógica estruturante a ideia de buscar restabelecer o respeito ao princípio da proporcionalidade das penas, pois permite mitigar a discrepância entre a pena real (pena em execução) e a pena ficta (pena aplicada na sentença); (ii) representar uma forma de evitar a precificação dos direitos fundamentais; (iii) encontrar dispositivos legais (art. 126 à 130 da Lei de Execução Penal[49]) que, aplicados por analogia, possibilitam a aplicação desse meio compensatório;

---
47. Nesse sentido, ver: BRASIL. Supremo Tribunal Federal. Recurso Extraordinário 580.252. Disponível em: www.stf.jus.br.
48. BRASIL. Supremo Tribunal Federal. Recurso Extraordinário 580.252... Op. cit., p. 82-83. Disponível em: www.stf.jus.br.
49. Art. 126. O condenado que cumpre a pena em regime fechado ou semiaberto poderá remir, por trabalho ou por estudo, parte do tempo de execução da pena. (Redação dada pela Lei 12.433, de 2011). § 1º A contagem de tempo referida no caput será feita à razão de: (Redação dada pela Lei 12.433, de 2011) I – 1 (um) dia de pena a cada 12 (doze) horas de frequência escolar – atividade de ensino fundamental, médio, inclusive profissionalizante, ou superior, ou ainda de requalificação profissional – divididas, no mínimo, em 3 (três) dias; (Incluído pela Lei 12.433, de 2011) II – 1 (um) dia de pena a cada 3 (três) dias de trabalho. (Incluído pela Lei 12.433, de 2011) § 2º As atividades de estudo a que se refere o § 1º deste artigo poderão ser desenvolvidas de forma presencial ou por metodologia de ensino a distância e deverão ser certificadas pelas autoridades educacionais competentes dos cursos frequentados. (Redação dada pela Lei 12.433, de 2011) § 3º Para fins de cumulação dos casos de remição, as horas diárias de trabalho e de estudo serão definidas de forma a se compatibilizarem. (Redação dada pela Lei 12.433, de 2011) § 4º O preso impossibilitado, por acidente, de prosseguir no trabalho ou nos estudos continuará a beneficiar-se com a remição.(Incluído pela Lei 12.433, de 2011) § 5º O tempo a remir em função das horas de estudo será acrescido de 1/3 (um terço) no caso de conclusão do ensino fundamental, médio ou superior durante o cumprimento da pena, desde que certificada pelo órgão competente do sistema de educação.(Incluído pela Lei 12.433, de 2011) § 6º O condenado que cumpre pena em regime aberto ou semiaberto e o que usufrui liberdade condicional poderão remir, pela frequência a curso de ensino regular ou de educação profissional, parte do tempo de execução da pena ou do período de prova, observado o disposto no inciso I do § 1º deste artigo.(Incluído pela Lei 12.433, de 2011) § 7º O disposto neste artigo aplica-se às hipóteses de prisão cautelar. (Incluído pela Lei 12.433, de 2011) § 8º A remição será declarada pelo juiz da execução, ouvidos o Ministério Público e a defesa. (Incluído pela Lei 12.433, de 2011).
Art. 127. Em caso de falta grave, o juiz poderá revogar até 1/3 (um terço) do tempo remido, observado o disposto no art. 57, recomeçando a contagem a partir da data da infração disciplinar. (Redação dada pela Lei 12.433, de 2011).

(iv) evitar o agravamento dos problemas financeiros do Estado; e, (iv) aproximar-se mais da lógica da reparação integral dos danos. Sendo certo que a avaliação do grau das violações perpetradas, dos impactos resultantes no apenado e, consequentemente, da quantidade de dias a serem remidos deverá ser analisada caso a caso, o que poderá ser feito mediante a realização de laudos técnicos sobre a instituição carcerária e sobre os danos ocasionados à integridade física, psíquica e/ou moral do reeducando.[50]

Por fim, quanto aos apenados que já se encontrem fora do ambiente carcerário, assim como das famílias que perderam seus entes queridos, em razão da violação de direitos fundamentais do sistema prisional brasileiro, a reparação dos danos morais deverá ser estabelecida segundo critérios pecuniários a serem fixados pelo juízo das Varas Cíveis.

4. CONSIDERAÇÕES FINAIS

O respeito aos direitos fundamentais dos apenados não encontra amparo nos discursos sociais e políticos. Ao contrário, aos encarcerados é direcionado apenas o discurso de ódio. O que demonstra que se esquece: (i) que o Estado, ao avocar para si o *ius puniendi*, se torna responsável, também, por assegurar aos apenados a manutenção de seus direitos fundamentais; (ii) que a sanção penal não busca a vingança, mas sim a ressocialização, a prevenção e a repressão dos ilícitos penais; (iii) que os apenados não são (e não podem ser vistos) seres humanos de segunda categoria; e, (iv) que a atual estrutura dos sistema carcerário pátrio serve como meio de retroalimentação da criminalidade e impulsionador da insegurança pública.

O sistema carcerário pátrio, conforme espera ter demonstrado, encontra-se imerso em uma realidade triste, crítica e perversa que, ao invés de ressocializar, desumaniza e dessocializa todos aqueles que se encontram custodiados. Isso porque, implementando uma lógica estúpida, cria um ambiente bárbaro, cruel, dominado por facções criminais e destituídas das mais básicas infraestruturas para acomodar as pessoas custodiadas pelo

---

Art. 128. O tempo remido será computado como pena cumprida, para todos os efeitos.(Redação dada pela Lei 12.433, de 2011).

Art. 129. A autoridade administrativa encaminhará mensalmente ao juízo da execução cópia do registro de todos os condenados que estejam trabalhando ou estudando, com informação dos dias de trabalho ou das horas de frequência escolar ou de atividades de ensino de cada um deles. (Redação dada pela Lei 12.433, de 2011) § 1º O condenado autorizado a estudar fora do estabelecimento penal deverá comprovar mensalmente, por meio de declaração da respectiva unidade de ensino, a frequência e o aproveitamento escolar. (Incluído pela Lei 12.433, de 2011) § 2º Ao condenado dar-se-á a relação de seus dias remidos. (Incluído pela Lei 12.433, de 2011).

Art. 130. Constitui o crime do artigo 299 do Código Penal declarar ou atestar falsamente prestação de serviço para fim de instruir pedido de remição.

50. Para uma melhor compreensão, ver: BRASIL. Supremo Tribunal Federal. Recurso Extraordinário 580.252... Disponível em: www.stf.jus.br; SOUZA, Fábio Gaspar de. *A reparação não...* Op. cit. Disponível em: https://revistas.direitosbc.br/index.php/fdsbc/article/view/912; CANTALI, R. U. Reparação de danos extrapatrimoniais: entre medidas pecuniárias e não pecuniárias. *Civilistica.com*, v. 10, n. 3, p. 1-23, 6 dez. 2021. Disponível em: https://civilistica.emnuvens.com.br/redc/article/view/688; SCHREIBER, Anderson. Novas tendências da responsabilidade civil brasileira. *Revista Trimestral de Direito Civil*, v. 22, ano 6, p. 45-69, abr.-jun./2005; SCHREIBER, Anderson. Reparação não pecuniária dos danos morais. *Direito civil e Constituição*. São Paulo: Atlas, 2013. SCHREIBER, Anderson. *Novos paradigmas da responsabilidade civil*. 6. ed. São Paulo: Atlas, 2015.

Estado. O que o transforma em um gigante espetáculo de horrores, verdadeiro holocausto brasileiro, onde a pena se apresenta como meio de saciar o desejo por vingança que permeia parcela significativa da população brasileira.

Esquece-se, entretanto, que a realidade do sistema carcerário, além de retroalimentar da criminalidade, a violência e a insegurança pública, resulta em severas violações à integridade física, psíquica e moral dos apenados e de seus familiares. O que faz nascer a responsabilidade civil do Estado em razão dos danos morais e materiais ocasionados pelos efeitos deletérios das instituições totais pátrias.

Ou seja, conforme exposto, a realidade comprova que a falta de investimento no sistema carcerário resulta em prejuízos: (i) para os condenados, pois inseridos em um ambiente desumano, dessocializador e violador dos mais diversos direitos fundamentais; e, (ii) para a sociedade, pois ocorre uma retroalimentação da violência, da criminalidade e da insegurança pública.

O Estado, por outro lado, torna-se responsável por reparar os danos decorrentes das mais diversas violações à integridade física, psíquica e moral dos apenados e de seus familiares. Isso porque, de forma comissiva, contribui para o agravamento do superencarceramento (abuso de prisões preventivas e de medidas carcerizadoras) e, de forma omissiva, não adota medidas cabíveis para assegurar a mitigação dos danos decorrentes da superlotação e da precariedade estrutural dos presídios.

Desta feita, conforme demonstrado, não há dúvidas da existência da responsabilidade civil do Estado em razão das violações de direitos fundamentais perpetradas pelo sistema carcerário pátrio, assim como é indubitável a impossibilidade de afastamento de tal responsabilidade por meio da teoria da reserva do possível.

Nesse sentido, sendo certa a obrigatoriedade de reparação dos danos por parte do Estado, torna-se importante assegurar que a sua realização se dê por meios capazes de contribuir para a mitigação do cenário superlotação e de violação aos direitos fundamentais dos apenados.

E, assim sendo, acredita-se que a remição compensatória é a melhor forma de reparar os danos ocasionados aos presos que ainda se encontram inseridos no sistema carcerário brasileiro, pois, evitando uma ótica monetizadora, será capaz: (i) de funcionar como uma solução capaz de minimizar os danos ocasionados ao indivíduo, pois possibilitará que o apenado se veja fora do ambiente violador de seus direitos fundamentais mais rapidamente; (ii) de funcionar como meio de mitigar os impactos coletivos do superencarceramento, pois contribuirá para um redução da população custodiada nas instituições totais; (iii) de não acarretar um agravamento do problema financeiro do Estado, pois não se consubstancia em meio pecuniário de reparação de danos; e, (iv) impossibilita a aplicação de uma ótica precificadora dos direitos fundamentais.

Sendo certo que a reparação via meios pecuniários continuará a existir e poderá ser aplicada nos casos que envolvam: (i) reeducandos que já se encontrem fora das instituições totais (regime aberto domiciliar e livramento condicional); e, (ii) famílias que perderam entes enquanto, estes, se encontravam acautelados.

Salutar observar que encontrar meios capazes de impedir a perpetuação da violação dos direitos fundamentais no âmbito do sistema carcerário é mais importante do que estabelecer formas de os reparar e/ou mitigar. Isso porque, não existe reparação capaz de zerar os impactos dos danos causados à integridade física, psíquica e moral, o que se consegue, no máximo, é uma redução do sofrimento ocasionado ao indivíduo e/ou à sua família.

E, assim sendo, enquanto o pensamento for direcionado aos meios de reparação e/ou mitigação dos danos, estes continuarão a acontecer. Necessário, portanto, que os esforços passem a ser direcionados à efetivação de um sistema carcerário que seja capaz de cumprir sua finalidade repressiva, preventiva e ressocializadora. Afinal, é chegada a hora de se perceber que uma sociedade punitivista pune a si mesmo, pois, ao desumanizar e dessocializar os seus presos, retroalimenta a violência, a criminalidade e a insegurança pública. *Olho por olho e o mundo acabará cego.*[51]

5. REFERÊNCIAS

A) *Artigos, Manuais e Monografias*

AVENA, Norberto. *Execução Penal*. 5. ed. rev., atual e ampl. Rio de Janeiro: Forense, 2018.

BITENCOURT, Cezar Roberto. *Falência da pena de prisão*: causas e alternativas. 4. ed. São Paulo: Saraiva, 2011.

CANTALI, R. U. Reparação de danos extrapatrimoniais: entre medidas pecuniárias e não pecuniárias. *Civilistica.com*, v. 10, n. 3, p. 1-23, 6 dez. 2021. Disponível em: https://civilistica.emnuvens.com.br/redc/article/view/688.

CARVALHO FILHO, José dos Santos. *Manual de direito administrativo*. 32. ed. rev., atual. e ampl. São Paulo: Atlas, 2018.

CARVALHO, Salo de. *Antimanual de criminologia*. 7. ed. São Paulo: SaraivaJur, 2022.

COLAÇO FILHO, Raimundo Evandro. *O "estado de coisas inconstitucional" e a judicialização da política pública no âmbito do sistema carcerário brasileiro: mitigação do princípio da separação dos poderes. Revista Acadêmica Escola Superior do Ministério Público do Ceará.* p. 179-199.

DEPRÁ, Vinícius Oliveira Braz; VALER, Willian. Estado de coisas inconstitucional: uma discussão na pauta de julgamento do Supremo Tribunal Federal. *XI Seminário Nacional Demandas Sociais e Políticas Públicas na Sociedade Contemporânea*. Disponível em: https://online.unisc.br/acadnet/anais/index.php/snpp/article/view/14239.

DI PIETRO, Maria Sylvia Zanella. *Direito Administrativo*. 32. ed. Rio de Janeiro: Forense, 2019.

FALCÃO, Ana Géssica Carneiro; FERNANDES, André Dias. *Estado de coisas inconstitucional no sistema carcerário brasileiro e a parceria público-privada*. Disponível em: https://periodicos.uni7.edu.br.

MARINELA, Fernanda. *Direito administrativo*. 10. ed. São Paulo: Saraiva, 2016.

MASSON, Cleber. *Direito Penal: Parte Geral (Arts. 1º a 120)*. 13. ed. Rio de Janeiro: Forense, 2019. v. 1.

MAZZA, Alexandre. *Manual de Direito Administrativo*. 9. ed. São Paulo: Saraiva Educação, 2019.

OLIVEIRA, Rafael Carvalho Rezende. *Curso de Direito Administrativo*. 6. ed. rev., atual. e ampl. Rio de Janeiro: Forense; São Paulo: Método, 2018.

---

51. Frase cuja autoria é atribuída a Mahatma Gandhi, mas sendo impossível verificar a veracidade dessa informação.

SCHREIBER, Anderson. Novas tendências da responsabilidade civil brasileira. *Revista Trimestral de Direito Civil*, v. 22, ano 6, p. 45-69, abr.-jun./2005.

SCHREIBER, Anderson. Reparação não pecuniária dos danos morais. *Direito civil e Constituição*. São Paulo: Atlas, 2013.

SCHREIBER, Anderson. *Novos paradigmas da responsabilidade civil*. 6. ed. São Paulo: Atlas, 2015.

SOUZA, Fábio Gaspar de. A reparação não pecuniária do dano extrapatrimonial – Racionalidade, efetividade e coerência. *Revista da Faculdade de Direito de São Bernardo do Campo*. v. 23. n. 2. 2017. Disponível em: https://revistas.direitosbc.br/index.php/fdsbc/article/view/912.

TARTUCE, Flávio. *Manual de Direito Civil*: Volume Único. 6. ed. rev., atual e ampl. Rio de Janeiro: Editora Método, 2016.

WACQUANT, Loïc. *As prisões da miséria*. Trad. André Telles. Rio de Janeiro: Zahar, 2001.

WACQUANT, Loïc. *Punir os pobres*: a nova gestão da miséria nos Estados Unidos (A onda punitivista). Trad. Sérgio Lamarão. 3. ed. rev. e ampl. Rio de Janeiro: Revan, 2019.

B) Documentos Institucionais e Documentos Judiciais

BRASIL. Supremo Tribunal Federal. Recurso Extraordinário 580.252 do Mato Grosso do Sul. Plenário. Brasília. 16 de Fevereiro de 2017. p. 80. Disponível em: www.stf.jus.br.

FÓRUM BRASILEIRO DE SEGURANÇA PÚBLICA. *Anuário Brasileiro de Segurança Pública*. São Paulo: FBSP, 2022.

SARMENTO, Daniel et al. Petição Inicial da Arguição de Descumprimento de Preceito fundamental 347. Rio de Janeiro. 26 de Maio de 2015. Disponível em: www.stf.jus.br.

TAVARES, Juarez. *Parecer sobre as condições concretas de funcionamento do sistema prisional brasileiro*. ADPF 347. 07 de Abril de 2015. Disponível em: www.stf.jus.br.

C) Casos Decididos pelo Supremo Tribunal Federal

Agravo em Recurso Extraordinário 638.467.

Recurso Extraordinário 841.526.

Recurso Extraordinário 580.252.

Recurso Extraordinário 1.246.763.

D) Casos Decididos pelo Superior Tribunal de Justiça

AgRg no AREsp 850954/CE, Rel. Ministro Sérgio Kukina, Primeira Turma, Julgado em 10.03.2016, DJE 28.03.2016.

AgRg no AREsp 729565/PE, Rel. Ministro Benedito Gonçalves, Primeira Turma, Julgado em 22.09.2015, DJE 28.09.2015.

AgRg no AREsp 528911/MA, Rel. Ministro Olindo Menezes (Desembargador Convocado do TRF 1ª Região), Primeira Turma, Julgado em 16.06.2015, DJE 25.06.2015.

AgRg no AREsp 622716/PE, Rel. Ministro Og Fernandes, Segunda Turma, Julgado em 17.03.2015, DJE 20.03.2015.

AgRg no AREsp 467394/PE, Rel. Ministra Marga Tessler (Juíza Federal Convocada do TRF 4ª Região), Primeira Turma, Julgado em 05.03.2015, DJE 13.03.2015.

AgRg no AREsp 492804/PE, Rel. Ministra Assusete Magalhães, Segunda Turma, Julgado em 18.09.2014, DJE 30.09.2014.

AgRg no Ag 1307100/PR, Rel. Ministro Sérgio Kukina, Primeira Turma, Julgado em 21.10.2014, DJE 24.10.2014.

EDcl no AgRg no REsp 1305259/SC, Rel. Ministro Mauro Campbell Marques, Segunda Turma, Julgado em 15.08.2013, DJE 22.08.2013.

REsp 1549522/RJ, Rel. Ministro Herman Benjamin, Segunda Turma, Julgado em 03.09.2015, DJE 10.11.2015.

REsp 1435687/MG, Rel. Ministro Humberto Martins, Segunda Turma, Julgado em 07.05.2015, DJE 19.05.2015.

REsp 1014520/DF, Rel. Ministro Francisco Falcão, Rel. p/ Acórdão Ministro Luiz Fux, Primeira Turma, Julgado em 02.06.2009, DJE 1º.07.2009.

REsp 780500/PR, Rel. Ministra Eliana Calmon, Segunda Turma, Julgado em 04.09.2007, DJ 26.09.2007.

E) *Casos Decididos Pela Corte Interamericana de Direitos Humanos*

Caso *Durand e Ugarte Vs. Peru.*

Caso *"Instituto de Reeducação do Menor" Vs. Paraguai.*

Caso *Tibi Vs. Equador.*

Caso *do Presídio Miguel Castro Castro.*

MULTIFUNCIONALIDADE DA RESPONSABILIDADE CIVIL COMO PROTEÇÃO DOS DIREITOS FUNDAMENTAIS

Eroulths Cortiano Junior

Pós-doutor em Direito pela Università degli Studi di Torino e pela Università "Mediterranea" di Reggio Calabria. Líder do Núcleo de Pesquisa em Direito Civil Constitucional Grupo Virada de Copérnico. Doutor em Direito das Relações Sociais pela UFPR. Advogado. *E-mail*: ecortiano@cpc.adv.br.

Vivian Carla da Costa

Mestranda em Direito das Relações Sociais pela UFPR. Membro do Núcleo de Pesquisa em Direito Civil Constitucional Grupo Virada de Copérnico e da Comissão de Responsabilidade Civil da OAB/PR. Sócia do Costa & Costa Advogados em Curitiba/PR. *E-mail*: vivian@costaecostaadvocacia.com.br.

Sumário: 1. Introdução – 2. Da estrutura à função da responsabilidade civil; 2.1 Considerações gerais; 2.2 Funções punitiva e preventiva; 2.3 Especificamente, da função promocional – 3. A multifuncionalidade e a efetividade dos direitos fundamentais – 4. Conclusão – 5. Referências.

1. INTRODUÇÃO

Lição comezinha, dos bancos escolares, é a de que houve uma revolução copernicana no direito privado a partir da promulgação da Constituição de 1988. O ideal de solidariedade e a elevação da pessoa ao epicentro do ordenamento com a tutela expressa de seus atributos de personalidade modificaram profundamente o panorama das relações civis, aproximando o direito privado dos direitos fundamentais. Nesse contexto, o instituto jurídico da responsabilidade civil consagrou-se como aquele destinado à concretude das normas de proteção da pessoa humana e dos interesses sociais, ampliando-se, com efeito, a gama de bens tutelados sob o guarda-chuva dos direitos fundamentais.[1] Tais direitos, no entanto, sob pena de esvaziamento de sua importância, demandam diferenciada atenção, sobretudo no que diz respeito à sua tutela. Afinal, tratando-se de direitos fundamentais, impõe-se um modelo de reparação igualmente qualificado e, esse sentido, tendo em conta o compromisso da responsabilidade civil com a efetividade de tais direitos, a sua funcionalidade (ou multifuncionalidade) mostra-se grande aliada.

---

1. "[...] normas jurídicas intimamente ligadas à ideia de dignidade da pessoa humana e de limitação do poder, positivadas no plano constitucional de determinado Estado Democrático de Direito, que, por sua importância axiológica, fundamentam e legitimam todo o ordenamento jurídico". MARMELSTEIN, George. *Curso de direitos fundamentais*, p. 20. Ainda, sobre o papel dos direitos fundamentais na sociedade, pode-se citar: "[o] catálogo de direitos fundamentais regula de forma extremamente aberta questões em grave parte muito controversas acerca da estrutura normativa básica do Estado e da sociedade. ALEXY, Robert. *Teoria dos direitos fundamentais*, p. 26.

É a função do direito que revela seu papel na sociedade e, não à toa, esse tema, duradouramente, encontra-se nos debates teóricos desde os estudos pioneiros de BOBBIO, quem, ainda em 1969,[2] já defendia a caminhada concomitante e complementar, embora não sincrética, da estrutura normativa do direito com sua função. Teoria que foi sendo lapidada em sua trajetória.[3] E, do mesmo modo desenvolveu-se o campo da responsabilidade civil, no qual sua cláusula geral de proteção, "quem causar dano a outrem, deve repará-lo",[4] deve ser complementada por uma análise funcional para a garantia de uma maior efetividade da reparação no caso concreto. Tradicionalmente, trata-se como principal função da responsabilidade civil a reparatória (ou compensatória, se se está diante de danos morais), embora a dogmática atual já tenha dado passos sólidos no que se refere à existência de outras funções, a preventiva e a punitiva, e, ainda, a promocional. Não obstante esses renomados estudos, a temática ainda permanece controversa e com múltiplas ressalvas.

A partir desse panorama, a questão que se busca responder no presente artigo é: haveria fundamentos jurídicos que justificariam um modelo multifuncional da responsabilidade civil como instrumento de proteção efetiva dos direitos fundamentais? E, orientando-se pela metodologia hipotético-dedutiva, verificar-se-á quais são as possíveis funções da responsabilidade civil no ordenamento jurídico brasileiro e, a título de hipótese, se tal multifuncionalidade pode prevalecer como proposta de recomposição efetiva e adequada do eventual direito fundamental violado.

2. DA ESTRUTURA À FUNÇÃO DA RESPONSABILIDADE CIVIL

2.1 Considerações gerais

Considerada uma das áreas mais dinâmicas do direito privado, a responsabilidade civil é campo sensível às constantes transformações sociais, pois a todo momento, sobretudo diante do atual cenário tecnológico, emergem "novos" bens jurídicos e suas mais variadas consequências, os quais, por sua vez, tendo em conta o compromisso que deve ter o judiciário na busca pela melhor interpretação, demandam renovadas respostas. Não à toa, esse instituto possui papel de destaque como "[...] instrumento de intervenção social empregado para direcionar os comportamentos dos indivíduos para determinados objetivos da coletividade, como [...] a proteção de direitos de personalidade".[5]

---

2. BOBBIO, Norberto. A função promocional do direito (1969). *Da estrutura à função*, p. 1-21.
3. "[...] a análise estrutural, atenta às modificações da função, devem ser continuamente alimentadas e avançar lado a lado, sem que a primeira, como ocorreu no passado, eclipse a segunda, e sem que a segunda eclipse a primeira como poderia ocorrer em uma inversão das perspectivas a que os hábitos, as modas, o prazo do novo pelo novo, são particularmente favoráveis". Norberto Bobbio, A análise funcional do direito: tendências e problemas (1975). *Da estrutura à função*, p. 113.
4. Código Civil (CC), art. 927. "Aquele que, por ato ilícito (arts. 186 e 187), causar dano a outrem, fica obrigado a repará-lo".
5. DAL PIZZOL, Ricardo. *Responsabilidade civil*, p. 8.

A despeito dessa dinamicidade, o modelo de reparação civil tradicional, orientado pela máxima *neminem laedere*,[6] ainda se prende à análise dos elementos "ato ilícito culposo, nexo de causalidade e dano" na busca pela mera reparação integral. No entanto, em um contexto civil-constitucional, o qual dá enfoque à proteção da pessoa humana e a seus direitos fundamentais, revela-se, nas palavras de Schreiber, "[...] a insuficiência da dogmática tradicional da Responsabilidade Civil para assegurar efetiva reparação às vítimas [...]",[7] haja vista que diversos interesses jurídicos fundamentais não são facilmente recompostos no caso concreto, o que deflagra, portanto, uma crise paradigmática. Como resposta a tal crise, percebeu-se um movimento que passou a conceber o direito, e seus institutos jurídicos, além de sua estrutura, também a partir de sua função na sociedade. Por essa linha, "[...] a funcionalização dos institutos clássicos do direito civil às finalidades superiores consagradas na Constituição [...] tornou-se uma consequência necessária do respeito obrigatório à hierarquia das fontes".[8] Instaurou-se, assim, uma dupla perspectiva, a estrutural e funcional, as quais, complementarmente, garantem plena concepção de um direito em permanente construção.[9]

Nesse sentido, norteados pela finalidade da responsabilidade civil, a qual é, em linhas gerais, a de "reparar o dano injusto",[10] diversos autores propuseram uma análise funcionalista do instituto e obtiveram variadas conclusões, desde àquelas mais conservadoras, em que se sustentam como sendo única a função da responsabilidade civil, a reparatória/compensatória, como Moraes[11] e Martins-Costa,[12] passando àqueles que defendem haver três funções concomitantes e complementares, tal como Rosenvald[13] e

---

6. "Fala-se [...] em um dever geral de não prejudicar ninguém, expresso pelo Direito Romano através da máxima *neminem laedere*". CAVALIERI FILHO, Sérgio. *Programa de responsabilidade civil*, p. 1.
7. SCHREIBER, Anderson. *Direito civil e constituição*, p. 206.
8. BODIN DE MORAES, Maria Celina. A constitucionalização do direito civil e seus efeitos sobre a responsabilidade civil, *Direito, estado e sociedade*, v. 9, p. 235.
9. "O fato jurídico, como qualquer outra entidade, deve ser estudado nos dois perfis que concorrem para individuar sua natureza: a estrutura (como é) e a função (para que serve)". PERLINGIERI, Pietro. *O direito civil na legalidade constitucional*, p. 642.
10. "[...] é função principal da disciplina da Responsabilidade Civil determinar, dentre os inúmeros eventos danosos que ocorrem cotidianamente, quais devem ser transferidos da vítima ao autor do dano, conformemente à ideia de justiça dominante na sociedade". MARTINS-COSTA, Judith. Dano moral à brasileira, *Revista do Instituto do Direito Brasileiro*, v. 3, p. 7074.
11. "[...] quanto à função da responsabilidade civil, continuo acreditando que a Constituição atribui à indenização do dano moral apenas a função compensatória". BODIN DE MORAES, Maria Celina. *Danos à pessoa humana*, p. XXIII.
12. "A resposta mais congruente com o sistema de Direito positivo brasileiro e mais consistente do ponto de vista teórico está na sua função compensatória, afastada a função punitiva da responsabilidade civil por não ser compatível com o nosso sistema constitucional e civil [...]". MARTINS-COSTA, Judith. Dano moral à brasileira, *Revista do Instituto do Direito Brasileiro*, v. 3, p. 7099.
13. "[...] no direito brasileiro do alvorecer do século XXI [...] permite o estabelecimento de três funções para a responsabilidade civil (1) *Função reparatória*: a clássica função de transferência dos danos do patrimônio do lesante ao lesado como forma de reequilíbrio patrimonial; (2) *Função punitiva*: sanção consistente na aplicação de uma pena civil ao ofensor como forma de desestímulo de comportamentos reprováveis; (3) *Função precaucional*: possui o objetivo de inibir atividades potencialmente danosas". ROSENVALD, Nelson. *As funções da responsabilidade civil*, p. 95.

Dal Pizzol,[14] até, tal como recente no contexto jurídico brasileiro, à função promocional, asseverada por Reis Júnior.[15]

Nada obstante tais divergências doutrinárias, nota-se na práxis forense a predominância da classificação funcional tricotômica da responsabilidade civil – reparatória/compensatória, punitiva e preventiva –, visando, além da restituição da vítima ao *status quo ante*, também evitar danos futuros e, ainda, coibir as mesmas condutas ilícitas em outras circunstâncias. No entanto, muito embora se reconheça o louvável esforço de aplicação da multifuncionalidade da responsabilidade civil à luz do princípio da reparação integral, a alusão a estas funções de forma indiscriminada como fundamento de majoração do valor indenizatório nas mais variadas situações,[16] sem aparente critério quanto aos interesses jurídicos violados, acaba por pulverizar a importância da abordagem funcionalista na busca pela reparação efetiva e adequada da vítima, sobretudo quando se está diante de lesão a direitos fundamentais.

Assim, com o intuito de dirimir as inconsistências conceituais e semânticas para que, ao final deste trabalho, possa-se sustentar um modelo de responsabilidade civil multifuncional destinado à proteção dos direitos sociais e àqueles vinculados à dignidade humana, faz-se necessária uma análise pormenorizada, ainda que sucinta, de tais funções.

2.2 Funções punitiva e preventiva

Tal como já narrado, no atual contexto social-econômico, o modelo reparatório-compensatório tradicional revelou-se insuficiente para atender à reparação adequada e efetiva do dano injusto, especialmente quando se trata de dano moral – tomado para fins desse artigo em sua feição objetiva[17] –, haja vista a tendência jurisprudencial de indenização em valores irrisórios e preestabelecidos, a qual, a partir do pretexto de mitigar os efeitos da famigerada "indústria do dano moral", acaba por estimular práticas reiteradas de condutas ilícitas. E isso ocorre porque, conforme pontua Reis, "[...] o causador do dano já sabe previamente que o lucro resultante da ilicitude será superior às eventuais indenizações".[18]

---

14. "A responsabilidade civil não pode se resumir à indenização (responsabilidade civil reparatória), devendo ser também preventiva, no sentido de, com base nos princípios da prevenção e da precaução, impedir a realização de novos danos, em especial os graves e irreversíveis". DAL PIZZOL, Ricardo. *Responsabilidade civil*, p. 280.
15. "A função promocional representa [...] a concretização do princípio da máxima efetividade ao sistema de proteção à vítima conferido pela responsabilidade civil contemporânea". REIS JÚNIOR, Antonio dos. *Função promocional da responsabilidade civil*, p. 198.
16. Exemplificativamente, invoca-se a função punitivo-pedagógica desde casos de negativa de cobertura de tratamento por operadora de plano de saúde de paciente com câncer (TJPR. 8ª C.Cível. 0003454-66.2020.8.16.0001. Relator Des. Gilberto Ferreira. J. 26.05.2022) até hipóteses de inscrição indevida em cadastro de inadimplentes (TJPR. 8ª C.Cível. 0009459-10.2020.8.16.0194. Relator Des. Helio Henrique Lopes Fernandes Lima. J. 28.03.2022).
17. "[...] o sistema jurídico brasileiro atribuiu feição objetiva ao dano moral, associado à lesão da dignidade humana nas diversas expressões da personalidade [...]. Afinal, a compreensão do dano moral vincula-se diretamente à cláusula geral de tutela da pessoa humana [...]". TEPEDINO, Gustavo e SILVA, Rodrigo da Guia. Notas sobre o dano moral no direito brasileiro, *Revista Brasileira de Direito Civil*, v. 30, p. 47.
18. Clayton Reis, *Dano moral*, p. 160.

Diante dessa problemática e somada à releitura da funcionalização da responsabilidade civil sob a ótica civil-constitucional, é crescente, ainda que com respeitáveis críticas,[19] o posicionamento doutrinário quanto à existência de uma função punitiva destinada a reprimir de forma mais incisiva o agente ofensor e, em consequência, desestimular a reincidência do ato ilícito ao considerar as peculiaridades do caso concreto para fins de majoração da indenização. Com efeito, vem se consolidando na dogmática atual a ideia de uma função punitivo-pedagógica da responsabilidade civil, a qual, tendo em conta seu papel de tutelar bens atrelados à dignidade humana, não confrontaria com o preceito de vedação ao enriquecimento sem causa.[20] E, de fato, tal raciocínio foi replicado pelo Superior Tribunal de Justiça (STJ), quem, sob a nomenclatura *punitive damages*, passou a defender a teoria do desestímulo da conduta ilícita ao reconhecer a finalidade de compensar a vítima e punir o agente ofensor.[21] No entanto, por um lado, se andou bem o STJ ao reformular as funções da responsabilidade civil diante do apelo atual, por outro, ao recorrer a instituto jurídico do direito estrangeiro, sistematicamente divergente do nosso *civil law*, os *punitive damages*, pecou. E isso porque tal instituto, indiscriminadamente também denominado indenização punitiva, demanda a aplicação de uma pena civil para punição do agente, exclusiva e autônoma da tradicional reparação,[22] a qual é modalidade não prevista no ordenamento jurídico brasileiro. Nota-se, portanto, uma verdadeira miscelânea entre função punitivo-pedagógica da responsabilidade civil contemporânea e indenização punitiva.[23]

---

19. "Para além dos *punitive damages*, são diversas as correntes que procuram fundamentar a existência de uma função punitiva à responsabilidade civil [...]. Também por diversos motivos, tais correntes devem ser rejeitadas. [...] A chamada *função pedagógica* nada mais é que mero *efeito* do instrumento sancionatório da responsabilidade [...]. Sendo assim, não merece a qualificação de função (ao menos sob um aspecto de autonomia)". REIS JÚNIOR, Antonio dos. *Função promocional da responsabilidade civil*, p. 192-193.
20. Enunciado 379: "O art. 944, *caput*, do Código Civil não afasta a possibilidade de se reconhecer a função punitiva ou pedagógica da responsabilidade civil". Conselho da Justiça Federal (CJF), *IV Jornada de Direito Civil*, p. 58.
21. "O critério que vem sendo utilizado por essa Corte Superior na fixação do valor da indenização por danos morais, considera as condições pessoais e econômicas das partes, devendo o arbitramento operar-se com moderação e razoabilidade, atento à realidade da vida e às peculiaridades de cada caso, de forma a não haver o enriquecimento indevido do ofendido, bem como que sirva para desestimular o ofensor a repetir o ato ilícito Ressalte-se que a aplicação irrestrita das "punitive damages" encontra óbice regulador no ordenamento jurídico pátrio que, anteriormente à entrada do Código Civil de 2002, já vedava o enriquecimento sem causa como princípio informador do direito e, após a novel codificação civilista, passou a prescrevê-la expressamente, mais especificamente, no art. 884 do Código Civil de 2002 [...]". STJ. REsp 913.131/BA, Relator Ministro Carlos Fernando Mathias, Quarta Turma, julgado em 16.09.2008, DJe de 06.10.2008.
22. "Os *punitive damages* sujeitam-se a critérios de admissibilidade bastante rigorosos. Apenas podem ser concedidos quando presentes circunstâncias subjetivas que se aproximam da categoria continental do dolo, seja direto ou eventual [...] a imposição de *punitive damages* liga-se inelutavelmente ao exame dos aspectos subjetivos da conduta do ofensor [...] estes requisitos apenas corroboram que os *punitive damages* constituem verdadeira pena [...]". PARGENDLER, Mariana. Os danos morais e os *punitive damages* no direito norte-americano: caminhos e desvios da jurisprudência brasileira, *Revista Jurídica Luso-Brasileira*, n. 3, p. 873-874.
23. "Percebe-se confusão conceitual entre o caráter punitivo-pedagógico do dano moral e o instituto da indenização punitiva. Mesmo que se argumentasse que a menção ao instituto tenha sido feita no intuito de uma analogia entre a função punitivo-pedagógica do dano moral e a indenização punitiva, o paralelo não seria de todo válido, vez que na avaliação de um valor cabível à indenização punitiva não se leva em consideração a condição econômica do lesado, somente a do lesante". SILVA, Rafael Peteffi da e WALKER, Mark Pickersgill. *Punitive damages*: características do instituto nos Estados Unidos da América e transplante do modelo estrangeiro pela jurisprudência brasileira do Tribunal de Justiça de Santa Catarina, *Sequência*, Florianópolis, n. 74, p. 313.

Nesse sentido, para fins desse trabalho, filia-se ao posicionamento de que tal função, a punitivo-pedagógica, que não se confunde com os *punitive damages*, é compatível com o modelo contemporâneo de responsabilidade civil e deve ser, portanto, levada em conta na busca pela reparação adequada e efetiva da vítima, a qual pressupõe o desestímulo do ofensor. Contudo, a ela deve ser conferido o caráter de última *ratio*, passível de ser invocada somente em situações constitucionalmente protegidas,[24] tal como em caso de violação de direitos fundamentais a fim de se evitar comportamentos ilícitos extremamente gravosos. E, dada essa excepcionalidade, os requisitos para a sua caracterização também diferem do modelo padrão, sendo a culpa, enquanto cada vez mais diminuta no campo da reparação/compensação,[25] elemento de principal destaque no âmbito da punição e dissuasão,[26] haja vista que o grau de culpa grave ou dolo do ofensor é considerado para a majoração do montante indenizatório, mesmo nos casos em que a tradicional função reparatória/compensatória advenha de situações sujeitas à responsabilidade objetiva.[27]

Na mesma linha de raciocínio, tem grande relevância a função preventiva da responsabilidade civil, a qual, inequivocamente concatenada à função punitivo-pedagógica,[28] em seu sentido mais amplo, busca refletir efeito dissuasório sobre o agente ofensor ao permitir a majoração da indenização sob o fundamento de se evitar as mesmas condutas ilícitas no futuro, com possibilidade de destinação dos valores recebidos a título de prevenção a fundos reparatórios constituídos com o fito de recomposição dos interesses jurídicos violados[29] ou, ainda, ao se pensar outras formas de reparação além da pecuniária.[30] Contudo, não se mostra razoável à dinâmica civil-constitucional,

---

24. "[...] o caráter punitivo somente deve ser aplicado em situações particularmente sérias, porque está a única maneira de levá-lo, efetivamente, a sério". BODIN DE MORAES, Maria Celina. *Danos à pessoa humana*, p. 263.
25. "Não obstante o declínio da culpa tenha sido um caminho conscientemente trilhado para ascender a proteção da pessoa ofendida ao patamar mais ato de interesse, é preciso que não se confunda a exigência da verificação da *culpa* com a falsa ideia de *proteção do ofensor*. A rigor, a culpa apresenta um aspecto ambivalente [...]". REIS JÚNIOR, Antonio dos. *Função promocional da responsabilidade civil*, p. 111.
26. "Essa espécie de sanção [indenização punitiva] deve, em linha de princípio, ser reservada apenas aos casos de dano moral decorrentes de dolo ou culpa grave, nos quais o comportamento do agente se afigura especialmente reprovável ou merecedor de censura [...]. É nessas situações que a indenização punitiva encontra campo fértil para exercer sua função dissuasória, que objetiva prevenir a prática de outros ilícitos contra direitos da personalidade". ANDRADE, André Gustavo C. de. *Dano moral & indenização punitiva*, p. 265.
27. "[...] mesmo nas hipóteses em que a compensação do dano não exija culpa (responsabilidade objetiva) ou seja suficiente a culpa leve ou levíssima, a punição e a dissuasão pressupõem sempre culpa grave ou dolo". DAL PIZZOL, Ricardo. *Responsabilidade civil*, p. 196.
28. "Prevenção e punição são perfis complementares de uma mesma realidade normativa: a reação da ordem jurídica a certos comportamentos que comumente causam danos a terceiros, desequilibrando a harmonia da vida em sociedade". REIS JÚNIOR, Antonio dos. *Função promocional da responsabilidade civil*, p. 120.
29. Tal como previsto na Lei 7.347/1985, a qual disciplina a ação civil pública de responsabilidade por danos causados ao meio-ambiente, ao consumidor, a bens e direitos de valor artístico, estético, histórico, turístico e paisagístico: "Art. 13. Havendo condenação em dinheiro, a indenização pelo dano causado reverterá a um fundo gerido por um Conselho Federal ou por Conselhos Estaduais de que participarão necessariamente o Ministério Público e representantes da comunidade, sendo seus recursos destinados à reconstituição dos bens lesados".
30. "A eleição de um ou outro meio, assim como a sua combinação ou, até mesmo, diante das peculiaridades concretas, que outras formas possam ser postuladas, a fim de atender às aspirações da vítima e dar-lhe uma resposta satisfatória, atenderia satisfatoriamente à garantia constitucional de reparação [...]".SOUZA, Fábio Gaspar de. *A reparação não pecuniária do dano extrapatrimonial*, p. 19.

a qual tem como fundamento a proteção da pessoa e de seus atributos fundamentais, contar com único modelo de reparação civil, consagrado de tutela negativa, que entra em cena se e tão somente houver lesão a interesse jurídico. Deve prevalecer, a bem da verdade, igualmente intuito de evitá-la.[31]

Com efeito, ganha força a finalidade preventiva *stricto sensu*, a partir da qual se busca impedir, justamente, a ocorrência de dano. Nas palavras de Reis Júnior, "[t]rata-se de desenvolver nova faceta da responsabilidade civil que atue no momento pretérito à lesão, de modo a evitá-la, com instrumento que mais se aproximam a uma forma de tutela positiva".[32] Nesse sentido, além do já referido padrão dos manuais "ato ilícito culposo, nexo de causalidade e dano", o princípio da prevenção torna-se elemento destacado desse modelo de reparação, com papel de *standard* jurídico, verdadeiro padrão de conduta, a partir do qual exsurgem diversos deveres obrigacionais, os quais, independentemente da concretização da norma jurídica da responsabilidade civil, "quem causar dano a outrem, deve repará-lo", devem ser observados,[33] sob pena de indenização, desde que, tal como ocorre na função punitivo-pedagógica, reste caracterizada a culpa.[34] É a consagrada ideia da obrigação como processo.[35]

Dessa forma, como sintetizam Ehrhardt Júnior e Vieira, "[...] a responsabilidade preventiva atua como técnica de proteção de direitos por meio de mecanismos inibitórios, decorrente de um dever jurídico de diligência e proteção".[36] E, nesse espaço anterior ao dano, onde já são exigíveis deveres jurídicos de proteção, a ação inibitória, exemplo de tutela positiva, revela-se como importante instrumento de contenção de práticas lesivas a interesses jurídicos relevantes.[37] Assim, deve se assumir nesse trabalho que a função preventiva ostenta importante papel no âmbito da responsabilidade civil, sobretudo no que se refere à proteção de direitos fundamentais.

---

31. "A tutela da pessoa nem mesmo pode se esgotar no tradicional perfil do ressarcimento do dano. Assume consistência a oportunidade de uma tutela preventiva: o ordenamento deve fazer de tudo para que o dano não se verifique e seja possível a realização efetiva das situações existenciais". PERLINGIERI, Pietro. *O direito civil na legalidade constitucional*, p. 768.
32. REIS JÚNIOR, Antonio dos. *Função promocional da responsabilidade civil*, p. 92.
33. "[...] tem-se sustentado a necessidade de os ordenamentos jurídicos (tanto quanto os sistemas de tutela jurisdicional) priorizarem a aplicação dos princípios da prevenção e da precaução, cujos campos de atuação alastram-se com notável extensão e velocidade, precisamente para atender ao objetivo de contenção de danos, sobretudo quando se apresentem, respectivamente, já comprovados ou altamente prováveis". VENTURI, Thaís Goveia Pascoaloto. *Responsabilidade civil preventiva*, p. 249.
34. "Evidentemente, não se trata de resgate nostálgico da culpa moral, nem mesmo de tecer uma ode à *faute* subjetiva, mas apenas de identificar um elemento inexorável da função preventiva. Não se consegue evitar danos sem exercer controle de comportamentos". REIS JÚNIOR, Antonio dos. *Função promocional da responsabilidade civil*, p. 109-110.
35. "Como totalidade, a relação obrigacional é um sistema de processos". SILVA, Clóvis do Couto e. *A obrigação como processo*, p. 17.
36. VIEIRA, Andrey Bruno Cavalcante e EHRHARDT JÚNIOR, Marcos. O direito de danos e a função preventiva: desafio de sua efetivação a partir da tutela inibitória em casos de colisão de direitos fundamentais, *Revista IBERC*, v. 2, p. 17.
37. "[...] A ação inibitória se volta contra a possibilidade do ilícito, ainda que se trate de repetição ou continuação. Assim, é voltada para o futuro, e não para o passado. De modo que nada têm a ver com o ressarcimento do dano e, por consequência, com os elementos para a imputação ressarcitória – os chamados elementos subjetivos, culpa ou dolo". MARINONI, Luiz Guilherme. *Tutela inibitória e tutela de remoção do ilícito*. Disponível em: http://www.abdpc.org.br/abdpc/artigos/luiz%20g%20marinoni(2)%20-%20formatado.pdf. Acesso em: 20 jun. 2022.

2.3 Especificamente, da função promocional

Com exceção da função preventiva em sentido estrito, todas as outras tratadas até aqui se materializam através de sanções negativas. Todavia, não é razoável admitir que só de correção viva o direito, sobretudo um direito calcado na dignidade humana e na solidariedade tal como o brasileiro. Nesse contexto, portanto, avulta-se uma importante função, a promocional, que envolve promover e direcionar comportamentos.[38] Precursor do tema, Bobbio, ainda na década de 1960, inovou ao ressignificar o modelo de reparação, tradicionalmente protetor-repressivo, a partir desse viés promocional, para o qual, na contramão da reprimenda de comportamentos socialmente indesejáveis, interessa os comportamentos socialmente desejáveis. Nessa toada, defende o implemento de técnicas de encorajamento como forma de influenciar ou de atribuir consequências agradáveis a determinado comportamento a ser realizado.[39]

De tal teoria, cotejando-a com nossa realidade atual, é possível pensar, exemplificativamente, em legislações que promovem incentivos fiscais a entidades atuantes na proteção do direito fundamental ao meio ambiente,[40] tal como a que prevê a instituição do "ICMS ecológico" pelo estado do Paraná[41] ou, ainda, a que possibilita a dedução da base de cálculo do Imposto sobre a Propriedade Territorial Rural (ITR) de áreas ambientalmente preservadas.[42]

Nota-se, portanto, que tal função promocional, plenamente condizente com a metodologia jurídica de um direito civil-constitucional, ainda que pouco explorada pela dogmática contemporânea, tem grande apelo prático na efetividade da tutela dos direitos fundamentais, haja vista que, ao ampliar os instrumentos, possibilita, nas palavras de Rosenvald, "[...] fazer do direito privado o *locus* adequado para que algumas normas sirvam não apenas para tutelar, mas também para provocar efeitos benéficos aos valores

---

38. "A função de um ordenamento jurídico não é somente controlar os comportamentos dos indivíduos, o que pode ser obtido por meio da técnica das sanções negativas, mas também direcionar os comportamentos para certos objetivos preestabelecidos". BOBBIO, Norberto. Em direção a uma teoria funcionalista do direito (1976). *Da estrutura à função*, p. 79.
39. "[...] podemos definir 'encorajamento' como a operação pela qual A procura influenciar o comportamento desejado (não importa se comissivo ou omissivo) de B, ou facilitando-o ou atribuindo-lhe consequências agradáveis". Norberto Bobbio, A função promocional do direito (1969). *Da estrutura à função*, p. 16.
40. CF/88. Art. 225. "Todos têm direito ao meio ambiente ecologicamente equilibrado, bem de uso comum do povo e essencial à sadia qualidade de vida, impondo-se ao Poder Público e à coletividade o dever de defendê-lo e preservá-lo para as presentes e futuras gerações".
41. Lei Complementar do Estado do Paraná 59/1991. "Intitulado de ICMS Ecológico, foi criado no Paraná em 1991 como medida de distribuição dos recursos provenientes das arrecadações de ICMS aos seus Municípios, mediante o estabelecimento de critérios de restrição e proteção ambientais pré-definidos".
42. Lei 9.393/1996. "Art. 10. *Omissis*. § 1º Para os efeitos de apuração do ITR, considerar-se-á: [...] II – área tributável, a área total do imóvel, menos as áreas: a) de preservação permanente e de reserva legal, previstas na Lei 12.651, de 25 de maio de 2012; b) de interesse ecológico para a proteção dos ecossistemas, assim declaradas mediante ato do órgão competente, federal ou estadual, e que ampliem as restrições de uso previstas na alínea anterior; c) comprovadamente imprestáveis para qualquer exploração agrícola, pecuária, granjeira, aquícola ou florestal, declaradas de interesse ecológico mediante ato do órgão competente, federal ou estadual; d) sob regime de servidão ambiental; e) cobertas por florestas nativas, primárias ou secundárias em estágio médio ou avançado de regeneração; f) alagadas para fins de constituição de reservatório de usinas hidrelétricas autorizada pelo poder público".

da solidariedade e da igualdade material".⁴³ Com efeito, tal função da responsabilidade civil, a promocional, acertadamente caracterizada por Reis Júnior como "finalidade última do instituto",⁴⁴ é a que encerra a busca pela mais adequada e eficaz satisfação dos interesses jusfundamentais violados.

3. A MULTIFUNCIONALIDADE E A EFETIVIDADE DOS DIREITOS FUNDAMENTAIS

A perspectiva civil-constitucional rompeu com o paradigma patrimonialista e individualista que vigorava sobre as relações privadas, emanando efeitos no âmbito da responsabilidade civil e especialmente no seu liame com os direitos fundamentais, o qual, tradicionalmente orientado pela máxima *neminem laedere*, remanejou-se como verdadeiro instituto jurídico de proteção da pessoa humana e de concreção de interesses sociais. Afinal, nas palavras de Canaris "[...] as normas de direito privado também podem servir [...] para a concretização de imperativos de tutela de direitos fundamentais [...]".⁴⁵

Sob essa ótica, somada à dinamicidade e complexidade da vida social, não se olvidando que é "[a] primazia dos direitos fundamentais que deve orientar toda a atuação do Poder Público no Estado Democrático de Direito [...]",⁴⁶ mas com toda a qualificação que tais direitos exigem, tornou-se premente o pensar em releituras da reparação civil – dogmaticamente estabelecida como modelo destinado unicamente à restituição integral ao *status quo ante* – para dar respostas adequadas e efetivas à vítima, mas também à sociedade.

A partir desse cenário, passou-se a ser possível visualizar a responsabilidade civil de forma pluridimensional, de sua estrutura normativa à função reparatória e, além, vislumbrando mesmo outras vertentes funcionais, as quais, no campo prático, implicam indenizações que à primeira vista ultrapassam a extensão do dano.⁴⁷ Nesse ponto, tal como já exposto anteriormente, é intensa a divergência doutrinária entre renomados juristas, uns a defenderem conservadoramente a função da responsabilidade civil como sendo uma só, a de reparar ou compensar a vítima do dano sofrido, outros, exploram sua multifuncionalidade.⁴⁸ Linha essa adotada para fins desse trabalho.

---

43. ROSENVALD, Nelson. Prefácio. *Função promocional da responsabilidade civil*, p. XIV.
44. "Entre avanços e recuos, o que se pode afirmar de modo mais assertivo é que a função promocional da responsabilidade civil se firma como expressão da finalidade última do instituto, como concretização do princípio da solidariedade, no sentido do reconhecimento de deveres éticos que exigem a aproximação das partes no momento pós-dano, em prol da criação de um ambiente propício à reparação espontânea e voluntária do dano". REIS JÚNIOR, Antonio dos. *Função promocional da responsabilidade civil*, p. 189.
45. CANARIS, Claus-Wilhem. *Direitos fundamentais e direito privado*, p. 24.
46. NERY, Rosa Maria de Andrade e NERY JR., Nelson. *Instituições de direito civil*, p. 8.
47. CC, art. 944: "A indenização mede-se pela extensão do dano".
48. A verdade é que não se pode reduzir a complexidade do modelo aquiliano a uma função exclusiva e unitária. É necessário levantar o *véu reparatório*, que encobre toda a plasticidade da responsabilidade civil. Cada uma das suas funções persegue uma necessidade de segurança, porém com desideratos distintos". ROSENVALD, Nelson. *As funções da responsabilidade civil*, p. 128.

Contudo, ciente dos problemas que confrontam essa sistemática multifuncional da responsabilidade civil, tendo em conta a alusão indiscriminada às demais funções nos tribunais como forma de majoração da montante indenizatório, bem como a colisão *prima facie* com a vedação ao enriquecimento sem causa, é que se propõe a sua restrição à tutela dos direitos fundamentais, sobretudo àqueles advindos da dignidade da humana – com a importante ressalva de que não é toda e qualquer situação na qual seja passível de se invocá-la como fundamento, mas tão somente nas hipóteses em que haja lesão a bem jurídico protegido, sob pena de esvaziamento de sua importância.[49]

Para tanto, faz-se necessário, de início, partir do pressuposto que todas as funções aqui abordadas, a reparatória, a punitivo-pedagógica (a qual, vale lembrar, não se confunde com indenização punitiva, ou *punitive damages*), a preventiva e a promocional, são compatíveis com o direito brasileiro, prescindindo de qualquer alteração legislativa, tendo em conta uma interpretação sistemática constitucional do princípio da reparação integral do dano à luz dos vetores axiológicos da solidariedade e da dignidade humana,[50] permitindo-se falar, agora, como desdobramento, em reparação *efetiva* e *adequada*.[51] Cabe a ressalva de que, mesmo elas sendo plenamente cabíveis em nosso contexto, cada função demanda análise diferenciada e independente apesar da base fática ser a mesma, podendo implicar exceções, tal como, a título de exemplo, exigir-se, para fins da função punitivo-pedagógica, a consideração da culpa do agente ofensor em caso de violação a direito do consumidor, o qual é notoriamente sujeito à responsabilidade objetiva no que se refere à sua função reparatória.[52] Um segundo ponto é que as formas de tutela positiva, seja através da função preventiva *stricto sensu*, seja através da função promocional, alteram o modelo padrão da reparação civil, haja vista que permite pensá-las antes mesmo da ocorrência do dano ao encorajar comportamentos socialmente desejáveis como forma de direcionamento social para, ao fim e ao cabo, evitá-lo.

Não se olvida que invocar tais funções concomitantemente à reparatória demanda um olhar criterioso sobre o caso concreto, haja vista que elas confrontam, ao menos em um primeiro momento, com dogmas da responsabilidade civil – v.g., ato ilícito, nexo de causalidade, dano e culpa como elementos caracterizadores, modelo repressivo, vedação

---

49. "Não é necessário, menos ainda desejável, que todo e qualquer caso se resolva com menção à dignidade [...]; sobretudo se essa for uma menção descompromissada e meramente decorativa [...]. A invocação da dignidade humana (ou de qualquer outro) princípio, portanto, deve ser acompanhada de zelo com a totalidade do ordenamento e com o contexto do caso [...]". RAMOS, André Luiz Arnt. *Segurança jurídica e indeterminação normativa deliberada*, p. 146-147.
50. Princípio da reparação integral como "[...] ratio que fundamenta a concepção estrutural da responsabilidade civil, todavia, perspectivado diante do reconhecimento de uma multifuncionalidade assumida pelo instituto na contemporaneidade". FERREIRA, Keila Pacheco. Princípio da reparação integral. *Da estrutura à função da responsabilidade civil*, p. 374.
51. "O postulado da reparação adequada do dano não patrimonial impõe, assim, que seja adotado o meio mais idôneo a se recompor o bem da personalidade lesado pelo que os modos específicos de reparação adquirem especial relevo [...]". DANTAS BISNETO, Cícero e CARRÁ, Bruno Leonardo Câmara. *A reparação in natura e os danos extrapatrimoniais*, p. 181.
52. Código de Defesa do Consumidor (CDC), art. 14: "O fornecedor de serviços responde, independentemente da existência de culpa, pela reparação dos danos causados aos consumidores por defeitos relativos à prestação dos serviços, bem como por informações insuficientes ou inadequadas sobre sua fruição e riscos".

ao enriquecimento sem causa, limitação do valor indenizatório à extensão do dano, reparação exclusivamente com dinheiro. Todavia, tratando-se de direitos fundamentais, pesada e sopesada sua carga valorativa, a abordagem multifuncional da responsabilidade civil, autorizada pela sistemática civil-constitucional, não é só admitida, mas sim indispensável na sociedade atual como um instrumento na busca pela efetividade da tutela de tais direitos.

4. CONCLUSÃO

A dimensão funcional da responsabilidade civil é objeto de recorrente controvérsia no direito brasileiro, haja vista que o olhar além de sua estrutura normativa implica diversos conflitos com dogmas tradicionalmente estabelecidos, mas que, em contraponto, possibilita a dinamicidade do instituto frente às, cada vez mais céleres, transformações sociais. Por esse exposto, propôs-se a responder no presente trabalho se há fundamentos jurídicos que justifiquem um modelo multifuncional da responsabilidade civil como instrumento de proteção dos direitos fundamentais, a fim de atender de forma mais efetiva e adequada os interesses do caso concreto.

Nesse sentido, apurou-se, no decorrer do trabalho, as possíveis funções, além da clássica reparatória/compensatória, que são compatíveis com o direito brasileiro à luz da sistemática-civil constitucional, que são a punitivo-pedagógica (a qual não se confunde com os *punitive damages*), a preventiva, *lato* e *stricto sensu*, e a promocional, na busca pela reparação efetiva e adequada, desdobramento do princípio da reparação integral. No entanto, reconheceu-se as problemáticas advindas dessa sistemática multifuncional da responsabilidade civil, haja vista a alusão indiscriminada às demais funções pelos tribunais como forma de majoração do montante indenizatório, bem como a colisão *a prima facie* com a vedação ao enriquecimento sem causa e com o limite da indenização pela extensão do dano. Para tanto, propôs-se que tal multifuncionalidade deve ter seu campo de aplicação restrito à tutela dos direitos fundamentais, aqueles qualificados constitucionalmente e aqueles advindos diretamente da dignidade humana, os quais, em razão de sua qualificação, sopesadamente, justificam essa excepcionalidade.

Confirma-se, assim, a hipótese de que o modelo multifuncional da responsabilidade civil é juridicamente cabível no contexto brasileiro e, atentando-se ao papel social do direito, sobretudo no que tange aos direitos fundamentais, deve ser o modelo perquirido tendo em conta o fito de recomposição efetiva e adequada de eventual violação a esses direitos.

5. REFERÊNCIAS

ALEXY, Robert. *Teoria dos direitos fundamentais*. Trad. Virgílio Afonso da Silva. 2.ed. São Paulo: Malheiros, 2011.

ANDRADE, André Gustavo C. de. *Dano moral & indenização punitiva*: os punitive damages na experiência da common law e na perspectiva do direito brasileiro. Rio de Janeiro: Lumen Juris. 2. ed. 2009.

BOBBIO, Norberto. *Da estrutura à função*: novos estudos de teoria do direito. Tradução de: Daniela Beccaccia Versiani. Barueri: Manole, 2007.

BRASIL. Conselho da Justiça Federal. Jornadas de direito civil I, III, IV e V: enunciados aprovados. Brasília: Centro de Estudos Judiciários, 2012. Disponível em: https://www.cjf.jus.br/cjf/corregedoria-da-justica-federal/centro-de-estudos-judiciarios-1/publicacoes-1/jornadas-cej/EnunciadosAprovados-Jornadas-1345.pdf. Acesso em: 28 jun. 2022.

BRASIL. Constituição (1988). Constituição da República Federativa do Brasil. Diário Oficial da União, Brasília, DF, 5 out. 1988.

BRASIL. Lei 7.347, de 24 de julho de 1985. Disciplina a ação civil pública de responsabilidade por danos causados ao meio ambiente. Diário Oficial da União, Poder Executivo, Brasília, DF, 1985.

BRASIL. Lei 8.078, de 11 de setembro de 1990. Dispõe sobre a proteção do consumidor. Diário Oficial da União, Poder Executivo, Brasília, DF, 1990.

BRASIL. Lei 9.393, de 19 de dezembro de 1996. Dispõe sobre o Imposto sobre a Propriedade Territorial Rural (ITR). Diário Oficial da União, Poder Executivo, Brasília, DF, 1996.

BRASIL. Lei 10.406, de 10 de janeiro de 2002. Institui o Código Civil. Diário Oficial da União, Poder Executivo, Brasília, DF, 2002.

BRASIL. Superior Tribunal de Justiça. Recurso Especial 913.131/BA. Relator: Carlos Fernando Mathias. Quarta Turma. Diário de Justiça Eletrônico, Brasília, 06 out. 2008. Disponível em: https://scon.stj.jus.br/SCON/GetInteiroTeorDoAcordao?num_registro=200602674372&dt_publicacao=06/10/2008. Acesso em: 28 jun. 2022.

CANARIS, Claus-Wilhelm. *Direitos fundamentais e direito privado*. Trad. Ingo Wolfgang Sarlet e Paulo Mota Pinto. Coimbra: Almedina, 2003.

CAVALIERI FILHO, Sérgio. *Programa de responsabilidade civil*. 11.ed. São Paulo: Atlas, 2014.

DAL PIZZOL, Ricardo. *Responsabilidade civil*: funções punitiva e preventiva. Indaiatuba: Editora Foco, 2020.

DANTAS BISNETO, Cícero; CARRÁ, Bruno Leonardo Câmara. A reparação *in natura* e os danos extrapatrimoniais: ou de como transformar uma ideia romântica em realidade. *Revista de direito civil contemporâneo*, v. 24, p. 169-205. 2020.

FERREIRA, Keila Pacheco. Princípio da reparação integral: feição clássica, insuficiências e expansão funcional da responsabilidade civil. In: PIRES, Fernanda Ivo (Org.). *Da estrutura à função da responsabilidade civil*: uma homenagem do Instituto Brasileiro. De Estudos de Responsabilidade Civil (IBERC) ao Professor Renan Lotufo. Indaiatuba: Foco, 2021.

MARINONI, Luiz Guilherme. *Tutela inibitória e tutela de remoção do ilícito*. Disponível em: http://www.abdpc.org.br/abdpc/artigos/luiz%20g%20marinoni(2)%20-%20formatado.pdf. Acesso em: 20 jun. 2022.

MARMELSTEIN, George. *Curso de direitos fundamentais*. 3.ed. São Paulo: Atlas, 2011.

MARQUES, Claudia Lima; MARTINS, Fernando Rodrigues. Danos qualificados constitucionalmente e a formação da norma de proteção de direitos fundamentais no âmbito da responsabilidade civil. In: PIRES, Fernanda Ivo (Org.) *Da estrutura à função da responsabilidade civil*: uma homenagem do Instituto Brasileiro. De Estudos de Responsabilidade Civil (IBERC) ao Professor Renan Lotufo. Indaiatuba: a Foco, 2021.

MARTINS-COSTA, Judith. Dano moral à brasileira. *Revista do Instituto do Direito Brasileiro*, Lisboa, v. 3, n. 9, p. 7073-7122, 2014.

MORAES, Maria Celina Bodin de. A constitucionalização do direito civil e seus efeitos sobre a responsabilidade civil. *Direito, Estado e Sociedade*, v. 9, n. 29, p. 233-258, jul. /dez. 2006.

MORAES, Maria Celina Bodin de. *Danos à pessoa humana*: uma leitura civil-constitucional dos danos morais. 2. ed. Rio de Janeiro: Processo, 2017.

NERY, Rosa Maria de Andrade; NERY JR, Nelson. *Instituições de direito civil*: direito da personalidade. São Paulo: Ed. RT, 2017.

PARANÁ. Lei Complementar 59, de 01 de outubro de 1991. Dispõe sobre a repartição de 5% do ICMS aos municípios com mananciais de abastecimento e unidades de conservação ambiental. Assembleia Legislativa do Estado do Paraná, Curitiba, PR, 1 out. 1991. Disponível em: https://leisestaduais.com.br/pr/lei-complementar-n-59-1991-parana-dispoe-sobre-a-reparticao-de-5-do-icms-a-que-alude-o-art-2-da-lei-n-9491-90-aos-municipios-com-mananciais-de-abastecimento-e-unidades-de-conservcao-ambiental-assim-como-adota-outras-providencias. Acesso em: 29 jun. 2022.

PARANÁ. Tribunal de Justiça. Apelação Cível 0003454-66.2020.8.16.0001. Relator: Gilberto Ferreira. Oitava Câmara Cível. Diário de Justiça Eletrônico, Curitiba, 26 mai. 2022. Disponível em: https://portal.tjpr.jus.br/jurisprudencia/j/4100000019978181/Ac%C3%B3rd%C3%A3o-0003454-66.2020.8.16.0001#integra_4100000019978181. Acesso em: 29 jun. 2022.

PARANÁ. Tribunal de Justiça. Apelação Cível 0009459-10.2020.8.16.0194. Relator: Helio Henrique Lopes Fernandes Lima. Câmara Cível. Diário de Justiça Eletrônico, Curitiba, 08 jun. 2022. Disponível em: https://portal.tjpr.jus.br/jurisprudencia/j/4100000020929541/Ac%C3%B3rd%C3%A3o-0009459-10.2020.8.16.0194. Acesso em: 29 jun. 2022.

PARGENDLER, Mariana. Os danos morais e os *punitive damages* no direito norte-americano: caminhos e desvios da jurisprudência brasileira. *Revista Jurídica Luso-Brasileira*, Lisboa, n. 3, p. 859-880, 2017.

PERLINGIERI, Pietro. *O direito civil na legalidade constitucional*. Trad. Maria Cristina De Cicco. Rio de Janeiro: Renovar, 2008.

RAMOS, André Luiz Arnt. *Segurança jurídica e indeterminação normativa deliberada*: elementos para uma teoria do direito (civil) contemporâneo. Curitiba: Juruá, 2021.

REIS, Clayton. *Dano moral*. 6.ed. São Paulo: Ed. RT, 2019.

REIS JÚNIOR, Antonio dos. *Função promocional da responsabilidade civil*: um modelo de estímulos à reparação espontânea dos danos. Indaiatuba: Editora Foco, 2022.

ROSENVALD, Nelson. Prefácio. In: REIS JÚNIOR, Antonio dos. *Função promocional da responsabilidade civil*: um modelo de estímulos à reparação espontânea dos danos. Indaiatuba: Editora Foco, 2022.

ROSENVALD, Nelson. *As funções da responsabilidade civil*: a reparação e a pena civil. 3.ed. São Paulo: Saraiva, 2017.

SCHREIBER, Anderson. *Direito civil e constituição*. São Paulo: Atlas, 2013.

SILVA, Clóvis do Couto e. *A obrigação como processo*. Rio de Janeiro: FGV, 2006.

SILVA, Rafael Peteffi da; WALKER, Mark Pickersgill. *Punitive damages*: características do instituto nos Estados Unidos da América e transplante do modelo estrangeiro pela jurisprudência brasileira do Tribunal de Justiça de Santa Catarina. *Sequência*, Florianópolis, n. 74, p. 295-326, 2016.

SOUZA, Fábio Gaspar de. A reparação não pecuniária do dano extrapatrimonial: racionalidade, efetividade e coerência. *Revista Faculdade de Direito São Bernardo do Campo*, v. 23, n. 2, 2017.

TEPEDINO, Gustavo; SILVA, Rodrigo Guia. Notas sobre o dano moral no direito brasileiro. *Revista Brasileira de Direito Civil*, Belo Horizonte, v. 30, p 33-60, out./dez. 2021.

VENTURI, Thaís Goveia Pascoaloto. *Responsabilidade civil preventiva*: a proteção contra a violação dos direitos e a tutela inibitória material. São Paulo: Malheiros, 2014.

VIEIRA, Andrey Bruno Cavalcante; EHRHARDT JÚNIOR, Marcos. O direito de danos e a função preventiva: desafio de sua efetivação a partir da tutela inibitória em casos de colisão de direitos fundamentais. *Revista IBERC*, v. 2, n. 2, p. 1-30, maio /ago. 2019.

APONTAMENTOS SOBRE O DANO MORAL COLETIVO NA JURISPRUDÊNCIA DO SUPERIOR TRIBUNAL DE JUSTIÇA

Fábio Jun Capucho

Doutor e Mestre em Direito Civil pela Faculdade de Direito da Universidade de São Paulo. Professor da Escola Superior da Magistratura de Mato Grosso do Sul. Associado ao Instituto de Direito Privado. Membro da Academia de Direito Processual de Mato Grosso do Sul. Associado ao Instituto Brasileiro de Estudos de Responsabilidade Civil. E-mail: professorfabiocapucho@gmail.com/ORCID: https://orcid.org/0000-0002-0659-6170.

Sumário: 1. Introdução – 2. Da tutela dos direitos fundamentais e do direito do consumidor como direito fundamental – 3. O dano moral coletivo e sua admissão pelo Superior Tribunal de Justiça – 4. Crítica ao tratamento do dano não patrimonial coletivo pela jurisprudência do Superior Tribunal de Justiça – 5. Conclusões – 6. Referências.

1. INTRODUÇÃO

Um dos maiores desafios do direito contemporâneo segue sendo a concretização dos direitos fundamentais.

Com efeito, apesar do longo intervalo decorrido desde a primeira enunciação do conceito e a despeito da sua inequívoca consolidação nos regimes constitucionais das nações democráticas, não se pode afirmar que a situação seja de obra feita, concluída.

Graves crises ainda assolam mesmo países mais desenvolvidos – social, econômica e institucionalmente – que o nosso, o que não nos permite, contudo, analisar com maior candura o quadro local.

Na busca por formas de concretização, isso é, de passar do enunciado ao fato, as ferramentas do regime jurídico da responsabilidade civil não podem ser ignoradas, antes ao contrário, como bem evidenciam Fernando Rodrigues Martins e Claudia Lima Marques, para quem o escopo primordial da responsabilidade civil seria a concreção das normas de proteção dos direitos fundamentais.[1]

A Constituição federal de 1988 (CRFB) foi analítica na enunciação dos direitos fundamentais individuais e sociais, reconhecendo-se o intuito de abrigar uma visão

---

1. MARTINS, Fernando Rodrigues; MARQUES, Claudia Lima. Danos qualificados constitucionalmente e a formação da norma de proteção de direitos fundamentais no âmbito da responsabilidade civil. In: PIRES, Fernanda Ivo (Org.); GUERRA, Alexandre et. al (Coord.). *Da estrutura à função da responsabilidade civil*: uma homenagem do Instituto Brasileiro de Estudos de Responsabilidade Civil (IBERC) ao Professor Renan Lotufo. Indaiatuba, São Paulo: Foco, 2021, p. 18.

(então) contemporânea dos interesses merecedores de especial tutela na sociedade brasileira. É até hoje festejada pelo seu viés humanista, plural e democrático.

Examinando o âmbito de proteção dos direitos fundamentais, alude-se ao conceito de ilícito constitucional, caracterizável em face da violação a deveres fundamentais, ao par daquelas situações expressamente contempladas pelo constituinte com a garantia de reparação dos danos suportados, individual ou transindividualmente.[2]

No presente estudo, concentrar-se-á em uma destas situações, destacando do rol dos direitos fundamentais reconhecidos no ordenamento brasileiro o direito à tutela do consumidor, consagrado no art. 5º, XXXII, da CRFB.[3]

O legislador constituinte tratou de conformar este direito também nos artigos 170, V, da CRFB e 48, do ato das disposições constitucionais transitórias (ADCT), sendo que, em todos os dispositivos, a ênfase foi na defesa do consumidor, o que evidencia a compreensão constitucional da sua vulnerabilidade.

Não se pode olvidar, ademais, o disposto no artigo 24, VIII, da CRFB, sobre a competência legislativa da União, onde se estampa a garantia de reparação dos danos suportados tanto no plano individual, quanto transindividual.[4]

Observando a diretriz constitucional, edificou-se um sistema de proteção ao consumidor, tendo por base o disposto na Lei 8078, de 11 de setembro de 1990, o Código de Defesa do Consumidor (CDC).

Um dos aspectos notáveis do sistema de defesa dos direitos dos consumidores consiste no tratamento coletivo (*lato sensu*) dispensado pelo legislador, não apenas no CDC, mas também na Lei 7347, de 24 de julho de 1985, conhecida por lei da ação civil pública (LACP).

Inegavelmente, o conceito de dano de natureza coletiva (*lato sensu*) deve sobremaneira ao regime normativo do sistema de direito do consumidor.

Seja na doutrina, seja na jurisprudência, as questões de direito do consumidor, ao lado das de direito ambiental, serviram para impulsionar o desenvolvimento do conceito de dano coletivo, tanto o de natureza patrimonial quanto o não patrimonial. No entanto, o quadro atual não permite concluir pela sua consolidação conceitual.

Nesta ordem de ideias, ainda há debate na doutrina e se observam contradições na aplicação judicial da figura quanto a aspecto que se considera de enorme relevância. Trata-se da caracterização do dano coletivo não patrimonial independentemente de prova do prejuízo, ou *in re ipsa*.

Dada a natureza do dano (não patrimonial) e a dimensão do evento (transindividual), esta classificação se revela coerente. Todavia, conforme adiantado, observa-se problemática.

---

2. MARTINS, 2021, p. 21-22.
3. Art. 5º (...)
   XXXII – o Estado promoverá, na forma da lei, a defesa do consumidor.
4. MARTINS, 2021, p. 23.

Em razão da competência constitucionalmente atribuída, ao Superior Tribunal de Justiça coube inúmeras vezes apreciar recursos envolvendo a temática do dano coletivo e a doutrina reconhece o papel do tribunal na evolução do conceito.

Pesquisa utilizando as ferramentas da página do Superior Tribunal de Justiça na internet permite identificar, por exemplo, sob o argumento "dano moral coletivo", cinco ocorrências submetidas à sistemática dos recursos repetitivos, atualmente regulada pelos artigos 1.036 e ss., do Código de Processo Civil (CPC), cuja relevância é tornar obrigatória a observância da tese fixada no julgamento do recurso, nos moldes do art. 927, III, do CPC.

Destas cinco, duas foram classificadas como pertinentes ao direito do consumidor, sendo uma julgada (tema 1078), encontrando-se o julgamento da outra sobrestado (tema 954).

O pequeno número de ocorrências afeitas à sistemática dos recursos repetitivos e o fato de nos dois casos pertinentes ao direito do consumidor os recursos afetados tratarem de demandas individuais chamam a atenção pela pouca aderência da corte, neste tópico, ao modelo que o legislador processual civil erigiu como prioritário para atingir os objetivos de uma jurisprudência uniforme, estável, íntegra e coerente.

Fora deste espectro, contudo, o Superior Tribunal de Justiça apreciou dezenas de recursos sobre a temática. De acordo com a ferramenta "Jurisprudência em Teses" da página do Superior Tribunal de Justiça, o entendimento acerca do tema poderia ser resumido no seguinte enunciado: *O dano moral coletivo, aferível in re ipsa, é categoria autônoma de dano relacionado à violação injusta e intolerável de valores fundamentais da coletividade.*[5] No corpo de um dos precedentes indicados, encontra-se, a título de exemplo, o seguinte raciocínio sintetizador:

> Assim, se, por um lado, o dano moral coletivo não está relacionado a atributos da pessoa humana (dor, sofrimento ou abalo psíquico) e se configura *in re ipsa*, dispensando a demonstração de prejuízos concretos ou de efetivo abalo moral, de outro, somente ficará caracterizado se ocorrer uma lesão a valores fundamentais da sociedade e se essa vulneração ocorrer de forma injusta e intolerável.[6]

O exercício da jurisdição, na contemporaneidade, deve principalmente promover a certeza do direito e a realização dos direitos fundamentais,[7] sendo legítimo analisar o conjunto de julgados e apontar, criticamente, deficiências e suas possíveis soluções.[8]

---

5. STJ – Jurisprudência em Teses. Acesso em: 24 jun. 2022.
6. BRASIL, Superior Tribunal de Justiça (Terceira Turma). Recurso especial 1.737.428/RS (...) Recurso especial. Ação coletiva de consumo. Direito do consumidor. Espetáculos culturais. Disponibilização de ingressos na internet. Cobrança de "taxa de conveniência". Embargos de declaração. Omissão, contradição ou obscuridade. Não indicação. Súmula 284/STF. Proteção do consumidor. Cláusulas abertas e princípios. Boa-fé objetiva. Lesão enorme. Abusividade das cláusulas. Venda casada ("tying arrangement"). Ofensa à liberdade de contratar. Transferência de riscos do empreendimento. Desproporcionalidade das vantagens. Dano moral coletivo. Lesão ao patrimônio imaterial da coletividade. Gravidade e intolerância. Inocorrência. Sentença. Efeitos. Validade. Todo o território nacional (...) rel. Min. Nancy Andrighi, Julgamento 12.03.2019, DJE 15.03.2019.
7. MEDINA, José Miguel Garcia. *Curso de direito processual civil moderno*. 4. ed., rev., atual. e ampl. São Paulo: Ed. RT, 2018, p. 81.
8. MEDINA, 2018, p. 86.

A questão que se coloca neste estudo é se este entendimento se revela adequado e suficiente para orientar, de forma segura, a aplicação das normas jurídicas de forma a promover a maior concretização do direito fundamental à tutela dos consumidores.

2. DA TUTELA DOS DIREITOS FUNDAMENTAIS E DO DIREITO DO CONSUMIDOR COMO DIREITO FUNDAMENTAL

Os direitos fundamentais consubstanciam componente privilegiado do rol de cláusulas constitucionais, justamente por dizerem respeito aos aspectos mais relevantes para a humanidade de acordo com o estágio civilizatório vigente.

Exatamente por isto há muito se convencionou realizar seu estudo em termos de gerações de direitos, conotando que se avolumam e se densificam conforme o avanço da civilização,[9] passando de direitos de natureza puramente individual a outros de natureza transindividual, sem que esse processo implique superação de um pelo outro, mas antes a conservação de ambos.[10]

No que interessa diretamente ao presente estudo, releva destacar que os direitos fundamentais possuem dúplice dimensão, subjetiva e objetiva, sendo que, para muitos, a noção de direito subjetivo público teria sido, na realidade, superada justamente pela dimensão subjetiva dos direitos fundamentais.[11]

Quando se cogita do direito fundamental enquanto direito de ordem subjetiva, tem-se em mente "a noção de que ao titular de um direito fundamental é aberta a possibilidade de impor judicialmente seus interesses juridicamente tutelados perante o destinatário (obrigado)".[12] Embora se assemelhe à enunciação do conceito de direito subjetivo público, possuiria muito maior plasticidade e abrangência, em boa medida como consequência da dimensão objetiva de que dotado o direito fundamental.[13]

Em apertada síntese, a dimensão objetiva do direito fundamental radica na sua condição de valor essencial à ordem constitucional reconhecido objetivamente, o que induziria sua irradiação perante todo o ordenamento jurídico com eficácia diretiva e, portanto, conformadora.[14]

Como resultado, à dimensão subjetiva do direito fundamental se agrega uma esfera de proteção objetiva que se impõe perante o Estado, obrigando-o a promover a tutela, inclusive preventiva, dos interesses dos indivíduos sempre que correlacionados a direito fundamental.[15]

---

9. SARLET, Ingo. *Dignidade da pessoa humana e direitos fundamentais na constituição federal de 1988*. 6. ed., rev. e atual., Porto Alegre: Livraria do Advogado Ed., 2008, p. 280.
10. Questiona-se atualmente se haveria limite para a evolução dos direitos fundamentais, *v.g.*, mediante a incorporação de direitos mais abstratos, como o direito à democracia ou à paz (SARLET, op. cit., p. 277-279).
11. SARLET, 2008, p. 306-307.
12. Idem, ibidem, p. 307.
13. SARLET, 2008, p. 308.
14. SARLET, 2008, p. 310.
15. SARLET, 2008, p. 310-311.

No plano civilístico, a tutela dos direitos fundamentais se correlaciona com a dos direitos da personalidade. Como esclarece Anderson Schreiber, ambas são designações destinadas a contemplar atributos da personalidade humana merecedores de proteção jurídica, distinguindo-se apenas os planos em que a personalidade humana se manifesta.[16]

A tutela que o direito privado concede aos direitos da personalidade é equivalente à do direito público, conforme Francisco Amaral informa:

> Apresentam-se, assim, os direitos da personalidade não só como poder de agir do ser humano, no campo de sua autonomia pessoal, mas também como poder de exigir de terceiros e do próprio Estado o respeito à sua integridade física, moral e intelectual, baseados no princípio superior da dignidade da pessoa humana.[17]

No Brasil, ademais, existe ampla coincidência entre os direitos fundamentais individuais e os direitos da personalidade, em especial os expressamente positivados.[18]

Ao titular do direito fundamental deve ser prestada a mais ampla tutela, não se subordinando, inclusive, a limitações típicas do direito privado, visto que a concretização de seu direito consubstancia objetivo primário da ordem constitucional.

Já sob a perspectiva do destinatário do direito fundamental – noção que compreende as pessoas de direito público, em toda sua organicidade, e também as de direito privado, em especial aquelas que executam incumbências de natureza pública -, existiria também a obrigação de concretização do direito fundamental.[19]

Obrigação que, em larga medida, se cumpre e se deve cumprir mediante a implementação de políticas públicas adequadas.

Veja-se que até o momento se tratou do direito fundamental basicamente em sua perspectiva individual. Ocorre que, sabidamente, o direito fundamental pode ser examinado sob a perspectiva coletiva.

Destaca-se, neste sentido, o direito do consumidor. No caso, conforme adiantado, a condição de direito fundamental possui fundamento constitucional nos art. 5º, XXXII, e 170, V, da Constituição Federal, e art. 48, do ato das disposições constitucionais transitórias,[20] o que vem explicitado no art. 1º, do CDC.

O arcabouço constitucional identifica o consumidor como titular de um direito subjetivo constitucional[21] e, à partir desta ordenação, Bruno Miragem configura a

---
16. SCHREIBER, Anderson. *Direitos da personalidade*. 2. ed., São Paulo: Atlas, 2013, p. 13.
17. AMARAL, Francisco. O dano à pessoa no direito civil brasileiro. In: CAMPOS, Diogo Leite de; CHINELLATO, Silmara Juny de Abreu (Coord.). *Pessoa humana e direito*. Coimbra: Almedina, 2009, p. 128.
18. SCHREIBER, 2013, p. 14.
19. SARLET, 2008, p. 334-335.
20. Art. 170. A ordem econômica, fundada na valorização do trabalho humano e na livre iniciativa, tem por fim assegurar a todos existência digna, conforme os ditames da justiça social, observados os seguintes princípios: (...) V – defesa do consumidor.
    Art. 48. O Congresso Nacional, dentro de cento e vinte dias da promulgação da Constituição, elaborará Código de Defesa do Consumidor.
21. MIRAGEM, 2019, p. RB-1.5 (https://proview.thomsonreuters.com/launchapp/title/rt/monografias/75937820/v8/page/RB-1.5).

tutela do consumidor como direito a exigir, inclusive, prestações de ordem positiva do Estado:

> O constituinte brasileiro, afeito a esta constatação, não apenas garantiu os direitos do consumidor como direito e princípio fundamental, como determinou ao legislador a realização de um sistema com caráter normativo, que garantisse a proteção estabelecida pela Constituição.[22]

Os direitos deste sujeito específico que é o consumidor podem ser classificados como direitos de proteção,[23] de tal sorte que, foi visto, o titular do direito o exerce frente ao Estado para que este o proteja da intervenção de terceiros. Acrescenta Bruno Miragem:

> o direito do consumidor, enquanto direito fundamental, justifica-se no reconhecimento de uma situação de desigualdade, à qual as normas de proteção do consumidor realizam a equalização de condições.[24]

Elaborado sob esta perspectiva, o CDC, com sua ampla gama de disposições fixando direitos de ordem material e processual em favor do consumidor, procurou responder ao desiderato constitucional.

Para tanto, adotou modelo caracterizado pela prevalência da responsabilidade objetiva, ou sem culpa, revelando-se, à época da sua edição, uma grande novidade, especialmente se comparado ao sistema do Código Civil então em vigor, em que a responsabilidade civil, orbitando ao redor do art. 159, era de ordem subjetiva.

No que se refere ao aspecto de política legislativa que levou a esta opção, pode-se afirmar que foi acertada a decisão do legislador, notadamente em vista dos fatores de ordem sociológica tantas vezes enumerados pela doutrina, consistente na ampliação das hipóteses de dano advindas da evolução científica e tecnológica, principalmente depois da denominada revolução industrial, a dificuldade de entendimento dos processos produtivos, que acarreta igual dificuldade na demonstração da culpa, a globalização das relações empresariais e humanas etc.

O consumidor, sem dúvida, é a classe de sujeitos mais exposta aos novos riscos resultantes destas mudanças, justificando-se uma especial preocupação de parte dos juristas e do legislador.

Além de tornar ordinária a responsabilidade civil de ordem objetiva,[25] aduz-se que o CDC promoveu, no Brasil, também a unificação da responsabilidade contratual e extracontratual.

---

22. MIRAGEM, Bruno. *Curso de Direito do Consumidor*. 6. ed. São Paulo: Thomson Reuters Brasil, 2019, p. RB-1.5 (https://proview.thomsonreuters.com/launchapp/title/rt/monografias/75937820/v8/page/RB-1.5).
23. MIRAGEM, 2019, p. RB-1.6 (https://proview.thomsonreuters.com/launchapp/title/rt/monografias/75937820/v8/page/RB-1.6).
24. MIRAGEM, 2019, p. RB-1.6 (https://proview.thomsonreuters.com/launchapp/title/rt/monografias/75937820/v8/page/RB-1.6)
25. A exceção é no tocante aos profissionais liberais, conforme art. 14, § 4º, do CDC.

Zelmo Denari afirma expressamente que o tratamento dispensado pelo CDC afasta a bipartição entre contrato e ato ilícito como fundamentos da responsabilidade civil.[26]

Acredita-se que a uniformidade de tratamento legal da responsabilidade do fornecedor tem por objetivo responder à preocupação primordial que é a proteção efetiva do consumidor, simplificando, na medida do possível, a sua busca por reparação.

Esta unificação se manifesta na responsabilidade do fornecedor decorrer do defeito do produto ou serviço, imputando-se a responsabilidade quer exista, quer não, uma relação prévia entre o responsável e o lesado. Cláudio Luiz Bueno de Godoy sustenta igualmente que o regime de responsabilidade civil no CDC assenta-se sobre o problema do defeito do produto ou serviço, daí ser indiferente a natureza do vínculo entre consumidor e fornecedor.[27]

Mais relevante para o presente estudo, o legislador expressamente consagrou a possibilidade de reparação de danos coletivos e difusos (art. 6º, VI, do CDC[28]).

O CDC, mais do que a simples enunciação deste direito, tratou de edificar um modelo para a promoção do direito à tutela coletiva:

> No direito do consumidor, a importância da tutela coletiva de direitos, desenvolvida e aprofundada pelo CDC, em movimento subsequente à Lei da Ação Civil Pública (de 1985), sustenta-se basicamente em dois argumentos. O primeiro, de conveniência da concentração de um número imenso de pretensões em um mesmo processo. Por outro lado, tal possibilidade revela-se como condição de efetividade da proteção dos direitos dos consumidores.[29]

Conforme disposto no art. 81, parágrafo único, do CDC, se identificam os conceitos de direitos individuais homogêneos, difusos e coletivos.[30]

Para efeito de homogeneização dos interesses individuais, o legislador se referiu a uma *origem comum*, devendo ser desde logo afastada, contudo, para este efeito, a ideia de unidade fatual ou temporal em relação à origem do dano.[31]

---

26. DENARI, 1998, p. 139.
27. GODOY, Cláudio Luiz Bueno de. Vícios do produto e do serviço. In: LOTUFO, Renan; MARTINS, Fernando Rodrigues. (Org.). *Vinte anos do Código de Defesa do Consumidor* – conquistas, desafios e perspectivas. São Paulo: Saraiva, 2011, p. 336.
28. Art. 6º São direitos básicos do consumidor:
    (...) VI – a efetiva prevenção e reparação de danos patrimoniais e morais, individuais, coletivos e difusos.
29. MIRAGEM, 2019, p. RB-1.13 (https://proview.thomsonreuters.com/launchapp/title/rt/monografias/75937820/v8/page/RB-1.13).
30. Art. 81. (...) Parágrafo único. A defesa coletiva será exercida quando se tratar de:
    I – interesses ou direitos difusos, assim entendidos, para efeitos deste código, os transindividuais, de natureza indivisível, de que sejam titulares pessoas indeterminadas e ligadas por circunstâncias de fato;
    II – interesses ou direitos coletivos, assim entendidos, para efeitos deste código, os transindividuais, de natureza indivisível de que seja titular grupo, categoria ou classe de pessoas ligadas entre si ou com a parte contrária por uma relação jurídica base;
    III – interesses ou direitos individuais homogêneos, assim entendidos os decorrentes de origem comum.
31. WATANABE, Kazuo. Disposições gerais. In: GRINOVER, Ada Pellegrini et al. *Código Brasileiro de Defesa do Consumidor comentado pelos autores do anteprojeto*. 5. ed. rev., atual. e ampl. Rio de Janeiro: Forense Universitária, 1998, p. 629.

Deve haver é uniformidade suficiente para justificar a reunião, sob o aspecto processual, de pretensões de ordem individual em uma ação de natureza coletiva, semelhante às *class actions* do sistema norte-americano,[32] eis que este é o objetivo da norma.

Conforme lição de Kazuo Watanabe, os direitos difusos, por outro lado, possuem como características a indeterminação dos titulares e a ausência de uma relação jurídica-base entre eles, além da indivisibilidade do bem jurídico considerado.[33] A colocação no mercado de produto especialmente perigoso constitui um exemplo válido desta modalidade de direitos.[34]

Quanto aos denominados direitos coletivos, sua identidade reside, primordialmente, na presença de uma relação jurídica-base a reunir os titulares do direito, entre si, ou em face da parte contrária, sendo fundamental destacar que esta relação é preexistente à lesão que ensejará a reparação.[35]

O reconhecimento da possibilidade de danos que excedem o sujeito foi uma importante inovação legislativa, extremamente adequada, e até necessária, ao sistema de proteção ao consumidor, na medida em que a natureza massificada das relações de consumo é propícia à multiplicação de danos de ordem coletiva.[36]

3. O DANO MORAL COLETIVO E SUA ADMISSÃO PELO SUPERIOR TRIBUNAL DE JUSTIÇA

A admissibilidade da reparação do dano moral é uma relativa novidade, como cediço, e a do dano moral coletivo, portanto, é ainda mais recente e está associada a um fenômeno contemporâneo que pode ser descrito como de coletivização de direitos, do qual decorre a coletivização da tutela jurídica. É um fenômeno que aspira traduzir juridicamente uma sociedade complexa, massificada e interconectada.

Nesta ordem de ideias, à figura tradicional do direito individual é acrescida a noção do direito transindividual, de natureza coletiva ou difusa, cuja positivação sistemática, no Brasil, promoveu-se através do art. 81, parágrafo único, do Código de Defesa do Consumidor, ou CDC.[37]-[38]

Conforme apontado, o CDC tratou de instituir um sistema abrangente de tutela dos interesses individuais e coletivos em sentido lato, ao conjugar-se com a Lei de Ação

---

32. GRINOVER, Ada Pellegrini. Das ações coletivas para a defesa de interesses individuais homogêneos. In: GRINOVER, Ada Pellegrini et al. *Código Brasileiro de Defesa do Consumidor comentado pelos autores do anteprojeto*. 5. ed. rev., atual. e ampl. Rio de Janeiro: Forense Universitária, 1998, p. 667.
33. WATANABE, 1998, p. 624.
34. WATANABE, 1998, p. 625.
35. WATANABE, 1998, p. 626.
36. ROLLO, 2011, p. 85.
37. Lei 8078, de 11 de setembro de 1990.
38. MIRAGEM, Bruno. *Direito do consumidor*: fundamentos do direito do consumidor (...). São Paulo: Ed. RT, 2008, p. 353.

Civil Pública, ou seja, um modelo que não se limita à tutela de interesses ou direitos dos consumidores.[39]

Logo, passou-se à identificação de danos a interesses coletivos ou difusos passíveis de reparação e, na sequência, à conceituação do dano moral coletivo.

Neste processo, contudo, houve ampla resistência, assentada, em especial, na equivocada interpretação em torno do objeto do dano.

A bem da verdade, este equívoco é justificado como eco da existência de teorias que consideravam que o dano moral, por ser extrapatrimonial ou não patrimonial, resultaria da dor, sofrimento ou tristeza profunda decorrentes do ato danoso,[40] vinculando, dessarte, a sua caracterização a sentimentos humanos.

Tanto que semelhante resistência verificou-se no que diz respeito à admissibilidade de reparação moral em favor de pessoas jurídicas, as quais, obviamente, não possuem sentimento de modo a enfrentar dor ou sofrimento. Nesse aspecto também acabou-se reconhecendo que as pessoas jurídicas podem ser vítimas de danos não patrimoniais.[41]

Este resultado foi mais significativo se atentarmos para o fato de que, à época, ainda não havia sido positivada a possibilidade de extensão às pessoas jurídicas da proteção aos direitos da personalidade, o que somente ocorreu com a promulgação do atual Código Civil, ou CC.[42]

Isto porque, a evolução em torno do objeto do dano moral se deu notadamente à partir da ascensão de conceitos substantivos ou positivos, que vinculam a ocorrência de dano moral à violação de direitos da personalidade.[43]

Acredita-se que é uma solução equilibrada, não reducionista, na medida em que permite a filtragem das situações merecedoras da tutela jurídica sem delimitar previamente as hipóteses de dano, dado que o rol de direitos da personalidade não é taxativo,[44] conclusão que independe da controvérsia acerca da existência, ou não, de um direito geral de personalidade expressamente clausulado.[45]

Esta concepção de dano moral situa-se no campo do dano-evento, enquanto no campo do dano-prejuízo haver-se-á de limitar o conceito de dano moral aos efeitos não patrimoniais da violação ao direito da personalidade. Isso porque, de uma violação a direito da personalidade poderão resultar também prejuízos patrimoniais, como ocorre

---

39. ARENHART, Sergio Cruz. *A tutela coletiva de interesses individuais* (...). 2. ed., rev., atual. e ampl. São Paulo: Ed. RT, 2014, p. 52-53.
40. SANSEVERINO, 2010, p. 257.
41. BRASIL. Superior Tribunal de Justiça (Segunda Seção) Enunciado 227: A pessoa jurídica pode sofrer dano moral. DJ 20.10.1999, p. 49.
42. Art. 52, da Lei 10406, de 10 de janeiro de 2002.
43. SANSEVERINO, 2010, p. 261-262.
44. SCHREIBER, Anderson. *Direitos da Personalidade*. 2. ed., rev., atual. e ampl. São Paulo: Atlas, 2013, p. 14-15.
45. SZANIAWSKI, Elimar. *Direitos de personalidade e sua tutela*. 2. ed., rev., atual. e ampl. São Paulo: Ed. RT, 2005, p. 178-180.

na situação em que da violação à integridade corporal deriva redução da capacidade laboral, por exemplo.

Ambas as perspectivas são, inegavelmente, necessárias à compreensão exata da figura, não se devendo excluir qualquer delas, tampouco confundi-las.

No processo de consolidação do dano moral coletivo, atrelar a ocorrência do dano a uma violação de direito da personalidade não foi suficiente para resolver a questão acerca da sua existência autônoma, porquanto era inevitável indagar se haveria direito da personalidade propriamente coletivo.

Analisando o julgamento que orientou o entendimento inicialmente desfavorável no Superior Tribunal de Justiça (STJ),[46] identifica-se que o Ministro Teori Zavascki, quem abriu a divergência, se prendeu, ainda, à concepção de que o dano moral é inerente à natureza humana, tendo feito constar na ementa a necessária vinculação ao sentimento da vítima em consequência ao ato danoso.[47]

Por outro lado, há a corrente que não divisa a possibilidade de um dano de ordem moral a uma coletividade *independente* das lesões individuais. Não se há de negar a noção de coletividade ou transindividualidade, mas atribuir ao coletivo um valor próprio e distinto do de seus membros seria descabido.[48]

Paulatinamente, porém, foi-se construindo a ideia de que certas situações implicariam violação de dimensão transindividual, atingindo interesses titulados pela comunidade merecedores de tutela jurídica e com consequência não patrimonial.[49]

Na jurisprudência, uma das primeiras, senão a primeira, decisão de Tribunal Superior favorável que tratou de forma mais profunda do reconhecimento da reparabilidade do dano moral coletivo foi proferida em ação que impugnava a exigência de prévio cadastro para que idosos usufruíssem de transporte coletivo gratuitamente, exigência não prevista legalmente.[50]

---

46. BRASIL, Superior Tribunal de Justiça (Primeira Turma). Recurso especial 598.281/MG (...) Dano moral coletivo. Necessária vinculação do dano moral à noção de dor, de sofrimento psíquico, de caráter individual. Incompatibilidade com a noção de transindividualidade (indeterminabilidade do sujeito passivo e indivisibilidade da ofensa e da reparação) (...) rel. Min. Teori Zavascki, Julgamento 02.05.2006, DJE 1º.06.2006.
47. Analisando o voto-vista da Ministra Denise Arruda, que acompanhou a divergência, observa-se que não aderiu ao seu fundamento, considerando que no caso não restara comprovado o dano moral coletivo, mas admitindo-o, em tese.
48. ROSENVALD, 2019, p. 489-490; ZANONI, Eduardo. El daño em la responsabilidad civil. 3. ed. Buenos Aires: Astrea, 2005, p. 225 apud CAMARGO, Paulo Sergio Uchoa Fagundes Ferraz de. *Dano moral coletivo*: uma possibilidade de aplicação dos danos punitivos. São Paulo: Almedina, 2016, p. 140.
49. LEVY, Daniel de Andrade. *Responsabilidade civil*: de um direito dos danos a um direito das condutas lesivas. São Paulo: Atlas, 2012, p. 88.
50. BRASIL. Superior Tribunal de Justiça (Segunda Turma). Recurso especial 1.057.274/RS (...) 1. O dano moral coletivo, assim entendido o que é transindividual e atinge uma classe específica ou não de pessoas, é passível de comprovação pela presença de prejuízo à imagem e à moral coletiva dos indivíduos enquanto síntese das individualidades percebidas como segmento, derivado de uma mesma relação jurídica-base. 2. O dano extrapatrimonial coletivo prescinde da comprovação de dor, de sofrimento e de abalo psicológico, suscetíveis de apreciação na esfera do indivíduo, mas inaplicável aos interesses difusos e coletivos(...) rel. Min. Eliana Calmon, Julgamento 1º.12.2009, DJE 26.02.2010.

Atualmente, a reparabilidade do dano moral coletivo foi pacificada no Superior Tribunal de Justiça e se elegeu a ação civil pública como veículo preferencial para promover a pretensão judicialmente.[51]

Nada obstante, antecipar as situações concretas em que haverá o reconhecimento da sua ocorrência ainda não é uma atividade simples.

4. CRÍTICA AO TRATAMENTO DO DANO NÃO PATRIMONIAL COLETIVO PELA JURISPRUDÊNCIA DO SUPERIOR TRIBUNAL DE JUSTIÇA

Adotando o resultado da pesquisa elaborada e veiculada pelo próprio Superior Tribunal de Justiça, a que já se fez referência, o entendimento acerca do tema poderia ser resumido no seguinte enunciado: *O dano moral coletivo, aferível in re ipsa, é categoria autônoma de dano relacionado à violação injusta e intolerável de valores fundamentais da coletividade.*

Este enunciado enseja algumas críticas visando, obviamente, o aperfeiçoamento do instituto.

A primeira diz respeito à generalidade do enunciado. Mais especificamente, questiona-se a razão de se adotar um conceito tão vasto, ainda sem entrar no seu mérito.

A visão contemporânea do direito processual o conceitua como um instrumento para obter certos fins ou objetivos, de ordem social, política e jurídica. Neste sentido, deve ser adequado à realização do direito material, pressuposto da pacificação com justiça.[52]

Ao propósito, sempre que se cogita da qualidade da decisão judicial, surge aspecto problemático, coincidente com o fato de que, no Brasil, a observância obrigatória das decisões das cortes superiores advém de norma, constitucional ou legal, que assim o determina.

Esta circunstância acaba por creditar ao aspecto hierárquico a fonte da vinculação, independentemente da qualidade da decisão.

Ocorre que, se a decisão, mesmo provindo de órgão superior, não contiver elementos racionais de convencimento, que incluem a não surpresa, a coerência, e o respeito à evolução das decisões e o conteúdo do debate posto nos autos, a sistematicidade e a universalibilidade, ela pode até ser obrigatória, mas não será satisfatória, e ensejará sempre o seu questionamento. Ou seja, não promoverá a pacificação social.

Dito de outra forma, a efetividade da jurisprudência se mede pela habilidade em indicar, de maneira clara e segura, soluções acertadas aos jurisdicionados.

O papel da jurisprudência não é ditar normas de caráter geral e abstrato. Bem verdade que o regime atual, fortemente vinculado a precedentes de observância obrigatória,

---

51. BRASIL. Superior Tribunal de Justiça (Primeira Seção). Agravo nos Embargos de Divergência 1.526.946/RN (...) Esta Corte tem entendimento consolidado segundo o qual é cabível a condenação ao pagamento de indenização por danos morais coletivos em sede de ação civil pública. Precedentes (...) rel. Min. Regina Helena Costa, Julgamento 18.08.2020, DJE 21.08.2020.
52. MEDINA, 2018, p. 109.

acaba por instigar o Judiciário a adotar mecanismos que se aproximam do ditado de normas dessa natureza (teses ou súmulas).

Todavia, a resolução de conflitos concretos segue sendo a missão e a justificativa da judicatura.

A utilização de conceitos indeterminados na jurisprudência pode ou não servir para otimizar a aplicação do direito. Devem, portanto, ser utilizados com prudência, até parcimônia.

A preocupação que nos assalta, no caso, é que os elementos indeterminados do conceito possam ser preenchidos de maneira incoerente. Teme-se – e aqui se adianta parcialmente uma objeção quanto ao mérito –, que a maior ou menor reprovação ao fato, na ótica pessoal do julgador, interfira no reconhecimento da ocorrência do dano moral coletivo.

O Superior Tribunal de Justiça opera em desconformidade a sua missão constitucional, em especial a decorrente do art. 105, III, c, da CRFB,[53] quando falha em fixar precedentes operativos, isso é, que se prestem a orientar a conduta, sejam verdadeiros modelos[54] a guiar a aplicação do direito e dirimir a divergência na sua interpretação.

Neste caso, respeitosamente, se acredita que a persistente controvérsia acerca das hipóteses de dano moral coletivo indica que a orientação jurisprudencial ainda não foi clara e precisa o bastante.

Um segundo aspecto, que precede ainda o exame do mérito do enunciado, diz respeito ao quanto ele revela da estratégia do Superior Tribunal de Justiça para enfrentar os questionamentos acerca do dano moral coletivo veiculados pelos inúmeros recursos que lhe foram direcionados.

Nesta ordem de ideias, chama a atenção a ausência de uma inequívoca busca para construir uma casuística que serviria para concomitantemente orientar as condutas e reduzir a litigância. Uma abordagem, ao contrário, perceptível em matéria de dano moral individual.

Ainda que seja possível identificar uma casuística, ela não se revela com facilidade, eis que a argumentação dos precedentes é centrada nos elementos indeterminados presentes no enunciado ora abordado.

Por outro lado, mas ainda no mesmo tópico, estranha o fato de o Superior Tribunal de Justiça não se concentrar na solução coletiva das demandas repetitivas, resolvendo casos sem adotar o regime dos recursos repetitivos, malgrado ele tenha sido instituído pela Lei 11672, de 8 de maio de 2008.

---

53. Art. 105. Compete ao Superior Tribunal de Justiça:
    (...)
    III – julgar, em recurso especial, as causas decididas, em única ou última instância, pelos Tribunais Regionais Federais ou pelos tribunais dos Estados, do Distrito Federal e Territórios, quando a decisão recorrida:
    (...)
    c) der a lei federal interpretação divergente da que lhe haja atribuído outro tribunal.
54. MEDINA, 2018, p. 1165.

Pode-se até argumentar que não se teria identificado uma multiplicidade de ações sobre o mesmo tema concernente ao dano moral coletivo, mas, ainda assim, se observa que a corte ordinariamente não atenta para a dimensão coletiva das demandas.

Viu-se que a indexação da pesquisa da página do tribunal identificou apenas um tema julgado sob o rito dos recursos repetitivos que guardaria conexão com a questão em apreço.

O tema 1078 tratou, justamente, da caracterização do dano moral *in re ipsa*, porém sem se debruçar sobre aspectos próprios do dano de natureza coletiva, porquanto o recurso afetado tratava de demanda de natureza individual. Nada obstante, a tese firmada concluiu pela não caracterização de dano *in re ipsa* na hipótese de atraso, por parte de instituição financeira, na baixa de gravame de alienação fiduciária no registro de veículo.[55]

O acórdão revela uma limitação na análise à partir de uma perspectiva individual. No entanto, não se duvida da repercussão transindividual do julgamento. E, embora não se possa afirmar a ocorrência de dano moral coletivo na espécie, o resultado do julgamento poderia ser diverso se o recurso afetado cuidasse de atrasos generalizados e reiterados promovido por uma ou mais instituições financeiras em relação a diversos consumidores.

Logo, uma mudança de estratégia, voltada para produção de uma casuística clara, acessível e resolvida de acordo com os parâmetros de uma demanda coletiva poderia conferir, ao mesmo passo, maior coerência e efetividade à jurisprudência em torno da temática.

Passando ao mérito do enunciado, questiona-se a conjugação do caráter *in re ipsa* do dano moral coletivo com a necessidade de demonstração da violação injusta e intolerável de valores fundamentais da coletividade.

O primeiro questionamento, nesta linha, já se antecipou e diz respeito à utilização de conceitos indeterminados, cuja concretização por si só desafiadora em qualquer situação, se revela ainda mais complexa quando se vincula a um julgamento sobre valores, uma noção extremamente volúvel, e com grande conotação moral.

No caso, acredita-se que ao invés de conscientizar acerca de direitos ou deveres, a jurisprudência acaba ensejando novos questionamentos judiciais para determinação concreta do que seria o objeto de proteção do direito.

Situação agravada quando se observa que a generalidade do conceito atinge o próprio órgão que enfrenta muita dificuldade para manter uma jurisprudência íntegra e coesa. Houve identificação de dano moral coletivo, por exemplo, em razão do reitera-

---

55. BRASIL, Superior Tribunal de Justiça (Segunda Seção). Recurso especial 1.881.456/RS (...) Recurso especial. Processual civil. Ação de indenização. Alienação fiduciária. Demora na baixa de gravame do veículo. Dano moral não presumido. Recurso especial parcialmente conhecido e, nessa extensão, desprovido. 1. Para os fins do art. 1.036 do CPC/2015, a tese firmada é a seguinte: "O atraso, por parte de instituição financeira, na baixa de gravame de alienação fiduciária no registro de veículo não caracteriza, por si só, dano moral *in re ipsa*" (...) rel. Min. Marco Aurélio Belizze, Julgamento 30.11.2021, DJE 07.12.2021.

do tráfego de caminhões com excesso de peso[56] e por violação a normas sanitárias por farmácia.[57]

Por outro lado, não se divisou dano moral coletivo em hipóteses de venda de alimento contaminado,[58] não observância de classificação indicativa para exibição de filme em televisão aberta[59] e de cobrança indevida de taxa bancária.[60]

Também se estranha a opção quando se observa a preocupação em registrar que o dano moral coletivo, na verdade, não se vincula a conjunto de percepções individuais. Tanto que o dano moral coletivo não se aplicaria aos casos de direitos individuais homogêneos.[61]

Ao que se infere, a motivação por detrás desta construção foi promover uma restrição prévia à caracterização do dano moral coletivo.

A limitação das situações indenizáveis é uma preocupação antiga e com diversos desdobramentos. Agostinho Alvim, por exemplo, já apontava a dificuldade em admitir certos pedidos vexatórios ou de definir a legitimidade para promover o pedido,[62] dentre tantas outras questões ainda atuais.

---

56. BRASIL. Superior Tribunal de Justiça (Segunda Turma). Agravo no Agravo de Instrumento contra despacho denegatório de Recurso Especial 1.580.705/MG (...) É cabível a ação civil pública para obter pronunciamento judicial voltado à imposição de obrigação de não fazer e pagamento de indenização por danos morais coletivos por empresa que persiste com a prática de fazer com que seus veículos circulem com excesso de peso, ainda mais após considerável número de autuações administravas no Código Brasileiro de Trânsito (...) rel. Min. Mauro Campbell Marques, Julgamento 03.03.2020, DJE 06.03.2020.
57. BRASIL. Superior Tribunal de Justiça (Segunda Turma). Recurso Especial 1.784.595/MS (...) Administrativo. Ação civil pública. Vigilância sanitária. Saúde pública. Irregularidades sanitárias em drogaria. (...) Desnecessidade de prova de reincidência das infrações. De responsabilidade por dano moral coletivo *in re ipsa* (...) rel. Min. Herman Benjamin, Julgamento 18.02.2020, DJE 18.05.2020.
58. BRASIL. Superior Tribunal de Justiça (Quarta Turma). Recurso Especial 1.838.184-RS (...) Recurso especial. Direito do consumidor. Colocação de produto alimentício contaminado no mercado de consumo. Achocolatado toddynho. Dano moral coletivo. Direitos difusos ou metaindividuais. Sujeitos indeterminados ou indetermináveis. Objeto indivisível. Segurança à saúde do consumidor. Informação e transparência. Recall. Providência a ser incentivada. Prevenção de riscos (...) rel. Min. Luis Felipe Salomão, Julgamento 05.10.2021, DJE 26.11.2021.
59. BRASIL. Superior Tribunal de Justiça (Terceira Turma). Recurso Especial 1840463/SP (...) Liberdade de comunicação e proteção à criança e ao adolescente. Responsabilidade civil da emissora de televisão. Exibição de filme em horário diverso daquele recomendado pela classificação indicativa. Ausência de observância obrigatória (ADI 2.404/DF) (...) rel. Min. Marco Aurélio Belizze, Julgamento 19.11.2019, DJE 03.12.2019.
60. BRASIL. Superior Tribunal de Justiça (Terceira Turma). Recurso Especial 1502967/RS (...)Na hipótese em exame, a violação verificada pelo Tribunal de origem – a exigência de uma tarifa bancária considerada indevida – não infringe valores essenciais da sociedade, tampouco possui os atributos da gravidade e intolerabilidade, configurando a mera infringência à lei ou ao contrato, o que é insuficiente para a caracterização do dano moral coletivo. (...) rel. Min. Nancy Andrighi, Julgamento 07.08.2018, DJE 14.08.2018.
61. BRASIL, Superior Tribunal de Justiça (Terceira Turma). Recurso especial 1.968.281/DF (...) O dano moral coletivo, por decorrer de injusta e intolerável lesão à esfera extrapatrimonial de toda comunidade, violando seu patrimônio imaterial e valorativo, isto é, ofendendo valores e interesses coletivos fundamentais, não se origina de violação de interesses ou direitos individuais homogêneos – que são apenas acidentalmente coletivos –, encontrando-se, em virtude de sua própria natureza jurídica, intimamente relacionado aos direitos difusos e coletivos (...) rel. Min. Nancy Andrighi, Julgamento 15.03.2022, DJE 21.03.2022.
62. ALVIM, Agostinho. *Da inexecução das obrigações e suas consequências*. 2 ed. São Paulo: Saraiva, 1955, p. 256.

Não se trata de preocupação leviana ou indevida, muito longe disso. No entanto, faz-se necessário analisar se a solução limitadora atende, da forma mais adequada, aos objetivos mais amplos do ordenamento.

Em algumas situações, acredita-se ser o caso, como no caso dos ordinariamente denominados *punitive damages*. Na hipótese do dano moral coletivo, contudo, tem-se objeções à solução encontrada.

Bem verdade que a incorporação de medidas restritivas encontra eco na doutrina. Felipe Teixeira Neto, por exemplo, advoga que a caracterização do dano moral coletivo apenas em decorrência da lesão de interesses difusos ampliaria excessivamente o instituto.[63]

Nada obstante, é igualmente reticente o autor quanto à utilização de certos conceitos indeterminados que, ao contrário de restringir, acabariam por ampliar a possibilidade de caracterização do dano moral coletivo.[64]

Leonardo Roscoe Bessa aduz, por sua vez, que a dificuldade em relação à caracterização da figura e a recorrente alusão a *sentimentos coletivos* seriam resquícios da problemática conceituação do dano moral de caráter individual.[65]

A locução dano moral coletivo deveria mesmo ser substituída por dano não patrimonial ou extrapatrimonial. Evitar-se-ia, dessa forma, um certo mimetismo com os padrões estabelecidos para o dano moral individual que é extremamente prejudicial ao pleno desempenho da figura enquanto mecanismo de promoção dos direitos coletivos *lato sensu*. No entanto, o termo moral está tão arraigado que será difícil reverter o seu uso.

De toda forma, pode-se indicar que a opção pela vinculação a conceitos indeterminados mina a pretensão de clareza e segurança do conceito.

Na perspectiva de que a solução buscaria evitar uma banalização da figura, como se depreende da argumentação dos precedentes, seria mesmo a melhor opção acrescentar um juízo acerca da especialidade (*rectius* gravidade) do dano-evento?

A premissa identificada se assemelha àquela por detrás da locução acerca da *indústria do dano*, uma expressão popular para descrever o resultado nefasto da banalização ou vulgarização das pretensões indenizatórias ou compensatórias[66] que, se acredita, não condiz com o quadro do dano moral coletivo.

Nota-se nestas medidas segregacionistas grande preocupação com excessos na fixação da reparação pecuniária. Em Portugal, por exemplo, identifica-se situação equiparável:

---

63. TEIXEIRA NETO, Felipe. *Dano Moral Coletivo*: a configuração e a reparação [...]. Curitiba: Juruá, 2014, p. 156.
64. TEIXEIRA NETO, 2014, p. 155.
65. BESSA, Leonardo Roscoe. Dano moral coletivo. *Revista da Direito e Liberdade*. v. 7, n. 3, p. 268. Mossoró, jul./dez. 2007.
66. HIGA, Flávio da Costa. *Responsabilidade civil punitiva*. Rio de Janeiro: Lúmen Juris, 2016, p. 39-40.

Embora o sistema português se distinga pela atipicidade na ressarcibilidade do dano não patrimonial, não é, todavia, compensado qualquer dano não patrimonial, exigindo o art. 496.º que o dano seja grave. Esta exigência não se verifica para danos patrimoniais, sendo, por isso, suplementar à dinâmica da responsabilidade civil. Enquadra-se, historicamente, como um mecanismo de refreamento das resistências da ressarcibilidade geral destes danos, pretendendo-se que servisse de filtro à subjectividade e evitasse o receado aumento desproporcionado da responsabilização.[67]

Vale aproveitar para salientar que o ressarcimento em pecúnia é adequado a um modelo predominantemente voltado à tutela de bens patrimoniais, onde a equivalência poderia ser alcançada, e a um contexto em que a reprovação ao ilícito se demonstrava por meio da responsabilização subjetiva.

Sempre é bom lembrar que o direito civil admite a reparação natural ou *in natura*, cujo sentido estrito implicaria a restituição do objeto extraído do patrimônio da vítima, para recompô-lo.[68] A reparação natural não deve ser compreendida, todavia, com absoluto rigor, mesmo porque é ordinariamente muito difícil a plena recomposição.[69]

Acredita-se, portanto, que a noção de resultado prático equivalente se encontra abrangida pela de reparação natural, ao mesmo tempo que a *revitaliza*!

A ampla gama de soluções concretas possíveis que se descortina mediante a admissão de uma reparação natural orientada pelo critério da satisfação do prejudicado torna mais nítido do que nunca que a compensação pecuniária deve ser uma *solução residual* nas hipóteses de dano moral. Cícero Dantas Bisneto sugere na mesma hipótese que seja subsidiária ou *complementar* a reparação em pecúnia,[70] no que tem razão.

A reparação não pecuniária deve ser a mais adequada possível e são numerosas as formas que pode assumir. Se tomarmos o exemplo francês, veremos ser admissíveis a restituição ou restauração do bem, a demolição de construções, o encerramento forçado de atividade, a substituição da vontade do responsável para obriga-lo a contratar, dentre outras.[71]

Uma das situações mais comuns de reparação natural, segundo Geneviève Viney e Patrice Jourdain, justamente é visando suprimir ou reduzir as manifestações danosas aos direitos de personalidade.[72]

Incrementar a adoção de formas não pecuniárias para as hipóteses de dano moral, inclusive o coletivo, deve reduzir as resistências e consequentes restrições invocadas para a caracterização dos danos não patrimoniais.

---

67. ASSUNÇÃO, Ana Gabriela Lacerda. *O dano não patrimonial e a pessoa colectiva lesada*: reflexões sobre a tutela de interesses imateriais. Dissertação apresentada à Faculdade de Direito da Universidade de Coimbra, Coimbra, 2017, p. 17.
68. SANSEVERINO, 2010, p. 34-35.
69. SANSEVERINO, 2010, p. 35.
70. DANTAS BISNETO, 2018, p. 119.
71. VINEY, 2001, p. 57-84.
72. VINEY, 2001, p. 80.

Retomando, cabe assinalar que, diferentemente de Portugal, onde o critério da gravidade possui fundamento legal,[73] no Brasil o critério em apreço foi fixado sem esse tipo de previsão.

O fato é que, da enunciação analisada, se revela, ainda que implicitamente, a admissibilidade da violação de direito coletivo *lato sensu* sem que se reconheça a ocorrência de dano não patrimonial, em óbvio paralelismo com o tratamento do dano moral de natureza individual e as situações de mero dissabor.

O direito coletivo possui, contudo, natureza distinta do individual e o direito do consumidor, em particular, exige um tratamento incompatível com a segregação implicada.

Neste ponto, cumpre insistir na qualidade de o dano moral coletivo ser *in re ipsa*. As razões para que se reconheça que um dano se caracteriza *in re ipsa* são a gravidade intrínseca da violação jurídica e a dificuldade da prova do prejuízo efetivo.

O que a jurisprudência opera, com a introdução do requisito da *violação injusta e intolerável de valores fundamentais da coletividade* é a segregação de hipóteses de dano coletivo, impondo um ônus argumentativo e probatório descabido, seja pelo caráter *in re ipsa* do dano moral coletivo, seja pela própria tutela especial conferida às normas de direito do consumidor.

Exigir a comprovação de que uma determinada violação a direito coletivo ou difuso se reveste de uma "especial" gravidade seria incompatível com a condição de se tratar de um caso de dano-prejuízo presumido.

Reconhecer-se a ilicitude e não promover a devida reparação (compensação), por outro lado, importaria enfraquecer, por assim dizer, o papel da legislação pelo exercício da jurisdição. Desprezar o ilícito como causa de dano representa, mormente em face de violação a direito fundamental e da personalidade, uma solução desarrazoada.

Mesmo em Portugal, onde se exige ordinariamente a prova do dano não patrimonial, conforme registrado, admite-se a existência de certas situações de dano não patrimonial que dispensariam a prova do prejuízo.[74]

A natureza de direito fundamental e a dimensão transindividual da lesão devem ser consideradas suficientes para caracterizar a gravidade e atribuir o direito à compensação. Nesta linha, em relação ao direito português:

> se algum critério houver para a cisão entre os danos em si mesmo acionáveis e aqueles que só são indemnizáveis mediante a presença, alegação e prova dos prejuízos atuais experimentados, ele não poderá passar pela gravidade da violação, exceto se a entendermos em termos particularmente hábeis. De facto, o que está em causa não é tanto o ajuizamento acerca do desvalor objetivo de conduta ou da gravidade da culpa, mas a natureza do bem jurídico lesado. Configurando o bem jurídico lesado um direito indisponível, o dano que se produz não pode deixar de estar presente, ainda que não seja percecionado pelo lesado.[75]

---

73. Art. 496 1. Na fixação da indemnização deve atender-se aos danos não patrimoniais que, pela sua gravidade, mereçam a tutela do direito.
74. BARBOSA, Mafalda Miranda. Entre a ilicitude e o dano. *Revista de Direito da Responsabilidade*. Ano 01, p. 42. Coimbra, 2019.
75. BARBOSA, 2019, p. 43.

Promover a segregação das situações de dano coletivo seria ignorar a relevância da ilicitude no regime da tutela conferida às normas de natureza fundamental, cuja violação deve ensejar a responsabilização amparada pela noção de dano *in re ipsa*.

O aspecto democrático de se valorizar a tutela plena das normas de direito fundamental, como as de direito consumidor, é inegável, não se podendo olvidar a visão promocional da tutela dos direitos difusos e coletivos.

Não se pode também desconsiderar que certos direitos dos consumidores possuem dúplice proteção constitucional, na medida em que coincidem com outros direitos fundamentais autônomos, como a vida e a saúde, a privacidade ou a honra.

Se o plano era evitar (supostas) situações de abuso da pretensão reparatória (compensatória), o correto seria perceber haver uma clara distinção entre o reconhecimento da responsabilidade e a identificação do prejuízo (base da fixação da compensação).

Aspectos como a maior culpabilidade ou extensão do dano-prejuízo não devem ser apurados para a primeira, mas para a segunda etapa.

Deste modo, a violação de uma garantia fundamental deve, independentemente do montante do prejuízo, ser reconhecida como hipótese de dano, e dano *in re ipsa*.

A desnecessidade da prova do dano, afinal, implica no reconhecimento da responsabilidade e, portanto, do dever de indenizar, desde que presentes os demais pressupostos.

A questão acerca da menor extensão do dano-prejuízo coletivo pode e deve ser resolvida quando da fixação do montante da compensação.

A gravidade do dano, inclusive, é ordinariamente arrolada dentre os critérios para fixação do valor da compensação pelo dano moral individual.

Ademais, se ao responsável será imposta uma obrigação de natureza compensatória, não indenizatória, e se a compensação será estimada, não se justifica exigir a prova prévia da gravidade da lesão.

Estar-se-ia confundindo dois momentos, o do ato danoso, com o do prejuízo. O que se objeta é que se pode separar a declaração da responsabilidade da fixação da reparação e, portanto, a ocorrência do dano da identificação do prejuízo.

Para evitar o abuso das pretensões reparatórias/compensatórias melhor seria aprimorar as formas de fixação o montante da compensação devida, do que introduzir requisitos para a caracterização do dano que não coincidem com as disposições legais acerca do tema (CRFB, CDC, LACP) e tampouco com os pressupostos do dano ordinariamente arrolados.

Neste passo, para sermos corretos, vale registrar existirem diversas técnicas já utilizadas pela jurisprudência brasileira, sempre em busca de uma mais precisa concretização do dano indenizável.[76]

---

76. FORTES, Pedro Rubim Borges. La experiencia brasileña con el daño moral colectivo: una reflexión comparada para una audiencia latinoamericana. *Latin American Legal Studies*, v. 10, n. 1, p. 67-69. 2022.

5. CONCLUSÕES

O dano moral (não patrimonial) coletivo configura uma importante ferramenta para a concretização dos direitos fundamentais, notadamente do direito do consumidor.

A tentativa de restringir a caracterização do dano moral coletivo em hipóteses de violação a direito do consumidor mediante a imposição de requisitos não arrolados pela legislação consumerista (CRFB, CDC, LACP) não é adequada e necessária e, portanto, não se revela compatível com o regime de proteção dos direitos fundamentais.

Por definição, a violação de direitos fundamentais é uma violação injusta e intolerável de valores da comunidade, devendo-se observar, portanto, o regime próprio do direito fundamental em apreço, o que no caso dos direitos do consumidor são as normas, já aludidas, da CRFB, CDC e LACP.

A função promocional dos direitos fundamentais recomenda que o dano moral coletivo seja qualificado como *in re ipsa*, postergando-se para a etapa do cálculo da compensação a avaliação das circunstâncias concretas, inclusive gravidade do dano.

6. REFERÊNCIAS

ALVIM, Agostinho. *Da inexecução das obrigações e suas consequências*. 2 ed. São Paulo: Saraiva, 1955.

AMARAL, Francisco. O dano à pessoa no direito civil brasileiro. In: CAMPOS, Diogo Leite de; CHINELLATO, Silmara Juny de Abreu (Coord.). *Pessoa humana e direito*. Coimbra: Almedina, 2009.

ARENHART, Sergio Cruz. *A tutela coletiva de interesses individuais* (...). 2. ed., rev., atual. e ampl. São Paulo: Ed. RT, 2014.

ASSUNÇÃO, Ana Gabriela Lacerda. *O dano não patrimonial e a pessoa colectiva lesada*: reflexões sobre a tutela de interesses imateriais. Dissertação apresentada à Faculdade de Direito da Universidade de Coimbra, Coimbra, 2017.

BARBOSA, Mafalda Miranda. Entre a ilicitude e o dano. *Revista de Direito da Responsabilidade*. ano 01. Coimbra, 2019.

BESSA, Leonardo Roscoe. Dano moral coletivo. *Revista da Direito e Liberdade*. v. 7, n. 3, p. 237-274. Mossoró, jul./dez. 2007.

CAPUCHO, Fábio Jun. *Responsabilidade objetiva e dimensionamento equitativo da indenização*: recurso à equidade. 2013. Faculdade de Direito da Universidade de São Paulo, São Paulo.

CARNAÚBA, Daniel Amaral. *Responsabilidade civil pela perda de uma chance*: a álea e a técnica. São Paulo: Método, 2013.

DANTAS BISNETO, Cícero. *A reparação adequada de danos extrapatrimoniais individuais*: alcance e limite das formas não pecuniárias de reparação. Universidade Federal da Bahia, Salvador, 2018.

FORTES, Pedro Rubim Borges. La experiencia brasileña con el daño moral colectivo: una reflexión comparada para una audiencia latinoamericana. *Latin American Legal Studies*, v. 10, n. 1, 2022.

GODOY, Cláudio Luiz Bueno de. Vícios do produto e do serviço. In: LOTUFO, Renan; MARTINS, Fernando Rodrigues. (Org.). *Vinte anos do Código de Defesa do Consumidor* – conquistas, desafios e perspectivas. São Paulo: Saraiva, 2011.

HIGA, Flávio da Costa. *Responsabilidade civil punitiva*. Rio de Janeiro: Lúmen Juris, 2016.

LEVY, Daniel de Andrade. *Responsabilidade civil*: de um direito dos danos a um direito das condutas lesivas. São Paulo: Atlas, 2012.

MARINONI, Luiz Guilherme. *Tutela inibitória e tutela de remoção do Ilícito*. (2019-06-16T22:58:59), Edição do Kindle.

MARTINS, Fernando Rodrigues; MARQUES, Claudia Lima. Danos qualificados constitucionalmente e a formação da norma de proteção de direitos fundamentais no âmbito da responsabilidade civil. In: PIRES, Fernanda Ivo (Org.); GUERRA, Alexandre et. al. (Coord.). *Da estrutura à função da responsabilidade civil*: uma homenagem do Instituto Brasileiro de Estudos de Responsabilidade Civil (IBERC) ao Professor Renan Lotufo. Indaiatuba, São Paulo: Foco, 2021.

MEDINA, José Miguel Garcia. *Curso de direito processual civil moderno*. 4. ed. rev., atual. e ampl. São Paulo: Ed. RT, 2018.

MIRAGEM, Bruno. *Direito do consumidor*: fundamentos do direito do consumidor (...). São Paulo: Ed. RT, 2008.

MIRAGEM, Bruno. *Curso de Direito do Consumidor*. 6. ed. São Paulo: Thomson Reuters Brasil, 2019.

ROSENVALD, Nelson. *A responsabilidade civil pelo ilícito lucrativo*: o *disgorgement* e a indenização restitutória. Salvador: JusPodivm, 2019.

SANSEVERINO, Paulo de Tarso Vieira. *Responsabilidade civil no Código de Defesa do Consumidor*. 3. ed. São Paulo: Saraiva, 2010.

SARLET, Ingo. *Dignidade da pessoa humana e direitos fundamentais na Constituição Federal de 1988*. 6. ed., rev. e atual. Porto Alegre: Livraria do Advogado Ed., 2008.

SCHREIBER, Anderson. *Direitos da personalidade*. 2. ed., rev., atual. e ampl. São Paulo: Atlas, 2013.

SZANIAWSKI, Elimar. *Direitos de personalidade e sua tutela*. 2. ed., rev., atual. e ampl. São Paulo: Ed. RT, 2005.

TEIXEIRA NETO, Felipe. *Dano moral coletivo*: a configuração e a reparação [...]. Curitiba: Juruá, 2014.

VINEY, Geneviève; JOURDAIN, Patrice. *Traité de Droit Civil*: les effets de la responsabilite. 2. Ed. Paris: LGDJ, 2001.

WATANABE, Kazuo. Disposições gerais. In: GRINOVER, Ada Pellegrini et al. *Código brasileiro de Defesa do Consumidor comentado pelos autores do anteprojeto*. 5. ed. rev., atual. e ampl. Rio de Janeiro: Forense Universitária, 1998.

NORMAS CITADAS

Brasil: Lei 7347, de 24 de julho de 1985 (Lei da Ação Civil Pública).

Brasil: Constituição Federal, de 5 de outubro de 1988.

Brasil: Lei 8.078, de 11 de setembro de 1990 (Código de Defesa do Consumidor).

Brasil: Lei 10.406, de 10 de janeiro de 2002 (Código Civil).

Brasil: Lei 13.105, de 16 de março de 2015 (Código de Processo Civil).

JURISPRUDÊNCIA CITADA

BRASIL, Superior Tribunal de Justiça (Primeira Turma). Recurso especial 598.281/MG (...) Dano moral coletivo. Necessária vinculação do dano moral à noção de dor, de sofrimento psíquico, de caráter individual. Incompatibilidade com a noção de transindividualidade (indeterminabilidade do sujeito passivo e indivisibilidade da ofensa e da reparação) (...) rel. Min. Teori Zavascki, Julgamento 02.05.2006, DJE 1º.06.2006.

BRASIL. Superior Tribunal de Justiça (Segunda Turma). Recurso especial 1.057.274/RS (...) 1. O dano moral coletivo, assim entendido o que é transindividual e atinge uma classe específica ou não de pessoas, é passível de comprovação pela presença de prejuízo à imagem e à moral coletiva dos indivíduos enquanto síntese das individualidades percebidas como segmento, derivado de uma mesma relação jurídica-base. 2. O dano extrapatrimonial coletivo prescinde da comprovação de dor, de sofrimento e de abalo psicológico, suscetíveis de apreciação na esfera do indivíduo, mas inaplicável aos interesses difusos e coletivos (...) rel. Min. Eliana Calmon, Julgamento 01/12/2009, DJE 26.02.2010.

BRASIL. Superior Tribunal de Justiça (Terceira Turma). Recurso Especial 1502967/RS (...)Na hipótese em exame, a violação verificada pelo Tribunal de origem – a exigência de uma tarifa bancária considerada indevida – não infringe valores essenciais da sociedade, tampouco possui os atributos da gravidade e intolerabilidade, configurando a mera infringência à lei ou ao contrato, o que é insuficiente para a caracterização do dano moral coletivo. (...) rel. Min. Nancy Andrighi, Julgamento 07.08.2018, DJE 14.08.2018.

BRASIL. Superior Tribunal de Justiça (Terceira Turma). Recurso Especial 1840463/SP (...) Liberdade de comunicação e proteção à criança e ao adolescente. Responsabilidade civil da emissora de televisão. Exibição de filme em horário diverso daquele recomendado pela classificação indicativa. Ausência de observância obrigatória (ADI 2.404/DF) (...) rel. Min. Marco Aurélio Belizze, Julgamento 19.11.2019, DJE 03.12.2019.

BRASIL. Superior Tribunal de Justiça (Terceira Turma). Recurso especial 1.737.412/SE (...) No dano moral coletivo, a função punitiva – sancionamento exemplar ao ofensor – é, aliada ao caráter preventivo – de inibição da reiteração da prática ilícita – e ao princípio da vedação do enriquecimento ilícito do agente, a fim de que o eventual proveito patrimonial obtido com a prática do ato irregular seja revertido em favor da sociedade (...) rel. Min. Nancy Andrighi, Julgamento 05.02.2019, DJE 08.02.2019.

BRASIL. Superior Tribunal de Justiça (Segunda Turma). Agravo no Agravo de Instrumento contra despacho denegatório de Recurso Especial 1.580.705/MG (...) É cabível a ação civil pública para obter pronunciamento judicial voltado à imposição de obrigação de não fazer e pagamento de indenização por danos morais coletivos por empresa que persiste com a prática de fazer com que seus veículos circulem com excesso de peso, ainda mais após considerável número de autuações administravas no Código Brasileiro de Trânsito (...) rel. Min. Mauro Campbell Marques, Julgamento 03.03.2020, DJE 06.03.2020.

BRASIL. Superior Tribunal de Justiça (Segunda Turma). Recurso Especial 1.784.595/MS (...) Administrativo. Ação civil pública. Vigilância sanitária. Saúde pública. Irregularidades sanitárias em drogaria. (...) Desnecessidade de prova de reincidência das infrações. De responsabilidade por dano moral coletivo *in re ipsa* (...) rel. Min. Herman Benjamin, Julgamento 18.02.2020, DJE 18.05.2020.

BRASIL. Superior Tribunal de Justiça (Primeira Seção). Agravo nos Embargos de Divergência 1.526.946/RN (...) Esta Corte tem entendimento consolidado segundo o qual é cabível a condenação ao pagamento de indenização por danos morais coletivos em sede de ação civil pública. Precedentes (...) rel. Min. Regina Helena Costa, Julgamento 18.08.2020, DJE 21.08.2020.

BRASIL. Superior Tribunal de Justiça (Terceira Turma). Recurso Especial 1774372/RS (...) Risco inerente ao medicamento. Dever de informar qualificado do fabricante. Violação. Defeito do produto (...) rel. Min. Nancy Andrighi, Julgamento 05.05.2020, DJE 26.06.2020.

BRASIL. Superior Tribunal de Justiça (Quarta Turma). Recurso Especial 1.838.184 - RS (...) Recurso especial. Direito do consumidor. Colocação de produto alimentício contaminado no mercado de consumo. Achocolatado Toddynho. Dano moral coletivo. Direitos difusos ou metaindividuais. Sujeitos indeterminados ou indetermináveis. Objeto indivisível. Segurança à saúde do consumidor. Informação e transparência. *Recall*. Providência a ser incentivada. Prevenção de riscos (...) rel. Min. Luis Felipe Salomão, Julgamento 05.10.2021, DJE 26.11.2021.

AGRONEGÓCIO BRASILEIRO, MEIO AMBIENTE E DANO AMBIENTAL: UMA ANÁLISE DE RESPONSABILIDADE CIVIL NA CADEIA PRODUTIVA

Fabrício Muraro Novais

Doutor pela PUC – SP. Bacharel em Direito pela USP – Largo SanFran. Professor Adjunto da Universidade Estadual de Mato Grosso do Sul (UEMS). Professor Permanente do Mestrado Profissional do Direito do Agronegócio e Desenvolvimento da Universidade de Rio Verde (UniRV). E-mail: fabricionovais@uems.br.

Sumário: 1. Introdução – 2. Tutela normativa do meio ambiente ecologicamente equilibrado elevado ao patamar de direito ambiental fundamental: algumas breves considerações – 3. Políticas públicas ambientais e responsabilidade dos entes estatais – 4. Agronegócio, dano ambiental e responsabilidade das instituições financiadoras – 5. Responsabilidade do financiador pelo desenvolvimento sustentável no agronegócio – 6. Conclusão – 7. Referências.

1. INTRODUÇÃO

É a partir da década de 80 que surgem na legislação brasileira normas específicas relativas à proteção ambiental, como a Lei 6.938 de 1981, denominada Lei da Política Nacional do Meio Ambiente.[1]

Posteriormente, a Constituição Federal de 1988 elevou o direito ao meio ambiente ecologicamente equilibrado ao patamar de direito ambiental fundamental.

De acordo com Parra (2020), o direito ao meio ambiente ecologicamente equilibrado encontra guarida no art. 225 da Carta da República que cria mecanismos para a efetivação deste novel direito de 3ª (terceira) dimensão.

O art. 225 referido inovou ao erigir não só o meio ambiente, mas também o seu padrão ideal de qualidade, – *ecologicamente equilibrado* –, à categoria de *bem de uso comum do povo*, por ser necessário à manutenção da sadia qualidade de vida das gerações presentes e futuras.[2]

Relevante destacar que no bojo das ações estatais voltadas à proteção ambiental apresentam-se, inclusive, políticas fiscais e regulatórias que buscam compatibilizar a adequação da exploração econômica e o desenvolvimento sustentável. Por certo, uma das facetas da questão da responsabilidade civil exsurge da colisão entre os valores do

---

1. Texto desenvolvido com a colaboração da mestranda Fabiana Santana Silva, aluna do Mestrado profissional do Direito do Agronegócio e Desenvolvimento da Universidade de Rio Verde – GO (UniRV).
2. AMORIM, p. 306, 2015.

desenvolvimento econômico (v.g., pela atividade do agronegócio) e da preservação do meio ambiente equilibrado, ambos constitucionalmente assegurados.

O agronegócio é sem sombra de dúvidas uma atividade econômica de suma importância para a economia brasileira. Contudo, não se pode olvidar que quando o agronegócio, impulsionado por padrões insustentáveis de consumos, busca alcançar resultados positivos na economia, os danos gerados por essa atividade econômica afetam significativamente os denominados recursos naturais.

Diante da importância deste termo, faz-se necessário conceituá-lo; segundo Parra (2020), o conceito atual de agronegócio (ou simplesmente *agro*) abarca e privilegia a integração dos processos de produção e industrialização, ou dos serviços agregados relacionados à administração e à coordenação da cadeia produtiva, como obtenção de crédito, planejamentos jurídicos e, sobretudo, análise dos valores de mercado e da cadeia consumerista, para, justamente, indicar ao setor o que produzir e como produzir.

Como se depreende, a definição do que seja o *agro* pressupõe considerar a existência de um processo complexo de produção. Nesse sentido, foi a partir da compreensão da complexidade dessa atividade econômica que dois autores (John Davis e Ray Goldberg), professores da Universidade Harvard, nos Estados Unidos, em 1957, lançaram um conceito para entender a nova realidade da agricultura, criando o termo *agribusiness*, e definindo-o como "o conjunto de todas as operações e transações envolvidas desde a fabricação dos insumos agropecuários, das operações de produção nas unidades agropecuárias, até o processamento e distribuição e consumo dos produtos agropecuários *in natura* ou industrializados."[3]

Ainda, Araújo (2020) esclarece que o termo *agribusiness* espalhou-se e foi adotado pelos diversos países. Entre nós, essa nova visão de "agricultura" levou algum tempo para desembarcar em terras brasileiras. Foi somente a partir da década de 1980 que começa haver a difusão do termo, ainda em inglês, nos primeiros movimentos organizados e sistematizados principalmente em São Paulo e no Rio Grande do Sul. Fruto desse movimento doméstico é que se constituem a Associação Brasileira de Agribusiness (Abag) e o Programa de Estudos dos Negócios do Sistema Agroindustrial (atual Centro de Conhecimento em Agronegócio), Universidade de São Paulo (Pensa/USP).

Segundo a Confederação da Agricultura e Pecuária do Brasil (CNA) e o Centro de Estudos Avançados em Economia Aplicada (CEPEA – Esalq/USP), o Produto Interno Bruto (PIB) do agronegócio em 2020 teve crescimento de 6,1% em relação ao ano de 2019, e, mesmo com a crise gerada pela pandemia global do novo coronavírus, em 2021 os números do agronegócio continuam positivos. Depois de alcançar crescimento recorde no ano de 2020, o Produto Interno Bruto (PIB) do agronegócio brasileiro, ainda calculado pelo CEPEA, em parceria com a Confederação da Agricultura e Pecuária do Brasil (CNA), apresentou alta de 5,35% no primeiro trimestre de 2021.

---

3. ARAÚJO, 2020, p. 05.

De acordo com Goyos Júnior (2007), segundo a literatura especializada, a agropecuária apresenta pelos menos 06(seis) funções de destaque dentro do processo de desenvolvimento da economia de um país. São elas: "i) fornecimento de alimentos à população; ii) fornecimento de capital para a expansão do setor não agrícola; iii) fornecimento de mão de obra para o setor não agrícola; iv) fornecimento de divisas para a compra de insumos e bens de capital necessários para o desenvolvimento econômico; v) formação de mercado consumidor para o setor não agrícola e vi) fornecimento de matéria-prima para o desenvolvimento industrial."

A par de todos esses resultados expressivos, não se pode menosprezar que o desenvolvimento do agronegócio tem gerado consideráveis impactos no meio ambiente. De acordo com Parra (2020), é preciso criar ainda uma consciência coletiva da finitude dos recursos (a matéria prima base: solo e água) que o agronegócio dispõe para a produção de alimentos, mesmo sendo perceptível que já houve grandes avanços tecnológicos que propiciaram uma nova modelagem do agronegócio alinhada ao ideário de desenvolvimento sustentável.

Diante das consequências ocasionadas pelo uso insustentável dos recursos naturais, em busca da minimização dos impactos ao meio ambiente, a Agenda 2030 da ONU surge como uma proposta (necessária) de adequação sustentável aos negativos efeitos surgidos com a evolução econômica global. Trata-se de um plano de ação global que reúne 17 objetivos de desenvolvimento sustentável e 169 metas, criados para erradicar a pobreza e promover vida digna a todos, dentro das condições que o planeta oferece e sem comprometer a qualidade de vida das próximas gerações.

Assim, a proteção dos recursos naturais tem se tornado um dos objetivos estatais globais, de modo que se faz necessário pensar acerca do sistema jurídico de responsabilidade civil numa perspectiva compatibilizadora dos valores constitucionais do desenvolvimento econômico e da tutela do meio ambiente.

2. TUTELA NORMATIVA DO MEIO AMBIENTE ECOLOGICAMENTE EQUILIBRADO ELEVADO AO PATAMAR DE DIREITO AMBIENTAL FUNDAMENTAL: ALGUMAS BREVES CONSIDERAÇÕES

Como já destacado, até 1981 não se vislumbrava um conceito legal de meio ambiente. Com a instituição da Lei 6.938/1981 (Política Nacional do Meio Ambiente), o seu art. 3º, inciso I, define meio ambiente como "[...] o conjunto de condições, leis, influências e interações de ordem física, química e biológica, que permite, abriga e rege a vida em todas as suas formas."

Com efeito, a Política Nacional do Meio Ambiente é, por tratar com profundidade normativa, marco fundamental para a defesa do meio ambiente no país. Referida lei de vanguarda lançou os princípios, fundamentos e objetivos de uma política pública ambientalista, bem como os instrumentos para a sua consecução, criando, assim, o

Sistema Nacional do Meio Ambiente (SISNAMA) integrado pelo Conselho Nacional do Meio Ambiente (CONAMA).[4]

Mas é com o advento da Constituição Federal de 1988 que a legislação ambiental infraconstitucional recebe fundamento de validade e moralidade inafastáveis. De forma ampla, a mensagem constitucional-legal é no sentido que as questões afetas ao meio ambiente são de crucial importância para toda sociedade organizada, seja porque estão relacionadas à própria preservação dos recursos naturais, seja porque, ainda, a defesa do meio ambiente é um princípio constitucional que dialoga com outros princípios constitucionais que regem a atividade econômica.[5]

Neste sentido, a Constituição Federal de 1988, no seu artigo 225, *caput*, estabelece que a existência do meio ambiente ecologicamente equilibrado é um direito de todos os brasileiros, devendo receber ampla tutela constitucional.

Ao consagrar o meio ambiente como um direito humano fundamental, a Constituição Federal de 1988 contemplou também implícita e explicitamente os mais relevantes princípios do Direito Ambiental. Nessa toada, cumpre destacar alguns princípios gerais de guarida constitucional que norteiam o Direito Ambiental, quais sejam, os princípios do desenvolvimento sustentável e o da função socioambiental da propriedade rural.

O termo desenvolvimento sustentável foi conceituado pela Comissão *Brundtland* (Comissão Mundial sobre o Meio Ambiente e Desenvolvimento da ONU) em 1991, cujo objetivo foi gerar a reflexão acerca da "incompatibilidade entre desenvolvimento sustentável e os padrões de produção e consumo, trazendo à tona mais uma vez a necessidade de uma nova relação "ser humano-meio ambiente"".

De acordo com Milaré,[6] define-se Desenvolvimento Sustentável como:

> Aquele que atende às necessidades do presente sem comprometer a possibilidade de as gerações futuras atenderem a suas próprias necessidades, podendo também ser empregado como o significado de melhorar a qualidade de vida humana dentro dos limites da capacidade de suporte dos ecossistemas.

O termo "desenvolvimento sustentável" orienta a implementação de práticas de produção limpas e também a criação de novos instrumentos que incentivem a preservação dos recursos naturais por meio de produção com menor impacto possível ao meio ambiente.

Na prática agroindustrial, Parra (2020) cita que não faltam empresas do setor aprimorando técnicas e conhecimentos aplicados para evitar desperdícios na cadeia de produção, tais como tratamento de resíduos, critérios de *compliance*, análises e monitoramento de produtos e meios de produção, geração de empregos, renda e acesso, certificações e planejamentos, além de desenvolvimento de projetos que envolvam infraestrutura, logística e abastecimento alimentar.

---

4. AMORIM, 2015.
5. PES, 2018.
6. 2011, p. 77.

Não há dúvidas de que a busca da tutela jurídica da proteção ambiental é um valor que deve ser conjugado com outros para a tomada de decisões nos setores produtivos. Para Jodas (2021), é elementar que a leitura da ordem econômica (art. 170, VI, CRFB/88) seja realizada em diálogo pleno e constante com o conteúdo trazido pelo artigo 225 da CF/88, o qual reconhece, como cediço, o meio ambiente equilibrado como direito fundamental. Assim, o princípio da defesa do meio ambiente (at. 170, inciso VI, CRFB/88) foi colocado como indispensável.

Em acréscimo, certifica-se que a ideia de uma função social ligada à propriedade vem sendo desenvolvida há tempos no ordenamento jurídico brasileiro, mas foi apenas com o Estatuto da Terra e a Constituição vigente que essa função é indubitavelmente referida e consolidada.

De acordo com a principiologia constitucional, a propriedade atenderá a sua função social (artigo 5º, XXIII, CRFB/88) que, nos termos do art. 186 também da Lei Maior, significa dizer que sua utilização está limitada pelo dever de preservar e conservar os recursos naturais nela preexistente.

No que tange à função social da propriedade rural, há expressa vinculação do seu aproveitamento, uso racional e adequado. Tal comando constitucional é imperioso, visto que o texto constitucional adverte que os imóveis que não estejam cumprindo sua função social poderão ser desapropriados para fins de reforma agrária.

Assim, o cumprimento da função social das propriedades rurais está inexoravelmente implicado na efetivação do princípio do desenvolvimento sustentável. As discussões sobre o alcance eficacial do comando normativo que impõe o desenvolvimento sustentável, dada a sua relevância, vem sendo debatido nacional e internacionalmente, como dá mostra a Agenda 2030 da ONU que contempla objetivos e metas para a realização desse valor "Desenvolvimento Sustentável" (ODS):

> A Agenda 2030 é uma proposta (necessária) de adequação sustentável aos negativos efeitos surgidos com a evolução econômica global. Seus objetivos e metas devem ser incorporados em cooperação pública e privada, e não apenas por um ou dos setores de produção.[7]

É nesse contexto que se destaca o importante papel do agronegócio na política ambiental global que demanda respeito às leis ambientais em busca de desenvolvimento sustentável e preservação dos recursos ambientais.

3. POLÍTICAS PÚBLICAS AMBIENTAIS E RESPONSABILIDADE DOS ENTES ESTATAIS

Em linhas iniciais, a Constituição da República Federativa do Brasil de 1988 dá os parâmetros jurídicos para a pauta da tutela e da utilização dos recursos naturais no país. Importante mencionar, nesse sentido, os aspectos centrais sobre a competência para legislar e administrar na matéria "meio ambiente".

---

7. PARRA, p. 56, 2020.

De acordo com o art. 24, inciso VI, da Lei Maior, compete à União, aos Estados e ao Distrito Federal legislar concorrentemente sobre florestas, caça, pesca, fauna, conservação da natureza, defesa do solo e dos recursos naturais, proteção do meio ambiente e controle da poluição.

Ademais, por força do art. 23, incisos VI, VII, VIII, da CRFB/88, cabe à União, aos Estados, ao Distrito Federal e aos Municípios, – que possuem competência comum a ser direcionada por leis complementares de cooperação –, implementar políticas públicas em relação à proteção do meio ambiente, combate à poluição, preservação de florestas, fauna e flora, organização do abastecimento alimentar, promoção de melhores condições de saneamento básico, fiscalização de concessões de pesquisa e exploração de recursos hídricos, bem como de *responsabilidade por danos ambientais*.[8]

Destaca-se a competência dos Municípios para legislarem sobre o meio ambiente, desde que observem as normas gerais sobre a matéria fixadas pela União e seja assunto de predominante interesse local, conforme prescreve o artigo 30, I, da CRFB/88.

Por sua vez, o artigo 24, VIII, da CFRB, estabelece a competência concorrente da União, dos Estados e do Distrito Federal para legislarem sobre *responsabilidade por danos causados ao meio ambiente*.

Destaca-se, com efeito, a responsabilidade de todos os entes federativos a respeito da tutela constitucional ao bem jurídico ambiental advinda das novas preocupações com o ecossistema. Como já realçado, a temática sobre preservação e recuperação do meio ambiente foi instituída pela Lei 6.938/81, que acabou dispondo sobre a Política Nacional do Meio Ambiente.

Pela ótica do pacto federativo, esta lei estabelece princípios, objetivos, instrumentos e até uma estrutura institucional – o SISNAMA – dos órgãos componentes para a sua implantação.[9] Os objetivos declarados na Lei 6.938/81 que instituiu a Política Nacional do Meio Ambiente são:

> Art. 2º A Política Nacional do Meio Ambiente tem por objetivo a preservação, melhoria e recuperação da qualidade ambiental propícia à vida, visando assegurar, no País, condições ao desenvolvimento socioeconômico, aos interesses da segurança nacional e à proteção da dignidade da vida humana, atendidos os seguintes princípios (...).

De acordo com Nusdeo (2012), os artigos 2º e 4º da lei referida trazem objetivos menos abstratos, tais como a "compatibilização do desenvolvimento econômico-social com a preservação da qualidade do meio ambiente e do equilíbrio ecológico; "desenvolvimento de pesquisas e de tecnologias nacionais orientadas para o uso raciona de recursos ambientais"; "a difusão de tecnologias de manejo do meio ambiente"; "a divulgação de dados e informações ambientais" e "formação de uma consciência pública sobre a necessidade de preservação da qualidade ambiental e do equilíbrio ecológico".

---

8. AMORIM, 2015.
9. NUSDEO, 2012.

O artigo 9º elenca um rol de instrumentos com objetivo de efetivar o desenvolvimento sustentável e criar um sistema de responsabilidade civil. Ainda segundo Nusdeo (2012), alguns institutos tornam marcante o direito ambiental brasileiro, tais como a avaliação de impacto ambiental; o licenciamento de atividades efetivas ou potencialmente poluidoras; o zoneamento ambiental e a criação de espaços territoriais protegidos.

Depreende-se dessa breve abordagem legislativa, que a história brasileira foi marcada pela implementação de diversos regulamentos de caráter ambiental que ainda hoje influenciam as políticas que controlam o uso dos recursos naturais pela sociedade e que servem de parâmetro para distribuição de responsabilidades.

4. AGRONEGÓCIO, DANO AMBIENTAL E RESPONSABILIDADE DAS INSTITUIÇÕES FINANCIADORAS[10]

Em tempos estranhos marcados, sobremaneira, pela difusão da ideia de "democracia de discurso único", empreender uma análise sobre *meio ambiente, dano ambiental e o agronegócio brasileiro*, – que são questões que inexoravelmente se entrelaçam –, a partir dos vetores culpa e responsabilidade é deveras desafiador e polêmico, porque demanda do observador a humildade de se despir de idiossincrasias e opiniões particulares sobre o que pensa ser a melhor forma de organização social a partir de uma conceito particular de verdade. Portanto, espera-se de todo texto acadêmico uma abordagem dessas questões o mais neutra possível à luz do estado da arte das teorias de Responsabilidade Civil. Com efeito, não se trata de "demonizar" o Agronegócio brasileiro a partir de um conceito de "meio ambiente equilibrado" despregado da realidade circundante, ou seja, sem levar em consideração a relevância das atividades agroindustriais realizadas no país,

O agronegócio (agro) representa um pilar econômico nacional e sua pujança se comprova pela participação em 27,4% do PIB e geração de receitas com exportação no patamar de US$ 120,59 bilhões, em 2021.

A história demonstra que no Brasil, "A evolução da socioeconomia, sobretudo com os avanços tecnológicos, mudou totalmente a fisionomia das propriedades rurais, sobretudo nos últimos 70 anos."[11]

Ainda segundo Araújo (p. 03-05):

> No caso do Brasil, a população começou a sair do meio rural e dirigir-se para as cidades, com a taxa de pessoas residentes no meio urbano passando de 31,3% no ano de 1940 para 84,36% em 2010. Em 1940, a população rural brasileira era de 28,2 milhões de pessoas (68,45% sobre a população total), no ano de 2000 era de 31,8 milhões, estimando-se para 2010 o total de 29,8 milhões, retornando próximo aos mesmos quantitativos de 1940, enquanto a população urbana salta de estimadas 13 milhões de pessoas em 1940 para 160,9 milhões em 2010 [...].).

---

10. A base teórica deste tópico foi desenvolvida nas pesquisas do mestrando e professor Dário da Cunha Dóro em dissertação apresentada no Mestrado profissional do Direito do Agronegócio e Desenvolvimento da Universidade de Rio Verde – GO (UniRV), sob a minha orientação. Assim, por absoluta probidade acadêmica, rendo minhas homenagens a distinto professor.
11. ARAÚJO, 2020, p. 05.

[...].

Observando esses números, constata-se que no Brasil, em 1940, em média, existia uma pessoa no meio rural produzindo alimentos e outros produtos não comestíveis (materiais para vestuário, calçados etc.) para abastecer 1,46 pessoas (população rural mais população urbana). Em 2010, essa relação é de 1:6,40 pessoas. Ou seja, o homem rural atual tem que ser muito mais produtivo que o homem rural de 1940. Essa relação se torna muito mais díspar, considerando que o país é tipicamente agroexportador. Então atualmente, essa quantidade igual de pessoas no meio rural tem que produzir muito mais para abastecer o mercado interno e para atender a uma pauta cada vez maior de produtos para exportação.

Do excerto acima escandido, depreende-se facilmente que o agronegócio brasileiro apresenta-se como engrenagem central do sistema de produção de alimentos no mundo globalizado, considerando que a "população mais que duplicou nos últimos 50 anos, passando de 3 bilhões em 1954 para 7,532 bilhões em 2017", como referido.

É certo que a solução para gerar aumento de produção é encontrada na tecnologia. Com efeito, nas últimas 07 (sete) décadas, o avanço tecnológico no setor levou a picos de aumento significativo nos índices de produtividade agroindustrial, demandando a disponibilidade de crédito para emprego no desenvolvimento de novas matrizes e modelos de produção.

Quanto à relação crédito-produção, Borges e Parré[12] interligam diretamente o sucesso produtivo à disponibilidade de crédito, público e privado. Apenas no ano de 2021, foram liberados R$ 251,22 bilhões para fomento da atividade no Plano Safra.

Indissociáveis, portanto, o agro e o crédito compõem o sistema financeiro e econômico constitucional que objetiva o desenvolvimento nacional, a redução das desigualdades e o progresso do Estado brasileiro, à luz dos princípios fundamentais da Constituição de 1988.

Apesar do indubitável sucesso, o agro, por se tratar de atividade com atuação agrária direta, sempre representou algum tipo de risco ao meio ambiente, notadamente porque também responsável por desflorestamentos e poluições. Aliás, é preciso aqui destacar o óbvio: não é possível imaginar qualquer atividade agropecuária, nem mesmo primitiva, sem que haja algum dano (transformação) do meio ambiente, de modo que a ideia de "meio ambiente equilibrado" traz consigo uma outra, a de "meio ambiente modificado".

Nessa toada, pode-se entender que consoante registro do MAPBIOMAS, houve a perda de aproximadamente 10% das matas entre 1985 e 2020, representando 13.853 km2 de área apenas nesse último ano analisado. Desse total, 98,9% foram desmatamentos ilegais, 12,4% em unidades de conservação (UC's) federais ou estaduais e 7,3% em área indígena, com finalidade predominante de abertura de novas fronteiras agrícolas e pecuária, ou seja, relacionados intimamente à cadeia do agronegócio.

Do ponto de vista creditício, pondera Dário da Cunha Dóro que "a exemplo de qualquer atividade capitalista produtiva, a exposição aos riscos, inclusive ambientais,

---

12. 2022, p. 20.

integra o cerne e a essência negocial pela busca do lucro, os quais são sopesados nas condições legais, negociais e remuneratórias.".

Com efeito, apesar do compromisso pelo desenvolvimento sustentável exigido de todos os ramos econômicos, não é possível afastar integralmente o perigo de lesão ambiental em empreendimentos financiados, como o é o agronegócio.

Colocada a questão nesses termos, depreende-se que a jurisprudência do E. Superior Tribunal de Justiça é carente no enfrentamento específico sobre a modalidade jurídica de responsabilização aplicável aos agentes financiadores, assim, justifica-se uma proposta de discussão do tema a seguir encaminhada.

5. RESPONSABILIDADE DO FINANCIADOR PELO DESENVOLVIMENTO SUSTENTÁVEL NO AGRONEGÓCIO

É bem verdade que quando se pensa em "dano" ao meio ambiente ecologicamente equilibrado, a atuação humana pode gerar, – numa análise amplíssima –, uma situação de responsabilidade sem culpa (uso cotidiano de um veículo automotor, dentre outros exemplos; o condutor é "responsável" (perante o mundo) pela poluição causada pela emissão de CO_2, mas não lhe é imputável qualquer culpa). Todavia, no âmbito apertado do direito, a responsabilidade civil, subdividida (em dois grandes grupos) em objetiva e subjetiva, é a figura do Ordenamento Jurídico reservada para imposição ao agente gerador do ato ilícito da obrigação de reparação e indenização. Para sua caracterização, Destefenni[13] elenca três requisitos: o primeiro, a conduta, ato ativo do agente, comportamento, procedimento; o segundo, o dano, a lesão gerada pela conduta comissiva ou omissiva; e, o terceiro, nexo de causalidade, a relação, conexão entre o ato e a lesão.

Conforme Ayala,[14] a culpa reflete uma ofensa, maculação, um desrespeito a uma obrigação prévia, caracterizado pela negligência, imperícia ou imprudência.

Para a modalidade objetiva inexiste vínculo imperativo entre a conduta e a culpa do agente, senão somente nexo de causalidade entre a lesão e a conduta, vez que não perquirida a culpa, como cediço. Lado outro, para a modalidade subjetiva (regra no Direito Civil), necessário o dano, o nexo de causalidade e a conduta típica, assim entendida como ato do agente culposo ou doloso.

Nesse panorama fático-jurídico, Dário Dóro, valendo-se de sua ampla experiência profissional no setor jurídico-financeiro, afirma que a análise sobre a (im)possibilidade de responsabilização dos agentes financiadores considera duas alternativas com consequências distintas.

A corrente doutrinária predominante defende a responsabilização objetiva dos agentes financiadores por qualquer dano ambiental. Para Fiorillo,[15] a propósito, ine-

---
13. 2005, p. 82-93.
14. 2012, p. 125.
15. 2011, p. 98.

xiste a necessidade de culpa, bastando apenas que o dano seja oriundo do ato, já que o exercício de uma atividade apresenta seus riscos inerentes. Para essa corrente, eventual lesão ao meio ambiente gerado por obra ou atividade financiada se dá por força de lei, independentemente de qualquer requisito ou circunstância outra.

De forma enfática e radical, Raslan[16] afirma que a intermediação financeira visa ao lucro e afasta a possibilidade de análise de culpabilidade, conquanto a relação de causalidade surge desde a formalização da operação creditícia. O nexo causal se concebe no exato momento de liberação dos recursos destinados ao empreendimento financiado, porquanto sem referida intermediação não existiria a possibilidade do dano. Dessa forma, não há distinção entre o poluidor direto e o indireto, representando o segundo mero coobrigado solidário do primeiro.

Em diversas decisões recentes (REsp 1778729/PA,[17] *exempli gratia*), o Superior Tribunal de Justiça (STJ) corroborou com sua adoção, conceituando a obrigação ambiental como de *natureza objetiva, ilimitada, solidária, propter rem e imprescritível*. Todavia, não se vislumbrou na pesquisa nenhum julgado específico no tocante aos agentes financeiros de forma geral, nem na atividade específica do agronegócio.

A doutrina denomina essa teoria de Risco Integral. Segundo Sampaio,[18] o risco integral impossibilita, inclusive, qualquer causa excludente de responsabilidade prevista no Código Civil, ou seja, o dever de reparar perdura tão somente pelo dano, mesmo atribuindo-se a culpa exclusiva ao financiado, em caso fortuito ou força maior. Em contrapartida, o mesmo autor defende que a adoção dessa teoria alcançaria restritamente o poluidor direto, não sendo cabível interpretação extensiva.

A adoção da responsabilização objetiva e do risco integral representa a solução com maior perspectiva de "defesa do meio ambiente", seja na espécie preventiva ou reparatória, dada a capacidade administrativa e financeira dos bancos de assimilarem os efeitos de eventual responsabilização. Mas será que a adoção desse posicionamento coaduna-se com uma interpretação sistemática da Constituição que coloca no sopesamento da questão os princípios da Ordem Econômica que induzem a atividade produtiva lucrativa?

A corrente antagônica, por sua vez, sustenta que a responsabilização objetiva dos agentes financiadores, na prática, possui traços de subjetividade, pois pressupõe uma das características da culpa (imprudência, imperícia ou negligência), notadamente, porque o ato de financiar de per si não representa nenhum risco ambiental. Assim, desconsiderar integralmente o aparato legal e jurídico na análise da responsabilização ambiental, basicamente iguala o fornecedor creditício que respeitou amplamente os princípios constitucionais (prevenção, precaução e desenvolvimento sustentável), leis infraconstitucionais, resoluções do Conselho Monetário Nacional (CMN) e do Banco Central, exigiu a averbação da reserva legal, não financiou produtores em listas de

---

16. 2012, p. 274-275.
17. Cfr.: Superior Tribunal de Justiça. Recurso Especial 1778729/PA, Rel. Ministro Herman Benjamin, Segunda Turma, julgado em 10.09.2019, DJe 11.09.2020.
18. 2013, p. 39.

trabalho escravo, realizou fiscalizações contratuais, enfim, que adotou toda diligência esperada, com outro fornecedor que garantiu o crédito sem adotar nenhuma medida teoricamente preventiva do dano ao meio ambiente ecologicamente equilibrado (valendo-se do dito, ao contrário: onde há fumaça, poderá surgir o fogo!).

Aliás, adotar o sistema de solidariedade ilimitada implicaria, de fato, em ilegítimo incentivo à não observância do regramento existente para a concessão de crédito, notadamente, porque a adoção das cautelas retrocitadas apenas elevaria o custo administrativo e empresarial, sem efeito material na responsabilização. Novamente, para se adotar uma ou outra teoria é preciso pensar a aplicação do direito nos seus efeitos práticos.

O risco extremo, além da possibilidade de restrição creditícia, levaria os financiadores a laborarem com excesso de diligência e interferência desproporcional na própria atividade do agronegócio, invadindo a esfera privada na sua dimensão econômica, em grave ofensa aos princípios da livre iniciativa, da livre concorrência e do livre exercício de atividade, princípios estes de índole constitucional. Ademais, não se pode olvidar que o Estado sempre se posicionaria como poluidor intermediário indireto, seja na qualidade de licenciador ou na condição de fiscalizador.

Outrossim, seguir por esse caminho representaria também a responsabilização de todos os outros intervenientes da cadeia, tais como fabricante, revendedor de agrotóxicos, implementos agrícolas, profissionais da área ou qualquer pessoa física ou jurídica integrante da relação danosa, dada que a seletividade ofenderia o tratamento isonômico.

Por tais motivos, a mitigação do risco integral e a adoção do risco criado se mostra a solução viável, condizente com a importância do agronegócio brasileiro. Para essa teoria aquele que gera uma situação de risco em virtude de atividade ou profissão atrai para si a responsabilidade pela reparação de dano causado, desde que não consiga comprovar que agiu da forma esperada para evitá-lo ou que tomou todas as precauções regulamentares no exercício da atividade.[19]

Machado[20] é contundente no sentido de abalizar ou mitigar a transferência do risco para o financiador,[21] apontando o compartilhamento como a melhor solução jurídica para permitir que dessa forma haja a apreciação da culpabilidade de todos os agentes que integram a rota que parte do financiamento e que chega na atividade específica do agronegócio.

6. CONCLUSÃO

Afinada à preocupação presente em todo o mundo acerca da preservação do meio ambiente, a Constituição brasileira cidadã de 1988 garante o valor do meio ambiente como patrimônio comum do povo, prescrevendo vários instrumentos com o objetivo

---

19. Raslan, 2012, p. 201.
20. 2020, p. 410.
21. Cfr.: Tribunal Regional Federal da Primeira Região. Agravo de Instrumento 0060759-67.1997.4.01.0000, Rel. Juiz Antônio Sávio O. Chaves (Conv.). Segunda Turma, julgado em 07.11/.2000, DJe 11.12.2000.

de preservar o ambiente ecologicamente equilibrado. Ocorre que este valor constitucionalmente assegurado deve compatibilidade hermenêutica com outros também de envergadura constitucional, como o princípio do desenvolvimento econômico sustentável. Garantir o desenvolvimento econômico nacional e preservar o meio ambiente são objetivo convergentes, não excludentes ou contraditórios.

Como demonstrado, a Constituição da República Federativa do Brasil de 1988 fixa os parâmetros jurídicos para a pauta da tutela e utilização dos recursos naturais no país, ao passo que a legislação de piso regula a Política Nacional do Meio Ambiente. Com efeito, a responsabilidade ambiental também recai nos entes federativos já que a CRFB/88 disciplina os aspectos centrais sobre a competência para legislar e administrar(fiscalizar) na matéria "meio ambiente".

Quanto à qualificação da responsabilidade do agente financiador, adotar o sistema de responsabilidade por meio de solidariedade ilimitada resultaria em comprometimento do agronegócio uma vez que implicaria em restrição creditícia, levaria os financiadores a laborarem com excesso de diligência e interferência desproporcional na própria atividade do agronegócio, invadindo a esfera privada na sua dimensão econômica, em grave ofensa aos princípios constitucionais da livre iniciativa, da livre concorrência e do livre exercício de atividade. Ademais, considerando a normativa da Política Nacional do Meio Ambiente e as competências dos entes federativos, não se pode olvidar que o Estado sempre se posicionaria como poluidor intermediário indireto, seja na qualidade de licenciador ou na condição de fiscalizador.

Na hipótese, o caminho do meio parece ser o mais sensato, ou seja, o do posicionamento restritivo no ponto da responsabilidade objetiva. Não havendo, por ora, jurisprudência consolidada no tema, cabe aos agentes econômicos dialogarem com a Administração Pública reguladora-fiscalizadora e com os Tribunais, mormente com o STJ, dada a sua qualidade de responsável pela uniformização de entendimento. Certo é que a condenação indiscriminada dos bancos poderá acarretar efeito econômico negativo (restrição de crédito e juros mais altos, *v.g.*), sem, efetivamente, gerar maior grau de proteção ambiental e comprometendo a segurança alimentar proporcionada pelo agronegócio.

7. REFERÊNCIAS

AMORIM, João Alberto Alves Amorim. *Direito das águas*: o regime jurídico da água doce no direito internacional e no direito brasileiro. 2. ed. São Paulo: Atlas, 2015.

ARAÚJO, Massilon J. *Fundamentos de agronegócios*. 5. ed. São Paulo: Atlas, 2020.

AYALA, Patryck de Araújo. Direito fundamental ao ambiente e a proibição de regresso nos níveis de proteção ambiental na Constituição brasileira. In: LEITE, José Rubens Morato. *Dano ambiental na sociedade de risco*. São Paulo: Saraiva. 2012.

BORGES, M. J., PARRÉ, J. L. O impacto do crédito rural no produto agropecuário brasileiro. *Revista de Economia e Sociologia Rural*, 2022. 60(2), e230521. https://doi.org/10.1590/1806-9479.2021.230521.

BRASIL. Constituição. Constituição da República Federativa do Brasil. Brasília, DF: Ed. Senado, 1988. Disponível em: http://www.planalto.gov.br/ccivil_03/constituicao/constituicao.htm. Acesso em: 24 fev. 2021.

BRASIL. Presidência da República. Lei 6.938 de 31 de Agosto de 1981. Institui a Política Nacional do Meio Ambiente. DF: Ed. Sanado, 1981. Disponível em: http://www.planalto.gov.br/ccivil_03/leis/l6938.htm. Acesso em: 24 fev. 2021.

BRASIL. Ministério da Agricultura, Pecuária e Abastecimento. *Exportações do agronegócio batem recorde em dezembro e no ano de 2021*. Disponível em: https://www.gov.br/agricultura/pt-br/assuntos/noticias/exportacoes-do-agronegocio-batem-recorde-em-dezembro-e-no-ano-de-2021. Acesso em: 02 jan. 2022.

BRASIL. Ministério da Agricultura, Pecuária e Abastecimento. Plano Safra 2021-2022. Disponível em: https://www.gov.br/agricultura/pt-br/assuntos/politica-agricola/plano-safra/2021-2022. Acesso em: 02 abr. 2022.

BRASIL. Superior Tribunal de Justiça. Recurso Especial 1778729/PA, Rel. Ministro Herman Benjamin, Segunda Turma, julgado em 10.09.2019, DJe 11.09.2020. Disponível em: https://scon.stj.jus.br/SCON/pesquisar.jsp?newsession=yes&tipo_visualizacao=RESUMO&b=ACOR&livre=1778729. Acesso em: 12 mar. 2022.

BRASIL. Tribunal Regional Federal da Primeira Região. Agravo de Instrumento 0060759-67.1997.4.01.0000, Rel. Juiz Antônio Sávio O. Chaves (Conv.). Segunda Turma, julgado em 07.11.2000, DJe 11.12.2000. Disponível em: https://www2.cjf.jus.br/jurisprudencia/trf1/index.xhtml. Acesso em: 22 abr. 2022.

CENTRO DE ESTUDOS AVANÇADOS EM ECONOMIA APLICADA (CEPEA) E CONFEDERAÇÃO NACIONAL DA AGRICULTURA E PECUÁRIA (CNA). PIB do agronegócio brasileiro. Disponível em: https://www.cepea.esalq.usp.br/br/pib-do-agronegocio-brasileiro.aspx. Acesso em: 02 abr. 2022.

CEPEA – Centro de Estudos Avançados em Economia Aplicada. PIB Agro. Disponível em: https://www.cnabrasil.org.br/noticias/pib-do-agronegocio-tem-crescimento-recorde-de-24-31-em-2020. Acesso em: 20 Agosto 2021.

CHIODI, Rafael Eduardo; MARQUES, Paulo Eduardo Moruzzi. *Políticas públicas de pagamento por serviços ambientais para a conservação dos recursos hídricos*: origens, atores, interesses e resultados da ação institucional. Disponível em: https://revistas.ufpr.br/made/article/view/48757/35269. Desenvolv. Meio Ambiente, v. 45, p. 81-104, abril 2018.

DESTEFENNI, Marcos. *A responsabilidade civil ambiental e as formas de reparação do dano ambiental*: aspectos teóricos e práticos. Campinas: Bookseller, 2005.

FIORILLO, Celso Antônio Pacheco. *Curso de direito ambiental brasileiro*. 12. rev., atual. e ampl. São Paulo: Ed. Saraiva, 2011.

GOYOS JÚNIOR, Durval de Noronha. *Direito agrário brasileiro e o agronegócio internacional*. Noronha, Boni & Bratz. São Paulo: Observador Legal, 2007.

JODAS, Natália. *Pagamentos por serviços ambientais*. Diretrizes de Sustentabilidade para os projetos de PSA no Brasil: Atualizado de acordo com a Lei 14.119/2021 (Política Nacional de Pagamento por Serviços Ambientais). Rio de Janeiro: Lumen Juris, 2021.

MACHADO, Paulo Affonso Leme. *Direito ambiental brasileiro*. 27. ed. São Paulo: Malheiros, 2020.

MILARÉ, Édis. Direito do ambiente: a gestão ambiental em foco. Doutrina, jurisprudência, glossário. Prefacio Ada Pelegrini Grinover. 7. ed. rev., atual. e reform. São Paulo: Ed. RT, 2011.

NUSDEO, Ana Maria de Oliveira. *Direito ambiental & economia*. Curitiba: Juruá, 2012.

PARRA, Rafaela Aiex. *Agronegócio, sustentabilidade e a Agenda 2030*: a relação entre economia verde, Código Florestal e poder judiciário. Londrina, PR: Thoth, 2020.

PES, João Hélio Ferreira. *Água potável*. Direito fundamento de acesso, dever fundamental de fornecimento. Rio de Janeiro, Lumen Juris, 2018.

RASLAN, Alexandre Lima. *Responsabilidade civil ambiental do financiador*. Porto Alegre: Livraria do Advogado Editora, 2012.

RELATÓRIO ANUAL DO DESMATAMENTO NO BRASIL 2020 – São Paulo, Brasil – MapBiomas, 2021. Disponível em: http://alerta.mapbiomas.org. Acesso em: 02 jan. 2022.

SAMPAIO, Rômulo Silveira da Rocha. *Reponsabilidade civil ambiental das instituições financeiras*. Rio de Janeiro: Elsevier, 2013.

SILVA, E. L. O agronegócio brasileiro – a sustentabilidade do setor e sua responsabilidade ambiental, social e econômica. *Revista Científica Multidisciplinar Núcleo do Conhecimento*, v. 5, ano 4, ed. 6, p. 19-28, 2019. Disponível em: https://www.nucleodoconhecimento.com. br/agronomia/o-agronegocio-brasileiro. Acesso em: 24 fev. 2021.

REPARAÇÃO INTEGRAL COMO DIREITO FUNDAMENTAL À LUZ DO PARÁGRAFO ÚNICO, DO ARTIGO 944, DO CÓDIGO CIVIL E A (IM) POSSIBILIDADE DE REDUÇÃO EQUITATIVA DO VALOR DO *QUANTUM* NA RESPONSABILIDADE OBJETIVA

Felipe Cunha de Almeida

Mestre em Direito Privado pela Universidade Federal do Rio Grande do Sul. Especialista em Direito Processual Civil e Direito Civil com ênfase em Direito Processual Civil. Professor, advogado, parecerista. E-mail: felipecunhaprofessor@gmail.com. Instagram: felipecunhadealmeida4. You Tube: Professor Felipe Cunha de Almeida.

Sumário: 1. Introdução – 2. A Lei e a hermenêutica – 3. Responsabilidade civil, dano material e extrapatrimonial; 3.1 Responsabilidade subjetiva e objetiva; 3.2 Culpa e os seus graus – 4. Reparação de danos no rol dos direitos fundamentais; 4.1 A função reparatória e o princípio da reparação integral no Código de Defesa do Consumidor e no Código Civil – 5. Análise do parágrafo único, do Art. 944, do Código Civil – 6. Conclusão – 7. Referências.

1. INTRODUÇÃO

A reparação dos danos é tema que guarda plena intimidade com a responsabilidade civil. Não é difícil pensar e procurar se colocar no lugar de determinada vítima de um dano, eis que aquela procurará em se ver reparada na totalidade dos prejuízos sofridos. Neste sentido, nos ensinam Nelson Rosenvald e Felipe Braga Netto, que: "No ordenamento jurídico brasileiro a indenização tem como objetivo reparar o ofendido seja pelos danos patrimoniais, seja pelos danos morais".[1] De sorte que: "O fundamento do dever de reparação do dano reside no princípio de que o dano sofrido tem de ser reparado, sempre que possível, pelo responsável".[2]

Contudo, a doutrina nos alerta que: "É claro que há uma pretensão idílica em se alcançar uma plena reparação, pois raramente a condenação será capaz de preencher a totalidade dos danos sofridos".[3]

---

1. ROSENVALD, Nelson; NETTO. Felipe Braga. *Código Civil comentado*: artigo por artigo. Salvador: JusPodivm, 2020, p. 909.
2. LÔBO, Paulo. *Direito civil*: obrigações. 6. ed. São Paulo: Saraiva Educação, 2018, v. 2, p. 358.
3. FARIAS, Cristiano Chaves de; BRAGA NETTO, Felipe Peixoto; ROSENVALD, Nelson. *Novo tratado de responsabilidade civil*. São Paulo: Atlas, 2015, p. 29.

Por outro lado, veremos que tanto o Código Civil como o Código de Defesa do Consumidor fazem previsão de uma reparação que seja integral, mas como uma ressalva trazida pela legislação civil, ou seja, de que reparação poderá ser reduzida considerando o grau de culpa do agente. Poderíamos cogitar, então, da aplicação da aludida norma para a hipótese de responsabilidade objetiva? Afinal, a lei, e mais adiante exploraremos, é cristalina ao permitir a redução do *quantum* relevando o grau de culpa. Portanto, aquela e outras indagações serão objeto de análise neste trabalho.

Para tanto, elaboramos o sumário analisando, em um primeiro momento, a lei em termos de sua importância para o estudo, aplicação e interpretação do Direito justamente pelo fato de refletir sobre a norma que prevê a possibilidade de redução da reparação. Em seguida, a análise passa pela responsabilidade civil, o dano material e extrapatrimonial, eis que seu montante é passível de redução. Etapa seguinte, a espécie objetiva e subjetiva da responsabilidade será apreciada, pois, em especial atenção à culpa e os seus graus, deverão ser contextualizadas ao parágrafo único, do art. 944, do Código Civil. Ocorre, ainda, que a responsabilidade também vem prevista no rol dos direitos fundamentais sem, contudo, a Constituição limitar ou reduzir as hipóteses de reparação, de sorte que fica a segunda pergunta já neste início: poderia o legislador limitar, em sede da função reparatória, o que a Carta não limita?

Em continuidade, veremos a análise da função reparatória da responsabilidade no sentido da estreita ligação com o princípio da reparação integral à luz dos sistemas do Código de Defesa do Consumidor e do Código Civil, pois um comparativo deverá ser realizado entre as duas codificações, em especial atenção à responsabilidade objetiva para, então e finalmente, termos melhores condições de análise da previsão normativa acerca da hipótese de redução da reparação considerando os graus de culpa e a responsabilidade objetiva.

Como veremos, o tema é complexo, polêmico. De sorte que, com base nos ensinamentos doutrinários que virão, somados à análise de algumas decisões, a conclusão a ser desenvolvida será por nossa conta e risco, buscando contribuir para com a ciência do Direito em relação ao tema abordado, à luz da interpretação constitucional do Direito Privado.

2. A LEI E A HERMENÊUTICA

Entendemos que a norma que estamos propondo analisar a luz da responsabilidade objetiva e do direito fundamental à reparação de danos exige um estudo sistemático, conforme ensina a doutrina, e não pura e simplesmente a análise isolada do parágrafo único, do art. 944, do Código Civil:

> [...] o intérprete sistemático deve-se revestir na qualidade de um catalisador dos melhores princípios, objetivos e valores em um determinado contexto. Desta forma estará atento à emergência das funções normativas atuais, oferecendo, observados os limites da ordem vigente, as soluções mais compatíveis, sem excluir ou usurpar o papel do legislador.[4]

---

4. FREITAS, Juarez. *A Interpretação sistemática do direito*. 5. ed. São Paulo: Malheiros, 2010, p.172.

Clóvis Beviláqua leciona que a lei "[...] é o direito objetivamente considerado, consequentemente é uma regra geral obrigatória".[5]

Caio Mário da Silva Pereira, por sua vez, nos ensina que o Direito, em sua análise objetiva, "[...] é norma de comportamento, que se traduz num complexo de regras disciplinadoras de conduta".[6] E mais:

> [...] o ordenamento jurídico compreende um complexo de normas, a que os indivíduos devem obediência, sob a sanção do Estado, que no caso de transgressão é chamado, pelo seu órgão competente, a compelir o infrator a se sujeitar ao império da ordem jurídica.[7]

Silvio Rodrigues, a seu turno, leciona que a lei é "[...] um preceito, vindo da autoridade competente e dirigido indistintamente a todos, a quem obriga, por razão de sua força coercitiva".[8]

Em termos de lei, se o fato jurídico ocorrido no âmbito da responsabilidade civil leva à responsabilidade objetiva, e trazendo as lições de Pontes de Miranda acerca do suporte fático:

> A regra jurídica é sempre uma proposição, escrita ou não escrita, em que se diz: "Se ocorrem a, b e c (ou se ocorrem b e c, ou se ocorrem a e b, ou se ocorre a, ou se ocorre b), acontece d. A esses elementos chamam-se elementos fáticos. Se, todos estão juntos, ou se aparece o único que se exigia, o todo fático é como que carimbado pela regra jurídica. A esse todo deu-se o nome de suporte fático.[9]

Emílio Betti, a seu turno, lecionando sobre a interpretação e a função normativa jurídica, aduz que:

> A interpretação que interessa ao direito é uma atividade voltada a reconhecer e a reconstruir o significado a ser atribuído, na órbita de uma ordem jurídica, a formas representativas, que são fontes de avaliações jurídicas ou que de tais avaliações constituem o objeto.[10]

Limongi França, por sua vez, ensina que a hermenêutica: "[...] é a parte da ciência jurídica que tem por objeto o estudo e a sistematização dos princípios e das técnicas de intepretação das leis e das demais formas de expressão do direito".[11]

---

5. BEVILÁQUA, Clóvis. *Teoria geral do direito civil*. 2. ed. Campinas: Servanda, 2015, p. 15.
6. PEREIRA, Caio Mário da Silva. *Instituições de direito civil*: introdução ao direito civil: teoria geral do direito civil. 29. ed. Atual. Maria Celina Bodin de Moraes. Rio de Janeiro: Forense, 2016, v. I, p. 45.
7. PEREIRA, Caio Mário da Silva. *Instituições de direito civil*: introdução ao direito civil: teoria geral do direito civil. 29. ed. Atual. Maria Celina Bodin de Moraes. Rio de Janeiro: Forense, 2016, v. I, p. 47.
8. RODRIGUES, Silvio. *Direito civil*: parte geral. 34. ed. São Paulo Saraiva 2007, v. 1, p. 15-16.
9. PONTES DE MIRANDA, Francisco Cavalcanti de. *Tratado das ações*. Atual. Vilson Rodrigues Alves. Campinas: Bookseller, 1998, v. 1, p. 21.
10. BETTI, Emilio. *Interpretação da lei e dos atos jurídicos*: teoria geral e dogmática. Trad. Karina Jannini; Giuliano Cripó. São Paulo: Martins Fontes, 2007, p. 07.
11. LIMONGI FRANÇA, R. *Instituições de direito civil*. São Paulo: Saraiva, 1988, p. 30.

3. RESPONSABILIDADE CIVIL, DANO MATERIAL E EXTRAPATRIMONIAL

Como o foco principal deste trabalho é análise da (im) possibilidade de redução do montante a título da reparação, com base no parágrafo único do art. 944, do Código Civil à luz da responsabilidade objetiva, mesmo que de forma breve, devemos trazer o entendimento doutrinário acerca da responsabilidade civil, dos danos materiais e extrapatrimoniais pois, justamente, serão conceitos enfrentados pelo julgador no caso concreto (existência da responsabilidade justamente pela configuração do dano e sua (s) espécies (s), para, então, se partir para a eventual discussão sobre a (im) possibilidade de redução da quantia, com base nos graus de culpa.

Clóvis do Couto e Silva ressalta que nem sempre é fácil a tarefa "[...] de estabelecer a extensão do prejuízo indenizável, vale dizer, quais são os efeitos do dano que devem ser indenizados".[12] Portanto, continua o mestre salientando que, em termos de Direito brasileiro, somente os danos diretos e imediatos podem ser reparáveis.[13]

Carlos Roberto Gonçalves, por sua vez, assevera que indenizar significa reparar o dano causado à vítima, integralmente. Se possível, restaurando o *satus quo ante,* isto é, devolvendo-se ao estado em que se encontrava antes da ocorrência do ilícito.[14] A seu turno, Fernando Noronha:

> O dano pode ser caracterizado simplesmente como sendo o prejuízo resultante de uma lesão antijurídica de bem alheio. Numa noção mais esclarecedora, poderá dizer-se que é o prejuízo, econômico ou não econômico, de natureza individual ou coletiva, resultante de ato ou fato antijurídico que viole qualquer valor inerente à pessoa humana, ou atinja coisa do mundo externo que seja juridicamente tutelada.[15]

Para ser entendido como dano indenizável, é necessária a conjugação de quatro requisitos: a) violação de um interesse jurídico protegido, ou seja, a diminuição ou destruição de um bem jurídico, patrimonial ou não; b) certeza: somente o dano certo, efetivo é indenizável, afastando-se, como consequência, obrigações de indenizar por danos abstratos ou hipotéticos. Verifica-se a certeza através da sua existência; c) subsistência: deve subsistir no momento em que é exigido; assim, se foi reparado pelo responsável, o prejuízo não é subsistente, mas se foi pela vítima, a lesão subsiste pela quantia reparada, mesmo que paga por um terceiro, que se sub-rogará no direito do prejudicado; por fim, d) a imediatidade do dano: a regra, pelo art. 403 do Código Civil é a de que somente devem ser indenizados os danos diretos e imediatos, ressalvada a hipótese de danos reflexos ou por ricochete.[16]

Os danos materiais, como lecionam Gustavo Tepedino, Aline de Miranda Valverde Terra e Gisela Sampaio da Cruz Guedes, abrangem "[...] tanto os denominados danos

---

12. SILVA, Clóvis do Couto E. O conceito de dano no direito brasileiro e comparado. *Revista dos Tribunais, ano 80.* v. 667, p. 7. São Paulo, maio 1991.
13. SILVA, Clóvis do Couto E. O conceito de dano no direito brasileiro e comparado. *Revista dos Tribunais.* ano 80. v. 667, p. 7. São Paulo, maio 1991.
14. GONÇALVES, Carlos Roberto. *Direito civil brasileiro*: responsabilidade civil. 8. ed. São Paulo: Saraiva, 2013, v. 4, p 363.
15. NORONHA, Fernando. *Direito das obrigações.* 4. ed. São Paulo: Saraiva, 2013, p. 579.
16. WALD, Arnoldo; GIACOLI, Brunno Pandori. *Direito civil*: responsabilidade civil. 2. ed. São Paulo: Saraiva, 2012, v. 7, p. 88-87.

emergentes quanto os lucros cessantes [...]",[17] ou seja, "[...] constituem as facetas do dano patrimonial".

Lecionando sobre os danos imateriais, Anderson Schreiber assevera que tal espécie decorre de lesão aos direitos de personalidade, sendo, portanto, dada a natureza do interesse atingido, "[...] insuscetível de valoração econômica".[18]

Independentemente da espécie de dano, o fato é que, em sendo comprovado, a vítima deve, via de regra, ser reparada integralmente.

3.1 Responsabilidade subjetiva e objetiva

Alvino Lima, ao tratar da culpa, faz referência ao Código Civil francês. Segundo o autor, aquela legislação é entendida como o padrão, a referência, dos demais ordenamentos jurídicos. Para a incidência da responsabilidade extracontratual, havia a necessidade de se demonstrar a culpa de forma efetiva, de forma comprovada.[19]

Atualmente, há dois sistemas de responsabilidade civil adotados pelo Código Civil de 2002: o da responsabilidade civil subjetiva, que se funda na teoria da culpa, e o da responsabilidade civil objetiva, que se funda na teoria do risco e, segundo a doutrina de Rosa Maria de Andrade Nery e de Nelson Nery Junior, quanto a este último, é adotado de forma subsidiária.[20]

Culpa e responsabilidade andam atreladas. Portanto, em um primeiro momento, ninguém deve ser censurado "[...] sem que tenha faltado com o dever de cautela em seu agir".[21] A teoria clássica, adotada no Código Civil de 2002, determina que a culpa é o principal pressuposto da responsabilidade civil subjetiva. Inclusive é o que se compreende da norma do art. 186, cogitando-se, ainda, do dolo, em culpa *lato sensu*.[22]

A culpa do agente deve, segundo a teoria em questão, ser comprovada para fins de responsabilidade. Contudo, tal circunstância nem sempre se mostra viável, especialmente em uma sociedade cujo:

> [...] desenvolvimento industrial, proporcionado pelo advento do maquinismo e outros inventos tecnológicos, bem como o crescimento populacional, geraram novas situações que não podiam ser amparadas pelo conceito tradicional de culpa.[23]

A situação em relação à culpa acima narrada, e de acordo com a doutrina italiana, belga e francesa, passou a ser encarada, sustentada por um outro viés, ou seja, com base

---

17. TEPEDINO, Gustavo; TERRA, Aline de Miranda Valverde; GUEDES, Gisela Sampaio da Cruz. *Fundamentos do direito civil*: responsabilidade civil. Rio de Janeiro: Forense, 2021, v. 4, p. 31.
18. SCHREIBER, Anderson. *Manual de direito civil contemporâneo*. São Paulo: Saraiva Educação, 2019, p. 622.
19. LIMA, Alvino. *Culpa e risco*. 2. ed. Atual. Ovídio Rocha Barros Sandoval. São Paulo: Ed. RT, 1998, p. 27-28.
20. NERY, Rosa Maria de Andrade; JUNIOR, Nelson Nery. *Instituições de direito civil*. São Paulo: Ed. RT, 2015, v. II: direito das obrigações, p. 403.
21. CAVALIERI FILHO, Sergio. *Programa de responsabilidade civil*. 11. ed. São Paulo: Atlas, 2014, p. 29.
22. CAVALIERI FILHO, Sergio. *Programa de responsabilidade civil*. 11. ed. São Paulo: Atlas, 2014, p. 29.
23. CAVALIERI FILHO, Sergio. *Programa de responsabilidade civil*. 11. ed. São Paulo: Atlas, 2014, p. 29.

na responsabilidade sem culpa, assim entendida como objetiva, com fundamento na teoria do risco. A dita teoria acabou por ser implementada em nosso ordenamento jurídico, em especial, pelo art. 927, parágrafo único, art. 931, e outros do Código Civil.[24]

3.2 Culpa e os seus graus

Também muito importante é o estudo dos graus de culpa para o presente tema, justamente pela possibilidade, como veremos adiante, de redução do montante a ser indenizado, com base na análise de seus graus. Neste sentido, Bruno Miragem observa que a: "Classificação comum, de índole doutrinária, dá-se pelo critério da intensidade da culpa, distinguindo-a em grave, leve ou levíssima".[25]

Em sede da classificação da ação humana, Pablo Stolze Gaggliano e Rodolfo Pamplona Filho, a se turno, a caracterizam como positiva e negativa, ou seja, um comportamento ativo e, quanto à segunda, de uma atuação comitiva, que gera o dano.[26]

Segundo Sergio Cavalieri Filho, "[...] a culpa será grave se o agente atuar com grosseira falta de cautela, com descuido injustificável ao homem normal, impróprio ao comum dos homens".[27] Se trata, portanto, "[...] de culpa com previsão de resultado".[28] A culpa leve, no que lhe toca, se caracteriza quando "[...] a falta puder ser evitada com atenção ordinária, com o cuidado próprio do homem comum, de um *bonus pater familiaes*".[29] Por último, a culpa levíssima "[...] caracteriza-se pela falta de atenção extraordinária, pela ausência de habilidade especial ou conhecimento singular".[30]

Independentemente do grau de culpa, se levíssima, leve ou grave, o dever de reparar não resta afastado, como entende o Superior Tribunal de Justiça: "É cediço que no cível mesmo a culpa levíssima gera a obrigação de indenizar".[31]

4. REPARAÇÃO DE DANOS NO ROL DOS DIREITOS FUNDAMENTAIS

A doutrina, ensinando sobre os direitos fundamentais, diz que aqueles "[...] ganham normatividade, consolida-se a ideia de que existe um núcleo de direitos que é indevassável".[32]

---

24. CAVALIERI FILHO, Sergio. *Programa de responsabilidade civil*. 11. ed. São Paulo: Atlas, 2014, p. 32.
25. MIRAGEM, Bruno. *Responsabilidade civil*. 2. ed. Rio de Janeiro: Forense, 2021, p. 141.
26. GAGLIANO, Pablo Stolze; PAMPLONA FILHO, Rodolfo. *Novo curso de direito civil*: responsabilidade civil. 13. ed. São Paulo: Saraiva, 2015, v. 3, p. 74-75.
27. CAVALIERI FILHO, Sergio. *Programa de responsabilidade civil*. 11. ed. São Paulo; Atlas, 2014, p. 53.
28. CAVALIERI FILHO, Sergio. *Programa de responsabilidade civil*. 11. ed. São Paulo; Atlas, 2014, p. 53.
29. CAVALIERI FILHO, Sergio. *Programa de responsabilidade civil*. 11. ed. São Paulo; Atlas, 2014, p. 53.
30. CAVALIERI FILHO, Sergio. *Programa de responsabilidade civil*. 11. ed. São Paulo; Atlas, 2014, p. 53.
31. BRASIL. Superior Tribunal de Justiça. *AREsp 1841396*. Rel. Min: Marco Aurélio Bellizze. Publicado em: 08.04.2022. Disponívelem: https://processo.stj.jus.br/processo/dj/documento/mediado/?tipo_documento=documento&componente=MON&sequencial=149833027&tipo_documento=documento&num_registro=202100424647&data=20220408&formato=PDF. Acesso em: 29 ago. 2002.
32. NERY JR., Nelson; ABBOUD, Georges. *Direito constitucional brasileiro*: curso completo. 2. ed. São Paulo: Ed. RT, 2019, p. 355.

Daniela Courtes Lutzky, por sua vez, ensina com maestria sobre a reparação de danos imateriais e sua relação com os direitos fundamentais:

> A reparação de danos reconhecida como um direito fundamental se aproxima das noções de respeito à essência da pessoa humana, às características e aos sentimentos da pessoa humana, à distinção da pessoa humana em relação aos demais seres. É, por certo, um sentido subjetivo, pois depende dos sentimentos da pessoa, das suas características físicas, sociais e culturais [...].[33]

A autora supra referida nos remete aos incisos V e X, do art. 5º, da Constituição Federal, no tocante à previsão de reparação dos danos na qualidade de direito fundamental:

> Art. 5º Todos são iguais perante a lei, sem distinção de qualquer natureza, garantindo-se aos brasileiros e aos estrangeiros residentes no País a inviolabilidade do direito à vida, à liberdade, à igualdade, à segurança e à propriedade, nos termos seguintes:
> V – é assegurado o direito de resposta, proporcional ao agravo, além da indenização por dano material, moral ou à imagem;
> X – são invioláveis a intimidade, a vida privada, a honra e a imagem das pessoas, assegurado o direito a indenização pelo dano material ou moral decorrente de sua violação;

O Código Civil, por sua vez, prevê a reparação de danos materiais e imateriais em seu art. 186: "Aquele que, por ação ou omissão voluntária, negligência ou imprudência, violar direito e causar dano a outrem, ainda que exclusivamente moral, comete ato ilícito", sendo consequência a obrigação de reparação do dano, nos seguintes termos:

> Art. 927. Aquele que, por ato ilícito (arts. 186 e 187), causar dano a outrem, fica obrigado a repará-lo. Parágrafo único. Haverá obrigação de reparar o dano, independentemente de culpa, nos casos especificados em lei, ou quando a atividade normalmente desenvolvida pelo autor do dano implicar, por sua natureza, risco para os direitos de outrem.

Há relação direta à ofensa a direitos da personalidade, portanto, surgindo o dever de reparação quanto aos danos extrapatrimoniais sofridos pela vítima, com o que se denomina de eficácia horizontal dos direitos fundamentais.[34] Também assim firmou posição o STF ao analisar caso envolvendo exclusão de sócio sem a este ser oportunizado o contraditório e a ampla defesa, fazendo incidir, então, a eficácia horizontal dos direitos fundamentais, com destaque para a doutrina e legislação estrangeiras. O voto tem belíssimos debates sob o tema ora em questão:

> Após voto da eminente Relatora pedi vista dos autos por se tratar de um caso típico de aplicação de direitos fundamentais às relações privadas – um assunto que, necessariamente, deve ser apreciado sob a perspectiva de uma jurisdição de perfil constitucional.
> [...].

---

33. LUTZKY, Daniela Courtes. Necessidade de um verdadeiro olhar constitucional sobre a ação de reparação de danos imateriais. Minas Gerais: *Revista IBERC*, v. 2, n. 1, 28, p. 03, jan.-abr. 2019. Disponível em: https://revistaiberc.responsabilidadecivil.org/iberc/article/view/22/19. Acesso em: 19 ago. 2022.
34. Sobre o tema, convidamos o leitor para ler capítulo específico sobre a sua aplicação no campo da responsabilidade civil no direito de família, capítulo integrante de nossa obra: *Responsabilidade civil no direito de família*: angústias e aflições nas relações familiares. 2. ed. Porto Alegre: Livraria do Advogado Editora, 2020.

Não estou preocupado em discutir no atual momento qual a forma geral de aplicabilidade dos direitos fundamentais que jurisprudência desta Corte professa para regular as relações entre particulares.

Tenho a preocupação de, tão somente, que o Supre Tribunal Federal já possui histórico identificável de uma jurisdição constitucional voltada para a aplicação desses direitos às relações privadas.

[...].

Logo, as penalidades impostas pela recorrente ao recorrido, extrapolam, em muito, a liberdade do direito de associação e, sobretudo, o de defesa. Conclusivamente, é imperiosa a observância das garantias constitucionais do devido processo legal, do contraditório e da ampla defesa (art. 5º, LIV e LV, da CF).[35]

No âmbito do STJ, assim ocorreram estes fatos que foram objeto de análise, em ação envolvendo críticas por consumidor (sentindo-se lesada a empresa), em site, que, segundo o autor da ação, haveria gritante falha na prestação de serviços. No ponto o enfrentamento da eficácia horizontal:

Além disso, o sítio eletrônico que veicula a reclamação revela respeito ao direito de resposta da agravante, nos termos do artigo 5º, inciso V, da Constituição Federal, em atenção à eficácia horizontal dos direitos fundamentais.[36]

---

35. Sociedade civil sem fins lucrativos. União brasileira de compositores. Exclusão de sócio sem garantia da ampla defesa e do contraditório. Eficácia dos direitos fundamentais nas relações privadas. Recurso desprovido. I. Eficácia dos direitos fundamentais nas relações privadas. As violações a direitos fundamentais não ocorrem somente no âmbito das relações entre o cidadão e o Estado, mas igualmente nas relações travadas entre pessoas físicas e jurídicas de direito privado. Assim, os direitos fundamentais assegurados pela Constituição vinculam diretamente não apenas os poderes públicos, estando direcionados também à proteção dos particulares em face dos poderes privados. II. Os princípios constitucionais como limites à autonomia privada das associações. A ordem jurídico-constitucional brasileira não conferiu a qualquer associação civil a possibilidade de agir à revelia dos princípios inscritos nas leis e, em especial, dos postulados que têm por fundamento direto o próprio texto da Constituição da República, notadamente em tema de proteção às liberdades e garantias fundamentais. O espaço de autonomia privada garantido pela Constituição às associações não está imune à incidência dos princípios constitucionais que asseguram o respeito aos direitos fundamentais de seus associados. A autonomia privada, que encontra claras limitações de ordem jurídica, não pode ser exercida em detrimento ou com desrespeito aos direitos e garantias de terceiros, especialmente aqueles positivados em sede constitucional, pois a autonomia da vontade não confere aos particulares, no domínio de sua incidência e atuação, o poder de transgredir ou de ignorar as restrições postas e definidas pela própria Constituição, cuja eficácia e força normativa também se impõem, aos particulares, no âmbito de suas relações privadas, em tema de liberdades fundamentais. III. Sociedade civil sem fins lucrativos. Entidade que integra espaço público, ainda que não estatal. Atividade de caráter público. Exclusão de sócio sem garantia do devido processo legal. Aplicação direta dos direitos fundamentais à ampla defesa e ao contraditório. As associações privadas que exercem função predominante em determinado âmbito econômico e/ou social, mantendo relativos à execução de suas obras. A vedação das garantias constitucionais do devido processo legal acaba por restringir a própria liberdade de exercício profissional do sócio. O caráter público da atividade seus associados em relações de dependência econômica e/ou social, integram o que se pode denominar de espaço público, ainda que não estatal. A União Brasileira de Compositores – UBC, sociedade civil sem fins lucrativos, integra a estrutura do ECAD e, portanto, assume posição privilegiada para determinar a extensão do gozo e fruição dos direitos autorais de seus associados. A exclusão de sócio do quadro social da UBC, sem qualquer garantia de ampla defesa, do contraditório, ou do devido processo constitucional, onera consideravelmente o recorrido, o qual fica impossibilitado de perceber os direitos autorais exercida pela sociedade e a dependência do vínculo associativo para o exercício profissional de seus sócios legitimam, no caso concreto, a aplicação direta dos direitos fundamentais concernentes ao devido processo legal, ao contraditório e à ampla defesa (art. 5º, LIV e LV, CF/88). IV. Recurso extraordinário desprovido. (BRASIL. Supremo Tribunal Federal. Segunda Turma. RE 201819/RJ. Rel. Min. Ellen Gracie. Julgado em: 11.10.2005. Disponível em: http://redir.stf.jus.br/paginadorpub/paginador.jsp?docTP=AC&docID=388784. Acesso em: 20 jul. 2018).
36. BRASIL. Superior Tribunal de Justiça. Decisão monocrática. AREsp 1283710. Rel. Min: Marco Aurélio Bellizze. Julgado em: 02.05.2018. Disponível em: https://ww2.stj.jus.br/processo/revista/documento/mediado/?compo-

O Tribunal de Justiça do Rio Grande do Sul, por sua vez, fez considerações acerca dos danos e a eficácia horizontal dos direitos fundamentais:

> Além disso, em atenção aos direitos e garantias fundamentais estampados na Constituição Federal, tem-se que todos são iguais perante a lei, sem distinção de qualquer natureza, garantindo-se a inviolabilidade da intimidade, vida privada, honra e a imagem das pessoas, assegurando a reparação na hipótese de violação, conforme estruturado no seu art. 5º.
>
> A dignidade da pessoa humana, amplamente considerada, é atributo da personalidade que visa garantir a incolumidade física e psíquica dos cidadãos e o mínimo existencial, cujos desdobramentos se alastram por todo o ordenamento jurídico.
>
> Ademais, a matéria debatida nos autos reclama atenção sob a ótica da eficácia horizontal dos direitos fundamentais. Essa perspectiva concede a aplicação de direitos de elevada importância nas relações entre particulares, não apenas perante o Estado.
>
> Dito isto, tenho como impositiva a manutenção da procedência do pedido indenizatório porquanto comprovada a conduta ilícita perpetrada pelo requerido em nítida afronta à dignidade do autor.[37]

Tomando por base as lições do ilustre professor Canotilho, comentando e ensinando sobre o Direito Constitucional português, em especial sobre as fontes do Direito e a Constituição, ressalta o mestre que aquela é verdadeiramente a fonte do conhecimento do direito positivo.[38] De sorte que a norma que estamos nos propondo a analisar deve

---

nente=MON&sequencial=83013065&num_registro=201800958153&data=20180601&tipo=0&formato=PDF. Acesso em: 30 ago. 2022).

37. Responsabilidade civil. Ação indenizatória. Recusa de atendimento médico em emergência. Condição de transgênero do paciente. Conduta discriminatória. Dever de indenizar. *Quantum*. AJG. Há a possibilidade de se estender a concessão do benefício às pessoas jurídicas sem fins lucrativos, uma vez que presumida a impossibilidade de arcar com as custas do processo sem prejuízo de sua manutenção, sendo desnecessária prova de insuficiência de recursos, haja vista o caráter social intrínseco. Concessão da gratuidade judiciária. Hipótese dos autos em que o autor, autodeclarado como transgênero, buscou os serviços de emergência junto ao Hospital demandado, sofrendo recusa no atendimento por conta das roupas que vestia, sendo expulso do local. A Constituição Federal prevê como cláusula geral de proteção da personalidade o respeito à dignidade da pessoa humana, trazendo como objetivo fundamental, dentre outros, a promoção do bem de todos, sem preconceitos de origem, raça, sexo, cor e idade. Eficácia horizontal dos direitos fundamentais. A identidade de gênero decorre da condição inata do indivíduo, revelando elemento próprio da sua personalidade, merecendo proteção pelo Estado. Caracteriza-se, no caso, portanto, ato discriminatório e preconceituoso. Além disto, em virtude do direito à saúde, não é permitido a um estabelecimento hospitalar recusar atendimento a enfermo sob nenhuma justificativa. O lastro probatório, em especial, a prova produzida em audiência, é suficiente para a confirmação da tese trazida na inicial, evidenciando o constrangimento a que parte foi submetida por sua condição de gênero. As adversidades sofridas, a aflição e o desequilíbrio em seu bem-estar, fugiram à normalidade e se constituíram em agressão à sua dignidade. Manutenção do montante indenizatório considerando a gravidade do ato ilícito praticado, o aborrecimento e o transtorno sofridos pelo demandante, além do caráter punitivo-compensatório da reparação (R$30.000,00 – trinta mil reais). Apelação cível parcialmente provida. (BRASIL. Tribunal de Justiça do Rio Grande do Sul. Décima Câmara Cível. *Apelação Cível 70068327774*. Rel. Des: Túlio de Oliveira Martins. Julgado em: 26.10.2017. Disponível em: http://www.tjrs.jus.br/busca/search?q=cache:www1.tjrs.jus.br/site_php/consulta/consulta_processo.php%3Fnome_comarca%3DTribunal%2Bde%2BJusti%25E-7a%26versao%3D%26versao_fonetica%3D1%26tipo%3D1%26id_comarca%3D700%26num_processo_mask%3D70068327774%26num_processo%3D70068327774%26codEmenta%3D7525097+%22dano+moral%22+e+%22efic%C3%A1cia+horizontal%22++++&proxystylesheet=tjrs_index&client=tjrs_index&ie=UTF-8&site=ementario&access=p&oe=UTF-8&numProcesso=70068327774&comarca=Comarca%20de%20Canela&dtJulg=26/10/2017&relator=T%C3%BAlio%20de%20Oliveira%20Martins&aba=juris. Acesso em: 20 jul. 2018).
38. CANOTILHO, J.J. Gomes. *Direito constitucional: teoria da constituição*. 7. ed. Coimbra: Almedina, 2018, p. 693.

(redução da indenização considerando o grau de culpa), necessariamente, estar em sintonia com a reparação de danos prevista pela Carta.

4.1 A função reparatória e o princípio da reparação integral no Código de Defesa do Consumidor e no Código Civil

Maria Helena Diniz, ao lecionar sobre a responsabilidade civil e a reparação dos danos, é elucidativa:

> Se se caracterizar a responsabilidade, o agente deverá ressarcir o prejuízo experimentado pela vítima. Desse modo, fácil é perceber que o primordial efeito da responsabilidade civil é a reparação do dano, que o ordenamento jurídico impõe ao agente. A responsabilidade civil tem, essencialmente, uma função reparadora ou indenizatória.[39]

Cristiano Chaves de Farias, Felipe Peixoto Braga Netto e Nelson Rosenvald, a seu turno, lecionando sobre as funções da responsabilidade civil, nos ensinam que o estágio atual da responsabilidade civil "[...] permite o estabelecimento de três funções [...]",[40] a saber:

> *(1) Função reparatória:* a clássica função de transferência dos danos do patrimônio do lesante ao lesado como forma de equilíbrio patrimonial; (2) *Função punitiva:* sanção consistente na aplicação de uma pena civil ao ofensor como forma de desestímulo de comportamentos reprováveis; (3) *Função precaucional:* possui o objetivo de inibir atividades potencialmente danosas.[41]

Tanto o Código de Defesa do Consumidor[42] como o Código Civil trazem expressamente a reparação integral dos danos, respectivamente.[43]

5. ANÁLISE DO PARÁGRAFO ÚNICO, DO ART. 944, DO CÓDIGO CIVIL

De tudo o que foi trazido até o momento, passamos então ao estudo do foco principal deste trabalho, ou seja, a análise do parágrafo único, do art. 944, do Código Civil, que prevê a possibilidade de redução da quantia objeto da reparação, com base nos graus de culpa antes analisados. De sorte que: "Art. 944. A indenização mede-se pela extensão do dano. Parágrafo único. Se houver excessiva desproporção entre a gravidade da culpa e o dano, poderá o juiz reduzir, equitativamente, a indenização".

---

39. DINIZ, Maria Helena. *Curso de direito civil brasileiro: responsabilidade civil*. 29. ed. São Paulo: Saraiva, 2015, v. 7, p. 155.
40. FARIAS, Cristiano Chaves de; NETTO, Felipe Peixoto Braga; ROSENVALD, Nelson. *Novo tratado de responsabilidade civil*. São Paulo: Atlas, 2015, p. 39.
41. FARIAS, Cristiano Chaves de; NETTO, Felipe Peixoto Braga; ROSENVALD, Nelson. *Novo tratado de responsabilidade civil*. São Paulo: Atlas, 2015, p. 39.
42. Art. 6º São direitos básicos do consumidor:
    [...]
    VI – a efetiva prevenção e reparação de danos patrimoniais e morais, individuais, coletivos e difusos.
43. Art. 944. A indenização mede-se pela extensão do dano.

A transcrição do dispositivo acima nos leva, de imediato, para duas conclusões acerca de sua leitura: em primeiro, diz o artigo em estudo que o juiz *poderá reduzir equitativamente a indenização*. De sorte que, *poderá*, não tem o mesmo sentido, a mesma finalidade, de *deverá*. Já a segunda conclusão vem no sentido da análise do grau de *culpa* justamente para fins de redução. Ora, se eventual redução equitativa passa pela análise do *grau de culpa*, entendemos que o parágrafo único, do art. 944, da legislação civil, seria aplicável, apenas e tão somente, à espécie de responsabilidade subjetiva.

É possível observar a ressalva que faz o Superior Tribunal de Justiça acerca da possibilidade de redução da reparação, com base no grau de culpa, desde que se trate de *responsabilidade subjetiva*:

> Desta forma, se o arbitramento do valor da compensação por danos morais foi realizado com moderação, proporcionalmente ao grau de culpa, caso se trate de responsabilidade subjetiva, e ao nível socioeconômico do recorrido, orientando-se a Corte de piso pelos critérios sugeridos pela doutrina e pela jurisprudência, com razoabilidade, fazendo uso de sua experiência e do bom senso, atento à realidade da vida e às peculiaridades de cada caso, o STJ tem por coerente a prestação jurisdicional fornecida.[44]

Mas um aspecto chama a atenção quando pesquisamos a aplicação jurisprudencial da redução do montante indenizatório com base no parágrafo único, do art. 944, do Código Civil: mesmo em hipóteses de responsabilidade objetiva verificamos ainda

---

44. Agravo interno no agravo em recurso especial – Ação condenatória – Decisão monocrática que negou provimento ao reclamo – Insurgência recursal da demandada.
    1. Violação aos artigos 165 e 535 do CPC/73 não configurada. Acórdão estadual que enfrentou todos os aspectos essenciais à resolução da controvérsia de forma ampla e fundamentada, sem omissão.
    1.1. O julgador não está obrigado a rebater, um a um, os argumentos invocados pelas partes, quando tenha encontrado motivação satisfatória para dirimir o litígio. Precedentes.
    1.2. Não se vislumbra nulidade quanto à reprodução, nos fundamentos do acórdão do agravo interno, dos mesmos temas já postos na decisão monocrática. Precedentes.
    2. Nos termos da jurisprudência do STJ, a confirmação de decisão monocrática de relator pelo órgão colegiado sana eventual violação do art. 557 do CPC/73.
    3. A alteração das conclusões a que chegou o órgão julgador no tocante à responsabilidade civil e à ausência de participação da vítima no evento danoso, implica em revolvimento do conjunto fático e probatório dos autos, o que é vedado na via estreita do recurso especial, em razão da Súmula 7/STJ.
    4. A revisão da indenização por dano moral apenas é possível na hipótese de o quantum arbitrado nas instâncias originárias se revelar irrisório ou exorbitante. Não estando configurada uma dessas hipóteses, não cabe reexaminar o valor fixado a título de indenização, uma vez que tal análise demanda incursão na seara fático-probatória dos autos, atraindo a incidência da Súmula 7 desta Corte. Precedentes.
    5. No tocante à correção monetária dos valores devidos a título de dano material, incide o teor da Súmula 83/STJ.
    6. A aferição do percentual em que cada litigante foi vencedor ou vencido ou a conclusão pela existência de sucumbência mínima ou recíproca das partes é questão que não comporta exame em recurso especial, por envolver aspectos fáticos e probatórios, aplicando-se à hipótese a Súmula 7 desta Corte.
    7. Agravo interno desprovido. (BRASIL. Superior Tribunal de Justiça. Quarta Turma. *AgInt no AREsp n. 1.015.987/RJ*. Rel. Mini: Marco Buzzi. Julgado em: 30/9/2019. Disponível em: https://scon.stj.jus.br/SCON/GetInteiroTeorDoAcordao?num_registro=201602988754&dt_publicacao=04/10/2019. Acesso em: 03 ago. 2022).

assim a incidência da norma, como podemos também observar de outro julgamento do Superior Tribunal de Justiça.[45]

Do mesmo modo, em ação envolvendo a inexistência de débito, o Tribunal de Justiça do Rio Grande do Sul, ao majorar o valor da condenação por danos extrapatrimoniais, referiu sobre o *grau de culpa*, mesmo que a hipótese se tratava de responsabilidade objetiva:

> A par destas considerações, levando em conta precedentes do Superior Tribunal de Justiça, o valor do débito que motivou a insurgência da parte autora, o grau de culpa da parte ré, a repercussão do fato danoso para a empresa, que foi impedida pelo mau serviço prestado pela ré de cumprir corretamente com sua atitvidade empresarial, bem como as demais peculiaridades presentes no caso concreto, tenho que a indenização a título de danos morais fixada em R$ 4.000,00 (quatro mil reais), mostra-se inadequada, devendo ser majorada para R$ 8.000,00 (oito mil reais), quantia que se mostra adequada à espécie, cujo valor é proporcional ao grau de culpa da parte ré, ao porte financeiro das partes e à natureza punitiva e disciplinadora da indenização.[46]

A incidência da culpa na análise da fixação da quantia devida também é notada em Minas Gerais, valendo ressalvar que, em que pese o Relator tenha registrado que se trate o caso dos autos de responsabilidade objetiva, portanto, nos termos do Código de

---

45. Recurso especial. Civil. Ação de indenização. Danos morais. Inscrição indevida no cadastro de proteção ao crédito. Protesto indevido de título. Responsabilidade objetiva. Indenização. Cabimento. Quantum indenizatório. Redução.
1. Não resta caracterizada qualquer ofensa ao artigo 535, II, do Estatuto Processual Civil, se o Tribunal de origem aprecia fundamentadamente os dispositivos invocados pelo embargante 2. De acordo com a jurisprudência desta Corte, o dano moral decorre do próprio ato lesivo de inscrição indevida junto aos órgãos restritivos de crédito. Precedentes
3. Constatado evidente exagero ou manifesta irrisão na fixação, pelas instâncias ordinárias, do montante indenizatório do dano moral, em flagrante violação aos princípios da razoabilidade e da proporcionalidade, é possível a revisão, nesta Corte, da aludida quantificação. Precedentes.
4. Inobstante a efetiva ocorrência do dano e o dever de indenizar, há de se considerar, na fixação do quantum indenizatório, as peculiaridades do caso em questão – vale dizer, o valor do título protestado, o grau de culpa da recorrente, a repercussão do fato danoso, a inexistência de informações sobre o desfazimento concreto de negócio, exceto indicação sobre uma compra a prazo de utensílio doméstico.
5. Consideradas, portanto, as particularidades do caso em questão e os princípios de moderação e da razoabilidade, o valor fixado pelo Tribunal a quo, a título de danos morais, mostra-se excessivo, não se limitando à compensação dos prejuízos advindos do evento danoso, pelo que se impõe a respectiva redução a R$ 5.200,00 (cinco mil e duzentos reais).
6. Recurso conhecido parcialmente e, nessa parte, provido. (BRASIL. Superior Tribunal de Justiça. Quarta Turma. *REsp 705.663/RJ*. Rel. Min: Jorge Scartezzini. Quarta Turma, julgado em: 17.02.2005. Disponível em: https://scon.stj.jus.br/SCON/GetInteiroTeorDoAcordao?num_registro=200401668870&dt_publicacao=18/04/2005. Acesso em: 03 ago. 2022).
46. Ação declaratória de inexistência de débito cumulada com indenização. Contrato de prestação de serviços de telefonia móvel. Caso concreto. Matéria de fato. Prova dos autos que denota a inexigibilidade da multa por descumprimento de fidelidade contratual. Dano moral à pessoa jurídica caracterizado na espécie. Quantum indenizatório. A quantificação da indenização a título de dano moral deve ser fixada em termos razoáveis, não se justificando que a reparação enseje enriquecimento indevido, devendo o arbitramento operar-se com moderação, proporcionalmente ao grau de culpa, ao porte financeiro das partes, orientando-se o julgador pelos critérios sugeridos pela doutrina e pela jurisprudência, valendo-se de sua experiência e bom senso, atento à realidade da vida e às peculiaridades de cada caso, não deixando de observar, outrossim, a natureza punitiva e disciplinadora da indenização. Primeiro apelo desprovido e segundo provido em parte. (BRASIL. Tribunal de Justiça do Rio Grande do Sul. Décima Quinta Câmara Cível. *Apelação Cível 50111821520198210019*. Rel. Des: Vicente Barrôco de Vasconcellos. Julgado em: 13.07.2022. Disponível em: https://www.tjrs.jus.br/buscas/jurisprudencia/exibe_html.php. Acesso em: 03 ago. 2022).

Defesa do Consumidor, afastando a discussão sobre a *culpa* para a responsabilidade, aquela, por outro lado, foi utilizada como critério para fins de quantificação do dano, justamente com base no parágrafo único, do art. 944, do Código Civil:

> Não se pode perder de vista que no caso em comento deve ser aplicado o que determina a Lei 8.078/90, notadamente o artigo 14, que reconhece a responsabilidade objetiva do fornecedor de serviços, independentemente da existência de culpa, pela reparação dos danos causados aos consumidores por defeitos relativos à prestação dos serviços, bem como por informações insuficientes ou inadequadas sobre sua fruição e riscos.
>
> [...].
>
> Tem-se estabelecido que a indenização seja tal que não estimule a prática de novos atos ilícitos, nem mesmo favoreça o enriquecimento indevido.
>
> O art. 944 do CC dispõe:
>
> "Art. 944. A indenização mede-se pela extensão do dano.
>
> Parágrafo único. Se houver excessiva desproporção entre a gravidade da culpa e o dano, poderá o juiz reduzir, equitativamente, a indenização".
>
> Entende-se que para a fixação do valor da indenização por danos morais devem ser levados em consideração a capacidade econômica do agente, seu grau de culpa ou dolo, a posição social ou política do ofendido.
>
> Neste diapasão, o valor fixado na sentença deve ser majorado para o patamar de R$ 15.000,00 (quinze mil reais), pois é suficiente para compensar os abalos sofridos, sem, no entanto, ser fator de enriquecimento, servindo, ainda, como elemento de inibição para a prática de novos casos.[47]

Em São Paulo, a redução do valor da reparação também considerou o grau de culpa, mesmo em se tratando de responsabilidade objetiva:

> Nesse cenário, o julgador deverá "decidir de acordo com os elementos de que, em concreto, dispuser" (Carlos Alberto Bittar, *O Direito Civil na Constituição de 1988*, RT, 1990, p. 104), valendo-se, para tanto, de certa discricionariedade na apuração da indenização, de molde a evitar o enriquecimento sem causa.

---

47. Apelação cível – Ação de cancelamento de protesto c/c inexistência de dívida entre as partes – Cessão crédito – Endosso – Responsabilidade objetiva – Danos morais – Comprovação – Quantum – Patamar de razoabilidade – Majoração. Em se tratando de ação anulatória de protesto indevido em que há cessão de crédito e endosso translativo, é patente a legitimidade de todas as pessoas jurídicas da qual decorre a cadeia de fornecimento de serviços relativa ao negócio jurídico que origina o ato de cobrança. Ante a ausência de demonstração de que a endossatária não concorreu para a realização do ato irregular de cobrança, exigindo da endossante os comprovantes de legitimidade do crédito adquirido, não há como afastar sua responsabilidade pelos atos decorrentes da emissão, cobrança e protesto indevidos das cártulas. Na fixação do valor da indenização por danos morais, devem ser levadas em consideração a capacidade econômica do agente, seu grau de culpa ou dolo, a posição social ou política do ofendido e a intensidade da dor sofrida por este. (VvP) Apelação cível – Negativação indevida – Dano moral – Quantificação – Critério – Método bifásico. O arbitramento da quantia devida para compensação do dano moral deve observar um critério bifásico, no qual são considerados (i) os precedentes em relação ao mesmo tema e (ii) as características do caso concreto (a gravidade do fato em si, a responsabilidade do agente, a culpa concorrente da vítima e a condição econômica do ofensor). (BRASIL. Tribunal de Justiça de Minas Gerais. Décima Quinta Câmara Cível, *Apelação Cível* 1.0411.17.001470-7/001. Rel. Des: Antônio Bispo. Julgado em 27.01.2022. Disponível em: https://www5.tjmg.jus.br/jurisprudencia/pesquisaPalavrasEspelhoAcordao.do?&numeroRegistro=2&totalLinhas=67&paginaNumero=2&linhasPorPagina=1&palavras=%2522grau%20de%20culpa%2522%20e%20dano%20e%20quantifica%E7%E3o%20e%20%2522responsabilidade%20objetiva%2522&pesquisarPor=ementa&orderByData=2&referenciaLegislativa=Clique%20na%20lupa%20para%20pesquisar%20as%20refer%EAncias%20cadastradas...&pesquisaPalavras=Pesquisar&. Acesso em: 03 ago. 2022).

Neste aspecto, imprescindível considerar o grau de culpa, o dano em si, as condições econômicas e sociais da vítima e do ofensor.[48]

Voltando brevemente à responsabilidade objetiva, mas importante o reforço do seu contexto à luz do parágrafo único da norma ora estudada, Paulo Lôbo refere que: "A responsabilidade é imputável a alguém que não está em nexo psicofísico com o fato contrário a direito".[49]

6. CONCLUSÃO

Analisando a letra da norma que nos propusemos a escrever, em especial sobre a possibilidade de redução do montante a título de reparação, uma primeira conclusão deve se chegar ao entendimento do dever de reparar no caso concreto e, passo seguinte, quantificar o valor devido, sendo certo que a possibilidade de redução da quantia, como vimos no desenvolvimento deste atrabalho, fica ao critério do magistrado, haja vista que é nítida a presença do verbo *poderá*.[50]

Talvez pudéssemos pensar na redução, mas para fins de direito de regresso. E explicamos. Imaginemos um motorista de uma grande empresa que, com um salário modesto, causa um dano em um grande empresário, em um atleta, que ficam sem a

---

48. Apelação. Responsabilidade civil. Procedência do pedido mediato. Responsabilidade civil. Objeto estranho encontrado em refeição. Dano moral. Configuração. Existência de objeto estranho em refeição servida por empresa contratada pelo Município. Meios de prova informam o fornecimento da refeição e a constatação de esparadrapo usado na refeição. Obrigação de fiscalização do contrato pelo ente público. O dever de indenizar atribuído ao Município está associado à responsabilidade pelo risco administrativo, a partir da premissa de que o dano ocorrido guarda relação de causalidade com a atuação ou a falha na atuação estatal. Reconhecimento do dever de indenizar da empresa contratada. Responsabilidade subsidiária. Desnecessidade de ingestão do corpo estranho. Dano moral. Critério empregado para arbitramento da indenização. Razoabilidade e discricionariedade. Indenização reduzida para R$ 5.000,00. Circunstâncias concretas determinam a redução do "quantum". Caráter indenizatório e inibitório. Imprescindível considerar o grau de culpa, o dano em si, as condições econômicas e sociais da vítima e do ofensor. Critério de incidência dos consectários legais. Reconhecimento da inconstitucionalidade do artigo 5º da Lei n. 11.960/09. Incidência de correção monetária e juros de mora de acordo com as Teses n. 810 da repercussão geral do STF e 905 do STJ. Correção monetária pelo IPCA-E e juros de mora da caderneta de poupança. Correção monetária desde o arbitramento e juros desde a data do ilícito para danos morais. Negado provimento ao recurso adesivo. provido em parte o recurso dos réus. (BRASIL. Tribunal de Justiça de São Paulo. Oitava Câmara de Direito Público. *Apelação Cível 1008764-29.2019.8.26.0248*. Rel. Des: José Maria. Foro de Indaiatuba Julgado em: 30.06.2022. Disponível em: https://esaj.tjsp.jus.br/cjsg/getArquivo.do?conversationId=&cdAcordao=15813397&cdForo=0&uuidCaptcha=sajcaptcha_c1290662f-3d344d8a4750c041c16c330&g-recaptcha-response=03ANYolqvBoyB7SuwBx5dzMiTNn4WkZT-_qkWd4z-juqTdx_kLqUbuRSdj-OpMlT4X3RPVVmhlriN8xH9dA9NdtFHrzpW5auOEknCw7ufJE--dBee6R9m3eqO-Gaae1BF7YWDZLuTacDWxDB9ynnAsV9NKjh3mJcCvQVLccjFJlwYX6SwJis5LlD3NKvSI1OybHsfgZX0k-fDAlE65sqb7_M0XWmGwUS3QnRyXRlI0CU7FDVJoTi5zaqQRrgasIzQo5eGW1owIzq3-4S1iOkbifXHrJm-BYq2hazbMcrYtIJtzYBDIizAGzgjoi4X7r29Ibmaud2tukfPx7_i5Ibm6JB-CmgJuYw3VI71I2OhRnbVmPc2rtj-FMj5IK4tLDZJiUwkNhgxnkD2MMckpKbzDaBldOa5fviDEBHKskr6_9OnlGsXy0CMN_t4Q49kzdT4ECdo-muu-wxACdOP6x-y_bpB8c_KQotsf90hJJ0tP4dEk-9BckCr9RfvfExrtEZsHWvDZiGa_QmXM42HJji6AHR-vTdRkl9hql_g7KY1o9NCkmua9V5qhqyOirtfSR0Ry8TMc2HDh2r65gU1iuEy47YuRiQTuMGETEPy4tfVfg. Acesso em: 03 ago. 2022).
49. LÔBO, Paulo. *Direito civil*: obrigações. 6. ed. São Paulo: Saraiva Educação, 2018, v. 2, p. 343.
50. Art. 944.
    Parágrafo único. Se houver excessiva desproporção entre a gravidade da culpa e o dano, poderá o juiz reduzir, equitativamente, a indenização.

possibilidade de exercer suas atividades. O dano é muito alto, sendo certo que poderia o empresário lançar mão da ação de regresso em face do seu empregado.

Contudo, analisando as condições econômicas do dono da empresa e do seu empregado, será que o montante a título de ressarcimento poderia ser considerado todo o dano? Agora, a relação não é mais sobre a reparação entre as vítimas e a empresa, mas, sim, entre aquela e seu empregado. Não seria uma transferência do risco de um forte exponente econômico ao mais fraco, o ressarcimento da reparação integral paga à vítima, e cobrada do empregado, como se este fosse o único responsável? Por outro lado, se a redução houve na ação de regresso, poderíamos cogitar de enriquecimento sem causa, do empregado?

Entendemos que a finalidade da lei trazida na norma em estudo deve ser analisada à luz da reparação integral, este que, mesmo para as hipóteses de responsabilidade civil por dano imaterial encontra sim aplicação daquele princípio, com ensina a doutrina:

> Em síntese, mostra-se perfeitamente possível a utilização *mitigada* do princípio da reparação integral para auxiliar na quantificação da indenização dos prejuízos extrapatrimoniais, respeitadas as suas peculiaridades, devendo-se atentar apenas para as peculiaridades de cada caso, como, aliás, também é recomendável na concretização da indenização por dano patrimonial.[51]

De sorte que a quantificação, mirando a reparação integral acima trazida, a função reparatória à luz da dignidade da pessoa humana, se reduzida com base no parágrafo único do art. 944, do Código Civil, poderá violar o direito fundamental à reparação integral do dano extrapatrimonial e patrimonial. E mais: se o *suporte fático* da norma menciona sobre a possibilidade de redução da quantia com base na análise do grau de culpa, quando a responsabilidade for objetiva, aquela norma não encontraria suporte justamente no plano dos fatos, por não contemplar a espécie objetiva. Caso a relação seja de consumo, da mesma forma, salvo a exceção prevista à responsabilidade dos profissionais liberais.[52]

Mas há uma situação a ser pensada: basta imaginar que uma empresa está sendo demandada a reparar um dano que seu motorista causou em um acidente de trânsito. Se é verdade que neste caso a responsabilidade da pessoa jurídica é objetiva, também é verdade que podemos trazer a hipótese de que o motorista agiu de forma imprudente, portanto, caracterizada a culpa *stricto sensu*. De sorte que se o grau de culpa do motorista for analisado, poderia sim influenciar na quantificação, que seria paga pela empresa, respondendo objetivamente, mas como dissemos, é de ser pensado pois, se assim for, poderá ser utilizada a norma como uma espécie de burla à quantificação do dano na

---

51. SANSEVERINO, Paulo de Tarso Vieira. *Princípio da reparação integral*: indenização no Código Civil. São Paulo: Saraiva, 2010, p. 270.
52. Art. 14. O fornecedor de serviços responde, independentemente da existência de culpa, pela reparação dos danos causados aos consumidores por defeitos relativos à prestação dos serviços, bem como por informações insuficientes ou inadequadas sobre sua fruição e riscos.
§ 4º A responsabilidade pessoal dos profissionais liberais será apurada mediante a verificação de culpa.

responsabilidade objetiva, que sempre (ao que parece) ficará atrelada à discussão da culpa do real ofensor, daquele que, no plano dos fatos cometeu a ilicitude.

Em outra ocasião, dissemos que, se a Carta não limita qualquer espécie de reparação de danos, bem como não limita valores, o legislador assim também não poderia limitar ou reduzir.[53] Contudo, como o Código Civil prevê a hipótese de redução, então, sua aplicação deve ficar restrita, apenas e tão somente, à análise dos graus de culpa que, por todo o sistema da responsabilidade civil objetiva e sua evolução, dispensa a discussão.

Maria Celina Bodin de Morais ressalta que o propósito atual da responsabilidade civil, é no sentido de: "[...] o foco, antes na figura do ofensor, em especial na comprovação de sua falta, direcionou-se à pessoa da vítima, seus sentimentos, suas dores e seus percalços".[54] Caso a reparação seja reduzida na hipótese trazida nestas linhas, poderia dar margem à discussão à violação à dignidade da pessoa humana justamente pela reparação, em termos da quantificação, ser reduzida com base em um olhar apenas aos interesses do responsável, e não da vítima em si, que, segundo nossa posição, violaria a própria Constituição também no aspecto do direito à reparação integral, como apontamos os incisos V e X, do art. 5º.

Bem, as hipóteses acima certamente autorizam um outro artigo, porém, as levantamos pois entendemos estarem em conexão com o tema que ora finalizamos. Como pondera Aguiar Dias e o dano, não podemos perder de vista o prejuízo consumado, mas sem deixar de fora a análise de que o dano pode não ter, em certas circunstâncias, um caráter definitivo,[55] Tal raciocínio pode influenciar na ação de regresso, pois os valores podem variar ao longo do tempo. Basta pensar que sentença condenou o responsável a arcar com os estudos do filho da vítima, e aquele não vem a efetivamente estudar.

Portanto, sem a pretensão de esgotar o tema proposto (muito pelo contrário), mas buscando contribuir com o seu estudo, inclusive, inspirados em Wilson Melo da Silva, quando sentenciou: "Urge que se domine o dano",[56] agradecemos ao IBERC pela oportunidade e pelo espaço.

7. REFERÊNCIAS

AGUIAR DIAS, José de. *Da responsabilidade civil*. 12. ed. Atual. Rui Berford Dias. Rio de Janeiro: Lumen Iuris, 2012.

ALMEIDA, Felipe Cunha de. *Questões controvertidas em responsabilidade civil à luz do entendimento do STJ*. Porto Alegre: Paixão Editores, 2018.

ALMEIDA, Felipe Cunha de. *Responsabilidade civil no direito de família*: angústias e aflições nas relações familiares. 2. ed. Porto Alegre: Livraria do Advogado Editora, 2020.

---

53. ALMEIDA, Felipe Cunha de. *Questões controvertidas em responsabilidade civil à luz do entendimento do STJ*. Porto Alegre: Paixão Editores, 2018, p. 156-159.
54. MORAES, Maria Celina Bodin de. *Danos à pessoa humana: uma leitura civil-constitucional dos danos morais*. 2. ed. Rio de Janeiro: Processo, 2017, p. 12.
55. AGUIAR DIAS, José de. *Da responsabilidade civil*. 12. ed. Atual. Rui Berford Dias. Rio de Janeiro: Lumen Iuris, 2012, p. 823.
56. SILVA, Wilson Melo da. *Responsabilidade sem culpa*. 2. ed. São Paulo: Saraiva, 1974, p. 164.

BETTI, Emilio. *Interpretação da lei e dos atos jurídicos*: teoria geral e dogmática. Trad. Karina Jannini; Giuliano Cripó. São Paulo: Martins Fontes, 2007.

BEVILÁQUA, Clóvis. *Teoria geral do direito civil*. 2. ed. Campinas: Servanda, 2015.

BRASIL. *Código Civil. Lei 10.406, de 10 de Janeiro de 2002*. DF, 1º jan. 2002. Disponível em: http://www.planalto.gov.br/ccivil_03/LEIS/2002/L10406.htm. Acesso em: 14 jul. 2021.

BRASIL. *Código de Defesa do Consumidor*. Diário Oficial da União, Poder Executivo, Brasília, DF, 11 set. 1990. Disponível em: http://www.planalto.gov.br/ccivil_03/Leis/L8078.htm. Acesso em: 06 set. 2021.

BRASIL. *Constituição da República Federativa do Brasil de 1988*. DF, 05 outubro de 1988. Disponível em: http://www.planalto.gov.br/ccivil_03/Constituicao/Constituicao.htm. Acesso em: 14 jul. 2021.

CANOTILHO, J.J. Gomes. *Direito constitucional: teoria da constituição*. 7. ed. Coimbra: Almedina, 2018.

CAVALIERI FILHO, Sergio. *Programa de responsabilidade civil*. 11. ed. São Paulo: Atlas, 2014.

DINIZ, Maria Helena. *Curso de direito civil brasileiro*: responsabilidade civil. 29. ed. São Paulo: Saraiva, 2015. v. 7.

FARIAS, Cristiano Chaves de; NETTO, Felipe Peixoto Braga; ROSENVALD, Nelson. *Novo tratado de responsabilidade civil*. São Paulo: Atlas, 2015.

FREITAS, Juarez. *A Interpretação sistemática do direito*. 5. ed. São Paulo: Malheiros, 2010.

GAGLIANO, Pablo Stolze; PAMPLONA FILHO, Rodolfo. *Novo curso de direito civil*: responsabilidade civil. 13. ed. São Paulo: Saraiva, 2015. v. 3.

GONÇALVES, Carlos Roberto. *Direito civil brasileiro*: responsabilidade civil. 8. ed. São Paulo: Saraiva, 2013. v. 4.

LIMA, Alvino. *Culpa e risco*. 2. ed. Atual. Ovídio Rocha Barros Sandoval. São Paulo: Ed. RT, 1998.

LUTZKY, Daniela Courtes. Necessidade de um verdadeiro olhar constitucional sobre a ação de reparação de danos imateriais. Minas Gerais: *Revista IBERC*, v. 2, n. 1, 28, jan.-abr. 2019, p. 03. Disponível em: https://revistaiberc.responsabilidadecivil.org/iberc/article/view/22/19. Acesso em: 19 ago. 2022.

LIMONGI FRANÇA, R. *Instituições de direito civil*. São Paulo: Saraiva, 1988.

LÔBO, Paulo. *Direito civil*: obrigações. 6. ed. São Paulo: Saraiva Educação, 2018. v. 2.

MIRAGEM, Bruno. *Responsabilidade civil*. 2. ed. Rio de Janeiro: Forense, 2021.

MORAES, Maria Celina Bodin de. *Danos à pessoa humana*: uma leitura civil-constitucional dos danos morais. 2. ed. Rio de Janeiro: Processo, 2017.

NERY JR., Nelson; ABBOUD, Georges. *Direito constitucional brasileiro:* curso completo.. 2. ed. São Paulo: Ed. RT, 2019.

NERY, Rosa Maria de Andrade; NERY JUNIOR, Nelson. *Instituições de direito civil*. São Paulo: Ed. RT, 2015. v. II: direito das obrigações.

NORONHA, Fernando. *Direito das obrigações*. 4. ed. São Paulo: Saraiva, 2013.

PEREIRA, Caio Mário da Silva. *Instituições de direito* civil: introdução ao direito civil: teoria geral do direito civil. 29. ed. Atual. Maria Celina Bodin de Moraes. Rio de Janeiro: Forense, 2016. v. I.

PONTES DE MIRANDA, Francisco Cavalcanti de. *Tratado das ações*. Atual. Vilson Rodrigues Alves. Campinas: Bookseller, 1998. t. 1.

RODRIGUES, Silvio. *Direito civil*: parte geral. 34. ed. São Paulo Saraiva 2007. v. 1.

ROSENVALD, Nelson; NETTO. Felipe Braga. *Código civil comentado*: artigo por artigo. Salvador: JusPodivm, 2020.

SANSEVERINO, Paulo de Tarso Vieira. *Princípio da reparação integral:* indenização no código civil. São Paulo: Saraiva, 2010.

SCHREIBER, Anderson. *Manual de direito civil contemporâneo*. São Paulo: Saraiva Educação, 2019.

SILVA, Clóvis do Couto E. O conceito de dano no direito brasileiro e comparado. *Revista dos Tribunais*. ano 80. v. 667. p. 7. São Paulo, maio de 1991.

SILVA, Wilson Melo da. *Responsabilidade sem culpa*. 2. ed. São Paulo: Saraiva, 1974.

TEPEDINO, Gustavo; TERRA, Aline de Miranda Valverde; GUEDES, Gisela Sampaio da Cruz. *Fundamentos do direito civil*: responsabilidade civil. Rio de Janeiro: Forense, 2021. v. 4.

WALD, Arnoldo; GIACOLI, Brunno Pandori. *Direito civil*: responsabilidade civil. 2. ed. São Paulo: Saraiva, 2012. v. 7.

RESPONSABILIDADE CIVIL POR VIOLAÇÃO A DIREITO FUNDAMENTAL NO CONTEXTO DA EDIÇÃO GENÉTICA

Graziella Trindade Clemente

Pós-doutora em Democracia e Direitos Humanos pelo *Ius Gentium Conimbrigae* – Universidade de Coimbra. Doutora em Biologia Celular pela UFMG. Mestre em Ciências Morfológicas pela UFMG. Pós-graduada em Direito da Medicina pelo Centro de Direito Biomédico – Universidade de Coimbra. Professora da Graduação e Pós-gradução no Centro Universitário Newton Paiva e Professora da Pós-graduação em Direito Médico e Bioética – (IEC) PUC Minas e em Direito Médico, da Saúde e Bioética – Faculdade Baiana de Direito. Coordenadora do Comitê de Ética e Pesquisa do Centro Universitário Newton Paiva. Coordenadora do Grupo de Estudo e Pesquisa em Direito da Saúde – GepForum do Centro Universitário Newton Paiva. Membro do IBERC e do grupo de Pesquisas Miguel Kfouri Neto. Advogada e Odontóloga. E-mail: grazitclemente@gmail.com.

Nelson Rosenvald

Pós-Doutor em Direito Societário na Universidade de Coimbra (PO-2017). Pós-Doutor em Direito Civil na Università Roma Tre (IT-2011). Doutor e Mestre em Direito Civil pela Pontifícia Universidade Católica de São Paulo – PUC/SP. Professor permanente do PPGD (Doutorado e Mestrado) do IDP/DF. Professor Visitante na Universidade Carlos III (ES-2018). Visiting Academic, Oxford University (UK-2016/17). Presidente do Instituto Brasileiro de Estudos de Responsabilidade Civil – IBERC. Procurador de Justiça do Ministério Público de Minas Gerais.

Sumário: 1. Introdução – 2. Edição genética pela técnica CRISPR/Cas9 – 3. A responsabilidade civil diante dos danos decorrentes da não utilização técnica de edição gênica; 3.1 Proteção à pessoa e a relação com o conceito de dano existencial; 3.2 Da verificação do dano ao projeto de vida no contexto da edição gênica; 3.2.1 Hipótese em que a técnica é reconhecida cientificamente, mas encontra-se indisponível por não possuir amparo legal; 3.2.2 Hipótese em que a técnica está disponível, mas com acesso limitado; 3.2.3 Hipótese em que a técnica está disponível, mas não foi utilizada em função de falha no diagnóstico; 3.2.4 Hipótese em que a técnica está disponível, mas não se optou pela sua realização – 4. O cabimento das *wrongful actions* no contexto da edição gênica – 5. Considerações finais – 6. Referências.

1. INTRODUÇÃO

Com o implemento da revolucionária tecnologia de edição genética – CRISPR/Cas9 – ferramenta capaz de promover relevantes intervenções em fragmentos do DNA humano, amplia-se a possibilidade de desenvolvimento futuro de alternativas terapêutico-preventivas nos casos de doenças graves, de caráter hereditário, na maioria das vezes incuráveis e de difícil tratamento.

Embora a técnica tenha representado a democratização da edição genética devido ao seu baixo custo, facilidade de uso e elevado grau de precisão, sua aplicabilidade, em células germinativas e embriões enseja intensos debates, encontrando barreiras de aceitação em todo o mundo.

É imprescindível o enfrentamento não somente dos dilemas éticos como, também, das questões relativas ao impacto dos riscos futuros e desconhecidos dessa nova tecnologia. A incerteza quanto aos efeitos danosos decorrentes no âmbito da responsabilidade civil não pode ser desprezada. Nesse sentido, justifica-se a abordagem de temas relevantes que incluem a expansão da função precaucional da responsabilidade civil, a responsabilidade pelos riscos do desenvolvimento, o cabimento das excludentes de responsabilidade, a importância da regulação pública das externalidades negativas e a proteção geral dos direitos da personalidade.

Por outro lado, também despertam necessário enfrentamento as questões, ainda hipotéticas, na eventualidade dessa técnica tornar-se uma opção terapêutica viável, visto que a sua não utilização poderia também acarretar efeitos potencialmente danosos. Desse modo, uma vez diagnosticada a alteração/deficiência genética, sendo ela passível de correção pelo método da edição gênica, recusar a sua realização implicaria em dano que sabidamente irá repercutir na vida desse indivíduo de forma significativa, decisiva, prolongada e, frequentemente, perene.

Mesmo considerando que a inquietude recorrente frente a tecnologias inovadoras seja a possibilidade de danos consequentes à sua utilização, não se pode negar a potencialidade lesiva da situação contrária, bem como a possível repercussão no âmbito da responsabilidade civil.

2. EDIÇÃO GENÉTICA PELA TÉCNICA CRISPR/CAS9

A convergência sinérgica de quatro grandes áreas do conhecimento: Nanotecnologia, Biotecnologia, Tecnologias da Informação e da Comunicação e a Neurociência (*Converging Technologies for Improving Human Performance* – 2001)[1] representou aumento significativo da capacidade dessas tecnologias de introduzirem modificações na sociedade e no ambiente. Esse desenvolvimento acelerado e conjunto caracterizado, principalmente, pela dissolução da fronteira entre as ciências físicas e biológicas tem justificado o avanço inusitado da Medicina nos últimos decênios. Nesse cenário, desponta a nova e revolucionária técnica de edição genética CRISPR/Cas9 que descortina um leque imprevisível de possibilidades para o mapeamento de doenças genéticas graves, na maioria das vezes incuráveis, gerando expectativa positiva no que se refere às medidas de prevenção e de criação de novas alternativas terapêuticas em humanos.[2]

---

1. BAINBRIDGE, W. S.; MONTEMAGNO, C.; ROCO, M. C. (Ed.) Converging technologies for improving human performance: nanotechnology, biotechnology, information technology and cognitive sciences. *NSF/DOC-sponsored report*. Arlington, Virgínia, 2002. Disponível em: https://obamawhitehouse.archives.gov/sites/default/files/microsites/ostp/bioecon-%28%23%20023SUPP%29%20NSF-NBIC.pdf. Acesso em: 20 jun. 2022.
2. GODINHO, A. M. et al. Viver, Envelhecer e Morrer no contexto das novas tecnologias no séc. XXI e as reflexões jurídico-filosóficas da revolução trashumanista. In: COLOMBO, C.; FALEIROS JÚNIOR, J. L. M; ENGELMANN, W.(Org.). *Tutela jurídica do corpo eletrônico* – Desafios ao Direito Digital. Indaiatuba, SP: Foco, 2022, p. 147-171.

O sistema CRISPR/Cas9 (*clustered regularly interspaced short palindromic repeats*),[3] funciona como um tipo de "editor de texto genético" que propicia a correção, anulação ou exclusão de genes portadores de mutações.[4] Estudos inovadores comprovaram que a endonuclease Cas9, juntamente com uma molécula de RNA guia, poderiam ser programadas para clivar, especificamente, qualquer sequência de DNA animal ou vegetal.[5] A partir daí, generalizou-se a aplicabilidade da técnica e foi possível, com significativa eficiência, facilidade e baixo custo, utilizá-la nas pesquisas básicas, na biotecnologia e no desenvolvimento de novas estratégias de prevenção, diagnóstico e tratamento. Além de democratizar a edição do genoma humano, a técnica CRISPR/Cas9 representa importante avanço na pesquisa em biologia destacando-se como uma das mais importantes descobertas do século XXI.[6]

Apesar da tecnologia CRISPR/Cas9 ter gerado entusiasmo no sentido de se garantir a possibilidade de tratamentos efetivos para doenças complexas e incuráveis, nem todos os seus impactos são positivos. Assim, como ocorre na maioria das tecnologias inovadoras, um dos grandes desafios dos estudos envolvendo a técnica CRISPR/Cas9 refere-se aos riscos desconhecidos inerentes à sua utilização. Destacam-se, a probabilidade de ocorrência do mosaicismo[7] e/ou das mutações *off-target* (mutações não intencionais ou fora do alvo).[8]

Mesmo considerando seus benefícios terapêuticos preventivos, devido ao seu ineditismo, potencialidade danosa e possibilidade de promover mudanças permanentes no DNA, com eventual impacto sobre as futuras gerações, essa tecnologia tem suscitado

---

3. JINEK, M. et al. Programmable Dual-RNA-Guided DNA Endonuclease in Adaptive Bacterial Immunity. *Science*, 337(6096), 816-821. doi:10.1126/science.1225829, 2012.
4. CRISPR/Cas9 – Trata-se de complexo formado por enzima do tipo endonuclease (Cas9) guiada até a região específica da molécula de DNA (gene marcado) que se pretende editar, por meio de uma molécula de gRNA, programada para reconhecer a sequência específica do DNA. Assim, procede-se à substituição do fragmento de DNA, que possui a mutação, por sequência normal possibilitando a correção da desordem. A molécula de gRNA pode ser personalizada para reconhecer sequências específicas do DNA por meio de alteração de apenas 20 nucleotídeos. Dessa forma, genes específicos podem ser alvo do gRNA e, consequentemente, da Cas 9, o que propicia modificações precisas dos mesmos (REYES, A.; LANNER, F., Towards a CRISPR view of early human development: applications, limitations and ethical concerns of genome editing human embryos. *The Company of Biologists*, n. 144, p. 3-7, 2017).
5. KNOTT, Gavin J.; DOUDNA, Jennifer A. CRISPR-Cas guides the future of genetic engineering. *Science*, v. 361, n. 6405, p. 866-869, ago. 2018.
6. The Royal Swedish Academy of Sciences. Scientific Background on the Nobel Prize in Chemistry 2020. A tool for genome editing. Disponível em: https://www.nobelprize.org/uploads/2020/10/advanced-chemistryprize2020.pdf. Acesso em: 09 jun. 2022.
7. "O mosaicismo é a presença em um indivíduo ou em um tecido de ao menos duas linhagens celulares geneticamente diferentes, porém derivadas de um único zigoto. As mutações que acontecem em uma única célula após a concepção, como na vida pós-natal, podem originar clones celulares geneticamente diferentes do zigoto original porque, devido à natureza da replicação do DNA, a mutação irá permanecer em todos os descendentes clonais dessa célula." (NUSSBAUM, Robert L. et al. *Genética Médica* – Padrões de herança monogênica. Trad. Thompson & Thompson. Rio de Janeiro: Elsevier, 2016, p. 107-132).
8. Em condições fisiológicas, erros ou falhas podem ser introduzidos durante a replicação ou reparação do DNA. Essas alterações podem também ocorrer em virtude da ação de agentes físicos ou químicos – denominados agentes mutagênicos. (NUSSBAUM, Robert L. et al. *Genética Médica* – Padrões de herança monogênica. Trad. Thompson & Thompson. Rio de Janeiro: Elsevier, 2016, p. 107-132).

intensos debates, particularmente na seara da responsabilidade civil. Decerto, no campo da biotecnologia, não é rara a discussão em torno dos riscos potenciais ou, até mesmo, incertos quando se trata de ineditismo tecnológico como é o caso da técnica de edição gênica – CRISPR/Cas9. Pondera-se não apenas a sua legitimidade, como também suas eventuais repercussões jurídicas. Torna-se essencial a discussão ampliada do tema o que implica, inclusive, em conceber outras estratégias de enfrentamento dos desafios da responsabilidade civil frente aos "riscos desconhecidos", no contexto da edição gênica.[9-10] Nesses estudos, os autores salientam a importância da análise do tema tanto no Brasil, quanto no Direito comparado ("liability for unknow risks"). Nessa circunstância, destacou-se a importância da incidência imputação objetiva sobremaneira na vertente do risco da atividade, as peculiaridades em torno da análise da causalidade, bem como a polêmica discussão relativa à aceitação do risco desconhecido como causa excludente de responsabilidade (visão no Brasil, e de acordo com a Diretiva Europeia 85/374).[11]

Decerto, no campo da biotecnologia, não é rara a discussão em torno dos riscos potenciais ou, até mesmo, incertos quando se trata de ineditismo tecnológico como é o caso da técnica de edição gênica – CRISPR/Cas9. Pondera-se não apenas a sua legitimidade, como também suas eventuais repercussões jurídicas. Torna-se essencial a discussão ampliada do tema o que implica em conceber outras estratégias de enfrentamento dos desafios da responsabilidade civil frente aos "novos riscos".

Nesse contexto, vislumbra-se a necessária adequação do modelo monofuncional da responsabilidade civil para além da função compensatória (*liability*). A perspectiva plural de sua aplicabilidade manifesta-se na necessária ampliação de sua percepção para além da função compensatória, reconhecendo-se sua natureza multifuncional, pelo apelo à responsabilidade individual, acrescida de valorização das funções preventiva e promocional (*responsibility, accountability, answerability*).[12]

Em contrapartida, o aprimoramento da técnica com objetivo de reduzir tais riscos, vem superando as expectativas. Pesquisadores dedicam-se, com sucesso, no desenvolvimento de ferramentas de bioinformática e no aperfeiçoamento tecnológico de guias

---

9. CLEMENTE, G. T. Responsabilidade Civil, Edição Gênica e o CRISPR. In: ROSENVALD, N.; DRESCH, R. F. V.; WESENDONCK, T. (Org.). *Responsabilidade Civil* – novos riscos. Indaiatuba, SP: Foco, 2019, p. 301-317.
10. CLEMENTE, G.T.; ROSENVALD, N. Edição Gênica e os limites da responsabilidade civil. In: MARTINS, G. M.; ROSENVALD, N. (Org.). *Responsabilidade Civil e novas tecnologias*. Indaiatuba, SP: Foco, 2020, p. 235-261.
11. "Na Diretiva 85/374 o risco do desenvolvimento é resumido nos seguintes pontos: (a) funda-se na responsabilidade civil objetiva; (b) consagra o risco do desenvolvimento como causa excludente da responsabilidade civil; (c) para ser admitida essa excludente, o produtor tem o ônus de provar que, no momento da colocação do produto no mercado, não era possível detectar a existência do defeito; (d) a legislação interna de cada Estado-membro pode ou não incorporar a excludente do risco do desenvolvimento (*Development Risks Defence* – DRD). A excludente é adotada por países como França, Itália e Espanha; (e) o critério temporal para aferição do estado da ciência e da técnica ou estado da arte é o da colocação do produto no mercado e não o da verificação do dano." ROSENVALD, N. *O direito civil em movimento*. 4. ed. Salvador: JusPodivm, 2022, p. 230-232.
12. CLEMENTE, G. T; ROSENVALD, N. *A multifuncionalidade da responsabilidade civil no contexto das novas tecnologias genéticas* – 2022. Disponível em: https://www.migalhas.com.br/coluna/migalhas-de-direito-medico-e-bioetica/360773/a-multifuncionalidade-da-responsabilidade-civilhttps://www.migalhas.com.br/coluna/migalhas-de-direito-medico-e-bioetica/360773/a-multifuncionalidade-da-responsabilidade-civil. Acesso em: 03 jun. 2022.

de RNA e endonucleases Cas9, cada vez mais precisas e específicas.[13-14] Logo, estima-se que, em futuro próximo, uma vez superadas as limitações da técnica, o CRISPR/Cas9 deixará de ser uma realidade distante e constituirá o cotidiano dos laboratórios de biologia celular, genética e embriologia. Nesse sentido, nova perspectiva de análise se impõe, visto que não há como negar a superação dos desafios técnicos e a determinação dos limites precisos, tanto éticos quanto legais, para que a edição gênica represente, de fato, opção terapêutica viável.

3. A RESPONSABILIDADE CIVIL DIANTE DOS DANOS DECORRENTES DA NÃO UTILIZAÇÃO TÉCNICA DE EDIÇÃO GÊNICA

Em novo cenário, ainda hipotético, porém irrefutável, em que a edição gênica em seu viés terapêutico (indicação médica) passe a representar possibilidade viável e segura, negar, proibir ou não oferecer essa oportunidade, configuraria, de forma explícita, a negação de um direito fundamental, qual seja, o direito à vida. Porém não se trata aqui do direito à vida orgânica, nem tampouco, em um giro de 180 graus, o direito à uma vida plena – aspiração não "garantizável" em nível estatal em qualquer ordenamento.

O que se almeja é a tutela do direito à vida em potência, vale dizer o acesso à vida não em sentido meramente formal, porém a uma vida materialmente viabilizada por recursos sanitários, econômicos, educacionais e, por que não, igualmente robustecida por ferramentas tecnológicas disponibilizadas conforme o estado da arte. Trata-se de uma percepção dinâmica de bens primários no conceito Rawlsiano do mínimo social.[15]

Empresta-se aqui o conceito da ética nietzschiana da vida como "Vontade de Potência",[16] presente em tudo, desde as reações químicas mais simples até à complexidade da psiquê humana. O homem não pode e não quer apenas conservar-se ou adaptar-se para sobreviver, ele quer expandir-se, criar valores e dar sentidos próprios. Isto significa ser ativo no mundo, criar suas próprias condições de potência. É um efetivar-se no encontro com outras forças. Tudo no mundo é Vontade de Potência porque todas as forças procuram a sua própria expansão. Força como superação, como constante ir para além dos próprios limites.

Não se trata aqui de advogar pelo transumanismo[17] na linha da admissão do humano como projeto em evolução, mediante o emprego de técnicas de superação de nossos

---

13. KLEINSTIVER, Benjamin P. et al. High fidelity CRISPR-Cas9 nucleases with no detectable genome-wide off-target effects. *Nature*, n. 529, p. 490-495, jan. 2016.
14. MA, Hong. et al. Correction of a pathogenic gene mutation in human embryos. *Nature*, v. 548, p. 413-419, ago 2017.
15. Para John Rawls, bens primários são "condições necessárias e exigidas por pessoas vistas à luz da concepção política de pessoa, como cidadãos que são membros plenamente cooperativos da sociedade e não simplesmente como seres humanos, independentemente de qualquer concepção normativa". RAWLS, J. Uma teoria de justiça, p. 58.
16. NIETZSCHE, F. Fragmentos póstumos, p. 42.
17. O tema do transumanismo escapa aos objetivos deste texto, porém enfatiza-se que ele ocorrerá quando puder dar respostas em que os benefícios superem os riscos inerentes à tecnologia, que não é neutra e depende de quem a usa. A biotecnologia, a nanotecnologia, dentre outros, devem ser utilizadas considerando seus aspectos éticos e implicações algorítmicas, sociais, econômicas e culturais, que nos permitem desenvolver como sociedade. Portanto, o transumanismo não reside em função de permitir que um processo evolutivo se acelere, mas

limites físicos, psíquicos e intelectuais (*enhancement*). O que se pretende é viabilizar a possibilidade de sanar deficiências dentro do humano, através da democratização do acesso a tecnologias que resguardem ou promovam direitos da personalidade.

Nasce, a partir daí outra discussão: diante da recusa de utilização de tecnologia disponível de correção de deficiências estaríamos diante de nova modalidade de dano? Qual seria sua natureza e extensão? Dada sua irreversibilidade e magnitude, estaríamos diante de um dano existencial?

A tentativa de resposta passa pela compreensão da associação do direito à vida em potência com qualquer ofensa à liberdade substancial que viole interesses concretamente merecedores de tutela, no exato momento em as condições objetivas de exercício material de um agir não proibido ou da eleição dos rumos da própria vida são arbitrariamente confiscadas do ofendido.

Em algumas situações, objetar a utilização da técnica de edição gênica representaria, efetivamente, realizar uma escolha diante da vida do outro inviabilizando que, o mesmo, seja protagonista de sua própria existência, comprometendo sua liberdade e expectativas futuras. Nessa perspectiva, a lesão provocada atingiria os ideais que permitem a realização da pessoa enquanto ser humano (sua autorrealização)[18] impactando, até mesmo, na não efetivação de seu "projeto de vida".[19]

Nada obstante, não cogitamos apenas da autorrealização de um ser que se encontra no porvir. Negar, proibir ou não oferecer a edição gênica é um comportamento que vulnera este componente fundamental para sentirmos que a vida vale a pena. Mas não se trata apenas disto. O termo "transcendência" sugere a existência de um desejo de auxiliar as outras pessoas a alcançarem o seu potencial. Trata-se de uma lealdade a uma causa além de nós mesmos, impelindo-nos a identificar propósitos externos ao "self", permitindo que outras pessoas mantenham o valor da existência.[20]

Em uma dimensão constitucional, o direito fundamental à liberdade (autorrealização) confere a cada ser humano um *modus vivendi* e peculiar estilo de vida, porém o direito fundamental à solidariedade abre espaço à transcendência, conceito que se torna

---

é reconhecido como produto de nossa evolução. Lembremos que um ser humano se define assim, porque ele nasce de outros seres humanos.

18. "A autorrealização é todo um lento e complexo processo de despertamento, desenvolvimento e amadurecimento psicológicos de todas as adormecidas potencialidades íntimas, que estão latentes no ser humano, como suas experiências e realizações ético-morais, estéticas, religiosas, artísticas e culturais. Equivale esclarecer que é todo um esforço bem direcionado para a realização do Eu profundo e não da superficialidade das paixões do ego". FRANCO, D.P. *O despertar do espírito: obra ditada pelo espírito de Joanna de Ângelis*. 5. ed. Salvador: LEAL, 2003.

19. "O que caracteriza a existência individual é o ser que se escolhe a si-mesmo com autenticidade, construindo assim o seu destino, num processo dinâmico de vir-a-ser. O indivíduo é um ser consciente, capaz de fazer escolhas livres e intencionais, isto é, escolhas das quais resulta o sentido da sua existência. Ele faz-se a si próprio escolhendo-se e é uma combinação de realidades/capacidades e possibilidades/potencialidades, está em aberto, ou melhor, está em projeto. Esta é a maneira como ele escolhe estar-no-mundo, o que se permite ser através da sua liberdade." TEIXEIRA, J. A. C. *Introdução à psicoterapia existencial*. Análise Psicológica, Lisboa, v. 24, n. 3, p. 294, jul. 2006. Disponível em: http://www.scielo.oces.mctes.pt/pdf/aps/v24n3/v24n3a03.pdf. Acesso em: 08 jun. 2022.

20. GAWANDE, A. *Mortais*. Rio de Janeiro: Objetiva, 2015.

ainda mais palpável quando o "outro" não se resume à "coletividade" ou às "próximas gerações", mas à própria descendência.

3.1 Proteção à pessoa e a relação com o conceito de dano existencial

A partir da certificação da crescente necessidade de tutelar situações que causam prejuízos que vão além da lesão psicofísica do indivíduo e extrapolam os direitos da personalidade de natureza não patrimonial, torna-se imprescindível discutir a ampliação da noção de dano, principalmente sob o ponto de vista funcional. Para as doutrinas que justificam tal necessidade, o principal argumento seria a dissonância de modalidade capaz de suprir o direito de danos causados à pessoa no que tange aos demais valores fundamentais da vida humana.

Nesse aspecto, é indispensável elencar quais são os critérios que definem o interesse existencial merecedor de tutela evitando-se, desse modo, a utilização indiscriminada do dano existencial que pode comprometer seu efetivo reconhecimento e valorização. Não se trata de englobar, no contexto do dano existencial, qualquer alteração prejudicial no cotidiano da pessoa, tampouco uma modificação que não seja juridicamente relevante. Tal dano, deverá ser quantitativa e qualitativamente relevante, pelo prisma jurídico, já que atingiria a pessoa na sua dignidade comprometendo, de forma significativa, sua integridade. Justifica-se, portanto, a necessária demonstração de como o conceito de dano existencial poderia ser aplicado no caso concreto, especificamente a partir do recorte epistemológico proposto neste estudo.

Discussões preliminares reconhecendo a maior necessidade de proteção à pessoa em suas atividades realizadoras[21] foram influenciadas tanto pela construção jurídica italiana,[22] quanto por precedentes da Corte Interamericana de Direitos Humanos.[23] Assim, de forma inédita, aventou-se tratar o dano à pessoa como categoria aperfeiçoada da responsabilidade civil, ou seja, espécie do gênero dano imaterial. Sacramentou-se, nesse contexto, a modalidade autônoma de dano existencial que abrangeria toda alteração prejudicial e juridicamente relevante à existência da pessoa lesada. A partir desse

---

21. O dano existencial acarreta um sacrifício nas atividades realizadoras da pessoa, ocasionando uma mudança na relação da pessoa com o que a circunda. É uma "renúncia forçada às ocasiões felizes", como dizem Cendon e Ziviz, ou, pelo menos, à situação de normalidade tida em momento anterior ao dano. Esse entendimento consta em ZIVIZ, Patrizia; CENDON, Paolo. *Il danno esistenziale. Una nuova categoria della responsabilità civile*. Milano: Giuffrè, 2000. p. XXII.
22. Decisão 7713 da Suprema Corte Italiana, datada de 7 de junho de 2000, como marco jurisprudencial de reconhecimento do dano existencial.
23. Nome de relevo nas pesquisas jurídicas hispano-americanas relativas ao dano ao projeto de vida, o jusfilósofo peruano Carlos Fernández Sessarego, docente da plurisecular Universidad Nacional Mayor de San Marcos – UNMSN158, associa o dano ao projeto de vida a colapso psicossomático (com consequências que se protraem no tempo) de envergadura tal que suscita um vazio existencial, na esteira da perda do sentido que sofre a existência humana, a anular a capacidade decisória do sujeito ou a prejudicar gravemente a possibilidade de uma tomada de decisão livre e de executar um projeto de vida. FERNÁNDEZ SESSAREGO, Carlos. El daño al proyecto de vida. Disponível em: http://www.pucp.edu.pe/dike/bibliotecadeautor_carlos_fernandez_cesareo/articulos/ba_fs_7.P DF. Acesso em: 09 jun. 2022.

momento, o enfrentamento no sentido de se ampliar a proteção concedida aos valores existenciais da pessoa se intensifica.

Nesse cenário, a proteção à pessoa não se restringe unicamente àqueles direitos das pessoas previstos expressa ou explicitamente na Constituição e Código Civil.[24] A partir desse enfoque, torna-se mais robusta a ideia de que qualquer lesão à pessoa deverá ser tutelada.[25] Além disso, foram definidos como elementos constitutivos do dano existencial, o dano ao projeto de vida,[26]-[27] e o dano à vida em relações.[28]

Consequentemente, estabeleceu-se a definição de dano causado à existência da pessoa como sendo aquele capaz de gerar afetação negativa e juridicamente relevante no cotidiano da mesma, causando modificação prejudicial, total ou parcial, permanente ou temporária de suas atividades realizadoras, inclusive representando uma renúncia involuntária à situação de normalidade. Destaca-se que essas atividades realizadoras incluiriam, inclusive, aquelas relacionadas ao atendimento das necessidades básicas como alimentação, higiene pessoal e educação mínima. Essas situações, de perda da capacidade de realização de atos simples, privação objetiva de realizar atividades normais

---

24. SAPONE, Natalino. BIANCHI, Angelo. *Le ragioni del danno esistenziale*. Roma: Aracne Editrice, 2010.
25. PERLINGIERI, P. La dottrina del diritto civile nella legalità costituzionale. *Revista Trimestral de Direito Civil*. Rio de Janeiro: Padma, 31, jul.-set. 2007.
26. "Todos vivemos no tempo, que termina por nos consumir. Precisamente por vivermos no tempo, cada um busca divisar seu projeto de vida. O vocábulo "projeto" encerra em si toda uma dimensão temporal. O conceito de projeto de vida tem, assim, um valor essencialmente existencial, atendo à ideia de realização pessoal integral. É dizer, no marco da transitoriedade da vida, a cada um cabe proceder às opções que lhe parecem acertadas, no exercício da plena liberdade pessoal, para alcançar a realização de seus ideais. A busca da realização do projeto de vida revela, pois, um alto valor existencial, capaz de dar sentido à vida de cada um. [...] É por isso que a brusca ruptura dessa busca, por fatores alheios causados pelo homem (como a violência, a injustiça, a discriminação), que alteram e destroem, de forma injusta e arbitrária, o projeto de vida de uma pessoa, reveste-se de particular gravidade, – e o Direito não pode se quedar indiferente a isso. A vida – ao menos a que conhecemos – é uma só, e tem um limite temporal, e a destruição do projeto de vida acarreta um dano quase sempre verdadeiramente irreparável, ou uma vez ou outra de difícil reparação. Cf. ORGANIZAÇÃO DOS ESTADOS AMERICANOS. Corte Interamericana de Derechos Humanos. Caso Gutiérrez Soler Vs. Colombia. Fondo, Reparaciones y Costas. Sentencia de 12 de septiembre de 2005. Serie C n. 132. Voto razonado del Juez A.A. Cançado Trindade. Disponível em: http://www.corteidh.or.cr/docs/casos/votos/vsc_cancado_132_esp.doc. Acesso em: 26 dez. 2019, tradução livre nossa.
27. O dano ao projeto de vida refere-se às alterações de caráter não pecuniário nas condições de existência, no curso normal da vida da vítima e de sua família. Representa o reconhecimento de que as violações de direitos humanos muitas vezes impedem a vítima de desenvolver suas aspirações e vocações, provocando uma série de frustrações dificilmente superadas com o decorrer do tempo. O dano ao projeto de vida atinge as expectativas de desenvolvimento pessoal, profissional e familiar da vítima, incidindo sobre suas liberdades de escolher o seu próprio destino. Constitui, portanto, uma ameaça ao sentido que a pessoa atribui à existência, ao sentido espiritual da vida. NUNES, R.P. Reparações no sistema interamericano de proteção dos direitos humanos. In: OLIVEIRA, M. L. O. (Org.). *O sistema interamericano de proteção dos direitos humanos*: interface com o Direito Constitucional contemporâneo. Belo Horizonte: Del Rey, Cap. 9, 2007, p. 166.
28. "O indivíduo, como ser humano, pode, uma vez inserido em diversas relações interpessoais, nos mais diversos ambientes e contextos, vir a estabelecer sua vivência e seu desenvolvimento pela busca constante do êxito no seu projeto de sua vida, do gozo dos direitos inerentes à sua personalidade, de suas afinidades e de suas atividades. A pessoa objetiva seu crescimento através da continuidade no contato, por meio dos processos de diálogo e de dialética com os demais membros, que participam com ele da vida em sociedade". BUARQUE, E. C. M. *Dano existencial: para além do dano moral*. 2017. Tese. (Doutorado em Direito) – Universidade Federal de Pernambuco, Recife.

e cotidianas, são ainda mais facilmente evidenciadas diante do comprometimento da integridade física da pessoa.[29]

Assim, a frustração gerada nas expectativas do indivíduo quanto ao seu próprio desenvolvimento enquanto pessoa, representaria dano de gravidade e extensão incomparáveis às lesões provocadas pelas demais modalidades de danos. De forma mais destrutiva, esses danos teriam potencial lesivo de gerar um vazio existencial, repercutindo na liberdade, ainda que abstrata, que cada um possui de escolher seu próprio destino e de projetar sua vida, o que resultaria no esvaziamento da perspectiva de um presente e futuro minimamente gratificantes. Além disso, não afetaria somente a esfera de sofrimento interior da pessoa, sendo exteriorizado pela dor causada à impossibilidade de realização de atividades hedonistas. As consequências do dano existencial extrapolariam, portanto, as modificações provocadas no modo da pessoa projetar-se no mundo, atingindo, também, a relação com as demais pessoas.[30]

Salienta-se, ainda, que dependendo do caso concreto, ao se obstaculizar prática de atos de suma importância para autorrealização pessoal, o dano existencial pode transformar as singularidades do cotidiano em verdadeiros desafios, momentos de angústia, tensão e profunda dificuldade. Seguindo esse raciocínio, o dano ao projeto de vida consistiria em vertente do dano existencial relacionado ao impedimento prático de se realizar atos imprescindíveis à execução de metas e aspirações pessoais capazes de dar sentido à existência.[31]

Para além dessa análise, deve-se considerar, ainda, que o dano existencial apresenta aspecto de "potencialidade" relativo às atividades que a pessoa seria capaz de realizar caso não houvesse sofrido o dano. É, portanto, nesse sentido, que a responsabilidade civil por dano existencial se justificaria na modalidade dano por um projeto de vida frustrado, em que a extensão do prejuízo se daria em relação ao que não se pode mais obter.[32]

Outra peculiaridade do dano existencial é o fato de, apesar de provocado em determinado momento da vida do indivíduo, ter seu potencial danoso protraído ao longo de toda a vida da vítima, impedindo-a de se autorrealizar. Em razão disso, aqueles que defendem essa teoria são unânimes em relacionar o dano existencial ao desfazimento de uma perspectiva projetada (fracasso na busca pela realização do projeto de vida)

---

29. SOARES, F. R. *Responsabilidade civil por dano existencial*. Porto Alegre: Livraria do Advogado, 2009.
30. BUARQUE, E. C. M. *Dano existencial: para além do dano moral*. 2017. Tese. (Doutorado em Direito) – Universidade Federal de Pernambuco, Recife.
31. FROTA, H. A. Noções fundamentais sobre o dano existencial. *Revista Jus Navigandi*, ISSN 1518-4862, Teresina, ano 16, n. 3046, 3 nov. 2011. Disponível em: https://jus.com.br/artigos/20349. Acesso em: 08 jun. 2022.
32. SESSAREGO, C. F. ¿Existe un daño al proyecto de vida? Disponível em: http://www.revistapersona.com.ar/Personal11/11Sessarego.htm. Acesso em: 28 maio 2022. Sessarego exemplifica: "Alguna vez hemos mencionado, a manera de ejemplo, la grave frustración existencial que experimenta un pianista famoso que pierde algunos dedos de la mano, lo que lo imposibilita, por ende, de realizarse como tal. Este daño al 'proyecto de vida' carece de significación económica, no obstante, lo cual tiene consecuencias muy graves que pueden conducir, con efecto de un vacío existencial, hasta el suicidio. Ello, claro, estará aparte del daño emergente y el lucro cesante simultáneamente causados por el agente de la acción ilícita." SESSAREGO, C. F. *Derecho a la identidad personal*. Buenos Aires: Astrea, 1992. p. 261262.

em que são consideradas as perdas ulteriores, atemporais, e que trazem em si um valor essencialmente existencial. Entende-se, ainda, que a ruptura dessa busca, capaz de dar sentido à vida de cada um, quando ocorre por fatores alheios à vontade do indivíduo (injustiça, discriminação, violência) deve ser considerada como particularmente grave.[33]

Apesar dessa nova modalidade de dano ainda não ser sustentada de forma consistente pela doutrina brasileira, há evidências de sua aplicação na jurisprudência nacional,[34] tendo sido denominada, por vezes, como dano existencial, outras sob a denominação dano ao projeto de vida, ou ainda, de forma contestável, como sinônimo de dano moral.

O dano existencial não era expressamente identificado no ordenamento jurídico brasileiro, até que a Lei n. 13.467/2017 incluiu na Consolidação das Leis do Trabalho (CLT), o dispositivo 223-B no Título II-A ("Do Dano Extrapatrimonial"), corretamente autonomizando as figuras do dano moral e existencial como espécies do gênero "dano extrapatrimonial."[35] Uma vez comprovadas as evidências de sua aplicabilidade, por meio da análise das jurisprudências, e, estando presentes os indícios de lesão causada à pessoa, não há como negar o devido ressarcimento mesmo que, para tal, seja necessária a criação de nova categoria de proteção de danos à pessoa mediante reforma do Código Civil, tal como preconizado na CLT. Afinal, não obstante a elogiável tendência ao reconhecimento da multifuncionalidade da responsabilidade civil, há sólido consenso social no sentido de que a principal função da responsabilidade extranegocial continua sendo a reparação de danos, amparada no princípio da reparação integral.[36]

3.2 Da verificação do dano ao projeto de vida no contexto da edição gênica

Na eventualidade da técnica de edição gênica tornar-se opção terapêutica viável, situação ainda hipotética, entretanto inegável, há de se questionar os efeitos danosos da não utilização da mesma, principalmente nos casos de doenças geneticamente determinadas, incuráveis e que limitam a autonomia do indivíduo chegando a comprometer, até mesmo, sua dignidade. Seria possível cogitar de um dano intergeracional? A omissão deliberada ao recurso da edição gênica afigura uma ofensa mediada no tempo, pois o que nos faz humanos atravessa gerações e culmina por agir como uma ponte entre elas.

Nesse contexto, não será difícil vislumbrar que, somente por meio da modificação gênica, haveria possibilidade de se evitar danos de magnitude significativa, com consequências permanentes e limitadoras da capacidade do sujeito de vivenciar suas

---

33. BUARQUE, E. C. M. *Dano existencial: para além do dano moral*. 2017. Tese. (Doutorado em Direito) – Universidade Federal de Pernambuco, Recife.
34. SANTANA, A. G. *O dano existencial como categoria jurídica autônoma: um aporte a partir de um diálogo com os direitos humanos*. 2017. Tese (Doutorado em Direito) – Universidade Federal do Pará, Belém.
35. Art. 223-B, CLT. [reforma trabalhista 2017] Causa dano de natureza extrapatrimonial a ação ou omissão que ofenda a esfera moral ou existencial da pessoa física ou jurídica, as quais são as titulares exclusivas do direito à reparação. (Incluído pela Lei 13.467, de 13.7.2017).
36. ROSENVALD, N. *As funções da Responsabilidade Civil* – A reparação e a pena civil. 3. ed. São Paulo: Saraiva, 2017.

próprias escolhas, comprometendo seu destino, submetendo-o a renúncias diárias e aprisionando-o em um vazio existencial.

Nessa conjuntura, questiona-se sobre a viabilidade de ocorrência do dano ao projeto de vida no contexto da edição gênica. Em outros termos, uma vez diagnosticada a alteração gênica, sendo ela passível de correção pelo método da edição, não a realizar, implicará em dano que sabidamente vai repercutir na vida desse indivíduo de forma significativa, decisiva, prolongada e, frequentemente, permanente.

Contudo, para que seja possível visualizar tais situações, faz-se necessário delinear algumas hipóteses de cabimento:[37]

3.2.1 Hipótese em que a técnica é reconhecida cientificamente, mas encontra-se indisponível por não possuir amparo legal

Mesmo supondo que, do ponto de vista científico, a edição gênica tenha alcançado aprimoramento suficiente ao ponto de ser reconhecida como opção terapêutica, deve-se considerar que sua aceitação e amparo legal dependerão dos contextos específicos de cada país. Os aspectos socioculturais, bem como o desenvolvimento econômico, podem influenciar nesse processo. Na inexistência de amparo legal, a oportunidade de realizar o procedimento de edição gênica torna-se inviável, restando o enfrentamento dos danos decorrentes desse constrangimento.

Nessa situação, outra questão importante deverá ser destacada. Não existindo a opção de se realizar a técnica em seu país de origem e impulsionados pela pretensão de evitar os danos decorrentes das condições genéticas diagnosticadas no embrião, os genitores lançam mão das práticas de turismo médico.

3.2.2 Hipótese em que a técnica está disponível, mas com acesso limitado

É inegável que, quando implementadas clinicamente, essas técnicas representarão custo elevado o que pode, inclusive, dificultar a sua oferta via planos de saúde. Mesmo que a edição gênica, por si, não seja técnica dispendiosa, para sua implementação clínica é necessário associá-la às técnicas de reprodução assistida, fertilização "in vitro" e diagnóstico pré-implantação que, sabidamente, são onerosas.

Inevitavelmente, esse fato poderia limitar o acesso de alguns grupos sociais à tecnologia criando-se, desta forma, desigualdade de oportunidades. Nessa condição, não seria uma escolha dos pais a não utilização da técnica. Ao contrário, essa escolha se daria por falta de recursos financeiros, implicando na impossibilidade de evitar os danos decorrentes da alteração gênica diagnosticada no embrião. O fundamental é que se edifiquem políticas públicas que direcionem a tecnologia CRISPR/Cas9 a serviço do

---

37. CLEMENTE, G. T., ROSENVALD, N. Dano ao projeto de vida no contexto da edição gênica: uma possibilidade. In: MENEZES, J. B; DADALTO, L.; ROSENVALD, N. (Org.). *Responsabilidade civil e medicina*. Indaiatuba, SP: Foco, 2020. p. 227-245.

homem – como instrumento de mapeamento de graves patologias hereditárias e não subvertida em técnica eugênica utilitária –, sobremaneira no contexto de uma sociedade extremamente desigual, onde a questão do acesso é estruturalmente delicada até mesmo para os bens essenciais (educação, saúde básica, assistência social, moradia).

3.2.3 Hipótese em que a técnica está disponível, mas não foi utilizada em função de falha no diagnóstico

Nesses casos, a falha ao se diagnosticar as alterações genéticas é de responsabilidade do médico ou laboratório a quem cabe, respectivamente, o diagnóstico e a realização dos exames. Essa falha, que pode ser por negligência ou até mesmo omissão, é que justifica o não emprego da técnica de edição gênica.

Além da possibilidade de dano ao embrião, pela perda da chance de ter as alterações genéticas corrigidas verifica-se, também, o dano causado aos genitores que tem cerceado o direito de tomar a decisão livre e esclarecida com relação a continuidade ou não da gestação (interrupção conforme previsão do ordenamento jurídico).[38]

Em ambas situações se perde a chance de ter as alterações ou anomalias corrigidas pela edição genética o que determina a inevitabilidade de dano com potencial irreversível, gravidade significativa e possibilidade de cerceamento das expectativas de desenvolvimento pessoal.

3.2.4 Hipótese em que a técnica está disponível, mas não se optou pela sua realização

Considerando-se a realidade reprodutiva de futuros genitores com alto risco de terem filhos afetados por sérias doenças genéticas, pode-se dizer que a técnica de edição gênica constitui mais uma alternativa reprodutiva, estendendo as opções e, assim, garantindo maior autonomia reprodutiva no projeto parental.

Entretanto, por se tratar de uma alternativa, nem sempre a edição gênica será a opção escolhida. Nessa perspectiva, deve-se considerar a importante influência que os aspectos culturais, intelectuais e religiosos influenciam na capacidade decisória dos genitores, já que interferem, diretamente, na questão do entendimento e aceitação da indicação clínica da técnica.

No caso dos genitores, respaldados pela autonomia reprodutiva, decidirem por assumir o nascimento sem a realização da edição gênica, estariam optando por não fazer uso da terapêutica disponível, apesar do diagnóstico comprovando a indicação da

---

38. "Em hipóteses designadas como de "concepção indevida" (*wrongful conception*) ou também "gravidez indevida" (*wrongful pregnancy*), venha ou não a ocorrer um nascimento, verifica-se uma gravidez indesejada em resultado de um erro médico (*lato sensu*), ou é concebido um feto com uma deficiência genética depois de os pais não terem sido informados – ou de terem sido incorretamente informados – sobre os seus riscos genéticos." MOTA PINTO, P. *Direitos de Personalidade e Direitos Fundamentais* – Estudos. Coimbra: GESTLEGAL, 2018, p. 735-772.

edição gênica. Situação diferente, seria a de uma gestação natural em que tais investigações ocorrem, somente, em face de eventuais suspeitas fundamentadas o que diminui, consideravelmente, a probabilidade do diagnóstico e, portanto, a opção de corrigir as possíveis alterações detectadas.

Apesar da inquestionável relevância do dano ao embrião, em ambas situações, é notória a diferença entre a responsabilidade pelo dano quando se opta por não realizar a edição apesar do diagnóstico prévio. Nesses casos, a ocorrência do dano está intrinsecamente relacionada à decisão dos genitores, que ao desconsiderarem as possíveis consequências do dano, limitam as possibilidades do concepturo de exercer suas liberdades de escolha diante da vida.

Nesse contexto, torna-se ainda mais relevante a análise da escolha que os genitores impõem, ao não optarem pela edição gênica, cujas consequências têm o potencial de gerar vida de autonomia cerceada restringindo a existência do outro, na medida em que deixa de prevenir dano capaz de impedir ou modificar todo um projeto de vida.[39]

4. O CABIMENTO DAS *WRONGFUL ACTIONS* NO CONTEXTO DA EDIÇÃO GÊNICA

Nessa conjuntura, é possível delinear, para além das hipóteses de cabimento da irreversibilidade do dano gerado a partir da não utilização da técnica, as consequências jurídicas dessa decisão no âmbito da responsabilidade civil.

Destacam-se, pontualmente, as situações em que a técnica estaria disponível, mas não foi episodicamente utilizada, por falha no aconselhamento genético ou devido à opção consciente dos genitores de não a realizar.

No primeiro caso, como já mencionado, discute-se a falha no processo de aconselhamento genético[40] – tanto pela falta de esclarecimento em relação à disponibilidade de exames diagnósticos (inclui-se, aqui, a ineficácia do consentimento livre e esclarecido), quanto pela possibilidade de erro de diagnóstico (diagnóstico falso negativo).

---

39. Como bem pondera Ruzyk ao tratar da liberdade positiva como " liberdade vivida": "Um exemplo de expressão relevante dessa liberdade positiva para a responsabilidade civil é o dano ao projeto de vida. Não se trata de dano que se materializa como coerção indevida, mas, sim, como concreta inviabilização do exercício desse poder definição dos rumos da própria vida, tolhendo radicalmente as escolhas existenciais da vítima. Quando a responsabilidade civil acolhe o dano ao projeto de vida como indenizável, bem como assume uma expressão preventiva de sua violação, está a tutelar essa relevante dimensão da liberdade humana". RUZYK, C. P. *Responsabilidade Civil, Liberdade e Direito Privado*, extraído em 23.9.22, de https://www.migalhas.com.br/coluna/migalhas-de-responsabilidade-civil/332206/responsabilidade-civil--liberdade-e-direito-privado.
40. Entende-se como aconselhamento genético, o processo composto por atos médicos, mediante exames pré-conceptivos, pré-implantatórios e pré-natais (medicina preditiva e preventiva), pelo qual é possível averiguar riscos decorrentes de doenças hereditárias, genéticas ou relacionadas à alguma alteração cromossômica, possibilitando a advertência acerca de suas consequências, da probabilidade de o embrião ou feto apresentá-los ou a eles serem transmitidas, bem como dos meios para evitá-las, melhorá-las ou minorá-las. EMALDI-CIRIÓN, A. A responsabilidade dos profissionais sanitários no marco do assessoramento genético. In: CASABONA, C. M. R.; QUEIROZ, J. F. (Coord.). *Biotecnologia e suas implicações ético-jurídicas*. Belo Horizonte: Del Rey, 2004. p. 63-127.

A partir do procedimento de aconselhamento genético seria possível não só identificar possíveis enfermidades de caráter hereditário, mas, também, advertir os genitores das suas consequências. Essas orientações aos casais que desejam procriar, são fundamentais. Assim sendo, do aconselhamento genético defeituoso ou imperfeito resultam várias consequências práticas e jurídicas.[41]

A falha relativa a não realização das provas/exames existentes e disponíveis, principalmente nos casos de gravidez alocada no grupo de risco, representaria violação do direito à informação, autodeterminação e autonomia privada do paciente. Do mesmo modo, tais violações podem ocorrer quando o médico emite diagnóstico falso negativo (erro diagnóstico). Esse erro, tido como falsa percepção da realidade, representa interpretação incorreta ou deficiente das provas, gerando diagnóstico também incorreto ou deficiente, e, por isso, falso negativo.[42]

Em ambos os casos, ao deixar de ser detectada a doença ou anomalia por meio do processo de aconselhamento, perde-se a oportunidade de realizar a seleção terapêutica de embriões (opção pela não implantação), ou seja, perde-se a chance de realizar a edição gênica. Depreende-se, do exposto, que a edição gênica, apesar de ser uma prática ainda em desenvolvimento, já se apresenta como consequência prática do aconselhamento genético. Em função disso, vislumbram-se as consequências jurídicas na busca pela reparação civil do que se denomina nascimento indevido – *wrongful birth*.[43]

Nessa situação, além da possibilidade de dano ao embrião pela perda da chance de ter as alterações genéticas corrigidas (edição gênica), verifica-se o dano causado aos genitores que veem cerceados o direito à tomada de decisão livre e esclarecida, seja com relação à continuidade da gestação (conforme previsão do ordenamento jurídico),[44] ou pela realização da edição gênica.[45-46-47]

Ainda mais polêmico, mas não menos importante, é o enfrentamento da discussão em torno da hipótese de que, mesmo a técnica de edição estando disponível, não seja ela utilizada em função de consciente e deliberada opção dos genitores. Nesse caso, em que

---

41. CLEMENTE, G.T.; ROSENVALD, N. Edição Gênica e os limites da responsabilidade civil. In: MARTINS, G. M.; ROSENVALD, N. (Org.). *Responsabilidade civil e novas tecnologias*. Indaiatuba, SP: Foco, 2020, p. 235-261.
42. CLEMENTE, G. T., ROSENVALD, N. Dano ao projeto de vida no contexto da edição gênica: uma possibilidade. In: MENEZES, J. B; DADALTO, L.; ROSENVALD, N. (Org.) *Responsabilidade civil e medicina*. Indaiatuba, SP: Foco, 2020. p. 227-245.
43. SOUZA, I. A. *Aconselhamento genético e responsabilidade civil: as ações de concepção indevida (wrongful conception), nascimento indevido (wrongful birth), e vida indevida (wrongful life)*. Belo Horizonte: Arraes, 2014, p. 45-51.
44. Nessas situações, uma vez diagnosticada a alteração genética, abre-se a opção da terapia genética ou a interrupção terapêutica da gravidez (aborto terapêutico, permitido em alguns ordenamentos jurídicos), entretanto, no Brasil, não há norma expressa que permita o aborto de doença genética grave. SÁ, M. F. F.; NAVES, B. T. O. *Bioética e biodireito*. 5. ed. Indaiatuba, SP: Foco, 2021. 355 p.
45. MOTA PINTO, P. *Direitos de personalidade e direitos fundamentais* – Estudos. Coimbra: GESTLEGAL, 2018. Ibidem, p. 735-772.
46. RAPOSO, V.L. Bons pais, bons genes? Deveres reprodutivos no domínio da saúde e procreative beneficence. *Cadernos da Lex Medicinae* – Saúde, novas tecnologias e responsabilidades. v. II, n. 4, p. 471- 487, 2019.
47. RAPOSO, V.L. CRISPR-Cas9 and the promise of a better future. *European Journal of Health Law* 26, p. 308-329, 2019.

o diagnóstico pré-implantatório associado à edição gênica configurariam alternativas terapêuticas viáveis para os concepturos comprometidos pelas alterações genéticas, uma má decisão por parte dos genitores poderia gerar responsabilização? Diante da decisão dos genitores pela manutenção da gravidez sem a tentativa de correção do defeito genético, seria justificável que o filho viesse a pleitear indenização contra os pais? Essas alternativas, proporcionadas pelos avanços tecnológicos poderiam ser consideradas juridicamente válidas?[48-49-50]

Em face desse cenário, torna-se imprescindível discutir o cabimento de indenização em razão de "vida indevida" – denominada *wrongful life*. A pretensão indenizatória interposta com fundamento na vida indevida de criança nascida com grave deficiência ou enfermidade, é proposta pela própria criança (devidamente representada, quando for o caso), em face do médico e/ou dos próprios genitores. Quando a demanda é proposta contra o médico, fundamenta-se na não detecção da deficiência ou doença genética acarretando, consequentemente, falha no aconselhamento genético.[51] Nesse caso, retira-se dos genitores o direito de optar pela interrupção da gravidez (dependendo da permissão legal), ou de realizar a edição gênica. Ao propor a ação em face dos pais, o fundamento seria a decisão deles de assumir o nascimento de um filho com deficiência ou doente, mesmo diante do conhecimento da deficiência ou doença e, inclusive, negando a opção de recorrer às medidas susceptíveis de atenuar tais danos.[52-53-54]

Salienta-se que, em se tratando de pretensão envolvendo a questão da "vida indevida" (*wrongful life*), a análise é bastante complexa, sendo necessário abordar, não somente, o regime da responsabilidade civil, bem como o dos direitos da personalidade, alinhados aos argumentos éticos e pragmáticos.

---

48. RAPOSO, V.L. Bons pais, bons genes? Deveres reprodutivos no domínio da saúde e procreative beneficence. *Cadernos da Lex Medicinae* – Saúde, novas tecnologias e responsabilidades. v. II, n. 4, p. 471- 487, 2019.
49. CLEMENTE, G. T., ROSENVALD, N. Dano ao projeto de vida no contexto da edição gênica: uma possibilidade. In: MENEZES, J. B; DADALTO, L.; ROSENVALD, N. (Org.). *Responsabilidade civil e medicina*. Indaiatuba, SP: Foco, 2020. p. 227-245.
50. CLEMENTE, G. T.; GOZZO, D. Tecnologias de edição genética (CRISPR/Cas9) e sua aplicabilidade na reprodução humana assistida: desafios de uma nova realidade. In: Maria de Fátima Freire de Sá et al. (Org.). *Direito e Medicina*: interseções científicas. Belo Horizonte: Conhecimento Editora, 2021, p. 109-122.
51. "A evolução do pensamento jurídico, o debate dos argumentos, a reflexão que se vem produzindo, quer a nível nacional, quer na experiência do direito comparado europeu, apontam no sentido de aceitar que a criança que nasceu com grave deficiência e que tem grave sofrimento físico e psíquico possa pedir uma indenização a um agente médico que atuou ilicitamente, porque em contrariedade as regras de conduta, e com negligência, porque com uma diligência inferior a um médico normalmente competente, zeloso e cuidadoso." PEREIRA, A. G. D. *Direitos dos pacientes e responsabilidade médica*. Coimbra: Coimbra Editora, p. 278-279, 2015.
52. SOUZA, I. A. *Aconselhamento genético e responsabilidade civil*: as ações de concepção indevida (wrongful conception), nascimento indevido (wrongful birth), e vida indevida (wrongful life). Belo Horizonte: Arraes, 2014, p. 45-51.
53. GOZZO, D. Diagnóstico Pré-Implantatório e Responsabilidade Civil à luz dos Direitos Fundamentais, In: MARTINS-COSTA, J.; MÖLLER, L. L. *Bioética e Responsabilidade*. Rio de Janeiro: Gen/Forense, 2009, p. 400-422.
54. GOZZO, D. A mercantilização da pessoa humana na maternidade de substituição, In: SCALQUETTE, A. C. S.; NICOLETTI C. C. E. (Coord.). *Direito e medicina*: novas fronteiras da ciência jurídica. São Paulo: Atlas, 2015, p. 49-61.

De fato, a realidade reprodutiva de genitores com alto risco de terem filhos afetados por sérias doenças genéticas, modifica-se diante de um cenário em que a edição gênica se configure como possível alternativa. Nesse novo contexto, ampliam-se as opções, tutelando-se tanto a autonomia reprodutiva como a autonomia prospectiva dos pais, pois filhos com deficiência são responsabilidade dos pais por toda a vida, gerando efeitos adversos sobre sua saúde física e mental.[55]

Eximimo-nos quanto ao debate sobre a viabilidade de que alguém pretender uma indenização simplesmente por ter nascido. Tampouco, defende-se o niilismo de se preferir a morte à uma vida permeada pela grave deficiência.[56] Aliás, a polêmica da edição gênica se diferencia do sucedido em França – seja no famoso *affaire Perruche*, como em outras situações nas quais médicos foram processados pela não constatação de deficiências físicas ou mentais em fetos, suprimindo a opção pelo aborto, consentida a mães devidamente informadas dos riscos. Em França o debate disse respeito a perda de uma chance do "porvir" de vidas com grande padecimento (uma causalidade duvidosa, capaz de impelir práticas eugênicas se as pretensões fossem exitosas). Todavia, em sede de edição gênica, a *vexata quaestio* é a eventual responsabilidade civil por ato ilícito no qual a vítima não será um nascituro, ou sequer um pré-embrião, porém um concepturo – ainda por ser concebido – uma "expectativa do devir", encontrando-se no campo das incertezas. O concepturo não ingressou no elemento da existência e quanto a ele somente há apontamento legislativo na sucessão testamentária (art. 1799, I, CC), na condição de filho ainda não concebido de pessoa indicada pelo testador. Trata-se da clássica "prole eventual", que pode vir a existir no futuro.[57]

Por certo, o concepturo não se qualifica como pessoa, tampouco se subsume na moldura intermédia de uma potencialidade de vida a que se concede especial tutela (o embrião excedentário crioconservado). Na sucessão testamentária, o concepturo emerge pela via de um *design* legislativo, justificando proteção jurídica meramente patrimonial. Todavia, qual seria a construção normativa para superarmos a contenção legislativa, respaldando a pretensão à responsabilidade civil por um dano direcionado ao concepturo? A nosso viso, o fundamento consiste na proteção integral ao direito eventual à vida. Na medida em que o nascimento com vida é compreendido como condição suspensiva eficacial para o recebimento da herança e aquisição de situações econômicas, complementarmente, a concepção intrauterina é o evento delimitador da eclosão da pessoa e da consequente proteção à sua personalidade, mesmo que o comportamento

---

55. CLEMENTE, G.T.; ROSENVALD, N. Edição Gênica e os limites da responsabilidade civil. In: MARTINS, G. M.; ROSENVALD, N. (Org.). *Responsabilidade civil e novas tecnologias*. Indaiatuba, SP: Foco, 2020, p. 235-261.
56. "Se é melhor não nascer a nascer com deficiências brutais é um mistério que convém deixar para os filósofos e teólogos. Por certo, o direito não pode se declarar competente para resolver a questão, particularmente, em face do alto valor quase uniforme que o direito e a humanidade atribuem à vida humana, não à sua ausência. As implicações de tal proposição são assombrosas". SOLOMON, A. *Longe da árvore*. São Paulo, Companhia das Letras, 2014.
57. ROSENVALD, N. *O direito civil em movimento:* desafios contemporâneos. 4. ed. Salvador: JusPodivm, 2022, p. 208-209.

antijurídico tenha ocorrido previamente à nidação do embrião no útero materno e que os danos só sejam percebidos e dimensionados após o nascimento.[58]

Cabe aqui um exercício de retórica, com forte carga persuasiva. O *de cujus* já não mais titulariza direitos da personalidade, porém os seus atributos existenciais jamais fenecem como coisa de ninguém, transcendendo o seu passamento. A "memória do morto" é digna de tutela bifronte– inibitória e reparatória –, através da família, cada membro em nome próprio, em razão de ilícitos praticados contra a honra, imagem e nome do falecido. Simetricamente, esse raciocínio é extensivo a alvorada da vida. O concepturo é pura hipótese de ser, ainda não é sujeito de direitos, porém, o ilícito a ele direcionado, suplanta a fase pré-fecundação, abraçando sua vida e existência.[59]

Por conseguinte, em tese é factível que filhos responsabilizem pais por condutas de risco associadas a infecções como o HIV, ou ao uso excessivo de álcool – v.g. Síndrome Alcoólica Fetal – ou drogas, cujos efeitos potencialmente danosos serão constatados posteriormente, em certos casos, ainda na fase de gravidez. O mesmo raciocínio autoriza o exercício de pretensões por danos decorrentes de transmissão de moléstias genéticas previamente conhecidas pelos pais. Fundamental: não se advoga a responsabilização de genitores pelo nascimento de filhos com deficiência, porém, pela prática de atos ilícitos, compreendendo-se que uma função preventiva da responsabilidade civil requer que o dever fundamental do cuidado seja elastecido para justificar a proteção do concepturo.[60]

A par da infindável altercação no tocante ao termo *a quo* da aquisição de direitos da personalidade, o direito fundamental à vida deve ser materializado de forma a consubstanciar uma vida digna e plena consoante o contexto histórico de cada comunidade, inserindo-se aí a *lex artis*. Deve-se ainda argumentar que, mesmo em face do dano causado por violação de um dever profissional para com os pais (falha do médico), a criança estará protegida no âmbito desse contrato de tratamento.[61-62]

---

58. ROSENVALD, N., loc. cit.
59. ROSENVALD, N., loc. cit.
60. "Com efeito, em 2016, um homem nascido na Inglaterra com graves deficiências em razão de sua mãe ter sido estuprada pelo próprio pai, obteve compensação por danos morais contra o avô. Em um precedente histórico, o Upper Tribunal entendeu que a vítima – agora um homem de 28 anos – é legitimado a obter a reparação. O jovem é epilético, possui graves dificuldades de aprendizado e sério comprometimento visual e auditivo. Segundo a defesa, o demandante não se enquadrava no conceito legal de pessoa, pois se o crime não fosse cometido contra a sua mãe, ele não existiria. Ademais, um ilícito causado antes da concepção, cujas consequências se revelam após o nascimento, não pode ser tratado como lesão a uma pessoa viva. Contudo, para os magistrados, não há norma preceituando que a vítima seja uma pessoa ao tempo do crime. O decisivo é que as desordens genéticas sejam consequências diretamente atribuídas ao ato incestuoso." ROSENVALD, N. *O direito civil em movimento*: desafios contemporâneos. 4. ed. Salvador: JusPodivm, 2022, p. 208-209.
61. "Mas a ilicitude da conduta médica pode ainda resultar da violação de um dever profissional, integrante das *leges artis* (…), dever para com os pais mas que visa também proteger a futura criança dos ônus (pelo menos dos financeiros) de viver com uma pesada deficiência, tendo de ser sustentada toda a vida, possibilitando para tal uma decisão dos seus pais." MOTA PINTO, P. *Direitos de personalidade e direitos fundamentais* – Estudos. Coimbra: GESTLEGAL, 2018. p. 755.
62. "Aliás, apesar de o nascituro não ser parte no contrato com o médico (ou o outro profissional responsável), é claro que a mãe o inclui (tal como ao pai) no âmbito de proteção do contrato de tratamento, não sendo de excluir que se possa mesmo fazer aqui apelo à figura do "contrato com eficácia de proteção para terceiros." MOTA PINTO, P. Ibidem, p. 756.

Ressalta-se, ainda, o lesado direto (quando do nascimento de uma criança com deficiência) é a própria criança, em razão de suas necessidades acrescidas, não só na menoridade, como continuamente, ao longo da existência. Apesar dos pais, enquanto se ocuparem da criança, serem considerados lesados indiretos, é a própria pessoa que nasceu com a deficiência que terá que suportar tal condição ao longo de toda a vida.

Não seria válida, portanto, a argumentação lógica pragmática no sentido de que nas ações de *wrongful life*, a criança não teria pretensão indenizatória já que sem o comportamento falho (do médico ou genitores) ela sequer teria chegado a nascer (não teria sido criada). Ademais, independente da possibilidade, ou não, do nascimento da criança estar vinculado ao comportamento falho, o padrão contra factual de comparação deveria ser o da pessoa sem deficiências, ou seja, completamente funcional.[63] Com efeito, um processo de *wrongful life* se propõe a cobrir não uma perda, mas um ganho: o fato da existência de alguém.[64]

Entendemos que em tal pretensão, o que está em causa não é a apreciação da vida como um valor ou desvalor; não se nega o direito da criança à existência ou se afirma que teria sido preferível a não existência a uma existência como tal. Pelo contrário, o que se pretende é uma compensação pelos custos acrescidos que uma situação peculiar de vida (com deficiência) impõe.[65] Sendo assim, o ressarcimento representa exclusivamente o equivalente indenizatório do fundamento da responsabilidade que está no não reconhecimento da deficiência.[66] É exatamente o respeito pela pessoa humana que justifica a pretensão indenizatória, a fim de se suportar a vida, com o mínimo de condições materiais e dignidade.[67]

---

63. "Quer-nos parecer que a negação de uma indenização com fundamento na inadmissibilidade de uma bitola "contra-factual", ou hipotética, a que aquela criança que formula a pretensão possa recorrer, quase envolve, nos resultados a que chega (que são evidentemente o teste decisivo), como que uma renovada afirmação da ofensa que lhe foi feita: não só a criança nasceu com uma grave deficiência, como, na medida em que não poderia existir de outro modo, é-lhe vedado sequer comparar-se à uma pessoa "normal", para o efeito de obter uma reparação" MOTA PINTO, P. *Direitos de personalidade e direitos fundamentais* – Estudos. Coimbra: GESTLEGAL, 2018. p. 758.
64. "Embora os processos de vida injusta tratem da questão ontológica a respeito de que tipo de vida vale a pena viver, não é isso que os provoca. Ser deficiente acarreta despesas colossais, e a maioria dos pais que entram com processos de vida injusta o faz numa tentativa de garantir o cuidado dos filhos. Numa distorção horrível, pais e mães precisam eximir-se das obrigações da paternidade responsável, afirmando em documentos legais que desejam que seus filhos jamais tivessem nascido" SOLOMON, A. *Longe da árvore*. São Paulo, Companhia das Letras, 2014, p. 56.
65. CLEMENTE, G.T.; ROSENVALD, N. Edição Gênica e os limites da responsabilidade civil. In: MARTINS, G. M.; ROSENVALD, N. (Org.). *Responsabilidade civil e novas tecnologias*. Indaiatuba, SP: Foco, 2020, p. 235-261.
66. MOTA PINTO, P. *Direitos de personalidade e direitos fundamentais* – Estudos. Coimbra: GESTLEGAL, 2018. p. 761.
67. "A dignidade da pessoa humana é cláusula geral de proteção e promoção da pessoa humana que atua em dois níveis (...) b) possui eficácia positiva, gerando um *facere* do ordenamento jurídico, orientando a promoção da autonomia patrimonial e existencial de cada ser humano, provendo-nos de condições materiais e legais para reivindicarmos o protagonismo de nossas trajetórias de vida". ROSENVALD, N. *O direito civil em movimento*: desafios contemporâneos. 4. ed. Salvador: JusPodivm, 2022, p. 209.

5. CONSIDERAÇÕES FINAIS

Enfrentar o tema da violação à direito fundamental no contexto da edição genética é uma excelente oportunidade de alargar as funções da responsabilidade civil, pela autonomização da finalidade de reivindicação de direitos amparados constitucionalmente, perante a tradicional reparação de danos patrimoniais e extrapatrimoniais. Ao invés de corrigirmos as consequências do ilícito, retifica-se o próprio ato ilícito por uma indenização, a despeito do que teria acontecido se o ilícito não fosse produzido. No que tange ao dano ao projeto de vida, independentemente de qualquer repercussão moral ou econômica na esfera de terceiros, o ilícito de violação da liberdade substancial do ser humano – mesmo em um porvir de concepturo – por parte de quem omite o dever geral de cuidado de empregar a técnica disponível e segura, é causa adequada para uma vida deficitária. A indenização transmite a importante mensagem de reforço do dever moral de valorização da vida humana em potência.

Discorremos sobre fatos que ainda não se materializaram, mas que fatalmente acontecerão, pois, a disponibilização da técnica é inevitável por seus inegáveis benefícios. Igualmente, considerando o papel prospectivo da doutrina, antecipamos possíveis conflitos jurídicos decorrentes da não adoção da edição genética.

E isto faz todo o sentido. Em seu clássico de 1979, O Princípio Responsabilidade,[68] Hans Jonas aborda o alcance do desenvolvimento tecnocientífico, refletindo sobre as inovações que assumem consequências vastas e poderosas que podem afetar a qualidade de vida e a própria vida no planeta. Segundo Jonas, a resposta ética a estes desafios não reside na "heurística do medo" e sim em aceitar as novas tecnologias e confrontar as pessoas com uma responsabilidade até então inédita, que pode ser traduzida em uma gestão de riscos, atualmente caracterizada por uma interação entre legislação e regulação, consubstanciada em parâmetros preventivos, envolvendo a planificação de riscos de maior impacto negativo.

Com efeito, não subestimamos potenciais efeitos danosos decorrentes da adoção da técnica de edição gênica no espectro da responsabilidade civil. Contudo, ao apelarmos à função precaucional da responsabilidade civil e a responsabilidade pelos riscos do desenvolvimento, sobretudo no que se refere às situações existenciais, oferecemos como necessário contraponto a iminência da técnica se tornar opção terapêutica viável e a sua não utilização, acarretando violação a direitos fundamentais. Reproduzindo o dito na parte introdutória, recusar a sua realização implicaria em dano que sabidamente irá repercutir na vida desse indivíduo de forma significativa, decisiva, prolongada e, frequentemente, perene.

6. REFERÊNCIAS

BAINBRIDGE, W. S.; MONTEMAGNO, C.; ROCO, M. C. (Ed.) Converging technologies for improving human performance: nanotechnology, biotechnology, information technology and cognitive sciences. *NSF/DOC-sponsored report*. Arlington, Virgínia, 2002. Disponível em: https://obamawhitehouse.archives.gov/sites/default/files/microsites/ostp/bioecon-%28%23%20023SUPP%29%20NSF-NBIC.pdf. Acesso em: 20 jun. 2022.

---

68. JONAS, H. *O princípio responsabilidade*. Contraponto: Rio de Janeiro, 2012.

BUARQUE, E. C. M. *Dano existencial*: para além do dano moral. 2017. Tese. (Doutorado em Direito) – Universidade Federal de Pernambuco, Recife.

CLEMENTE, G. T. Responsabilidade civil, edição gênica e o CRISPR. In: ROSENVALD, N.; DRESCH, R. F. V.; WESENDONCK, T. (Org.). *Responsabilidade Civil* – Novos riscos. Indaiatuba, SP: Foco, 2019.

CLEMENTE, G. T., ROSENVALD, N. Dano ao projeto de vida no contexto da edição gênica: uma possibilidade. In: MENEZES, J. B; DADALTO, L.; ROSENVALD, N. (Org.). *Responsabilidade civil e medicina*. Indaiatuba, SP: Foco, 2020.

CLEMENTE, G.T.; ROSENVALD, N. Edição gênica e os limites da responsabilidade civil. In: MARTINS, G. M.; ROSENVALD, N. (Org.). *Responsabilidade civil e novas tecnologias*. Indaiatuba, SP: Foco, 2020.

CLEMENTE, G. T.; GOZZO, D. Tecnologias de edição genética (CRISPR/Cas9) e sua aplicabilidade na reprodução humana assistida: desafios de uma nova realidade. In: Maria de Fátima Freire de Sá et al. (Org.). *Direito e medicina*: interseções científicas. Belo Horizonte: Conhecimento Editora, 2021.

CLEMENTE, G.T.; ROSENVALD, N. *A multifuncionalidade da responsabilidade civil no contexto das novas tecnologias genéticas* – 2022- Disponível em: https://www.migalhas.com.br/coluna/migalhas-de-direito-medico-e-bioetica/360773/a-multifuncionalidade-da-responsabilidade-civilhttps://www.migalhas.com.br/coluna/migalhas-de-direito-medico-e-bioetica/360773/a-multifuncionalidade-da-responsabilidade-civil. Acesso em: 03 jun. 2022.

EMALDI-CIRIÓN, A. A responsabilidade dos profissionais sanitários no marco do assessoramento genético. In: CASABONA, C. M. R.; QUEIROZ, J. F. (Coord.). *Biotecnologia e suas implicações ético-jurídicas*. Belo Horizonte: Del Rey, 2004.

FERNÁNDEZ SESSAREGO, C. *El daño al proyecto de vida*. Disponível em: http://www.pucp.edu.pe/dike/bibliotecadeautor_carlos_fernandez_cesareo/articulos/ba_fs_7.P DF. Acesso em: 09 jun. 2022.

FERNÁNDEZ SESSAREGO, C. *Derecho a la identidad personal*. Buenos Aires: Astrea, 1992.

FRANCO, D.P. *O despertar do espírito*: obra ditada pelo espírito de Joanna de Ângelis. 5. ed. Salvador: LEAL, 2003.

FROTA, H. A. Noções fundamentais sobre o dano existencial. *Revista Jus Navigandi*, ISSN 1518-4862, Teresina, ano 16, n. 3046, 3 nov. 2011. Disponível em: https://jus.com.br/artigos/20349. Acesso em: 08 jun. 2022.

GAWANDE, A. *Mortais*. Rio de Janeiro: Objetiva, 2015.

GODINHO, A.M. et al. Viver, envelhecer e morrer no contexto das novas tecnologias no séc. XXI e as reflexões jurídico-filosóficas da revolução trashumanista. In: COLOMBO, C.; FALEIROS JÚNIOR, J. L. M; ENGELMANN, W. (Org.). *Tutela jurídica do corpo eletrônico* – Desafios ao direito digital. Indaiatuba, SP: Foco, 2022.

GOZZO, D. A mercantilização da pessoa humana na maternidade de substituição, In: SCALQUETTE, A. C. S.; NICOLETTI C. C. E. (Coord.). *Direito e medicina*: novas fronteiras da ciência jurídica. São Paulo: Atlas, 2015.

GOZZO, D. Diagnóstico Pré-Implantatório e Responsabilidade civil à luz dos direitos fundamentais. In: MARTINS-COSTA, J.; MÖLLER, L. L. *Bioética e responsabilidade*. Rio de Janeiro: Gen/Forense, 2009.

JINEK, M. et al. Programmable Dual-RNA-Guided DNA Endonuclease in Adaptive Bacterial Immunity. *Science*, 337(6096), 816-821. doi:10.1126/science.1225829, 2012.

JONAS, H. *O princípio responsabilidade*. Contraponto: Rio de Janeiro, 2012.

KLEINSTIVER, Benjamin P. et al. High fidelity CRISPR-Cas9 nucleases with no detectable genome-wide off-target effects. *Nature*, n. 529, p. 490-495, jan. 2016.

KNOTT, Gavin J.; DOUDNA, Jennifer A. CRISPR-Cas guides the future of genetic engineering. *Science*, v. 361, n. 6405, p. 866-869, ago. 2018.

MA, Hong. et al. Correction of a pathogenic gene mutation in human embryos. *Nature*, v. 548, p. 413-419, ago. 2017.

MOTA PINTO, P. *Direitos de personalidade e direitos fundamentais* – Estudos. Coimbra: GESTLEGAL, 2018.

NIETZSCHE, F. *Fragmentos póstumos*, Madrid: Abada Editores, 2004.

NUSSBAUM, Robert L. et al. *Genética Médica* – Padrões de herança monogênica. Trad. Thompson & Thompson. Rio de Janeiro: Elsevier, 2016.

PEREIRA, A. G. D. *Direitos dos pacientes e responsabilidade médica*. Coimbra: Coimbra Editora, 2015.

RAPOSO, V.L. Bons pais, bons genes? Deveres reprodutivos no domínio da saúde e procreative beneficence. *Cadernos da Lex Medicinae* – Saúde, novas tecnologias e responsabilidades. v. II, n. 4, p. 471- 487, 2019.

RAPOSO, V.L. CRISPR-Cas9 and the promise of a better future. *European Journal of Health Law* 26, p 308-329, 2019.

RAWLS, J. *Uma teoria de justiça*. São Paulo: Martins Fontes, 2000.

REYES, A.; LANNER, F., Towards a CRISPR view of early human development: applications, limitations and ethical concerns of genome editing human embryos. *The Company of Biologists*, n. 144, p. 3-7, 2017.

ROSENVALD, N. *As funções da Responsabilidade Civil* – A reparação e a pena civil. 3. ed. São Paulo: Saraiva, 2017.

ROSENVALD, N. *O direito civil em movimento*: desafios contemporâneos. 4. ed. Salvador: JusPodivm, 2022.

RUZYK, C. E. P. Responsabilidade civil, liberdade e direito privado, extraído em 23.9.22, de https://www.migalhas.com.br/coluna/migalhas-de-responsabilidade-civil/332206/responsabilidade-civil--liberdade-e-direito-privado.

SÁ, M. F. F.; NAVES, B. T. O. *Bioética e biodireito*. 5. ed. Indaiatuba, SP: Foco, 2021.

SANTANA, A. G. *O dano existencial como categoria jurídica autônoma*: um aporte a partir de um diálogo com os direitos humanos. 2017. Tese (Doutorado em Direito) – Universidade Federal do Pará, Belém.

SAPONE, N. BIANCHI, A. *Le ragioni del danno esistenziale*. Roma: Aracne Editrice, 2010.

SOARES, F. R. *Responsabilidade civil por dano existencial*. Porto Alegre: Livraria do Advogado, 2009.

SOLOMON, A. *Longe da árvore*. São Paulo: Companhia das Letras, 2014.

SOUZA, I. A. *Aconselhamento genético e responsabilidade civil*: as ações de concepção indevida (*wrongful conception*), nascimento indevido (*wrongful birth*), e vida indevida (*wrongful life*). Belo Horizonte: Arraes, 2014.

TEIXEIRA, J. A. C. Introdução à psicoterapia existencial. *Análise Psicológica*, Lisboa, v. 24, n. 3, p. 294, jul. 2006. Disponível em: http://www.scielo.oces.mctes.pt/pdf/aps/v24n3/v24n3a03.pdf. Acesso em: 08 jun. 2022.

ZIVIZ, P.; CENDON, P. *Il danno esistenziale. Una nuova categoria della responsabilità civile*. Milano: Giuffrè, 2000.

DIREITOS FUNDAMENTAIS DA PESSOA COM DEFICIÊNCIA E O INSTRUMENTO DE AVALIAÇÃO BIOPSICOSSOCIAL: CONTORNOS SOBRE A RESPONSABILIDADE CIVIL DE ESTADO

Iara Antunes de Souza

Doutora e Mestra em Direito Privado (PUCMinas). Professora da graduação e do mestrado acadêmico "Novos Direitos, Novos Sujeitos" da Universidade Federal de Ouro Preto – UFOP. Pesquisadora do CEBID JUSBIOMED – UFOP. Membro do IBERC.

Eloá Leão Monteiro de Barros

Mestra em Direito pelo PPGD "Novos Direitos, Novos Sujeitos" da Universidade Federal de Ouro Preto – UFOP. Professora de Direito da Rede de Ensino Doctum – João Monlevade/MG. Pesquisadora do CEBIS JUSBIOMED – UFOP.

Sumário: 1. Introdução – 2. Da convenção internacional sobre os direitos humanos das pessoas com deficiência e a abordagem da deficiência; 2.1 Da implementação do instrumento de avaliação biopsicossocial no direito brasileiro – 3. Da responsabilidade civil no direito brasileiro; 3.1 A responsabilidade civil do Estado pela não implementação dos direitos fundamentais das pessoas com deficiência – 4. Considerações finais – 5. Referências.

1. INTRODUÇÃO

A Convenção Internacional sobre os Direitos Humanos das Pessoas com Deficiência – Carta de Nova Iorque, realizada pela Organização das Nações Unidas – ONU, no ano de 2006, estabeleceu, dentre outras mudanças, que pessoas com deficiência "são aquelas que possuem impedimentos de longo prazo de natureza física, mental, intelectual ou sensorial, os quais, em interação com diversas barreiras, podem obstruir sua participação plena e efetiva na sociedade em igualdades de condições com as demais pessoas".[1]

O Brasil, além de signatário da Convenção e do seu Protocolo Facultativo, ratificou os seus termos, por meio do Decreto Legislativo 186, de 09 de julho de 2008, conforme o procedimento do § 3º do artigo 5º da Constituição da República de 1988,[2] e promulgou o seu texto pelo Decreto Presidencial 6.949, de 25 de agosto de 2009. Em consequência,

---

1. BRASIL, 2009.
2. Art. 5º Todos são iguais perante a lei, sem distinção de qualquer natureza, garantindo-se aos brasileiros e aos estrangeiros residentes no País a inviolabilidade do direito à vida, à liberdade, à igualdade, à segurança e à propriedade, nos termos seguintes: [...] *§ 3º Os tratados e convenções internacionais sobre direitos humanos que forem aprovados, em cada Casa do Congresso Nacional, em dois turnos, por três quintos dos votos dos respectivos membros, serão equivalentes às emendas constitucionais.* (BRASIL, 1998, grifos das autoras).

a Convenção se tornou o primeiro tratado de Direitos Humanos incorporado ao ordenamento jurídico brasileiro com status de norma constitucional e, portanto, direito fundamental da pessoa com deficiência, com aplicação direta e imediata.

Ademais, para adaptar a legislação infraconstitucional aos ditames da Convenção, foi promulgada a Lei 13.146/2015, denominada Estatuto da Pessoa com Deficiência. O Estatuto reproduziu o conceito aberto de deficiência, pela interação entre os impedimentos e as barreiras sociais. Para tanto, determinou que a avaliação da deficiência deverá ser biopsicossocial, realizada por equipe multidisciplinar. Ainda, que o Poder Executivo criará os instrumentos necessários para a devida avaliação.

No que pese a determinação do Estatuto, em conformidade com anseios da Convenção, constitucionalmente assegurados, na prática, a avaliação biopsicossocial que deveria ser realizada por equipe multidisciplinar, não está sendo aplicada, afinal nem mesmo os instrumentos de avaliação foram devidamente criados. Recentemente, o Ministério da Mulher, da Família e dos Direitos Humanos do Governo Federal, divulgou relatório final sobre a elaboração de um modelo único de avaliação biopsicossocial para pessoas com deficiência. Entretanto, além de não contar com a efetiva participação das pessoas com deficiência para a sua elaboração, possui como foco os impedimentos da pessoa, logo, sob um viés médico de abordagem da deficiência.

Diante disso, considerando o contexto da Convenção, objetivou-se analisar no presente trabalho se é possível determinar a responsabilidade civil do Estado, por omissão, pela não implementação efetiva dos direitos fundamentais da pessoa com deficiência, pelo instrumento de avaliação biopsicossocial. Tem-se como referencial teórico o entendimento de que, quando o Estado não implementa os instrumentos para avaliação da deficiência, em conformidade com o modelo biopsicossocial estabelecido pela Convenção, "é possível a defesa de uma responsabilidade civil objetiva, a despeito de posições no sentido que, por omissões, o Estado responderia subjetivamente".[3] Afinal, o dever de agir do Estado e sua possibilidade de agir, na medida em que se comprometeu, inclusive internacionalmente, a implementar o modelo biopsicossocial de avaliação da deficiência, a ser realizado por equipe multidisciplinar, é pressuposto.[4]

Prevalece a vertente metodológica jurídico-dogmática, de caráter eminentemente teórico, para, a partir do sistema posto, por meio da coleta e compreensão de dados em fontes bibliográficas e documentais, demonstrar, de modo argumentativo, a possibilidade de responsabilização civil do Estado, por omissão, pela não implementação do instrumento de avaliação biopsicossocial, ou ainda, pela inconstitucionalidade do recente instrumento proposto, que fere direitos fundamentais. A relevância do trabalho evidencia-se na medida em que busca garantir os direitos fundamentais da pessoa com deficiência, constitucionalmente assegurados a partir da ratificação dos ditames da Convenção.

---
3. SOUZA; 2020.
4. SOUZA; 2020.

2. DA CONVENÇÃO INTERNACIONAL SOBRE OS DIREITOS HUMANOS DAS PESSOAS COM DEFICIÊNCIA E A ABORDAGEM DA DEFICIÊNCIA

A Convenção Internacional sobre os Direitos Humanos das Pessoas com Deficiência, considerada um dos principais marcos normativos internacionais de reconhecimento dos direitos das pessoas com deficiência, representou importante mudança de paradigmas ao tratamento biojurídico e social direcionado a esse grupo.[5] As pessoas com deficiência, que há muito tempo são alvo de "invisibilidade histórica quanto à promoção, proteção e garantia dos seus direitos fundamentais",[6] passam a ser reconhecidas como "pessoas de Direito".[7] Diante disso, a partir da Convenção, a deficiência passa a ser abordada como uma questão de justiça, Direitos Humanos e promoção da igualdade.[8]

Nesse sentido, a Convenção estabelece como propósito, "promover, proteger e assegurar o exercício pleno e equitativo de todos os direitos humanos e liberdades fundamentais por todas as pessoas com deficiência e promover o respeito pela sua dignidade inerente".[9] Para tanto, apresenta uma nova abordagem do conceito de deficiência, por um modelo biopsicossocial, que considera não apenas os impedimentos da pessoa, mas, principalmente, a sua interação com as barreiras sociais, em substituição à ultrapassada perspectiva médica, limitante e categorizante. Diante disso, as pessoas com deficiência, "reconhecidas como pessoas titulares de dignidades, devem ser respeitadas, independentemente de qualquer possibilidade de limitação funcional, prevalecendo o reconhecimento da diversidade e as múltiplas formas de existência".[10]

O modelo médico de abordagem da deficiência, amparado no cientificismo e no progresso da Idade Moderna, formação histórica ocidental dos séculos XIV a XVI, fundamentou o projeto reabilitador, de forma que o desígnio da sociedade era normalizar as pessoas que, em decorrência de algum problema ou limitações funcionais, não conseguiam se adaptar ao padrão de normalidade imposto.[11]-[12] Nessa perspectiva, sustentava-se a ideia de "uma relação de causalidade e dependência entre os impedimentos corporais e as desvantagens sociais vivenciadas pelas pessoas com deficiência".[13] O mo-

---

5. BARROS, 2022, p. 27.
6. SOUZA, 2016, p. 265.
7. Utiliza-se o vocábulo "pessoa de Direito", pois, conforme defendem Natália de Souza Lisbôa e Iara Antunes de Souza (2019, p. 9), a palavra sujeito pode não alcançar a diversidade que a palavra pessoa carrega. Nesse sentido, explicam que: "Não se olvida que a concepção da palavra sujeito pode ser tida, também, em um aspecto positivo. Ou seja, quando se trabalha com a ideia de sujeito, pode-se ter seu significado ligado à sujeição, como no caso das pessoas colonizadas, que se sujeitam ao postulado universalizante e categorizante europeu, trazido e criticado nesse texto; como, também, pode assumir uma posição positiva ligada à subjetivação, que é a construção pessoal, que aqui é tratada como pessoalidade. Contudo, a crítica reside, especialmente, na sua característica de vocábulo de gênero masculino, qual seja, o sujeito." (LISBÔA, SOUZA, 2019, p. 9).
8. DINIZ; BARBOSA; SANTOS, 2014, p. 74.
9. BRASIL, 2009.
10. BARROS, 2022, p. 41.
11. ROSENVALD, 2016, p. 126.
12. Pela cultura da normalidade, os impedimentos corporais eram alvo de opressão e discriminação, compreendidos tanto por uma expectativa biomédica de padrão de funcionamento, quanto por um preceito moral de produtividade e adequação às normas sociais (DINIZ; BARBOSA; SANTOS, 2009, p. 65).
13. DINIZ; BARBOSA; SANTOS, 2009, p. 66.

delo médico, então, que ganhou ainda mais forças com o estabelecimento da Revolução Industrial, consolidando-se no início do século XX, compreende a deficiência a partir de um viés estritamente técnico-científico, associada às causas biológicas e limitada a um diagnóstico médico, em uma relação verticalizada.

Como consequência, o controle da vida das pessoas com deficiência era transferido para a de um terceiro, por um sistema de substituição de vontade, de forma que não havia respeito à autonomia, à igualdade ou à liberdade dessas pessoas. Ademais, ao sistema neutro do Direito Privado clássico, de origem greco-romana, não importava a singularidade de cada ser humano, mas a lógica proprietária.[14] Conforme explica Nelson Rosenvald, durante longo período, "o beneficiário da plenitude da subjetividade foi o homem burguês, maior, alfabetizado, proprietário. A subjetividade dos demais humanos era cancelada, com a consequente exclusão da esfera pública e redução da capacidade patrimonial".[15] No Brasil, com efeito, tem-se a crescente institucionalização das pessoas com deficiência, que, em decorrência da estruturação distintiva entre a normalidade e a anormalidade, não se enquadravam à sociedade.[16]

No entanto, diante do movimento de valorização dos Direitos Humanos e da dignidade da pessoa humana, principalmente em decorrência das atrocidades da Segunda Guerra Mundial e das práticas eugênicas, começam a emergir, no contexto das pessoas com deficiência, discussões de diversos movimentos sociais, em busca do reconhecimento da identidade, autonomia e protagonismo desse grupo.[17] A insuficiência do modelo médico abre espaço para a compreensão da deficiência como uma situação produzida pelas circunstâncias, estruturas e condicionantes sociais, e não mais os impedimentos da pessoa.[18] Desloca-se o epicentro do problema para a sociedade, pela restrição à participação plena e efetiva diante do contato com as inúmeras barreiras encontradas. Tem-se, então, o modelo social de abordagem da deficiência. Nesse sentido:

> Observa-se, então, que a opressão e a exclusão das pessoas com deficiência, bem como as desigualdades vivenciadas, se manifestam em decorrência de uma sociedade que não é capaz de reconhecer a diversidade, obstaculizando a participação e inclusão dessas pessoas. Assim, a reponsabilidade pelas diferentes formas de discriminação passa a ser imputada à sociedade, [...]. Por conseguinte, pelo modelo social, a deficiência é reivindicada como uma questão de Direitos Humanos e não apenas como objeto de intervenção médica.[19]

---

14. ROSENVALD, 2016.
15. ROSENVALD, 2016, p. 127.
16. Importante destacar, como consequência da cultura de normalidade, que não apenas pessoas com deficiência eram institucionalizadas. Conforme descreve Daniela Arbex, sobre as violações ocorridas no Hospital Colônia de Barbacena, "[...] a estimativa é que 70% dos atendidos não sofressem de doença mental. Apenas eram diferentes ou ameaçavam a ordem pública. Por isso, o Colônia tornou-se destino de desafetos, homossexuais, militantes políticos, mães solteiras, alcoolistas, mendigos, negros, pobres, pessoas sem documentos e todos os tipos de indesejados, inclusive os chamados insanos. A teoria eugenista, que sustentava a ideia de limpeza social, fortalecia o hospital e justificava seus abusos. Livrar a sociedade da escória, desfazendo-se dela, de preferência em local que a vista não pudesse alcançar." (ARBEX, 2013, p. 21).
17. HOSNI, 2018, p. 39.
18. GUIMARÃES, 2019, p. 12.
19. BARROS, 2022, p. 32.

Entretanto, o modelo social de abordagem da deficiência, em uma perspectiva pura, pela qual considera-se apenas as barreiras sociais, também foi questionado. Indaga-se, "se em uma sociedade ideal, onde não existissem mais barreiras sociais, alguns tipos de deficiência e suas consequências persistiriam";[20] logo, remover ou pensar exclusivamente nas barreiras impostas pode acabar por desproteger as pessoas com deficiência, pela possibilidade de imposição de um modelo universal. Ademais, a abordagem social também foi criticada por desconsiderar as interseccionalidades que perpassam o contexto e a vivência em que a pessoa está inserida.[21] Conforme explica Débora Diniz, "para além da experiência da opressão pelo corpo deficiente, havia uma convergência de outras variáveis de desigualdade, como raça, gênero, orientação sexual ou idade".[22]

Então, como consequência da crescente mobilização mundial, bem como das críticas e discussões realizadas pelos movimentos sociais, tem-se a implementação do modelo biopsicossocial de abordagem da deficiência, adotado pela Convenção, pelo qual compreende-se que a deficiência não é resultado de um diagnóstico médico isolado, mas, também, não devem ser consideradas apenas as barreiras sociais. Dessa forma, "é da interação entre o corpo com impedimentos e as barreiras sociais que se restringe a participação plena e efetiva das pessoas. O conceito de deficiência, [...], não deve ignorar os impedimentos e suas expressões, mas não se resume a sua catalogação".[23] Entende-se que o modelo biopsicossocial busca reabilitar a sociedade e eliminar os "muros de exclusão comunitária",[24] sem, contudo, desconsiderar os fatores contextuais, que englobam os fatores ambientais e pessoais.[25]

Diante de todo o exposto, é possível perceber como as diferentes abordagens sobre o conceito de deficiência e a sua representação na sociedade repercutem no tratamento biojurídico e social destinado às pessoas com deficiência.[26] A Convenção, além de proceder na mudança paradigmática do modelo médico para o modelo biopsicossocial, também resultou na concretização do sistema de apoio às pessoas com deficiência, em detrimento ao sistema de substituição de vontade, nos termos do artigo 12, que trata

---

20. BARROS, 2022, p. 35.
21. Conforme explicam Patrícia Hill Collins e Sirma Bilge "a interseccionalidades investiga como as relações interseccionais de poder influenciam as relações sociais em sociedades marcadas pela diversidade, bem como as experiências individuais na vida cotidiana. Como ferramenta analítica, a interseccionalidades considera que as categorias de raça, classe, gênero, orientação sexual, nacionalidade, capacidade, etnia e faixa etária – entre outras – são inter-relacionadas e moldam-se mutuamente. A interseccionalidade é uma forma de entender e explicar a complexidade do mundo, das pessoas e das experiências humanas. Essa definição prática descreve o principal entendimento da interseccionalidades, a saber, que, em determinada sociedade, em determinado período, as relações de poder que envolvem raça, classe e gênero, por exemplo, não se manifestam como entidades distintas e mutuamente excludentes. De fato, essas categorias se sobrepõem e funcionam de maneira unificada. Além disso, apesar de geralmente invisíveis, essas relações interseccionais de poder afetam todos os aspectos do convívio social." (COLLINS; BILGE, 2020, n. p.).
22. DINIZ, 2007, p. 61-62.
23. DINIZ; BARBOSA; SANTOS, 2009, p. 66.
24. ROSENVALD, 2016, p. 137.
25. HOSNI, 2018.
26. BARROS, 2022.

sobre o reconhecimento igual perante a lei.[27] O referido artigo estabelece 05 (cinco) compromissos que devem ser observados e implementados pelos Estados Partes. Além de reconhecer que as pessoas com deficiência possuem capacidade legal, em igualdade de condições com as demais pessoas, em todos os aspectos da vida; devem ser adotadas medidas que sejam apropriadas e efetivas para que elas tenham acesso ao apoio necessário para o exercício dos seus direitos.[28]

A partir dessas determinações, os países signatários tiverem que adaptar suas legislações ordinárias aos ditames da Convenção. Destaca-se que a norma internacional não estabeleceu um modelo específico a ser implementado, deixando a cargo de cada país determinar as diretrizes do sistema de apoio, a depender das circunstâncias concretas. Dessa forma, o modelo de apoio pode apresentar configurações distintas entre cada país, no entanto, deve-se preservar as observações gerais feitas pela Convenção. No Brasil, apesar da Convenção e seu Protocolo Facultativo serem, desde 2009, normas constitucionais de Direitos Humanos das pessoas com deficiência, direitos fundamentais portanto, apenas com a entrada em vigor do Estatuto da Pessoa com Deficiência, em 03 de janeiro de 2016,[29] houve a efetiva consolidação das referidas disposições, com a adaptação da norma infraconstitucional às mudanças operadas, inclusive quanto à implementação do modelo biopsicossocial.

2.1 Da implementação do instrumento de avaliação biopsicossocial no direito brasileiro

O Estatuto da Pessoa com Deficiência promoveu importantes mudanças no ordenamento jurídico brasileiro quanto ao reconhecimento dos direitos das pessoas com deficiência. Entretanto, para o presente trabalho, interessa a análise da implementação

---

27. Artigo 12 – Reconhecimento igual perante a lei. 1. Os Estados-Partes reafirmam que as pessoas com deficiência têm o direito de ser reconhecidas em qualquer lugar como pessoas perante a lei. 2. Os Estados-Partes reconhecerão que as pessoas com deficiência gozam de capacidade legal em igualdade de condições com as demais pessoas em todos os aspectos da vida. 3. Os Estados-Partes tomarão medidas apropriadas para prover o acesso de pessoas com deficiência ao apoio que necessitarem no exercício de sua capacidade legal. 4. Os Estados-Partes assegurarão que todas as medidas relativas ao exercício da capacidade legal incluam salvaguardas apropriadas e efetivas para prevenir abusos, em conformidade com o direito internacional dos direitos humanos. Essas salvaguardas assegurarão que as medidas relativas ao exercício da capacidade legal respeitem os direitos, a vontade e as preferências da pessoa, sejam isentas de conflito de interesses e de influência indevida, sejam proporcionais e apropriadas às circunstâncias da pessoa, se apliquem pelo período mais curto possível e sejam submetidas à revisão regular por uma autoridade ou órgão judiciário competente, independente e imparcial. As salvaguardas serão proporcionais ao grau em que tais medidas afetarem os direitos e interesses da pessoa. 5. Os Estados-Partes, sujeitos ao disposto neste Artigo, tomarão todas as medidas apropriadas e efetivas para assegurar às pessoas com deficiência o igual direito de possuir ou herdar bens, de controlar as próprias finanças e de ter igual acesso a empréstimos bancários, hipotecas e outras formas de crédito financeiro, e assegurarão que as pessoas com deficiência não sejam arbitrariamente destituídas de seus bens. (BRASIL, 2009).
28. A despeito das discussões quanto à interpretação e o sentido do termo "capacidade legal" utilizado pela Convenção (PEREIRA; LARA; ANDRADE, 2018), adota-se o entendimento de que a capacidade legal inclui a capacidade de direito (ou de gozo) e a capacidade de fato (ou de exercício), conforme Observação Geral n.º 1, emitida em 2014, pelo Comitê sobre os Direitos das Pessoas com Deficiência: "[...] a capacidade legal inclui a capacidade de ser titular de direitos e de atuar no direito [...]" (ONU, 2014, p. 3, tradução das autoras).
29. SOUZA, 2016.

do instrumento de avaliação biopsicossocial, como mecanismo de efetivação dos direitos fundamentais da pessoa com deficiência.

Seguindo a determinação do artigo 1º da Convenção, o Estatuto estabeleceu, em seu artigo 2º, que é considerada pessoa com deficiência, aquela que possui algum impedimento de longo prazo, seja de natureza física, mental, intelectual ou sensorial, que quando em contato com uma ou mais barreiras presentes na sociedade, tem sua plena e efetiva participação, em igualdade de condições com as demais pessoas, obstruída.[30]-[31]

Tem-se, então, a inserção de um conceito complexo e não taxativo de abordagem da deficiência, que compreende o seu conteúdo por uma perspectiva em constante evolução, diante da possibilidade do surgimento de novas barreiras, impedimentos e suas respectivas interações. É uma interpretação que reforça o entendimento do direito à igualdade como descortinamento da diversidade.[32]-[33] Nesse sentido, pela implementação do modelo biopsicossocial, prevalece a compreensão de um conceito aberto, que reconhece a diversidade das pessoas com deficiência e as múltiplas formas de existência humana, e denuncia as barreiras que impedem a plena e efetiva participação em igualdade de condições.[34]

Para além da ampliação do conceito de deficiência, o Estatuto determinou, no § 1º do artigo 2º, que a avaliação, quando necessária, deverá ser realizada por equipe multiprofissional e interdisciplinar.[35] Tendo em vista que, pelo modelo biopsicossocial, "não é mais possível efetuar qualificações jurídicas nem sanitárias fundadas exclusivamente em diagnósticos ou antecedentes de saúde mental",[36] a análise da deficiência deve ser feita por uma equipe composta por profissionais de diferentes áreas, como psicólogos/as, assistentes sociais, fisioterapeutas, psiquiatras, dentro outros/as, e não apenas por médicos/as, como era feito diante do modelo médico reabilitador. Assim, é necessário compreender que não se trata de um conceito jurídico por excelência, de forma que o ordenamento deve reconhecer a sua modulação a partir da interação entre os impedimentos e as barreiras sociais.[37]

---

30. BRASIL, 2015.
31. Art. 2º Considera-se pessoa com deficiência aquela que tem impedimento de longo prazo de natureza física, mental, intelectual ou sensorial, o qual, em interação com uma ou mais barreiras, pode obstruir sua participação plena e efetiva na sociedade em igualdade de condições com as demais pessoas. [...] (BRASIL, 2015).
32. BAHIA, 2014.
33. "Nossa tese é de que o direito de igualdade, há muito, não pode ser mais compreendido apenas como direito à isonomia de tratamento (seja perante o Estado, seja entre os indivíduos/empresas em seu trato privado), nem apenas como igualdade "material" como oposição à diferença (o que chamaremos de equidade), mas que vai significar, por vezes, o reconhecimento da diversidade como elemento essencial àquele direito." (BAHIA, 2014, p. 75).
34. BARROS, 2022, p. 57.
35. Art. 2º [...] § 1º A avaliação da deficiência, quando necessária, será biopsicossocial, realizada por equipe multiprofissional e interdisciplinar e considerará: I – os impedimentos nas funções e nas estruturas do corpo; II – os fatores socioambientais, psicológicos e pessoais; III – a limitação no desempenho de atividades; e V – a restrição de participação. [...] (BRASIL, 2015).
36. ROSENVALD, 2016, p. 137.
37. SOUZA, 2016.

Diante dessa nova interpretação, o Estatuto determinou, no § 2º do artigo 2º, que o Poder Executivo deve criar os instrumentos de avaliação da deficiência.[38] Conforme artigo 124 do mesmo diploma, o referido instrumento de avaliação deveria ter entrado em vigor em até 2 (dois) anos, contados da vigência do Estatuto, ou seja, até 03 de janeiro de 2018.[39] Entretanto, não obstante a determinação da norma infraconstitucional, em conformidade com a Convenção, ainda não há norma regulamentadora quanto ao instrumento de avaliação biopsicossocial da deficiência, mesmo após mais de 05 (cinco) anos de vigência do Estatuto. Nesse contexto, continua a ser aplicado, no Brasil, o Decreto 3.298/1999, que estabelece, em seu artigo 4º, as categorias de deficiência a serem consideradas, reproduzindo o modelo médico de abordagem da deficiência.[40] Tal Decreto fere frontalmente o novo conceito de deficiência, previsto pela Convenção e pelo Estatuto, "de modo que, por serem de status constitucional, é eivado de inconstitucionalidade".[41]

Ressalta-se que, em 05 de março de 2020, o Conselho Nacional dos Direitos das Pessoas com Deficiência (CONADE), órgão integrante da estrutura básica do Ministério da Mulher, da Família e dos Direitos Humanos do Governo Federal, por meio da Resolução 01, aprovou o Índice de Funcionalidade Brasileiro Modificado (IFBrM) como instrumento adequado de avaliação da deficiência. Conforme explica Leonardo Santos Amâncio Cabral,[42] o IFBrM foi pensado para a realização de um modelo único de classificação e valoração das deficiências para uso em todo o território brasileiro, considerando o critério da funcionalidade, por meio da verificação dos impedimentos e barreiras na realização de atividades e na participação das pessoas com deficiência.

No entanto, em 03 de dezembro de 2021, o Ministério da Mulher, da Família e dos Direitos Humanos, divulgou relatório final sobre a elaboração de um modelo único de

---

38. Art. 2º [...] § 2º O Poder Executivo criará instrumentos para avaliação da deficiência. (BRASIL, 2015).
39. Art. 124. O § 1º do art. 2º desta Lei deverá entrar em vigor em até 2 (dois) anos, contados da entrada em vigor desta Lei. (BRASIL, 2015).
40. Art. 4º É considerada pessoa portadora de deficiência a que se enquadra nas seguintes categorias: I – deficiência física – alteração completa ou parcial de um ou mais segmentos do corpo humano, acarretando o comprometimento da função física, apresentando-se sob a forma de paraplegia, paraparesia, monoplegia, monoparesia, tetraplegia, tetraparesia, triplegia, triparesia, hemiplegia, hemiparesia, ostomia, amputação ou ausência de membro, paralisia cerebral, nanismo, membros com deformidade congênita ou adquirida, exceto as deformidades estéticas e as que não produzam dificuldades para o desempenho de funções; II – deficiência auditiva – perda bilateral, parcial ou total, de quarenta e um decibéis (dB) ou mais, aferida por audiograma nas frequências de 500HZ, 1.000HZ, 2.000Hz e 3.000Hz; III – deficiência visual – cegueira, na qual a acuidade visual é igual ou menor que 0,05 no melhor olho, com a melhor correção óptica; a baixa visão, que significa acuidade visual entre 0,3 e 0,05 no melhor olho, com a melhor correção óptica; os casos nos quais a somatória da medida do campo visual em ambos os olhos for igual ou menor que 60º; ou a ocorrência simultânea de quaisquer das condições anteriores; IV – deficiência mental – funcionamento intelectual significativamente inferior à média, com manifestação antes dos dezoito anos e limitações associadas a duas ou mais áreas de habilidades adaptativas, tais como: a) comunicação; b) cuidado pessoal; c) habilidades sociais; d) utilização dos recursos da comunidade; e) saúde e segurança; f) habilidades acadêmicas; g) lazer; e h) trabalho; V – deficiência múltipla – associação de duas ou mais deficiências. (BRASIL, 1999).
41. SOUZA; NOGUEIRA, 2019, p. 54.
42. 2016, p. 158.

avaliação biopsicossocial para pessoas com deficiência.[43] A proposta foi desenvolvida pela Secretaria de Previdência, Ministério da Cidadania e Instituto Nacional do Seguro Social (INSS), com apoio do Ministério da Economia e da Advocacia Geral da União, sendo produzida após exposições e debates realizados no Grupo de Trabalho Interinstitucional (GTI).[44] Apesar de utilizar o IFBrM como instrumento-base, a recente proposta afirma que o instrumento aprovado pelo CONADE não é adequado para a avaliação da deficiência na concessão de políticas públicas, uma vez que "não é capaz de diferenciar as pessoas sem deficiência daquelas com deficiência leve, bem como não determina adequadamente o grau da deficiência quando ela está presente",[45] conforme documento 08.

Ocorre que, em audiência pública interativa realizada pela Comissão de Direitos Humanos e Legislação Participativa, no dia 28 de março de 2022, que tinha como objetivo debater sobre a proposta para o instrumento e o modelo único de avaliação da deficiência no ordenamento jurídico brasileiro; representantes dos movimentos das pessoas com deficiência, bem como pesquisadores/as e especialistas atuantes na área, apresentaram objeções ao relatório final apresentado pelo Grupo de Trabalho Interinstitucional.[46] Diante das discussões, uma das principais críticas apresentadas ao documento refere-se à ausência de participação das pessoas com deficiência e dos movimentos sociais no processo de elaboração do instrumento, o que viola o artigo 4, item 3, da Convenção.[47] Ademais, outra crítica apresentada pelos participantes da audiência pública, diz respeito aos fundamentos da proposta, baseados em uma lógica orçamentária, uma vez em que restringe o acesso às políticas públicas, pela distinção e categorização entre os graus de deficiência – nenhum, leve, moderado, grave ou completo. Nesse sentido:

> [...] considerando a ausência de participação das pessoas com deficiência na elaboração do documento, bem como o posicionamento das/os representantes dos movimentos das pessoas com deficiência e dos especialistas da área, depreende-se que a nova proposta de avaliação biopsicossocial divulgada pelo Ministério da Mulher, da Família e dos Direitos Humanos no final de 2021, não corresponde ao modelo social de abordagem da deficiência adotado pelo Estatuto, em consonância com a Convenção, significando temerário retrocesso à garantia dos direitos das pessoas com deficiência conquistados nas últimas décadas. Trata-se de uma pseudoavaliação biopsicossocial.[48]

Diante de todo o exposto, compreende-se pela inconstitucionalidade do recente instrumento proposto, eis que fere frontalmente os direitos fundamentais das pessoas com deficiência, que, além de não corresponder à mudança de paradigmas promovida pela Convenção e pelo Estatuto – do modelo médico de abordagem da deficiência para a aplicação do modelo biopsicossocial –, restringe o acesso ao exercício de direitos,

---
43. BARROS, 2022, p. 58.
44. BRASIL, 2021.
45. BRASIL, 2021.
46. Para ter acesso ao conteúdo da audiência pública acessar: https://www.youtube.com/watch?v=ghgomZArpj0.
47. Artigo 4 – Obrigações gerais. [...] 3. Na elaboração e implementação de legislação e políticas para aplicar a presente Convenção e em outros processos de tomada de decisão relativos às pessoas com deficiência, os Estados Partes realizarão consultas estreitas e envolverão ativamente pessoas com deficiência, inclusive crianças com deficiência, por intermédio de suas organizações representativas. [...]. (BRASIL, 2009).
48. BARROS, 2022, p. 60.

reduzindo a pessoa a condição de objeto, violando, dessa forma, a dignidade humana das pessoas com deficiência.[49]

Ademais, reafirma-se que a avaliação biopsicossocial, realizada por equipe multiprofissional e interdisciplinar, é direito fundamental da pessoa com deficiência, constitucionalmente assegurado, com aplicação direta e imediata, de forma que a sua violação pode implicar no instituto da responsabilidade civil. Nesse contexto, passa-se ao estudo da responsabilidade civil do Estado pela não implementação efetiva dos direitos fundamentais da pessoa com deficiência.

3. DA RESPONSABILIDADE CIVIL NO DIREITO BRASILEIRO

Quando se pensa em responsabilidade civil, automaticamente pensa-se em seu viés negativo, ou seja, aquela ação ou omissão que é causadora de um dano que deve ser compensado ou reparado. Contudo, responsabilidade é termo polissêmico e que admite, em primeiro lugar, o viés positivo, ou seja, que as obrigações contratuais e extracontratuais devem ser cumpridas. Assim, o que se espera das pessoas, sejam naturais ou sejam jurídicas, neste caso de direito público ou de direito privado, é que ajam para cumprir suas obrigações e evitar danos a outras pessoas.

Logo, é o que se espera do Estado na implementação dos mecanismos de efetivação dos direitos promocionais e protetivos das pessoas com deficiência, incluindo, aqui, a implementação dos instrumentos para avaliação da deficiência, em conformidade com o modelo biopsicossocial estabelecido pela Convenção. Exige-se, portanto, uma ação. A omissão desembocará na responsabilidade sob o viés negativo, na responsabilidade civil, em especial quando comprovado o dano, diante da inacessibilidade ou lesão de direito.

3.1 A responsabilidade civil do Estado pela não implementação dos direitos fundamentais das pessoas com deficiência

Se a avaliação biopsicossocial, realizada por equipe multiprofissional e interdisciplinar, é direito fundamental da pessoa com deficiência, a implementação dos instrumentos para avaliação da deficiência também o são. Afinal, sem eles não é possível o reconhecimento da situação jurídica de pessoa com deficiência e, consequentemente, de aplicação e exercício do complexo de direitos protetivos e promocionais existentes, também e mais uma vez, como direitos fundamentais. Tem-se, por exemplo, o acesso às políticas públicas, como o benefício de prestação continuada (BPC); a disponibilização de professor/a auxiliar ou de apoio, no âmbito da educação inclusiva; o atendimento prioritário; dentre tantos outros.

Exige-se do Estado a ação de implementação efetiva do direito fundamental. A omissão enseja responsabilidade civil, pois causa dano, eis que viola direitos das pessoas com deficiência que, no cotidiano, têm dificuldades para os acessar e os exercer, diante

---

49. MORAES, 2016.

da difusão de compreensões inconstitucionais do conceito de deficiência. Ainda que a avalição deva ocorrer apenas quando necessária, nos termos do § 1º, do artigo 2º do Estatuto, já citado, é imprescindível que os instrumentos estejam efetivamente implementados e em conformidade com modelo biopsicossocial, constitucionalmente assegurado.

A responsabilidade civil do Estado está calcada no artigo 37, § 6º da Constituição da República de 1988.[50] A regra é que ela é objetiva, ou seja, em que pese a possibilidade de existência de culpa *lato sensu*, composta da negligência, da imprudência, da imperícia ou do dolo do agente público, não há necessidade de sua apuração. Basta a configuração da conduta (ação), do nexo de causalidade e do resultado danoso.

Quanto se tratar de omissão do Estado, há divergência de posições. Tratando-se de omissão genérica, que é aquela que

> [...] se verifica quando a ocorrência do dano não se dá diretamente em razão da inércia do Estado, mas sim em decorrência de falta do serviço, ou *faute du service*, seja porque este não funcionou quando deveria normalmente funcionar, seja porque funcionou mal ou tardiamente, hipóteses em que é dispensável a prova de que qualquer agente do Estado tenha incorrido em culpa, já que esta se dilui na sua própria organização.[51]

Poder-se-ia compreender que a responsabilidade do Estado é objetiva, como já aplicada no caso de danos ambientais, sob o fundamento de há "necessidade de estabelecer um sistema de responsabilização estatal por dano ao meio ambiente acompanhando o moderno conceito de responsabilidade civil ambiental fundamentado no risco".[52]

Contudo, majoritariamente entende-se que, no caso de omissão genérica, a responsabilidade civil do Estado é subjetiva pois:

> [...] aplicando-se a teoria da culpa do serviço público ou da culpa anônima do serviço público (porque é indiferente saber quem é o agente público responsável). Segundo essa teoria, o Estado responde desde que o serviço público (a) não funcione, quando deveria funcionar; (b) funcione atrasado; ou (c) funcione mal. Nas duas primeiras hipóteses, tem-se a omissão danosa.[53]

Entretanto, também entende-se que a culpa, no caso, é presumida:

> O lesado não precisa fazer a prova de que existiu a culpa ou dolo. Ao Estado é que cabe demonstrar que agiu com diligência, que utilizou os meios adequados e disponíveis e que, se não agiu, é porque a sua atuação estaria acima do que seria razoável exigir; se fizer essa demonstração, não incidirá a responsabilidade.[54]

Tratando-se de omissão específica que "se verifica nas hipóteses em que o evento danoso decorreu diretamente da inação do ente público, figurando a inércia

---

50. "[...] § 6º As pessoas jurídicas de direito público e as de direito privado prestadoras de serviços públicos responderão pelos danos que seus agentes, nessa qualidade, causarem a terceiros, assegurado o direito de regresso contra o responsável nos casos de dolo ou culpa.
51. HUPFFER, et.al., 2012, p. 118.
52. HUPFFER, et.al., 2012, p. 119.
53. DI PIETRO, 2022, p. 852.
54. DI PIETRO, 2022, p. 854.

administrativa como causa direta e imediata da ocorrência do resultado danoso";[55] a responsabilidade do Estado é objetiva, demandando a demonstração do nexo de causalidade e do dano.

A omissão específica é a que se verifica diante da omissão do Estado na concretização da eficácia direta e imediata dos direitos fundamentais, como são os direitos das pessoas com deficiência que demandam o instrumento de avaliação biopsicossocial, realizado por equipe multiprofissional e interdisciplinar, a subsunção de seu reconhecimento como pessoa titular do direito correlato.

Logo, defende-se a responsabilidade civil objetiva do Estado em relação aos danos causados diretamente pela omissão na não implementação dos instrumentos para avaliação da deficiência, em conformidade com o modelo estabelecido pela Convenção. Afinal, o dever de agir do Estado e sua possibilidade de agir, na medida em que se comprometeu, inclusive internacionalmente, a implementar e efetivar os direitos fundamentais da pessoa com deficiência, é pressuposto em responsabilidade positiva.[56] Sua omissão específica enseja a responsabilidade civil negativa diante do dano aos direitos fundamentais da pessoa com deficiência.

4. CONSIDERAÇÕES FINAIS

As pessoas com deficiência, que há tanto tempo são alvo de invisibilidade histórica, foram condicionadas a lugares de segregação, opressão e violência, como resultado, principalmente, das repercussões biojurídicas e sociais do modelo médico de abordagem da deficiência. A Convenção representa, em âmbito internacional, a conquista dos movimentos sociais pela proteção e promoção dos Direitos Humanos e da dignidade das pessoas com deficiência. No entanto, ainda é preciso lutar pela efetivação desses direitos.

A concretização do conceito de deficiência para fins de reconhecimento, gozo e exercício de direitos pela pessoa com deficiência, com a avaliação biopsicossocial, realizada por equipe multiprofissional e interdisciplinar, é seu direito fundamental. A omissão do Estado brasileiro, que causa dano, ao não implementar os instrumentos para avaliação da deficiência, em conformidade com o modelo biopsicossocial estabelecido pela Convenção, é passível de responsabilidade civil objetiva.

Logo, diante de uma situação concreta, a pessoa com deficiência que encontra barreiras biopsicossociais para o exercício de seus direitos fundamentais em igualdade de condições com as demais pessoas e tem seu direito não reconhecido ou não o consegue exercer, em razão da falta de avaliação adequada, considerando a omissão do Estado, tem o direito de buscar a responsabilidade civil.

---

55. HUPFFER, et.al., 2012, p. 117.
56. SOUZA, 2020.

5. REFERÊNCIAS

ARBEX, Daniela. *Holocausto brasileiro*. Vida, genocídio e 60 mil mortes no maior hospício do Brasil. São Paulo: Geração Editorial, 2013.

BAHIA, Alexandre Gustavo Melo Franco. Igualdade: 3 dimensões, 3 desafios. In: CLÈVE, Clèmerson Merlin; FREIRE, Alexandre (Coord.). *Direitos fundamentais e jurisdição constitucional*: análise, crítica e contribuições. São Paulo: Ed. RT, 2014.

BARROS, Eloá Leão Monteiro de. *Aplicabilidade da tomada de decisão apoiada no Tribunal de Justiça de Minas Gerais*: uma nova epistemologia a partir da teoria decolonial e da teoria crítica da (re)invenção dos Direitos Humanos. 2022. Dissertação (Mestrado em Direito) – Universidade Federal de Ouro Preto, Ouro Preto, 2022.

BRASIL. Constituição da República Federativa do Brasil de 1988. Brasília, DF: Presidência da República, 1988. Disponível em: http://www.planalto.gov.br/ccivil_03/constituicao/constituicao.htm. Acesso em: 03 out. 2020.

BRASIL. Decreto 3.398, de 20 de dezembro de 1999. Regulamenta a Lei 7.853, de 24 de outubro de 1989, dispõe sobre a Política Nacional para a Integração da Pessoa Portadora de Deficiência, consolida as normas de proteção, e dá outras providências. Brasília, DF: Presidência da República, 1999. Disponível em: http://www.planalto.gov.br/ccivil_03/decreto/d3298.htm. Acesso em: 03 out. 2020.

BRASIL. Decreto 6.949, de 25 de agosto de 2009. Promulga a Convenção Internacional sobre os Direitos das Pessoas com Deficiência e seu Protocolo Facultativo, assinados em Nova York, em 30 de março de 2007. Brasília, DF: Presidência da República, 2009. Disponível em: http://www.planalto.gov.br/ccivil_03/_ato2007-2010/2009/decreto/d6949.htm. Acesso em: 03 out. 2020.

BRASIL. Lei 13.146, de 6 de julho de 2015. Institui a Lei Brasileira de Inclusão da Pessoa com Deficiência (Estatuto da Pessoa com Deficiência). Brasília, DF: Presidência da República, 2015a. Disponível em: http://www.planalto.gov.br/ccivil_03/_ato2015-2018/2015/lei/l13146.htm. Acesso em: 03 out. 2020.

BRASIL. Ministério da Mulher, da Família e dos Direitos Humanos. Conselho Nacional dos Direitos Humanos da Pessoa com Deficiência. Resolução 01, de 05 de março de 2020. Dispõe sobre a aprovação do Índice de Funcionalidade Brasileiro Modificado IFBrM como Instrumento de Avaliação da Deficiência. Brasília, DF: 2020. Disponível em: http://www.ampid.org.br/v1/wp-content/uploads/2020/03/SEI_MDH-1100672-CONADE_-Resoluc%CC%A7a%CC%83o.pdf.pdf.pdf. Acesso em: 24 abr. 2022.

BRASIL. Ministério da Mulher, da Família e dos Direitos Humanos. Relatório Final GTI Avaliação Biopsicossocial. Governo Federal, Brasília, 03 dez. 2021, Pessoa com Deficiência. Disponível em: https://www.gov.br/mdh/pt-br/navegue-por-temas/pessoa-com-deficiencia/publicacoes/relatorio-final-gti-avaliacao-biopsicossocial. Acesso em: 25 jun. 2022.

COLLINS, Hill Patricia; BILGE, Sirma. *Interseccionalidade* [recurso eletrônico]. Trad. Rane Souza. São Paulo: Boitempo, 2020.

DI PIETRO, Maria Sylvia Zanella. Direito Administrativo. 35. ed. Rio de Janeiro: Forense, 2022. Disponível em: https://integrada.minhabiblioteca.com.br/#/books/9786559643042/. Acesso em: 28 jul. 2022.

DINIZ, Débora; BARBOSA, Lívia; SANTOS, Wederson Rufino dos. Deficiência, direitos humanos e justiça. *Revista Internacional de Direitos Humanos*. 2009. Disponível em: https://www.scielo.br/j/sur/a/fPMZfn9hbJYM7SzN9bwzysb/abstract/?lang=pt. Acesso em: 24 out. 2021.

DINIZ, Débora. *O que é deficiência*. São Paulo: Editora Brasiliense, 2007.

GUIMARÃES, Luíza Resende. O sistema de apoio e sua (in)compatibilidade com mecanismos de substituição de vontade. In: PEREIRA, Fábio Queiroz; LARA, Mariana Alves (Org.). *Deficiência e direito privado*: novas reflexões sobre a Lei Brasileira de Inclusão e a Convenção sobre os Direitos das Pessoas com Deficiência. Belo Horizonte: Editora D'Plácido, 2019.

HUPFFER, Haide Maria; NAIME, Roberto; ADOLFO, Luiz Gonzaga Silva; CORRÊA, Iose Luciane Machado. Responsabilidade civil do Estado por omissão estatal. *Revista Direito GV*, São Paulo. 8(1). P. 109-130. jan.-jun. 2012. Disponível em: https://bibliotecadigital.fgv.br/ojs/index.php/revdireitogv/article/view/23981. Acesso em: 28 jul. 2022.

HOSNI, David S.S. O conceito de deficiência e sua assimilação legal: incompatibilidade entre a concepção não etiológica adotada no Estatuto da pessoa com deficiência e a fundamentação da incapacidade na falta de discernimento. In.: PEREIRA, Fábio Queiroz; MORAIS, Luísa Cristina de Carvalho; LARA, Mariana Alves (Org). *A teoria das incapacidades e o Estatuto da Pessoa com Deficiência*. Belo Horizonte: Editora D'Plácido, 2018.

LISBÔA, Natália de Souza; SOUZA. Iara Antunes de. Autonomia privada e colonialidade de gênero. *XXVIII Congresso Nacional do Conpedi Belém – PA, 2019*, Belém – PA. Gênero, sexualidades e direito [Recurso eletrônico online] organização CONPEDI/CESUPA. Florianópolis – SC: Conpedi, 2019. v. 1. p. 7-22. Disponível em: http://conpedi.danilolr.info/publicacoes/048p2018/qxo35b07/iUwptRd3eP509O5O.pdf. Acesso em: 16 ago. 2020.

MORAES, Maria Celina de. O princípio da dignidade da pessoa humana. In: MORAES, Maria Celina de. *Na medida da pessoa humana*: estudos de Direito Civil. Rio de Janeiro: Editora Processo, 2016.

ORGANIZAÇÃO DAS NAÇÕES UNIDAS. COMITÉ SOBRE LOS DERECHOS DE LAS PERSONAS CON DISCAPACIDAD. Observación General 1. Geneva: Naciones Unidas, 2014. Disponível em: https://daccess-ods.un.org/TMP/5930098.89125824.html. Acesso em: 22 abr. 2021.

PEREIRA, Fábio Queiroz. LARA, Mariana Alves; ANDRADE, Daniel de Pádua. O conceito de capacidade legal na Convenção sobre os Direitos das Pessoas com Deficiência. *Revista Eletrônica do Curso de Direito da UFSM*. v. 13, n. 3, p-948-969, 2018. Disponível em: https://periodicos.ufsm.br/revistadireito/article/view/31839. Acesso em: 09 out 2021.

ROSENVALD, Nelson. Aplicação no Brasil da Convenção sobre os Direitos da Pessoa com Deficiência. *Actualidad Jurídica Iberoamericana*, ISSN 2386-4567, IDIBE, n. 4 ter, 2016. p. 124-143.

SENADO – Audiência Pública – Regulamentação da Avaliação Biopsicossocial. Estatuto da PCD. 28 mar. 2022. 1 vídeo (3h 4min 09s). Publicado por Paradesporto TV. Disponível em: https://www.youtube.com/watch?v=ghgomZArpj0. Acesso em: 25 jun. 2022.

SOUZA, Iara Antunes de. *Aconselhamento genético e responsabilidade civil*. As ações por concepção indevida (wrongful conception), nascimento indevido (wrongful birth) e vida indevida (wrongful life). Belo Horizonte: Arraes Editores, 2014.

SOUZA, Iara Antunes de. *Estatuto da pessoa com deficiência*: curatela e saúde mental. Belo Horizonte: D'Plácido, 2016.

SOUZA, Iara Antunes de. Educação inclusiva da pessoa com deficiência e responsabilidade civil. *Migalhas*, 2020. Disponível em: https://www.migalhas.com.br/coluna/migalhas-de-responsabilidade-civil/335290/educacao-inclusiva-da-pessoa-com-deficiencia-e-responsabilidade-civil. Acesso em: 25 jun. 2022.

SOUZA, Iara Antunes de; NOGUEIRA, Roberto Henrique Porto. Vulnerabilidade da pessoa com deficiência, acessibilidade e incorporação imobiliária. In: CAMPOS, Aline França; BRITO, Beatriz Gontijo de. (Org.). *Desafios e perspectivas do direito imobiliário contemporâneo*. Belo Horizonte: Editora D'Plácido, 2019.

RESPONSABILIDADE CIVIL DECORRENTE DA "ARQUITETURA HOSTIL": QUANDO O DIREITO À CIDADE É ASSEDIADO PELO NEOLIBERALISMO E PELA FINANCEIRIZAÇÃO DOS DIREITOS FUNDAMENTAIS

Iuri Bolesina

Doutor e Mestre em Direito pela Universidade de Santa Cruz do Sul – UNISC. Especialista em Direito Civil pela Faculdade Meridional – IMED. Graduado em Direito pela Universidade de Passo Fundo – UPF. Professor do Curso de Direito na Atitus Educação. Sócio Fundador da "Visual Jus" (@visual.jus), startup de visual law. Pesquisador do Grupo de Pesquisas Direitos Fundamentais, Democracia e Desigualdade, vinculado ao CNPQ. Advogado. ORCID: https://orcid.org/0000-0001-5290-152X. Endereço eletrônico: iuribolesina@gmail.com.

Tássia A. Gervasoni

Doutora em Direito pela Universidade do Vale do Rio dos Sinos, com período sanduíche na Universidad de Sevilla. Mestre e Graduada em Direito pela Universidade de Santa Cruz do Sul. Professora de Direito Constitucional na Atitus Educação. Professora do Programa de Pós-Graduação *Stricto Sensu* – Mestrado em Direito na Atitus Educação. Coordenadora do Grupo de Pesquisa Direitos Fundamentais, Democracia e Desigualdade, vinculado ao CNPq.

Sumário: 1. Introdução – 2. Neoliberalismo e financeirização da vida – 3. Intervenções hostis no espaço urbano (aquilo que erradamente se apelidou de "arquitetura hostil") – 4. A possível responsabilidade civil decorrente das intervenções hostis – 5. Conclusão – 6. Referências.

1. INTRODUÇÃO

O desafio da arquitetura hostil ganhou holofotes recentemente em razão da enérgica ação do padre Júlio Lancelotti ao destruir pedras pontiagudas sob um viaduto em São Paulo. Sua intenção era protestar contra a ação municipal que, sob o discurso de segurança pública, visava impedir a ocupação do espaço público por pessoas socialmente vulnerabilizadas que buscassem abrigo sob o viaduto. Desde aí, muitas imagens surgiram revelando as inúmeras hostilidades arquitetônicas ao longo do Brasil, desde desleais bancos desconfortáveis até agressivas grades com espetos e chuveiros de água sob marquises de prédios.

O termo "arquitetura hostil", porém, não faz justiça as práticas, sendo um contrassenso em si mesmo. Em verdade, se tratam de "intervenções hostis no espaço urbano", pois, os princípios da arquitetura e do urbanismo se opõem frontalmente a noção de hostilidade arquitetônica e exclusão social. Pelo contrário, buscam a cidade para todos, tal como determina o direito fundamental à cidade.

O direito fundamental à cidade é constantemente tensionado, senão assediado ou sequestrado, por lógicas advindas do neoliberalismo e da financeirização da vida. Embora estes não se confundam de um ponto de vista conceitual, vinculam-se reciprocamente em uma relação de causa e efeito, o primeiro permitindo o trânsito do segundo e o segundo fortalecendo o primeiro. A "arquitetura hostil" é mais um mecanismo apropriado por tais lógicas. Em geral, os itens são projetados ou instalados sob as premissas da segurança, da higiene e do embelezamento, todavia, detrás disso, não custam a revelar motivos discriminatórios para determinadas pessoas ou condutas (aporofobia, especialmente). São, então, formas de negativa gentrificação, de especulação financeira, de biopolítica e de necropolítica.

Diante disso, o presente artigo pretende analisar a possibilidade de responsabilização civil de particulares e/ou do poder público por casos de intervenção hostil na cidade. Para tanto, divide-se o estudo em três partes: o primeiro, sobre neoliberalismo e a financeirização da vida. O segundo, sobre a noção de intervenção hostil no espaço urbano. O terceiro, quanto a configuração da responsabilidade civil por tal prática.

Os métodos utilizados são: a abordagem dedutiva, para, a partir do problema posto, buscar referenciais teóricos e legais para construir uma possível resposta. Como método de procedimento valer-se-á do monográfico E, por fim, no que tange à técnica de pesquisa, será adotada a da documentação indireta, por meio de documentos.

Ademais, cabe situar ainda que o resultado do presente estudo se situa no eixo do projeto "Direitos Fundamentais, Democracia e Desigualdades", vinculado ao Programa de Pós-Graduação em Direito da Atitus Educação, em Passo Fundo/RS. O projeto é desenvolvido pelos docentes que redigem o artigo e atuam em conjunto na execução e desenvolvimento das pesquisas na instituição supramencionada.

2. NEOLIBERALISMO E FINANCEIRIZAÇÃO DA VIDA

De forma aparentemente paradoxal, em um mundo cada vez mais desigual[1] e complexo, as pessoas encontram-se isoladas e individualizadas e, mais do que isso, postas umas contra as outras numa lógica concorrencial e de perversa autorresponsabilização.

Dentre múltiplos fatores que concorrem para a formação desse quadro, o neoliberalismo é o conceito chave que se mostra capaz de agrupá-los de modo a, inclu-

---

1. De acordo com o economista Branko Milanovic, o coeficiente Gini em escala global atinge 0,7 pontos, destacando-se que este dado refere-se à desigualdade global, isso é, para além da individualidade de cada país. Esclarece o autor, contudo, que se o índice for calculado a partir dos rendimentos em dólares atuais, a desigualdade se expressará em ainda maior escala, pois o índice de Gini chegará a 0,8. MILANOVIC, Branko. *Ter ou não ter*: uma breve história da desigualdade. Libsoa: Bertrand, 2012, p. 145. Cumpre destacar, por fim: a) que 1 representa um quadro de absoluta desigualdade e máxima concentração de renda; b) que referido cálculo diz respeito a um cenário pré-pandemia de Covid-19, o qual agravou o quadro da desigualdade.

sive, deixar claro que o paradoxo referido anteriormente não apenas é ilusório como proposital. Complexo e polissêmico, o neoliberalismo é "comumente associado a um conjunto de políticas que privatizam a propriedade e os serviços públicos, reduzem radicalmente o Estado social, amordaçam o trabalho, desregulam o capital e produzem um clima de impostos e tarifas amigáveis para investidores estrangeiros".[2] Não por acaso tais práticas consubstanciam a ideia de "ataque ao social" que é característica do neoliberalismo.

Nesse contexto, "um novo discurso de valorização do 'risco' inerente à vida individual e coletiva" contrapõe-se ao Estado social e, mais do que isso, atribui-lhe responsabilidade por uma espécie de "acomodação" dos sujeitos, que deixam de ser inventivos e inovadores para render-se ao assistencialismo. Contudo, a convicção preconizada de que o indivíduo é o único responsável por seu destino e a sociedade nada lhe deve tem um custo, impõe a este mesmo indivíduo que demonstre "constantemente seu valor para merecer as condições de sua existência".[3]

Tais premissas discursivas alcançam e transformam todos os âmbitos da vida e, desse modo, a própria relação do sujeito consigo mesmo foi afetada. Conforme elucidam Dardot e Laval, "cada sujeito foi levado a conceber-se e comportar-se, em todas as dimensões de sua vida, como um capital que devia valorizar-se" e, assim, a "capitalização da vida individual" que impõe estudo privado, saúde privada, planos privados de aposentadoria etc., ao mesmo tempo que sobrecarrega esse sujeito, corrói a ideia de solidariedade[4] (afinal, de acordo com os cânones neoliberais e meritocráticos, todos podem acessar direitos e vantagens se houver dedicação e esforço suficientes que os façam merecer).

Válida também é observação trazida por Fraser, ao diferenciar um tipo de neoliberalismo progressista dos tipos reacionário e hiper-reacionário. Em comum, todas essas vertentes adotam políticas de distribuição que, a despeito de eventuais discursos em sentido diverso, na prática, favorecem a financeirização, a desregulamentação dos mercados, a precarização do trabalho, a flexibilização de regras ambientais e demais itens da cartilha neoliberal de um modo geral. O que as distingue, ou as distinguiu, por algum tempo, contudo, foram as políticas de reconhecimento. Enquanto o neoliberalismo reacionário e hiper-reacionário (instaurado com a eleição de Donald Trump) defendem políticas de reconhecimento manifestamente excludentes (sexistas, racistas, homofóbicas etc.), o chamado neoliberalismo progressista (hegemônico antes de Trump) "combinava um programa econômico expropriativo e plutocrático com uma política liberal-meritocrática de reconhecimento".[5]

---

2. BROWN, Wendy. *Nas ruínas do neoliberalismo*: a ascensão da política antidemocrática no ocidente. Trad. Mario Antunes Marino e Eduardo Altheman C. Santos. São Paulo: Politeia, 2019, p. 29.
3. DARDOT, Pierre; LAVAL, Christian. *A nova razão do mundo*: ensaio sobre a sociedade neoliberal. Trad. Mariana Echalar. São Paulo: Boitempo, 2016, p. 213.
4. DARDOT, Pierre; LAVAL, Christian. *A nova razão do mundo*: ensaio sobre a sociedade neoliberal. Trad. Mariana Echalar. São Paulo: Boitempo, 2016, p. 201.
5. FRASER, Nancy. Do neoliberalismo progressista a Trump – e além. *Política & Sociedade*. v. 17, n. 40, p. 46. Florianópolis, set./dez. 2018. Disponível em: https://periodicos.ufsc.br. Acesso em: 17 ago. 2021.

Com efeito, o programa neoliberal progressista, ao seu modo, pretendia uma ordem de status (supostamente) justa e diversificada, mas sem que isso implicasse em abolir a hierarquia social.[6] Ascenderiam ao topo, consequentemente, os indivíduos "merecedores" dos "grupos sub-representados", isso é, as mulheres, pessoas negras e minorias sexuais "realmente talentosos e merecedores" de galgar as posições de prestígio e poder aquisitivo tal qual o "homem branco heterossexual".[7] Ainda que a autora considere o contexto político norte-americano para a sua análise, seu diagnóstico é claramente aplicável ao Brasil (e a outros países cooptados pelo *ethos* neoliberais).

Aliás, a financeirização que Fraser aponta como elemento comum às diferentes vertentes neoliberais que aborda é, de fato, um aspecto chave para a leitura do contexto socioeconômico atual. Embora neoliberalismo e financeirização não se confundam de um ponto de vista conceitual, vinculam-se reciprocamente em uma relação de causa e efeito, porquanto "a difusão da norma neoliberal encontra um veículo privilegiado na liberalização financeira e na globalização da tecnologia".[8]

No escólio de Varoufakis, a financeirização pode ser definida como

> Um processo de aumento do protagonismo do sistema financeiro, o que consiste basicamente no aumento do poder e da importância de bancos e instituições afins na gestão e geração de riqueza nas economias capitalistas. A partir daí a renda (em sentido estrito, isto é, o ganho sobre a escassez, *a piori* de dinheiro, mas também de imóveis, títulos etc.) passa a preponderar sobre a forma de riqueza produzida a partir da exploração do Trabalho e da Produção (isto é, o lucro).[9]

Nesse contexto, considera-se de fundamental importância a distinção feita por Sassen entre finanças e bancos tradicionais. Os bancos tradicionais "vendem dinheiro" e suas atividades se inserem na lógica de consumo de massa. Por sua vez, as finanças são marcadas por uma lógica de extração, construindo um espaço operacional distinto que se relaciona com extração de ganhos de diversos atores e cenários.[10]

---

6. Quanto a este aspecto, inclusive, reproduz-se a pertinente crítica de Dardot e Laval de que "nada ilustra melhor a virada neoliberal da esquerda do que a mudança de significado da política social, rompendo com toda a tradição social-democrata que tinha como linha diretriz um modo de partilha de bens sociais indispensáveis à plena cidadania. A luta contra as desigualdades, que era central no antigo projeto social-democrata, foi substituída pela 'luta contra a pobreza', segundo uma ideologia de 'equidade' e 'responsabilidade individual' [...]. A partir daí, a solidariedade é concebida como um auxílio dirigido aos 'excluídos' do sistema, visando aos 'bolsões' de pobreza, segundo uma visão cristã e puritana. Esse auxílio dirigido a 'populações específicas' ('pessoas com deficiência', 'aposentadorias mínimas', 'idosos', 'mães solteiras' etc.), para não criar dependência, deve ser acompanhado de esforço pessoal e trabalho efetivo. Em outras palavras, a nova esquerda tomou para si a matriz ideológica de seus oponentes tradicionais, abandonando o ideal de construção de direitos sociais para todos." DARDOT, Pierre; LAVAL, Christian. *A nova razão do mundo*: ensaio sobre a sociedade neoliberal. Trad. Mariana Echalar. São Paulo: Boitempo, 2016, p. 201. p. 233-234.
7. FRASER, Nancy. Do neoliberalismo progressista a Trump – e além. *Política & Sociedade*. Florianópolis, v. 17, n. 40, p. 47. set./dez. de 2018. Disponível em: https://periodicos.ufsc.br. Acesso em: 17 ago. 2021.
8. DARDOT, Pierre; LAVAL, Christian. *A nova razão do mundo*: ensaio sobre a sociedade neoliberal. Trad. Mariana Echalar. São Paulo: Boitempo, 2016, p. 199.
9. VAROUFAKIS, Yanis. *O Minotauro global*: a verdadeira origem da crise financeira e o futuro da economia global. Trad. Marcela Werneck. São Paulo: Autonomia Literária, 2016, p. 7.
10. SASSEN, Saskia. Lógicas predatórias: indo muito além da desigualdade. *Caderno CRH*, v. 35, p. 1-17, e022002 (2022). https://doi.org/10.9771/ccrh.v35i0.48850. Acesso em: 26 ago. 2022.

A partir disso, constata-se que as dificuldades e desigualdades atuais não são ocasionadas pela falta de recursos financeiros, mas por conta da apropriação desses recursos por "corporações financeiras que os usam para especular em vez de investir. O sistema financeiro passou a usar e drenar o sistema produtivo, em vez de dinamizá-lo".[11]

Em uma explicação mais detalhada sobre a dinâmica entre financeirização e desigualdade, a crítica de Dowbor contribui para o reforço do argumento da lógica exploratória que pauta o sistema financeiro, conforme abordado acima:

> [...] o 1% mais rico detém mais recursos do que os 99% restantes do planeta. São fortunas tão grandes que não podem ser transformadas em demanda, por mais consumo de luxo que se faça. Assim, são reaplicadas em outros produtos financeiros. E a realidade fundamental é que a aplicação financeira rende mais do que o investimento produtivo. O PIB mundial cresce num ritmo situado entre 1% e 2,5% segundo os anos. As aplicações financeiras rendem acima de 5%, e frequentemente muito mais. Gerou-se, portanto, uma dinâmica de transformação de capital produtivo em patrimônio financeiro: a economia real sugada pela financeirização planetária.[12]

Como se está diante de um fenômeno que confisca os sentidos até dos mais sensíveis âmbitos da vida, os efeitos desse processo alcançam os direitos fundamentais, dentre os quais, para os propósitos deste texto, destaca-se o direito à moradia, que não escapou dessa desconstrução de sentidos, antes pelo contrário, vê-se profundamente afetado ao ser convertido de um bem social a ativo financeiro.[13]

Ao absorver a moradia, a lógica exploratória das finanças a mercantiliza e a destitui do seu caráter de bem social, o que afeta o exercício desse direito pelo mundo todo. "Na nova economia política centrada na habitação como um meio de acesso à riqueza, a casa transforma-se de bem de uso em capital fixo – cujo valor é a expectativa de gerar mais-valor no futuro, o que depende do ritmo do aumento do preço dos imóveis no mercado".[14]

Com efeito, a especulação e a mercantilização repercutem até mesmo sobre a conformação e planejamento das cidades, comprometendo, assim, outro direito fundamental essencial que é o direito à cidade. A urbanização desempenhou um papel decisivo na absorção de capitais excedentes, mas ao custo da desapropriação das massas de qualquer direito à cidade, que consiste, nas linhas gerais traçadas por Harvey, na administração democrática sobre a organização do processo urbano (principal canal de utilização desse excedente). Na contramão do democraticamente desejado, "o direito à cidade,

---

11. DOWBOR, Ladislau. *A era do capital improdutivo*: Por que oito famílias tem mais riqueza do que a metade da população do mundo? São Paulo: Autonomia Literária, 2017. p. 32.
12. DOWBOR, Ladislau. *A era do capital improdutivo*: Por que oito famílias tem mais riqueza do que a metade da população do mundo? São Paulo: Autonomia Literária, 2017. p. 33.
13. ROLNIK, Raquel. *Guerra dos lugares*: a colonização da terra e da moradia na era das finanças. 2. ed. São Paulo: Boitempo, 2019. p. 26.
14. ROLNIK, Raquel. *Guerra dos lugares*: a colonização da terra e da moradia na era das finanças. 2. ed. São Paulo: Boitempo, 2019. p. 32-33.

como ele está constituído agora, está extremamente confinado, restrito na maioria dos casos à pequena elite política e econômica, que está em posição de moldar as cidades cada vez mais ao seu gosto".[15]

Assim, por exemplo, enquanto os imóveis e espaços não representam valor como mercadoria, ou representam um valor irrisório que não desperta o interesse desse sistema, até mesmo a ocupação ilegal (muitas vezes sem a segurança e infraestrutura adequadas) se desenvolve sem qualquer preocupação ou interferência, inclusive do Estado. Contudo, se em dado momento estes mesmos imóveis e espaços adquirirem valor de mercado (hegemônico) seja por sua localização, seja por alguma utilização que se lhes queira conferir, então as relações passam a ser regidas pela legislação e pelo direito oficial.[16]

Esse é o contexto geral que viabiliza e favorece todo o tipo de violação de direitos, aqui destacados o direito à moradia e à cidade (e tudo o que a eles se conecta), sistematicamente desrespeitados por uma dinâmica de financeirização elitista, excludente e predatória que se sustenta nos pilares do neoliberalismo contemporâneo.

3. INTERVENÇÕES HOSTIS NO ESPAÇO URBANO (AQUILO QUE ERRADAMENTE SE APELIDOU DE "ARQUITETURA HOSTIL")

Os desafios da desigualdade social aparecem em múltiplas frentes e são multifacetados. Para o Direito, trata-se de uma situação complexa que demanda tratamento sinérgico de suas áreas, conjugando, assim, esforços e legislações de ordem pública e privada. De forma máxima, o tratamento da desigualdade social é inicialmente referido na Constituição Federal de 1988, acertada como pauta em todos os objetivos fundamentais da República brasileira.

Dentre os desafios da desigualdade social, recentemente, ganhou os holofotes da mídia problema da popularmente chamada "arquitetura hostil" ou "arquitetura violenta. Inicialmente, importante notar que as expressões são equivocadas e, em realidade, referem-se à "intervenção hostil" nos espaços. Os termos "arquitetura hostil" e "arquitetura violenta" são um contrassenso em si mesmos, tendo em vista que os princípios da arquitetura e do urbanismo se opõem frontalmente a noção de hostilidade e violência em suas obras.[17]

As intervenções hostis dizem respeito ao uso de artifícios arquitetônicos sobre a propriedade pública ou privada com o desiderato de impedir ou afastar determinadas

---
15. HARVEY, David. O direito à cidade. *Lutas sociais*. n. 29, São Paulo, p. 73-89, jul./dez. 2012. https://doi.org/10.23925/ls.v0i29.18497. Acesso em: 26 ago. 2022.
16. MARICATO, Ermínia. *Metrópole na periferia do capitalismo*: ilegalidade, desigualdade e violência. São Paulo: Hucitec, 1996. p. 26.
17. "A essência da arquitetura é o acolhimento, então é incongruente falar em arquitetura hostil, foi um termo infeliz cunhado por um jornalista britânico e lamentavelmente adotado no Brasil sem uma visão crítica [...] O que há é desurbanidade, uma cidade hostil, desumana [...] O correto, a nosso ver, seria então usar o termo 'intervenção hostil', mais simples de ser assimilado e difundido pela sociedade" (SOMEKH, Nadia. *Não existe arquitetura hostil, mas desurbanidade, uma cidade hostil*. 2021. Disponível em: www.caubr.gov.br. Acesso em: ago. 2022).

pessoas ou comportamentos das adjacências do imóvel. São exemplos o uso de pinos e espetos, arranjos vegetais, grades e gradis, assim como planos inclinados e arcos de metal.[18]

As medidas são adotadas, supostamente e sobretudo, em nome da higiene, da segurança, da imagem e/ou da boa fama dos locais.[19] Para além dos argumentos de ordem geral, também se fala em uma política neoliberal de dupla frente: uma, de especulação imobiliária, isto é, de exclusão de sujeitos indesejados do entorno dos imóveis para, com isso, estimular o valor de mercado dos bens (e o lucro dos investidores) em vista da noção de boa vizinhança;[20] e, outra, como estratégia de privatização do (todo) público, ou seja, transferência daquilo que é comum para a iniciativa privada, a fim de que esta possa gerir, lucrar e fornecer acesso somente a quem pagar.

> as arquiteturas hostis procedem à diminuição do espaço público como espaço material. Elas enfraquecem a área de contato entre o espaço público e o espaço privado, diminuem o espaço utilizável, e permitem que estruturas privadas avancem sobre o espaço público e semipúblico. Restringem ainda o espaço público em sua imaterialidade [...] o espaço acaba por não cumprir sua função básica de cidadania, pois com a intenção de excluir determinados grupos dos lugares públicos, acaba por reduzir a qualidade espacial e as possibilidades de apropriação por todas as pessoas. Dessa forma, embora as consequências mais graves do cerceamento do espaço sejam sentidas por grupos vulneráveis, aos quais não restam outras opções para satisfazer necessidades básicas de descanso, alimentação e higiene pessoal, a restrição do espaço é estendida a qualquer indivíduo que utilize o espaço público. A partir disso, pode-se dizer também que as possibilidades retiradas do espaço público pela arquitetura hostil tendem a transferir-se para a esfera privada e de consumo, na medida em que os cidadãos, os que possuem condições para tanto, tendem a buscar em estabelecimentos privados as qualidades que foram retiradas do espaço público.[21]

Em termos de efeitos diretamente visíveis, os constructos hostis acabam restringindo totalmente ou atrofiando o uso e a fruição dos espaços públicos de modo isonômico e, em alguns casos, agravam a vulnerabilidade de sujeitos já desamparados. Isso ocorre porque impossibilitam ou embaraçam que pessoas se abriguem ou durmam em bancos e sob marquises; se recostem na parede ou sentem nos recuos de vitrine; exerçam suas atividades como comerciantes ambulantes em centros comerciais; descansem de modo confortável ou se aglomerem para conversar, dentre outras possibilidades.

Tais intervenções, então, são, em suma, uma forma de excluir. Porém, não uma exclusão simples e geral, pois, sim, uma exclusão qualificada porque não apenas voltadas para todas as pessoas igualmente, mas, especialmente, destinada para certas pessoas, aquelas mais afetadas pela desigualdade social ou os sujeitos tidos por indesejados. O

---

18. FARIA, Débora Raquel. *Sem descanso*: arquitetura hostil e controle do espaço público no centro de Curitiba. 2020.
19. DIAS, Shayenne Barbosa. *Arquitetura hostil e percepção da sensação de insegurança*: uma barreira para vitalidade e urbanidade, no bairro do Espinheiro. Dissertação (mestrado) – Centro de Ciências Humanas, Letras e Artes, Programa de Pós-Graduação em Estudos Urbanos e Regionais. Natal, RN, 2019, p. 24.
20. ALVAREZ, Isabel Pinto. *The production of the segregated city*: The case of São Paulo's nova luz urban redevelopment project. Habitat International, v. 54, 2016, p. 89.
21. FARIA, Débora Raquel. *Sem descanso*: arquitetura hostil e controle do espaço público no centro de Curitiba. 2020, p. 165.

rol dos "indesejados" vai desde jovens aglomerados divertindo-se (independentemente da pobreza ou não) até pessoas hipervulneráveis em situação de rua. Não sem razão, portanto, há quem nomeie tais intervenções também como "arquitetura do controle", pois visam o disciplinamento dos corpos, o exercício do biopoder[22] e a execução da necropolítica.[23]

Poder-se-ia afirmar, de modo amplo, que tais arquiteturas são justificadas em razão de um "medo derivado", isto é, fantasmático e não raro estruturalmente preconceituoso.[24] Nesse sentido, as intervenções hostis também são apelidadas de "arquiteturas defensivas" ou "arquiteturas do medo",[25] organizadas para, em tese, eliminar o suposto perigo e trazer maior sensação de segurança. No mesmo contexto, são denominadas de "arquiteturas da aporofobia",[26] visando apartar espaços onde pessoas pobres, moradores de rua, ébrios habituais e desamparados não são bem-vindos.

Outra designação que as intervenções hostis recebem é "arquitetura desconfortável" (*unpleasant design*), enaltecendo a malícia da sua estrutura física, a qual presta-se a deixar os usuários desconfortáveis em determinadas formas de uso. No caso, a má-fé oculta-se sob retóricas de embelezamento, segurança, socialização do uso, higiene, moral e pudor, dentre outras. Note o que se diz a partir das imagens abaixo, retiradas do trabalho de Débora Faria, referentes a cidade de Curitiba/PR. Como se percebe, elas bem servem para impedirem pessoas de se deitarem, sentarem, escorarem, descansarem, representando verdadeiras composições violentas e desconfortáveis:

---

22. KUSSLER, Leonardo Marques. *Arquitetura hostil e hermenêutica ética*. Geograficidade, v. 11, n. Especial, p. 19, 2021.
23. MBEMBE, Achille. *Necropolítica*. n-1 edições, 2021.
24. "O 'medo derivado' é uma estrutura mental estável que pode ser mais bem descrita como o sentimento de ser suscetível ao perigo; uma sensação de insegurança (o mundo está cheio de perigos que podem se abater sobre nós a qualquer momento com algum ou nenhum aviso) e vulnerabilidade (no caso de o perigo se concretizar, haverá pouca ou nenhuma chance de fugir ou de se defender com sucesso; o pressuposto da vulnerabilidade aos perigos depende mais da falta de confiança nas defesas disponíveis do que do volume ou da natureza das ameaças reais). Uma pessoa que tenha interiorizado uma visão de mundo que inclua a insegurança e a vulnerabilidade recorrerá rotineiramente, mesmo na ausência de ameaça genuína, às reações adequadas a um encontro imediato com o perigo; o "medo derivado" adquire a capacidade da autopropulsão" (BAUMAN, Zygmunt. *Medo líquido*. São Paulo: Companhia das Letras, 2012).
25. ELLIN, Nan. *Architecture of Fear*. Princeton: Princeton Architectural Press, 1997.
26. "Trata-se da ojeriza por determinadas pessoas que na maioria das vezes não se conhece porque gozam da característica própria de um grupo determinado, considerado temível ou desprezível, ou ambas as coisas, por quem experimenta a fobia. [...] eu submetia à Real Academia Espanhola o neologismo "aporofobia" para que fosse incluído no Dicionário da Língua Espanhola. Seguindo as pautas do dicionário, propunha que figurasse nele com a seguinte caracterização: 'diz-se do ódio, repugnância ou hostilidade ante o pobre, o sem recursos, o desamparado'" (CORTINA, Adela. *Aporofobia, a aversão ao pobre*: um desafio para a democracia. Editora Contracorrente, 2020, p. 21-28).

Figura 1 – Exemplos de intervenções hostis, indicadas por Débora Faria (2019).

O problema das intervenções hostis como forma de agravamento da vulnerabilidade dos mais prejudicados pela desigualdade social ganhou popularidade e repercussão depois da enérgica ação do padre Júlio Lancelotti, em São Paulo, como forma de protesto a limitação hostil do espaço urbano. Em 2021, o pároco quebrou a marretadas pedras pontiagudas colocadas pelo município sob os viadutos Dom Luciano Mendes de Almeida e Antônio de Paiva Monteiro, na Avenida Salim Farah Maluf (Zona Leste).

Depois disso, o legislativo federal propôs o Projeto de Lei 488/2021, visando alterar o art. 2º, XX, do Estatuto da Cidade. A modificação insere que, a política urbana tem como uma de suas diretrizes a promoção de conforto, abrigo, descanso, bem-estar e acessibilidade na fruição dos espaços livres de uso público, sendo vedado o emprego de técnicas de arquitetura hostil, destinadas a afastar pessoas em situação de rua e outros segmentos da população.

Ainda mais recentemente, o Projeto de Lei 1.635/2022 somou forças ao propor o "Estatuto da População em Situação de Rua". O projeto prevê três situações jurídicas acerca das intervenções violentas, sendo elas: a) insere como princípio do Estatuto a vedação do emprego de técnicas de arquitetura hostil contra a população em situação de rua; b) modifica o Estatuto da Cidade, vedando a intervenção hostil (tal qual sugerido pelo PL 488/21); e c) criminaliza a aporofobia, qualificando os tipos penais de homicídio, lesão corporal e injúria.

Nos debates dos projetos, destacou-se que a proibição do uso de técnicas hostis em arquitetura urbana não ocorre para impedir o município e os gestores públicos de agirem. Pelo contrário, os força a agirem de modo ético, legal e complexo, lidando com o problema como verdadeiro fruto da desigualdade social e das lacunas da política de desenvolvimento urbano. Afinal, a simples remoção das pessoas dos ambientes ou o seu impedimento de ocupar tais locais pouco ou nada resolve o problema social enfrentado. Ao revés, apenas desloca ou agrava a situação de vulnerabilidade de tais pessoas.

4. A POSSÍVEL RESPONSABILIDADE CIVIL DECORRENTE DAS INTERVENÇÕES HOSTIS

A partir da Constituição Federal de 1988 e do Estatuto da Cidade, fala-se juridicamente na "função social da cidade". O instituto jurídico visa garantir o bem-estar dos habitantes e assegurar a cidade para todos, tendo como pilares o exercício da cidadania social, a gestão democrática do espaço urbano e a delimitação das funções da propriedade privada e do solo urbano. Constitucionalmente, a previsão consta no art. 182, e, no Estatuto da Cidade, onde aparece ao longo do diploma legal, com ênfase inicial no art. 1º, parágrafo único e art. 2º.

Em face de tais premissas, a cidade é vista pela além de um local ou de um espaço de terra. A cidade é considerada um tanto da estrutura social, provida de bloqueios e possibilidades de ordem material e imaterial: um ecossistema vivo de bens, sujeitos, oportunidades e restrições. Logo, o Direito à Cidade e política urbana nascem justamente para dar conta de uma realidade na qual a cidade torna-se um ambiente de possíveis emancipações, contudo, também, de ecos das desigualdades sociais e estruturais.

As previsões legais são, assim, mecanismos jurídicos que também visam amenizar os impactos da dominação de determinados grupos ou ideários sobre outros, em geral, vulnerabilizados, atrofiados e/ou excluídos. Nesse sentido, há muito Henri Lefebvre já advertia sobre o reflexo que é a cidade:

> A estrutura social está presente na cidade, é aí que ela se torna sensível, é aí que significa uma ordem. Inversamente, a cidade é um pedaço do conjunto social; revela porque as contêm e incorpora na matéria sensível, as instituições, as ideologias.[27]

Portanto, para o tratamento adequado dos desafios urbanos, é que a função social da cidade possui prolongamentos de cidadania[28] sob os vieses urbanístico (habitação, moradia, lazer, meio ambiente, mobilidade), social (saúde, educação, segurança, saneamento) e gestacional (serviços públicos, comércio e consumo, sustentabilidade, proteção cultural, tutela dos espaços públicos e privados, equipamentos, dentre outros). Todos esses prolongamentos têm como desiderato garantir o bem-estar dos habitantes

---

27. LEFEBVRE, Henri. *O direito à cidade*. São Paulo: Centauro, 2001, p. 66.
28. "A cidadania prevê o direito, não apenas à terra, mas à cidade, com seu modo de vida, com seus melhoramentos, com suas oportunidades de emprego, de lazer, de organização política" (MARICATO, Ermínia. Direito à terra ou direito à cidade?" *Revista de Cultura Vozes*, v. 89, n. 6, p. 409, 1985).

e assegurar a cidade para todos, buscando evitar, no caso da desigualdade social, uma nova violência ou a perpetuação das já existentes. Isso porque "a pobreza não é apenas o fato do modelo socioeconômico vigente, mas, também, do modelo espacial",[29] o qual marginaliza determinados sujeitos e privilegia outros em certos ambientes da cidade.

Por tal perspectiva, é, além de lógico, razoável ponderar a possível ocorrência de ilicitude quando da utilização de artifícios arquitetônicos hostis. Não irá tardar para o legislativo vedar a prática das intervenções hostis, a proibindo, muito provavelmente, por meio de comandos de natureza porosa, para, assim, permitir a análise contextual em cada situação. Logo, haverá uma fonte de ilicitude culposa (art. 186, CC).

De qualquer sorte, a situação já pode ser analisada sob o prisma do abuso de direito (art. 187), reconhecendo-se o manifesto excesso do direito à propriedade privada (dos particulares) ou do direito de gestão pública da cidade (do poder público nos ambientes comuns). Quanto a propriedade privada, a Constituição Federal estabelece os critérios iniciais de adequação a função social nos arts. 182, §2º e 186, respectivamente sobre a propriedade urbana e rural.[30] Quanto a gestão pública, os pontos de partida se encontram na Constituição Federal, nos arts. 21, XX, 23, 25 e 30, em sinergia com o Estatuto da Cidade e com os Planos Diretores.

Os abusos de direito poderão ter múltiplas fontes, todavia, advirão especialmente do desrespeito à função social, à boa-fé e/ou aos bons costumes no exercício do direito à propriedade ou da gestão pública da cidade. Com bem adverte a doutrina: não necessariamente um ou outro, mas, eventualmente, todos ao mesmo tempo, onde uma mesma conduta viole a boa-fé, os bons costumes e a função social, por exemplo.

A violação da função social poderá ocorrer quando o direito à propriedade privada for exercitado, por meio de algum dos poderes do domínio, para deliberadamente criar mecanismos arquitetônicos peculiares ou grotescos, capazes de afastar ou impedir a fruição do espaço comum avizinhado da propriedade. Deve-se recordar a regra contida no art. 1.225, § 2º, do Código Civil, a qual veda atos emulativos, isto é: "atos que não trazem ao proprietário qualquer comodidade, ou utilidade, e sejam animados pela intenção de prejudicar outrem".[31] Mesmo porque, além das regras geais, o direito à vizinhança já prevê mecanismos de tutela específicos ao sossego, à saúde e à segurança (art. 1.277, CC). Importante destacar que o uso de ofendículos, desde que moderados e em locais

---

29. SANTOS, M. *a Urbanização brasileira*. São Paulo: Hucitec, 1993, p. 10.
30. Art. 182, § 2º: "§ 2º A propriedade urbana cumpre sua função social quando atende às exigências fundamentais de ordenação da cidade expressas no plano diretor".
    Art. 186: "Art. 186. A função social é cumprida quando a propriedade rural atende, simultaneamente, segundo critérios e graus de exigência estabelecidos em lei, aos seguintes requisitos: I – aproveitamento racional e adequado; II – utilização adequada dos recursos naturais disponíveis e preservação do meio ambiente; III – observância das disposições que regulam as relações de trabalho; IV – exploração que favoreça o bem-estar dos proprietários e dos trabalhadores".
31. MACHADO, Costa. *Código Civil interpretado*: artigo por artigo, parágrafo por parágrafo. CHINELLATO, Silmara Juny (Coord.). 10. ed. Barueri: Manole, 2017, p. 1.078.

onde o acesso público não é comum (o topo do muro, por exemplo), são permitidos pelo Direito e não configuram abuso.[32]

No caso do poder público, o mesmo se aplica, todavia, no que diz respeito aos ambientes, equipamentos ou mobiliário de uso comum. Aqui há o agravamento da situação diante dos deveres de proteção e promoção de Estado[33] quanto aos direitos à cidade, à segurança e ao meio ambiente, pois o Estado acaba por tornar-se o agressor daquilo que deveria proteger. Exemplos disso, no âmbito privado e público, são o uso extremamente hostil de lanças de metal no recuo de fachadas de lojas particulares (foto à esquerda), a colocação de pedras sob passarelas ou viadutos pelo poder público (foto ao centro), bem como a elaboração de bancos que evitam pessoas de deitar e, pior, as expõem a riscos desnecessários pelo uso de espetos (foto à esquerda). A agressividade de tais designs, embora destinada para certos sujeitos ou comportamentos, acaba atentando contra todos, expondo cidadãos a riscos e perigos desnecessários.

A violação da boa-fé ocorrerá sempre que a implementação da intervenção hostil ocorrer como quebra das relações de confiança ou como forma gritante de deslealdade para com o outro que se deseja afastar.[34] Em certo sentido, todas articulações hostis são realizadas de modo desleal, porque elas não visam exclusivamente o embelezamento ou a segurança, como sugerem. Seu alvo é afastar pessoas e comportamentos e, assim, supostamente obter a percepção de segurança e a higienização (material e humana) de áreas. Em tempos de contexto neoliberal e da financeirização da vida, o atrofiamento dos espaços torna-se estratégia e política de negativa gentrificação,[35] de especulação financeira, de biopolítica e de necropolítica. É o próprio sequestro das potencialidades da vida na cidade pela imposição de bloqueios.

Porém, para o ilícito do abuso de direito decorrente do desrespeito da boa-fé, somente os designs mais ostensivos poderão ser considerados como tal. Note: uma cerca viva pode ser feita com outras plantas que não as dotadas de agudos espinhos despro-

---

32. "Seria inadmissível, por exemplo, que a armadilha fosse colocada na soleira da porta que dá para a via pública" (HUNGRIA, Nelson. *Comentários ao código penal*. Rio de Janeiro: Forense, 1958, v. I. t. II, p. 294).
33. GERVASONI, T. A.; BOLESINA, I. *O dever (constitucional) de proteção aos direitos fundamentais e o controle jurisdicional de políticas públicas*. Santa Cruz do Sul: Essere nel Mondo, 2014.
34. MARTINS-COSTA, Judith. *A boa-fé no direito privado*: critérios para a sua aplicação. São Paulo: Marcial Pons, 2015.
35. HERZFELD, Michael. Engagement, gentrification, and the neoliberal hijacking of history. In: *Current Anthropology*, v. 51, n. S2, p. 259-267. 2010.

tegidos do público, tanto quanto uma grade de proteção não precisa ser inclinada ou provida de pinos ameaçadores. Os bancos públicos, embora possam ter divisórias, não precisam ser carregados de espetos, serem cilíndricos, ondulados ou fragmentados (impedindo as pessoas de deitarem, sob a falaciosa premissa da "vagabundagem"). Os viadutos, igualmente, não precisam de pedras pontiagudas sob eles. Esses exemplos são formas manifestas da quebra da boa-fé, cujo o desiderato central é majoritariamente excluir sob falsas premissas.

Por seu turno, a violação dos bons costumes, na leitura contemporânea do conceito jurídico, talvez seja uma das maiores fontes de abuso de direito causada pela intervenção hostil. Bons costumes devem ser interpretados como a fruição de determinado direito de acordo com lógicas democráticas, plurais, respeitosas ao bem comum, à solidariedade e à diversidade, impostas pela Constituição Federal. Em suma, bons costumes têm a ver com bom senso em torno da moral culturalmente erigida, porém, muito mais com a matriz estrutural da vida em sociedade proposta pela Constituição Federal.[36]

Portanto, aqui entram os típicos casos motivados por gentrificação de comunidades carentes[37] e por aporofobia, onde os maliciosos artifícios arquitetônicos são posicionados para excluir a população pobre das adjacências do imóvel, de locais públicos ou de todo o bairro. Opera-se uma violência de caráter geográfico, impondo lugares onde pobres e demais vulnerabilizados sociais não são bem-vindos. Não apenas a aporofobia é razão para tal exclusão, também qualquer situação dentro da miríade de preconceitos e discriminações podem ser motivos. Pode-se cogitar, por exemplo, ações movidas pela homofobia, transfobia, racismo, pedofobia, gerontofobia, cipridofobia, dentre outras.

Exemplo marcante ocorreu em um condomínio de classe média-alta (Edifício Roxy), em Copacabana, onde instalaram-se chuveirinhos sob a marquise do prédio,

---

36. CASTRO, Thamis Ávila Dalsenter Viveiros de. *Bons costumes no direito civil brasileiro*. São Paulo: Almedina, 2017.
37. "[...] A gentrificação impulsionada pelo capital quase sempre traz a tragédia do despejo em seu rastro. Somente quando os moradores também são proprietários e, portanto, capazes de melhorar sua própria condição econômica ao longo – e através – do aumento do valor de suas propriedades, eles podem evitar ser lançados no lixo da história. Mas na maioria dos lugares – como as comunidades em Roma e Bangkok onde trabalhei mais recentemente – os efeitos sobre uma população predominantemente composta por locatários foram nada menos que catastróficos [...] a escalada de preços resultou de uma onda de especulação imobiliária" (HERZFELD, Michael. Engagement, gentrification, and the neoliberal hijacking of history. *Current Anthropology*, v. 51, n. S2, p. 260. 2010.

a fim de molhar moradores de rua que buscassem abrigo no local (foto à esquerda).[38] Algo semelhante aconteceu em Porto Alegre, tendo um edifício instalado aquilo que chamou de medida "antimendigos", isto é, um gotejamento de água sob a marquise (foto ao centro).[39] Outra situação comum é a instalação de grades ou pinos para evitar que moradores de rua abriguem-se nos recuos em frente a bancos, lojas e prédios (foto à direita).

Diante de qualquer uma dessas hipóteses e, em havendo dano jurídico, poderá ser reconhecida a responsabilidade civil do ofensor. Nos casos de agentes privados, a responsabilidade por abuso de direito no exercício da propriedade privada terá natureza objetiva, independentemente de culpa. Em se tratado do poder público, dever-se-á analisar se a sua conduta foi uma ação ou uma omissão, sendo a responsabilidade, como regra, objetiva nas ações e subjetiva nas omissões.[40]

Quanto a figura do dano, em parcela menor, ele será de natureza individual, ocorrendo em casos especialíssimos e pontuais de lesão. É o caso dos moradores de rua que tem água lançada sobre si ou os seus pertences prejudicados pela medida do ofensor. Também pode ilustrar a hipótese de pessoas que são expulsas por seguranças privadas, impedidas de ocupar o espaço público adjacente aos imóveis. Em igual situação, todos aqueles que sofrerem prejuízos físicos causados pelos artifícios hostis, como os espetos, as cercas-vivas espinhosas, cercas elétricas, dentro outros.

---

38. Na reportagem realizada, ouviu-se o presidente da Sociedade Amigos de Copacabana, Horácio Magalhães, o qual justificou a medida nos seguintes termos: "Colocaram aquelas saídas de água para inibir a concentração de moradores de rua no local. Compreendo que não é a solução mais adequada, mas, diante da inoperância do poder público para resolver o problema e me colocando no lugar dos que moram no prédio, acho que foi uma forma alternativa para resolver o problema, embora esta medida não seja a mais indicada. Há várias reclamações de consumo de drogas e brigas no local". A medida hostil foi rechaçada pela Secretaria Municipal de Assistência Social e Direitos Humanos (BRITO, Carlos. *Prédio instala 'chuveiros' em marquise e causa polêmica em Copacabana, Zona Sul do Rio*. 2017. Disponível em: www.g1.globo.com. Acesso em: ago. 2022).
39. O poder público municipal foi ouvido e argumentou que: "só poderia atuar, caso tivesse sido instalado algum sistema que impedisse ou prejudicasse a circulação no passeio público". O descaso, contudo, vai além das meras regras burocráticas, como referiu morador ouvido na matéria. Ele disse: "a atitude adotada pelo condomínio vai muito além da inércia do poder público em relação a este problema social. Demonstra completa falta de noção, de cidadania e de humanidade: jogar água nas pessoas?" (FAVERO, Daniel. *Prédio instala esguicho de água para afastar mendigos no RS*. 2014. Disponível em: www.terra.com.br. Acesso em: ago. 2022).
40. MELLO, Celso Antonio Bandeira de. *Curso de direito administrativo*. 26. ed. São Paulo: Malheiros, 2009, p. 1003-1005.

Por outro lado, ainda quanto ao dano, é mais comum ponderar a hipótese de dano social[41] ou dano moral coletivo,[42] tendo em vista o caráter difuso das lesões. Os prejuízos são, potencialmente, capazes de ofender a todos indistintamente, muito embora e sobretudo, recaiam comumente sobre determinadas pessoas ou determinados comportamentos.

5. CONCLUSÃO

Diante do questionamento sobre ser possível ou não responsabilizar civilmente particulares e o poder público por casos de intervenção hostil na cidade, alcançou-se conclusão positiva. O desfecho baseia-se no abuso de direito (art. 187, CC) no exercício da propriedade privada e do poder de gestão pública. Nada obstante, também é possível cogitar a responsabilização civil pela prática de ilícito culposo (art. 186, CC), tão logo avancem os Projetos de Lei 488/2021 e 1.635/2022, ambos em torno da chamada "arquitetura hostil" e da "aporofobia", vedando expressamente tais práticas.

No caminho para tal conclusão também se indicou o contexto no qual as intervenções hostis estão inseridas, qual seja, neoliberalismo e financeirização da vida. Embora neoliberalismo e financeirização não se confundam de um ponto de vista conceitual, vinculam-se reciprocamente em uma relação de causa e efeito, o primeiro permitindo o trânsito do segundo sem pedágios. O casamento dessas duas figuras, tende a privatizar o social (serviços e direitos) e a impor lógicas de mercado anestesiadas para com a desigualdade social. No que diz respeito a moradia, a lógica exploratória das finanças a mercantiliza e a destitui do seu caráter de bem social. Com efeito, a especulação e a mercantilização repercutem até mesmo sobre a conformação e planejamento das cidades, comprometendo, assim, outro direito fundamental essencial que é o direito à cidade (para todos).

Nessa dinâmica, as intervenções hostis são mais do que aquilo que sugerem ser. Sua narrativa em torno da segurança, da higiene e do embelezamento fixa em xeque quando se percebe quem são os afetados por tais práticas. Em geral, os prejudicados são pessoas pobres ou socialmente vulnerabilizadas, bem como todas aqueles que se comportam à margem do perfil conservador. Todos se tornam excluídos dentro do espaço público da sua própria cidade.

A cidade, como ecossistema vivo de oportunidades e bloqueios, acaba sendo refratária dos ideários dominantes, reproduzindo-os como perpetuação de preconceito, discriminação e desigualdade. As intervenções hostis se tornam apenas mais um instrumento de negativa gentrificação, de especulação financeira, de biopolítica e de necropolítica, separando "quem merece" de quem "não merece", não apenas do outro

---

41. AZEVEDO. Antônio Junqueira de. Por uma nova categoria de dano na responsabilidade civil o dano social. *Novos estudos e pareceres de direito privado.* p. 377-384, 2009.
42. FARIAS, Cristiano Chaves de; NETTO, Felipe Peixoto Braga; e ROSENVALD, Nelson. *Novo tratado de responsabilidade civil.* São Paulo: Atlas, 2015, p. 226.

para o outro, mas, também, na dinâmica neoliberal concorrencial e de perversa autorresponsabilização.

Em razão disso, enxerga-se ilicitude na implementação de ostensivos artifícios arquitetônicos hostis, visando excluir, impedir ou afastar determinadas pessoas ou comportamentos, configurando manifesto abuso de direito da propriedade privada ou da gestão pública. Sob discursos ocos de sentido, defende-se a segurança, a higiene e o embelezamento, para, na verdade, discriminar e excluir. Como dito ao longo do texto, nem todo artifício arquitetônico será hostil. Serão aqueles manifestamente maliciosos, porque desleais, porque discriminatórios, porque inseguros ou porque meramente emulativos.

Quanto aos danos, eles podem ser de ordem individual, porém, será mais comum aparecerem como danos sociais ou morais coletivos. Por sua vez, a responsabilidade tende a ser objetiva, ressalvando-se as hipóteses de omissões públicas sobre deveres genéricos.

6. REFERÊNCIAS

ALVAREZ, Isabel Pinto. The production of the segregated city: The case of São Paulo's nova luz urban redevelopment project. *Habitat International*, v. 54, 2016.

AZEVEDO. Antônio Junqueira de. Por uma nova categoria de dano na responsabilidade civil o dano social. *Novos estudos e pareceres de direito privado*, 2009.

BAUMAN, Zygmunt. *Medo líquido*. São Paulo: Companhia das Letras, 2012.

BRITO, Carlos. *Prédio instala 'chuveiros' em marquise e causa polêmica em Copacabana, Zona Sul do Rio*. 2017. Disponível em: www.g1.globo.com. Acesso em: ago. 2022.

BROWN, Wendy. *Nas ruínas do neoliberalismo*: a ascensão da política antidemocrática no ocidente. Trad. Mario Antunes Marino e Eduardo Altheman C. Santos. São Paulo: Politeia, 2019.

CASTRO, Thamis Ávila Dalsenter Viveiros de. *Bons costumes no direito civil brasileiro*. São Paulo: Almedina, 2017.

CORTINA, Adela. *Aporofobia, a aversão ao pobre*: um desafio para a democracia. Editora Contracorrente, 2020.

DARDOT, Pierre; LAVAL, Christian. *A nova razão do mundo*: ensaio sobre a sociedade neoliberal. Trad. Mariana Echalar. São Paulo: Boitempo, 2016.

DIAS, Shayenne Barbosa. *Arquitetura hostil e percepção da sensação de insegurança*: uma barreira para vitalidade e urbanidade, no bairro do Espinheiro. Dissertação (mestrado) – Centro de Ciências Humanas, Letras e Artes, Programa de Pós-Graduação em Estudos Urbanos e Regionais. Natal, RN, 2019.

DOWBOR, Ladislau. *A era do capital improdutivo*: Por que oito famílias têm mais riqueza do que a metade da população do mundo? São Paulo: Autonomia Literária, 2017.

ELLIN, Nan. *Architecture of Fear*. Princeton: Princeton Architectural Press, 1997.

FARIA, Débora Raquel. *Sem descanso*: arquitetura hostil e controle do espaço público no centro de Curitiba. 2020.

FARIAS, Cristiano Chaves de; NETTO, Felipe Peixoto Braga; e ROSENVALD, Nelson. *Novo tratado de responsabilidade civil*. São Paulo: Atlas, 2015.

FAVERO, Daniel. *Prédio instala esguicho de água para afastar mendigos no RS*. 2014. Disponível em: www.terra.com.br. Acesso em: ago. 2022.

FRASER, Nancy. Do neoliberalismo progressista a Trump – e além. *Política & Sociedade*. Florianópolis, v. 17, n. 40, set./dez. 2018. Disponível em: https://periodicos.ufsc.br/index.php/politica/article/view/2175-7984.2018v17n40p43. Acesso em: 17 ago. 2021.

GERVASONI, T. A.; BOLESINA, I. *O dever (constitucional) de proteção aos direitos fundamentais e o controle jurisdicional de políticas públicas*. Santa Cruz do Sul: Essere nel Mondo, 2014.

HARVEY, David. O direito à cidade. *Lutas sociais*. São Paulo, n. 29, p. 73-89, jul./dez. 2012. https://doi.org/10.23925/ls.v0i29.18497. Acesso em: 26 ago. 2022.

HERZFELD, Michael. Engagement, gentrification, and the neoliberal hijacking of history. *Current Anthropology*, v. 51, n. S2, 2010.

HUNGRIA, Nelson. *Comentários ao código penal*. Rio de Janeiro: Forense, 1958. v. I. t. II.

KUSSLER, Leonardo Marques. Arquitetura hostil e hermenêutica ética. *Geograficidade*, v. 11, n. Especial, p. 16-25, 2021.

LEFEBVRE, Henri. *O direito à cidade*. São Paulo: Centauro, 2001.

MACHADO, Costa. *Código Civil interpretado*: artigo por artigo, parágrafo por parágrafo. CHINELLATO, Silmara Juny (Coord.). 10. ed. Barueri: Manole, 2017.

MARICATO, Ermínia. Direito à terra ou direito à cidade?" *Revista de Cultura Vozes*, v. 89, n. 6, p. 409, 1985.

MARICATO, Ermínia. *Metrópole na periferia do capitalismo*: ilegalidade, desigualdade e violência. São Paulo: Hucitec, 1996.

MARTINS-COSTA, Judith. *A boa-fé no direito privado*: critérios para a sua aplicação. São Paulo: Marcial Pons, 2015.

MBEMBE, Achille. *Necropolítica*. n-1 edições, 2021.

MELLO, Celso Antonio Bandeira de. *Curso de direito administrativo*. 26. ed. São Paulo: Malheiros, 2009.

MILANOVIC, Branko. *Ter ou não ter*: uma breve história da desigualdade. Libsoa: Bertrand, 2012.

ROLNIK, Raquel. *Guerra dos lugares*: a colonização da terra e da moradia na era das finanças. 2. ed. São Paulo: Boitempo, 2019.

SANTOS, M. A *Urbanização brasileira*. São Paulo: Hucitec, 1993.

SASSEN, Saskia. *Lógicas predatórias*: indo muito além da desigualdade. Caderno CRH, v. 35, p. 1-17, e022002 (2022). https://doi.org/10.9771/ccrh.v35i0.48850. Acesso em: 26 ago. 2022.

SOMEKH, Nadia. *Não existe arquitetura hostil, mas desurbanidade, uma cidade hostil*. 2021. Disponível em: www.caubr.gov.br. Acesso em: ago. 2022.

VAROUFAKIS, Yanis. *O minotauro global*: a verdadeira origem da crise financeira e o futuro da economia global. Trad. Marcela Werneck. São Paulo: Autonomia Literária, 2016.

TELEMEDICINA E A RESPONSABILIDADE CIVIL DO MÉDICO NO VAZAMENTO DE DADOS SENSÍVEIS DO PACIENTE

Karenina Tito

Mestre e Doutoranda pela Universidade de Coimbra. Professora da Universidade Estadual do Piauí (UESPI). Investigadora colaboradora do Instituto Jurídico da Faculdade de Direito da Universidade de Coimbra. Associada do IBERC (Instituto Brasileiro de Estudos de Responsabilidade Civil). Membro do Grupo de pesquisa "Direito da Saúde e Empresas Médicas" (Unicuritiba). Presidente da Comissão de Responsabilidade Civil da OAB/PI. Advogada.

Sumário: 1. Introdução – 2. Telemedicina – 3. O papel do consentimento do paciente na proteção de dados – 4. A responsabilidade civil do médico no vazamento de dados sensíveis do paciente – 5. Considerações finais – 6. Referências.

1. INTRODUÇÃO

Nas últimas décadas, as relações sociais, econômicas e jurídicas acompanharam o ritmo acelerado do fenômeno da globalização: antigas barreiras geográficas, políticas e culturais foram trespassadas e o cenário internacional, cada vez mais conectado e interdependente, passou a se assemelhar ao que estudiosos definiram como uma grande "aldeia global".[1] À frente deste processo, como que o seu fio condutor, situaram-se as inovações tecnológicas, sobretudo as atinentes à informação e à comunicação, revolucionando a troca de dados e a comunicação em geral. Com isso, surgiram novos padrões de interação social, subjacentes a uma transformação maior das relações humanas em suas mais distintas esferas. Todas estas esferas, em alguma medida, virtualizam-se e passam a se dar em um novo espaço: o cibernético, ou digital. Segundo Lorenzetti:[2]

> Existe um novo espaço: o cibernético (ciberespaço), diferente do espaço físico, com uma arquitetura caracterizada por sua maleabilidade, posto que qualquer um pode redefinir códigos e interagir nesse espaço, o que converte em um objeto refratário às regras legais, as quais levam em conta tais elementos para decidir numerosos aspectos jurídicos.

Uma dessas esferas é, sem dúvidas, a dos serviços médicos. A título de exemplo, estima-se que 25,3% da população utilize a *internet* com a finalidade de acessar *sites* ou aplicativo que apresentem informações médicas ou relativas a cuidados com a saúde. Outra estimativa dá conta de que cerca de 34,4% dos brasileiros com acesso à *internet*

---

1. JESUS, Damásio de; MILAGRE, José Antonio. *Manual de crimes informáticos*. São Paulo: Saraiva, 2016. p. 37.
2. LORENZETTI, Ricardo Luís. *Teoria da decisão judicial*: fundamentos de direito. 2. ed. São Paulo: Ed. RT, 2010. p. 50.

procuram relacionar, quando doentes, os seus sintomas ou buscam algum diagnóstico *on-line*.[3] A expressividade destes números demonstra não apenas um significativo interesse pela Medicina em geral, mas também, e principalmente, um interesse significativo pela informação rápida e acessível acerca dos cuidados médicos.

Tais mudanças representam um cenário inédito para o exercício profissional da saúde, forçando o profissional dessa área a entender e a lançar mão destes novos meios de comunicação digital. Ademais, na medida em que se muda o cenário onde se dá a relação médico-paciente, muda-se também a dinâmica da própria relação. Verifica-se, neste aspecto, um certo esvaziamento do papel do médico enquanto difusor exclusivo da informação e do conhecimento acerca da Medicina, ocasionado pela assunção de um papel mais ativo e questionador por parte paciente, que não mais aceita a mera coadjuvação em relação à sua saúde.[4] Da mesma forma, o profissional da saúde passa a ter de conciliar a sua função medicinal com diversas outras, como a de administração, gestão, gerenciamento de mídias sociais, dentre outras.

No caso específico da classe médica, há um gama de normas jurídicas e éticas regulando o atendimento a pacientes no âmbito virtual e dispondo os deveres observáveis neste contexto, inclusive no que diz respeito ao tratamento de dados e informações do cliente pelo profissional.

O presente artigo tem como objetivo discutir brevemente a responsabilidade civil do médico no vazamento de dados de pacientes no contexto da telemedicina. No item 2, apresenta-se o desenvolvimento deste tipo de modalidade de prestação de assistência médica. No item 3, discute-se a proteção de dados no contexto jurídico pátrio e o papel dado ao consentimento esclarecido da pessoa pela Lei Geral de Proteção de Dados e pela Resolução 2.314/2022. No item 4, aborda-se a questão da responsabilidade civil do médico no caso de vazamento de dados sensíveis do paciente.

2. TELEMEDICINA

A telemedicina é uma espécie de telemática, isto é, a prestação e tomada à distância de serviços de saúde. Mais especificamente, trata-se do exercício virtual da Medicina clínica. Envolve, entre outros procedimentos, a teleconsulta, o telediagnóstico, a teletriagem, telemonitoramento (*homecare*), telediagnóstico, a telecirurgia.[5]

As origens da telemedicina retrocedem ao século XIX, quando da utilização das tecnologias então emergentes, como rádios, telégrafos e telefones, na comunicação remota entre pacientes e médicos. Mais tarde, no século XX, desenvolveu-se, a partir das décadas de 1940 e 1950, no contexto da corrida espacial, o uso de vídeo e ima-

---

3. DataReportal (2022). *Digital 2022*: Global Overview Report. Disponível em: https://datareportal.com/reports/digital-2022-global-overview-report. Acesso em: 14 ago. 2022.
4. ABREU, Cristiano Nabuco de; EISENSTEIN, Evelyn; ESTEFENON, Susana Graciela Bruno. *Vivendo esse mundo digital*: impactos na saúde, na educação e nos comportamentos sociais. Porto Alegre: Artmed, 2013.
5. SCHAEFER, Fernanda; GLITZ, Frederico (Coord.). *Telemedicina*: desafios éticos e regulatórios. Indaiatuba, SP: Editora Foco, 2022.

gens médicas a fim de monitorar as funções vitais dos astronautas.[6] Disso se seguiu a sistematização do uso de imagens, principalmente a partir de em 1962, quando o Hospital Geral de Boston (EUA) passou a oferecer atendimento e vigilância de pacientes à distância, através de televisão. Daí em diante, popularizou-se a prática da telemedicina também em outros países, sobretudo a partir da década de 1990, com o advento da *internet*.

No Brasil, o primeiro registro de telemedicina remete ao acidente com Césio 137 em Goiânia, em 1987, envolvendo o desmonte e o descarte inapropriado de um aparelho de radioterapia, o que expôs centenas de pessoas a uma substância radiativa.[7] Na ocasião, a equipe médica da universidade Unicamp, responsável pela emissão dos laudos do acidente, lançou mão da rede de comunicação do campus para contatar os médicos dos hospitais nos quais as vítimas estavam internadas.[8]

Já o ano de 2000 ficou marcado para a telemedicina não apenas pela chegada do novo milênio, mas, também, com dois importantes marcos que consolidaram a *era digital* trazida pela Terceira Revolução Industrial e preconizaram os avanços da contemporânea Quarta Revolução Industrial: em primeiro lugar, a realização da primeira teleconsulta no país por parte do Instituto Materno Infantil de Recife, em conjunto com o hospital norte americano *Saint Jude Children Research Hospital*; em segundo lugar, a primeira telecirurgia, com utilização de um robô, pelo Hospital Sírio Libanês em São Paulo em parceria com o hospital John Hopkins.[9]

A instituição da telemedicina na legislação brasileira se deu logo depois, em 2002, por meio da Resolução CFM 1.643/2002. Trazia uma redação, além de exígua, imprecisa que diz respeito à definição de telemedicina, facilmente confundida com o termo telemática.[10] A norma só veio a ser rematada, contudo, pela Resolução CFM 2.228/2019.[11] Dentre as suas principais inovações, destacam-se a ampliação das categorias de telemedicina para envolver a teleconsulta e a telecirurgia, além de tratar da questão da infraestrutura e da segurança dos dados dos pacientes na *internet*.[12]

---

6. Ibidem.
7. História do Césio 137 em Goiânia. *Secretaria de Estado da Saúde do Estado de Goiás*, 2020. Disponível em: https://www.saude.go.gov.br/cesio137goiania/historia. Acesso em: 22 ago. 2022.
8. BOAS, Ana Luiza Machado Vilas; VASCONCELOS, Priscila Elise Alves. Responsabilidade civil dos médicos no exercício da telemedicina. *Revista Ibero-Americana de Humanidades, Ciências e Educação*. v. 8, n. 1, p. 271-301, São Paulo, 1º jan. 2022.
9. SANTOS, Weverson Soares; SOUZA JÚNIOR, João Henrique; SOARES, João Coelho; RAACH, Michele. Reflexões acerca do uso da telemedicina no Brasil: oportunidade ou ameaça? *Revista de Gestão em Sistemas de Saúde*, v. 9, n. 3, p. 433-453, São Paulo, 23 jun. 2020. Disponível em: https://periodicos.uninove.br/revistargss/article/view/17514. Acesso em 13 jul. 2022.
10. SCHAEFER, Fernanda; GLITZ, Frederico (Coord.). *Telemedicina*: desafios éticos e regulatórios. Indaiatuba, SP: Editora Foco, 2022.
11. Neste ínterim, houve a publicação da Resolução CFM 2.227/2018, que, todavia, foi rapidamente revogada pela Resolução de 2019.
12. BOAS, Ana Luiza Machado Vilas; VASCONCELOS, Priscila Elise Alves. Responsabilidade civil dos médicos no exercício da telemedicina. *Revista Ibero-Americana de Humanidades, Ciências e Educação*. v. 8, n. 1, p. 271-301, São Paulo, 1º jan. 2022.

Mais do que nunca, a telemedicina se estabeleceu através do seu papel crucial dentro da conjuntura de combate a pandemia da Covid-19. Autorizou-a em caráter temporário e de excepcionalidade o Ofício CFM 1.756/2020, na sequência complementado pela Portaria 467/2020 do Ministério da Saúde. No mesmo período, sancionou-se a Lei 13.989/20, que dispunha especificamente sobre o uso da telemedicina durante a pandemia. Como traço distintivo da legislação, figura a sua especificidade e o seu comedimento: limitou-se a regular a teleconsulta e as receitas médicas digitais.

Só muito recentemente, porém, essa confirmação da telemedicina como aspecto indispensável da prática médica contemporânea encontrou um respaldo legal mais correspondente às suas complexidades: em maio de 2022, o Conselho Federal de Medicina regulamentou a telemedicina no Brasil por intermédio da Resolução 2.314/2022,[13] em que se assegurou a privacidade,[14] segurança[15] e o direito ao consentimento esclarecido do paciente.[16]

Sobretudo, com a nova resolução se introduziu uma preocupação mais atenta acerca dos deveres de proteção de dados, da privacidade e de segurança. Preocupação esta que se encontra em consonância com outras disposições legais no mesmo sentido, como, por exemplo, os princípios previstos no artigo 6º da Lei 13.709/2018,[17] a Lei Geral de Proteção de Dados Pessoais (LGPD).

---

13. Substituindo, portanto, a Resolução 1.643/2002.
14. Art. 3º Nos serviços prestados por telemedicina os dados e imagens dos pacientes, constantes no registro do prontuário devem ser preservados, obedecendo as normas legais e do CFM pertinentes à guarda, ao manuseio, à integridade, à veracidade, *à confidencialidade, à privacidade*, à irrefutabilidade e à garantia do sigilo profissional das informações. (Grifo nosso).
15. § 2º O SRES utilizado deve possibilitar a captura, o armazenamento, a apresentação, a transmissão e a impressão da informação digital e identificada em saúde e atender integralmente aos requisitos do *Nível de Garantia de Segurança 2 (NGS2), no padrão da infraestrutura de Chaves Públicas Brasileira (ICP-Brasil) ou outro padrão legalmente aceito*. (Grifo nosso).
16. Art. 15. O paciente ou seu representante legal deverá autorizar o atendimento por telemedicina e a transmissão das suas imagens e dados por meio de (termo de concordância e autorização) *consentimento, livre e esclarecido*, enviado por meios eletrônicos ou de gravação de leitura do texto com a concordância, devendo fazer parte do SRES do paciente. Parágrafo único. Em todo atendimento por telemedicina deve ser assegurado *consentimento explícito*, no qual o paciente ou seu representante legal deve estar consciente de que suas informações pessoais podem ser compartilhadas e sobre o seu direito de negar permissão para isso, salvo em situação de emergência médica. (Grifo nosso). Ademais, conforme a própria exposição de motivos: "Considerando que as informações sobre o paciente identificado só podem ser transmitidas a outro profissional com prévia permissão do paciente, mediante seu consentimento livre e esclarecido e com protocolos de segurança capazes de garantir a confidencialidade e integridade das informações." (Conselho Federal de Medicina, 2022).
17. Art. 6º. As atividades de tratamento de dados pessoais deverão observar a boa-fé e os seguintes princípios: I – finalidade: realização do tratamento para propósitos legítimos, específicos, explícitos e informados ao titular, sem possibilidade de tratamento posterior de forma incompatível com essas finalidades; II – adequação: compatibilidade do tratamento com as finalidades informadas ao titular, de acordo com o contexto do tratamento; III – necessidade: limitação do tratamento ao mínimo necessário para a realização de suas finalidades, com abrangência dos dados pertinentes, proporcionais e não excessivos em relação às finalidades do tratamento de dados; IV – livre acesso: garantia, aos titulares, de consulta facilitada e gratuita sobre a forma e a duração do tratamento, bem como sobre a integralidade de seus dados pessoais; V – qualidade dos dados: garantia, aos titulares, de exatidão, clareza, relevância e atualização dos dados, de acordo com a necessidade e para o cumprimento da finalidade de seu tratamento; VI – transparência: garantia, aos titulares, de informações claras, precisas e facilmente acessíveis sobre a realização do tratamento e os respectivos agentes de tratamento, observados os segredos comercial e industrial; VII – segurança: utilização de medidas técnicas e administrativas aptas a

Assim, a trajetória do tratamento jurídico da telemedicina nas últimas duas décadas, sempre progressiva, reflete uma realidade que, hoje, parece definitiva: na expressão popular, a telemedicina "veio para ficar". São inúmeros os benefícios e vantagens, afinal, que acompanham a possibilidade de quebrar a barreira do distanciamento geográfico e físico, sobretudo em um país com extensão continental como é o Brasil. Promove-se, com isso, uma ampliação da área de cobertura médico-assistencial para muito além dos grandes centros e de municípios com melhor assistência médica relativa, o que beneficia principalmente pacientes de áreas de menor assistência médica relativa.

Já, para os profissionais, a telemedicina representa a possibilidade de redução de custos e de maior velocidade no fluxo de informações com outros médicos e com o próprio paciente, tornando o exercício da profissão não apenas mais ágil, mas também mais eficaz. Um exemplo muito claro é a adoção do prontuário eletrônico armazenado, que reduz o tempo de espera em hospitais e clínicas e possibilita o acesso a outros membros da equipe ou, sem abrir mão do consentimento do paciente, até mesmo fora dela.[18]

Por fim, um dos desafios que se impõem à telemedicina é a difusão dos seus inúmeros benefícios para a população brasileira que não se encontra conectada à *internet*. Trata-se nada menos do que cerca de 23% da população brasileira, isto é, aproximadamente 49.375.000 (quarenta e nove milhões, trezentas e setenta e cinco mil).[19]

3. O PAPEL DO CONSENTIMENTO DO PACIENTE NA PROTEÇÃO DE DADOS

Outro desafio de primordial importância para a telemedicina é o do tratamento dos dados dos pacientes. Ainda que a LGPD não tenha o abordado especificamente, a proteção aos dados de pacientes, decerto, ela se situa dentro do escopo legal da proteção de dados pessoais da pessoa natural, que, por silogismo, já abrange os dados de pessoas naturais relativos à saúde. A telemedicina, portanto, pressupõe o dever de sigilo e de proteção de dados do paciente, sobretudo na medida em que amplia as possibilidades de circulação, de compartilhamento, também de vazamento destes dados.[20]

Não se trata de um problema qualquer, como se vê pela relevância que lhe é dada pela população em geral. Estima-se, por exemplo que o vazamento de dados seja uma

---

proteger os dados pessoais de acessos não autorizados e de situações acidentais ou ilícitas de destruição, perda, alteração, comunicação ou difusão; VIII – prevenção: adoção de medidas para prevenir a ocorrência de danos em virtude do tratamento de dados pessoais; IX – não discriminação: impossibilidade de realização do tratamento para fins discriminatórios ilícitos ou abusivos; X – responsabilização e prestação de contas: demonstração, pelo agente, da adoção de medidas eficazes e capazes de comprovar a observância e o cumprimento das normas de proteção de dados pessoais e, inclusive, da eficácia dessas medidas.

18. SANTOS, Weverson Soares; SOUZA JÚNIOR, João Henrique; SOARES, João Coelho; RAACH, Michele. Reflexões acerca do uso da telemedicina no Brasil: oportunidade ou ameaça?. *Revista de Gestão em Sistemas de Saúde*, v. 9, n. 3, p. 433-453, São Paulo, 23 jun. 2020. Disponível em: https://periodicos.uninove.br/revistargss/article/view/17514. Acesso em 13 jul. 2022. p. 488.
19. DataReportal (2022). *Digital 2022*: Global Overview Report. Disponível em: https://datareportal.com/reports/digital-2022-global-overview-report. Acesso em: 18 ago. 2022.
20. KFOURI NETO, Miguel; NOGAROLI, Rafaella (Coord..). *Debates contemporâneos em direito médico e da saúde*. São Paulo: Thomson Reuters Brasil, 2020. p. 151.

preocupação de 51,7% dos usuários,[21] que receiam o compartilhamento e a utilização indevidas dos seus dados para finalidades não consentidas por eles e/ou ilegais. Entende-se: aproximadamente 243 milhões de brasileiros, vivos e falecidos, tiveram seus dados expostos durante o período da pandemia.[22] A preocupação é sobremodo razoável.

Diante de um tal contexto, também não é de se esperar que o setor da saúde permanece incólume. Impõe-se respostas, soluções. Mais do que nunca, é necessária a criação de ambientes e estruturas orientadas à proteção de dados médicos que permitam o controle do seu compartilhamento e, assim, em caso de violação do sigilo profissional e de utilização imprópria dos dados dos pacientes, a responsabilização dos profissionais.

Ademais, uma vez que a LGPD e a Resolução 2.314/2022 consagraram o consentimento do titular no compartilhamento e no uso dos seus dados como ponto fulcral na proteção das informações em geral, no caso da telemedicina não seria diferente. O termo de consentimento, porém, possui aí peculiaridade de abranger aspectos próprios da telemedicina, como, por exemplo, a descrição do procedimento médico a ser exercido dessa forma, o tratamento de dados pessoais, o sigilo e a autorização de compartilhamento com terceiros. Não havendo consentimento em qualquer um destes pontos do termo, o profissional assume o risco de ser responsabilizado pelo vício de consentimento em virtude de ter prestado informação imprecisa:[23]

> [...] se houver quebra do dever de sigilo imponível ao profissional da saúde que atue com a Telemedicina, havendo violação de dados sensíveis, ter-se-á defeito na prestação de serviços por quebra da confiança que lhe foi depositada pelo destinatário final (paciente), havendo verdadeira responsabilização objetiva, que seguirá as regras do artigo 14 do Código de Defesa do Consumidor quanto ao profissional que desencadear a falha, incidindo o artigo 19, quanto ao provedor de aplicações, nos moldes explicitados no parágrafo anterior. Ressalta-se: a LGPD estabelece verdadeiro "dever geral de segurança, extraído do artigo 46 da lei", e condiz com o espírito inaugurado por uma legislação que trabalha detidamente com o *compliance*, embora o estabeleça como uma faculdade. Tudo isso, compreendido e interpretado de forma sistemática, permite concluir que a responsabilidade por quebra do sigilo de dados sensíveis é objetiva, e que, por essa razão, não depende de prova de conduta culposa por parte do fornecedor (controlador), havendo solidariedade do operador quando a sua atuação se der em descumprimento de obrigações legais ou pelo não atendimento das instruções lícitas emitidas pelo controlador. Todo controlador, por sua vez, responde solidariamente pelos danos causados ao titular dos dados.

Em suma, o profissional que violar o sigilo dos dados sensíveis estará sujeito à responsabilização objetiva,[24] conforme a previsão legal do artigo 42 da LGPD.[25]

---

21. Ibidem.
22. G1. *Nova falha do Ministério da Saúde expõe dados de 243 milhões de brasileiros na internet, diz jornal*. 02 dez. 2020. Disponível em: https://g1.globo.com/economia/tecnologia/noticia/2020/12/02/nova-falha-do-ministerio-da-saude-expoe-dados-de-243-milhoes-de-brasileiros-na-internet-diz-jornal.ghtml. Acesso em: 18 ago. 2022.
23. SCHAEFER, Fernanda; GLITZ, Frederico (Coord.). *Telemedicina*: desafios éticos e regulatórios. Indaiatuba, SP: Editora Foco, 2022.
24. A Responsabilidade será solidária sempre que o profissional não cumprir a legislação ou não seguir as instruções do controlador.
25. Art. 42. O controlador ou o operador que, em razão do exercício de atividade de tratamento de dados pessoais, causar a outrem dano patrimonial, moral, individual ou coletivo, em violação à legislação de proteção de

4. A RESPONSABILIDADE CIVIL DO MÉDICO NO VAZAMENTO DE DADOS SENSÍVEIS DO PACIENTE

A responsabilidade civil aplicável aos casos de vazamento de dados sensíveis está prevista na Seção III do Capítulo VI da LGPD – "Da Responsabilidade e do Ressarcimento de Danos". Há de se discorrer, aqui, acerca das características desse tipo de responsabilidade.

Em primeiro lugar, na esteira da definição legal dada pela própria LGPD,[26] cumpre destacar que dados sensíveis são dados pessoais que permitam a identificação da origem racial ou étnica, das convicções ou opiniões religiosas, políticas, filosóficas, além de dados referentes à saúde, à vida sexual, genéticos ou biométricos.

Assim, o profissional da saúde e as instituições, públicas ou privadas, que prestam serviço de assistência médica e que participarem, tanto de forma ativa quanto de forma passiva, do vazamento de dados sensíveis dos seus pacientes estarão sujeitos, à responsabilização civil – como se disse, objetiva. Trata-se, afinal, de uma inobservância aos deveres de proteção de dados sensíveis (porque relativos à saúde do paciente) por parte de um agente de tratamento, quer na função de controlador, operador ou encarregado.[27]

A responsabilidade civil aplicável ao caso de vazamento de dados sensíveis de pacientes é de caráter objetiva. Isso quer dizer, para a incidência da responsabilização e da obrigação de reparar, dispensa-se a necessidade de prova de conduta culposa por parte do agente de tratamento.[28] Ou seja, para a sua caracterização bastam o dano causado contra a vítima, a ação ou omissão do agente e nexo causal que vincule aquela a esta. Com isso, elimina-se a possibilidade de uma responsabilização de caráter subjetivo, que

---

dados pessoais, é obrigado a repará-lo. § 1º A fim de assegurar a efetiva indenização ao titular dos dados: I – o operador responde solidariamente pelos danos causados pelo tratamento quando descumprir as obrigações da legislação de proteção de dados ou quando não tiver seguido as instruções lícitas do controlador, hipótese em que o operador equipara-se ao controlador, salvo nos casos de exclusão previstos no art. 43 desta Lei; II – os controladores que estiverem diretamente envolvidos no tratamento do qual decorreram danos ao titular dos dados respondem solidariamente, salvo nos casos de exclusão previstos no art. 43 desta Lei. § 2º O juiz, no processo civil, poderá inverter o ônus da prova a favor do titular dos dados quando, a seu juízo, for verossímil a alegação, houver hipossuficiência para fins de produção de prova ou quando a produção de prova pelo titular resultar-lhe excessivamente onerosa. § 3º As ações de reparação por danos coletivos que tenham por objeto a responsabilização nos termos do caput deste artigo podem ser exercidas coletivamente em juízo, observado o disposto na legislação pertinente. § 4º Aquele que reparar o dano ao titular tem direito de regresso contra os demais responsáveis, na medida de sua participação no evento danoso.

26. Art. 5º Para os fins desta Lei, considera-se: I – dado pessoal: informação relacionada a pessoa natural identificada ou identificável; *II – dado pessoal sensível: dado pessoal sobre origem racial ou étnica, convicção religiosa, opinião política, filiação a sindicato ou a organização de caráter religioso, filosófico ou político, dado referente à saúde ou à vida sexual, dado genético ou biométrico, quando vinculado a uma pessoa natural.* (Grifo nosso).

27. Controlador é a pessoa natural ou jurídica responsável pela tomada de decisão acerca do tratamento de dados de pessoas naturais. Operador é a pessoa natural ou jurídica que realiza o tratamento de dados em nome do controlador. Já o Encarregado é a pessoa indicada pelo controlador e operador para atuar como que um meio ou canal de comunicação entre o controlador, as pessoas titulares dos dados e a Autoridade Nacional de Proteção de Dados (ANDP). Por fim, agentes de tratamento são o controlador e o operador. Tais definições estão dispostas no artigo 5º da LGPD, incisos V, VII, VIII e IX.

28. SILVA, Michael César; THIBAU, Vinícius Lott (Org.). *Responsabilidade Civil*: diálogos entre o direito processual e o direito privado. Belo Horizonte, MG: Dom Helder, 2020.

pressupõe a culpa (*stricto sensu*), conforme os artigos 186, 927, *caput* e 951 do CC, e o art. 14, § 4º, do Código de Defesa do Consumidor (CDC).[29]

Exemplar é, portanto, a recentíssima decisão do Tribunal de Justiça de Rio de Janeiro aderindo à tese da responsabilidade objetiva, em razão de se estar presente o mero risco do negócio (como no próprio caso dos agentes de tratamento da área da saúde), no julgamento da apelação 005559-71.2020.8.19.0002. Veja-se:

> Apelação. Vazamento de dados pessoais. Relação de consumo. Risco do empreendimento. Lei geral de proteção de dados. Danos morais. A sentença condenou a ré a pagar R$ 10.000,00 de indenização por danos morais. Apelo do réu. Falha do serviço comprovada. Dever de proteção dos dados pessoais. Lei 13.709/18. Ataque de hacker que se insere no risco do empreendimento. Dano moral configurado. Verba que não comporta redução. Acesso aos dados que não poderão ser revertidos. Dados pessoais não anonimizados. Sumula 343 desta Corte. Recurso desprovido.

Ou seja, o dever de zelo, cuidado e sigilo na proteção dos dados pessoais tanto independem de qualquer negligência, imprudência ou imperícia por parte dos agentes de tratamento, que até mesmo um evento externo tal um ataque *hacker* pode acarretar-lhes responsabilização civil, com dever de reparação material e moral às vítimas. Evidentemente, isso tenciona as empresas, sobretudo as que lidam com o tratamento de dados sensíveis, a investirem no reforço dos seus sistemas e mecanismos de segurança e tecnologia da informação. Mas, como a própria decisão salienta, mesmo o investimento e a postura positiva e ativa da empresa não afasta o dever de indenizar, em caso de vazamento de dados: basta a mera ocorrência do dano, independentemente de culpa ou dolo por parte dos agentes de tratamento. Eis o alcance do adjetivo "objetiva" neste tipo de responsabilidade.

Além de objetiva, a responsabilidade médica possui natureza contratual: é precedida por uma obrigação anterior, firmada entre o profissional e o paciente. É dentro deste contexto de relação médico-paciente, fonte de deveres e obrigações, principalmente por parte do profissional em relação ao tomador de seus serviços, que se insere o papel do consentimento esclarecido do paciente. O consentimento esclarecido, como evocado pela própria expressão, pressupõe a prestação prévia de informações relevantes pelo médico ao paciente, a fim de que o ato de consentir por parte deste seja, de fato, um ato de autonomia, imaculado de quaisquer vícios, quer

---

29. Art. 186, do CC. Aquele que, por ação ou omissão voluntária, negligência ou imprudência, violar direito e causar dano a outrem, ainda que exclusivamente moral, comete ato ilícito.
Art. 927, do CC. Aquele que, por ato ilícito (arts. 186 e 187), causar dano a outrem, fica obrigado a repará-lo.
Art. 951, do CC. O disposto nos arts. 948, 949 e 950 aplica-se ainda no caso de indenização devida por aquele que, no exercício de atividade profissional, por negligência, imprudência ou imperícia, causar a morte do paciente, agravar-lhe o mal, causar-lhe lesão, ou inabilitá-lo para o trabalho.
Art. 14 do CDC. O fornecedor de serviços responde, independentemente da existência de culpa, pela reparação dos danos causados aos consumidores por defeitos relativos à prestação dos serviços, bem como por informações insuficientes ou inadequadas sobre sua fruição e riscos.
§ 4º A responsabilidade pessoal dos profissionais liberais será apurada mediante a verificação de culpa.

para aceitar, quer para rejeitar tratamento ou a intervenção médica. Neste sentido, reverberam-se as palavras de Schaefer:[30]

> Importa considerar que o paciente é a parte frágil na relação estabelecida com o médico, precisamente por ignorar os aspectos técnicos da Medicina. Sendo o consentimento informar a expressão da vontade do paciente, exige-se que ele tenha plena e firme consciência sobre a natureza dos procedimentos propostos e os riscos que lhes são inerentes, quando poderá, se for o caso, emitir a autorização para a prática do ato médico. Tal autorização se dá por meio da assinatura do Termo de Consentimento Informado, que deve conter, em linguagem acessível ao paciente, as informações indispensáveis à formação da sua livre convicção. Ao lançar sua assinatura no referido termo, o paciente declara estar ciente do seu inteiro teor, assumindo livremente os riscos ali indicados.

Derivada desta centralidade do papel do consentimento na relação médico-paciente é que aparece, portanto, a obrigação de reparar qualquer dano causado por violação de sigilo dos dados do paciente, disposta pelo artigo 42 da LGPD.[31] De acordo com esse dispositivo, a obrigação de reparar pode ter natureza tanto moral quanto material. O que as define? A natureza do dano: caso a vítima, com o vazamento de seus dados, venha a sofrer um dano de caráter patrimonial, como, por exemplo, no caso de clonagem de cartão de crédito seguido da sua utilização indevida por um terceiro, o dever de reparação será material cumulado com o dano moral. Isso porque o próprio vazamento dos dados sensíveis, na medida em que viola o dever de proteção de dados, já postula pela reparação moral por si só, restando o caráter patrimonial do dano como um corolário que pode, ou não, vir a se configurar, dependendo das circunstâncias do caso específico.

Vale destacar que a legislação também prevê a possibilidade de responsabilização solidária nas hipóteses em que o operador não cumprir a legislação ou não seguir as instruções do controlador, diferentemente da costumeira responsabilidade subjetiva atribuída ao exercício da medicina.

É necessário que esteja tudo às claras: desde os riscos envolvidos no procedimento médico até às destinações dos dados recolhidos do paciente pelos profissionais de saúde. No contexto de telemedicina, é ainda mais fundamental a explicação ao paciente acerca das especificidades desta modalidade de assistência, por onde se recomenda a elabo-

---

30. SCHAEFER, Fernanda; GLITZ, Frederico (Coord.). *Telemedicina*: desafios éticos e regulatórios. Indaiatuba, SP: Editora Foco, 2022.
31. Art. 42. O controlador ou o operador que, em razão do exercício de atividade de tratamento de dados pessoais, causar a outrem dano patrimonial, moral, individual ou coletivo, em violação à legislação de proteção de dados pessoais, é obrigado a repará-lo. § 1º A fim de assegurar a efetiva indenização ao titular dos dados: I – o operador responde solidariamente pelos danos causados pelo tratamento quando descumprir as obrigações da legislação de proteção de dados ou quando não tiver seguido as instruções lícitas do controlador, hipótese em que o operador equipara-se ao controlador, salvo nos casos de exclusão previstos no art. 43 desta Lei; II – os controladores que estiverem diretamente envolvidos no tratamento do qual decorreram danos ao titular dos dados respondem solidariamente, salvo nos casos de exclusão previstos no art. 43 desta Lei. § 2º O juiz, no processo civil, poderá inverter o ônus da prova a favor do titular dos dados quando, a seu juízo, for verossímil a alegação, houver hipossuficiência para fins de produção de prova ou quando a produção de prova pelo titular resultar-lhe excessivamente onerosa. § 3º As ações de reparação por danos coletivos que tenham por objeto a responsabilização nos termos do caput deste artigo podem ser exercidas coletivamente em juízo, observado o disposto na legislação pertinente. § 4º Aquele que reparar o dano ao titular tem direito de regresso contra os demais responsáveis, na medida de sua participação no evento danoso.

ração de um termo de consentimento personalizado, a fim de evitar lapsos e vícios que maculem o consentimento do paciente.

Assim, a culpa e a responsabilização do médico por vício no consentimento do paciente podem se dar até mesmo intervenção médica correta, mas que falhou na comunicação dos riscos associados, tratamentos, diagnósticos, dentre outros, gerando a culpa pela ausência de dados ou apresentação de informação enganosa. Trata-se, naturalmente, de uma quebra de direito à autonomia e ao consentimento esclarecido do paciente, uma vez que "a autodeterminação do paciente somente é verdadeiramente exercida quando as informações prestadas são específicas, para o caso concreto daquele paciente específico, e não genéricas."[32]

Atrelada a isso, também está a responsabilização do médico que promove publicidade[33] fora dos padrões éticos: sua conduta afeta o consentimento do paciente, que fica sem critérios de referência para distinguir o que é real do que é exemplo – ou, pode-se dizer também, o que é alcançável do que é meramente *marketing* –, e assim nivelar suas expectativas acerca do resultado da prática médica. Nessa esteira, o grande desafio para os profissionais de saúde é fazer uma publicidade que lhes permita o contato constante com pacientes e potenciais pacientes e, ao mesmo tempo, agir de forma ética e cumprindo a legislação vigente.

Quanto aos danos da responsabilidade médica por vazamentos de dados, decerto tende a se centralizar no dano moral, isto é, no mesmo mal sofrido pelo paciente submetidos a procedimento imperfeito, ainda que possa acarretar dano material – e, portanto, reparação de mesma natureza.[34]

Por fim, cumpre destacar que o direito à proteção de dados foi sublevado à natureza fundamental através da Emenda Constitucional 115/2022. Consta, desde então, no artigo 5º, inciso LXXIX, da Constituição Federal, cuja redação é a seguinte:

> Art. 5º Todos são iguais perante a lei, sem distinção de qualquer natureza, garantindo-se aos brasileiros e aos estrangeiros residentes no País a inviolabilidade do direito à vida, à liberdade, à igualdade, à segurança e à propriedade, nos termos seguintes:
>
> (...)
>
> LXXIX – é assegurado, nos termos da lei, o direito à proteção dos dados pessoais, inclusive nos meios digitais. (Incluído pela Emenda Constitucional 115, de 2022).

Trata-se de um grande avanço legal, o reconhecimento por parte do legislador da essencialidade da proteção dos dados ao valor da dignidade das pessoas humanas, sobretudo em tempos digitais. Com isso, o Estado não apenas reforça os mecanismos jurídicos já existentes, como o próprio dever de reparar o dano moral e material ocasionado pelo vazamento de dados sensíveis, mas também impele as corporações, o

---

32. KFOURI NETO, Miguel; NOGAROLI, Rafaella (Coord.). *Debates contemporâneos em direito médico e da saúde*. São Paulo: Thomson Reuters Brasil, 2020. p. 267.
33. A publicidade médica é definida pelo Código de Ética Médica (CEM) como "qualquer meio de divulgação, de atividade profissional de iniciativa, participação ou anuência do médico."
34. KFOURI NETO, Miguel. *Responsabilidade civil do médico*. 10 ed. São Paulo: Ed. RT, 2019.

mercado e instituições em geral que operem enquanto agentes de tratamento de dados a adequarem-se aos deveres de proteção. Produz-se, em outras palavras, deveres de *compliance*, dando maior segurança jurídica e proteção aos cidadãos na medida em que coíbe práticas como o *spam*, o uso de dados pessoais sem o consentimento do titular ou fora das suas previsões legais e os vazamentos de dados pessoais.

5. CONSIDERAÇÕES FINAIS

A análise realizada até aqui permite um breve vislumbre das profundas repercussões jurídicas dos avanços atrelados à Quarta Revolução Industrial. Se bem que a tensão exercida por inovações tecnológicas sobre o Direito não seja recente, a sua dimensão e a sua velocidade certamente o são. Nada obstante, as externalidades negativas advindas destas mesmas transformações necessitam de tratamento e, mais importante, de respostas jurídico-legais.

O que verifica neste sentido, porém, é uma ampla lacuna ainda existente entre a Bioética e o Direito, ou, mais especificamente, entre o Biodireito e o Legislador. Tal lacuna, inclusive, abre espaços para capturas de pautas por grupos e indivíduos sem legitimidade ou até mesmo competência para dar o devido tratamento a problemáticas jurídicas emergentes.

É precisamente dentro cenário que se situa a telemedicina, postulando por respostas e soluções jurídicas que, muitas vezes, exigem uma adequação de institutos e conceitos mais clássicos por parte dos operadores e pesquisadores do Direito.

Houve, como se viu, muito avanço neste sentido ao longo das últimas décadas, o que contribuiu para diminuir o descompasso da legislação com as rápidas mudanças ocasionadas pela introdução de novas interações sociais no contexto da difusão da *internet* e de meios de comunicação digitais. Especialmente em relação ao tratamento de dados de pessoais naturais, pacientes médicos ou não, à guisa da LGPD e da Resolução 2.314/2022.

A possibilidade de responsabilizar profissionais da saúde pelas ofensas causadas, ainda que de maneira culposa, contribui para o incentivo de novos padrões de atuação e de procedimentos de assistência profissional mais sensíveis e atentos à problemática do vazamento de dados, por exemplo. Trata-se de um grande avanço legislativo e social que não apenas pressupõe, como algo dado, a Telemedicina, mas ajuda a estabelecê-la de maneira mais justa e adequada aos princípios e direitos constitucionais, como a própria Dignidade da Pessoa Humana.

Viu-se como é fulcral, neste aspecto, o respeito pelo consentimento por parte do paciente em relação tanto aos procedimentos aos quais é submetido quanto às destinações dos dados que lhe são solicitados quando do atendimento médico. Tem-se o caminho aberto, por assim dizer, a instauração de procedimentos que, por um lado, assegurem o direito à privacidade e ao sigilo dos seus dados pelo paciente; e, por outro, o estímulo de uma prática médica mais humanizada e preocupada com não apenas com proteção física e fisiológica do tomador de serviço, mas também com a sua proteção moral.

Também, a responsabilização do médico no vazamento de dados possibilita a repreensão ao profissional antiético, que não observa o direito de consentimento do paciente.

Tendo em vista o cenário pós-pandêmica que ora se desdobra, é de se esperar a consolidação da prática da telemedicina. Afinal, como se discutiu anteriormente, a dispensabilidade da presença física na relação médico-paciente traz inúmeras vantagens em termos de abrangência de cobertura médico-assistencial, de economia de recursos tanto para médicos quanto para pacientes, de celeridade, de acesso a tratamento e também de estudos.

Mesmo que tudo isso não se dê, é verdade, sem um correspondente aumento na probabilidade de vazamento de dados, haja vista o recrudescimento na sua circulação e na sua utilização, as soluções normativas encontradas pelo legislador têm se demonstrado, em grande parte, adequadas para lidar com esses desafios, no sentido de dirimir a vulnerabilidade da parte mais frágil na relação médico-paciente. Daí a importância e essencialidade da responsabilização civil na coibição de velhas e novas ofensas contra os direitos do pacienta.

6. REFERÊNCIAS

ABREU, Cristiano Nabuco de; EISENSTEIN, Evelyn; ESTEFENON, Susana Graciela Bruno. *Vivendo esse mundo digital*: impactos na saúde, na educação e nos comportamentos sociais. Porto Alegre: Artmed, 2013.

BOAS, Ana Luiza Machado Vilas; VASCONCELOS, Priscila Elise Alves. Responsabilidade civil dos médicos no exercício da telemedicina. *Revista Ibero-Americana de Humanidades, Ciências e Educação*. São Paulo, v. 8, n. 1, p. 271-301, 1º jan. 2022.

BRASIL. Lei 10.406, de 10 de janeiro de 2002. Código Civil. Diário Oficial da União, seção 1, Brasília, DF, ano 139, n. 8, p. 1-74, 11 jan. 2002.

BRASIL. Lei 8.078, de 11 de setembro de 1990. Código de Defesa do Consumidor. Dispõe sobre a proteção do consumidor e dá outras providências. Disponível em: http://www.planalto.gov.br/ccivil_03/Leis/L8078.htm.

CONSELHO FEDERAL DE MEDICINA. Resolução CFM 1.974/11. Código de Ética Médica. Disponível em: https://sistemas.cfm.org.br/normas/visualizar/resolucoes/BR/2011/1974. Acesso em: 14 abr. 2022.

CONSELHO FEDERAL DE MEDICINA. Resolução CFM 2.126/15. Código de Ética Médica. Disponível em: https://sistemas.cfm.org.br/normas/visualizar/resolucoes/BR/2015/2126. Acesso em: 15 abr. 2022.

CONSELHO FEDERAL DE MEDICINA. Resolução CFM 2.314/22. Código de Ética Médica. Disponível em: https://sistemas.cfm.org.br/normas/arquivos/resolucoes/BR/2022/2314_2022.pdf. Acesso em: 13 jul. 2022.

DATAREPORTAL (2022). *Digital 2022*: Global Overview Report. Disponível em: https://datareportal.com/reports/digital-2022-global-overview-report. Acesso em: 18 ago. 2022.

G1. *Nova falha do Ministério da Saúde expõe dados de 243 milhões de brasileiros na internet, diz jornal*. 02 dez. 2020. Disponível em: https://g1.globo.com/economia/tecnologia/noticia/2020/12/02/nova-falha--do-ministerio-da-saude-expoe-dados-de-243-milhoes-de-brasileiros-na-internet-diz-jornal.ghtml. Acesso em: 14 jul. 2022.

HISTÓRIA DO CÉSIO 137 EM GOIÂNIA. *Secretaria de Estado da Saúde do Estado de Goiás*, 2020. Disponível em: https://www.saude.go.gov.br/cesio137goiania/historia. Acesso em: 22 ago. 2022.

JESUS, Damásio de; MILAGRE, José Antonio. *Manual de crimes informáticos*. São Paulo: Saraiva, 2016.

KFOURI NETO, Miguel. *Responsabilidade civil do médico*. 10 ed. São Paulo: Editora Revista dos Tribunais Ltda., 2019.

KFOURI NETO, Miguel; NOGAROLI, Rafaella (Coord.). *Debates contemporâneos em direito médico e da saúde*. São Paulo: Thomson Reuters Brasil, 2020.

LORENZETTI, Ricardo Luís. *Teoria da decisão judicial: fundamentos de direito*. 2. ed. São Paulo: Ed. RT, 2010.

SANTOS, Weverson Soares; SOUZA JÚNIOR, João Henrique; SOARES, João Coelho; RAACH, Michele. Reflexões acerca do uso da telemedicina no Brasil: oportunidade ou ameaça?. *Revista de Gestão em Sistemas de Saúde*, São Paulo, v. 9, n. 3, p. 433-453, 23 jun. 2020. Disponível em: https://periodicos.uninove.br/revistargss/article/view/17514. Acesso em 13 jul. 2022.

SCHAEFER, Fernanda; GLITZ, Frederico (Coord.). *Telemedicina*: desafios éticos e regulatórios. Indaiatuba, SP: Editora Foco, 2022.

SILVA, Michael César; THIBAU, Vinícius Lott (Org.). *Responsabilidade Civil*: diálogos entre o direito processual e o direito privado. Belo Horizonte, MG: Dom Helder, 2020.

SOUZA, Neri Tadeu Camara. Responsabilidade Civil do Médico. *Jornal Síntese*. Porto Alegre: Síntese, mar. 2002.

TJ-DF – AC: 20000750026364 DF, Relator: Asdrubal Nascimento Lima, Data de Julgamento: 11/03/2002, 5ª Turma Cível, Data de Publicação: DJU 26.06.2002, p. 66.

TJ-RS, AC: 589045657 RS, Relator: Des. Flávio Pâncaro da Silva, Data de julgamento: 28.09.1989, 3ª Câmara Cível, Data de Publicação: Diário da Justiça do dia.

POPULAÇÃO TRANSGÊNERO, DIREITOS FUNDAMENTAIS E RESPONSABILIDADE CIVIL

Leandro Reinaldo da Cunha

Pós-doutorado e doutorado em Direito pela Pontifícia Universidade Católica de São Paulo – PUC/SP e Mestre em Direito pela Universidade Metropolitana de Santos – UNIMES. Professor Titular-Livre de Direito Civil da Universidade Federal da Bahia (graduação, mestrado e doutorado). Líder dos grupos de pesquisa "Direito e Sexualidade" e "Conversas Civilísticas". leandro.reinaldo@ufba.br.

Sumário: 1. Introdução – 2. População transgênero e sua delimitação – 3. Ofensa aos direitos fundamentais da população transgênero e a responsabilidade civil; 3.1 Direito à vida e à saúde; 3.1.1 Expectativa de vida e homicídios; 3.1.2 Atendimento médico e processo transexualizador; 3.1.3 Integridade física em estabelecimentos prisionais; 3.2 Direito à igualdade e à diferença; 3.3 Direito à educação; 3.4 Direito ao nome e à sexualidade – 4. Responsabilidade civil e a leniência legislativa do Estado – 5. Considerações finais – 6. Referências.

1. INTRODUÇÃO

Pessoas transgênero são pessoas e, portanto, destinatárias de todos os direitos fundamentais previstos e garantidos.

Muitas vezes até mesmo o óbvio precisa ser exaltado para que não seja esquecido. Ou ignorado.

Os dias atuais nos colocam inseridos em uma sociedade dinâmica, dotada de acesso à informação praticamente ilimitado, restrito apenas pelo interesse individual de cada um. O espetáculo da inserção digital que atinge um grande percentual da população brasileira e mundial nos oferta um mundo de possibilidades infinitas, sendo possível se informar acerca de praticamente todos os temas imagináveis.

Contudo não podemos olvidar que é pouco recorrente que as pessoas busquem informações sobre temas que não as toca diretamente ou acerca dos quais nunca ouviu falar. Ou mesmo aqueles sobre os quais possuem uma compreensão pré-concebida (e nem sempre das mais qualificadas), fundada em um "conhecimento geral" adquirido pela sua vivência ou então por tudo o que "já ouviu falar".

Nesse contexto é comum que temas complexos sejam tomados como dominados por uma enorme parcela da população sem que efetivamente tenham o adequado entendimento do assunto, o que pode dar azo a uma enormidade de equívocos, os quais, em sua configuração extrema, ensejadores de danos, discriminações e preconceitos.

Evidentemente que os parâmetros da sexualidade de cada pessoa compõem a sua essência, motivo pelo qual não podem jamais ser dela apartado. Todo e qualquer ser humano há de ser entendido e respeitado em suas características nucleares, o que engloba, necessariamente, aspectos relativos à sua sexualidade como um todo, abrangendo seus pilares de sustentação, quais sejam, o sexo, o gênero, a orientação sexual e a identidade de gênero.

O fato que atualmente se verifica é que aqueles que não estão inseridos nos contextos majoritários da sexualidade acabam por ser destinatários de uma menor proteção jurídica, como se seus direitos fundamentais fossem menores ou que pudessem ser ignorados ou relegados.

Exatamente em face dessa realidade é premente que se entenda os aspectos basilares que compõem a sexualidade, como os direitos fundamentais incidem sobre tais pessoas e as consequências de uma proteção ineficiente para tais pessoas.

2. POPULAÇÃO TRANSGÊNERO E SUA DELIMITAÇÃO

O ponto inicial para garantir a plena compreensão do que se busca trazer no presente texto versa sobre a população transgênero. Os transgêneros inserem-se como uma das possibilidades consideradas quando da aferição da identidade de gênero das pessoas, sendo essa entendida como a percepção que o indivíduo possui acerca do seu gênero, independentemente do sexo que lhe foi atribuído quando de seu nascimento.

Nesse contexto, quando a pessoa se reconhece como pertencendo ao gênero que seria o esperado em decorrência do sexo indicado no momento de seu nascimento se afirma que se trata de uma pessoa cisgênero. Se, de outra sorte, houver uma incompatibilidade entre o sexo atribuído e o gênero ao qual a pessoa entende-se pertencente, há a configuração da condição de transgênero.

À guisa de esclarecimento é pertinente pontuar aqui que a identidade de gênero não é uma opção ou escolha do indivíduo,[1] tampouco se confunde com o sexo (entendido aqui como aspecto físico da configuração genital do indivíduo), com o gênero em si (aspectos sociais e culturais ordinariamente vinculados ao sexo) ou mesmo com a orientação sexual (a quem se direciona a atração afetivo-sexual da pessoa).

Elucidada tal questão podemos nos concentrar naqueles que podem ser inseridos na condição de transgêneros, como os transexuais e as travestis, principais categorias para a discussão que se pretende entabular no presente texto.

Não há uma caracterização muito clara de discernimento entre transexuais e travestis, sendo certo que parte da comunidade até mesmo trata as expressões como sinônimos. Todavia, seguindo um padrão que já utilizamos há tempos, trabalhamos com a percepção de que a distinção estaria na existência de uma repulsa ou ojeriza com relação aos órgãos genitais que levaria os transexuais a almejarem (não necessariamente efetivarem) mudanças em sua genitália visando adequar o

---

1. CUNHA, Leandro Reinaldo da. Direitos dos transgêneros sob a perspectiva europeia. *Revista Debater a Europa*, n. 19, p. 49. 2018.

seu corpo aos caracteres do gênero com o qual se identificam, característica que não seria verificada nas travestis.[2]

Importante se consignar que não se trata de uma doença ou perversão como muitos costumam asseverar de forma inconsequente, sendo certo que nos instrumentos internacionais da Organização Mundial da Saúde, como na Classificação Internacional de Doenças atualmente vigente (CID11) as condições relativas à saúde sexual estão no item 17 (incongruência de gênero), onde consta o código HA60 (incongruência de gênero na adolescência ou na idade adulta), HA61 (incongruência de gênero na infância)109 e HA62 (incongruência de gênero não especificada).[3]

Fato é que as pessoas de uma forma geral, o que se espraia para os entes governamentais, consideram todos aqueles que não se inserem nos contornos esperados como pessoas anormais[4] e, assim, passiveis de toda sorte de preconceito e marginalização.

Apenas para que não passe ao largo é relevante pontuar que a condição de transgênero atinge cerca de 2% da população brasileira,[5] pessoas essas que acabam marginalizadas não só pela sociedade mas também pelo ordenamento jurídico pelo simples fato de serem diferentes, o que é, por si só, um direito fundamental que a elas acorre.

Com a exposição dessa tela panorâmica do que pode ser nomeado como população transgênero no Brasil é possível que se passe a tecer algumas considerações relativas aos direitos fundamentais em perspectiva com esse grupo social em específico, como se verá em sequência.

3. OFENSA AOS DIREITOS FUNDAMENTAIS DA POPULAÇÃO TRANSGÊNERO E A RESPONSABILIDADE CIVIL

Partindo do entendimento elementar de direitos fundamentais como sendo as premissas constitucionalmente positivadas, face ao seu conteúdo e relevância, que tem por escopo nuclear a proteção da dignidade da pessoa humana de forma ampla, ou, como bem assevera Dirley da Cunha Jr., "são todas aquelas posições jurídicas favoráveis às pessoas que explicitam, direta ou indiretamente, o princípio da dignidade humana, que se encontram reconhecidas no teto da Constituição formal (fundamentalidade formal) ou que, por seu conteúdo e importância, são admitidas e equiparadas, pela

---

2. ARGENTIERI, Simona. Travestismo, transexualismo, transgêneros: identificação e imitação, *Jornal de Psicanálise*, 42:77, p. 176, São Paulo, 2006.
3. CUNHA, Leandro Reinaldo da. Identidade de gênero, dever de informar e responsabilidade civil. *Revista IBERC*, v. 2, n. 1, p. 6, 22 maio 2019.
4. CUNHA, Leandro Reinaldo da. *Identidade e redesignação de gênero*: Aspectos da personalidade, da família e da responsabilidade civil. 2 ed. rev. e ampl. Rio de Janeiro: Lumen Juris, 2018, p 10.
5. SPIZZIRRI, Giancarlo; EUFRÁSIO, Raí; PEREIRA LIMA, Maria Cristina; CARVALHO NUNES, Hélio Rubens de; KREUKELS, Baudewijntje P. C.; STEENSMA, Thomas D.; NAJJAR ABDO, Carmita Helena. Proportion of people identifed as transgender and non-binary gender in Brazil. *Scientific Reports*. v. 11:2240, 2021. https://www.nature.com/articles/s41598-021-81411-4.pdf. Acesso em: 17 jun. 2022.

própria Constituição, aos direitos que esta formalmente reconhece, embora dela não façam parte (fundamentalidade material)".[6]

A lista de direitos fundamentais consagrados no Brasil é extensa contudo nota-se que tais prerrogativas não são garantidas de forma plena a todas as pessoas, sendo certo que as minorias sexuais convivem com a realidade de se verem em dificuldades para terem garantidos os seus direitos mais nucleares e elementares.[7]

Faremos assim uma rápida exposição do estado da arte que envolve a população transgênero, a qual tem o poder de revelar, ainda que com uma compilação bastante superficial (reflexo de uma invisibilidade absurda que permeia a realidade desse grupo vulnerabilizado) como os direitos fundamentais não se efetivam em favor de todos.

De se notar, de antemão, que um dos aspectos mais aterradores do que vivenciam as pessoas transgênero na sociedade brasileira, fato este que é um manifesto reflexo de todo o preconceito que permeia toda e qualquer característica vinculada à sexualidade que não seja aquela esperada (e até mesmo desejada), reside na constatação de que em todo momento que se verifica a existência de um grupo minoritário vulnerabilizado o ordenamento jurídico se exsurge e constrói mecanismos visando a proteção a essa parcela da sociedade, o que não se vislumbra no caso das pessoas transgênero e de outras minorias sexuais.[8]

Dessa forma, com o pretexto de demonstrar de maneira inconteste que a afirmação de que a população transgênero não se encontra, na prática, no mesmo patamar de proteção das pessoas em geral em nosso país passamos a trazer alguns dados que corroboram tal assertiva, bem como os desdobramentos possíveis na seara da responsabilidade civil.

3.1 Direito à vida e à saúde

Considerando que o direito fundamental em sua acepção mais nuclear reside na garantia da manutenção da vida é imprescindível que o presente texto teça algumas considerações acerca da condição de existência da população transgênero como um todo, o que perpassa pela forma como se encontra estabelecida a questão da saúde desse grupo populacional em específico.

A presente aferição fará seu percurso ponderando acerca da expectativa de vida das pessoas transgênero, trafegando ainda por vias que transitarão pela garantia ao efetivo acesso à saúde e à integridade física, com o fulcro de revelar disparidades gritantes que demonstram o quadro experienciado por essa minoria sexual.

---

6. CUNHA JÚNIOR, Dirley da. *Curso de Direito Constitucional*. 2. ed. Salvador: JusPodivm, 2008, p. 573.
7. CUNHA, Leandro Reinaldo da; CAZELATTO, Caio Eduardo Costa. Pluralismo jurídico e movimentos LGBTQIA+: do reconhecimento jurídico da liberdade de expressão sexual minoritária enquanto uma necessidade básica humana. *Revista Jurídica* – Unicuritiba, [S.l.], v. 1, n. 68, p. 504, mar. 2022.
8. CUNHA, Leandro Reinaldo da. *Identidade e redesignação de gênero*: Aspectos da personalidade, da família e da responsabilidade civil. 2 ed. rev. e ampl. Rio de Janeiro: Lumen Juris, 2018, p. 60-61.

3.1.1 Expectativa de vida e homicídios

Os dados que revelam a realidade da vivência das pessoas transgênero em nosso país são alarmante, indicando uma situação de um genocídio trans, com a "supressão e apagamento de identidades não inseridas na perspectiva de pseudonormalidade estabelecida, associado a um processo socialmente tolerado de banalização das mortes e a agressões continuamente vivenciadas pelas pessoas transgênero".[9]

A corroborar uma assertiva tão forte como essa faz-se imperiosa a apresentação de dados que a corroborem.

Se iniciarmos nossa breve análise pelo direito à vida, que poderíamos alçar à posição de direito fundamental de maior relevância, temos que a expectativa de vida das pessoas no Brasil é de 76 anos entre as pessoas cisgênero, enquanto é de somente 35 anos entre a população transgênero.[10] Ainda nessa mesma seara tem-se que o índice de tentativa de suicídio entre os integrantes dessa minoria sexual é de 41%[11] segundo dados oriundos de uma pesquisa realizada nos EUA em 2010 (entre as pessoas cisgênero o percentual é de 1,6%), sendo de 56%[12] em pesquisa similar feita no Chile em 2017.

Tais dados são públicos e acessíveis a todos, contudo a atenção destinada aos grupos vulnerabilizados no âmbito sexual se mostra ínfima em nosso país, em uma clara manifestação de sua condição marginal e descartável para considerável parcela de nossa sociedade.

Mesmo o Estado que haveria de garantir a integridade de todos os cidadãos se mostra alheio às necessidades de proteção à integridade da população transgênero, pouco (ou nada) fazendo para impedir que tal calamidade se estabeleça. Ressalte-se que não há que se falar em desconhecimento ou ignorância do Poder Público quanto as agruras enfrentadas pelas pessoas transgênero no Brasil, vez que até mesmo o Plano Nacional de Direitos Humanos (PNDH-3) de 2109 já estabelecia diretrizes de atuação visando garantir a integridade desse grupo específico, evidenciando claramente que "se o Poder Legislativo não tutela os interesses dessa parcela da população de forma clara e efetiva o faz por descaso e leniência, numa clara situação de omissão".[13]

Reflexo dessa total falta de respeito aos preceitos mais nucleares previstos na Constituição Federal acaba culminando em algumas situações de profunda preocupação, expondo até mesmo para o mundo todo o descalabro que assola nosso país. O Brasil ostenta o vergonhoso título de "país que mais mata pessoas trans no mundo", com

---

9. CUNHA, Leandro Reinaldo da. Genocídio trans: a culpa é de quem? *Revista Direito e Sexualidade*. v. 3, n. 1, p. I-IV, Salvador, 2022.
10. BENEVIDES, Bruna G. *Dossiê assassinatos e violências contra travestis e transexuais brasileiras em 2021*. Brasília: Distrito Drag, ANTRA, 2022, p. 41.
11. GRANT, Jaime M.; MOTTET, Lisa A.; TANIS, Justin; HERMAN, Jody L.; HARRISON, Jack; KEISLING, Mara. *National Transgender Discrimination Survey Report on health and health care*. Washington, 2010, p. 16.
12. Resumen Ejecutivo Encuesta-T 2017, p. 23-24.
13. CUNHA, Leandro Reinaldo da. *Identidade e redesignação de gênero*: Aspectos da personalidade, da família e da responsabilidade civil. 2 ed. rev. e ampl. Rio de Janeiro: Lumen Juris, 2018, p. 277.

mais de 40% dos assassinatos de transgêneros ocorridos no mundo entre 2008 e 2021 (1.645 pessoas), sendo que apenas entre outubro de 2020 e setembro de 2021 foram 125 homicídios, conforme o Trans Murder Monitoring – TMM realizado pela Transrespct versus Transphobia Wordwild.[14]

O presente contexto é demonstrativo irrefutável da premência de que sejam efetivadas políticas públicas que tenham por escopo básico a efetivação dos parâmetros mais essenciais relativos à garantia dos direitos fundamentais das pessoas transgênero, sob pena de uma inadmissível ruptura do tecido social que sustenta o estado democrático de direito vigente em nossa nação,[15] tema esse que será apreciado de forma mais pontual a seguir no presente texto.

Os dados aqui apresentados mostram-se bastantes para que se tenha a dimensão da importância da garantia da efetivação dos direitos fundamentais para as pessoas transgênero que em nosso país lutam diariamente pelo simples direito de viver.

Tendo plena ciência de tal realidade a conduta omissiva do Estado ao não garantir a integridade desse grupo vulnerabilizado é passível de responsabilização, não podendo isentar-se de sua culpa no atual estado de coisas vivenciado por essa minoria sexual.

3.1.2 Atendimento médico e processo transexualizador

Outro aspecto vinculado à vida e à saúde das pessoas transgênero recai sobre a questão do atendimento médico que é necessário a qualquer pessoa, bem como com relação aos procedimentos cirúrgicos e hormonais que permitam que possam adequar seus corpos aos caracteres físicos vinculados ao gênero ao qual se entendem pertencentes, conferindo-lhes maior passabilidade,[16] ou a possibilidade de transitar livremente na multidão sem ser questionado sobre sua sexualidade em decorrência de sua aparência.[17]

No que concerne aos atendimentos básicos é compreensível que a sociedade possa apresentar uma ausência de compreensão acerca da eventualidade de alguém que se apresente como do gênero feminino venha a necessitar de atendimento de um urologista ou mesmo de uma pessoa do gênero masculino buscando atendimento médico de um ginecologista. Contudo se estivermos diante de uma pessoa transgênero tal situação pode ocorrer, sendo certo que ao profissional médico haveria de ser perfeitamente compreensível que quem procura um urologista, de regra, é quem apresenta fisicamente um sistema reprodutor masculino, independentemente de suas características de gênero.

---

14. BENEVIDES, Bruna G. *Dossiê assassinatos e violências contra travestis e transexuais brasileiras em 2021*. Brasília: Distrito Drag, ANTRA, 2022, p. 49. Disponível em: https://transrespect.org/en/tmm-update-tdor-2021/. Acesso em: 17 jun. 2022.
15. CUNHA, Leandro Reinaldo da. Identidade de gênero e a responsabilidade civil do Estado pela leniência legislativa, *RT* 962 p. 48, 2015.
16. DUQUE, Tiago. Epistemologia da passabilidade: Dez notas analíticas sobre experiências de (in)visibilidade trans. História Revista: *Revista do Departamento de História* v. 25, n. 3, p. 33. 2020.
17. THEILEN, Jens T.. Além do gênero binário: repensando o direito ao reconhecimento legal de gênero. Trad. Leandro Reinaldo da Cunha. *Revista Direito e Sexualidade*, v. 1, n. 1, p. 8, Salvador, jan./jun. 2020.

Não se olvida que, por óbvio, o mais ordinário é que tal pessoa seja alguém do gênero masculino, contudo tal aspecto deveria ser, de fato, irrelevante ao profissional médico que não pode se fiar em concepções sociais para o desempenho de suas funções nesse caso. O mesmo pode ser dito quanto ao atendimento ofertado pelo Estado que muitas vezes veda o mero agendamento de exames ou atendimento pelo fato de o interessado ter assinalado no cadastro um "sexo" que não se coaduna com o exame pretendido.

Ainda nessa senda é premente que os profissionais que em alguma medida tem contato com a população transgênero, especialmente vinculados à área da saúde, tenham treinamento mínimo para compreender a realidade desse grupo social específico e possa exercer suas funções com a qualificação mínima esperada. Ressalta-se que inúmeros instrumentos preveem a capacitação para o trato com pessoas transgênero, contudo não se verifica a sua plena implementação.

Em qualquer das circunstâncias aqui descritas é patente que as pessoas transgênero acabam por ser vítimas de condutas ofensivas que podem dar azo a responsabilização de seus agentes tanto no campo do dano material como no do dano moral.

No que concerne aos tratamentos específicos com o objetivo de alterar as características sexuais externas de transgêneros é possível se ponderar duas modalidades distintas, quais sejam, as intervenções cirúrgicas e a hormonioterapia.

De plano é de se ressaltar que o Estado garante às pessoas trans a possibilidade de que tal tratamento seja realizado pelo Sistema Único de Saúde (SUS), nos termos da Portaria 2.803/13 do Ministério da Saúde.

Contudo existem aspectos práticos que conferem à situação contornos de crueldade, vez que o Estado cria nas pessoas expectativas que posteriormente não se efetivam.[18] É o que se pode constatar quando se verifica que as intervenções cirúrgicas do denominado processo transexualizador pelo Sistema Único de Saúde (SUS) apenas podem ser realizadas em hospitais credenciados, e que, na prática, segundo o Ministério da Saúde, seriam apenas cinco em todo o país.[19]

Tal fato traz consequências aterradoras, como a fila de espera existente para a realização do processo transexualizador pelo Sistema Único de Saúde (SUS) que, conforme levantamento realizado pela Defensoria Pública de São Paulo, pode chegar a 18 (dezoito) anos.[20]

Associe-se, ainda, a tal fato a informação de que a Portaria 2.803/13 do Ministério da Saúde apenas autoriza que tais intervenções sejam realizadas após os 21 anos (restrição

---

18. CUNHA, Leandro Reinaldo da. *Identidade e redesignação de gênero*: Aspectos da personalidade, da família e da responsabilidade civil. 2 ed. rev. e ampl. Rio de Janeiro: Lumen Juris, 2018, p. 274.
19. Hospital das Clínicas da Universidade Federal de Goiás; Hospital de Clínicas de Porto Alegre, da Universidade Federal do Rio Grande do Sul; Hospital Universitário Pedro Ernesto, da Universidade Estadual do Rio de Janeiro; Fundação Faculdade de Medicina da Universidade de São Paulo; e Hospital das Clínicas da Universidade Federal de Pernambuco.
20. Disponível em: https://g1.globo.com/sp/sao-paulo/noticia/2020/09/26/espera-por-cirurgia-de-redesignacao-sexual-pode-levar-ate-18-anos-na-rede-publica-diz-defensoria-publica-de-sp.ghtml. Acesso em: 17 jun. 2022.

essa já alterada pelo Conselho Federal de Medicina na mais recente Resolução sobre o tema, a n. 2265 de 2019, que estabelece 18 anos). Ignorando o fato de que nenhum sentido há para que se estabeleça como limite etário mínimo tal idade, mormente por estarmos diante de intervenções de cunho terapêutico,[21] se mostra impossível não fazer uma apreciação aritmética simples de que, considerando a expectativa de vida das pessoas trans, se mostra consideravelmente provável que o interessado venha a falecer antes de conseguir realizar os procedimentos necessários.

No que se refere à hormonioterapia temos que, quanto ao aspecto etário, a Portaria 2.803/13 do Ministério da Saúde fixa 18 anos, enquanto o Conselho Federal de Medicina, na Resolução 2.265 de 2019, estabelece 16 anos para a realização de terapia hormonal cruzada, havendo ainda a discussão sobre a utilização de bloqueadores hormonais para que os caracteres sexuais decorrentes da puberdade não venham a se estabelecer. Nessa seara é de se notar que face a existência de uma série de dificuldades para o acesso aos medicamentos adequados pelo Sistema Único de Saúde (SUS) faz com que muitas pessoas transgênero acabem por se automedicar,[22] usando hormônios que nem sempre se mostram os mais adequados e sem o devido acompanhamento médico.

Mais uma vez as condutas narradas, seja em seu viés comissivo ou omissivo, tem o condão de perpetrar danos às pessoas transgênero cabendo, evidentemente, a responsabilização de seus agentes.

3.1.3 Integridade física em estabelecimentos prisionais

Ainda no que concerne a aspectos vinculado à dignidade da pessoa humana é premente tecer algumas considerações acerca da questão do cumprimento de pena em estabelecimentos prisionais por pessoas transgêneros, vez que as unidades recebem os detentos segundo um parâmetro sexual ordinariamente atrelado ao sexo que foi atribuído à pessoa quando de seu nascimento.

Se já houve o reconhecimento de Estado Inconstitucional de Coisas (a constatação de violações generalizadas, contínuas e sistemáticas de direitos fundamentais) pelo Supremo Tribunal Federal (STF) quando do julgamento em 2015 da ADPF 347, é de se imaginar como é a realidade vivenciada pela população carcerária transgênero ante a sua inconteste vulnerabilidade, fato que é objeto específico da ADPF 527. Os dados colacionados no relatório "LGBT nas prisões do Brasil: diagnóstico dos procedimentos institucionais e experiências de encarceramento", elaborado pelo Ministério da Mulher, da Família e dos Direitos Humanos em 2020 são estarrecedores, revelando o ínfimo percentual de unidades prisionais com a destinação de alas específicas ou celas para comunidade LGBT.

---

21. CUNHA, Leandro Reinaldo da. *A responsabilidade civil face à objeção ao tratamento do transgênero sob o argumento etário*. Responsabilidade civil e medicina. 2. ed. Indaiatuba: Foco, 2021, p. 318.
22. O'DWYER, Brena; HEILBORN, Maria Luiza. Jovens Transexuais: Acesso a serviços médicos, medicina e diagnóstico. *Revista Interseções*, v. 20, n. 1, p. 214, jun. 2018.

Em decisão cautelar proferida pelo Ministro Luís Roberto Barroso exatamente na ADPF 527, em março de 2021, tendo por base a "notável evolução no tratamento a ser dado à matéria no âmbito do Poder Executivo, evolução decorrente de diálogo institucional ensejado pela judicialização da matéria, que permitiu uma saudável interlocução entre tal poder, associações representativas de interesses de grupos vulneráveis e o Judiciário", entendeu por bem outorgar "às transexuais e travestis com identidade de gênero feminina o direito de opção por cumprir pena: (i) em estabelecimento prisional feminino; ou (ii) em estabelecimento prisional masculino, porém em área reservada, que garanta a sua segurança", entendimento que se coaduna com o preconizado nos Princípios de Yogyakarta (princípio 9 – Direito a tratamento humano durante a detenção).

De se consignar que no mesmo processo, em junho de 2019, o Ministro Luís Roberto Barroso determinara que presas transexuais femininas fossem transferidas para presídios femininos, direito que não se garantiu às travestis, com base na assertiva de que não haviam elementos bastantes à época a asseverar com segurança se essa solução seria a mais adequada. Preponderante se pontuar que a compreensão acerca das distinções entre transexuais e travestis que constam da decisão são bastante similares às trazidas no presente texto, contudo naquele momento não houve por parte do Ministro Luis Roberto Barroso a clareza por estender o entendimento também às travestis. O julgamento da presente ADPF encontra-se suspenso desde setembro de 2021.

Ainda acerca dessa questão é importante que se tenha em mente que a decisão deixa em aberto a situação dos homens transgêneros (aqueles que se reconhecem como pertencentes ao gênero masculino mas que não lhes fora atribuída a condição de homem/macho quando de seu nascimento), ficando evidente que a decisão proferida equaciona apenas parcialmente o tema.

Cumprindo com um compromisso acadêmico inafastável cabe-nos trazer qual o posicionamento teórico que entendemos pertinente sobre a perspectiva dos homens transgêneros. Inicialmente consideramos que é imprescindível a oitiva do sujeito que cumpre ou cumprirá a pena, em homenagem à sua autonomia, contudo o aspecto mais nuclear da discussão assenta-se na perspectiva de que a pena seja cumprida em área que se mostre a mais adequada no sentido de resguardar sua integridade e higidez, como corolário da dignidade da pessoa humana.

Inquestionável que a pedra angular da presente perspectiva se assenta na existência de relações sexuais (consentidas ou forçadas) ocorridas naquele local, o que faz com que a presença de pessoas "de um espectro de sexo ou gênero distinto daquele apresentado pela maioria dos presos" possa ensejar uma elevada complexidade quanto a condução da dinâmica social ali estabelecida.[23]

Do que se apresenta mostra-se inquestionável a condição de vulnerabilidade que permeia a realidade dessa minoria sexual, que é atingida de maneira ainda mais severa pelas agruras do cárcere em razão de sua sexualidade.

---

23. CUNHA, Leandro Reinaldo da. Transexuais e travestis nos estabelecimentos prisionais. *Boletim Revista dos Tribunais Online*, v. 16, p. 3. 2021.

Não se pode ignorar situações como a ocorrida no Presídio Estadual de Vila Velha, julgada pela 5ª Vara da Fazenda Pública Estadual, Municipal, Registros Públicos, Meio Ambiente e Saúde de Vitória, que condenou o Governo do Estado a indenizar os familiares de uma mulher transgênero que foi vítima de homicídio por espancamento com o valor de R$ 15.000,00 (quinze mil reais) a título de danos morais, bem como "com 2/3 de R$ 1.175,00 até a data em que a vítima completaria 25 anos e com 1/3 desse mesmo montante até a data em que completaria 76 anos ou até a morte da beneficiária", como noticiado na imprensa.[24]

Fato é que a integridade de uma pessoa transgênero no sistema prisional se mostra ainda mais exposta a riscos sendo certo que qualquer ofensa que venha a sofrer pode estar vinculada à sua sexualidade, razão pela qual a atenção aos cuidados visando garantir sua integridade devem ser ainda maiores, sob pena de responsabilização.

3.2 Direito à igualdade e à diferença

Passando agora a discorrer sobre outro dos aspectos eminentemente vinculados aos parâmetros mais nucleares da dignidade humana se faz necessário abordar um tema que haveria de ser considerado absolutamente dispensável, por ser absolutamente prosaico, contudo, quando vinculado à população transgênero acaba por adquirir contornos de alta complexidade, com impactos até mesmo econômicos.

A definição quanto a qual o banheiro deve ser utilizado pelas pessoas transgênero em lugares públicos é fonte de celeuma das mais acirradas, tendo até mesmo chegado ao Supremo Tribunal Federal, com o tema 778, com repercussão geral,[25] tendo o RE 845779[26] como *leading case*.

Tal sorte de situação suscita um questionamento de fundo sociológico, qual seja, estaríamos nós em uma sociedade tão evoluída, com os problemas mais pungentes já equacionados a ponto de podermos nos dar ao luxo de discutir quanto o lugar mais adequado para que alguém faça suas necessidades fisiológicas ou estaríamos em tal grau de atraso que ainda estamos tratando de situações banais desse importe.[27]

Fato é que a população transgênero enfrenta essa dificuldade de saber se deve utilizar o banheiro destinado ao sexo que lhe foi designado quando de seu nascimento ou

---

24. Disponível em: https://www.seculodiario.com.br/justica/justica-condena-governo-do-estado-a-indenizar-familia-de-detenta-morta-em-presidio Acesso em: 15. jul. 2022.
25. Tema 778 – Possibilidade de uma pessoa, considerados os direitos da personalidade e a dignidade da pessoa humana, ser tratada socialmente como se pertencesse a sexo diverso do qual se identifica e se apresenta publicamente.
26. Descrição: Recurso extraordinário em que se discute, à luz dos arts. 1º, III, 5º, V, X, XXXII, LIV e LV, e 93 da Constituição Federal, se a abordagem de transexual para utilizar banheiro do sexo oposto ao qual se dirigiu configura ou não conduta ofensiva à dignidade da pessoa humana e aos direitos da personalidade, indenizável a título de dano moral.
27. CUNHA, Leandro Reinaldo da. RIOS, Vinícius Custódio. Mercado transgênero e a dignidade da pessoa humana sob a perspectiva do capitalismo humanista, *Revista dos Tribunais*. v. 105, n. 972, p. 167, São Paulo: Ed. RT, out. 2016.

àquele que se adequada ao gênero ao qual se entende pertencente, aspecto este muito associado com a discussão quanto a sua passabilidade.

Não se olvida que a questão da utilização ou dificuldade de utilização de banheiros em áreas públicas acaba por gerar uma consequência sanitária séria. Considerando que existem estudos que demonstraram que cerca de 70% das pessoas transgênero nos Estados Unidos da América reportaram problemas como negativa de acesso, ofensas verbais ou ataques físicos ao utilizarem banheiros públicos,[28] é bastante coerente se entender os motivos pelos quais muitas pessoas acabam por ponderar se sairão de casa e quais locais frequentarão em razão da dificuldade de poder fazer uso do banheiro.

O mesmo levantamento assevera que cerca de 54% (cinquenta e quatro por cento) das pessoas transgênero apresentavam problemas de saúde decorrente de tal dificuldade de simples utilização de banheiros em locais públicos, como questões renais e desidratação.[29]

O fato a ser considerado no presente momento é que a vedação de que pessoas transgênero venham a utilizar-se de banheiros e vestiários em conformidade com a sua identidade de gênero pode ensejar além uma situação vexatória, passíveis de indenização por dano moral, também consequências físicas para a sua saúde, fatos esses que não pode, passar incólumes.

3.3 Direito à educação

Passando agora a discorrer sobre outro direito fundamental, mais especificamente, o direito à educação, notamos que a situação não se mostra muito melhor para as pessoas transgêneros, vez que apresentam um elevado nível de evasão escolar, com 56% delas sem ensino fundamental, 72% sem ensino médio, e apenas 0,02% na universidade.[30]

Salienta-se que tal evasão se dá em decorrência da violência, preconceito e segregação que permeiam a vida estudantil das pessoas transgênero, que compõe o grupo social que alunos de escolas públicas entre 15 a 29 anos afirmam que não gostariam de dividir a sala de aula, sendo, junto com homossexuais, a resposta apresentada por 19,3% dos alunos.[31]

Tal circunstância acaba tendo um reflexo automático na inserção das pessoas transgênero no mercado de trabalho, que se mostra absurdamente reduzida, com apenas 4% da população trans feminina em empregos formais, 6% em atividades informais e

---

28. HERMAN, Jody L. Gendered restrooms and minority stress: The public regulation of gender and its impact on transgender people's lives. *Journal of Public Management & Social Policy*, 19(1), p. 71.
29. HERMAN, Jody L. Gendered restrooms and minority stress: The public regulation of gender and its impact on transgender people's lives. *Journal of Public Management & Social Policy*, 19(1), p. 75.
30. BENEVIDES, Bruna G. *Dossiê assassinatos e violências contra travestis e transexuais brasileiras em 2021*. Brasília: Distrito Drag, ANTRA, 2022, p. 45.
31. ABRAMOVAY, Miriam; CASTRO, Mary Garcia; WAISELFISZ, Júlio Jacobo. *Juventudes na escola, sentidos e buscas*: Por Que Frequentam?. Brasília-DF: Flacso – Brasil, OEI, MEC, 2015, p. 94.

subempregos, e 90% das travestis e mulheres transexuais tendo a prostituição como fonte primária de renda.[32]

Evidente que a falta de convivência com pessoas transgênero nos bancos escolares acaba por aprofundar a ignorância e obscuridade que reside em grande parte da população, o que culmina em um impacto social severo, ampliando a segregação que atinge essa minoria sexual.

Parcos são os esforços realizados pelo Poder Público a fim de reverter essa situação, como ocorre no caso do Programa Transcidadania desenvolvido pela Prefeitura de São Paulo, que oferta uma bolsa visando a capacitação de pessoas transgênero e, consequentemente, sua inserção no mercado formal de trabalho.[33]

Trata-se de mais um elemento que compete ao Estado mitigar e que ele acaba por nada fazer, caracterizando ainda mais o seu descaso e, ato contínuo, sua responsabilidade.

3.4 Direito ao nome e à sexualidade

Considerando o nome e a sexualidade como elementos inerentes a todo ser humano, componentes de sua integralidade como pessoa, podemos consignar que compõem também os direitos fundamentais e, como tal, haveria de ser objeto de respaldo pleno a todas as pessoas, fato esse que não se constata quando se trata da população transgênero.

Em hipótese de manifesta leniência legislativa[34] vivemos no Brasil a absurda realidade de inexistir no ordenamento jurídico pátrio legislação mínima que garanta a pessoas transgênero a possibilidade de alteração em seus documentos de seu nome e sexo/gênero em razão de sua identidade de gênero, hipótese essa já consolidada em inúmeros países, como nas Leis de Identidade de Gênero de Argentina e Uruguai, bem como na Lei 38/2018 de Portugal.[35]

Tal possibilidade de mudança de nome e sexo/gênero nos documentos apenas se garante em decorrência da atuação do Poder Judiciário, culminando com o REsp. 1.626.739 da 4ª Turma do Superior Tribunal de Justiça (STJ) de 2017, e com a ADI 4.275 de 2018 do Supremo Tribunal Federal (STF), a qual deu ensejo ao Provimento 73 do

---

32. BENEVIDES, Bruna G. *Dossiê assassinatos e violências contra travestis e transexuais brasileiras em 2021*. Brasília: Distrito Drag, ANTRA, 2022, p. 47.
33. CUNHA, Leandro Reinaldo da. DOMINGOS, Terezinha de Oliveira. Inserção social do transexual pela educação: Projeto transcidadania e Resolução 12/2015 do Conselho Nacional de Combate à Discriminação e Promoção dos Direitos de Lésbicas, Gays, Bissexuais, Travestis e Transexuais. *Revista De Direito Sociais e Políticas Públicas*, v. 1, p. 257-272, 2015.
34. CUNHA, Leandro Reinaldo da. Identidade de gênero e a responsabilidade civil do Estado pela leniência legislativa, *RT* 962 p. 37-52, 2015.
35. CUNHA, Leandro Reinaldo da. *Direitos dos transgêneros sob a perspectiva europeia*. Debater a Europa, v. 19, p. 47-56, jul.-dez. 2018.

CNJ,[36] com inconteste fulcro na decisão da Corte Interamericana de Direitos Humanos (CorteIDH) acerca da Opinião Consultiva 24/17.[37]

Ressalta-se que o pleito de alteração de nome e sexo/gênero nos documentos independe de apresentação de laudos de qualquer natureza, realização de tratamento hormonal ou intervenções cirúrgicas prévias, prevalecendo a autodeterminação do solicitante.[38]

No que concerne ao nome é de se afirmar que a situação pode revestir-se de novos contornos face a nova redação do art. 56 da Lei de Registros Públicos promovida pela Lei 14.382/22, vez que o atual texto garante a possibilidade de alteração do prenome, após a maioridade civil, de forma imotivada, independentemente de decisão judicial,[39] em contraposição ao que dispunha a previsão revogada, que impunha que as alterações apenas poderia ocorrer por exceção e motivadamente, após audiência do Ministério Público e sentença, como preconizava o antigo art. 58.

Assim, com o afastamento do preceito da imutabilidade mitigada do prenome existente é de se entender que toda pessoa transgênero passa a ter a prerrogativa garantida a todos pelo art. 56 da Lei de Registros Públicos, sendo-lhe facultada a alteração do prenome. Contudo reafirmamos que inexiste a previsão expressa para a mudança do prenome especificamente para pessoas transgênero, o que pode parecer uma declaração inconsistente ante a mudança legislativa relatada, mas que não pode ser ignorada vez que inúmeros direitos consagrados e garantidos a todos não são efetivamente franqueados às minorias sexuais.

4. RESPONSABILIDADE CIVIL E A LENIÊNCIA LEGISLATIVA DO ESTADO

Todos os dados trazidos até o momento no presente texto são demonstrativos de uma realidade bastante preocupante no que tange à garantia dos direitos fundamentais de uma parcela da população brasileira, reconhecidamente integrante de uma minoria sexual, manifestamente vulnerabilizada e que não encontra o devido respaldo e proteção do Estado.

Os altos índices de homicídio, a baixa expectativa de vida, as questões de acesso à saúde, educação e direitos civis básicos, são elementos mais do que eloquentes no sentido de demonstrar a premência da tomada de medidas que garantam que esse genocídio trans seja paralisado.

---

36. CUNHA, Leandro Reinaldo da. Identidade de gênero sob a atual perspectiva dos tribunais superiores. A possibilidade da mudança de nome e gênero nos documentos independente da realização de procedimentos cirúrgicos prévios. *Revista dos Tribunais*. v. 106, n. 986, p. 111-126, São Paulo: Ed. RT, dez. 2017.
37. CUNHA, Leandro Reinaldo da. O posicionamento da corte interamericana de direitos humanos quanto à identidade de gênero, *RT* 991 p. 227-244, 2018.
38. CUNHA, Leandro Reinaldo da. *Transgêneros*: conquistas e perspectivas. Direito na Sociedade da Informação V, São Paulo: Almedina, 2020, 167.
39. Art. 56. A pessoa registrada poderá, após ter atingido a maioridade civil, requerer pessoalmente e imotivadamente a alteração de seu prenome, independentemente de decisão judicial, e a alteração será averbada e publicada em meio eletrônico.

Imperioso se faz que sejam efetivadas políticas públicas que tenham por escopo básico a efetivação dos parâmetros mais essenciais relativos à garantia dos direitos fundamentais das pessoas transgênero, sob pena de uma inadmissível ruptura do tecido social que sustenta o estado democrático de direito vigente em nossa nação.

> No atual estágio do Estado Democrático de Direito que se supõe solidificado no Brasil, não pode mais haver espaço para a incidência de um Estado irresponsável e leniente que, por conta de preconceito, não confere a toda a população a proteção estabelecida expressamente no texto da Constituição Federal. Comungar com este tipo de atitude é um grave risco à manutenção do tecido social, mormente quando o grupo relegado se conscientiza de seus direitos olvidados e passa a questionar a atuação do Poder Público.[40]

Essa omissão do Estado, revelada por meio de sua leniência legislativa,[41] não pode restar isenta de responsabilização por parte do Estado que há de responder por essa conduta que atinge de maneira severa a uma parcela da população que goza das mesmas garantias que todos os demais mas que não encontra qualquer efetividade nos preceitos estabelecidos como direitos fundamentais.

Reiteramos que se a atual situação se mostra tão preocupante muito se deve à invisibilidade de permeia a proteção das minorias sexuais em nosso país, vez que o já no Plano Nacional de Direitos Humanos de 2009 (PNDH-3, diretriz 16) o tema foi indicado como merecedor de atenção mas, contudo, quase nada foi feito na direção de garantir os direitos desse grupo altamente vulnerabilizado, reflexo inconteste da negligência do Estado.

Não se olvide que em terras alienígenas se vê a preocupação com a responsabilidade civil por parte do Estado em decorrência de sua leniência, seja na Irlanda com a condenação do governo a indenizar uma pessoa transexual pela omissão na promulgação de leis que reconhecessem a identidade de gênero em 1997 (Foy v. An t-Ard Chlaraitheoir),[42] ou em discussões travadas na Argentina.

Evidente que a leniência legislativa enseja uma série de consequências danosas no caso das pessoas transgênero, vez que face a falta de políticas públicas e ações afirmativas destinadas a garantir minimamente a efetividade de seus direitos fundamentais acabam por causar toda sorte de dano àquelas pessoas, transitando do dano material ao moral, perpassando por inúmeras variáveis como, por exemplo, o dano existencial.

5. CONSIDERAÇÕES FINAIS

A existência de uma sociedade igualitária e que efetivamente confira a cada cidadão os direitos fundamentais ainda é uma utopia. Quisera eu estar errado em minhas previsões mas aparentemente essa sociedade dificilmente será alcançada. Oxalá esteja eu errado.

---

40. CUNHA, Leandro Reinaldo da. Identidade de gênero e a responsabilidade civil do Estado pela leniência legislativa, *RT* 962 p. 48, 2015.
41. CUNHA, Leandro Reinaldo da. *Identidade e redesignação de gênero*: Aspectos da personalidade, da família e da responsabilidade civil. 2 ed. rev. e ampl., Rio de Janeiro: Lumen Juris, 2018, p. 277.
42. CUNHA, Leandro Reinaldo da. *Identidade e redesignação de gênero*: Aspectos da personalidade, da família e da responsabilidade civil. 2 ed. rev. e ampl. Rio de Janeiro: Lumen Juris, 2018, p. 279-280.

Contudo tendo ciência da realidade que nos cerca e acompanha é imprescindível que a luta para que tal ideal de acesso aos direitos mais nucleares e essenciais seja uma constante. Mesmo que uma batalha árdua, uma batalha a ser travada sob pena de uma perda irreparável: a perda da humanidade.

Ter ciência de que a situação vivenciada pela população transgênero é de extrema vulnerabilidade é o primeiro passo para que possamos buscar uma sociedade que se faça mais próxima dos ideais preconizados pelo estado democrático de direito instituído em nossa Constituição Federal. Um dos maiores riscos enfrentados pelas pessoas transgênero atualmente reside na invisibilidade que franqueia a muitos a percepção de que podem ser vítimas de ofensas, ataques, discriminações e preconceitos que se mostram diametralmente opostos aos direitos fundamentais que lhes são garantidos.

Considerando que uma das forças da responsabilidade civil é exatamente rechaçar tal sorte de conduta e recompor os danos sofridos, é imprescindível a ampla utilização dos mecanismos legais existentes a fim de que se possibilite que essa minoria sexual possa ter uma vida pautada pelos ditames de seus direitos fundamentais.

Assim, como asseverado no início do presente texto, reitera-se: Pessoas transgênero são pessoas e, portanto, destinatárias de todos os direitos fundamentais previstos e garantidos.

6. REFERÊNCIAS

ABRAMOVAY, Miriam; CASTRO, Mary Garcia; WAISELFISZ, Júlio Jacobo. *Juventudes na escola, sentidos e buscas*: por que frequentam? Brasília-DF: Flacso – Brasil, OEI, MEC, 2015.

ARGENTIERI, Simona. Travestismo, transexualismo, transgêneros: identificação e imitação, *Jornal de Psicanálise*, 42:77, São Paulo, 2006.

BENEVIDES, Bruna G. *Dossiê assassinatos e violências contra travestis e transexuais brasileiras em 2021*. Brasília: Distrito Drag, ANTRA, 2022.

CUNHA, Leandro Reinaldo da. *Identidade e redesignação de gênero*: aspectos da personalidade, da família e da responsabilidade civil. 2 ed. rev. e ampl., Rio de Janeiro: Lumen Juris, 2018.

CUNHA, Leandro Reinaldo da. *A responsabilidade civil face à objeção ao tratamento do transgênero sob o argumento etário*. Responsabilidade Civil e Medicina, 2. ed. Indaiatuba: Foco2021.

CUNHA, Leandro Reinaldo da. Transexuais e travestis nos estabelecimentos prisionais. *Boletim Revista dos Tribunais Online*, v. 16, 2021.

CUNHA, Leandro Reinaldo da. Breves considerações sobre a relação entre o direito de família e os direitos humanos, *Direitos Humanos* – Um enfoque multidisciplinar. São Paulo: Suprema Cultura, 2009.

CUNHA, Leandro Reinaldo da. Direito à indenização decorrente da ofensa à dignidade da pessoa humana do intersexual. *Intersexo*. São Paulo: Ed. RT, 2018.

CUNHA, Leandro Reinaldo da. *A atual situação jurídica dos transgêneros no Brasil*. Interfaces Científicas – Direito, 7(3), p. 25-38, 2019.

CUNHA, Leandro Reinaldo da. *A proteção constitucional da identidade de gênero*. Os 30 anos da Constituição Federal de 1988. Salvador: Paginae, 2018.

CUNHA, Leandro Reinaldo da. A união homossexual ou homoafetiva e o atual posicionamento do STF sobre o tema (ADI 4277). *Revista o Curso de Direito da Universidade Metodista de São Paulo*. v. 8. São Bernardo do Campo: Metodista. 2010.

CUNHA, Leandro Reinaldo da. Direitos dos transgêneros sob a perspectiva europeia. *Debater a Europa*, v. 19, p. 47-56, jul.-dez. 2018.

CUNHA, Leandro Reinaldo da. Do dever de especial proteção dos dados de transgêneros. *Revista Direito e Sexualidade*, v. 2, n. 2, p. 213-231, Salvador, jul./dez. 2021.

CUNHA, Leandro Reinaldo da. Identidade de gênero e a licitude dos atos redesignatórios. *Revista o Curso de Direito da Universidade Metodista de São Paulo*. v. 10. São Bernardo do Campo: Metodista. 2013.

CUNHA, Leandro Reinaldo da. Identidade de gênero e a responsabilidade civil do Estado pela leniência legislativa. *Revista dos Tribunais*. n. 962 p. 37-52. São Paulo: Ed. RT, 2015.

CUNHA, Leandro Reinaldo da. Identidade de gênero sob a atual perspectiva dos tribunais superiores. A possibilidade da mudança de nome e gênero nos documentos independente da realização de procedimentos cirúrgicos prévios. *Revista dos Tribunais* 986, p. 111-126, 2017.

CUNHA, Leandro Reinaldo da. Identidade de gênero, dever de informar e responsabilidade civil. *Revista IBERC*, v. 2, n. 1, p. 10. 22 maio 2019.

CUNHA, Leandro Reinaldo da. O esvaziamento do preceito do nome social diante das atuais decisões dos tribunais superiores. *Revista dos Tribunais*. n. 1011, p. 67-81. São Paulo: Ed. RT, 2020.

CUNHA, Leandro Reinaldo da. O posicionamento da Corte Interamericana de Direito Humanos quanto à identidade de gênero. *Revista dos Tribunais* 991, p. 227-246, 2018.

CUNHA, Leandro Reinaldo da. *Transgêneros*: conquistas e perspectivas. Direito na Sociedade da Informação V, São Paulo: Almedina, 2020.

CUNHA, Leandro Reinaldo da. Além do gênero binário: repensando o direito ao reconhecimento legal de gênero. Tradução de texto original de THEILEN, Jens T. *Revista Direito e Sexualidade*, v. 1, n. 1, p. 8, Salvador, jan./jun. 2020.

CUNHA, Leandro Reinaldo da; CAZELATTO, Caio Eduardo Costa. Pluralismo jurídico e movimentos LGBTQIA+: do reconhecimento jurídico da liberdade de expressão sexual minoritária enquanto uma necessidade básica humana. *Revista Jurídica*, [S.l.], v. 1, n. 68, p. 486-526, mar. 2022.

CUNHA, Leandro Reinaldo da. RIOS, Vinícius Custódio. Mercado transgênero e a dignidade da pessoa humana sob a perspectiva do capitalismo humanista, *Revista dos Tribunais*. v. 105, n. 972, p. 165-184. São Paulo: Ed. RT, out. 2016.

CUNHA, Leandro Reinaldo da. DOMINGOS, Terezinha de Oliveira. Inserção Social do Transexual pela Educação: Projeto Transcidadania e Resolução 12/2015 do Conselho Nacional de Combate à Discriminação e Promoção dos Direitos de Lésbicas, Gays, Bissexuais, Travestis e Transexuais. *Revista De Direito Sociais e Políticas Públicas*, v. 1, p. 257-272, 2015.

CUNHA JÚNIOR, Dirley da. *Curso de Direito Constitucional*. 2. ed. Salvador: Juspodivm, 2008.

DUQUE, Tiago. Epistemologia da passabilidade: Dez notas analíticas sobre experiências de (in)visibilidade trans. História Revista: *Revista do Departamento de História* v. 25, n. 3, 2020.

GRANT, Jaime M.; MOTTET, Lisa A.; TANIS, Justin; HERMAN, Jody L.; HARRISON, Jack; KEISLING, Mara. *National Transgender Discrimination Survey Report on health and health care*. Washington, 2010.

HERMAN, Jody L. Gendered restrooms and minority stress: The public regulation of gender and its impact on transgender people's lives. *Journal of Public Management & Social Policy*, 19(1), 65-80.

O'DWYER, Brena; HEILBORN, Maria Luiza. Jovens Transexuais: Acesso a serviços médicos, medicina e diagnóstico. *Revista Interseções*, v. 20, n. 1, p. 196-219, jun. 2018.

SARLET, Ingo Wolfgang. *Dignidade da pessoa humana e direitos fundamentais na Constituição Federal de 1988*. 9. ed. rev. atual. 2 tir. Porto Alegre: Livraria do Advogado Editora, 2012.

SPIZZIRRI, Giancarlo; EUFRÁSIO, Raí; PEREIRA LIMA, Maria Cristina; CARVALHO NUNES, Hélio Rubens de; KREUKELS, Baudewijntje P. C.; STEENSMA, Thomas D.; NAJJAR ABDO, Carmita Helena. Proportion of people identifed as transgender and non-binary gender in Brazil. *Scientific Reports*. v. 11:2240, 2021. Disponível em: https://www.nature.com/articles/s41598-021-81411-4.pdf. Acesso em: 17 jun. 2022.

A RESPONSABILIDADE CIVIL DO EMPREGADOR ENVOLVENDO DANOS MORAIS INDIVIDUAIS E COLETIVOS E INTERESSES DIFUSOS NAS DISPENSAS COLETIVAS NO BRASIL APÓS A REFORMA TRABALHISTA: ATUAÇÃO DO MINISTÉRIO PÚBLICO DO TRABALHO – ANÁLISE DOUTRINÁRIA, JURISPRUDENCIAL E LEGAL

Liane Tabarelli

Professora adjunta da Escola de Direito da Pontifícia Universidade Católica do Rio Grande do Sul (PUCRS). Docente de cursos de pós-graduação e preparatórios para concursos públicos. Doutora em Direito pela PUCRS. Ex-bolsista da CAPES de Estágio Doutoral (Doutorado Sanduíche) na Faculdade de Direito da Universidade de Coimbra – Portugal. Autora de obras e de diversos capítulos de livros e artigos jurídicos. Endereço eletrônico: liane.tabarelli@pucrs.br. Advogada e parecerista.

Rodrigo Wasem Galia

Pós-Doutor, Doutor, Mestre e Bacharel em Direito pela PUCRS. Professor Federal nas áreas de Direito do Trabalho e de Direito Processual do Trabalho desde 2018. Avaliador do INEP-MEC na autorização de Novos Cursos Jurídicos no Brasil. Autor e coautor de diversas obras jurídicas no Brasil. Parecerista de diversas Revistas Jurídicas. Membro de Conselho Editorial. Diretor Científico da Comissão Estadual de Direito do Trabalho da ABA (Associação Brasileira de Advogados) do Rio Grande do Sul. Membro Titular do IBERC – Instituto Brasileiro de Estudos de Responsabilidade Civil. Palestrante. Endereço eletrônico: rodrigogalia@hotmail.com.

Sumário: 1. Introdução – 2. Reflexões acerca da dispensa em massa sob o prisma dos direitos difusos e coletivos – 3. Dispensas coletivas na CNEC (Escola Cenecista Oliva Enciso), em Campo Grande (MS) e posicionamento do STF acerca do tema após a reforma trabalhista: aspectos doutrinários e legais – 4. A atuação do Ministério Público do Trabalho e o assédio moral coletivo – 5. Considerações finais – 6. Referências.

1. INTRODUÇÃO

É preciso proteger os empregados de uma determinada categoria profissional contra a perda coletiva do emprego, operada através de uma dispensa em massa. Ainda mais porque o direito ao trabalho é um direito fundamental social, que precisa de políticas públicas para a sua implementação.

Nesse sentido, o presente artigo insere-se na temática da jurisdição constitucional, ao papel do Estado na consecução de políticas públicas, ao papel do Estado na intervenção da economia, na salutar intromissão que o direito público faz nos direitos privados, também sob o prisma de uma teoria dos direitos fundamentais sociais.

A jurisdição constitucional é um instrumento, e dos mais eficazes, na defesa da correta aplicação dos comandos constitucionais, além de estender sua proteção aos direitos fundamentais. Sua importância para a reelaboração do direito contemporâneo se reveste de atributo especial, quando se tem como certo que a história da constituição seria outra, sem a jurisdição constitucional.

A concepção de uma lei fundamental, apontando para uma hierarquia normativa e para o vértice da função legiferante ordinária, se consolida com a supremacia das normas constitucionais, que o poder constituinte de uma sociedade erigiu para si e, por isso, as elevou à categoria de normas supremas. A proteção constitucional ao emprego encontra guarida no art. 7º, inciso I, da Constituição Federal de 1988, e não pode ser elidida por norma infraconstitucional, tal como ocorre com o art. 477-A, da CLT, que traz a possibilidade de dispensas em massa de trabalhadores sem a exigência da prévia negociação coletiva para preservação dos postos de trabalho.

Mas mais que garantir o acesso ao emprego, deve o Estado permitir a proteção ao emprego já conquistado. Ainda mais no que tange aos professores da CNEC (Escola Cenecista Oliva Enciso), em Campo Grande (MS), caso em que se analisará no presente artigo, partindo-se do cotejo entre as dispensas em massa e os interesses difusos por elas atingidos, danos morais individuais e coletivos, dada a essencialidade do trabalho na efetivação da dignidade da pessoa humana.

2. REFLEXÕES ACERCA DA DISPENSA EM MASSA SOB O PRISMA DOS DIREITOS DIFUSOS E COLETIVOS

Quanto aos direitos fundamentais de terceira dimensão, também chamados direitos coletivos lato sensu, abrangem três espécies, que são: direitos difusos, coletivos stricto sensu e individuais homogêneos.[1] Esses direitos têm como propósito a proteção de pessoas indeterminadas, bem como de pessoas identificáveis que possuem uma causa em comum.

No Brasil, as três espécies estão previstas no Código de Defesa do Consumidor. Assim, os direitos difusos são tidos como transindividuais e indivisíveis, que pertencem a pessoas indeterminadas com o mesmo interesse devido a circunstâncias de um fato comum, de acordo com o art. 81, inciso I do referido diploma.[2] Já os coletivos *stricto sensu* são pertinentes aos direitos transindividuais e indivisíveis, pertencendo a pessoas de determinado grupo, determinada categoria ou classe, tendo previsão legal no inciso II do parágrafo único do art. 81 do *codex* salientado. E, por sua vez, os individuais homogêneos são aqueles direitos que têm uma origem comum cujos detentores são

---

1. EÇA; ROCHA, 2014, p. 31.
2. MANCUSO, 2013, p. 99.

identificáveis, como se depreende do inciso III do parágrafo único do art. 81 do Código de Defesa do Consumidor.[3]

É preciso não confundir a defesa de direitos coletivos com a defesa coletiva de direitos (individuais). Assim sendo, os direitos coletivos são aqueles direitos subjetivamente transindividuais (isto é, sem titular determinado) e são, por essa simples defesa, materialmente indivisíveis. Os direitos coletivos permitem sua acepção no singular, inclusive para fins de tutela jurisdicional. Ou seja: embora indivisível, é possível conceber-se uma única unidade da espécie de direito coletivo. O que é múltipla (e indeterminada) é a sua titularidade, e daí a sua transindividualidade. Nessa senda, o "direito coletivo" representa a designação genérica para as duas modalidades de direitos transindividuais: tanto o difuso como o coletivo *stricto sensu*. Configura a denominação que se atribui a uma especial categoria de direito material, nascida da superação, atualmente indiscutível, da tradicional dicotomia entre interesse público e interesse privado. Consiste em direito que não compete à administração pública e nem a indivíduos particularmente determinados. Concerne, sim, a um grupo de pessoas, a uma classe, a uma categoria, ou à própria sociedade, considerada em seu significado amplo.[4]

Os direitos ou interesses coletivos (*lato sensu*) e direitos ou interesses individuais homogêneos constituem, assim, categorias de direitos ontologicamente diferenciadas. É o que se depreende de sua conceituação na Lei 8.078/90, art. 81, parágrafo único. Consoante a definição dada pelo legislador, são interesses e direitos difusos os transindividuais, de natureza indivisível, de que sejam titulares pessoas indeterminadas e ligadas por circunstâncias de fato (art. 81, parágrafo único, inciso I da Lei 8.078, de 1990). Os interesses e direitos coletivos são aqueles transindividuais de natureza indivisível, de que seja titular grupo, categoria ou classe de pessoas ligadas entre si ou com a parte contrária por uma relação jurídica de base (inciso II). São direitos individuais homogêneos os decorrentes de origem comum (inciso III): direitos derivados do mesmo fundamento de fato ou de direito ou que tenham, entre si, relação de afinidade por um ponto comum de fato ou de direito.

Os direitos difusos, no que tange ao aspecto subjetivo, são transindividuais, com indeterminação absoluta dos titulares, o que significa dizer que tais direitos não têm titular individual e a ligação entre os vários titulares difusos decorre de uma mera circunstância de fato, como por exemplo, morar na mesma região. Sob o aspecto objetivo são indivisíveis, o que equivale a afirmar que não podem ser satisfeitos nem lesados senão em forma que afete a todos os possíveis titulares. Como exemplo, pode-se citar o direito ao meio ambiente sadio (art. 225 da Constituição Federal de 1988).[5]

Aduz Rodrigo Coimbra[6] que:

---
3. EÇA; ROCHA, 2014, p. 31.
4. ZAVASKI, 2014, p. 34.
5. ZAVASKI, 2014, p. 36-37.
6. 2014, p. 104.

Na classe difusa, os objetos do direito podem ser: o patrimônio público ou de entidade de que o Estado participe; a moralidade administrativa; o meio ambiente; o patrimônio histórico e cultural; as relações de consumo; as relações de trabalho; bens e direitos de valor artístico, estético, turístico e paisagístico; a ordem econômica; a ordem urbanística, entre outros.

Os direitos coletivos, no que tange ao aspecto subjetivo, são transindividuais, com determinação relativa dos titulares, o que significa dizer que tais direitos não têm titular individual e a ligação entre os vários titulares coletivos decorre de uma relação jurídica-base, como por exemplo, o Estatuto da OAB. Sob o aspecto objetivo são indivisíveis, o que equivale a afirmar que não podem ser satisfeitos nem lesados senão em forma que afete a todos os possíveis titulares, razão pela qual estão ao lado dos direitos difusos (por isso a expressão "direitos difusos e coletivos"). Como exemplo, pode-se citar o direito de classe dos advogados de ter representante na composição dos Tribunais (art. 94 da Constituição Federal de 1988).[7]

Como aduz Vincenzo Vigoriti:[8-9]

Uma organização ainda deve existir para que se possa falar de "coletivo", no sentido de relação de interesses estabelecidos para a realização do fim comum. Este é o elemento essencial que distingue os interesses coletivos daqueles difusos. Reconhecendo também a implementação de algumas indicações esparsas na doutrina, parece-me que a expressão interesse difuso deva ser utilizada em referência a um estágio ainda fluido do processo de agregação de interesses e deve, portanto, ser reservada para aqueles posições de vantagem reconhecidas oferecidas aos particulares pelo ordenamento, de igual conteúdo e direito também dirigidas para o mesmo fim (o mesmo bem jurídico), e, portanto, não organizado, e, também, não vinculadas por restrições que podem torná-los a perder relevância jurídica, como posição individual, para deixá-los ser elementos significativos de um interesse mais amplo.

Em decorrência de sua natureza, os direitos difusos são insuscetíveis de apropriação individual, são insuscetíveis de transmissão, seja por ato inter vivos, seja mortis causas. Não podem ser renunciados ou transacionados. Em relação à sua defesa em juízo, essa se efetiva através de substituição processual (o sujeito ativo da relação processual não é o sujeito ativo da relação de direito material), razão pela qual o objeto do litígio é indisponível para o autor da demanda, que não poderá celebrar acordos, nem renunciar, nem confessar, nem assumir ônus probatório não fixado na Lei. E, por fim, a mutação dos titulares ativos difusos da relação de direito material se dá com absoluta informalidade jurídica, pois basta que haja alteração nas circunstâncias de fato.[10]

---

7. ZAVASKI, 2014, p. 36-37.
8. 1979, p. 39-40.
9. Traduzido do original: "Un´organizzazione comunque deve esistere perché possa parlarsi di "coletivo", nel senso di relazione di interessi stabilita per il raggiungimento del fine comune. Questo è l´elemento essenziale che distingue gli interessi collettivi da quelli diffusi. Recependo anche alcune indicazioni sparse in dottrina, mi pare che la locuzione interessi diffusi vada usata in riferimento ad uno stadio ancora fluido del processo di aggregazione degli interessi e vada pertanto riservata a quelle posizione di vantaggio riconosciute ai singoli dall´ordinamento, di iguale contenuto e dirette anche verso il medesimo fine (medesimo bene giuridico), epperò non organizzate, e quindi non legate da vincoli capaci di far loro perdere rilevanza giuridica, come posizione individuali, per far loro assumere rilievo come elementi di un interesse più vasto".
10. ZAVASKI, 2014, p. 37.

Por outro lado, em decorrência de sua natureza, os direitos coletivos são insuscetíveis de apropriação individual, são insuscetíveis de transmissão, seja por ato *inter vivos*, seja *mortis causas*. Não podem ser renunciados ou transacionados. Em relação à sua defesa em juízo, essa se efetiva através de substituição processual (o sujeito ativo da relação processual não é o sujeito ativo da relação de direito material), razão pela qual o objeto do litígio é indisponível para o autor da demanda, que não poderá celebrar acordos, nem renunciar, nem confessar, nem assumir ônus probatório não fixado na Lei. E, por fim, a mutação dos titulares ativos coletivos da relação de direito material se dá com relativa informalidade jurídica, pois basta a adesão ou a exclusão do sujeito à relação jurídica-base.[11]

No tocante aos interesses que, por natureza, são difusos, há um elemento que é complicador, que se deve ao fato de que eles não comportam aglutinação em grupos sociais definidos *a priori*. Essa indeterminação dos sujeitos deriva, em grande parte, do fato de que não existe um vínculo jurídico coalizador dos sujeitos atingidos por esses interesses: em verdade, eles se reúnem ou se agregam ocasionalmente, em virtude de certas contingências, como o fato de habitarem certa região, de consumirem certo produto, de viverem numa certa comunidade, por compartilharem pretensões semelhantes, por serem afetados pelo mesmo evento originário de obra humana ou da natureza.[12]

Por exemplo, quando se refere aos interesses difusos dos usuários de automóveis, abarca-se uma indefinida massa de indivíduos das mais variadas situações, esparsos ou espalhados por todo o País, sem qualquer especial característica jurídica homogênea, pois apenas praticaram, aos milhares ou milhões, um mesmo ato jurídico instantâneo: a compra de um veículo.[13]

Nesse sentido:

> Nem sempre são perceptíveis com clareza as diferenças entre os direitos difusos e os direitos coletivos, ambos transindividuais e indivisíveis, o que, do ponto de vista processual, não tem maiores consequências, já que, pertencendo ambos ao gênero de direitos transindividuais, são tutelados judicialmente pelos mesmos instrumentos processuais. Pode-se, pois, sem comprometer a clareza, identificá-los em conjunto, pela sua denominação genérica de direitos coletivos ou de direitos transindividuais. No entanto, os direitos individuais, não obstante homogêneos, são direitos subjetivos individuais. Peca por substancial e insuperável antinomia afirmar-se possível a existência de direitos individuais transindividuais. Entre esses e os direitos coletivos, portanto, as diferenças são mais acentuadas e a sua identificação, consequentemente, é mais perceptível.[14]

Nas relações de trabalho,[15] ainda que o Direito Coletivo do Trabalho contemple os exemplos talvez mais típicos de direito coletivo *stricto sensu* – de que seja titular categoria ou grupo de pessoas ligadas entre si ou com a parte contrária por uma relação jurídica base, que, no caso, geralmente é o contrato de emprego –, existem também significativos

---

11. ZAVASKI, 2014, p. 37.
12. MANCUSO, 2013, p. 99.
13. GRINOVER, 2014, p. 41.
14. ZAVASKI, 2014, p. 38.
15. ROESLER, 2014, p. 95.

direitos com objeto difuso. Assim, apresentam-se alguns casos envolvendo direitos com objeto difuso provenientes das relações de trabalho: a) greve em serviços ou atividades considerados essenciais, em que as atividades inadiáveis da comunidade não foram cumpridas pelos sujeitos da relação de trabalho – empregados e empregadores, causando prejuízos à coletividade (pessoas indeterminadas, não têm titular individual e a ligação entre os vários titulares difusos decorre de mera circunstância de fato); b) tutela inibitória (obrigação de não fazer) com relação a uma empresa que exige dos inúmeros e indeterminados candidatos a emprego (portanto, antes de haver vínculo jurídico) certidão negativa da Justiça do Trabalho sobre a inexistência do ajuizamento de eventual ação trabalhista (novamente tem-se o caso de pessoas indeterminadas- qualquer sujeito que potencialmente fosse fazer tal entrevista seria lesado – indeterminação absoluta dos titulares); c) discriminação na seleção para vaga de emprego (portanto, antes de haver vínculo jurídico de emprego), atingindo pessoas indeterminadas, como em relação a negros ou portadores de deficiências físicas, mulheres grávidas, idosos, índios, estrangeiros, menores, ou a prática de qualquer outro tipo de discriminação vedada pela Constituição Federal, inclusive portadores de HIV ou outra enfermidade grave que suscite discriminação. Outro exemplo de direitos com objeto difuso na área trabalhista é a situação de redução análoga à condição de escravo, com atuação dos Auditores Fiscais do Trabalho, do Ministério Público do Trabalho e de Juízes do Trabalho.[16]

Desnecessário é avaliar a impossibilidade de defesa individual dos interesses desses trabalhadores, semicidadãos, isolados, desamparados e combalidos pela submissão escravocrata. As hipóteses de violação encetam direitos difusos – resumidos pela proteção da ordem jurídica justa – e individuais homogêneos – consistentes nos créditos individuais dos trabalhadores, para quitação de salário, descanso remunerado, adicionais de pagamento por trabalho insalubre ou perigoso, entre outros direitos.[17]

A questão do meio ambiente do trabalho comportaria também dupla dimensão de interesses, tal qual ocorre com a questão acima aludida no que tange ao trabalho escravo:

> A proteção ao meio ambiente em geral constitui-se em interesse difuso, compartilhado, indeterminadamente, por toda a comunidade que do referido ambiente se serve; a degradação do ambiente de trabalho prejudica, de forma direta e definitiva, os trabalhadores que no local militam e, ainda mesmos danos podem ser identificados individualmente, segundo as sequelas mais ou menos graves que provoquem. Na primeira hipótese, haverá proteção do interesse difuso por meio de ação civil pública – *retius*, ação coletiva – para impedir ou reparar a ação danosa, com cobrança de indenização revertida ao fundo de que trata o art. 13 da LAC; na segunda hipótese, por meio da mesma ação ou do mandado de segurança coletivo, alcançar-se-á a tutela de interesse coletivo em sentido estrito, beneficiando-se, com a atuação jurisdicional, a coletividade dos membros daquela categoria; e, por fim, através de ação coletiva para proteção de interesses homogêneos, os que têm natureza comum, porque decorrentes da degradação do meio ambiente do trabalho, arquitetará a reparação do dano individual (ação civil coletiva, nos termos da Lei Complementar 75/93).[18]

---

16. COIMBRA, 2014, p. 106.
17. FAVA, 2005, p. 104.
18. FAVA, 2005, p. 109.

Desse modo, para a efetivação dos direitos fundamentais de terceira dimensão foi criado um sistema de jurisdição civil denominado de microssistema de tutela dos direitos ou interesses coletivos. Tal sistema é formado pela integração sistemática da Constituição Federal de 1988, da Lei da Ação Popular, da Lei da Ação Civil Pública, do Código de Defesa do Consumidor e de forma subsidiaria do Código de Processo Civil. Na seara trabalhista deve-se acrescentar a todos esses diplomas legais a Lei Orgânica do Ministério Público da União e a Consolidação das Leis do Trabalho, denominada essa junção como sistema de jurisdição trabalhista metaindividual.[19]

O poder constituinte originário, com o fito de tornar dinâmica a atividade jurisdicional, institucionalizou atividades profissionais (tanto públicas como privadas), conferindo-lhes o *status* de funções essenciais à justiça, estabelecendo regras, no que tange à instituição do Ministério Público, definidas nos artigos 127 a 130 da Constituição Federal de 1988.[20]

Com fulcro no art. 127, *caput*, da Carta Magna de 1988, define-se que o Ministério Público é instituição permanente, essencial à função jurisdicional do Estado, incumbindo-lhe a defesa da ordem jurídica, do regime democrático e dos interesses sociais e individuais indisponíveis dos cidadãos. Além disso, dita instituição vem ocupando lugar cada vez mais de destaque na organização do Estado, haja vista o alargamento de suas funções de proteção dos direitos indisponíveis e de interesses coletivos.

Nessa esteira de entendimento, considerando que o Ministério Público da União compreende, entre outros, o Ministério Público do Trabalho, torna-se imperioso analisar suas atribuições e prerrogativas, precipuamente na defesa dos direitos difusos e coletivos. Com isso, pretende-se realçar que é defensável que o MPT atue frente às dispensas coletivas, posto que estas atingem direitos difusos, de titularidade indeterminada.

Faz-se, assim, importante salientar que a organização e as atribuições do Ministério Público do Trabalho estão disciplinadas na Lei Complementar 75, de 20.05.1993, em seus artigos 83 a 115, a qual define como chefe da instituição o Procurador-Geral do Trabalho, com a função de representá-la, entre outras atribuições elencadas no artigo 91 da referida lei. Ademais, impõe informar que o Ministério Público da União tem como princípios institucionais a unidade, a indivisibilidade e a independência funcional, este último, inclusive, tem relevância nas ações propostas pela instituição em defesa dos interesses difusos e coletivos do cidadão, em especial, dos trabalhadores. Evidencia-se, portanto, que uma das atribuições do Ministério Público do Trabalho é justamente perseguir modelos de relações de trabalho que valorize a dignidade da pessoa humana, relação essa que indubitavelmente não se compatibiliza com as relações de trabalho que incentivam ou não previnam a dispensa em massa.

A Lei 7.347 de 24 de julho de 1985, a qual disciplina a ação civil pública, é taxativa ao dispor em seu artigo 1º que "Regem-se pelas disposições desta Lei, sem prejuízo da

---
19. EÇA; ROCHA, 2014, p. 31.
20. LENZA, 2009, p. 601.

ação popular, as ações de responsabilidade por danos morais e patrimoniais causados: "[...] IV – qualquer outro interesse difuso e coletivo"; bem como a Lei Complementar 75, de 20 de maio de 1993, dispõe, em seu artigo 83, que

> compete ao Ministério Público do Trabalho no exercício das seguintes atribuições junto aos órgãos da Justiça do Trabalho:
> [...]
> III – promover a ação civil pública no âmbito da Justiça do Trabalho, para defesa de interesses coletivos, quando desrespeitados os direitos sociais garantidos constitucionalmente.

Afasta-se, portanto, qualquer divergência acerca da legitimidade do Ministério Público do Trabalho na defesa dos interesses coletivos violados nos casos de dispensa coletiva. A Lei 8.078, de 11 de setembro de 1990 (CDC), enuncia em seu artigo 81, parágrafo único que a defesa coletiva será exercida quando se tratar de

> [...] I – interesses ou direitos difusos, assim entendidos, para efeitos deste código, os transindividuais, de natureza indivisível, de que sejam titulares pessoas indeterminadas e ligadas por circunstâncias de fato.[21]

Assim sendo, evidenciada a esfera extrapatrimonial da coletividade, possuindo natureza de interesse difuso, resta claro a legitimidade ativa do Ministério Público do Trabalho na defesa de tais interesses, através da Ação Civil Pública, no plano judicial, ou através do Termo de Ajustamento de Conduta, no plano extrajudicial. Este último, com imposição de multa diária para tentar garantir a sua efetividade. Nem mesmo com o advento da reforma trabalhista que, em seu art. 477-A, equiparou as dispensas imotivadas individuais ou coletivas, referindo não haver necessidade de autorização prévia de entidade sindical ou de celebração de convenção coletiva ou acordo coletivo de trabalho para sua efetivação, isso não foi suficiente para afastar a atuação do Ministério Público na defesa dos interesses difusos envolvidos nas dispensas em massa. Dessa forma, a jurisdição constitucional envolvendo os interesses difusos nas dispensas coletivas no Brasil pode ser um caminho de defesa do pleno emprego e dos trabalhadores mesmo que o STF julgue constitucional o art. 477-A da CLT, pois nada impede que os sindicatos das categorias profissionais, não mais podendo contar com a negociação coletiva prévia às dispensas em massa, possam se unir ao Ministério Público do Trabalho (MPT) para ajuizarem ações civis públicas buscando a reintegração dos trabalhadores coletivamente dispensados.

3. **DISPENSAS COLETIVAS NA CNEC (ESCOLA CENECISTA OLIVA ENCISO), EM CAMPO GRANDE (MS) E POSICIONAMENTO DO STF ACERCA DO TEMA APÓS A REFORMA TRABALHISTA: ASPECTOS DOUTRINÁRIOS E LEGAIS**

A dispensa coletiva pode ser designada de diversas maneiras: "dispensa em massa", "despedimento coletivo", "dispensa massiva", "dispensa maciça" "licenciamento coletivo", "Plano de desmobilização da planta", dentre outras nomenclaturas. Envolve a ruptura

---
21. NASCIMENTO, 2008, p. 425.

de inúmeros contratos de trabalho por uma causa comum, regra geral, crise econômica ou financeira.

Orlando Gomes foi um dos primeiros juristas a conceituar a dispensa coletiva, para ele trata-se da "rescisão simultânea, por motivo único, de uma pluralidade de contratos de trabalho numa empresa, sem substituição dos empregados dispensados". Assim, é possível verificar as seguintes condições para a configuração da dispensa coletiva: (i) presença de uma motivação; (ii) que tal motivação seja de ordem objetiva (do empregador); iii) em virtude de tal motivação uma gama de empregados será afetada com a resilição de seus respectivos contratos individuais de trabalho; (iv) que tal rescisão pode se dar durante um lapso de tempo ou simultaneamente; (v) que não há ou haverá interesse da empresa em trocar os empregados afetados. Diferentemente do que ocorre na dispensa plúrima, quando numa empresa se verifica uma série de despedidas singulares ou individuais, ao mesmo tempo, tendo estas despedidas motivos relativos à conduta de cada empregado dispensado.[22]

Nessa linha de raciocínio, doutrinadores contemporâneos como Renato Rua de Almeida caracterizam a dispensa coletiva como sendo a "despedida simultânea de vários empregados, relacionada a uma causa objetiva da empresa, de ordem econômica-conjuntural, ou técnica-estrutural". Relaciona-se a uma causa objetiva da empresa, de ordem econômico-conjuntural ou técnico-estrutural, e é tida como ato complexo e procedimental condicionado normalmente ao crivo da participação da representação eleita dos empregados na empresa. Há a despedida simultânea de vários empregados.[23]

Nelson Mannrich sintetiza todos esses conceitos e determina que a dispensa coletiva é "a ruptura diferenciada do contrato de trabalho de natureza objetiva, de iniciativa patronal, decorrente de causas homogêneas que, durante um determinado período de tempo, atingem certo número de trabalhadores".[24]

Assim sendo, a dispensa coletiva caracteriza-se como a terminação de diversos contratos de trabalhos em determinado empreendimento e lapso de tempo, por iniciativa do empregador fundamentado em motivos objetivos, ou seja, não atrelados à pessoa do empregado, geralmente decorrente de causas econômicas, de natureza estrutural, organizacional, tecnológico, financeiro, de produção ou conjuntural sem o objetivo de abrir novas vagas, porque senão não seria despedida coletiva, mas barateamento de mão de obra.

Contudo, é importante destacar que a Lei 13.467/2017, que introduziu a reforma trabalhista, foi o primeiro diploma legal interno a tratar expressamente sobre a dispensa coletiva. Mas por incrível que pareça, não estabeleceu critérios legais ou mesmo um conceito jurídico definindo o que venha a ser essa despedida coletiva.

---

22. GOMES, 1974, p. 575.
23. ALMEIDA, 2007, p. 336.
24. MANNRICH, 2000, p. 555.

Pela presente análise, verifica-se que as dispensas coletivas (em massa) precisam ser enxergadas pela ótica de ofensa aos direitos difusos, pois não atingem tão somente os trabalhadores dispensados, mas toda a coletividade. É preciso que os sindicatos tenham maior e melhor forma de atuação, através da Ação Coletiva, na defesa dos interesses difusos. E o Ministério Público do Trabalho também pode e deve utilizar-se de Ação Civil Pública na defesa dos direitos difusos atingidos nas dispensas em massa.

A reforma trabalhista brasileira, em vigor a partir de 11 de novembro de 2017, autoriza, no seu art. 477-A, as dispensas coletivas sem necessidade de autorização prévia de entidade sindical ou de celebração de convenção coletiva ou acordo coletivo de trabalho para sua efetivação.[25] É um grande retrocesso social no que tange aos direitos fundamentais sociais de todos e quaisquer trabalhadores brasileiros.

Assim sendo:

> No momento atual, não apenas de sedimentação da quarta dimensão dos direitos humanos, entre eles, o direito de informação, de democracia, de pluralidade, e, surgimento da quinta dimensão de direitos fundamentais, relacionada aos avanços da cibernética e da informática, o Brasil ao sancionar a Lei 13.467/2017, que em seu art. 477-A coloca no mesmo patamar institutos tão diversos e regidos por regimes jurídicos díspares – a dispensa individual, a plúrima e a coletiva –, não apenas se afasta dos sistemas modernos de tutela da segurança no emprego vigentes nos países de economia avançada, como se posta em sentido diametralmente oposto.[26]

Na realidade, a dispensa coletiva de trabalhadores não pode ser operada sem uma negociação prévia com o sindicato da categoria. Nesse sentido, a 2ª Turma do Tribunal Superior do Trabalho reconheceu a ilegalidade da dispensa coletiva realizada por uma unidade de uma escola de Campo Grande que, simultaneamente e sem negociação, dispensou 27 de seus 30 professores, o que corresponde a 90% do quadro docente.[27]

Ajuizada pelo Ministério Público do Trabalho (MPT), a ação civil pública contra a Campanha Nacional de Escolas da Comunidade – CNEC (Escola Cenecista Oliva Enciso) foi julgada parcialmente procedente pelo juízo de primeiro grau, que concluiu pela abusividade do direito de dispensa pela escola. Ela foi condenada ao pagamento de indenização por danos morais coletivos no valor de R$ 50 mil e por danos individuais homogêneos no valor correspondente a seis salários para cada empregado dispensado.[28]

A sentença, contudo, foi reformada pelo Tribunal Regional do Trabalho da 24ª Região (MS). A corte estadual alegou que a demissão era justificada pela falta de demanda de alunos e pelo déficit financeiro acumulado. Para o TRT, as dispensas foram inevitáveis e a empresa, mesmo com dívidas, tinha privilegiado o pagamento dos direitos trabalhistas, seguindo a lógica equivocada do art. 477-A da CLT, que admite dispensas

---

25. PEREIRA, 2018, p. 54.
26. SANTOS, 2018.
27. BRASIL, 2021.
28. BRASIL, 2021.

em massa sem negociação coletiva prévia com o sindicato da categoria profissional, no caso em tela, com o sindicato dos professores do MS.[29]

No recurso de revista apresentado ao TST, o MPT reiterou o argumento da obrigatoriedade de negociação prévia com o sindicato para a dispensa em massa de trabalhadores. A seu ver, a crise financeira alegada pela escola não é motivo suficiente para eximi-la do cumprimento das obrigações trabalhistas, "especificamente a de observar o processo de negociação coletiva para proceder à demissão dos trabalhadores". Ainda de acordo com o MPT, a CNEC é um dos maiores grupos educacionais do país, atuando em 18 estados, com 136 unidades de educação básica e 19 de ensino superior.[30]

O relator do recurso, ministro José Roberto Pimenta, observou que, para justificar a dispensa de 90% do quadro de funcionários, a CNEC destacou a impossibilidade de continuação das atividades e a extinção da escola. Na sua avaliação, a causa das dispensas, comum a todos os empregados, objetivava atender a interesse econômico do empregador e a situação se enquadra perfeitamente no conceito de demissão coletiva.

Segundo o ministro, a jurisprudência da Seção Especializada em Dissídios Coletivos (SDC) do TST é no sentido de que a negociação prévia com o sindicato profissional é requisito para a validade da dispensa coletiva e, nesse caso, "é irrelevante se houve continuidade ou não da atividade empresarial". A ausência desse requisito acarreta a responsabilidade civil do empregador e o pagamento de indenização compensatória.

Por unanimidade, a turma reconheceu a ilegalidade da dispensa e determinou o retorno do processo ao TRT da 24ª Região para que prossiga na análise dos recursos ordinários de ambas as partes e fixe a indenização devida pelos danos morais coletivos e individuais.

Verifica-se que o comando do art. 477-A da CLT, incluído pela Lei da reforma trabalhista representa sério retrocesso social na defesa do trabalho e dos trabalhadores envolvidos em dispensas coletivas. Além do mais, a reforma trabalhista não aniquilou a função precípua de defesa dos interesses difusos envolvidos nas dispensas coletivas por parte do Ministério Público do Trabalho. O art. 81, parágrafo único, inciso I do Código de Defesa do Consumidor é cristalino nesse sentido: caberá ação civil pública por parte do Ministério Público na defesa dos interesses difusos.

Na minuta de agravo de instrumento, o Ministério Público do Trabalho insistiu na admissibilidade do seu recurso de revista, sob o fundamento de que o apelo "buscou demonstrar violação literal e frontal de dispositivos de lei federal, bem assim dissenso jurisprudencial existente entre o acórdão combatido e diversas decisões do Colendo Tribunal Superior do Trabalho e dos E. Tribunais Regionais do Trabalho da 2ª, 5ª e 15ª Regiões, à luz do artigo 896, alíneas "a" e "c", da Consolidação das Leis do Trabalho".

O MPT reiterou a sua insurgência contra o indeferimento da responsabilização civil da reclamada pela dispensa dos funcionários da escola e do seu pedido de pagamento de

---
29. BRASIL, 2021.
30. BRASIL, 2021.

indenização por danos morais coletivos e danos individuais homogêneos, destacando, mais uma vez, que as demissões em massa não foram precedidas de negociação coletiva.

Alegou ainda o MPT que "a repercussão social é evidente na despedida de 90% dos trabalhadores de uma empresa, como se trata a presente demanda" e que é incabível a argumentação da ré acolhida pelo TRT de que o pequeno número de matrículas e o déficit financeiro justificaria a demissão sem a intervenção do sindicato, pois "tal visão privilegia questões econômicas da empresa em detrimento da subsistência econômica dos trabalhadores, parte mais vulnerável na relação de emprego".

O MPT defendeu, ainda, que "restringir a obrigatoriedade de prévia negociação coletiva apenas a empresas de grande porte seria dar um salvo conduto à grande maioria das empresas de mato Grosso do Sul, que notadamente têm menor capacidade econômica que a média das empresas de outras regiões" mas, mesmo que esse entendimento seja mantido, a Companhia Nacional de Escolas da Comunidade – CNEC possui um grande lastro financeiro e é um dos maiores grupos educacionais do país, atuando em dezoito estados, como cento e trinta e seis unidades de educação básica e dezenove de ensino superior.

Por fim, aduziu que não pretende reexaminar fatos e provas, sendo "a análise meramente de direito e se restringe à constatação de divergência jurisprudencial específica acerca das matérias em análise, bem como de violação literal de dispositivos de lei federal". Reafirmou a indicação de violação dos artigos 186, 187, 422 e 927 do Código Civil e a divergência jurisprudencial.

No que tange à necessidade de prévia chancela do sindicato para as dispensas coletivas, o Supremo Tribunal Federal, exercendo a sua jurisdição constitucional, vai analisar se há ou não essa obrigatoriedade de prévia negociação coletiva entre o ente sindical e a empresa. Na data de 20 de maio de 2021, retomou-se julgamento de recurso extraordinário que em fevereiro deste ano estava sendo apreciado pelo Plenário virtual. Mas à época o julgamento também fora suspenso, por pedido de destaque do próprio ministro Dias Toffoli. Nesse sentido, um pedido de vista do ministro Dias Toffoli suspendeu no dia 20 de maio de 2021, o julgamento no qual o Supremo Tribunal Federal iria decidir sobre a possibilidade de empresas dispensarem trabalhadores em massa sem negociação coletiva.[31]

Para chegar ao entendimento que fixou como tese, o ministro Marco Aurélio considerou inicialmente o inciso I do artigo 7º da Constituição, segundo o qual é direito do trabalhador a "relação de emprego protegida contra despedida arbitrária ou sem justa causa, nos termos de lei complementar, que preverá indenização compensatória, dentre outros direitos". Para o ministro, o dispositivo tem uma parte implícita, que respalda a diminuição de folha de pessoal, para que a empresa fuja da "morte civil" e da "falência", mediante verba compensatória. A lei complementar mencionada pela norma constitucional não foi editada, mas essa ausência, segundo Marco Aurélio, foi suprida pelo

---

31. GÓES, 2021.

artigo 10 do ADCT. Além disso, o relator mencionou que o artigo 7º da Constituição prevê um rol taxativo de situações em que direitos trabalhistas podem ser relativizados mediante negociação coletiva. "(...) As exceções contempladas afastam a possibilidade de se inserir outras no cenário jurídico", afirmou. Quanto ao inciso XXVI do mesmo artigo, segundo o qual o trabalhador tem o direito ao "reconhecimento das convenções e acordos coletivos de trabalho", o relator propôs, em seu voto, interpretação sistemática do texto constitucional. "Se tomado separadamente o preceito, será possível a flexibilização, independentemente do tema", disse. Mas acrescentou: "A Carta da República é um grande todo. Não contém preceitos isolados, passíveis de interpretação como se fossem de autonomia maior, até mesmo podendo chegar-se a um paradoxo, a uma incoerência". Por fim, Marco Aurélio ainda mencionou o artigo 477-A da CLT, acrescido pela reforma trabalhista e que equipara as dispensas individuais imotivadas às "plúrimas ou coletivas". Dois ministros seguiram o entendimento do relator, para quem "a dispensa em massa de trabalhadores prescinde de negociação coletiva": Alexandre de Moraes e Nunes Marques. Divergiu o ministro Edson Fachin.[32]

O Ministro Luís Barroso sustentou sua tese contra o voto do relator sob o entendimento de que, em julgamento de casos envolvendo questões trabalhistas, devem ser consideradas premissas como garantia dos direitos fundamentais trabalhistas inscritos na Constituição, preservação de empregos, formalização do trabalho e promoção da negociação coletiva.[33]

Segundo o Ministro Luís Barroso, que acompanhou o Ministro Edson Fachin na divergência ao voto do Relator, Ministro Marco Aurélio:

> Existe omissão constitucional contra dispensa sem justa causa. E a dispensa coletiva é um fato socialmente relevante não só pelo impacto sobre milhares de trabalhadores, mas também sobre a comunidade na qual vivem.
> "Não há razão pela qual não se deva sentar numa mesa de negociação. A intervenção sindical prévia é exigência procedimental para a dispensa em massa dos trabalhadores", sustentou.[34]

O relator também afirmou que a "dispensa coletiva constitui cessação simultânea de grande quantidade de contrato de trabalho por motivo singular e incomum a todos, ante a necessidade de o ente empresarial reduzir definitivamente o quadro de empregados por razões de ordem econômica e financeira".[35]

O procurador-geral da República, Augusto Aras, tentou introduzir no julgamento a tese segundo a qual seria obrigatório levar em conta a Convenção 158 da OIT. Segundo ele, "não se admite demissão em massa dos trabalhadores sem prévia negociação coletiva". "A norma internacional é protetiva do trabalhador. Aras disse que, ao mesmo tempo em que "o Estado não pode impedir empresas de demitir", essas companhias têm a obrigação de propor negociação prévia em casos de demissão em massa. "A empresa

---
32. GÓES, 2021.
33. GÓES, 2021.
34. GÓES, 2021.
35. GÓES, 2021.

tem o direito de fazer a demissão em massa e não esperar por chancela do sindicato, mas deve fazer negociação prévia, adotando, por exemplo, plano de demissão", completou.[36]

Nesse sentido:

> Estranhamente, a referida Lei reformista não expressou nenhum esforço em: (a) estimular as negociações coletivas, o que seria possível mediante criação de condições reais e jurídicas de autocomposição, com mecanismos eficazes e dialogais; (b) garantir igualdade negocial entre os atores, pois enfraqueceu os sindicatos, deixando o equilíbrio negocial comprometido; (c) estabelecer entre as partes proteção efetiva ao negociado, limitando-se a reduzir a intervenção do Estado nos instrumentos coletivos, enquanto nada inovou na obrigatoriedade dos atores em honrar as cláusulas negociadas; (d) demonstrar preocupação com o princípio da vedação do retrocesso social, pois pretendeu tornar negociáveis garantias de saúde, segurança do trabalho e direitos há muito consagrados (veja-se o art. 611-B, parágrafo único, CLT); (e) privilegiar os canais autocompositivos, como a mediação, a conciliação e a arbitragem, na instrumentalização institucional das negociações coletivas. No geral, percebe-se que a intenção do legislador foi a de criar um arremedo de negociação coletiva, na qual será possível a entrega e a renúncia de direitos por entidades fragilizadas, com instrumentos coletivos infensos ao reexame do Judiciário.[37]

Além disso, a Coordenação Nacional de Promoção da Liberdade Sindical do Ministério Público do Trabalho (Conalis) possui enunciado expresso sobre a necessidade de negociação coletiva em casos similares:

> Orientação 06. Dispensa coletiva. Dispensa coletiva. "Considerando os princípios constitucionais da dignidade da pessoa humana (art. 1º, III), da democracia nas relações de trabalho e da solução pacífica das controvérsias (preâmbulo da Constituição Federal de 1988), do direito à informação dos motivos ensejadores da dispensa massiva e de negociação coletiva (art. 5º, XXXIII e XIV, art. 7º, I e XXVI, e art. 8º, III, V e VI), da função social da empresa e do contrato de trabalho (art. 170, III e Cód. Civil, art. 421), bem como os termos das Convenções 98, 135, 141 e 151, e a Recomendação 163 da Organização Internacional do Trabalho (OIT), a dispensa coletiva será nula e desprovida de qualquer eficácia se não se sujeitar ao prévio procedimento da negociação coletiva de trabalho com a entidade sindical representativa da categoria profissional.

4. A ATUAÇÃO DO MINISTÉRIO PÚBLICO DO TRABALHO E O ASSÉDIO MORAL COLETIVO

Nesse contexto, considerando-se que o assédio moral viola, sem sombra de dúvida, a dignidade dos trabalhadores, a necessidade de intervenção da instituição na relações que desprestigiam os valores sociais e desrespeitam a dignidade do trabalhador é medida que se impõe ao *parquet*, através da adoção de procedimentos judiciais ou extrajudiciais, para a solução do problema nas empresas.[38]

Na esfera judicial, compete ao Ministério Público do Trabalho, entre outras atribuições, a promoção da ação civil pública no âmbito da Justiça do Trabalho, visando a defesa de interesses coletivos, quando desrespeitados os direitos sociais garantidos constitucionalmente, a teor do art. 83, inciso III, da Lei Complementar 75/93, tendo,

---
36. GÓES, 2021.
37. LIMA, 2017, p. 378-379.
38. SILVA NETO, 2005, p. 59.

portanto, legitimidade ativa para a defesa dos trabalhadores, nos casos de assédio moral nas empresas entre outras violações dos seus direitos.

Nesse sentido:

> Ação civil pública. Carência de ação, por ilegitimidade ativa. Ministério Público do trabalho. A legitimidade ativa do Ministério Público do Trabalho para ajuizar a ação civil pública encontra suporte na norma do art. 83, III, da Lei Complementar 75, de 20 de maio de 1993, que atribui competência ao parquet para promover a ação civil pública no âmbito da Justiça do Trabalho, para defesa de interesses coletivos, quando desrespeitados os direitos sociais constitucionalmente garantidos.[39]

É importante esclarecer, por oportuno, que tanto os direitos difusos, quanto os coletivos, são transindividuais, de natureza indivisível, divergindo apenas quanto aos titulares do direito posto em juízo. Assim, enquanto na tutela dos interesses difusos são titulares pessoas indeterminadas e ligadas por circunstâncias de fato, os interesses coletivos são adstritos a um conjunto de pessoas ligadas entre si ou com a parte contrária por uma relação jurídica, o que é o caso, por exemplo, do assédio moral coletivo.[40]

Embora não se pode ignorar o fato de tramitar inúmeras ações civis públicas na justiça especializada de todo o território nacional, há que se comentar a atuação do Ministério Público do Trabalho em caso específico do Rio Grande do Sul, precisamente na Ação Civil Pública 00037-2008-371-04-00-3 promovida pelo *parquet* contra uma Indústria de Calçados, pelo uso indiscriminado de câmeras de vigilância por toda a empresa.

In casu, o Ministério Público, a partir de uma representação protocolada pelo Sindicato dos Sapateiros de Sapiranga e Região, quanto à instalação de câmeras de filmagem na área interna da empresa reclamada, e, após diversas tentativas entre a Instituição e a empresa reclamada restarem inexitosas, o *parquet* ajuizou a ação civil pública buscando a defesas dos direitos personalíssimos dos empregados, o que restou julgada improcedente, em primeira instância, indeferindo, portanto, o pedido de indenização pelos danos morais coletivos ou difusos pleiteados.

Isto porque o juiz *a quo* entendeu que as imagens geradas pelas câmeras estão em locais estratégicos, protegendo mercadorias de alto valor, sem ferir direitos dos empregados, ao contrário, auxiliando na segurança da integridade física deles também.

Contudo, irresignado, insurgiu-se o Ministério Público contra a decisão, em sede de Recurso Ordinário, aduzindo que a instalação de determinadas câmeras na sede da Reclamada, causam prejuízos a direitos dos empregados, especialmente à intimidade e à privacidade, devendo haver, portanto, compatibilização entre o direito de propriedade da reclamada e o direito à privacidade dos empregados. Entendeu o Ministério Público que, a despeito da intenção da empresa de viabilizar a melhor segurança para o seu patrimônio, na prática, as câmeras poderão monitorar o trabalho dos empregados, fazendo com que eles tornem-se, também, suspeitos ou potenciais agentes criminosos, causando prejuízos à saúde do empregado.

---

39. TRT4 – RO 00819-2006-024-04-00-9 – Desa. Relatora Cleusa Regina Halfen – 24.09.2009.
40. TRT4-RO – 02050-2007-403-04-00-6 – Desa. Relatora Vanda Krindges Marques – 25.03.2009.

O Desembargador Relator do caso ressaltou que os direitos da personalidade exercem, precipuamente, fator de realização da dignidade da pessoa humana, por óbvio incluídos os trabalhadores, os quais merecem total proteção das suas garantias, no tocante à saúde física e psíquica, além da efetivação de um meio ambiente do trabalho saudável e protegido.

Assim sendo, o Relator, entendendo como aceitável apenas o monitoramento dos locais com acesso de pessoas estranhas ao ambiente de trabalho em que, justificadamente, haja fundado e relevante receio da possibilidade de ocorrência de roubos ou prejuízos ao patrimônio empresarial, deu parcial provimento ao recurso determinando os horários a serem utilizadas as câmeras no ambiente de trabalho, fixando multa de R$ 5.000,00 no caso de descumprimento da referida decisão.[41]

No que tange ao âmbito extrajudicial, há a possibilidade do Ministério Público do Trabalho, antes de ingressar com ação civil pública, utilizar-se da prerrogativa de firmar compromissos através do Termo de Ajuste de Conduta (TAC) para determinar obrigações de não fazer e pagar, fixando-se, inclusive, multas no caso de descumprimento do comando judicial pela empresa firmatária.[42]

A Instituição tem utilizado o Termo de Ajuste de Condutas (TAC) para coibir as práticas de assédio moral e outras práticas discriminatórias no ambiente de trabalho, administrativamente, buscando suspender tais práticas, antes de ingressar com a Ação Civil Pública.

Nesse sentido, é interessante informar, a título de exemplo, um caso de Belo Horizonte (MG), onde uma empresa de combustíveis assinou Termo de Ajustamento de Conduta perante o Ministério Público do Trabalho se comprometendo a suspender imediatamente práticas de discriminação e assédio moral. Ressalte-se que o termo foi motivado por uma denúncia encaminhada ao MPT, pela Justiça do Trabalho, acerca das práticas discriminatórias por parte de uma funcionária, responsável por outros 4 casos de assédio moral, tendo sido dispensada pela empresa.

Saliente-se que o compromisso assumido pela empresa era, entre outras medidas, suspender práticas discriminatórias em desfavor de trabalhadores atuais ou futuros; cessar práticas com o intuito de pressionar os empregados a não comparecerem como testemunhas em processos nos quais a empresa esteja envolvida; abster-se de fornecer informações depreciativas em relação aos funcionários por terem ajuizado ação trabalhista contra a empresa, o que, infelizmente, tem sido prática comum entre as empresas do mesmo ramo empresarial, as chamadas "listras negras".[43] Além disso, foi

---
41. TRT4-RO – 00037-2008-371-04-00-3 – Des. Relator Luiz Alberto de Vargas – 14.01.2009.
42. TRT4-RO – 00312-2009-741-04-00-0 – Des. Relator João Alfredo Borges Antunes de Miranda – 23.09.2009.
43. Nesse sentido, convém informar que o Ministro do TST, Vieira de Mello, ao apreciar recurso de revista interposto por um empregado em face da decisão do TRT, que concluiu pela inexistência de dano moral pleiteado pelo reclamante contra sua ex-empregadora, pela inclusão de seu nome em lista discriminatória, violando sua intimidade e privacidade, entendeu que o empregador extravasou os limites de sua atuação profissional e atentou contra o direito do empregado de manter sob sigilo suas informações profissionais. Entendeu, por fim, que a existência da lista revelou-se tão atentatória aos padrões éticos e jurídicos que o Ministério Público do

estabelecida uma multa de R$ 25.000,00 por prática discriminatória constatada, no caso de descumprimento.[44]

Outro caso que se afigura emblemático ocorreu no Rio Grande do Sul, onde o Ministério Público do Trabalho firmou Termo de Ajuste de Conduta (TAC) com o Ofício de Registro de Imóveis de São Leopoldo, onde o Ofício se comprometeu no acordo a impedir que seus empregados sejam submetidos a situações que caracterizem assédio moral ou sexual ou a qualquer tipo de constrangimento (humilhações, intimidações, ameaças etc.) no ambiente de trabalho por meio de seus superiores. Além disso, ficou acordado que o Ofício deverá assegurar a todos os trabalhadores tratamento digno e respeitoso no ambiente de trabalho, não adotando ou permitindo que tenham alguma atitude discriminatória em relação a qualquer pessoa.

Por fim, o Ofício foi condenado a disponibilizar aos empregados que prestem serviço ou que já prestaram no ano de 2008, acompanhamento psicológico ou psiquiátrico, conforme a necessidade de cada trabalhador, sob pena de multa de R$ 50 mil por trabalhador que não receber apoio psicológico ou psiquiátrico quando solicitado. E mais: o Ofício deverá promover diversas ações de conscientização, tais como realização anual de palestras sobre o assédio moral, entre outras.[45]

Assim sendo, a atuação do Ministério Público do Trabalho, quer seja através dos Termos de Ajuste de Conduta (TAC), quer seja através da Ação Civil Pública, se faz necessária cada vez mais na coibição do assédio moral e outras tantas práticas discriminatórias existes na atual organização do trabalho, cujas iniciativas desta instituição tem avançado significativamente para a diminuição dos casos, bem como a inibição de novos casos, garantindo, assim, a valorização da dignidade e dos direitos sociais dos trabalhadores conquistados a custa de tantas lutas históricas e, felizmente, positivados na Constituição Federal, a qual busca um Estado Democrático de Direito pautado nos princípios da dignidade da pessoa humana, da isonomia e, sobretudo, da solidariedade.

5. CONSIDERAÇÕES FINAIS

Conclui-se, portanto, que a não é possível equiparar as dispensas individuais, as plúrimas e as coletivas, forte na defesa de um Direito Constitucional do Trabalho, que tem na Constituição a sua base e o seu fundamento de validade e de existência. Ademais, deve servir o Direito do Trabalho como um ramo jurídico comprometido com a redução ou término das desigualdades sociais nas relações conflituosas entre o capital e o trabalho. Essa demanda do capital em aniquilar com a classe trabalhadora não é nova, é própria do neoliberalismo, mas a Constituição Federal de 1988 bem como a

---

Trabalho, mediante Ação Civil Pública, conseguiu a extinção de dados pela Justiça do Trabalho, bem como a caracterização e compensação dos danos individualmente. (RR 329/2004-091-09-00.5).

44. Disponível em: http//www.pgt.mpt.gov/noticias/noticias-das-prts/tac-coibe-assedio-moral.html: Acesso em: 30 set. 2021.
45. Disponível em: http//www.pgt.mpt.gov/noticias/noticias-das-prts/oficio-de-são-leopoldo-se-compromete--coibir-assedio-moral-sexual-no-ambiente-de-trabalho.html. Acesso em: 30 set. 2021.

atuação do Ministério Público do Trabalho podem e devem afastar tais retrocessos sociais trazidos pela reforma trabalhista. E se espera também que o Judiciário Trabalhista, comprometido com o Estado Democrático de Direito ou daquilo que dele sobrou, não ceda à proposta de desmonte da Justiça do Trabalho e do próprio Direito do Trabalho. É preciso deter essas dispensas coletivas da CNEC (Escola Cenecista Oliva Enciso), em Campo Grande (MS), sob a ótica da Jurisdição Constitucional comprometida com a eficácia/ Efetividade dos Direitos Fundamentais Sociais – proteção constitucional ao trabalho. É o Direito Público (Direito Constitucional) interferindo no Direito Privado (Direito do Trabalho) para assegurar os direitos privados dos indivíduos trabalhadores nas dispensas em massa.

E o próprio STF, responsável pela jurisdição constitucional brasileira, deve ter em mente que as dispensas coletivas mexem com a vida de milhares de trabalhadores e de suas famílias, devendo declarar o art. 477-A da CLT inconstitucional, pois fere a própria Constituição Federal de 1988, que prevê proteção às dispensas arbitrárias ou sem justa causa (dispensas individuais e coletivas), bem como a Convenção 158 da OIT, da qual o Brasil é signatário. Não pode mais o STF se omitir mais nessa matéria.

E, por fim, cabe ao Ministério Público do Trabalho, com o apoio do sindicato da categoria profissional (sindicato obreiro), mesmo que o STF julgue constitucional o art. 477-A da CLT, ajuizar ação civil pública nas dispensas coletivas que envolvam danos morais individuais e coletivos por abuso de direito por parte das empresas, bem como direitos difusos, a fim de proteger a classe trabalhadora. Porque a atuação do Ministério público não está limitada pelo julgamento do STF sobre a obrigatoriedade ou não da prévia negociação coletiva nas dispensas coletivas (em massa). O Ministério Público do Trabalho pode e deve utilizar-se da ação civil pública para corrigir as distorções operadas pela reforma trabalhista.

6. REFERÊNCIAS

ALMEIDA, Renato Rua de. O regime geral do direito do trabalho contemporâneo sobre a proteção da relação de emprego contra a despedida individual sem justa causa – estudo comparado entre a legislação brasileira e as legislações portuguesa, espanhola e francesa. *Revista LTr*: Legislação do Trabalho. v. 71, n. 03, p. 336-345, São Paulo, mar. 2007.

BRASIL. Lei Complementar 75, de 20 de maio de 1993. Disponível em: http://www.planalto.gov.br/ccivil_03/leis/lcp/lcp75.htm. Acesso em: 10 nov. 2021.

BRASIL. TST considera ilegal dispensa em massa de professores de escola particular em MS. Disponível em: https://reporter-am.com.br/brasil/tst-considera-ilegal-dispensa-em-massa-de-professores-de-escola--particular-em-ms/. Acesso em: 11 ago. 2021.

COIMBRA, Rodrigo. Efetivação dos Direitos e Deveres Trabalhistas com Objeto Difuso a Partir da Constituição e da Perspectiva Objetiva dos Direitos Fundamentais. *Direitos Fundamentais & Justiça*. ano n. 8, n. 28, p. 100-124, Porto Alegre: HS Editora, jul./set. 2014.

EÇA, Vitor Salino de Moura; ROCHA, Cláudio Jannotti da. O direito ao trabalho analisado sob a perspectiva humanística: efeito corolário a uma (super) proteção na dispensa coletiva. In: BEZERRA LEITE, Carlos Henrique; EÇA, Vitor Salino de Moura (Coord.). *Direito Material e Processual do Trabalho na Perspectiva dos Direitos Humanos*. São Paulo: LTr, 2014.

FAVA, Marcos Neves. *Ação Civil Pública Trabalhista*. São Paulo: LTr, 2005.

GÓES, Severino. Liberdade para Descontratar: Toffoli pede vista e STF adia julgamento de RE sobre dispensa coletiva. Disponível em: https://www.conjur.com.br/2021-mai-20/pedido-vista-toffoli-suspende-julgamento-demissao-massa-negociacao-coletiva. Acesso em: 02 jun. 2021.

GÓES, Severino. *Licença para demitir*: STF tem 3 votos favoráveis para dispensa em massa sem negociação coletiva. Disponível em: https://www.conjur.com.br/2021-mai-19/stf-votos-favoraveis-dispensa-massa-negociacao-coletiva#:~:text=Para%20chegar%20ao%20entendimento%20que,lei%20complementar%2C%20que%20prever%C3%A1%20indeniza%C3%A7%C3%A3o. Acesso em: 02 jun. 2021.

GOMES, Orlando. Dispensa coletiva na reestruturação da empresa. *Revista LTR*, v. 38, n. 7, p. 575-579, São Paulo, jul. 1974.

GRINOVER, Ada Pellegrini. A tutela jurisdicional dos interesses difusos. In: GRINOVER, Ada Pellegrini; Benjamin, Antonio Herman; WAMBIER, Teresa Arruda e Vigoriti, Vincenzo (Org.). *Processo coletivo*: do surgimento à atualidade. São Paulo: Ed. RT, 2014.

LENZA, Pedro. *Direito constitucional esquematizado*. 13. ed. Rev., atual. e ampl. São Paulo: Saraiva, 2009.

LIMA, Francisco Gerson Marques de. Instrumentos coletivos de trabalho, num contexto de reforma trabalhista. Nomos: *Revista do Programa de Pós-Graduação em Direito da UFC*. v. 37.2, p. 375-394, jul./dez. 2017.

MANCUSO, Rodolfo de Camargo. *Interesses difusos*: conceito e legitimação para agir. 8. ed. rev., atual. e ampl. São Paulo: Ed. RT, 2013.

MANNRICH, Nelson. *Dispensa coletiva*: da liberdade contratual à responsabilidade social. São Paulo: LTr, 2000.

NASCIMENTO, Amauri Mascaro. *Iniciação ao processo do trabalho*. 3. ed. rev. e atual. São Paulo: Saraiva, 2008.

PEREIRA, Ricardo José Macêdo de Britto. A reforma trabalhista e seu impacto sobre a igualdade e a democracia no trabalho. *Revista da Faculdade Mineira de Direito*. v. 21, n. 41, p. 53-75. Minas Gerais: Belo Horizonte, 2018.

ROESLER, Átila da Rold. *Crise econômica, flexibilização e o valor social do trabalho*. São Paulo: LTr, 2014.

SANTOS, Enoque Ribeiro dos. *A dispensa coletiva na Lei 13.467/2017 da Reforma Trabalhista*. Disponível em: http://genjuridico.com.br/2017/07/26/dispensa-coletiva-na-lei-n-13-4672017-da-reforma-trabalhista/##LS. Acesso em: 31 maio 2018.

SILVA Neto, Manoel Jorge e. *Direitos fundamentais e o contrato de trabalho*. São Paulo/SP : LTr, 2005.

VIGORITI, Vincenzo. *Interessi collettivi e processo:* la legittimazione ad agire. Milano: Dott. A. Giuffrè Editore, 1979.

ZAVASKI, Teori Albino. *Processo coletivo*: tutela de direitos coletivos e tutela coletiva de direitos. 6. ed. rev., atual. e ampl. 3. Tiragem. São Paulo: Ed. RT, 2014.

DO DIREITO FUNDAMENTAL À PROTEÇÃO DE DADOS PESSOAIS E A RESPONSABILIDADE CIVIL DO ADVOGADO

Luciana Fernandes Berlini

Pós-Doutora em Direito das Relações Sociais pela UFPR. Doutora e Mestre em Direito Privado pela PUC/Minas. Professora Adjunta do Curso de Direito da Universidade Federal de Ouro Preto. Professora do Curso de Direito Médico do IEC – PUC/Minas. Membro do IBERC. Autora de livros e artigos jurídicos. Advogada. Lattes: http://lattes.cnpq.br/8274959157658475. Orcid: https://orcid.org/0000-0001-5379-974X. Email: lucianaberlini@gmail.com.

Sumário: 1. Introdução – 2. Direito fundamental à proteção de dados – 3. Responsabilidade civil na Lei Geral de Proteção de Dados; 3.1 Responsabilidade civil do agente de tratamento por violação da norma; 3.1.1 Quando o agente de tratamento é de grande porte; 3.1.2 Quando o agente de tratamento é de pequeno porte; 3.2 Responsabilidade civil do agente de tratamento por descumprimento do dever geral de segurança – 4. Responsabilidade civil do advogado como agente de tratamento de dados – 5. Considerações finais – 6. Referências.

1. INTRODUÇÃO

A disciplina jurídica da proteção de dados no Brasil recebe maior enfoque com a elevação do direito à proteção dos dados pessoais à categoria de direito fundamental autônomo.

Dessa forma, interessa ao presente trabalho a análise da eficácia horizontal e diagonal da proteção dos dados, especialmente quando o tratamento de dados é realizado pelo advogado enquanto profissional autônomo, haja vista que a maior parte dos advogados brasileiros não está vinculada formalmente a sociedades de advogados ou empresas.

Assim, o itinerário de proteção de dados pessoais a ser percorrido nessa investigação perpassa, portanto, pela necessária averiguação da responsabilidade do agente de tratamento de dados, especialmente analisados neste trabalho quando quem exerce a função de controlador é o advogado.

Se qualquer dado coletado pelo advogado dentro da relação estabelecida com seu cliente possibilita a identificação da pessoa, tais dados merecem proteção constitucional e, em caso de violação das normas protetivas ou do dever geral de segurança, o advogado poderá ser responsabilizado.

Ocorre, no entanto, que o sistema de responsabilidades trazido pela Lei de Proteção de Dados (LGPD) fomentou acalorada discussão da doutrina sobre sua natureza e ainda não há uma definição do tema, nem mesmo pela jurisprudência. A incerteza sobre o sistema de responsabilização, por sua vez, não pode ensejar prejuízos aos titulares de dados, como também não pode ensejar a inviabilidade do exercício profissional de quem exerce suas atividades de forma autônoma.

Neste cenário, a presente pesquisa propõe a adoção do sistema escalonado de responsabilidades, coerente com a realidade brasileira e sustentável frente a disciplina jurídica da responsabilidade civil já conhecida.

2. DIREITO FUNDAMENTAL À PROTEÇÃO DE DADOS

A proteção de dados enquanto direito fundamental foi afirmada pelo Supremo Tribunal Federal em 2020,[1] mas apenas com o advento da Emenda Constitucional 115/2022 elevou-se a proteção de dados à categoria de direito fundamental autônomo e explícito, com a inclusão do inciso LXXIX ao rol do artigo 5º da Constituição.[2]

A alteração constitucional promovida pela EC.115/2022 amplia a proteção de dados e, ainda garante maior segurança normativa ao fixar a competência privativa da União para organizar, fiscalizar e legislar sobre proteção e tratamento de dados pessoais.

Assim, nos moldes da autonomia constitucional alcançada pela proteção de dados, salienta-se que sua eficácia ocorre não apenas em relações verticais formadas quando o agente de tratamento de dados é o poder público, como também nas hipóteses em que o agente de tratamento de dados é o particular, em referência à eficácia horizontal e diagonal[3] dos direitos fundamentais.

Reveste-se, portanto, de notória ambivalência a proteção de dados, ora em sua dimensão subjetiva, afastando a indevida ingerência estatal no tratamento de dados, ora em sua dimensão objetiva, garantindo, por exemplo, a privacidade e a autodeterminação informativa também nas relações privadas, reclamando a conscientização de diversos setores, inclusive dos profissionais liberais.

Antes de adentrar no que há de mais tormentoso nessa temática, é preciso estabelecer algumas premissas para nortear a tese pretendida.

A primeira delas é que a Constituição estabelece que a proteção de dados se dará na forma da lei, tal norma jurídica trata-se da Lei Geral de Proteção de Dados (LGPD). Dessa forma, a complexa tarefa de analisar a responsabilidade civil nas hipóteses de violação de dados e descumprimento do dever geral de segurança será feita tendo como

---

1. BRASIL. Supremo Tribunal Federal. Ação Direta de Inconstitucionalidade 6.387. Requerente: Conselho Federal da OAB. Relatora: Min. Rosa Weber. Brasília, DF, 06 de maio de 2020d. Disponível em: http://portal.stf.jus.br/processos/downloadPeca.asp?id=15344949214&ext=.pdf. Acesso em: 07 jul. 2022.
2. Art. 5º Todos são iguais perante a lei, sem distinção de qualquer natureza, garantindo-se aos brasileiros e aos estrangeiros residentes no País a inviolabilidade do direito à vida, à liberdade, à igualdade, à segurança e à propriedade, nos termos seguintes:
   (...) LXXIX – é assegurado, nos termos da lei, o direito à proteção dos dados pessoais, inclusive nos meios digitais.".
3. GAMONAL, Sergio Contreras. *De la eficacia horizontal a la diagonal de derechos fundamentales en el contrato de trabajo*: una perspectiva latinoamericana. Latin American. Legal Studies. v. 3. 2018.

pano de fundo a LGPD, embora a proteção nela não se esgote e seja necessário recorrer ao diálogo das fontes.

Nesse contexto, a segunda será a análise responsabilidade civil escalonada, aplicada à proteção de dados, sistema especial que se justifica pelos diferentes critérios de imputação trazidos pela LGPD, como também pela natureza jurídica variável do agente de tratamento de dados, conforme será apresentado posteriormente.

3. RESPONSABILIDADE CIVIL NA LEI GERAL DE PROTEÇÃO DE DADOS

A LGPD estabelece que a proteção de dados pessoais se aplica tanto às pessoas físicas, quanto às jurídicas, quando o uso de dados tem objetivo comercial, como é o caso da relação que se estabelece entre o advogado e o cliente.

A questão atinente ao sistema de responsabilidade civil decorrente da LGPD, como supracitado, ainda não está clara no ordenamento jurídico brasileiro, motivo de grande divergência doutrinária.

Para evitar um posicionamento precipitado, em um esforço didático de reunir as posições doutrinárias divergentes, três correntes distintas de responsabilidade civil se destacam, resumidamente apresentadas a seguir.

A primeira[4] delas afirma que a responsabilidade civil se trata de uma responsabilidade subjetiva, pela ausência da expressão "independentemente de culpa" e pelos deveres impostos pela LGPD.

> Se o que se pretende é responsabilizar os agentes, independentemente de culpa de fato, não faz sentido criar deveres a serem seguidos, tampouco responsabilizá-los quando tiverem cumprido perfeitamente todos esses deveres. A lógica da responsabilidade objetiva é outra, completamente diferente: não cabe discutir cumprimento de deveres, porque, quando se discute cumprimento de deveres, o que no fundo está sendo analisado é se o agente atuou ou não com culpa.[5]

A segunda entende que a responsabilização trazida pela LGPD se fundamenta na teoria objetiva,[6] em razão da sua similaridade com o Código de Defesa do Consumidor (CDC) e pelo risco da atividade de tratamento de dados.

---

4. Como expoentes: TORCHIA, Bruno Martins; MACHADO, Tacianny Mayara Silva. A responsabilidade subjetiva prevista na Lei Geral de Proteção de Dados e a relação jurídica entre o controlador e o encarregado de proteção de dados. In: DAL POZZO, Augusto Neves; MARTINS, Ricardo Marcondes (Coord.). *LGPD e administração pública*: uma análise ampla dos impactos. São Paulo: Thomson Reuters, 2020. E TEPEDINO, Gustavo; TERRA, Aline de Miranda Valverde; GUEDES, Gisela Sampaio da Cruz. *Fundamentos de Direito Civil* – Responsabilidade civil. Rio de Janeiro: Forense, 2020. v. 4.
5. GUEDES, Gisela Sampaio da Cruz; MEIRELES, Rose Melo Vencelau. Término do Tratamento de Dados. In: TEPEDINO, Gustavo; FRAZÃO, Ana; OLIVA, Milena Donato. *Lei Geral de Proteção de Dados Pessoais e as suas repercussões no direito brasileiro*. 2. ed. São Paulo: Thomson Reuters Brasil, 2020. p. 229.
6. CAPANEMA, Walter Aranha. *A responsabilidade civil na Lei Geral de Proteção de Dados*. Disponível em: https://www.tjsp.jus.br/download/EPM/Publicacoes/CadernosJuridicos/ii_6a_responsabilidade_civil.pdf?d=637250347559005712. Acesso em: 14 jul. 2022.

Por fim, a terceira corrente estabelece uma teoria eclética, que defende um sistema especial de responsabilização. No entanto, cabe antecipar que dentro dessa corrente os posicionamentos doutrinários não são uníssonos, os balizamentos dessa corrente são trazidos de forma distinta pelos autores, mas em comum adotam uma sistemática de imputação que foge do sistema clássico de responsabilidade subjetiva e objetiva.[7]

Grande parte da discussão sobre a natureza jurídica da responsabilidade civil decorre do fato de não haver entendimento jurisprudencial específico e sólido sobre o tema, como também pela opção do legislador em não fazer referência à culpa na LGPD.

> Na LGPD não há previsão de exclusão da culpa análoga a essa do CDC ("independentemente da existência de culpa"). Contudo, como a previsão da circunstância da época em que o serviço foi prestado foi o que deu origem à disposição da LGPD, é possível conceber que o critério almejado é, assim como no CDC, mais rigoroso do que o da culpa.[8]

Seja na redação do caput do artigo 42, no qual "o controlador ou o operador que, em razão do exercício de atividade de tratamento de dados pessoais, causar a outrem dano patrimonial, moral, individual ou coletivo, em violação à legislação de proteção de dados pessoais, é obrigado a repará-lo". Seja no segundo critério de imputação trazido pela LGPD, no parágrafo único do artigo 44, quando estabelece que "responde pelos danos decorrentes da violação da segurança dos dados o controlador ou o operador que, ao deixar de adotar as medidas de segurança previstas no art. 46 desta Lei, der causa ao dano". Em nenhum dos dispositivos há referência à modalidade de responsabilidade adotada, muitas interpretações são sustentáveis por esta razão.

De forma objetiva, filia-se o presente trabalho à terceira corrente, em que há a constatação de um novo regime de responsabilidade civil trazido pela LGPD, mas com uma nova proposta.

Nessa linha de raciocínio, adere-se à "polissemia da responsabilidade civil", tendo em vista que a noção de responsabilidade não deve se limitar à reparação dos danos, uma vez que a referência legislativa diz respeito a boas práticas e a um dever geral de segurança. Observa-se, assim, a opção legislativa de fomentar a prevenção dos danos a partir de determinados tipos de comportamentos, o que pode ser observado pelos diversos dispositivos que estabelecem condutas para os agentes de tratamento, balizando de forma ética comportamentos e níveis de segurança.

> Aliás, a multifuncionalidade da responsabilidade civil não se resume a uma discussão acadêmica: a perspectiva plural da sua aplicabilidade à LGPD é um bem-acabado exemplo legislativo da necessidade de ampliarmos a percepção sobre a responsabilidade civil. Não se trata tão somente de um

---

7. DRESCH, Rafael de Freitas Valle; FALEIROS JÚNIOR, José Luiz de Moura. Reflexões sobre a responsabilidade civil na Lei Geral de Proteção de Dados (Lei 13.709/2018). In: ROSENVALD, Nelson; DRESCH, Rafael de Freitas Valle; WESENDONCK, Tula. (Org.). *Responsabilidade civil*: novos riscos. Indaiatuba: Foco, 2019, v. 1, p. 82.
8. BIONI, Bruno; DIAS, Daniel. Responsabilidade civil na proteção de dados pessoais: construindo pontes entre a Lei Geral de Proteção de Dados Pessoais e o Código de Defesa do Consumidor. *Civilistica.com*. Rio de Janeiro, a. 9, n. 3, 2020. Disponível em: http://civilistica.com/responsabilidade-civil-na-protecao-de-dados-pessoais/. Acesso em: 13 jul. 2022.

mecanismo de contenção de danos, mas também de contenção de comportamentos. Transpusemos o "direito de danos" e alcançamos uma responsabilidade civil para muito além dos danos.[9]

No entanto, o entendimento aqui proposto traz, de forma inédita e específica, novas balizas para esta compreensão da responsabilidade civil e delimita sua incidência na relação advogado x cliente, cuja compreensão pode ser estendida para os demais profissionais liberais e agentes de tratamento de pequeno porte.[10]

Nesta breve e importante consideração sobre o mote legislativo e os rumos pretendidos nessa investigação, de não engessar a responsabilidade civil em sua função reparatória/compensatória, cumpre, ainda assim, enfrentar a polêmica relacionada à natureza jurídica da responsabilidade civil com mais detalhes.

Isso porque, nos casos em que ocorrer danos aos titulares em virtude do tratamento de dados, quando há violação da norma, exsurge o dever de reparar e, nesse momento, será necessário definir se a responsabilização se fundamentará na culpa ou se ela poderá ser desconsiderada. Em uma hipótese ou outra, o desafio persiste, uma vez que a construção dos pressupostos também não se afigura pacífica.

Propõe-se, assim, um sistema escalonado de responsabilidades, que leva em consideração a natureza do agente de tratamento de dados, bem como os diferentes critérios de imputação trazidos pela LGPD, capazes de deflagrar a responsabilidade civil.

Dessa forma, a proposta apresentada surge de uma inconsistência localizada durante a pesquisa. Parece desarrazoado defender que a responsabilização de um profissional liberal, por exemplo, ocorra nos mesmos moldes de responsabilização de um grande grupo econômico, ou que as exigências de governança, investimento em tecnologia e segurança da informação para proteção de dados possam ser pensadas nos mesmos parâmetros. Ao menos não é essa a lógica que se extrai do sistema de responsabilidades previsto no ordenamento jurídico brasileiro, seja o previsto na Constituição,[11] Código Civil,[12] Código de Defesa do Consumidor[13] ou na própria interpretação dada à LGPD, como será apurado neste trabalho.

Nesse momento, é preciso retomar a noção constitucional da eficácia horizontal e diagonal dos direitos fundamentais. Verifica-se que a vulnerabilidade do titular de

---

9. ROSENVALD, Nelson. *A polissemia da responsabilidade civil na LGPD*. Migalhas de Proteção de Dados. Disponível em: https://www.migalhas.com.br/coluna/migalhas-de-protecao-de-dados/336002/a-polissemia-da-responsabilidade-civil-na-lgpd. Acesso em: 10 jul. 2022.
10. Art. 2º Para efeitos deste regulamento são adotadas as seguintes definições:
    I – agentes de tratamento de pequeno porte: microempresas, empresas de pequeno porte, startups, pessoas jurídicas de direito privado, inclusive sem fins lucrativos, nos termos da legislação vigente, bem como pessoas naturais e entes privados despersonalizados que realizam tratamento de dados pessoais, assumindo obrigações típicas de controlador ou de operador. BRASIL. Resolução CD/ANPD º 2, de 27 de janeiro de 2022. Aprova o Regulamento de aplicação da Lei 13.709, de 14 de agosto de 2018, Lei Geral de Proteção de Dados Pessoais (LGPD), para agentes de tratamento de pequeno porte. Disponível em: https://in.gov.br/en/web/dou/-/resolucao-cd/anpd-n-2-de-27-de-janeiro-2022-376562019. Acesso em: 20 jul. 2022.
11. Trata de forma objetiva a responsabilidade civil ambiental e a do empregador, por exemplo.
12. Diferencia a responsabilidade em subjetiva e objetiva, em razão do risco da atividade.
13. Excepciona a responsabilidade civil dos profissionais liberais, exigindo prova de culpa.

dados não é a mesma quando se está diante de um agente de pequeno ou grande porte. O poder de grandes grupos que tratam em larga escala dados sensíveis, por exemplo, é muito maior que de um advogado que trata de forma rudimentar dos dados de seus poucos clientes.

Com efeito, a reflexão proposta demanda um tratamento diferenciado para o exercício de direitos fundamentais por parte do titular de dados, clamando ora por uma eficácia horizontal, ora por uma eficácia diagonal em relação ao controlador de dados. Sem descartar, contudo, embora fuja do recorte deste trabalho, a eficácia vertical da proteção de dados, uma vez que o Estado também pode ser o controlador.

Para apresentar os contornos dessa responsabilidade especial aqui defendida, foram adotados os seguintes critérios de escalonamento:

a) Se a hipótese for de violação de norma, nos termos dos artigos 42[14] e 44[15] da LGDP, será necessário verificar a natureza jurídica do agente de tratamento de dados, se de grande ou de pequeno porte, para determinar o sistema de responsabilidade civil aplicado a cada um.

b) Se, no entanto, o nexo de imputação for a violação do dever geral de segurança, artigos 44[16] e 46[17] da LGPD, será outro o sistema de responsabilidade.

Para alcançar a racionalização dos critérios pretendidos, passa-se à análise de cada um dos sistemas de responsabilidade a partir do escalonamento sugerido.

3.1 Responsabilidade civil do agente de tratamento por violação da norma

3.1.1 Quando o agente de tratamento é de grande porte

O recorte proposto nesta pesquisa volta-se para o enfrentamento da aplicação da responsabilidade civil quando o advogado viola o direito fundamental à proteção de dados de seu cliente. Nessa perspectiva, o objetivo não alcança as sociedades de advogados, grandes escritórios e pessoas jurídicas, de um modo geral. Mas, para a devida compreensão da teoria da responsabilidade escalonada, ora proposta, necessária se faz

---

14. Art. 42. O controlador ou o operador que, em razão do exercício de atividade de tratamento de dados pessoais, causar a outrem dano patrimonial, moral, individual ou coletivo, em violação à legislação de proteção de dados pessoais, é obrigado a repará-lo.
15. Art. 44. O tratamento de dados pessoais será irregular quando deixar de observar a legislação (...).
16. Art. 44. O tratamento de dados pessoais será irregular quando (...) não fornecer a segurança que o titular dele pode esperar, consideradas as circunstâncias relevantes, entre as quais:
    I – o modo pelo qual é realizado;
    II – o resultado e os riscos que razoavelmente dele se esperam;
    III – as técnicas de tratamento de dados pessoais disponíveis à época em que foi realizado.
    Parágrafo único. Responde pelos danos decorrentes da violação da segurança dos dados o controlador ou o operador que, ao deixar de adotar as medidas de segurança previstas no art. 46 desta Lei, der causa ao dano.
17. Art. 46. Os agentes de tratamento devem adotar medidas de segurança, técnicas e administrativas aptas a proteger os dados pessoais de acessos não autorizados e de situações acidentais ou ilícitas de destruição, perda, alteração, comunicação ou qualquer forma de tratamento inadequado ou ilícito.

a apresentação dos fundamentos que a diferenciam do sistema de responsabilidade pensado para os profissionais liberais.

A Autoridade Nacional de Proteção de Dados (ANPD), ao estabelecer diretrizes para os agentes de tratamento, estabelece que, quando se trata de uma pessoa jurídica, a organização é o controlador para os fins da LGPD. De modo que esta assume a responsabilidade pelos atos praticados em seu nome, por ser quem estabelece as regras para o tratamento de dados pessoais a serem executadas por seus representantes ou prepostos.[18]

Indo além, a ANPD publicou a Resolução CD/ANPD 02, aprovando o regulamento de aplicação da LGPD para agentes de tratamento de pequeno porte.[19] Tal regulamento, de forma bastante objetiva, estabelece critérios para diferenciar agentes de pequeno e grande porte e, consequentemente, a aplicação diferenciada da lei nestas hipóteses.

Muito embora a regulamentação não tenha feito referência expressa à responsabilização civil, entende-se que o tratamento diferenciado proposto pela ANPD para o cumprimento das normas afeta a compreensão e imputação de responsabilidade. De tal sorte que a responsabilidade escalonada, a partir desses critérios, condiz com o escopo normativo trazido pela ANPD e é condizente com as várias funções que a responsabilidade pode e deve assumir.

Assim, para atingir este escopo, o presente capítulo se coaduna com o entendimento de que quando o agente de tratamento de dados é de grande porte[20] e comete um dano ao titular dos dados, sua responsabilidade se encontra no âmbito da teoria objetiva, fundada no risco da atividade e, portanto, prescinde de culpa.

A atividade de tratamento de dados[21] é, por excelência, uma atividade que traz riscos de danos para seus titulares, seja em razão de incidente de segurança ou "situações acidentais ou ilícitas de destruição, perda, alteração, comunicação ou qualquer forma de tratamento inadequado ou ilícito".[22]

> Cuando se alude al riesgo derivado del tratamiento de datos personales ha de tenerse en cuenta que estos riesgos son múltiples, de conformidad con las previsiones del Considerando 75 del RGPD, a tenor del cual los riesgos para los derechos y libertades de las personas físicas, de gravedad y proba-

---

18. Autoridade Nacional de Proteção De Dados. Guia Orientativo para Definições dos Agentes de Tratamento de Dados Pessoais e do Encarregado. Brasil, 2022. Versão 2.0. Disponível em: https://www.gov.br/anpd/pt-br/documentos-e-publicacoes/Segunda_Versao_do_Guia_de_Agentes_de_Tratamento_retificada.pdf. Acesso em: 18 jul. 2022.
19. BRASIL. Resolução CD/ANPD 2, de 27 de janeiro de 2022. Aprova o Regulamento de aplicação da Lei 13.709, de 14 de agosto de 2018, Lei Geral de Proteção de Dados Pessoais (LGPD), para agentes de tratamento de pequeno porte. Disponível em: https://in.gov.br/en/web/dou/-/resolucao-cd/anpd-n-2-de-27-de-janeiro--de-2022-376562019. Acesso em: 20 jul. 2022.
20. A definição de agentes de grande porte não é feita pelo regulamento, motivo pelo qual sua definição é elaborada por exclusão, a partir da definição do que são agentes de pequeno porte.
21. O artigo 5º, inciso X, da LGPD define como tratamento de dados toda operação realizada com dados pessoais, como as que se referem a coleta, produção, recepção, classificação, utilização, acesso, reprodução, transmissão, distribuição, processamento, arquivamento, armazenamento, eliminação, avaliação ou controle da informação, modificação, comunicação, transferência, difusão ou extração.
22. Artigo 46, LGPD.

bilidad variables, pueden deberse al tratamiento de datos que pudieran provocar daños y perjuicios físicos, materiales o inmateriales, en particular en los casos en los que el tratamiento pueda dar lugar a problemas de discriminación, usurpación de identidad o fraude, pérdidas financieras, daño para la reputación, pérdida de confidencialidad de datos sujetos al secreto profesional, reversión no autorizada de la seudonimización o cualquier otro perjuicio económico o social significativo; en los casos en los que se prive a los interesados de sus derechos y libertades o se les impida ejercer el control sobre sus datos personales; en los casos en los que los datos personales tratados revelen el origen étnico o racial, las opiniones políticas, la religión o creencias filosóficas, la militancia en sindicatos y el tratamiento de datos genéticos, datos relativos a la salud o datos sobre la vida sexual, o las condenas e infracciones penales o medidas de seguridad conexas; en los casos en los que se evalúen aspectos personales, en particular el análisis o la predicción de aspectos referidos al rendimiento en el trabajo, situación económica, salud, preferencias o intereses personales, fiabilidad o comportamiento, situación o movimientos, con el fin de crear o utilizar perfiles personales; en los casos en los que se traten datos personales de personas vulnerables, en particular niños; o en los casos en los que el tratamiento implique una gran cantidad de datos personales y afecte a un gran número de interessados.[23]

A imputação da obrigação objetiva, portanto, decorrerá do risco no tratamento de dados pessoais e servirá como substrato de densidade normativa a ser alcançado pela LGPD, especialmente o artigo 42. Assim, poderá justificar a obrigação de indenizar do agente de tratamento, independentemente de culpa.

Bruno Bioni, em consonância com que se está a defender, afirma que a responsabilidade civil trazida pela LGPD é calcada na teoria do risco, chamando à atenção para o fato de que se espera mais dos agentes de tratamento de dados cujas atividades apresentam um risco maior, com a necessidade de um calibramento mais intenso para quem, por exemplo, trata de dados sensíveis em grande volume.[24]

Essa perspectiva de imputação objetiva com lastro no risco deve considerar, portanto, não apenas a natureza ou o volume das operações, mas o grau de risco[25] e a própria qualificação do agente de tratamento.

---

23. LAGO, José Manuel Busto. *La responsabilidad civil y su función de tutela del derecho a la protección de los datos personales: una visión desde el derecho de la unión europea*. REJUR. v. 5, n. 10, jul./dez. 2021, p. 1-60.
24. BIONI, Bruno; DIAS, Daniel. Responsabilidade civil na proteção de dados pessoais: construindo pontes entre a Lei Geral de Proteção de Dados Pessoais e o Código de Defesa do Consumidor. *Civilistica.com*. a. 9, n. 3, Rio de Janeiro, 2020. Disponível em: http://civilistica.com/responsabilidade-civil-na-protecao-de-dados-pessoais/. Acesso em: 22 jul. 2022.
25. Art. 4º Para fins deste regulamento, e sem prejuízo do disposto no art. 16, será considerado de alto risco o tratamento de dados pessoais que atender cumulativamente a pelo menos um critério geral e um critério específico, dentre os a seguir indicados:
    I – critérios gerais:
    a) tratamento de dados pessoais em larga escala; ou
    b) tratamento de dados pessoais que possa afetar significativamente interesses e direitos fundamentais dos titulares;
    II – critérios específicos:
    a) uso de tecnologias emergentes ou inovadoras;
    b) vigilância ou controle de zonas acessíveis ao público;
    c) decisões tomadas unicamente com base em tratamento automatizado de dados pessoais, inclusive aquelas destinadas a definir o perfil pessoal, profissional, de saúde, de consumo e de crédito ou os aspectos da personalidade do titular; ou
    d) utilização de dados pessoais sensíveis ou de dados pessoais de crianças, de adolescentes e de idosos.

3.1.2 Quando o agente de tratamento é de pequeno porte

Noutro giro, há que se verificar a tormentosa situação do profissional liberal quando atua como agente de tratamento. Tal possibilidade é confirmada, inclusive, pela ANPD ao afirmar que

> Uma pessoa natural poderá ser controladora nas situações em que é a responsável pelas principais decisões referentes ao tratamento de dados pessoais. Nessa hipótese, a pessoa natural age de forma independente e em nome próprio – e não de forma subordinada a uma pessoa jurídica ou como membro de um órgão desta. É o que ocorre, por exemplo, com os empresários individuais, os profissionais liberais (como advogados, contadores e médicos) e os responsáveis pelas serventias extrajudiciais.[26]

Assim, quando há violação da norma por parte de um profissional liberal, como por exemplo o advogado que atua como controlador, causando dano ao seu cliente, a responsabilização deve ser lastreada na culpa e, portanto, em sua configuração subjetiva.

Dessa forma, o primeiro fundamento para sustentar a tese apresentada baseia-se na lógica do Código de Defesa do Consumidor (CDC), que tem por regra a teoria objetiva de responsabilidade civil, mas estabelece em seu artigo 14, § 4º, que "a responsabilidade pessoal dos profissionais liberais será apurada mediante a verificação de culpa." A própria LGPD faz referência à utilização do microssistema consumerista, quando afirma no artigo 45 que "as hipóteses de violação do direito do titular no âmbito das relações de consumo permanecem sujeitas às regras de responsabilidade previstas na legislação pertinente".

O atento leitor infere, nesse momento, que a relação que se estabelece entre advogado e cliente não é uma relação de consumo, motivo pelo qual o fundamento não se aplicaria.

O raciocínio aqui empregado se pauta no fundamento de que, se até quando incide o CDC (que tem como regra a teoria objetiva) os danos causados por profissionais liberais enquadram-se no sistema de responsabilidade subjetiva, com mais razão de ser, demanda-se culpa quando se está fora do CDC. Assim, os profissionais liberais, ainda que não estejam em uma relação de consumo respondem subjetivamente.

---

§ 1º O tratamento de dados pessoais em larga escala será caracterizado quando abranger número significativo de titulares, considerando-se, ainda, o volume de dados envolvidos, bem como a duração, a frequência e a extensão geográfica do tratamento realizado.

§ 2º O tratamento de dados pessoais que possa afetar significativamente interesses e direitos fundamentais será caracterizado, dentre outras situações, naquelas em que a atividade de tratamento puder impedir o exercício de direitos ou a utilização de um serviço, assim como ocasionar danos materiais ou morais aos titulares, tais como discriminação, violação à integridade física, ao direito à imagem e à reputação, fraudes financeiras ou roubo de identidade. BRASIL. Resolução CD/ANPD 2, de 27 de janeiro de 2022. Aprova o Regulamento de aplicação da Lei 13.709, de 14 de agosto de 2018, Lei Geral de Proteção de Dados Pessoais (LGPD), para agentes de tratamento de pequeno porte. Disponível em: https://in.gov.br/en/web/dou/-/resolucao-cd/anpd-n-2-de--27-de-janeiro-de-2022-376562019. Acesso em: 20 jul. 2022.

26. Autoridade Nacional de Proteção de Dados. Guia Orientativo para Definições dos Agentes de Tratamento de Dados Pessoais e do Encarregado. Brasil, 2022. Versão 2.0. Disponível em: https://www.gov.br/anpd/pt-br/documentos-e-publicacoes/Segunda_Versao_do_Guia_de_Agentes_de_Tratamento_retificada.pdf. Acesso em: 18 jul. 2022.

O segundo fundamento visa afastar um problema que o primeiro não soluciona, qual seja, há um sistema de responsabilização próprio trazido pela legislação especial de proteção de dados e, portanto, se não se trata de relação de consumo, não necessariamente será responsabilidade subjetiva.

Portanto, entende-se que ainda que o intérprete não se convença da necessidade de demonstrar culpa para responsabilizar o profissional liberal, utilizando a lógica do CDC, a interpretação dada em recente regulamento sobre a flexibilização das normas de proteção de dados para agentes de tratamento de pequeno porte, indica a necessidade de aplicação de um sistema diferenciado de responsabilidade civil para os profissionais liberais que se enquadram nessa categoria.

A insistência pela manutenção do elemento culpa visa a minimizar uma desproporcional medida de responsabilização para o agente de tratamento de pequeno porte, que faz o tratamento de dados de forma artesanal, que não manipula muitos dados, que não tem capacidade econômica para fazer todos os investimentos de segurança trazidos pela legislação e que também não teria condições de arcar com indenização oriunda de imputação objetiva, na maior parte dos casos.

Há que se ressaltar ainda que, nos casos de violação da legislação de proteção de dados, seja o agente de tratamento de grande ou pequeno porte, será possível a inversão do ônus da prova, no processo civil, como estabelece a LGPD: "a favor do titular dos dados quando, a seu juízo, for verossímil a alegação, houver hipossuficiência para fins de produção de prova ou quando a produção de prova pelo titular resultar-lhe excessivamente onerosa."[27]

A conformação da responsabilidade civil subjetiva com a possibilidade de inversão do ônus da prova, nos termos apresentados, revela-se condizente com a proteção dos dados pessoais de titulares e, ao mesmo tempo, não inviabiliza a atuação dos profissionais liberais.

3.2 Responsabilidade civil do agente de tratamento por descumprimento do dever geral de segurança

O último espectro do escalonamento de responsabilidade civil advém da política adotada pela LGPD, que, de forma bastante incisiva, elenca inúmeras medidas a serem seguidas pelos agentes de tratamento na tentativa de inibir práticas que tragam riscos aos titulares de dados.[28]

Assim, verifica-se que a inobservância de tais práticas acarreta responsabilidade. De tal forma que responderá pelos danos decorrentes da violação da segurança dos dados o agente de tratamento que, ao deixar de adotar as medidas de segurança previstas no artigo 46 da LGPD, der causa ao dano.[29]

---

27. Artigo 42, parágrafo segundo da LGPD.
28. "Os sistemas utilizados para o tratamento de dados pessoais devem ser estruturados de forma a atender aos requisitos de segurança, aos padrões de boas práticas e de governança e aos princípios gerais previstos nesta Lei e às demais normas regulamentares." Artigo 49 da LGPD.
29. Artigo 44, parágrafo único, da LGPD.

Significa dizer que, para além da tutela da responsabilidade civil pelos danos decorrentes da violação aos deveres de cautela e proteção da segurança dos dados, o legislador cuidou de estabelecer um critério geral de prevenção que deve ser efetivo. O artigo 50, § 1º, da LGPD apresenta extensa lista de requisitos para a aferição da concretude prática de um programa de integridade que, se existente, certamente deverá ser considerado para a delimitação da extensão de eventuais danos e para a apuração de responsabilidades, com possibilidade de mitigação.[30]

Dessa forma, entende-se que a tentativa de coibir condutas que comprometam a segurança dos dados denota uma preocupação do legislador com os riscos potenciais do tratamento de dados, elucidando a função precaucional há muito defendida por Nelson Rosenvald,[31] que na LGPD pode ser identificada pelo fomento às boas práticas.

O ponto fundamental dessa constatação é evidenciado pela consagração de um dever geral de segurança, extraído do artigo 46 da lei. Significa dizer que, mais que tutelar a responsabilidade civil pelos danos decorrentes da violação aos deveres de zelar pela segurança dos dados, o que fez o legislador foi estabelecer um critério geral de imputação lastreado na verificação e demonstração do defeito, manifestado na quebra de legítimas expectativas quanto à segurança dos processos de coleta, tratamento e armazenagem de dados.[32]

Dentro da seara da responsabilidade escalonada proposta, a imputação de responsabilidade, por este último critério, não faz distinção entre agente de tratamento enquanto de grande ou de pequeno porte em relação ao nexo de imputação, que será vinculado ao dever de segurança. Há, todavia, diferença em relação ao nível de segurança a ser perseguido.

Isso porque os requisitos e exigências de segurança serão mais brandos para os agentes de tratamento de pequeno porte, que poderão estabelecer uma política simplificada de segurança da informação. Tal política deve levar em consideração os custos de implementação, bem como a estrutura, a escala e o volume das operações do agente de tratamento de pequeno porte.

Art. 13. Os agentes de tratamento de pequeno porte podem estabelecer política simplificada de segurança da informação, que contemple requisitos essenciais e necessários para o tratamento de dados pessoais, com o objetivo de protegê-los de acessos não autorizados e de situações acidentais ou ilícitas de destruição, perda, alteração, comunicação ou qualquer forma de tratamento inadequado ou ilícito.

§ 1º A política simplificada de segurança da informação deve levar em consideração os custos de implementação, bem como a estrutura, a escala e o volume das operações do agente de tratamento de pequeno porte.

---

30. MARTINS, Guilherme Magalhães; FALEIROS JÚNIOR, José Luiz de Moura. Segurança da informação e governança como parâmetros para a efetiva proteção de dados pessoais. *Revista do Ministério Público*. Rio de Janeiro, v. 78, p. 157-164, 2020.
31. ROSENVALD, Nelson. *As funções da Responsabilidade Civil*: a reparação e a pena civil. 3. ed. São Paulo: Saraiva, 2017.
32. DRESCH, Rafael de Freitas Valle; FALEIROS JÚNIOR, José Luiz de Moura. Reflexões sobre a responsabilidade civil na Lei Geral de Proteção de Dados (Lei 13.709/2018). In: ROSENVALD, Nelson; DRESCH, Rafael de Freitas Valle; WESENDONCK, Tula. (Org.). *Responsabilidade civil*: novos riscos. 1ed.Indaiatuba: Foco, 2019, v. 1, p. 82.

§ 2º A ANPD considerará a existência de política simplificada de segurança da informação para fins do disposto no art. 6º, X e no art. 52, §1 º, VIII e IX da LGPD.[33]

Portanto, o que se observa é que o regulamento estabelece uma nítida diferença de tratamento e exigências quando se trata de agentes de pequeno porte, até porque não seria razoável tratar de forma igual realidades tão distintas.[34]

Posto que foi apresentada a última parte da responsabilidade escalonada dos agentes de tratamento, na qual a imputação objetiva decorre do dever de segurança, com as peculiares distintivas dos agentes de pequeno porte, cumpre investigar as especificidades da responsabilidade civil do advogado frente ao direito constitucional de seus clientes à proteção de dados.

4. RESPONSABILIDADE CIVIL DO ADVOGADO COMO AGENTE DE TRATAMENTO DE DADOS

Apresentados os parâmetros objetivos para alocação escalonada de responsabilidades, em sistemática interpretação normativa, verifica-se que a responsabilidade pelas atividades de tratamento de dados pessoais será, em regra, do controlador.

Caso se tratar de uma relação entre advogado e cliente, em que o advogado atua como profissional autônomo, será ele o controlador.

No entanto, pouco se trata sobre a responsabilidade civil dos agentes de tratamentos de dados quando estes são profissionais liberais, mas se a LGPD se aplica aos processos de tratamento de dados de toda e qualquer pessoa, física ou jurídica, em que a relação estabelecida tem, em regra, interesse econômico, o direito fundamental dos clientes à proteção de dados também deverá ser observado pelos advogados.

Há, inclusive, dois incisos da LGPD sobre o tratamento de dados em atividades tipicamente realizadas por advogados:

> Art. 7º O tratamento de dados pessoais somente poderá ser realizado nas seguintes hipóteses:
> (...)
> V – quando necessário para a execução de contrato ou de procedimentos preliminares relacionados a contrato do qual seja parte o titular, a pedido do titular dos dados;

---

33. BRASIL. Resolução CD/ANPD 2, de 27 de janeiro de 2022. Aprova o Regulamento de aplicação da Lei 13.709, de 14 de agosto de 2018, Lei Geral de Proteção de Dados Pessoais (LGPD), para agentes de tratamento de pequeno porte. Disponível em: https://in.gov.br/en/web/dou/-/resolucao-cd/anpd-n-2-de-27-de-janeiro--de-2022-376562019. Acesso em: 20 jul. 2022.
34. Art. 12. Os agentes de tratamento de pequeno porte devem adotar medidas administrativas e técnicas essenciais e necessárias, com base em requisitos mínimos de segurança da informação para proteção dos dados pessoais, considerando, ainda, o nível de risco à privacidade dos titulares de dados e a realidade do agente de tratamento. BRASIL. Resolução CD/ANPD 2, de 27 de janeiro de 2022. Aprova o Regulamento de aplicação da Lei 13.709, de 14 de agosto de 2018, Lei Geral de Proteção de Dados Pessoais (LGPD), para agentes de tratamento de pequeno porte. Disponível em: https://in.gov.br/en/web/dou/-/resolucao-cd/anpd-n-2-de-27-de-janeiro--de-2022-376562019. Acesso em: 20 jul. 2022.

VI – para o exercício regular de direitos em processo judicial, administrativo ou arbitral, esse último nos termos da Lei 9.307, de 23 de setembro de 1996 (Lei de Arbitragem).

Compete ao advogado, profissional autônomo, nessa medida, a responsabilidade pelo tratamento de dados, na qualidade de controlador do fluxo de dados, especialmente em relação às decisões sobre a coleta, finalidade, acesso, compartilhamento, processamento, segurança, armazenamento e exclusão dos dados dos clientes.

A responsabilidade civil do advogado pode ser qualificada, por regra, como responsabilidade contratual e que não se submete ao Código de Defesa do Consumidor. No entanto, essa afirmação não é pacífica na doutrina, autores como Nelson Rosenvald[35] apresentam consistentes fundamentos para se questionar esse não enquadramento, mas fato é que o Superior Tribunal de Justiça[36] tem entendimento consolidado nesse sentido, cuja justificativa se encontra na incidência do Estatuto da OAB.

Assim, a relação estabelecida entre o advogado e seu cliente demandará, por regra, a coleta e tratamento de dados, atuando o advogado como controlador nas hipóteses em que é profissional autônomo, não vinculado a sociedade de advogados ou empresa. Será ele o controlador, pois terá o poder de decisão sobre o tratamento dos dados.

Sabe-se que a maioria dos advogados trabalham de forma autônoma. Mais especificamente, dois terços dos advogados atuam na informalidade, sem vínculo formal com escritórios ou empresas.[37] Daí a importância de delinear a atuação do advogado nestas circunstâncias, tão corriqueiras na realidade brasileira.

Nesse ponto, o advogado deve estar atento à sua realidade, para facilitar o mapeamento e controle dos riscos inerentes à sua atividade de tratamento de dados.

A tão arraigada cultura de que quanto mais informações tiver, é melhor, deve ceder espaço para uma mínima coleta de dados. Dessa forma, somente deverão ser coletados os dados essenciais à prestação dos serviços, sempre atrelados à sua finalidade e com consentimento específico do titular dos dados. Certamente o advogado precisará revisar seus contratos para se adequar às exigências sobre as especificidades do consentimento do cliente para o tratamento de dados.

Há que se ressaltar, ainda, que a proteção de dados preconizada pelo legislador também abrange os dados coletados de forma física, ao contrário do que se possa imaginar. Exatamente por isso, é preciso estar atento ao fato de que o risco relacionado aos dados físicos é maior, haja vista que o controle dessas informações é, normalmente, mais difícil de ser feito.

---

35. BRAGA NETTO, Felipe; FARIAS, Cristiano Chaves de; ROSENVALD, Nelson. *Novo tratado de responsabilidade civil*. 2 ed. São Paulo: Saraiva, 2017.
36. Segundo o Superior Tribunal de Justiça, as relações contratuais entre clientes e advogados são regidas pelo Estatuto da OAB, aprovado pela Lei 8.906/94, a elas não se aplicando o Código de Defesa do Consumidor (AgInt no REsp 1.446.090/SC, relator Ministro Marco Buzzi, Quarta Turma, julgado em 20.03.2018, DJe de 27.03.2018).
37. DATAFOLHA. Perfil econômico e de atuação da advocacia do país. Disponível em: https://www1.folha.uol.com.br/poder/2021/05/datafolha-pesquisa-inedita-revela-perfil-economico-e-de-atuacao-da-advocacia-do-pais.shtml. Acesso em: 15 jul. 2022.

Os fluxos de informações de cunho jurídico são complexos e, normalmente, realizados informalmente pelos advogados, o que demanda a adoção de boas práticas de segurança e cumprimento das diretrizes legais estabelecidas pela LGPD.

Em caso de violação das normas de proteção de dados ou do descumprimento do dever geral de segurança o advogado será o responsável, excepcionalmente, a responsabilidade recairá sobre o operador.

A noção de solidariedade trazida pela LGPD só alcança os profissionais liberais que contratam um operador (pessoa física ou jurídica), ainda assim, a responsabilidade é em regra do controlador (advogado) e, excepcionalmente, do operador (contabilidade, por exemplo), que porventura viole a legislação ou descumpra as instruções do controlador.[38]

Ainda no que tange à solidariedade, "aquele que reparar o dano ao titular tem direito de regresso contra os demais responsáveis, na medida de sua participação no evento danoso".[39]

Entende-se que por ser o advogado um agente de tratamento de pequeno porte, dispõe de tratamento diferenciado e não estará obrigado, por exemplo, a indicar encarregado pelo tratamento de dados pessoais. Mas, optando pela não indicação, deverá disponibilizar um canal de comunicação com o titular de dados para atender o disposto no art. 41, § 2º, I da LGPD, de forma a se adequar à política de boas práticas e governança trazidas pela LGPD.[40]

Outra observação importante é que mesmo sendo de pequeno porte, não poderão se beneficiar do tratamento jurídico diferenciado os agentes que realizam tratamento de alto risco para os titulares, aufiram receita bruta superior ao limite estabelecido no art. 3º, II, da Lei Complementar 123, de 2006 ou, no caso de *startups*, no art. 4º, § 1º, I, da Lei Complementar 182, de 2021; ou pertençam a grupo econômico de fato ou de direito, cuja receita global ultrapasse os limites referidos.[41]

Tais peculiaridades são compatíveis com a noção defendida de que a vulnerabilidade e o poder econômico, por exemplo, ensejam a distinção do direito à proteção de dados em relação à sua eficácia horizontal e diagonal, atraindo normativa jurídica específica,

---

38. Art. 42. § 1º A fim de assegurar a efetiva indenização ao titular dos dados:
    I – o operador responde solidariamente pelos danos causados pelo tratamento quando descumprir as obrigações da legislação de proteção de dados ou quando não tiver seguido as instruções lícitas do controlador, hipótese em que o operador equipara-se ao controlador, salvo nos casos de exclusão previstos no art. 43 desta Lei;
    II – os controladores que estiverem diretamente envolvidos no tratamento do qual decorreram danos ao titular dos dados respondem solidariamente, salvo nos casos de exclusão previstos no art. 43 desta Lei.
39. Parágrafo quarto, artigo 42, da LGPD.
40. Artigo 13. Resolução CD/ANPD 2, de 27 de janeiro de 2022. Aprova o Regulamento de aplicação da Lei 13.709, de 14 de agosto de 2018, Lei Geral de Proteção de Dados Pessoais (LGPD), para agentes de tratamento de pequeno porte. Disponível em: https://in.gov.br/en/web/dou/-/resolucao-cd-anpd-n-2-de-27-de-janeiro--de-2022-376562019. Acesso em: 20 jul. 2022.
41. BRASIL. Resolução CD/ANPD 2, DE 27 DE JANEIRO DE 2022. Aprova o Regulamento de aplicação da Lei 13.709, de 14 de agosto de 2018, Lei Geral de Proteção de Dados Pessoais (LGPD), para agentes de tratamento de pequeno porte. Disponível em: https://in.gov.br/en/web/dou/-/resolucao-cd-anpd-n-2-de-27-de-janeiro--de-2022-376562019. Acesso em: 20 jul. 2022.

seja em relação ao tratamento diferenciado como de pequeno porte, seja pela inversão do ônus da prova, ou ainda pela ampliação ou redução das medidas de segurança.

Assim, a imputação de responsabilidade, dentro do que foi apresentado, deverá observar os critérios de escalonamento racionalizados no tópico anterior.

Como visto anteriormente, o profissional liberal é considerado agente de tratamento de pequeno porte e, nessa medida, a responsabilização civil do advogado será subjetiva, quando houver violação das normas de proteção, dentro do que a LGPD preconiza em seus artigos 42 e 44.

De outro modo, o critério de imputação será objetivo, quando o advogado deixar de cumprir medidas de segurança, conforme estabelecem os artigos 44 e 46 da LGPD.

> Prever a responsabilização e a prestação de contas como princípio demonstra a intenção da Lei em alertar os controladores e os operadores de que são eles os responsáveis pelo fiel cumprimento de todas as exigências legais para garantir todos os objetivos, fundamentos e demais princípios nela estabelecidos. E não basta somente pretender cumprir a Lei, é necessário que as medidas adotadas para tal finalidade sejam comprovadamente eficazes. Ou seja, os agentes deverão, durante todo o ciclo de vida de tratamento de dados sob sua responsabilidade, analisar a conformidade legal e implementar os procedimentos de proteção dos dados pessoais de acordo com a sua própria ponderação de riscos.[42]

Cumprirá ao advogado, nessa medida, não apenas observar a legislação, mas também fornecer a segurança que seu cliente pode esperar, especialmente em relação a forma de tratamento, consentimento, finalidade, riscos e resultados esperados.

Para exemplificar, um advogado que atua com o Direito Médico ou Direito das Famílias acaba por tratar dados sensíveis, que demandam camadas adicionais de segurança e, portanto, aumentam o dever de diligência do advogado. O cenário de responsabilização do advogado, desse modo, contempla as flexibilizações oriundas do regulamento de agentes de pequeno porte apresentadas aqui.

Por fim, dentro do sistema escalonado de responsabilização defendido, resta ainda mencionar, que incidirão as eximentes de responsabilidade previstas no artigo 43, que independentemente do critério de imputação de causalidade e da natureza do agente de tratamento terão cabimento, quais sejam:

> Art. 43. Os agentes de tratamento só não serão responsabilizados quando provarem:
> I – que não realizaram o tratamento de dados pessoais que lhes é atribuído;
> II – que, embora tenham realizado o tratamento de dados pessoais que lhes é atribuído, não houve violação à legislação de proteção de dados; ou
> III – que o dano é decorrente de culpa exclusiva do titular dos dados ou de terceiro.

Dessa forma, as eximentes de responsabilidade poderão ser utilizadas, mesmo nas hipóteses de imputação objetiva, tendo em vista que no Brasil a teoria objetiva não é

---

42. VAINZOF, Rony. Disposições Preliminares. In: MALDONADO, Viviane Nóbrega; BLUM, Renato Opice. *Lei Geral de Proteção de Dados comentada*. 2. ed. rev., atual e ampl. São Paulo: Thomson Reuters Brasil, 2020. p. 166-167.

pura, ou seja, admite excludentes de responsabilidade em todos os casos apresentados, seja de responsabilidade subjetiva ou objetiva.

5. CONSIDERAÇÕES FINAIS

O caminho percorrido ao longo deste trabalho, dentro do recorte epistemológico proposto, inaugura uma nova perspectiva escalonada para a responsabilidade civil.

Dessa forma, o repensar dessa responsabilidade, a partir da figura do advogado enquanto profissional liberal, escancara a necessidade de parâmetros distintos de imputação de responsabilidade que sejam adequados à natureza jurídica do agente de tratamento de dados, ao volume de dados tratados, ao risco inerente a estes dados e à observância das medidas de segurança por parte dos agentes.

Um sistema de responsabilidades que se funda muito mais em sua função precaucional que propriamente reparatória, mas que dela não pode se desincumbir, sob pena de violação ao direito fundamental do titular de dados pessoais.

Se a proteção constitucional pode ser pensada em relação ao poder público e em relação aos particulares, neste último caso, há que se tratar de maneira diferenciada a proteção de dados de particulares que estejam em igualdade de condições com o agente de tratamento (eficácia horizontal), dos particulares que estejam em um nível de poder diferente (eficácia diagonal).

Assim, desapegando do sistema clássico de responsabilidades e acatando a perspectiva de um novo regime trazido por relevante doutrina, a proposta de responsabilidade escalonada, racionalizada no presente capítulo, sugere a imputação objetiva para agentes de tratamento de grande porte, com fundamento na teoria do risco; defende a responsabilidade subjetiva para os agentes de tratamento de pequeno porte, com o aproveitamento das definições trazidas pelo regulamento publicado pela ANPD e, por fim, reforça o entendimento de uma imputação objetiva oriunda da quebra do dever geral de segurança, com as especificações e ressalvas trazidas ao longo do texto.

De tudo que se apresentou, a responsabilidade civil do advogado, no contexto da proteção de dados, traz segurança para o cliente, compromissos e responsabilidades por parte do advogado que atua como controlador e, em sua sistemática escalonada, permite um tratamento equilibrado de responsabilidades, que mitiga os danos sem inviabilizar o exercício profissional.

6. REFERÊNCIAS

BRAGA NETTO, Felipe; FARIAS, Cristiano Chaves de; ROSENVALD, Nelson. *Novo tratado de responsabilidade civil*. 2 ed. São Paulo: Saraiva, 2017.

BRASIL. Resolução CD/ANPD 2, de 27 de janeiro de 2022. Aprova o Regulamento de aplicação da Lei 13.709, de 14 de agosto de 2018, Lei Geral de Proteção de Dados Pessoais (LGPD), para agentes de tratamento de pequeno porte. Disponível em: https://in.gov.br/en/web/dou/-/resolucao-cd/anpd-n-2-de-27-de--janeiro-de-2022-376562019. Acesso em: 20 jul. 2022.

BRASIL. Autoridade Nacional De Proteção De Dados. *Guia Orientativo para Definições dos Agentes de Tratamento de Dados Pessoais e do Encarregado*. Brasil, 2022. Versão 2.0. Disponível em: https://www.gov.br/anpd/pt-br/documentos-e-publicacoes/Segunda_Versao_do_Guia_de_Agentes_de_Tratamento_retificada.pdf. Acesso em: 18 jul. 2022.

BIONI, Bruno Ricardo. *Proteção de dados pessoais*: a função e os limites do consentimento. Rio de Janeiro: Forense, 2019.

BIONI, Bruno; DIAS, Daniel. *Responsabilidade civil na proteção de dados pessoais: construindo pontes entre a Lei Geral de Proteção de Dados Pessoais e o Código de Defesa do Consumidor*. Civilistica.com. Rio de Janeiro, a. 9, n. 3, 2020. Disponível em: http://civilistica.com/responsabilidade-civil-na-protecao-de-dados-pessoais/. Acesso em: 22 jul. 2022.

CAPANEMA, Walter Aranha. *A responsabilidade civil na Lei Geral de Proteção de Dados*. Disponível em: https://www.tjsp.jus.br/download/EPM/Publicacoes/CadernosJuridicos/ii_6a_responsabilidade_civil.pdf?d=637250347559005712. Acesso em: 14 jul. 2022.

DRESCH, Rafael de Freitas Valle; FALEIROS JÚNIOR, José Luiz de Moura. Reflexões sobre a responsabilidade civil na Lei Geral de Proteção de Dados (Lei 13.709/2018). In: ROSENVALD, Nelson; DRESCH, Rafael de Freitas Valle; WESENDONCK, Tula. (Org.). *Responsabilidade civil*: novos riscos. Indaiatuba: Foco, 2019.

FALEIROS JÚNIOR, José Luiz de Moura; MARTINS, Guilherme Magalhães. Segurança da informação e governança como parâmetros para a efetiva proteção de dados pessoais. *Revista do Ministério Público*. v. 78, p. 157-164, Rio de Janeiro, 2020.

GAMONAL, Sergio Contreras. De la eficacia horizontal a la diagonal de derechos fundamentales en el contrato de trabajo: una perspectiva latinoamericana. *Latin American*. Legal Studies. v. 3. 2018.

GUEDES, Gisela Sampaio da Cruz; MEIRELES, Rose Melo Vencelau. Término do Tratamento de Dados. In: TEPEDINO, Gustavo; FRAZÃO, Ana; OLIVA, Milena Donato. *Lei Geral de Proteção de Dados Pessoais e as suas repercussões no direito brasileiro*. 2. ed. São Paulo: Thomson Reuters Brasil, 2020.

LAGO, José Manuel Busto. La responsabilidad civil y su función de tutela del derecho a la protección de los datos personales: una visión desde el derecho de la unión europea. *REJUR*. v. 5, n. 10, jul./dez. 2021.

ROSENVALD, Nelson. *As funções da Responsabilidade Civil*: a reparação e a pena civil. 3. ed. São Paulo: Saraiva, 2017.

ROSENVALD, Nelson. *A polissemia da responsabilidade civil na LGPD*. Migalhas de Proteção de Dados. Disponível em: https://www.migalhas.com.br/coluna/migalhas-de-protecao-de-dados/336002/a-polissemia-da-responsabilidade-civil-na-lgpd. Acesso em: 10 jul. 2022.

TORCHIA, Bruno Martins; MACHADO, Tacianny Mayara Silva. A responsabilidade subjetiva prevista na Lei Geral de Proteção de Dados e a relação jurídica entre o controlador e o encarregado de proteção de dados. In: DAL POZZO, Augusto Neves; MARTINS, Ricardo Marcondes (Coord.). *LGPD e administração pública*: uma análise ampla dos impactos. São Paulo: Thomson Reuters, 2020.

VAINZOF, Rony. Disposições Preliminares. In: MALDONADO, Viviane Nóbrega; BLUM, Renato Opice. *Lei Geral de Proteção de Dados comentada*. 2. ed. rev., atual e ampl. São Paulo: Thomson Reuters Brasil, 2020.

IDENTIDADE, DIREITO À ORIGEM E RESPONSABILIZAÇÃO CIVIL: UMA RELAÇÃO POSSÍVEL?

Marcelo de Mello Vieira

Pós-doutor em Direito pela UFSC. Doutor em Direito Privado pela PUC Minas. Mestre em Direito pela UFMG. Membro da Associação Mineira dos Professores de Direito Civil (AMPDIC), do Instituto Brasileiro de Estudos de Responsabilidade Civil (IBERC) e do Instituto Brasileiro do Direito da Criança e do Adolescente (IBDCRIA). Integrante do Núcleo de Estudos Jurídicos e Sociais da Criança e do Adolescente (NEJUSCA – UFSC) e do Grupo Interdisciplinar de Pesquisa "InfantoJuventudes" (GIPI). Um dos autores do perfil @direitodacriancaempauta.

Marina Carneiro Matos Sillmann

Mestre em Direito Privado pela PUC Minas. Assessora de Promotor de Justiça MPES. Pesquisadora nas áreas do Direito da Criança e do Adolescente e do Biodireito. Membro do Instituto Brasileiro do Direito da Criança e do Adolescente (IBDCRIA). Uma das autoras do perfil @direitodacriancaempauta.

Sumário: 1. Introdução – 2. Identidade – 3. Direito à origem na filiação por adoção – 4. A possibilidade de responsabilização civil por violação do direito de origem – 5. Conclusão – 6. Referências.

1. INTRODUÇÃO

A adoção representa uma modalidade de colocação em família substituta em que há o rompimento dos vínculos jurídicos com a família biológica e a formação de novos vínculos com a família adotante. Em que pese o rompimento dos vínculos jurídicos, a adoção não é capaz de apagar a história de quem é adotado, posto que este tem o direito conhecer sua origem.

O direito à origem é compreendido como um dos aspectos do direito ao livre desenvolvimento da personalidade e consiste em um direito personalíssimo que assegura à pessoa a prerrogativa legal de conhecer tanto a sua origem genética ou biológica quanto os demais elementos que fazem parte da história de sua vida.

Apesar de se tratar de um direito, positivado de forma expressa no art. 48 do Estatuto da Criança e do Adolescente, na prática se observa a sua violação de forma reiterada. Isso representa para os adotados uma imensa dificuldade em ter acesso à própria história de vida, seja porque os pais adotivos não querem compartilhar as informações que tiveram acesso no curso do processo de adoção, seja porque o próprio Estado não colheu tais dados ou não os armazenou de maneira adequada.

Assim, é necessário pensar em quais seriam as respostas jurídicas adequadas para as situações nas quais o exercício desse direito é dificultado por alguém ou mesmo pelo Estado. Nesse sentido, discute-se a possibilidade de aplicação da responsabilidade civil aos pais e/ou ao Estado por violação do direito do adotivo em conhecer a própria origem.

Para tanto, este trabalho se divide em três partes, além da introdução e da conclusão. A primeira parte tem como objetivo analisar o processo de construção da identidade. A segunda parte, por sua vez, aborda o direito à origem na filiação por adoção. Por fim, a terceira parte trabalha com a aplicação da responsabilidade civil na violação do direito à origem para o Direito brasileiro.

2. IDENTIDADE

Até o advento da Constituição da República Federativa do Brasil, de 1988 (CRFB/1988), pode-se afirmar que o ordenamento jurídico brasileiro se preocupava mais com a pessoa enquanto categoria jurídica abstrata do que com a pessoa real. Foi a nova ordem constitucional que rompeu com essa premissa ao assegurar diversos direitos e garantias fundamentais, trazer uma perspectiva humanista, plural e democrática para o país e apontar os cinco fundamentos da república brasileira, em especial: a dignidade da pessoa humana.

Embora até hoje não exista consenso sobre a abrangência desse fundamento-princípio, havendo inclusive críticas sobre a sua banalização,[1] é possível notar que aqueles que o estudam parecem estabelecer alguns elementos em comum. Ingo Sarlet sintetiza alguns desses elementos ao afirmar que

> [T]emos por "dignidade da pessoa humana" a qualidade intrínseca e distinta de cada ser humano que o faz merecedor do mesmo respeito e consideração por parte do Estado e da comunidade, implicando, nesse sentido, um complexo de direitos e deveres fundamentais que assegurem a pessoa tanto contra todo e qualquer ato de cunho degradante e desumano, como venham a lhe garantir as condições existenciais mínimas para uma vida saudável, além de propiciar e promover sua participação ativa e correspansável *nos destinos da própria existência* e da vida em comunhão com os demais seres humanos.[2]

A participação ativa e responsável nos destinos da própria existência, como destacado, diz respeito à necessidade do ser humano de ser protagonista de sua vida, de desenvolver livremente sua personalidade. Para Rosana Garbin,[3] o "direito ao desenvolvimento da personalidade é fundamental para reconhecer a liberdade individual, buscar o seu projeto pessoal e formar a sua identidade pessoal."[4] A mesma autora assevera que essa identidade compreende tanto os aspectos genéticos quanto os fatores procedimentais,

---
1. O jurista português Oliveira Ascensão é um desses críticos e, para o autor, "[H] há alguma coisa que não está certa na invocação da dignidade da pessoa. Porque *se há que serve para tudo, então não serve para nada*. Acaba por se transformar numa fórmula vazia. À expressão enfática, a 'eminente dignidade da pessoa humana', corresponde cada vez menos a um conteúdo definido" (ASCENSÃO, 2013, p. 10, grifos do autor).
2. SARLET, 2003, p. 213-214, grifo nosso.
3. 2012, p. 148-149.
4. Essa relação entre dignidade humana e identidade pessoal foi feita por Gustavo Ribeiro (2004, p. 166) para quem a dignidade é "tradicionalmente qualificada como uma característica intrínseca do ser humano, que designa um complexo conjunto de atributos que o singulariza".

psicológicos, sociais etc. Juliana Auler[5] acrescenta que a identidade vai além do código genético, pontuando que "os aspectos mais significativos da história pessoal são aqueles que foram vivenciados pelo sujeito de forma consciente, constituindo um conjunto de lembranças e de aprendizado." Essa relação entre identidade, genética e fatores não biológicos foi reconhecida pela Declaração Internacional sobre os Dados Genéticos Humanos da UNESCO, que em seu art. 3º proclamou que:

> Cada indivíduo tem uma constituição genética característica. No entanto, não se pode reduzir a identidade de uma pessoa a características genéticas, uma vez que ela é constituída pela intervenção de complexos fatores educativos, ambientais e pessoais, bem como de relações afetivas, sociais, espirituais e culturais com outros indivíduos, e implica um elemento de liberdade.[6]

Nota-se, assim, que a identidade tem um aspecto inato que é derivado dos genes – que podem ou não ser estimulados por fatores ambientais e sociais – e um aspecto que é unicamente socioambiental, que será construído com base nas experiências vivenciadas por cada indivíduo e nas relações que ele teve ou tem. Tudo isso fatalmente influenciará como cada pessoa vê o mundo e se comporta nele, quais são seus objetivos de vida e suas motivações. A formação dessa identidade tem, ainda, tanto uma perspectiva individual, caracterizada pela visão que a pessoa tem de si mesma, como um viés relacional, ligado ao pertencimento a causas ou a instituições com as quais esse indivíduo se reconhece, participa, vivencia. Flor Quiroga et al[7] destaca que a identidade é o resultado da acomodação das experiências significativas de história de vida e implica na integração do presente, do passado e do futuro de cada um. Diante desse panorama, pode-se falar em um direito fundamental e um direito da personalidade à identidade[8] que encontra seu fundamento na dignidade da pessoa humana e que contemplaria a promoção e defesa de todos os aspectos mencionados que compõem essa identidade.[9]

Havendo, portanto, um direito fundamental à identidade, caberia à ordem jurídica proporcionar instrumentos para assegurar que nem o Estado nem os particulares ameacem ou violem quaisquer de seus atributos, bem como promovam mecanismos para possibilitar que cada indivíduo forme a sua identidade. Partindo dessa visão protetiva e promocional do Direito, é possível pensar em uma faceta do direito à identidade que deve ser trabalhada com maior profundidade, justamente porque, em situações específicas, é possível que haja obstáculos para sua garantia: o direito à origem.

---

5. 2010, p. 25.
6. UNESCO, 2003.
7. 2021, p. 4.
8. Juliana Auler (2010, p. 24) afirma que "[O] o direito à identidade, como direito da personalidade, tutela as características que diferenciam o indivíduo dos demais, tornando-o único. Essa unicidade, também chamada de individualidade, é o que permite a cada homem reconhecer o seu próprio valor como sujeito singular e irrepetível. Por representar um elemento que diz respeito à própria condição humana, a individualidade insere-se na proteção da personalidade.".
9. Esse entendimento é defendido por Sarila Lopes, para quem essa identidade incidiria tanto "sobre a configuração somato-psíquica de cada indivíduo" como sobre os aspectos sociais e ambientais "de cada um, notadamente a sua história de vida, o seu decoro, a sua reputação ou o bom nome, o seu crédito, a sua identidade sexual, familiar, racial, política, religiosa e cultural." (LOPES, 2014, p. 267).

3. DIREITO À ORIGEM NA FILIAÇÃO POR ADOÇÃO

Se o direito à identidade é a conjugação do passado e do presente com os planos para o futuro de uma pessoa, como mencionado anteriormente por Flor Quiroga *et al* (2021, p. 4), o direito à origem é um dos aspectos que se refere ao passado, sendo o alicerce no qual é construído o presente e planejado o futuro. A busca pela origem da humanidade é uma questão que move muitos cientistas e essa "inquietude, inerente ao ser humano, reflete-se, também, em esferas individuais, sob a forma da busca pelo conhecimento da própria origem e da própria história".[10]

Quando se está diante de um parentesco biológico, o contato com as origens costuma ser facilitado pelo convívio e pela interação com os parentes, que contam histórias, explicam rituais e datas especiais, mostram documentos, fotos e até vídeos da família. Todavia, em algumas famílias nas quais essas informações são negadas ou em situações em que o parentesco jurídico não coincide com o biológico, como na adoção ou na reprodução assistida heteróloga,[11] a busca pela origem pode ser uma questão nevrálgica. Afinal, se a identidade se liga ao livre desenvolvimento da pessoa e o conhecimento sobre origem é a base da identidade, pode-se afirmar que o conhecimento do "direito à origem é essencial para o livre desenvolvimento da personalidade humana".[12]

Rosana Garbin[13] afirma que, do ponto de vista psicológico, conhecer a verdade sobre o início da vida é essencial para a construção da personalidade e da identidade pessoal e que, especialmente na "adolescência, a busca pela verdade sobre sua origem tende a ganhar significado maior, diante da necessidade de a pessoa reconhecer-se como indivíduo." Nessa mesma linha, Hália Souza e Renata Casanova[14] ensinam que filhos por adoção frequentemente querem conhecer seus antepassados para reconstruir sua história, preencher os vazios que sentem e buscar respostas para suas perguntas.[15] Também falando sobre pessoas adotadas, Sarila Lopes afirma que muitos desses indivíduos têm "a necessidade, seja física (a respeito de doenças, por exemplo) ou psíquica de ter reconhecida sua origem biológica nos casos em que não se tem conhecimento de seus pais (caso das crianças abandonadas sem sequer possuir registro civil)".[16]

É importante ter em mente que, apesar de esse tema ser recorrente quando se fala em adoção, o direito ao conhecimento das origens não se restringe àqueles que foram adotados, devendo ser assegurado a todos que tiveram essas informações negadas por qualquer motivo que seja, inclusive por caprichos de seus pais. Esse direito vai além do

---

10. AULER, 2010, p. 23.
11. AULER, 2010, p. 24.
12. VIEIRA, SILLMANN, 2020, p. 108-109.
13. 2012, p. 157.
14. 2014, p. 135.
15. Esse vazio ou a busca por algo que não se sabe o que é por parte dos filhos adotivos é retratado no livro *Vida de adotivo: a adoção do ponto de vista dos filhos*, organizado e com comentários de Alexandre Lucchese. A obra reúne os relatos de 12 filhos de adoção, inclusive do próprio organizador, de como a adoção e o conhecimento ou não sobre a origem interferiu na vida de cada um deles.
16. LOPES, 2014, p. 257.

conhecimento genético, abrangendo também os aspectos sociais e culturais que compõem a historicidade daquela família.[17] A história de uma pessoa faz parte de um contexto maior, que é a história da sua família e que pode ser importante para aquele indivíduo, que, caso queira prosseguir nessa jornada, tem que estar disposto a lidar com as alegrias e tristezas que esse caminho pode lhe proporcionar, a ressignificar lembranças e a se transformar.[18] Conhecer a origem pode ajudar o indivíduo a ter "segurança emocional, ter comportamentos e atitudes firmes e poder se desenvolver bem."[19]-[20]

Se as questões sociais e culturais são mais difíceis de serem reconstruídas, a ciência atual facilitou o acesso à origem genética, ou, como prefere Rosana Garbin,[21] à verdade biológica. A mesma autora assevera que o patrimônio genético é "o patrimônio mais íntimo e pessoal do homem",[22] sendo aquilo "o que individualiza biologicamente a pessoa".[23] Ela defende ainda que:

> Com a possibilidade de mapeamento do código genético humano, há que se reconhecer como novo o direito à identidade genética, entendido como sendo a base biológica do ser humano.
>
> As informações genéticas, que acompanham o indivíduo desde o seu nascimento até a sua morte, são seu maior patrimônio. Elas indicam as características permanentes, inalteráveis e indestrutíveis de uma pessoa, que lhe foram transmitidas pela conjugação das também características de seus ascendentes. São as diferentes combinações existentes que permitem que cada ser humano seja único, e essa diversidade é componente de crescimento e desenvolvimento da humanidade.
>
> Essas informações genéticas guardam também a indicação de quem são os progenitores, os quais transmitiram muitas das características que formam o indivíduo. É a combinação dos genes dos ascendentes que criam o novo ser, que, por sua vez, passa a ter uma sequência de genes próprios. O ser humano é, pois, resultado da conjugação dos genes de seus ascendentes que resultam em um novo e único ser, possuidor de uma cadeia genética irrepetível no universo.
>
> O patrimônio genético do homem contém seus dados mais íntimos, que apenas foram possíveis de se conhecer em razão dos avanços da ciência. Muito embora o indivíduo seja a conjugação de muitos fatores, há que se admitir que esse é o substrato mais íntimo que lhe deu origem.[24]

Os avanços tecnológicos na área da genética e do seu mapeamento permitiram ir muito além do exame de DNA – comumente usado para a aferição da paternidade biológica e que hoje pode ser utilizado para se ter uma visão muito maior da historici-

---

17. VIEIRA, SILLMANN, 2020, p. 108-109.
18. Karen Alfaro Monsalve (2018) conta a história de Alejandro, um jovem que foi retirado compulsoriamente e adotado irregularmente ainda criança durante a ditadura chilena, que teve problemas de adaptação com sua família adotiva e que, depois de um caminho tortuoso, finalmente encontrou sua mãe biológica e conheceu sua história de vida.
19. Nos casos de adoção, é importante que o Poder Público mantenha todas as informações possíveis sobre o histórico de vida da pessoa adotada, devendo manter fotos, cartas etc. tanto da família natural quanto das pessoas que cuidaram da criança ou do adolescente no período de acolhimento. Todas essas informações devem ser acessíveis independentemente da maioridade do adotado, como determina o art. 48 do Estatuto da Criança e do Adolescente.
20. SOUZA, CASANOVA, 2014, p. 135.
21. 2012, p. 147.
22. GARBIN, 2012, p. 135.
23. GARBIN, 2012, p. 146.
24. GARBIN, 2012, p. 143-144.

dade genética do indivíduo, permitindo assim o conhecimento de uma ancestralidade ampliada. Diante dessa possibilidade aberta pela ciência e do atual momento do Direito brasileiro – no qual se valorizam os vínculos socioafetivos, muitas vezes, em detrimento dos laços biológicos – conceber o acesso à origem genética como um direito autônomo, como sugere Rosana Garbin no excerto supracitado, ou com um aspecto independente do direito à origem é interessante para diferenciar as pretensões daquele que busca conhecer suas origens.[25]

Sarila Lopes ensina que a investigação de origem genética e a ação de investigação de paternidade "[S] são demandas distintas, fundadas em diferentes causas de pedir, trazendo consigo diferentes pedidos e, consequentemente, resultando em diferentes efeitos jurídicos".[26] De fato, a determinação da identidade biológica não necessariamente conduz ao reconhecimento da paternidade biológica, já que "a cumulação de parentalidade não pode se fundar exclusivamente no interesse patrimonial daí advindo, mas ao mesmo tempo a repercussão patrimonial, por si só, não pode excluir a inclusão da filiação biológica".[27] Como assevera Juliana Auler,

> [...] o direito ao conhecimento da ascendência genética é um direito da personalidade, cuja finalidade consiste em possibilitar ao indivíduo conhecer a própria origem. Garantir esse direito não implica estabelecer a filiação. Da mesma forma, o estado de filiação não implica o conhecimento das origens, pois é possível a filiação fundada exclusivamente nos laços de amor, como ocorre com a adoção.[28]

Conhecer a origem genética é um direito "personalíssimo, inerente à sua condição de ser humano", que "não importa a desconstituição da filiação jurídica ou socioafetiva, apenas assegura a certeza da origem genética, a qual poderá ter preponderância ímpar para a pessoa que busca e não poderá nunca ser renunciada por quem não seja o seu titular".[29] É nesse panorama que se pode afirmar que o conhecimento sobre a origem genética está mais ligado a uma questão identitária do que à parentalidade jurídica, sendo a busca pelas origens, o que, a princípio, justificaria uma eventual ação investigação de origem.[30]

Atento a essa questão, o Estatuto da Criança e do Adolescente, em seu art. 48, assegura ao adotado o "direito de conhecer sua origem biológica, bem como de obter acesso

---

25. Convém destacar que o acesso aos dados genéticos familiares pode ser importante para analisar questões ligadas a saúde, já que ele pode ser utilizado na identificação de fatores de risco e propensão à determinadas doenças, como adverte Sarila Lopes (214, p. 263). Esse ponto é muito interessante, mas não será aprofundado porque foge à temática do presente estudo.
26. LOPES, 2014, p. 263.
27. DAVID, BERLINI, 2017, p. 51.
28. AULER, 2010, p. 28.
29. LOPES, 2014, p. 265.
30. Não se quer afirmar aqui que uma ação de investigação de origem genética não possa subsidiar o reconhecimento de paternidade. O objetivo é reforçar que a parentalidade (paternidade e maternidade) não é um dado e sim uma construção que pode ou não ter a identidade genética. Também deve-se esclarecer que, em uma ação de investigação de paternidade, ocorre a comprovação genética, via exame de DNA, e promove-se todos os outros aspectos jurídicos dessa relação paterno-filial. Quando se trata de uma pessoa adotada ou concebida pelas formas de reprodução assistida heteróloga existem outros aspectos legais que obstariam a formação imediata do vínculo parental.

irrestrito ao processo no qual a medida foi aplicada e seus eventuais incidentes, após completar 18 (dezoito) anos".[31] Ainda que a princípio a leitura dos autos não garanta acesso a toda a história da família natural, os dados e informações lá contidos seriam um ponto de partida para aqueles que querem aprofundar na busca por sua origem. Nesse sentido, o dever de conservação desses autos processuais vem ao encontro da garantia ao direito à origem e podem acabar por significar a possibilidade de construção dessa identidade.

Se o conhecimento das origens é um direito fundamental, quais seriam as respostas jurídicas para aquelas situações nas quais o exercício desse direito é dificultado por alguém ou mesmo pelo Estado?

4. A POSSIBILIDADE DE RESPONSABILIZAÇÃO CIVIL POR VIOLAÇÃO DO DIREITO DE ORIGEM

A possibilidade de responsabilização civil para danos exclusivamente não patrimoniais ou de natureza puramente existencial foi impulsionada com a promulgação da Constituição da República Federativa do Brasil de 1988, em razão da expressa previsão no texto constitucional da reparação do dano moral (art. 5º, XII, CRFB/1988), conforme ressalta Maria Celina Bodin de Moraes.[32] Essa previsão sedimentou o debate acerca da impossibilidade desse tipo de responsabilização, descartando o argumento de que não se poderia fixar uma indenização pela impossibilidade de retorno ao *status quo ante*. Isso porque o que a responsabilidade civil para danos de natureza existencial visa é trazer alguma forma de compensação para a vítima, ainda que tecnicamente não consiga reparar o prejuízo completamente.

A compensação do dano moral se mostra compatível com a ordem jurídica inaugurada com a CRFB/1988, em especial com a promoção da dignidade da pessoa humana, estabelecido como fundamento da República brasileira. Como reflexo desse posicionamento constitucional, o Código Civil Brasileiro de 2002 (CCB/2002) reforçou a possibilidade de reparação civil de um dano exclusivamente moral (art. 186 CCB/2002).

Nesse contexto, a aplicação desse instituto aos pais que violam o direito do filho adotivo em conhecer a própria origem ou ao Estado que não conserva os dados referentes a história de vida dessa pessoa se mostra possível. Utilizando como premissa que o direito à origem é um direito da personalidade da pessoa adotada – e um direito humano expresso na Convenção dos Direitos da Criança de 1989 e na Convenção Relativa à Proteção das Crianças e à Cooperação em Matéria de Adoção Internacional de 1993 – e que, embora seu exercício possa trazer reflexos diretos tanto para os pais biológicos quanto para os pais adotivos, a decisão sobre a efetivação de tal direito é exclusivamente do seu titular, isto é, da pessoa adotada. Desse modo, caso os pais decidam não compartilhar as informações relacionadas à adoção e à origem biológica ou o Estado não se incumba de

---

31. BRASIL, 1990b.
32. 2019, p. 2.

preservar as informações necessárias sobre a pessoa adotada, impedindo o indivíduo de ter acesso à própria história, tem-se a violação de um direito da personalidade passível de responsabilização civil.

A responsabilidade civil extracontratual tem sua base infraconstitucional construída nos preceitos estabelecidos pelo art. 186 do CCB/2002, determinando que, "aquele que, por ação ou omissão voluntária, negligência ou imprudência, violar direito e causar dano a outrem, ainda que exclusivamente moral, comete ato ilícito". Esse dispositivo apresenta os elementos da responsabilidade civil subjetiva, que é regra no direito brasileiro: ação ou omissão que acarrete violação de direito, culpa, dano e nexo de causalidade entre a ação ou omissão e o dano sofrido.

A ação representa a prática de uma conduta. Para a definição de conduta para fins de responsabilidade civil, Ana Mafalda Castanheira Neves de Miranda Barbosa ressalta que:

> A liberdade positiva em que radica a ação leva consigo a ideia de responsabilidade – uma responsabilidade que, no momento do comportamento, se caracteriza pela assunção de uma esfera de risco orientada pelo respeito que cada homem concita (responsabilidade pelo outro), e que, posteriormente, verificado que seja um determinado resultado lesivo, se convola numa atualização daquela liberdade de que é indissociável, em responsabilidade pelo dano. Não será, pois, difícil perceber que o resultado dessa lesão pertence à conduta, de acordo com a pressuposição axiológica de que se parte, na medida em que se possa inscrever naquela zona de influência que determina a adoção de deveres de prevenção em relação ao outro ou aos outros.[33]

A omissão, por sua vez, consiste na manutenção de um estado de inércia em situações nas quais a pessoa deveria e poderia agir para evitar o dano. Esse dever de agir estaria fundamentando na Lei ou embasado nos deveres de boa-fé conjugais, parentais ou de cuidado, por exemplo. A omissão passível de ensejar responsabilização civil não estaria configurada em situações nas quais seria impossível agir ou em que a prática de uma conduta a colocaria em situação de risco ou de prejuízo relevante quando comparado com o dano causado pela omissão.[34]

Para fins de responsabilidade civil, a ação ou a omissão devem acarretar violação de um direito, ou seja, configurar a prática de um ato ilícito. O ato ilícito[35] é aquele que viola, de alguma forma, o ordenamento jurídico.

O direito a conhecer a própria origem é reconhecido pelo ordenamento jurídico brasileiro, conforme abordado anteriormente. Impossibilitar que o adotado tenha o conhecimento sobre sua história – seja pela destruição de dados ou documentos sobre a adoção, seja pela omissão na transmissão de informações que se tem conhecimento ou até mesmo pela ocultação da adoção em si – caracteriza a prática de ato ilícito, já que

---

33. BARBOSA, 2017, p. 135.
34. BARBOSA, 2017, p. 140.
35. Embora o abuso de direito também seja um ato ilícito previsto no art. 187 do Código Civil, para os objetivos deste trabalho não será feita sua análise, uma vez que, por tudo que foi defendido aqui, os pais não têm direito a esconder ou dificultar o acesso à origem.

representa uma ação ou uma omissão praticada pelos pais adotivos que viola diretamente um direito do filho adotivo.

A hipótese sob análise representa situação de responsabilidade civil de natureza subjetiva, ou seja, é necessária a demonstração de culpa para a sua caracterização. Para o Direito Civil, a culpa pode ser caracterizada pelo dolo, ou seja, a intenção de praticar o comportamento, pela negligência em razão da violação de um dever objetivo de cuidado,[36] pela imprudência, ou seja, uma ação praticada sem a devida cautela ou ainda pela imperícia, que representa a ausência de aptidão técnica para o desempenho de determina função.

Assim, para que possa ser caracterizada a culpa pela responsabilidade civil dos pais por violação do direito à origem do filho adotivo, é necessário que os adotantes tenham conhecimento sobre a história do filho e decidam ocultar as informações ou destruir documentos, como fotos ou cartas da família biológica, ou que negligenciem a preservação do acervo documental pessoal referente à adoção, por exemplo.

Por outro lado, quando se trata do Estado, a responsabilização seria objetiva,[37] isto é, sequer seria necessária a comprovação de dolo ou culpa. A obrigação estatal em assegurar a conservação dos dados referentes a adoção é prevista tanto nas normativas internacionais como no Direito nacional. A Convenção Relativa à Proteção das Crianças e à Cooperação em Matéria de Adoção Internacional, também conhecida como Convenção de Haia de 1993, em seu art. 30, prevê que

> [A] as autoridades competentes de um Estado Contratante tomarão providências para a conservação das informações de que dispuserem relativamente à origem da criança e, em particular, a respeito da identidade de seus pais, assim como sobre o histórico médico da criança e de sua família.[38]

Esse dispositivo, aliado à já mencionada previsão trazida no art. 48 do Estatuto da Criança e do Adolescente, tornam patente a obrigação do Estado de preservar os dados e as informações sobre a origem de crianças e de adolescentes e, se sua inobservância pode causar a responsabilização internacional do país, parece lógico que a mesma responsabilização deve ser assegurada àquele que é o mais interessado na sua história. Assim, caso houvesse a perda das informações referentes à família biológica em razão da não conservação dos autos processuais referentes a adoção, da destituição ou poder familiar ou do acompanhamento das medidas de proteção aplicadas a pessoa do adotado, a responsabilização do Estado seria possível.

Em relação ao dano, verifica-se que ele é de natureza eminentemente moral. Como a definição desse tipo de dano é alvo de muita discussão, para os fins propostos neste trabalho será adotada a concepção de dano moral como sendo "[...] a lesão a algum

---

36. BARBOSA, 2017, p. 237.
37. Por se tratar de uma situação na qual o Estado tem a obrigação legal de agir, para preservar ou coletar os dados referentes ao direito de origem, a responsabilidade civil seria objetiva nos termos do art. 37, *caput* e parágrafo sexto da CRFB/1988.
38. BRASIL, 1990a.

dos substratos que compõem, ou conformam, a dignidade humana, isto é, a violação a um desses princípios: i) liberdade, ii) igualdade, iii) solidariedade e iv) integridade psicofísica de uma pessoa".[39]

O dano por violação ao direito à origem é presumível decorrente da violação direita de um direito, agravado pelas consequências individuais, como a violação da integridade psicofísica da pessoa a partir de eventuais abalos psicológicos. Conforme apontado anteriormente, o conhecimento sobre a própria origem biológica é fundamental para o desenvolvimento psicológico da personalidade ou até mesmo para ressignificar eventuais lembranças.

Por sua vez, o nexo de causalidade é representado pela relação existente entre o ato ilícito praticado e o dano sofrido. Para Gama e Viola,[40] "a causalidade é elemento central da responsabilidade civil e a busca da causa jurídica se revela fundamental ao adequado e seguro funcionamento do mecanismo de responsabilização civil".

São várias as teorias que tratam do nexo causal, não havendo entre os estudiosos consenso sobre qual delas foi adotada pelo Direito nacional. Para Gustavo Tepedino, Aline Valverde e Gisela Guedes,[41] partindo da interpretação do art. 403, o Código Civil brasileiro adotou a teoria da causalidade direta. Já Cristiano de Farias, Nelson Rosenvald e Felipe Braga Netto[42] defendem a aplicação da teoria da causalidade adequada. O que todos esses autores parecem concordar é que os tribunais brasileiros aparentam ora utilizar uma teoria, ora utilizar outra nas fundamentações das suas decisões.

Na hipótese trabalhada aqui, a caracterização do nexo seria comprovada pela utilização de qualquer uma das teorias mencionadas. Isso porque o nexo de causalidade estaria representado pelo liame entre o ato praticado pelos adotantes ou pelo Estado, que impede ou dificulta o conhecimento sobre a origem do adotado, e as consequências sofridas em razão da violação desse direito.

A partir da configuração da responsabilidade civil por danos exclusivamente extrapatrimoniais, é gerado o direito a receber uma compensação para aquele que teve sua esfera de direitos pessoais violada. Essa compensação, geralmente, é algum valor pecuniário fixado pelo juízo. Talvez uma das maiores dificuldades, em termos de responsabilidade civil extrapatrimonial, consista na fixação do valor pecuniário da compensação, já que ainda pode ser observada na prática jurídica brasileira a ausência de uniformidade de parâmetros avaliativos. Nesse sentido:

> O fato é que a reparação dos danos morais não pode mais operar, como vem ocorrendo, no nível do senso comum ou do bom senso, da opinião dos juízes acerca do que é sofrimento e do que não é. A importância do dano moral no mundo atual exige que se busque atingir um grau determinado de tecnicidade, do ponto de vista da ciência do direito, contribuindo-se para edificar uma categoria teórica que seja elaborada o suficiente para demarcar as numerosas especificidades do instituto.[43]

---

39. BODIN DE MORAES, 2019, p. 13.
40. 2021, p. 236.
41. 2022, p. 88.
42. 2014, p. 468.
43. BODIN DE MORAES, 2019, p. 11.

Em que pese o art. 944 do CCB/2002 estabelecer que a indenização se mede pela extensão do dano, com a possibilidade de redução do valor pelo magistrado quando houver excessiva desproporção entre a gravidade da culpa e do dano, nos termos do parágrafo único, não se mostra viável sua aplicação direta para a compensação dos danos extrapatrimoniais. Os danos extrapatrimoniais não são mensuráveis economicamente, razão pela qual a conversão do dano em um valor pecuniário exige a adoção de parâmetros técnicos para a efetivação da segurança jurídica.

Não se defende aqui o uso de tabelas quantitativas ou qualquer outra forma de engessamento das compensações por danos morais, já que as circunstâncias específicas do caso concreto impactam diretamente no valor da compensação. O que se pretende é a formulação de alguns parâmetros para guiar o magistrado quando de sua decisão.

Ressalta-se que, para a análise do caso concreto, o magistrado deve atentar também para as circunstâncias pessoais das partes envolvidas para a fixação do valor compensatório, de modo a não estabelecer um valor irrisório para a vítima ou demasiado elevado para o causador do dano, de maneira a se tornar uma punição ou prestação impossível de ser cumprida.

É certo que nenhum valor pecuniário é capaz de trazer à tona as informações buscadas sobre a própria origem, mas, em uma sociedade capitalista, o dinheiro é uma ferramenta capaz de trazer algum tipo de conforto, podendo auxiliar aquele que sofreu o dano por violação do seu direito à origem a buscar alguma forma de amenizar o seu sofrimento.

5. CONCLUSÃO

O direto à origem consiste no contato da pessoa com a sua própria história, superando apenas o conhecimento sobre dados genéticos. No caso da adoção, o direito à origem representa ainda a preservação de parte da identidade da pessoa, já que o rompimento dos vínculos familiares jurídicos não implica no apagamento da história. Ademais, é um direito assegurado por normativas internacionais e pelo Estatuto da Criança e do Adolescente, podendo ser considerado um direito da personalidade, relacionado ao direito ao livre desenvolvimento humano. Assim, é um direito do adotado conhecer e ter contato com sua própria história, não cabendo aos adotantes ou ao Estado ocultar tais fatos ou decidir se serão compartilhados ou não. Caso esse direito seja violado, é possível a aplicação da responsabilidade civil por dano extrapatrimonial.

Destaca-se que o direito à origem é um direito da personalidade do filho adotivo, de modo que a decisão sobre a efetivação de tal direito é exclusivamente do seu titular. Com isso, a responsabilização civil dos pais que violam o direito do filho adotivo em conhecer a própria origem se mostra possível, assim como a responsabilidade do Estado quando não cumprir com seu dever de preservar e fornecer as informações sobre adoção em razão da violação de um direito da personalidade.

Embora a compensação pecuniária não seja capaz de reparar as lacunas na história de vida da pessoa, em uma sociedade capitalista, é passível de trazer algum tipo de conforto para quem sofreu o dano.

6. REFERÊNCIAS

ALFARO MONSALVE, Karen. Una aproximación a las apropiaciones de menores y adopciones irregulares bajo la dictadura militar en el sur de Chile (1978-2016). Memorias de Alejandro. *Revista Austral de Ciencias Sociales*, Valdívia, n. 34, , p. 37-51, jun. 2018.

ASCENSÃO. José de Oliveira. O "fundamento do direito": entre o direito natural e a dignidade. In: SÁ, Maria de Fátima Freire de; MOUREIRA, Diogo Luna; ALMEIDA (Coord.). *Direito privado*: revisitações. Belo Horizonte: Arraes editores, 2013.

AULER, Juliana de Alencar. Adoção e direito à verdade sobre a própria origem. *Jurisp. Mineira*, Belo Horizonte, a. 61, n. 194, p. 23-46, jul./set. 2010.

BARBOSA, Ana Mafalda Castanheira Neves de Miranda. *Lições de responsabilidade civil*. Principia, Cascais, 2017.

BODIN DE MORAES, Maria Celina. Conceito, função e quantificação do dano moral. *Revista IBERC*, Minas Gerais, v. 1, n. 1, p. 01-24, nov.-fev./2019.

BRASIL. Constituição da República Federativa do Brasil de 1988. Brasília: Senado, 1988. Nós, representantes do povo brasileiro, reunidos em Assembleia Nacional Constituinte para instituir um Estado Democrático, destinado a assegurar o exercício dos direitos sociais e individuais, a liberdade, a segurança, o bem-estar, o desenvolvimento, a igualdade e a justiça (...). Diário Oficial da União, Brasília, 5 out. 1988.

BRASIL. Lei 10.406, de 10 de janeiro de 2002. Institui o Código Civil. Diário Oficial da União. Brasília, 11 jan. 2002.

BRASIL. Decreto 3.087, de 21 de junho de 1999. Promulga a Convenção Relativa à Proteção das Crianças e à Cooperação em Matéria de Adoção Internacional, concluída na Haia, em 29 de maio de 1993, DF: Presidência da República, 1990a. Disponível: http://www.planalto.gov.br/ccivil_03/decreto/d3087.htm. Acesso em: 10 jul. 2022.

BRASIL. Lei 8.069, de 13 de julho de 1990. Dispõe sobre o Estatuto da Criança e do Adolescente e dá outras providências. Brasília, DF: Presidência da República, 1990b. Disponível em: http://www.planalto.gov.br/ccivil_03/leis/L8069.htm. Acesso em: 10 jan. 2017.

DAVID, Fellipe Guerra Reis; BERLINI, Luciana Fernandes. A autonomia do adotado no direito à identidade biológica e a conjugação de parentalidades. *Revista Brasileira de Direito Civil – RBDCivil*. v. 14, p. 41-55, Belo Horizonte, out./dez. 2017.

FARIAS, Cristiano Chaves de; ROSENVALD, Nelson, BRAGA NETTO, Felipe Peixoto. *Curso de Direito Civil*: responsabilidade civil. Salvador: JusPodivm, 2014. v. 3.

GAMA, Guilherme Calmon Nogueira da; VIOLA, Rafael. Perspectivas sobre o nexo de causalidade: passado, presente e futuro. *Revista de Direito Civil Contemporâneo*. v. 29. ano 8. p. 207-240. São Paulo: Ed. RT, out./dez. 2021.

GARBIN, Rosana Broglio. O direito ao conhecimento da ascendência biológica. *Revista da AJURIS*, v. 39, n. 126, p. 134-185, Porto Alegre, jun. 2012.

LOPES, Sarila Hali Kloster. A possibilidade de o filho adotivo demandar reconhecimento de sua origem genética e as implicações quanto ao seu nome como direito de identidade e da personalidade. *Revista Juridica*, [S.l.], v. 2, n. 35, p. 255-275, nov. 2014. ISSN 2316-753X. Disponível em: http://revista.unicuritiba.edu.br/index.php/RevJur/article/view/948. Acesso em: 27 abr. 2021.

LUCCHESE, Alexandre (Org.). *Vida de adotivo*: a adoção do ponto de vista dos filhos. Passo Fundo, Physalis, 2020.

QUIROGA, Flor et al. Identidad personal en niños y adolescentes: estudio cualitativo. *Revista Latinoamericana de Ciencias Sociales, Niñez y Juventud*, Manízales v. 19, n. 2, p. 1-25, maio-ago. 2021.

RIBEIRO, Gustavo Pereira Leite. *Contornos contemporâneos do direito civil brasileiro*.187f. Dissertação (Mestrado). Programa de Pós-Graduação em Direito. PUC-Minas. Belo Horizonte, 2004.

SARLET, Ingo Wolfgang. Algumas notas em torno da relação entre o princípio da dignidade da pessoa humana e os direitos fundamentais na ordem constitucional brasileira. In: LEITE, George Salomão (Org.). *Dos princípios constitucionais*: considerações em torno das normas principiológicas da Constituição. São Paulo: Malheiros, 2003.

SOUZA, Hália Pauliv de; CASANOVA, Renata Pauliv de Souza. *Adoção e preparação dos pretendentes*: roteiro para o trabalho nos grupos preparatórios. Curitiba, Juruá, 2014.

TEPEDINO, Gustavo; TERRA, Aline de Miranda Valverde; GUEDES, Gisela Sampaio da Cruz. *Fundamentos do direito civil: responsabilidade civil*. 3. ed. Rio de Janeiro: Forense, 2022.

UNESCO. Declaração Internacional sobre os Dados Genéticos Humanos de 16 de outubro de 2003. UNESCO, 2003. Disponível em: https://bvsms.saude.gov.br/bvs/publicacoes/declaracao_inter_dados_genericos.pdf. Acesso em: 27 abr. 2022

VIEIRA, Marcelo de Mello; SILLMANN, Marina Carneiro Matos. Direito à origem e direito à convivência familiar de crianças e de adolescentes: adoção à brasileira sob a ótica do direito infantojuvenil. *I Encontro Virtual do CONPEDI*, 2020, Florianópolis/SC. Direito de família e das sucessões I. Florianópolis/SC: Conpedi, 2020. v. 1.

RESPONSABILIDADE CIVIL POR DANO AMBIENTAL: DANO MORAL E DANOS PUNITIVOS[1]

Marcia Andrea Bühring

Pós-Doutora em Direito pela FDUL-Lisboa-Portugal. Pós-Doutora em Direito pela FURG-Rio Grande. Doutora em Direito pela PUCRS-Brasil. Mestre em Direito pela UFPR. Professora da PUCRS e UFN. Advogada e Parecerista. E-mail: marcia.buhring@gmail.br.

Sumário: 1. introdução – 2. Dano moral ambiental extrapatrimonial – 3. Critérios de valoração do dano – 4. Danos punitivos (*punitive damages*) – 5. Conclusão – 6. Referências.

1. INTRODUÇÃO

Diferente da Europa que traz uma solução, com uma Diretiva de número 35, de 2004/35 CE, [internalizada que foi por meio de leis/decretos específicos, pelos 27 países que compõe a União Europeia] que consagrou um "modelo de responsabilidade civil por danos ambientais/ecológicos" pautado na prevenção e reparação ao meio ambiente, com o duplo caráter – subjetivo e objetivo – a depender do caso. No Brasil, o fundamento da responsabilidade Civil Ambiental, passou a ser o risco e não mais a culpa (típica do Direito Civil), portanto somente objetiva para danos ambientais, ou seja, para proteger o meio ambiente em relação aos danos ambientais, para presentes e futuras gerações.

Vale a ressalva, que no Brasil, não há regime próprio. Mas possuímos: a Constituição Federal de 1988, a Lei da Política Nacional de 1981 e o Código Civil de 2002, que de forma integrada, dá conta (e precisa dar) dos reclamos da sociedade em relação a Responsabilidade Civil por danos Ambientais.

Assim, em razão dos fundamentos jurídicos, merecem menção: primeiro, a Constituição Federal de 1988 – Artigo 225, § 3º, que apresenta, uma tríade de responsabilidade: penal, administrativa, (Lei 9.605, dos Crimes e das Infrações Administrativas de 1998) e civil, com a obrigação de reparar os danos causados, sendo que essa reparação deverá ser o mais completa possível, em recompor-restabelecer o status quo ante do meio ambiente, indenizar, e compensar.

---

1. Ver também: BÜHRING, Marcia Andrea. *Responsabilidade civil ambiental/ecológica*: pontos e contrapontos no "transitar verde" entre contextos distintos de estudo comparado entre Portugal e Brasil. Londrina: Toth, 2022.

O segundo, da Lei 6.938 de 1981, da Política Nacional do Meio Ambiente, Artigo 14, cujos transgressores-poluidores, são obrigados a reparar e indenizar os danos, tanto ao meio ambiente como a terceiros, em razão da atividade (e não a culpa) exercida.

E o terceiro, do Código Civil Brasileiro de 2002, Artigo 927, *caput*. Que é fundamental, pois diz respeito a responsabilidade civil geral, e em termos práticos, vincula à seara ambiental por meio do parágrafo único, quando menciona a obrigação de reparar o dano, nos casos especificados em lei, (que é a Lei da Política Nacional do Meio Ambiente), ou, pela atividade de risco. Assim, a comprovação do nexo causal, [que é a ligação entre ação, omissão, atividade, risco e o dano causado ao meio ambiente] prepondera.

E, assim, chega-se aos Danos Punitivos pelo qual os tribunais podem condenar ao pagamento de uma quantia em dinheiro superior ao dano sofrido em virtude da conduta para servir de exemplo, notem: (de exemplo), mas, há um "logo caminho a ser percorrido", pois, nem toda doutrina e jurisprudência concorda, pois assim como há votos favoráveis, também há votos contrários à aplicação dos danos punitivos, como se verá no decorrer do trabalho.

Por fim, a regra geral é a reparação integral, que deve ser a mais ampla e completa possível, a fim de restaurar o meio ambiente ao estado natural anterior, quando possível, recuperar, restabelecer o *status quo ante*, levando em consideração as singularidades dos bens ambientais atingidos. Todavia, por vezes, inviável, resta a obrigação de dar, fazer e não fazer, assim como a indenização de cunho pecuniário e que deve ter um sentido também pedagógico, seja para o poluidor-degradador, como para a sociedade.

2. DANO MORAL AMBIENTAL EXTRAPATRIMONIAL

Vale referir incialmente que o dano moral pode ser individual, e também, coletivo, o que enseja diferença de tratamento.

Menciona Leitão que é evidente que o direito ao ambiente saudável é pressuposto para o desenvolvimento da personalidade, menciona: "o homem carece, para a sua própria sobrevivência e para o seu desenvolvimento de equilíbrio com a natureza, pelo que as componentes ambientais são inseparáveis da sua personalidade". Dessa forma, também "o ambiente natural deve ser equiparado às outras situações em que se protegem interesses conexos com o desenvolvimento da personalidade".[2]

Assim, interessante registrar que associado ao direito de personalidade está a dignidade da pessoa humana, que segundo Ascensão, "implica que a cada homem sejam atribuídos direitos, por ela justificados e impostos, que assegurem esta dignidade na vida social" e que "estes direitos devem representar um mínimo que crie o espaço no qual

---

2. LEITÃO, João Menezes. Instrumentos de direito privado para proteção do ambiente. *Revista Jurídica do Urbanismo e do Ambiente*, v. 7, p. 37, Coimbra, jun. 1997.

cada homem poderá desenvolver sua personalidade".[3] Assim sendo, a personalidade humana é um ser com estrutura mais alargada.[4]

Por outro lado, no plano interno brasileiro, o dano moral, encontra guarida na ordem civil geral, para depois aplicá-lo a seara ambiental, assim parte-se do art. 186 do CC/02: "Aquele que, por ação ou omissão voluntária, negligência ou imprudência, violar direito e causar dano a outrem, ainda que exclusivamente moral, comete ato ilícito",[5] esse dano, ainda que exclusivamente moral, se vincula a cláusula geral de reparação, do art. 927 CC/02: "Aquele que, por ato ilícito (arts. 186 e 187), causar dano a outrem, fica obrigado a repará-lo".[6] E também, a menção ao art. 944 CC/02: "A indenização mede-se pela extensão do dano" e seu parágrafo único, "se houver excessiva desproporção entre a gravidade da culpa e o dano, poderá o juiz reduzir, equitativamente, a indenização".[7] Também o art. 945 CC/02: "Se a vítima tiver concorrido culposamente para o evento danoso, a sua indenização será fixada tendo-se em conta a gravidade de sua culpa em confronto com a do autor do dano".

E, para que o dano moral, não fique sem reparação, principalmente após o advento da CF/88, afirma Leite, "em que o mesmo foi erigido à qualidade de garantia individual e coletiva de todos os cidadãos, a doutrina privatista encontrou, dentro do próprio ordenamento jurídico vigente, uma solução para o impasse".[8]

Por fim o art. 946: "Se a obrigação for indeterminada e não houver na lei ou no contrato disposição fixando a indenização devida pelo inadimplente, apurar-se-á o valor das perdas e danos na forma que a lei processual determinar".[9] Nesse sentido adverte

---

3. Veja-se a atualidade da exemplificação do pressuposto histórico do direito da personalidade, que passa por grandes transformações, frente as novas conformações históricas e tecnológicas. Para Ascensão: "O agravar das possibilidades de escutas, gravações não autorizadas, fotografias com teleobjetivas, e assim por diante, deu, a partir do século passado, uma nova dimensão ao direito de personalidade. Hoje a intromissão informática que representa o grande problema. Não se chegou ainda, apesar de várias leis sobre direitos pessoais face à informática, a um equilíbrio entre a vida pessoal e o computador". ASCENSÃO, José de Oliveira. *Direito Civil*: teoria geral. Coimbra: Coimbra Editora, 1997, v. 1. p. 64-65.
4. Como refere Souza: "[...] de teor relacional, socioambientalmente inserida e que abraça dois polos interativos o "eu" (enquanto conjunto de funções e potencialidades de cada indivíduo) e o mundo (tomado este, quer de um ponto de vista psicológico interno, como o objeto ou conteúdo sobre que incide a vida psíquica personalizada, quer ainda no plano da atividade relacional, como o próprio conjunto das forças ambientais em que se situa cada indivíduo), tudo o que se encontra igualmente protegido na ideia de personalidade moral". SOUSA, Radindranath Valentino Aleixo Capelo de. *O Direito geral de Personalidade*. Coimbra: Coimbra Editora, 1997, p. 200.
5. BRASIL. Código Civil Brasileiro. Lei 10.406, de 10 de janeiro de 2002. Disponível em: http://www.planalto.gov.br/ccivil_03/leis/2002/l10406.htm. Acesso em: 27 mar. 2019.
6. BRASIL. Código Civil Brasileiro. Lei 10.406, de 10 de janeiro de 2002. Disponível em: http://www.planalto.gov.br/ccivil_03/leis/2002/l10406.htm. Acesso em: 27 mar. 2019.
7. BRASIL. Código Civil Brasileiro. Lei 10.406, de 10 de janeiro de 2002. Disponível em: http://www.planalto.gov.br/ccivil_03/leis/2002/l10406.htm. Acesso em: 27 mar. 2019.
8. LEITE, José Rubens Morato. O dano moral ambiental difuso: conceituação, classificação e jurisprudência brasileira. In: GOMES, Carla Amado; ANTUNES, Tiago (Org.). *Actas do Colóquio*: a responsabilidade civil por dano ambiental. Lisboa: Instituto de Ciências Jurídico-Políticas, 2009. Disponível em: www.icjp.pt Acesso em: 04 jan. 2019, p. 83.
9. BRASIL. Código Civil Brasileiro. Lei 10.406, de 10 de janeiro de 2002. Disponível em: http://www.planalto.gov.br/ccivil_03/leis/2002/l10406.htm. Acesso em: 27 mar. 2019.

Leite, "o art. 946 traz regra de fundamental importância para a reparação do dano moral ambiental difuso. Consequentemente, no caso de obrigação indeterminada apurar-se-á o valor das perdas e danos por arbitramento".[10]

Todos esses artigos completam no âmbito civil o arcabouço da responsabilidade civil e a indenização no caso de danos, e assim é possível vincular a seara ambiental por causa do parágrafo único do artigo 927: "Haverá obrigação de reparar o dano, independentemente de culpa, nos casos especificados em lei ou quando a atividade normalmente desenvolvida pelo autor do dano implicar, por sua natureza, risco para os direitos de outrem.[11] Ou seja, especificados em lei, no caso a Lei da Política Nacional do Meio Ambiente = LPNMA.

Dito isso, o dano moral, entendem Gagliano e Pamplona Filho consiste "na lesão de direitos, cujo conteúdo não é pecuniário, nem comercialmente redutível a dinheiro", visto que causa lesão em seus direitos personalíssimos "violando, por exemplo, sua intimidade, vida privada, honra e imagem, bens jurídicos tutelados constitucionalmente".[12-13]

Em verdade, leciona Cahali que qualifica-se, como dano moral "tudo aquilo que molesta gravemente a alma humana, ferindo-lhe gravemente os valores fundamentais inerentes a sua personalidade ou reconhecidos pela sociedade em que está integrado".[14]

Do conceito clássico de dano moral ligado a lesão de direito da personalidade, [individuais], ao conceito *adaptado a seara ambiental de cunho difuso e coletivo*. A Lei 7.347, de 1985, [a bom tempo], que regula a Ação Civil Pública = LACP, desde a modificação dada pela Lei 8.884, de 1994, passou a prever expressamente a responsabilidade civil por danos morais, que sejam decorrentes de violação a direitos difusos ou coletivos.[15-16]

---

10. LEITE. José Rubens Morato. O dano moral ambiental difuso: conceituação, classificação e jurisprudência brasileira. In: GOMES, Carla Amado; ANTUNES, Tiago (Org.). *Actas do Colóquio*: a responsabilidade civil por dano ambiental. Lisboa: Instituto de Ciências Jurídico-Políticas, 2009. Disponível em: www.icjp.pt Acesso em: 04 jan. 2019, p. 83.
11. BRASIL. Código Civil Brasileiro. Lei 10.406, de 10 de JANEIRO de 2002. Disponível em: http://www.planalto.gov.br/ccivil_03/leis/2002/l10406.htm. Acesso em: 27 mar. 2019.
12. GAGLIANO, Pablo Stolze; PAMPLONA FILHO, Rodolfo. *Manual de direito civil*. São Paulo: Saraiva, 2017, p. 891.
13. Referem ainda: "Melhor seria utilizar o termo "dano não material" para se referir a lesões do patrimônio imaterial, justamente em contraponto ao termo "dano material", como duas faces da mesma moeda, que seria o "patrimônio jurídico" da pessoa, física ou jurídica. Entretanto, como as expressões "dano moral" e "dano extrapatrimonial" encontram ampla receptividade, na doutrina brasileira, como antônimos de "dano material", estando, portanto, consagradas em diversas obras relevantes sobre o tema, utilizaremos indistintamente as três expressões (dano moral, dano extrapatrimonial e dano não material), sempre no sentido de contraposição ao dano material". Concluem Gagliano e Pamplona Filho que a "natureza jurídica da reparação do dano moral é sancionadora (como consequência de um ato ilícito), mas não se materializa através de uma "pena civil", e sim por meio de uma compensação material ao lesado, sem prejuízo, obviamente, das outras funções acessórias da reparação civil." GAGLIANO, Pablo Stolze; PAMPLONA FILHO, Rodolfo. *Manual de direito civil*. São Paulo: Saraiva, 2017, p. 893-894.
14. CAHALI, Yussef Said. *Dano moral*. 3. ed. São Paulo: Ed. RT, 2005. p. 22.
15. BRASIL. Lei 8.884, de 11 de junho de 1994. Transforma o Conselho Administrativo de Defesa Econômica (CADE) em Autarquia, dispõe sobre a prevenção e a repressão às infrações contra a ordem econômica e dá outras providências. Disponível em: Acesso em: http://www.planalto.gov.br/ccivil_03/LEIS/L8884.htm. 21 set. 2019.
16. Também o CDC prevê: "Art. 83. Para a defesa dos direitos e interesses protegidos por este código são admissíveis todas as espécies de ações capazes de propiciar sua adequada e efetiva tutela. Art. 84. Na ação que tenha por objeto o cumprimento da obrigação de fazer ou não fazer, o juiz concederá a tutela específica da obrigação ou

Segundo Mazzilli, os direitos difusos são interesses ou direitos "transindividuais, de natureza indivisível, de que sejam titulares pessoas indeterminadas e ligadas por circunstâncias de fato". Dessa maneira, "compreendem grupos menos determinados de pessoas, entre as quais inexiste vínculo jurídicos ou fático muito preciso. São como um conjunto de interesses individuais, de pessoas indetermináveis por pontos conexos,[17] de interesse comum ou difuso.[18]

Quanto ao interesse envolvido e sua reparação, o dano ambiental privado, também denominado de dano de reparabilidade direta, pois, é aquele que viola interesses pessoais e se reflete ao meio ambiente enquanto microbem. E assim, lembra Morato Leite que quanto aos danos a direitos individuais a partir da lesão ao microbem, esses são danos reflexos, também chamados de danos por ricochete. "Os danos reflexos fazem vítimas mediatas, atingindo pessoas que, em princípio, não estariam sujeitas às consequências do ato lesivo".[19] E o melhor exemplo é dos pescadores, conforme julgado do STJ, Recurso Especial 1077638 / RS, de relatoria do Ministro Sidnei Beneti, julgado em 2010, entendeu na execução provisória individual, tratar-se efetivamente de pescador lesado por dano ambiental.[20]

---

determinará providências que assegurem o resultado prático equivalente ao do adimplemento. § 1º A conversão da obrigação em perdas e danos somente será admissível se por elas optar o autor ou se impossível a tutela específica ou a obtenção do resultado prático correspondente. § 2º A indenização por perdas e danos se fará sem prejuízo da multa. § 3º Sendo relevante o fundamento da demanda e havendo justificado receio de ineficácia do provimento final, é lícito ao juiz conceder a tutela liminarmente ou após justificação prévia, citado o réu. § 4º O juiz poderá, na hipótese do § 3º ou na sentença, impor multa diária ao réu, independentemente de pedido do autor, se for suficiente ou compatível com a obrigação, fixando prazo razoável para o cumprimento do preceito. § 5º Para a tutela específica ou para a obtenção do resultado prático equivalente, poderá o juiz determinar as medidas necessárias, tais como busca e apreensão, remoção de coisas e pessoas, desfazimento de obra, impedimento de atividade nociva, além de requisição de força policial".

17. MAZZILLI, Hugo Nigro. *A defesa dos interesses difusos em juízo*: meio ambiente, consumidor e outros interesses difusos e coletivos. 9. ed. rev. e atual. São Paulo: Saraiva, 1997, p. 4.
18. Refere Sendim "[...] o direito ao ambiente é diferenciado das situações subjetivas relativas a bens privados ou públicos ou às *res communes omnium* que as compõem; o seu objeto, como se notou, é uma dada característica ou qualidade a salubridade – de um espaço territorial; o seu titular, no exercício de um direito é, simultaneamente, portador de um interesse comum ou difuso da formação social onde está inserido SENDIM, José de Souza Cunhal. Responsabilidade civil por danos ecológicos: da reparação do dano através da restauração natural. Coimbra: Coimbra, 1998, p. 78.
19. MORATO LEITE, José Rubens. *Manual de direito ambiental*. São Paulo: Saraiva, 2015, p. 576.
20. "recurso especial. Indenização a pescador lesado por dano ambiental. Execução provisória individual alimentar de liminar de antecipação de tutela deferida em ação civil pública movida por entidade de pescadores. Bloqueio de bens da recorrente proporcional ao arbitrado ao pescador. Levantamento, contudo, condicionado à demonstração de situação de efetivamente lesado. Ofensa ao art. 535 CPC inexistente. Prequestionamento. Divergência jurisprudencial. Súmulas STJ 211 e STF 282, 356. I. Deferida liminar de antecipação de tutela em ação civil pública, para bloqueio de bens da acionada e pagamento de pensão de um salário-mínimo mensal a cada pescador lesado por dano ambiental, e promovida execução provisória individual, deve permanecer o bloqueio, proporcional ao valor a ser pago ao exequente, condicionado, contudo, o levantamento, à demonstração, na execução provisória individual, de se tratar efetivamente de pescador lesado. II. Ofensa ao art. 535 do Código de Processo Civil inexistente. III. Prequestionamento não realizado, exigência inafastável que impede o conhecimento de matérias sustentadas no recurso, visto que não examinadas, em que pese interpostos Embargos de Declaração. IV. Recurso Especial improvido, com recomendação de agilização do andamento da ação-civil pública, de que dependentes as execuções individuais provisórias. (BRASIL. Superior Tribunal de Justiça. REsp 1077638 / RS, Rel. Ministro Sidnei Beneti, Terceira Turma, julgado em 04.11.2010, DJe 11.11.2010)."

Isso ocorre no dano individual, de forma "que afeta interesses próprios e somente de forma indireta ou reflexa protege o bem ambiental".[21] Vale lembrar, no caso concreto que fora deferida a liminar de antecipação de tutela na ação civil pública, inclusive para bloqueio de bens da acionada, assim como do pagamento de pensão equivalente a um salário-mínimo por mês, a cada um dos pescadores que foram prejudicados pelo dano ambiental, assim como fora promovida a execução provisória individual.

Ora, adverte Rodrigues, quando a LACP, Lei 7.347/85 traz a responsabilidade civil por danos, materiais e morais, causados ao meio ambiente "é óbvio que o termo moral aí empregado está como contraface do dano material".[22]

Para Custódio o dano moral está fundamentado em legítimo interesse moral, tendo em vista que a poluição ambiental tem causado a degradação da qualidade de vida no meio ambiente, assim apresenta "reflexos direta e indiretamente prejudiciais à vida, à saúde, à segurança, ao trabalho, ao sossego e ao bem-estar da pessoa humana individual, social ou coletivamente considerada".[23]

Por um lado, Cavalieri Filho conceitua os danos patrimoniais, também chamados de danos materiais, pois "atinge os bens integrantes do patrimônio da vítima, entendendo-se como tal o conjunto de relações jurídicas de uma pessoa apreciáveis economicamente". Adverte ainda, que essa definição abrange todos os bens e direitos na expressão conjunto das relações jurídicas, uma vez que "abrange não só as coisas corpóreas, como a casa, o automóvel, o livro, enfim o direito de propriedade, mas também as coisas incorpóreas, como os direitos de crédito".[24] Por outro lado, Lutzky leciona que danos extrapatrimoniais "são aqueles que atingem os sentimentos, a dignidade, a estima social ou a saúde física ou psíquica", alcançam portanto os direitos de personalidade ou extrapatrimoniais.[25]

Aliás, registre-se por oportuno, que no Brasil colonial e mesmo no início da independência, no tempo em que vigoravam as ordenações do reino de Portugal não havia regras expressas sobre a possibilidade de reparação do dano extrapatrimonial.[26-27]

---

21. OLIVEIRA, Fabiano Melo Gonçalves de. *Manual de direito ambiental*. Disponível em: https://integrada.minhabiblioteca.com.br/books/978-85-309-5756-8/epubcfi/6/10[;vnd.vst.idref=copyright]!/4/16/2@0:100. Acesso em: 14 abr. 2017.
22. Pois: "[...] trata-se de efeito do dano, que seria mais bem denominado de extrapatrimonial. O termo moral ali empregado refere-se, sim, ao caráter extrapatrimonial dos danos difusos, que, no caso do meio ambiente, encontra perfeita simetria com o que temos denominado de dano social, portanto de índole supraindividual (metaindividual)". RODRIGUES, Marcelo Abelha. *Direito ambiental esquematizado*. 4. ed. São Paulo: Saraiva, 2017, p. 447.
23. CUSTÓDIO, Helita Barreira. Avaliação de custos ambientais em ações jurídicas de lesão ao meio ambiente. *Revista dos Tribunais*. v. 652: 14-28. São Paulo: Ed. RT, 1990, p. 19.
24. FILHO CAVALIERI, Sergio. *Programa de responsabilidade civil*. 13. ed. São Paulo: Atlas, 2019. p. 105.
25. LUTZKY, Daniela Courtes. *A reparação de danos imateriais como direito fundamental*. Porto Alegre: Livraria do Advogado, 2012. p. 130-131.
26. CARMIGNANI, Maria Cristina da Silva. A evolução histórica do dano moral. *Revista dos Advogados*, v. 49, p. 36-39, São Paulo, 1996.
27. Apenas a título de curiosidade a "Consolidação das Leis Civis Teixeira de Freitas", no art. 800 e 801 já fazia menção a possibilidade do dano extrapatrimonial: "a indenização será sempre a mais completa possível; no caso de dúvida, será a favor do ofendido." E art. 801: "Para este fim, o mal que resulta para a pessoa e aos bens do ofendido, será avaliado por árbitro em todas as suas partes e consequências".

Na sequência, para Beviláqua [autor do Código Civil de 1916], "Doutrinariamente, acolhe a tese [dos danos morais] em toda amplitude. Referentemente à nossa lei escrita, entende que foi aceito o princípio, porém com limitações".[28] Percebe-se que era restrito à seara individual e sequer se cogitava a seara ambiental nesse momento. A CF/88 traz no art. 5º, § 2º "os direitos e garantias expressos nesta Constituição não excluem outros decorrentes do regime e dos princípios por ela adotados, ou dos tratados internacionais em que a República Federativa do Brasil seja parte." Portanto, se não excluem outras possibilidades, significa dizer que respaldam sua ampla satisfação com regra geral.

Note-se que a jurisprudência, até a edição da CF/88,[29] vinha predominantemente negando a possibilidade de cumular o dano material com o extrapatrimonial, tanto que foi editada a Súmula do STJ 37, para definir essa cumulatividade e superar digressões jurisprudenciais: "São cumuláveis as indenizações por dano patrimonial e moral oriundas do mesmo fato".

Por derradeiro, no que se refere ao dano extrapatrimonial ambiental, bem como outros interesses difusos ou coletivos, a fundamentação legal foi estabelecida pelo art. 1º da LACP – Lei 7.347 de 1985 – [com nova redação da Lei 8.884 de 1994: "regem-se pelas disposições desta lei, sem prejuízo da ação popular, as ações de responsabilidade por danos morais e patrimoniais causados: inciso I ao meio ambiente; e outros interesses difusos e coletivos". É, portanto, a consagração, no ordenamento jurídico brasileiro, da reparação do dano moral ambiental, extrapatrimonial, também chamado de dano moral coletivo ambiental.

Por conseguinte, afirma Cavalieri Filho traz que o "dano é o grande vilão da responsabilidade civil, encontra-se no centro da obrigação de indenizar. Não haveria que se falar em indenização, nem em ressarcimento, se não fosse o dano".[30] Nesse sentido, refere Freitas que o dano ambiental extrapatrimonial de caráter individual é aquele "frente à existência de lesão ao interesse individual, que esteja associada à degradação

---

28. Art. 76 do Código Civil de 1916: "Para propor, ou contestar uma ação, é necessário ter legítimo interesse econômico ou moral. Parágrafo único: O interesse moral só autoriza a ação quando toque diretamente ao autor ou a sua família". BEVILÁQUA, Clóvis. Código Civil. 11. ed. Rio de Janeiro: Francisco Alves, 1956. v. 1 e 5. p. 256.
29. Muito embora o Decreto 2.681, de 7 de dezembro de 1912, que regula a *responsabilidade civil nas estradas de ferro*, mesmo antes ao Código Civil de 1916 *já previa o dano extrapatrimonial*. Art. 21 "no caso de lesão corpórea ou deformidade (..), além das despesas com o tratamento e os lucros cessantes, deverá pelo juiz ser arbitrada uma indenização conveniente". E Art. 22 "reparação ampliada, [...] alimentos, auxílio ou educação ao arbítrio do juiz". Também a título exemplificativo: O Código Brasileiro de Telecomunicações, de 27 de agosto de 1962, artigos 81 a 88º Especificamente Art. 84, "que a indenização do dano moral será estabelecida pelo juiz, que deverá levar em conta a posição social ou política do ofendido, a situação econômica do ofensor, a intensidade do ânimo de ofender, a gravidade da repercussão da ofensa". Ainda: Lei de Imprensa 5.250, de 9 de fevereiro de 1967. Art. 49, inciso I, "em virtude dos casos previstos nos arts. 16, incisos II e IV e 18, em se tratando de calúnia, difamação ou injúria", a reparação do dano. Atualmente: O Código de Defesa do Consumidor de 1990, Art. 6. e incisos VI e VII, prevê: "o dano extrapatrimonial em suas várias espécies de interesses ou direitos individuais, coletivos e difusos".
30. FILHO CAVALIERI, Sergio. *Programa de responsabilidade civil*. 13. ed. São Paulo: Atlas, 2019. p. 103.

ambiental",[31] em bens individuais segundo Leite "de natureza imaterial, provocando sofrimento psíquico, de afeição ou físico à vítima".[32]

Por outro lado, adverte Lorenzetti, quando o interesse ambiental atingido é o difuso, tem-se o dano extrapatrimonial ambiental objetivo, de valor imaterial coletivo, enquanto patrimônio da coletividade que diz respeito ao equilíbrio ambiental e a sadia qualidade de vida.[33]

Uma das primeiras decisões, do TJSP, de relatoria do Des. Silvério Ribeiro, em 1992 abriu caminho da aceitação do dano extrapatrimonial coletivo ambiental.[34] Ainda apropriada a contribuição de Steigleder, que traz três formas de expressão da dimensão extrapatrimonial do dano ambiental.[35]

Para Blank, o dano moral coletivo, cuja reparação possui funções punitiva e pedagógica, é aquele "vivenciado por um conjunto de indivíduos que suportam um prejuízo a um interesse comum, ou seja, ocorre o desrespeito a um determinado círculo de valores coletivos, violando a própria cultura, em seu caráter imaterial".[36]

Portanto, corresponde a uma lesão injusta e intolerável a direitos ou interesses, "titularizados pela coletividade, considerada em seu todo ou em qualquer de suas expressões (grupos, classes ou categorias de pessoas), os quais se distinguem pela natureza

---

31. Refere: "Pode haver responsabilidade sem culpa, mas não pode haver responsabilidade sem dano. O dever de reparar só ocorre quando alguém pratica ato ilícito e causa dano a outrem. Em outras palavras, a obrigação de indenizar pressupõe dano e sem ele não há indenização devida. Não basta o risco de dano, não basta a conduta ilícita. Sem uma consequência concreta. Lesiva ao patrimônio econômico ou moral, não se impõe o dever de reparar [...] o critério correto ou ponto de partida é conceituar o dano pela sua causa, pela sua origem, atentando-se para o bem jurídico atingido, o objeto da lesão, e não para as consequências econômicas ou emocionais da lesão sobre determinado sujeito". FREITAS, Vladimir Passos de. *A Constituição Federal e a efetividade de suas normas ambientais*. 2. ed. rev. São Paulo: Ed. RT, 2002, p. 191 e 192.
32. LEITE, José Rubens Morato. O dano moral ambiental difuso: conceituação, classificação e jurisprudência brasileira. In: GOMES, Carla Amado; ANTUNES, Tiago (Org.). *Actas do Colóquio*: a responsabilidade civil por dano ambiental. Lisboa: Instituto de Ciências Jurídico-Políticas, 2009. Disponível em: www.icjp.pt Acesso em: 04 jan. 2019, p. 60.
33. LORENZETTI, Ricardo Luis. La nueva ley ambiental argentina. *Revista de Direito Ambiental*. n. 29: 187-306. São Paulo: Ed. RT, 2003, p. 291.
34. Veja-se: "O dano moral é aquele que, direta ou indiretamente, a pessoa física ou jurídica, bem assim a coletividade, sofre no aspecto não econômico dos seus bens jurídicos [..]. A reparação do dano moral não se estriba, somente, no *pretium doloris*, aí considerada a dor estritamente moral e, também a própria dor física – aspecto moral da dor física – podendo se caracterizar sem ter por pressuposto qualquer espécie de dor – sendo uma lesão extrapatrimonial, o dano moral pode se referir, por exemplo, aos bens de natureza cultural ou ecológica". BRASIL. Tribunal de Justiça de São Paulo. Responsabilidade civil. Danos moral e material. Indenização. Apelação 163.470-1/8. Fazenda do Estado versus Pedro Caringi e sua mulher. Relator: Silvério Ribeiro. Acórdão, 16 jun. 1992. ADCOAS: informações jurídicas e empresariais, São Paulo, p. 498, 1992.
35. São elas: "(a) dano moral ambiental coletivo, caracterizado pela diminuição da qualidade de vida e do bem-estar da coletividade; (b) dano social, identificado pela privação imposta à coletividade de gozo e fruição o equilíbrio ambiental proporcionado pelos microbens ambientais degradados; e (c) dano ao valor intrínseco do meio ambiente, vinculado ao reconhecimento de um valor ao meio ambiente em si considerado – e, portanto, dissociado de sua utilidade ou valor econômico, já que "decorre da irreversibilidade do dano ambiental, no sentido de que a Natureza jamais se repete". STEIGLEDER, Annelise Monteiro. Responsabilidade Civil Ambiental: as dimensões do dano ambiental no Direito brasileiro. Porto Alegre: Livraria do Advogado, 2004, p. 174.
36. BLANK, Dionis Mauri Penning. *A judicialização do dano moral coletivo do patrimônio cultural. Veredas do Direito*, v. 10, n. 20, p. 81, Belo Horizonte, jul. dez. 2013.

extrapatrimonial," além de refletirem também "valores e bens fundamentais tutelados pelo sistema jurídico".³⁷

E assim, destaca Leite que, "na esfera coletiva, a ofensa a bem imaterial distancia-se, para tanto, da rígida noção de dor, sentimento este cuja configuração é necessária quando se trata do dano imaterial individual", pois ao considera-se como titular desse direito, a coletividade "é necessária que seja imposta uma flexibilização relacionada com o conceito de dor, haja vista nem todos os indivíduos de um grupo sentirem com a mesma intensidade a agressão a eles imposta".³⁸

Também Bittar Filho, aponta o dano moral extrapatrimonial como "injusta lesão da esfera moral de uma dada comunidade, isto é, a violação antijurídica de um determinado círculo de valores coletivos", assim, quando se fala em dano moral coletivo, quer-se dizer que houve ofensa a própria cultura, [meio ambiente cultural] em seu aspecto imaterial "está-se fazendo menção ao fato de que o patrimônio valorativo de uma certa comunidade (maior ou menor), idealmente considerada, foi agredido de maneira absolutamente injustificável do ponto de vista jurídico".³⁹⁻⁴⁰

Assim um caso emblemático e significativo, do Município do Rio de Janeiro que propôs ação civil pública, Apelação Cível 2001.001.14586 em 2002 decidiu pelo dano moral coletivo *in re ipsa*, [ou seja, presumido] com a condenação além da reparação dos danos materiais [plantio de 2.800 árvores, e ao desfazimento das obras]. Também a quantificação do dano moral ambiental [razoável e proporcional ao prejuízo coletivo]. Frente à impossibilidade de recomposição do ambiente ao *status quo ante*.⁴¹

---

37. MEDEIROS NETO, Xisto Tiago de. *Dano moral coletivo*. 3. ed. São Paulo: LTr, 2012, p. 170.
38. LEITE. José Rubens Morato. O dano moral ambiental difuso: conceituação, classificação e jurisprudência brasileira. In: GOMES, Carla Amado; ANTUNES, Tiago (Org.). *Actas do Colóquio*: a responsabilidade civil por dano ambiental. Lisboa: Instituto de Ciências Jurídico-Políticas, 2009. Disponível em: www.icjp.pt Acesso em: 04 jan. 2019, p 64. Menciona também um *primeiro caso em 1.999 em Santa Catarina, apesar da sentença ter sido reformada*: "Interessante mencionar, inicialmente, um caso julgado pelo Tribunal de Justiça do Estado de Santa Catarina no ano de 1999. Trata-se de ação civil pública, ajuizada pela Fundação Municipal do Meio Ambiente de Florianópolis, em virtude de a exploração de saibro realizada em determinada área daquela municipalidade, apesar de devidamente licenciada, ter-se dado de forma desmesurada, sem que tivesse havido, ainda, a necessária recuperação da área degradada. Tal fato, como narrado na peça inicial, teria causado inconteste dano moral coletivo e lesiva dos requeridos acarretou uma séria ofensa ao patrimônio ambiental da coletividade, em especial dos habitantes do local, trazendo repercussões em várias esferas da vida social"[...] Trata-se do processo jurisdicional referente aos autos n. 2397255394-8, no qual figurou como parte autora a Fundação Municipal do Meio Ambiente (Floram) e figuraram como réus Maria Aparecida Moreira ME e outro, da Vara dos Feitos da Fazenda Pública. O Estado de Florianópolis de 10.10.1999, p. 10 e DJ/SC 10.315, de 08.10.1999."
39. BITTAR FILHO, Carlos Alberto. Do dano moral coletivo, no atual contexto jurídico brasileiro. *Revista do Direito do Consumidor*, v. 12, p. 55, out./dez. São Paulo, 1994.
40. Refere Carvalho: "O dano causado ao meio ambiente caracteriza-se por não ser pessoal, uma vez que poderá ser dito que a – vítima direta e pessoal será o próprio meio ambiente em um dos seus vários elementos que o compõem. Dessa maneira, o dano causado ao meio ambiente é um dano difuso ou coletivo *strictu sensu*, impossibilitando uma configuração pessoal, isto é, superando a concepção individualista do dano segundo a qual este somente seria reparável quando atingisse concretamente a esfera jurídica de um sujeito de direito individualmente determinado". CARVALHO, Délton Winter de. *Dano ambiental futuro*: a responsabilização civil pelo risco ambiental. 2. ed. Porto Alegre: Livraria do Advogado, 2013, p. 117.
41. "Poluição Ambiental. Ação civil Pública formulada pelo Município do Rio de Janeiro. Poluição consistente em supressão da vegetação do imóvel sem a devida autorização municipal. Cortes de árvores e início de construção

Nesse caso, para "reparação de danos ambientais materiais e extrapatrimoniais, decorrentes do corte de árvores, supressão de sub-bosque e início de construção não licenciada em terreno próximo ao Parque Estadual da Pedra Branca", teve a condenação do apelado ao pagamento de 200 salários mínimos, visto que a condenação teve o objetivo de restituir o meio ambiente ao estado anterior e a reparação do dano moral ambiental.

Note-se que não é o dano significativo e não qualquer dano, que pode ser caracterizado como dano extrapatrimonial ambiental, ou seja, há que ultrapassar o limite do tolerável. Sendo um dos maiores desafios do instituto a valoração do dano.[42]

Por outro lado, o dano extrapatrimonial também pode ser suportado por pessoa jurídica, conforme entendimento consolidado do STJ, desde 2002, conforme Recurso Especial 331.517.[43] E nesse sentido adverte Leite, o dano moral da pessoa jurídica, "que apresenta da mesma forma que o dano extrapatrimonial ambiental difuso, caráter objetivo" decorre "do simples fato danoso, não sendo necessária, portanto, a produção de prova de sua manifestação".[44]

Pontes de Miranda já referia essa possibilidade em 1958, [ainda que não vinculado diretamente a seara ambiental] "também é indenizável o dano não patrimonial às pes-

---

não licenciada, ensejando multas e interdição do local. Dano à coletividade com a destruição do ecossistema, trazendo consequências nocivas ao meio ambiente, com infringência às leis ambientais, Lei Federal 4.771/65, Decreto Federal 750/93, artigo 2º, Decreto Federal 99.274/90, artigo 34 e inciso XI, e a Lei Orgânica do Município do Rio de Janeiro, artigo 477. Condenação à reparação de danos materiais consistentes no plantio de 2.800 árvores, e ao desfazimento das obras. Reforma da sentença para inclusão do dano moral perpetrado à coletividade. Quantificação do dano moral ambiental razoável e proporcional ao prejuízo coletivo. A impossibilidade de reposição do ambiente ao estado anterior justifica a condenação em dano moral pela degradação ambiental prejudicial à coletividade. Provimento do recurso'. Apelação Cível 2001.001.14586 (TJRJ, Rela Desemb. Maria Raimunda T. de Azevedo, 06.03.2002)."Uma coisa é o dano material consistente na poda de árvores e na retirada de sub-bosque cuja reparação foi determinada com o plantio de 2.800 árvores. Outra é o dano moral consistente na perda de valores ambientais pela coletividade. O dano moral ambiental tem por característica a impossibilidade de mensurar e a impossibilidade de restituição do bem ao estado anterior. Na hipótese, é possível estimar a indenização, pois a reposição das condições ambientais anteriores, ainda que determinado o plantio de árvores, a restauração ecológica só se dará, no mínimo dentro de 10 a 15 anos. Conforme atestam os laudos (fls. 11-12 e 17-18) nesse interregno a degradação ambiental se prolonga com os danos evidentes à coletividade, pela perda de qualidade de vida nesse período".
42. Segundo Birnfeld: "Na hipótese de dano moral, como o bem atingido é imaterial e insuscetível de avaliação pecuniária, a definição da quantia representativa da indenização da lesão é sempre uma tarefa árdua e o tema suscita dúvidas e discussões. O certo, porém, é que essa dificuldade de valoração não pode servir de motivo para a negativa da indenização. Se o dano existe, deve ser indenizado e definir a quantia é trabalho a ser encarado". BIRNFELD, Dionísio Renz. *Dano moral ou extrapatrimonial ambiental*. São Paulo: LTR, 2009, p. 107.
43. "Indenização. Dano moral. Pessoa jurídica. Possibilidade. Verbete 227, Súmula/STJ. "A pessoa jurídica pode sofrer dano moral" (verbete 227, Súmula/STJ). Na concepção moderna da reparação do dano moral prevalece a orientação de que a responsabilização do agente se opera por força do simples fato da violação, de modo a tornar-se desnecessária a prova do prejuízo em concreto. Recurso especial conhecido e provido". BRASIL. Superior Tribunal de Justiça. Recurso Especial 331.517. Cristal Engenharia e Empreendimentos Ltda. versus Associação das Empresas de Incorporação de Goiás – ADEMI. Relator Min. Cesar Asfor Rocha. Disponível em: https://ww2.stj.jus.br/revistaeletronica/ita.asp?registro=200100807660&dt_publicacao=25/03/2002. Acesso em: 20 nov. 2019.
44. LEITE. José Rubens Morato. O dano moral ambiental difuso: conceituação, classificação e jurisprudência brasileira. In: GOMES, Carla Amado; ANTUNES, Tiago (Org.). *Actas do Colóquio*: a responsabilidade civil por dano ambiental. Lisboa: Instituto de Ciências Jurídico-Políticas, 2009. Disponível em: www.icjp.pt Acesso em: 04 jan. 2019, p. 64.

soas jurídicas; desde que, com o dinheiro, se possa restabelecer o estado anterior que o dano não patrimonial desfez, há indenizabilidade do dano não patrimonial", assim, "se houve calúnia ou difamação da pessoa, jurídica e o efeito não patrimonial pode ser pós eliminado ou diminuído por alguns atos ou alguns [fatos] que custam dinheiro, há indenizabilidade".[45]

Também o TJ/MG, no REsp 1.0132.05.002117-0, de relatoria do Des. Carreira Machado, acórdão publicado em 22 de outubro de 2008, também aceitou além do dano extrapatrimonial ambiental, que a lesão extrapatrimonial "diz respeito a valores que afetam negativamente a coletividade e não a dor individual".[46]

Mas em 2006, um retrocesso, quando o STJ, no Recurso Especial 598.281/MG, de relatoria no Des. Antônio Hélio Silva do TJ/MG, embora tenha reconhecido a responsabilidade do Município de Uberlândia e Empreendimentos Imobiliários Canaã, por danos ambientais materiais, considerou que os danos morais coletivos eram indevidos. Todavia o relator Luiz Fux em seu voto deu provimento ao recurso do Ministério Público, condenando os recorridos ao pagamento do dano moral.[47]

Por outro lado, o STJ, ao julgar o Recurso Especial 791.653-RS, em 2007, de relatoria do Ministro José Delgado, manteve o acórdão proferido pelo TJ/RS num caso de poluição sonora ao meio ambiente, "jingle de anúncio de produto" que ensejou danos morais difusos à coletividade.[48] Inovou o TJ/RS, na Apelação Cível 70000593406, ao

---

45. MIRANDA, Pontes de. *Tratado de Direito Privado*. 2. ed. Rio de Janeiro: Borsoi, 1958. v. 22, p. 32.
46. "Ação Civil Pública – Recomposição de área desmatada – Danos morais ambientais – Apelação. – O dano extrapatrimonial não surge apenas em consequência da dor, em seu sentido moral de mágoa, mas também do desrespeito a valores que afetam negativamente a coletividade. A dor, em sua acepção coletiva, é ligada a um valor equiparado ao sentimento moral individual e a um bem ambiental indivisível, de interesse comum, solidário, e relativo a um direito fundamental da coletividade. – Configurado o dano extrapatrimonial (moral), eis que houve um dano propriamente dito, configurado no prejuízo material trazido pela degradação ambiental, e houve nexo causal entre o ato do autuado e este dano". BRASIL. Tribunal de Justiça de Minas Gerais. Apelação Cível 1.0132.05.002117-0/001. Ministério Público de Minas Gerais versus Itamar Faria de Paiva Filho.
47. "Processual civil. Ação civil pública. Dano ambiental. Dano moral coletivo. Necessária vinculação do dano moral à noção de dor, de sofrimento psíquico, de caráter individual. Incompatibilidade com a noção de transindividualidade (indeterminabilidade do sujeito passivo e indivisibilidade da ofensa e da reparação). Recurso especial improvido". Recurso Especial 598.281/MG, de relatoria no Des. Antônio Hélio Silva do Tribunal de Justiça de Minas Gerais "proposto pelo Ministério Público do Estado de Minas Gerais em face de acórdão proferido pelo Tribunal de Justiça de Minas Gerais que, muito embora tenha reconhecido a responsabilidade dos recorridos (Município de Uberlândia e Empreendimentos Imobiliários Canaã Ltda.) pelos danos ambientais materiais verificados na ocorrência de processo erosivo nos loteamentos do Bairro Jardim Canaã I e II no Município de Uberlândia, não admitiu a existência de danos morais ambientais decorrentes de lesão à área de preservação ambiental". [...] A condenação dos apelantes em danos morais *é indevida*, posto que dano moral é todo o sofrimento causado ao indivíduo em decorrência de qualquer agressão aos atributos da personalidade ou aos seus valores pessoais, portando de caráter individual, inexistindo qualquer previsão de que a coletividade possa ser sujeito passivo do dano moral". BRASIL. Superior Tribunal de Justiça. Recurso Especial 598.281. Ministério Público do Estado de Minas Gerais versus Município de Uberlândia e Empreendimentos Imobiliários Canaã Ltda. Relator Des. Luiz Fux. Disponível em: https://stj.jusbrasil.com.br/jurisprudencia/7158334/recurso-especial-resp-598281-mg-2003-0178629-9-stj/relatorio-e-voto-12878881. Acesso em: 12 jan. 2019.
48. Ação civil pública. Poluição sonora. Obrigação de fazer. Perda de objeto. Danos morais. Ocorrência. Trata-se de ação civil pública aforada pelo Ministério Público objetivando que a ré se abstenha de utilizar o jingle de anúncio de seu produto, o qual seria gerador de poluição sonora no meio ambiente, o que ensejaria danos morais difusos à coletividade. Com relação à obrigação de fazer, a ação perdeu seu objeto por fato superveniente, decorrente

fixar o *quantum* indenizatório, a título de danos morais coletivos em R$ 7.000,00, para servir de exemplo.[49]

Novamente em 2009, a decisão da Primeira Turma do STJ, no Recurso Especial 971.844-RS, de Relatoria do Ministro Teori Albino Zavascki, posicionou-se contrária à possibilidade de arbitramento de dano moral coletivo.[50] Já a Segunda Turma STJ, também em 2009, com posição oposta, no Recurso Especial 1.057.274-RS, de Relatoria da Ministra Eliana Calmon, admitiu a existência e mensuração do dano moral ambiental coletivo.[51] Inclusive a Ministra Eliana Calmon, em outro Recurso Especial 1.057.274-RS (2008/0104498-1) destacou que o conteúdo do dano moral extrapatrimonial, no acórdão publicado em 26 de fevereiro de 2010,[52] atinge direitos de personalidade do grupo ou coletividade enquanto realidade massificada.

---

de criação de lei nova regulando a questão. No entanto, em relação aos danos morais, prospera a pretensão do Ministério Público, pois restou amplamente comprovado que, durante o período em que a legislação anterior estava em vigor, a requerida a descumpria, causando poluição sonora e, por conseguinte, danos morais difusos à coletividade". Apelo provido. Brasil. Superior Tribunal de Justiça. Recurso Especial 791.653. AGIP versus Ministério Público do Rio Grande do Sul. Relator Min. José Delgado.

49. "Ora, evidente que o descumprimento dos limites legais estabelecidos gera a chamada poluição sonora ambiental, da qual resultam os danos morais postulados, presumidos do próprio ilícito praticado. No que diz respeito ao quantum indenizatório, deve-se considerar que o ato praticado pela demandada não se revestiu de maior gravidade, pois excedeu pouco o limite legal estabelecido (chegou a níveis de 61,9 decibéis – fl. 151 – quando o máximo permitido era 55 decibéis). Ademais, ainda que o jingle causasse algum incômodo, deve-se reconhecer que tinha uma certa utilidade pública, pois era a forma de aviso às donas de casa e empregadas domésticas (ainda assim, evidente que havia abuso por parte da empresa na sua utilização). Por tais motivos, arbitro os danos morais em R$ 7.000,00, que devem ser corrigidos pelo IGPM a partir desta data, e acrescidos de juros legais desde a citação. A requerida deverá arcar, ainda, com as custas processuais. Por todo o exposto, manifesto-me pelo Provimento do apelo, nos termos acima consignados". BRASIL. Tribunal de Justiça do Rio Grande do Sul. Apelação Cível 70000593406. Ministério Público do Rio Grande do Sul versus AGIPLIQUIGAS S.A.

50. "[…] No que diz respeito ao dano moral coletivo, a Turma, nessa parte, negou provimento ao recurso, pois reiterou o entendimento de que é necessária a vinculação do dano moral com a noção de dor, sofrimento psíquico e de caráter individual, incompatível, assim, com a noção de transindividualidade – indeterminabilidade do sujeito passivo, indivisibilidade da ofensa e de reparação da lesão. (REsp 971.844-RS, Rel. Min. Teori Albino Zavascki, julgado em 03.12.2009).

51. " […] essa posição não pode mais ser aceita, pois o dano extrapatrimonial coletivo prescinde da prova da dor, sentimento ou abalo psicológico sofridos pelos indivíduos. Como transindividual, manifesta-se no prejuízo à imagem e moral coletivas e sua averiguação deve pautar-se nas características próprias aos interesses difusos e coletivos. Destarte, o dano moral coletivo pode ser examinado e mensurado. Diante disso, a Turma deu parcial provimento ao recurso do MP estadual.[...] "O dano moral coletivo, assim entendido o que é transindividual e atinge uma classe específica ou não de pessoas, é passível de comprovação pela presença de prejuízo à imagem e à moral coletiva dos indivíduos enquanto síntese das individualidades percebidas como segmento, derivado de uma mesma relação jurídica-base. [...]. O dano extrapatrimonial coletivo prescinde da comprovação de dor, de sofrimento e de abalo psicológico, suscetíveis de apreciação na esfera do indivíduo, mas inaplicável aos interesses difusos e coletivos [...] BRASIL. Superior Tribunal de Justiça. Recurso Especial 1057274. Relatora Ministra Eliana Calmon. Julgado em: 1º dez. 2009. Disponível em: https://ww2.stj.jus.br/processo/revista/inteiroteor/?num_registro=200801044981&dt_publicacao=26/02/2010. Acesso em: 22 dez. 2018.

52. Refere: "O dano moral extrapatrimonial dever ser averiguado de acordo com as características próprias aos interesses difusos e coletivos distanciando-se quanto aos caracteres próprios das pessoas físicas que compõem determinada coletividade ou grupo determinado ou indeterminado de pessoas, sem olvidar que é a confluência dos valores individuais que dão singularidade ao valor coletivo. O dano moral extrapatrimonial atinge direitos de personalidade do grupo ou coletividade enquanto realidade massificada, que a cada dia mais reclama soluções jurídicas para sua proteção. É evidente que uma coletividade de índios pode sofrer ofensa à honra, à sua dignidade, à sua boa reputação, à sua história, costumes e tradições. Isso não importa exigir que a coletividade sinta a dor, a repulsa, a indignação tal qual fosse um indivíduo isolado. Estas decorrem do sentimento coletivo de participar de

Em 2012, no Recurso Especial 1.198.727-MG, 2ª Turma do STJ acolheu por unanimidade a tese de reparabilidade do dano moral coletivo ambiental, adotando o entendimento expressado pelo Ministro Relator Herman Benjamin: a responsabilidade Civil Ambiental "deve ser compreendida da forma mais ampla possível, de modo que a condenação a recuperar a área prejudicada não exclua o dever de indenizar – juízos retrospectivo e prospectivo".[53]

Mais recentemente, no AgInt no AREsp 1.239.530-RJ de relatoria do Ministro Francisco Falcão, publicado em 24 de outubro de 2018, reitera-se a cumulação de indenização por danos morais coletivos com condenação em cumprir também as obrigações de fazer e as não fazer.[54]

Por isso a indicação dos critérios a serem levados em consideração, são fundamentais para aplicação do *quantum* indenizatório na Responsabilidade Civil Ambiental.

No que se refere aos critérios subjetivos, esses dizem respeito segundo Diniz "a posição social ou política do ofendido, intensidade do ânimo de ofender: culpa ou dolo", já os critérios objetivos dizem respeito à "situação econômica do ofensor, risco criado, gravidade e repercussão da ofensa", e, na avaliação do dano moral [geral], "o órgão judicante deverá estabelecer uma reparação equitativa, baseada na culpa do agente, na extensão do prejuízo causado e na capacidade econômica do responsável".[55]

---

determinado grupo ou coletividade, relacionando a própria individualidade à ideia do coletivo". BRASIL. Superior Tribunal de Justiça. Recurso Especial 1.057.274-RS (2008/0104498-1). Ministério Público do Estado do Rio Grande do Sul versus Empresa Bento Gonçalves de Transporte Ltda. Relatora Ministra Eliana Calmon.

53. "A cumulação de obrigação de fazer, não fazer e pagar não configura bis in idem, porquanto a indenização, em vez de considerar lesão específica já ecologicamente restaurada ou a ser restaurada, põe o foco em parcela do dano que, embora causada pelo mesmo comportamento pretérito do agente, apresenta efeitos deletérios de cunho futuro, irreparável ou intangível. *Essa degradação transitória, remanescente ou reflexa do meio ambiente inclui*: a) o prejuízo ecológico que medeia, temporalmente, o instante da ação ou omissão danosa e o pleno restabelecimento ou recomposição da biota, vale dizer, o hiato passadiço de deterioração, total ou parcial, na fruição do bem de uso comum do povo (= dano interino ou intermediário), algo frequente na hipótese, p. ex., em que o comando judicial, restritivamente, se satisfaz com a exclusiva regeneração natural e a perder de vista da flora ilegalmente suprimida; b) a ruína ambiental que subsista ou perdure, não obstante todos os esforços de restauração (= dano residual ou permanente), e c) o dano moral coletivo. (REsp 1.198.727-MG, Rel. Min. Herman Benjamin, julgado em 14.08.2012).

54. Processual civil. Ambiental. Ação civil pública. Dano ambiental. Construção irregular. Área de preservação ambiental permanente. Costão rochoso – Mangaratiba/RJ. Demolição. Danos morais coletivos. Violação ao artigo 535 do CPC/1973. Não verificada. Inépcia da inicial por falta de documento hábil a comprovar o pleito. Incidência do Enunciado 7 da Súmula do STJ. Discussão pela desnecessidade de eia/rima. Análise de lei estadual. Súmula 280 do STF. Incidência. Necessidade de licenciamento ambiental pelo Ibama e pela Feema. Ausência de impugnação. Súmulas n. 283 e 284/STF. Cumulação indenização por danos morais coletivos com condenação ao cumprimento de obrigações de fazer e não fazer no âmbito da ação civil pública. Possibilidade. Precedentes. [...] XII – Por fim, em relação ao alegado descabimento de indenização por danos morais, por ser "[...] inteiramente incompatível com o interesse difuso, especialmente em se tratando de ações civis públicas relacionadas à tutela do meio ambiente [...] (fl. 551), tem-se que o entendimento preconizado pelo acórdão recorrido encontra-se em perfeita sintonia com a jurisprudência desta Corte. Nesse sentido: AgInt no REsp 1532643/SC, Rel. Ministra Assusete Magalhães, Segunda Turma, julgado em 10.10.2017, DJe 23.10.2017 e REsp 1355574/SE, Rel. Ministra Diva Malerbi (Desembargadora convocada TRF 3ª Região), Segunda Turma, julgado em 16.08.2016, DJe 23.08.2016. (AgInt no AREsp 1239530/RJ, Rel. Min. Francisco Falcão, publicado em 24.10.2018).

55. DINIZ, Maria Helena. *Curso de direito civil brasileiro*: Responsabilidade Civil. São Paulo: Saraiva, 1995. v. 7. p. 79.

Antes de passar aos critérios da valoração, propriamente ditos, traz-se a título de curiosidade um emblemático caso judicial citado por Ost[56] "no qual a Associação Sierra Club ajuizou ação para evitar o corte de árvores para construção de um parque da Walt Disney, rejeitada em 1972 por falta de interesse processual, o que sucedeu no artigo de grande repercussão escrito pelo jurista americano Ch. Stone a respeito da concessão às próprias árvores o direito de pleitear sua defesa". [Esse é o direito para o futuro..., pois em 1972 isso não era possível, mas estamos em 2023, são 50 anos, e muitas modificações na seara ambiental se fizeram necessárias]. Modificações e interesses urgentes e inadiáveis, ao que Bosselmann refere, que "os interesses e deveres da humanidade são inseparáveis da proteção ambiental".[57]

Assim, para valorar a indenização, Milaré destaca que o dano ambiental é de "difícil valoração, porquanto a estrutura sistêmica do meio ambiente dificulta ver até onde e até quando se estendem as sequelas do estrago".[58]

3. CRITÉRIOS DE VALORAÇÃO DO DANO

Em termos práticos, pelo menos quatro métodos, [dentre outros existentes][59] tem sido abordados pela doutrina e pela jurisprudência no sistema brasileiro, ou seja, o matemático, de parâmetros legais, o arbitramento e o bifásico.

O primeiro deles, é o *"critério matemático"*, que segundo Gagliano e Pamplona Filho: "cujo conteúdo não é pecuniário, nem comercialmente redutível a dinheiro [...] se há reflexos materiais, o que se está indenizando é justamente o dano patrimonial decorrente da lesão à esfera moral do indivíduo, e não o dano moral propriamente dito",[60] por isso entende-se, não ser adequado.

O segundo, é o critério dos *"Parâmetros Legais – Seara trabalhista"*, que utiliza o método de parâmetros legais são previamente determinados em lei, assim, havia a Lei 5.250, de 1967, conhecida como Lei de Imprensa, para "regular a liberdade de manifestação do pensamento e de informação", cuja ADPF 130 foi julgada incompatível com a ordem constitucional, portanto, revogada.[61]

---

56. OST, François. *A natureza à margem da lei*: a ecologia à prova do direito. Lisboa, Portugal: Instituto Piaget, 1997. p. 7.
57. BOSSELMANN, Klaus. Direitos humanos, meio ambiente e sustentabilidade. In: SARLET, Ingo Wolfgang (Org.). *Estado socioambiental e direitos fundamentais*. Porto Alegre: Livraria do Advogado, 2010, p. 93.
58. Aduz: "Com efeito, o meio ambiente, além de ser um bem essencialmente difuso, possui em si valores intangíveis e imponderáveis que escapam às valorações correntes (principalmente econômicas e financeiras), revestindo-se de uma dimensão simbólica e quase sacral, visto que obedece a leis naturais anteriores e superiores à lei dos homens". MILARÉ, Édis. *Direito do ambiente*. 9. ed. São Paulo: Ed. RT, 2014, p. 330.
59. Menciona Steigleder o método da avaliação contingente. STEIGLEDER, Annelise Monteiro. *Responsabilidade civil ambiental*: As dimensões do dano ambiental no direito brasileiro. Porto Alegre: Livraria do Advogado, 2017, p. 252.
60. GAGLIANO, Pablo Stolze; PAMPLONA FILHO, Rodolfo. *Manual de direito civil*. São Paulo: Saraiva, 2017, p. 891.
61. "Ressalte-se que, por maioria, em julgamento realizado em 30 de abril de 2009, o Supremo Tribunal Federal (STF) declarou que a Lei de Imprensa (Lei 5250, de 1967) é incompatível com a atual ordem constitucional (Constituição Federal de 1988). Os ministros Eros Grau, Menezes Direito, Cármen Lúcia, Ricardo Lewandowski, Cezar Peluso

Em 2017, a Lei 13.467, incluiu no Título II-A, que trata do dano "extrapatrimonial nas relações de trabalho", CLT – Consolidação das Leis do Trabalho (Decreto-Lei 5.452, de 1943) o artigo 223-G.[62] Por analogia, passível de utilização enquanto critério, também para seara ambiental, [o que ainda não ocorreu em nenhum julgado].

O terceiro critério é o *"Bifásico – Seara Civil"*, cujo método está sendo utilizado, como mais adequado para a quantificação da indenização por dano moral *na esfera civil*. [E, por analogia, passível de utilização enquanto critério, também para seara ambiental, o tempo dirá].

É exemplo, o Agravo Interno no Agravo em Recurso Especial 1063319, de São Paulo, de relatoria do ministro Sérgio Kukina, julgado em 3 de abril de 2018, com publicação

---

e Celso de Mello, além do relator, ministro Carlos Ayres Britto, votaram pela total procedência da Arguição de Descumprimento de Preceito Fundamental (ADPF) 130. Os ministros Joaquim Barbosa, Ellen Gracie e Gilmar Mendes se pronunciaram pela parcial procedência da ação e o ministro Marco Aurélio, pela improcedência." Assim: "Previam os art. 51 e 52 da Lei de Imprensa: "Art. 51. A responsabilidade civil do jornalista profissional que concorre para o dano por negligência, imperícia ou imprudência, é limitada, em cada escrito, transmissão ou notícia: I – a 2 salários-mínimos da região, no caso de publicação ou transmissão de notícia falsa, ou divulgação de fato verdadeiro truncado ou deturpado (art. 16, ns. II e IV). II – a cinco salários-mínimos da região, nos casos de publicação ou transmissão que ofenda a dignidade ou decoro de alguém; III – a 10 salários-mínimos da região, nos casos de imputação de fato ofensivo à reputação de alguém; IV – a 20 salários-mínimos da região, nos casos de falsa imputação de crime a alguém, ou de imputação de crime verdadeiro, nos casos em que a lei não admite a exceção da verdade (art. 49, § 1º).[...] Art. 52. A responsabilidade civil da empresa que explora o meio de informação ou divulgação é limitada a dez vezes as importâncias referidas no artigo anterior, se resulta de ato culposo de algumas das pessoas referidas no art. 50." Assim como os critérios que o magistrado precisaria levar em consideração, ou seja critérios de dosimetria. "Art. 53. No arbitramento da indenização em reparação do dano moral, o juiz terá em conta, notadamente: I – a intensidade do sofrimento do ofendido, a gravidade, a natureza e repercussão da ofensa e a posição social e política do ofendido; II – A intensidade do dolo ou o grau da culpa do responsável, sua situação econômica e sua condenação anterior em ação criminal ou cível fundada em abuso no exercício da liberdade de manifestação do pensamento e informação; III – a retratação espontânea e cabal, antes da propositura da ação penal ou cível, a publicação ou transmissão da resposta ou pedido de retificação, nos prazos previstos na lei e independentemente de intervenção judicial, e a extensão da reparação por esse meio obtida pelo ofendido. [...] Ver também: BRASIL. Supremo Tribunal Federal. Arguição de Descumprimento de Preceito Fundamental 130. Relator Ministro Carlos Britto. Julgado em: 30 abr. 2009. Disponível em: http://stf.jus.br/portal/jurisprudencia/listarJurisprudencia.asp?s1=%28ADPF%24%2ES-CLA%2E+E+130%2ENUME%2E%29+OU+%28ADPF%2EACMS%2E+ADJ2+130%2EACMS%2E%29&base=baseAcordaos&url=http://tinyurl.com/9wfcrln. Acesso em: 22 dez. 2018.

62. "Art. 223-G. Ao apreciar o pedido, o juízo considerará: I – a natureza do bem jurídico tutelado; II – a intensidade do sofrimento ou da humilhação; III – a possibilidade de superação física ou psicológica; IV – os reflexos pessoais e sociais da ação ou da omissão; V – a extensão e a duração dos efeitos da ofensa; VI – as condições em que ocorreu a ofensa ou o prejuízo moral; VII – o grau de dolo ou culpa; VIII – a ocorrência de retratação espontânea; IX – o esforço efetivo para minimizar a ofensa; X – o perdão, tácito ou expresso; XI – a situação social e econômica das partes envolvidas; XII – o grau de publicidade da ofensa. § 1º Se julgar procedente o pedido, o juízo fixará a indenização a ser paga, a cada um dos ofendidos, em um dos seguintes parâmetros, vedada a acumulação: I – ofensa de natureza leve, até três vezes o último salário contratual do ofendido; II – ofensa de natureza média, até cinco vezes o último salário contratual do ofendido; III – ofensa de natureza grave, até vinte vezes o último salário contratual do ofendido; IV – ofensa de natureza gravíssima, até cinquenta vezes o último salário contratual do ofendido. § 2º Se o ofendido for pessoa jurídica, a indenização será fixada com observância dos mesmos parâmetros estabelecidos no § 1º deste artigo, mas em relação ao salário contratual do ofensor. § 3º Na reincidência entre partes idênticas, o juízo poderá elevar ao dobro o valor da indenização". BRASIL. Lei 13.467, de 13 de julho de 2017. Altera a Consolidação das Leis do Trabalho (CLT), aprovada pelo Decreto-Lei 5.452, de 1º de maio de 1943, e as Leis 6.019, de 3 de janeiro de 1974, 8.036, de 11 de maio de 1990, e 8.212, de 24 de julho de 1991, a fim de adequar a legislação às novas relações de trabalho. Disponível em: http://www.planalto.gov.br/ccivil_03/_ato2015-2018/2017/lei/L13467.htm. Acesso em 20 jan. 2019.

em 5 de junho de 2018, a Primeira Turma do STJ.[63] Ou ainda, em outro Agravo Interno no Recurso Especial 1719756, julgado em 15 de maio de 2018 e publicado no Diário de Justiça de 21 de maio de 2018, de São Paulo, de relatoria do ministro Luis Felipe Salomão, da Quarta Turma do STJ.[64]

O quarto critério é o "*Arbitramento – Seara Ambiental*", pelo qual se exige basicamente a fundamentação das decisões judiciais, o que já resta perfectibilizado, na Constituição, inciso IX do artigo 93 da CF/88, com a redação dada pela Emenda Constitucional 45 de 2004, que menciona, "todos os julgamentos dos órgãos do Poder Judiciário serão públicos, e fundamentadas todas as decisões, sob pena de nulidade [...]".

Na avaliação do dano moral coletivo, [extrapatrimonial] em razão de dano ambiental, os critérios objetivos e subjetivos devem ser levados em consideração, ainda que haja dificuldades,[65]-[66] o que também vem assentado no CPC – Código de Processo Civil de 2015, no § 1º do artigo 489.[67]

---

63. [...] V – Consoante as Turmas da 2ª Seção, o Método Bifásico para o arbitramento equitativo da indenização é o mais adequado para quantificação razoável da indenização por danos extrapatrimoniais por morte, considerada a valorização das circunstâncias e o interesse jurídico lesado, chegando-se ao equilíbrio entre os dois critérios. VI – Na primeira etapa, estabelece-se um valor básico para a indenização, considerando o interesse jurídico lesado, com base em grupo de precedentes jurisprudenciais que apreciaram casos semelhantes. VII - Na segunda etapa, consideram-se, para a fixação definitiva do valor da indenização, a gravidade do fato em si e sua consequência para a vítima – dimensão do dano; a culpabilidade do agente, aferindo-se a intensidade do dolo ou o grau da culpa; a eventual participação culposa do ofendido – culpa concorrente da vítima; a condição econômica do ofensor e as circunstâncias pessoais da vítima, sua colocação social, política e econômica. [...]. BRASIL. Superior Tribunal de Justiça. Agravo Interno no Agravo em Recurso Especial 1063319/SP. Relator Ministro Sérgio Kukina, Relatora para o acórdão Ministra Regina Helena Costa. Julgado em: 03. abr. 2018. Disponível em: https://ww2.stj.jus.br/processo/revista/inteiroteor/?numregistro=201700437559&dt_publicacao=05/06/2018. Acesso em: 22 dez. 2018.
64. [...] 2. A fixação do valor devido à título de indenização por danos morais, segundo a jurisprudência do Superior Tribunal de Justiça, deve considerar o método bifásico, sendo este o que melhor atende às exigências de um arbitramento equitativo da indenização por danos extrapatrimoniais, uma vez que minimiza eventual arbitrariedade ao se adotar critérios unicamente subjetivos do julgador, além de afastar eventual tarifação do dano. Nesse sentido, em uma primeira etapa deve-se estabelecer um valor básico para a indenização, considerando o interesse jurídico lesado, com base em grupo de precedentes jurisprudenciais que apreciaram casos semelhantes. Após, em um segundo momento, devem ser consideradas as circunstâncias do caso, para a fixação definitiva do valor da indenização, atendendo a determinação legal de arbitramento equitativo pelo juiz. [...] BRASIL. Superior Tribunal de Justiça. Agravo Interno no Recurso Especial 1719756/SP. Relator Ministro Luis Felipe Salomão. Julgado em: 15 maio 2018. Disponível em: https://ww2.stj.jus.br/processo/revista/inteiroteor/?num_registro=201800146236&dt_publicacao=21/05/2018. Acesso em: 22 dez. 2018.
65. TJSC: "como não é possível encontrar-se um critério objetivo e uniforme para a avaliação dos interesses morais afetados, a medida da prestação do ressarcimento deve ser fixada ao arbítrio do Juiz, levando em conta as circunstâncias do caso, a situação econômica das partes e a gravidade da ofensa" (Diário Oficial de Justiça de Santa Catarina, de 30 abr. 1991, p. 13).
66. TJSC: "Na avaliação do dano moral se deve levar em conta a posição social e cultural do ofensor e do ofendido, a maior ou menor culpa para a produção do evento". (Diário da Justiça de Santa Catarina, 13 maio 1991, p. 19).
67. Art. 489. São elementos essenciais da sentença: [...] § 1º Não se considera fundamentada qualquer decisão judicial, seja ela interlocutória, sentença ou acórdão, que: I – se limitar à indicação, à reprodução ou à paráfrase de ato normativo, sem explicar sua relação com a causa ou a questão decidida; II – empregar conceitos jurídicos indeterminados, sem explicar o motivo concreto de sua incidência no caso; III – invocar motivos que se prestariam a justificar qualquer outra decisão; IV – não enfrentar todos os argumentos deduzidos no processo capazes de, em tese, infirmar a conclusão adotada pelo julgador; V – se limitar a invocar precedente ou enunciado de súmula, sem identificar seus fundamentos determinantes nem demonstrar que o caso sob julgamento se ajusta

Também vale referir como parâmetro a Lei 9.605/98 de Crimes e Infrações Ambientais, estabelece que a multa, em caso de crimes ambientais, será utilizada nos critérios do Código Penal[68] podendo ser aumentada em até três vezes, caso revele-se ineficaz mesmo quando aplicada no valor máximo. Veja-se o art. 19 que prevê "A perícia de constatação do dano ambiental, sempre que possível, fixe o montante do prejuízo causado para efeitos de fiança e cálculo da multa".[69]

Por um lado, também Sampaio, apresenta pontos de interseção entre a responsabilidade penal e civil, a partir da Lei 9.605/98, com "reflexos cíveis ou dependentes da responsabilidade civil nas funções primárias do processo penal em suas várias fases".[70]

Por outro lado, Leite, traz que a Lei 9.605/98, "veio aperfeiçoar a intervenção estatal no terreno sancionatório civil, administrativo e penal e trouxe ampliação ao sistema que se reflete no regime da responsabilidade Civil Ambiental".[71]

àqueles fundamentos; VI – deixar de seguir enunciado de súmula, jurisprudência ou precedente invocado pela parte, sem demonstrar a existência de distinção no caso em julgamento ou a superação do entendimento.

68. "Art. 59. O juiz, atendendo à culpabilidade, aos antecedentes, à conduta social, à personalidade do agente, aos motivos, às circunstâncias e consequências do crime, bem como ao comportamento da vítima, estabelecerá, conforme seja necessário e suficiente para reprovação e prevenção do crime: (Redação dada pela Lei 7.209, de 11.7.1984)". BRASIL. Decreto-lei 2.848, de 7 de dezembro de 1940. Código Penal. Disponível em: http://www.planalto.gov.br/ccivil_03/decreto-lei/del2848compilado.htm. Acesso em: 10 mar. 2019.

69. BRASIL. Lei 9.605, de 12 de fevereiro de 1998. Dispõe sobre as sanções penais e administrativas derivadas de condutas e atividades lesivas ao meio ambiente, e dá outras providências. Disponível em: http://www.planalto.gov.br/ccivil_03/leis/l9605.htm. Acesso em: 10 mar. 2019.

70. Exemplos: "1. na transação, conforme art. 27: "Nos crimes de menor potencial ofensivo, a proposta de aplicação imediata de pena restritiva de direitos ou de multa, prevista no art. 76 da Lei 9.099, de 26 de setembro de 1995, somente poderá ser formulada desde que tenha havido a prévia composição do dano ambiental, de que trata o art. 74 da mesma Lei, salvo em caso de comprovada impossibilidade; 2. na suspensão condicional do processo, conforme art. 28 e seus incisos: "As disposições do art. 89 da Lei 9.099, de 26 de setembro de 1995, aplicam-se aos crimes de menor potencial ofensivo, definidos nesta lei, com as seguintes modificações: I – a declaração de extinção de punibilidade, de que trata o § 5º do artigo referido no caput, dependerá de laudo de constatação de reparação do dano ambiental, ressalvada a impossibilidade prevista no inciso I e § 1º do mesmo artigo; 3. na sentença condenatória, conforme art. 20: "A sentença penal condenatória, sempre que possível, fixará o valor mínimo para a reparação dos danos causados pela infração, considerando os prejuízos sofridos pelo ofendido ou pelo meio ambientes". 4. na execução, conforme art. 17: "A verificação da reparação a que se refere o § 2º do art. 78 do Código Penal será feita mediante laudo de reparação do dano ambiental, e as condições a serem impostas pelo juiz deverão relacionar-se com a proteção ao meio ambiente." – 5. na pena restritiva de direito, na forma de pena pecuniária estabelecida no art. 12: " A prestação pecuniária consistente no pagamento em dinheiro à vítima ou à entidade pública ou privada com fim social, de importância fixada pelo juiz, não inferior a um salário mínimo, nem superior a trezentos e sessenta salários mínimos. O valor pago será deduzido do montante de eventual reparação civil, ll. que for condenado o infrator." A sentença – que impuser sanção pecuniária tem um caráter eminentemente reparatório (Sampaio, 1998, p. 19-23), posto que, ao final o valor pago será dedutível da indenização, em ação civil. Com isso, redunda, indubitavelmente, em efeitos cíveis do exercício do jus puniendi. 6. Na pena restritiva de direito, na forma de prestação de serviços à comunidade, conforme art. 9º: "A prestação de serviços à comunidade consiste na atribuição ao condenado de tarefas gratuitas junto a parques e jardins públicos e unidades de conservação e, no caso de dano da coisa particular, pública ou tombada, na restauração' desta, se possível." SAMPAIO, Francisco José Marques. *Responsabilidade civil e reparação de danos ao meio ambiente*. Rio de Janeiro: Lumen Juris, 1998. p. 18-19.

71. Morato Leite "Um outro ponto a ser salientado é o relacionado à previsão de multa Civil Ambiental no âmbito da Lei 9.605, de 1998. O veto presidencial ao art. 1º do projeto veio impedir a aplicação da sanção civil em acréscimo aos prejuízos ambientais. – Entretanto, a doutrina (Benjamin, 1998, p. 28-31) tem salientado que o art. 3º da Lei 9.605, de 1998, veio conduzir ao reaparecimento da proposta vetada, pois consta deste que "as pessoas jurídicas serão responsabilizados administrativa, civil e penalmente", fazendo surgir a sanção civil. A

O parâmetro utilizado pelo STJ, desde 2009, tem por base, o Recurso Especial 1.086.366, Primeira Turma, do Estado do Rio de Janeiro, de relatoria do ministro Benedito Gonçalves, em decisão publicada em 19 de março de 2009, "consolidou orientação de que a revisão do valor da indenização somente é possível quando exorbitante ou insignificante a importância arbitrada, em flagrante violação dos princípios da razoabilidade e da proporcionalidade".[72]

E para exemplificar mais, na seara ambiental, todas as decisões abaixo, utilizaram o método de arbitramento para a quantificação do dano moral ambiental coletivo. Primeiro, um caso de parcelamento irregular do solo urbanístico, que, além de invadir Área de Preservação Ambiental Permanente, submeteu os moradores da região a condições precárias de sobrevivência (REsp 1410698/MG, Rel. Ministro Humberto Martins, Segunda Turma, julgado em 23.06.2015, DJe 30.06.2015).[73]

Assim como, um caso de poluição sonora e irregularidade urbanística provocadas pelo funcionamento de condensadores e geradores colocados no fundo de estabelecimento empresarial (AgRg no AREsp 737.887/SE, Rel. Ministro Humberto Martins, Segunda Turma, julgado em 03.09.2015, DJe 14.09.2015).[74]

Também, um caso de vazamento de amônia no Rio Sergipe (REsp 1355574/SE, Rel. Ministra Diva Malerbi (Desembargadora Convocada TRF 3ª Região), Segunda Turma, julgado em 16.08.2016, DJe 23.08.2016).[75]

E por fim, um caso de dano ambiental em promontório (área formada por rochas elevadas e íngremes) e terras de marinha, em Florianópolis (AgInt no REsp 1532643/

---

argumentação de Benjamim é no sentido de que a expressão responsabilizados denota punir ou sancionar. Entende-se que a melhor verificação da possibilidade da aplicação de multa se fará, no caso concreto, através da construção jurisprudencial". MORATO LEITE, José Rubens. *Manual de direito ambiental*. São Paulo: Saraiva, 2015. p. 140-141.

72. REsp 1.086.366/RJ, Rel. Ministro Benedito Gonçalves, Primeira Turma, DJe 19.03.2009.
73. Parcelamento irregular do solo urbanístico, que, além de invadir Área de Preservação Ambiental Permanente, submeteu os moradores da região a condições precárias de sobrevivência: R$ 30.000,00 (trinta mil reais). (REsp 1410698/MG, Rel. Ministro Humberto Martins, Segunda Turma, julgado em 23.06.2015, DJe 30.06.2015). BRASIL. Superior Tribunal de Justiça. Recurso Especial 1410698/MG, Rel. Ministro Humberto Martins. Julgado em: 26 jun. 2015. Disponível em: https://ww2.stj.jus.br/processo/revista/inteiroteor/?num_registro=201303462603&dt_publicacao=30/06/2015. Acesso em: 22 dez. 2018.
74. Poluição sonora e irregularidade urbanística provocadas supostamente pelo funcionamento dos condensadores e geradores colocados no fundo do estabelecimento empresarial: R$ 50.000,00 (cinquenta mil reais) (AgRg no AREsp 737.887/SE, Rel. Ministro Humberto Martins, Segunda Turma, julgado em 03.09.2015, DJe 14.09.2015). BRASIL. Superior Tribunal de Justiça. Agravo Regimental no Agravo em Recurso Especial 737887/SE. Relator Ministro Humberto Martins. Julgado em: 03 set. 2015. Disponível em: https://ww2.stj.jus.br/processo/revista/inteiroteor/?num_registro=201501613818&dt_publicacao=14/09/2015. Acesso em: 22 dez. 2018.
75. Vazamento de amônia no Rio Sergipe: *R$ 150.000,00 (cento e cinquenta mil reais)*. (REsp 1355574/SE, Rel. Ministra Diva Malerbi (Desembargadora Convocada TRF 3ª Região), Segunda Turma, julgado em 16/08/2016, DJe 23.08.2016). BRASIL. Superior Tribunal de Justiça. Recurso Especial 1355574/SE. Relatora Ministra Diva Malerbi (Desembargadora Convocada TRF 3ª Região). Julgado em: 16 ago. 2016. Disponível em: https://ww2.stj.jus.br/processo/revista/inteiroteor/?num_registro=201202481713&dt_publicacao=23/08/2016. Acesso em: 22 dez. 2018.

SC, Rel. Ministra Assusete Magalhães, Segunda Turma, julgado em 10.10.2017, DJe 23.10.2017).[76]

Sendo assim, os valores arbitrados não são "consideráveis", ou "significativos" frente aos danos ambientais provocados.

Nesse contexto, destaca Birnfeld, que a tarefa é árdua para fixar o *quantum*, mas ainda assim, se o dano existe, deve ser indenizado.[77] Com o que concorda Almeida, pois aferir esse *quantum* indenizatório é uma tarefa que "exige do magistrado uma capacidade ímpar para calcular a dimensão patrimonial que um dano ao meio ambiente representa, tanto para o lesado individualmente identificado, como para o prejuízo resultante para a sociedade".[78]

Situação bem diferente, a título de curiosidade, da Petrolífera britânica que terá de pagar "20 bilhões de dólares em indenizações por danos referentes a vazamento de petróleo no Golfo do México", no caso – explosão da plataforma de petróleo *Deepwater Horizon*, no Golfo do México, ocorrido em 2011, acordo esse considerado [o maior acordo ambiental da história dos Estados Unidos].[79]

E, de forma inovadora, no Recurso Especial 1.414.547-MG, de 2013, publicado em 10 de dezembro de 2014, de relatoria do Ministro Paulo de Tarso Sanseverino abordou-se o *caráter punitivo do dano moral coletivo*, e cujo valor da condenação em dinheiro, é revertido para os fundos nacional e estadual.[80]-[81]

---

76. "Dano ambiental em promontório (área formada por rochas elevadas e íngremes) e terras de marinha, em Florianópolis: R$ 100.000,00 (cem mil reais) (AgInt no REsp 1532643/SC, Rel. Ministra Assusete Magalhães, Segunda Turma, julgado em 10.10.2017, DJe 23.10.2017).
77. Aduz: "Na hipótese de dano moral, como o bem atingido é imaterial e insuscetível de avaliação pecuniária, a definição da quantia representativa da indenização da lesão é sempre uma tarefa árdua e o tema suscita dúvidas e discussões. O certo, porém, é que essa dificuldade de valoração não pode servir de motivo para a negativa da indenização. Se o dano existe, deve ser indenizado e definir a quantia é trabalho a ser encarado". BIRNFELD, Dionísio Renz. *Dano Moral ou Extrapatrimonial Ambiental*. São Paulo: LTR, 2009, p. 107.
78. ALMEIDA, Maria Pilar Prazeres de. *O dano moral ambiental coletivo*. Florianópolis: Tirant lo Blanch, 2018, p. 74.
79. "Um juiz de Nova Orleans aprovou um acordo de 20 bilhões de dólares entre a petrolífera britânica BP, o governo federal dos Estados Unidos e cinco estados americanos, por indenizações referentes ao vazamento provocado pela explosão da plataforma de petróleo Deepwater Horizon, no Golfo do México. O desastre ocorreu em 2011. O valor, aprovado nesta segunda-feira (04.04.2016), inclui 5,5 bilhões de dólares em sanções previstas pela Lei da Água Limpa e outros bilhões para cobrir danos ambientais e queixas dos estados do Alabama, Flórida, Louisiana, Mississippi e Texas. O dinheiro deverá ser pago nos próximos 16 anos. O Departamento de Justiça americano considerou este como o maior acordo ambiental da história do país, além de ser o maior de natureza civil já obtido junto a uma única entidade. A procuradora-geral Loretta Lynch afirmou em comunicado que esta foi mais uma etapa dos esforços para retomar as atividades econômicas da região afetada pelo vazamento e corrigir "o pior desastre ambiental da história americana". Disponível em: https://www.dw.com/pt-br/justi%-C3%A7a-dos-eua-aprova-acordo-sobre-desastre-da-bp/a-19164844 . Acesso em: 15 dez. 2018.
80. Art. 13 da Lei 7.347/85.
81. Veja-se em destaque pela importância: "A condenação judicial por dano moral coletivo é sanção pecuniária, com caráter eminentemente punitivo, em face de ofensa a direitos coletivos ou difusos nas mais diversas áreas (consumidor, meio ambiente, ordem urbanística etc.). A indefinição doutrinária e jurisprudencial concernente à matéria decorre da absoluta impropriedade da denominação dano moral coletivo, a qual traz consigo – indevidamente – discussões relativas à própria concepção do dano moral no seu aspecto individual. [...] O objetivo da lei, ao permitir expressamente a imposição de sanção pecuniária pelo Judiciário, a ser revertida a fundos nacional e estadual (art. 13 da Lei 7.347/85), foi basicamente de reprimir a conduta daquele que ofende direitos coletivos

Mas nem toda doutrina e jurisprudência concorda, *também há votos contrários a aplicação dos danos punitivos*, como no Recurso Especial 1.354.536-SE, de relatoria do Ministro Luis Felipe Salomão, afasta, portanto, o caráter punitivo da responsabilidade civil quando presente dano ambiental, e que essa deve ser usada somente no Direito Penal e no Direito Administrativo, sendo considerada inadequada a aplicação na reparação civil.[82] Pela importância, veja-se a decisão do voto[83] do Ministro Relator.[84]

Por outro lado, o STJ, quarta turma, no Recurso Especial 1.245.550-MG, de relatoria do Ministro Luis Felipe Salomão publicado em 16 de abril de 2015, "o dano moral coletivo surge diretamente da ofensa ao direito ao meio ambiente equilibrado". em determinadas circunstâncias fáticas, "o dano moral decorre da simples violação do bem jurídico tutelado, sendo configurado pela ofensa aos valores da pessoa humana", por isso, "prescinde-se, no caso, da dor ou padecimento (que são consequência ou resultado da violação)".[85] Ou seja, a responsabilidade civil possui quatro funções fundamentais.[86]

Mas, o que são exatamente os danos punitivos? E para que servem?

---

e difusos. Como resultado necessário dessa atividade repressiva jurisdicional surgem os efeitos – a função do instituto – almejados pela lei: prevenir a ofensa a direitos transindividuais, considerando seu caráter extrapatrimonial e inerente relevância social." Disponível em: https://stj.jusbrasil.com.br/jurisprudencia/156808614/recurso-especial-resp-1414547-mg-2013-0360231-1/decisao-monocratica-156808630?ref=serp. Acesso em: 20 ago. 2019.

82. "Ação Indenizatória por Dano Ambiental proposta por Maria Gomes de Oliveira em desfavor de Petróleo Brasileiro S.A. (Petrobras). A autora alegou que, no dia 5 de outubro de 2008, a Fábrica de Fertilizantes Nitrogenados (FAFEN), uma das várias unidades de operações da Petrobrás, deixou que cerca de 43.000 litros de amônia vazassem para o leito do rio Sergipe, causando a mortandade dos animais que dele dependem e o desequilíbrio da cadeia alimentar".

83. Voto colhido pelos Srs. Ministros "Paulo de Tarso Sanseverino, Maria Isabel Gallotti, Antonio Carlos Ferreira, Ricardo Villas Bôas Cueva, Marco Buzzi, Nancy Andrighi, João Otávio de Noronha e Sidnei Beneti".

84. Veja-se: "Para efeito do então vigente art. 543-C do Código de Processo Civil de 1973 que: [...] b) a responsabilidade por dano ambiental é objetiva, informada pela teoria do risco integral, sendo o nexo de causalidade o fator aglutinante que permite que o risco se integre na unidade do ato, sendo descabida a invocação, pela empresa responsável pelo dano ambiental, de excludentes de responsabilidade civil para afastar a sua obrigação de indenizar; c) é inadequado pretender conferir à reparação civil dos danos ambientais caráter punitivo imediato, pois a punição é função que incumbe ao direito penal e administrativo; d) em vista das circunstâncias específicas e homogeneidade dos efeitos do dano ambiental verificado no ecossistema do rio Sergipe – afetando significativamente, por cerca de seis meses, o volume pescado e a renda dos pescadores na região afetada –, sem que tenha sido dado amparo pela poluidora para mitigação dos danos morais experimentados e demonstrados por aqueles que extraem o sustento da pesca profissional, não se justifica, em sede de recurso especial, a revisão do quantum arbitrado, a título de compensação por danos morais, em R$ 3.000,00 (três mil reais); [...]". BRASIL. Superior Tribunal de Justiça. Recurso Especial 1245550/MG. Relator Ministro Luis Felipe Salomão. Julgado em: 17 mar. 2015. Disponível em: https://ww2.stj.jus.br/processo/revista/inteiroteor/?num_registro=201100391454&dt_publicacao=16/04/2015. Acesso em: 22 dez. 2018.

85. BRASIL. Superior Tribunal de Justiça. Recurso Especial 1245550/MG. Relator Ministro Luis Felipe Salomão. Julgado em: 17 mar. 2015. Disponível em: https://ww2.stj.jus.br/processo/revista/inteiroteor/?num_registro=201100391454&dt_publicacao=16/04/2015. Acesso em: 22 dez. 2018.

86. Segundo Rosenvald "a função de reagir ao ilícito danoso, com a finalidade de reparar o sujeito atingido pela lesão; a função de repristinar o lesado ao status quo ante, ou seja, estado ao qual o lesado se encontrava antes de suportar a ofensa; a função de reafirmar o poder sancionatório (ou punitivo) do Estado e por fim, a função de desestímulo para qualquer pessoa que pretenda desenvolver atividade capaz de causar efeitos prejudiciais a terceiros". ROSELVALD, Nelson. *As funções da responsabilidade civil*. 3. ed. São Paulo: Saraiva, 2017, p. 33.

4. DANOS PUNITIVOS (*PUNITIVE DAMAGES*)

Danos punitivos, sempre existiram, desde o Código de Hamurabi, mas vinculado à esfera civil-ambiental, é recente. Conforme Lourenço "a pena privada constitui uma alternativa civil à tutela penal, e que supera a via indemnizatória, representando uma via eficaz e acentuando a finalidade punitiva da responsabilidade civil".[87]

Para Russo, *punitive damages* "tem por finalidade, além de analisar a pretensão autoral, exercer uma função em prol do interesse público e social", com a aplicação de punição com grande repercussão monetária, com o objetivo de desestimular o ofensor/agressor de cometer novamente o ato prejudicial, servindo principalmente de exemplo essa punição para ele e para sociedade, é o "que a jurisprudência alienígena convencionou denominar de *punitive damages*, também chamados *exemplary damages, vindictive damages ou smart Money*".[88]

---

87. Ou seja: "Os danos punitivos consubstanciam uma das manifestações da pena privada, com raízes históricas muito remotas, que é imposta desde há séculos no sistema anglo-saxónico, e começa a dar os primeiros passos nos ordenamentos jurídicos romano-germânicos, sendo nestes estudada pela doutrina a propósito da função punitiva da responsabilidade civil, por corresponderem a situações em que o agente é condenado a pagar uma indemnização superior ao dano que o lesado efectivamente sofreu. Assim sendo, o estudo desta figura no espaço jurídico da civil law, implica à partida a destruição do dogma da limitação do montante da indemnização do dano sofrido pelo lesado". LOURENÇO, Paula Meira. Os danos punitivos. *Revista da Faculdade de Direito da Universidade de Lisboa*, v. XLIII, n. 2, p. 1.024-1.025. *Traz importante evolução*: "A atribuição de uma indemnização que excede o dano sofrido pelo lesado, com um escopo sancionatório e preventivo, era já prevista no Código de Hammurabi (2000 A.C.), nas Leis Hititas (1400 a.C.) e no Direito Romano, segundo o qual, em sede de relações privadas (delicta privata), a pessoa que houvesse ofendido os direitos de outrem ficava obrigado a pagar-lhe uma pena pecuniária com finalidade repressiva (obrigatio ex delicto)". Cf. LOURENÇO, Paula Meira. Op. cit., p. 1026. "Os punitive damages ergueram-se assim como os estandartes do respeito pelo direito à reserva da vida privada e pela liberdade do indivíduo contra os abusos de poder, punindo os agentes e exercendo uma função dissuasória relativamente a futuros comportamentos por parte dos mesmos (prevenção especial), ou de terceiros (prevenção geral)". Cf. IDEM, Op. Cit, p. 1028-1029. "Ainda nos séculos XVIII e XIX, alguma *jurisprudência inglesa* não reconhecia a possibilidade de atribuir uma compensação pelos danos extrapatrimoniais sofridos pelo lesado, nomeadamente quando a extensão do dano dependia da intenção do agente. Nestes casos, os *punitive damages* eram atribuídos não só para punir o agente e dissuadi-lo da prática de tais condutas, mas também para reparar integralmente o dano sofrido pelo lesado". Cf. Idem. Op. cit., p. 1.029-1.030. "(…) Esta decisão consubstancia um importante marco na história dos punitive damages, porquanto salienta que a sua finalidade é punir o agente e prevenir a repetição de tal comportamento, sempre que o infractor não se importe de violar os direitos de personalidade de outrem (…), por prever que os lucros decorrentes da sua conduta serão superiores aos danos sofridos pelo lesado, orientando-se assim por uma racionalidade económica". Op. cit., p. 1.034. "(…) a partir da década de sessenta, a *jurisprudência norte-americana* começou a admitir a imposição de *punitive damages* aos empregadores, naquelas situações em que o trabalhador agira com dolo, e um superior hierárquico havia participado ou ratificado a adopção daquele comportamento". Op. cit., p. 1.037. Os *casos jurisprudenciais alemães* mais frequentes são os relativos à protecção do direito à imagem de figuras públicas, mormente quando os órgãos de comunicação social o utilizam sem autorização do seu titular, tendo em vista a obtenção de lucros". Op. cit., p 1054. "A falta de consagração legal dos danos punitivos é superada pela elevação do montante de indemnização, levando em linha de conta três factores: os benefícios que o autor obtém com o acto de concorrência desleal (…) as economias que o mesmo faz à custa do lesado, e a apropriação de uma tecnologia, quando o titular de uma patente não explora a sua invenção, ou concede o seu direito de exploração a terceiros". Op. cit., p. 1.057."
88. RUSSO, Rafael dos Santos Ramos. *Aplicação efetiva dos punitive damages no atual ordenamento jurídico brasileiro*. Artigo Científico (Pós-Graduação). Rio de Janeiro, 2009, p. 13.

Essa expressão *punitive damages* é habitualmente e impropriamente traduzida como "danos punitivos", em caso típico de metonímia, em que se emprega a causa (danos) pela consequência (indenização).[89]

Adverte Junkes, que importar do direito norte-americano, pura e simplesmente o instituto do *punitive damages*, é totalmente equivocado, pois há profundas diferenças entre os dois sistemas de responsabilidade civil.[90]

Por outro lado, o primeiro autor português, a traduzir a expressão *punitive damages* para "danos punitivos", foi Júlio Gomes no ano de 1989,[91] [note-se, a 30 anos] ainda que vinculado à esfera penal. Desse modo são consideradas como expressões afins ainda outras, *Exemplary Damages, Compensatory Damages, Aggravated Damages*.[92]

Por conseguinte, a função reparatória da responsabilidade civil tem sido revelada pelo uso do termo indenização, pois indenizar diz respeito a 'retirar o dano', por isso Lourenço afirma que quando a "responsabilidade civil revela a sua função punitiva, só artificialmente se poderá defender a manutenção do termo 'indemnização'."[93]

---

89. Como destaca Andrade: "Uma tradução mais técnica e fiel ao sentido originário da expressão seria "indenização punitiva". [...] o vocábulo damages, no plural, significa "indenização". A noção de "dano" é dada pelo vocábulo damage, no singular. Daí por que se afigura mais exata a transposição da expressão punitive damages para o português como "indenização punitiva". ANDRADE. André Gustavo Corrêa de. *Dano moral e indenização punitiva*. Rio de Janeiro: Lumen Juris, 2009. p. 178.
90. Refere: "De maneira inversa ao norte-americano, o sistema brasileiro centra-se na supremacia do direito legislado, segundo o qual "ninguém será obrigado a fazer ou deixar de fazer alguma coisa senão em virtude de lei" (Constituição Federal, art. 5º, II). "Os danos punitivos do direito norte-americano distinguem-se totalmente dos danos materiais e morais sofridos. Os "punitives damages" (também conhecidos como exemplary damages ou vindictive damages), não são estipulados com o fim de promover o ressarcimento de um dano. Este cabe aos chamados danos compensatórios que, nos Estados Unidos, englobam os chamados "danos econômicos" e os "danos não econômicos", que, no Brasil, têm como correspondentes, respectivamente, os danos materiais e os danos morais". JUNKES, Sérgio Luiz; SLAIBI FILHO, Nagib; COUTO, Sergio (Coord.). *Responsabilidade civil*: estudos e depoimentos no centenário do nascimento de José de Aguiar Dias. Rio de Janeiro: Forense, 2006, p. 416.
91. GOMES, Júlio. Uma função punitiva para a responsabilidade civil e uma função reparatória para a responsabilidade penal? *Revista de Direito e Economia*. Coimbra, ano 15, 1989, p 105-144.
92. "Uma breve nota para o que usualmente são consideradas como *expressões afins*: Exemplary Damages ainda que possa ser entendida como sinónima dos danos punitivos, é utilizada em casos onde está em evidência a função social, e onde se pretende dar o exemplo, dissuadindo (função preventiva especial e, essencialmente, geral). Compensatory Damages, que assumem uma função reparadora, ressarcitória (visam reparar tudo o que o lesado sofreu com determinada conduta). Aggravated Damages, que têm, tal como os compensatory damages, uma função reparatória, mas acentuados por circunstâncias particulares (o que originou a conduta do lesante ou o modo como actuou). Como se torna fácil de verificar, nada impede que os danos punitivos se cumulem com os compensatory ou aggravated, pois assumem funções diferentes e conciliáveis: ressarcir e punir". FERREIRA DA SILVA. Sara Monteiro Pinto. *Danos punitivos* – Problemas em relação à sua admissibilidade no ordenamento jurídico português. Dissertação no âmbito do Mestrado Forense. Orientador: Dr. Pedro Eiró. Lisboa, Agosto de 2012, p. 10.
93. LOURENÇO, Paula Meira. *A função punitiva da responsabilidade civil*. Coimbra, Coimbra Editora, 2006, p. 377. Para Lourenço "A assunção da função punitiva da responsabilidade civil importa o levantamento do "véu indemnizatório", ou do "véu da indemnização", e a descoberta da punição que é efectivamente aplicada, a qual já não deverá ser apelidada de indemnização, sob pena de se continuar a confundir as duas funções da responsabilidade civil. [...] tal como a função reparatória da responsabilidade civil gera a obrigação de indemnizar, em espécie ou em dinheiro, a função punitiva origina uma punição civil, o pagamento de um montante punitivo (ambos independentemente do dano), ou a atribuição de uma compensação punitiva (no caso dos danos não patrimoniais)" p. 379.

Por outro lado, para Guimarães, a figura dos danos punitivos é a tradução literal de "'punitive damages' que consiste na possibilidade que um tribunal tem de, numa acção de indemnização civil, condenar ao pagamento de uma quantia superior ao dano sofrido em virtude da conduta ilícita".[94]

Atualmente, menciona Gomes, há consenso à admissão da finalidade preventiva e punitiva da responsabilidade civil, mesmo que subordinada, pois "mesmo atribuindo-lhe um papel secundário, isto é, subordinado, aceita-se hoje, em princípio, a importância da finalidade preventivo-punitiva da responsabilidade civil". Menciona preventivo-punitiva, justamente "porque, no fundo, prevenção e punição são duas faces de uma mesma medalha, expressões de um único princípio",[95] pois para a doutrina portuguesa, a função primordial da responsabilidade civil é a função reparatória, embora hoje, a função preventiva, antes secundária, tenha ganhado importância.

Por isso a doutrina portuguesa, refere Antunes, embora afeiçoada ao entendimento "tradicional da primazia da natureza ressarcitória do instituto, concede no acolhimento de funções de índole preventiva e punitiva em sede do regime actual e, mesmo, perspectivando a sua extensão".[96]

Mas há também quem entenda de forma contrária, conforme Leitão, embora faça a advertência da impossibilidade da aplicação dos *punitive damages* no direito português, deixa em aberto uma saída possível, ou seja, [a elaboração de critérios para avaliação do dano ambiental]. Menciona que "o dano ambiental, por se verificarem lesões de situações jurídicas individuais, coloca exclusivamente o problema da determinação do quantum indemnizatório". E complementa que mesmo "não sendo admissível no nosso direito uma ideia de punitive damages, a solução será a da elaboração de critérios para avaliação do dano ambiental".[97]

No mesmo sentido, adverte Gomes que não surpreende a decisão do "caso *Amoco-Cadiz* (1988), do estado do pavilhão", pelo qual o tribunal americano "desestimou todos os pedidos de ressarcimento de danos ecológicos provocados na costa francesa pela maré negra cujos efeitos se prolongaram por um ano".[98] Todavia, em sentido contrário, "aplaude-se a decisão da justiça francesa no caso *Erika* (2008), que adoptou uma perspectiva clara no tocante ao dano ecológico, atribuindo vultuosas quantias indemni-

---

94. GUIMARÃES, Patrícia Carla Monteiro, Os danos punitivos e a função punitiva da responsabilidade civil, *Direito e Justiça*, v. 15.1(2001). p. 159-206.
95. GOMES, Júlio. Uma função punitiva para a responsabilidade civil e uma função reparatória para a responsabilidade penal? *Revista de Direito e Economia*. Coimbra, ano 15, p. 106, 1989.
96. ANTUNES, Henrique. *Da inclusão do lucro ilícito e de efeitos punitivos entre as consequências da responsabilidade civil*. Coimbra: Coimbra Editora, 2001, p. 553-554.
97. LEITÃO, Luis Menezes. A responsabilidade civil por danos causados ao ambiente. *Actas do Colóquio*: A responsabilidade civil por dano ambiental. Faculdade de Direito de Lisboa Dias 18, 19 e 20 de Novembro de 2009. Organização de Carla Amado Gomes e Tiago Antunes. Edição: Instituto de Ciências Jurídico-Políticas. www.icjp.pt Maio de 2010. p. 23-24.
98. O tribunal invocou a complexidade de aferição dos danos, bem como o facto de muitos danos se verificarem em zonas fora da jurisdição estadual, em bens ambientais com o estatuto de *res nullius* – cfr. Alexandre KISS e Jean-Pierre BEURIER. *Droit International de l'Environnement*. 3. ed. Paris, 2004, p. 433.

zatórias aos Municípios mais afectados".⁹⁹⁻¹⁰⁰ Ainda, segundo Amorim, o Ordenamento Jurídico Português reconhece só uma função punitiva na responsabilidade civil e não danos punitivos propriamente dito.¹⁰¹ E mais, traz Amorin ainda, importante vínculo com a seara ambiental, quando menciona os danos não patrimoniais, os danos difusos e a incerteza frente a outros 'complexos, graves e irreversíveis.¹⁰²

Atualmente, tem-se novos desafios, como aponta Lourenço, pois alguns danos são irreparáveis que moldam novas realidades, novos valores, [necessário também, ponderar os antigos], esses danos são praticamente insusceptíveis de avaliação pecuniária, devido a sua ampla, difícil e complexa caracterização e determinação. São danos novos e que exigem amparo legal, doutrinário e jurisprudencial.¹⁰³

---

99. GOMES, Carla Amado. *Tutela contenciosa do ambiente*: uma amostragem da jurisprudência nacional 2019. Disponível em: http://www.icjp.pt/sites/default/files/publicacoes/files/ebook_justicaambiental_jul2019.pdf. Acesso em: 16 out. 2019. p. 24-25.
100. Ver também: VON LANG, Agathe. Affaire de *l'Erika*: la consécration du préjudice écologique par le juge judiciaire. *AJDA*, 2008/17, p. 936 e ss.
101. Refere: "A grande diferença ao nível do conteúdo dos conceitos reside na consideração que ambos fazem do dano e na sua relação com o montante que é atribuído a título de "punição": enquanto que admitir uma função punitiva/preventiva da responsabilidade civil pode significar apenas – e, entre nós, significa – que o quantum indemnizatório vá ter em conta o grau de culpa do agente e/ou a situação económica do lesado e, já não, que a indemnização possa ser superior ao dano (e muito menos independente deste); a principal característica dos danos punitivos é precisamente a sua capacidade para excederem o dano efectivamente sofrido pelo lesado e/ou serem independentes deste. Também como já confirmamos, a doutrina e a jurisprudência portuguesas quando reconhecem a função punitiva da responsabilidade civil, subordinam-na ou atribuem-lhe um papel secundário, impondo-lhe como limite o dano e rejeitando "outra vez" a solução dos danos punitivos"....Em conclusão adverte: "Não parece, pois, restar qualquer dúvida acerca da existência de uma função punitiva na responsabilidade civil, tanto pelo reconhecimento da doutrina- a título de exemplo, referindo-se aos danos não patrimoniais, Inocêncio Galvão Telles diz que a reparação não reveste um puro carácter indemnizatório mas antes um carácter punitivo. (TELLES, Inocêncio Galvão. *Direitos das obrigações*. Coimbra Editora, 1997, p. 387.); e no caso da responsabilidade por culpa, Menezes Leitão diz existir uma clara função preventiva e punitiva que se demonstra pelos critérios dos artigos 494º, 497º/2 e 570º todos do CC e pela normal irrelevância da causa virtual na responsabilidade civil (MENEZES LEITÃO. *Direito das obrigações*. Coimbra: Almedina, 2000, p. 283 e ss. 77 STJ 30/10/96) - como pelo reconhecimento da jurisprudência- como se pode ler, também a título de exemplo, nos doutos acórdãos do STJ de 30.10.1996 e de 04.12.1996, ambos de Silva Paixão, nos quais afirma que à indemnização por danos não patrimoniais não é estranha "a ideia de reprovar ou castigar, no plano civilístico e com os meios próprios do direito privado, a conduta do agente" (Silva Paixão) disponível em www.dgsi.pt e publicado no BMJ, 460, ano 1996, p. 444 e ss.); e que "a concessão da indemnização (...) funciona como reparação e como castigo" STJ 04.12.1996 (Silva Paixão). (VARELA, Antunes. *Das obrigações em geral*. Coimbra: Almedina, 2000, p. 930). In: AMORIM. Luís Miguel Caldas Ribeiro Silva. *A função punitiva da responsabilidade civil*. Dissertação de Mestrado, especialidade em Ciências Jurídico Forenses. Apresentada à Faculdade de Direito da Universidade de Coimbra. Orientadora: Mestre Maria Manuel Veloso Coimbra, 2014, p. 39.
102. Ou seja: "por um lado, são insusceptíveis de avaliação pecuniária e reclamam uma qualquer 'reparação,' o que veio quebrar o dogma da função exclusivamente ressarcitória da responsabilidade civil; e, por outro lado, são esses mesmos danos de difícil avaliação que possibilitam a obtenção do lucro por parte dos agentes económicos: se o dono de uma fábrica poluidora chega à conclusão de que as multas que tem de pagar mais as eventuais indemnizações por danos são substancialmente mais baixas do que o preço do cumprimento das regras sanitárias, então ele optará sempre pôr as não cumprir; assim como o produtor irá continuar a fabricar produtos de má qualidade e perigosos para as pessoas, sempre que o produto das vendas compense as eventuais indemnizações que tenha de pagar por danos". AMORIM. Luís Miguel Caldas Ribeiro Silva. *A função punitiva da responsabilidade civil*. Dissertação de Mestrado, especialidade em Ciências Jurídico Forenses. Apresentada à Faculdade de Direito da Universidade de Coimbra. Orientadora: Mestre Maria Manuel Veloso Coimbra, 2014, p. 44.
103. Refere: "Com efeito, relativamente aos danos irreparáveis, deparamo-nos com danos insusceptíveis de avaliação em dinheiro (v.g. os danos à saúde, os danos biológicos, ou os danos estéticos), com danos cuja determinação e quan-

Assim os danos não patrimoniais, com base no art. 496º, n. 3 CC/66 (conjugado com o art. 494º CC/66) consubstancia uma manifestação da função punitiva da responsabilidade civil, no direito português, como adverte Lourenço, que o art. 494º CC/66 "possibilita a fixação da indemnização, segundo a equidade, num montante inferior ao que corresponderia aos danos causados. O problema é a possibilidade da indemnização ser superior ou independente do dano". Assim sendo, o que resta demonstrado, é que o pressuposto da certeza, é o grande obstáculo aos danos punitivos.[104] Assim, a punição civil existe, cujo "montante punitivo encontra-se escondido por detrás do véu indemnizatório, construído pelo dogma da função exclusivamente reparatória da responsabilidade civil".[105]

Nesse sentido, interessante a abordagem de Ferreira da Silva, em propor redação de um artigo, que constaria do Código Civil português, no qual pudessem ser consagrados os danos punitivos.[106]

Também no Brasil, um projeto de Lei 6.960/2002,[107] mencionava a função punitiva, mas o mesmo nunca virou lei para entrar em vigor, sendo arquivado.[108]

Danos punitivos revelam a chance do autor de vingar-se por meio do tribunal e por meio da indenização em dinheiro, como refere Sebok, "os danos punitivos também dão

---

tificação é complexa, senão mesmo impossível (danos ambientais), e ainda com danos de difícil caracterização por serem causados por catástrofes nucleares (como p. ex. Chernobyl), sanitárias (v.g. o sangue contaminado, a doença das vacas loucas ou a febre dos suínos) ou climatéricas (como o fenómeno vulgarmente conhecido por "buraco de ozono". LOURENÇO, Paula Meira. *A função punitiva da responsabilidade civil*. Coimbra: Coimbra Editora, 2006, p. 373.

104. Lourenço a propósito do art. 494º CC, "a função *sancionatória e preventiva* da responsabilidade civil sobrepõe-se à função reparadora, exigindo-se ao lesado que suporte uma parte do dano, para se evitar cometer uma "injustiça" contra o lesante, tendo em conta a sua mera culpa. Porém, nega-se que a função punitiva da responsabilidade civil se sobreponha à função reparatória quando o agente retira do seu comportamento ilícito e culposo um lucro superior ao dano causado. Nesta situação, por que razão não se evita cometer uma "injustiça" contra o lesado?". LOURENÇO, Paula Meira. Os danos punitivos. *Revista da Faculdade de Direito da Universidade de Lisboa*, v. XLIII, n. 2. p 1.099.

105. LOURENÇO, Paula Meira. *A função punitiva da responsabilidade civil*. Coimbra: Coimbra Editora, 2006, p. 418-419.

106. Aduz: "Montante punitivo por culpa grave. 1. Quando a responsabilidade se fundar em culpa grave, tendo em conta o lucro obtido pelo lesante com a prática do facto ilícito e demais circunstâncias do caso concreto, pode ser imposto a este um montante punitivo. Este último é atribuído em simultâneo e a par da indemnização compensatória dos danos sofridos podendo, no entanto, ser superior a estes. 2. Só pode ser atribuído montante punitivo se existirem danos indemnizáveis. 3. Quando for caso disso, o lesante fica obrigado à restituição do lucro obtido à custa da prática do facto ilícito, decidindo o juiz se esse montante é pago na totalidade ao lesado, ou repartido entre o lesado e o fundo de garantia". FERREIRA DA SILVA. Sara Monteiro Pinto. Danos Punitivos – Problemas em relação à sua admissibilidade no ordenamento jurídico português. *Dissertação no âmbito do Mestrado Forense*. Orientador: Dr. Pedro Eiró. Lisboa, Agosto de 2012, p. 46.

107. BRASIL. PL 6.960/2002. Disponível em: https://www.camara.leg.br/proposicoesWeb/fichadetramitacao?idProposicao=56549. Acesso em 20 dez. 2018.

108. Para Giancoli e Wald a função punitiva: "[...] foi aparentemente recepcionada no projeto de Lei 6.960/2002, através de uma autorização genérica dada ao juiz para acréscimo de parcela punitiva, determinando-se que a reparação do dano moral deve constituir também 'adequado desestímulo ao lesante', de modo a conscientizar o ofensor de que não deve persistir no comportamento lesivo, noutras palavras, para não passar impune a infração e, assim, estimular novas agressões. Mas, como bem observou parte da doutrina, essa disposição legal do projeto de lei em momento algum indicou os critérios a serem levados em conta para aplicação da função punitiva, criando uma enorme margem de discricionariedade. GIANCOLI, Brunno Pandori; WALD, Arnoldo. *Direito civil*: responsabilidade civil: 2. ed. São Paulo: Saraiva, 2012, v. 7, p. 53.

à vítima uma maneira de 'vingar' a pessoa que a ofendeu". Vale lembrar que nos Estados Unidos, "danos punitivos não estão disponíveis em casos de negligência simples. Eles estão disponíveis apenas se o réu agiu com malícia ou negligência grave". Assim, os danos punitivos "não são concedidos com frequência e, quando o são, são por atos que vão além do mero erro humano". Quer dizer que "eles deveriam ser premiados quando o réu não apenas machucou o demandante, mas o fez de uma maneira que expressasse desdém ou desprezo pelo demandante". E são a chance do autor de se vingar – através do tribunal e através do dinheiro.[109] Nesse contexto, Santos apresenta nove requisitos para que a indenização tenha caráter exemplar e sancionador.[110]

De todos os requisitos apresentados, nem todos, são adequados para uma efetiva responsabilização Civil Ambiental, pois como já se referiu, no Brasil, essa responsabilidade é objetiva, independe de culpa, baseado na teoria do risco integral, e sequer são observadas as excludentes, basta a comprovação do nexo causal entre o dano e a conduta-atividade-risco.

Por isso, reafirme-se que a responsabilidade civil "pode ser adotada tanto preventivamente como, na maioria das vezes, de forma reparatória e indenizatória".[111] Visto que o instituto desempenha não só uma função sancionatória, mas também preventiva.[112] Há que se mencionar que as medidas de prevenção e precaução também devem integrar a reparação de danos.[113]

---

109. Tradução livre de: Para Sebok, "Punitive damages also give a victim a way to "get back" at the person who wronged them. In America, punitive damages are not available in cases of simple negligence. They are available only if the defendant acted with malice or gross negligence [...] Punitive damages are not awarded often, and when they are, it is for acts that go beyond mere human error. They are supposed to be awarded when the defendant not only hurt the plaintiff, but did so in a way that expressed disdain or contempt for the plaintiff. Punitive damages, one might say, are the plaintiff's chance to get revenge – through the court, and through the medium of money". SEBOK, Anthony J. *The difference punitive damages make*. Disponível em: http://edition.cnn.com/2001/LAW/06/columns/fl.sebok.punitive.damages.06.14/. Acesso em: 20 out. 2019.
110. Veja-se: "a) A gravidade da falta; b) A situação econômica do ofensor, especialmente no atinente à sua fortuna pessoal; c) Os benefícios obtidos ou almejado com o ilícito; d) A posição de mercado ou de maior poder do ofensor; e) O caráter antissocial da conduta; f) A finalidade dissuasiva futura perseguida; g) A atitude ulterior do ofensor, uma vez que a sua falta foi posta a descoberta; h) O número e nível de empregados comprometidos na grave conduta reprovável; i) Os sentimentos feridos da vítima". SANTOS, Antônio Jeová. *Dano moral indenizável*. 4. ed. São Paulo: Ed. RT, 2003, p. 160-161.
111. BÜHRING, Marcia Andrea; TONINELO, Alexandre. C. Responsabilidade Civil Ambiental do Estado, em face dos desastres naturais: na visão das teorias mitigadas e da responsabilidade integral. *Revista de Direito ambiental e socioambientalismo*, v. 1, p. 57-77, 2018.
112. LEITE, José Rubens Morato. *Dano ambiental*: do individual ao coletivo extrapatrimonial. 2. ed. rev., atual. e ampl. São Paulo: Ed. RT, 2003. p. 118.
113. Como afirma Steigleder: "A reparação do dano ambiental deve incluir medidas de prevenção e precaução, tendentes a transformar a gestão de riscos ambientais no processo produtivo da fonte poluidora, para que os danos ambientais não ocorram ou não se repitam. Trata-se aqui de mudar o *modus operandi* que determinou a ocorrência do dano, procurando-se atuar sobre as externalidades ambientais negativas, que deverão ser incorporadas no processo industrial, de sorte a evitar-se a apropriação quantitativa e qualitativa dos elementos naturais". Assim, refere ainda Steigleder que as "externalidades negativas são muitas vezes consideradas riscos socialmente toleráveis justamente em virtude de o risco ser o padrão da sociedade moderna, o que pode conduzir para que determinados níveis de poluição sejam reputados socialmente suportáveis e, portanto, não suscetíveis à configuração de dano ao ambiente". STEIGLEDER, Annelise Monteiro. *Responsabilidade civil ambiental*: as dimensões do dano ambiental no direito brasileiro. Porto Alegre: Livraria do Advogado, 2004. p. 265.

Nesse interim, comenta Milaré, que a "reparação e a repressão ambientais representam atividade menos valiosa que a prevenção". Pois, aquelas cuidam do dano que já fora causado e, portanto, o remédio é o ressarcimento, e essa, volta a atenção para momento do mero risco, o momento anterior, há portanto ação inibitória.[114]

Com o que também concorda Steigleder, quando há prática de atividades perigosas, a atuação deve ser precaucional e quando já houveram danos ou a exposição do meio ambiente a perigos concretos decorrentes da atividade, então a atuação deve ser preventiva.[115] Os princípios da prevenção e precaução são encarados, como princípios que "alteram o *modus operandi* que determinou a degradação, pelo que atuam diretamente na fase anterior à produção do dano".[116]

Então, as medidas que devem ser adotadas para uma efetiva reparação civil do dano ambiental são: a reparação propriamente dita, a supressão do fato danoso, com a cessação da atividade causadora do dano, a restauração natural, [quando possível], a compensação de danos extrapatrimoniais e também as indenizações. Pois, no campo da responsabilidade civil, essa se concretiza com a obrigação de fazer, não fazer e dar – no pagamento de soma em dinheiro (revertida para o Fundo (artigo 13 da Lei 7.347/85).

Por outro lado, o Conselho Superior do Ministério Público de São Paulo, editou a Súmula 18, veja-se: "Em matéria de dano ambiental, a Lei 6.938/81 estabelece a responsabilidade objetiva, o que afasta a investigação e a discussão da culpa, mas não se prescinde do nexo causal entre o dano havido e ação ou omissão de quem cause o dano. Se o nexo não é estabelecido, é caso de arquivamento do inquérito civil ou das peças de informação".

Por tudo, toma-se como pressuposto no exame da responsabilidade civil por dano ambiental, o regime jurídico traçado no Brasil, pelo art. 14, § 1º, da Lei 6.938/81, que consagra a responsabilidade objetiva, baseada na teoria do risco integral, e com reparação integral, ao poluidor/degradador, tanto a pessoa física como jurídica, ao poluidor direto e indireto, em perspectiva pública e privada, com a possibilidade de cumulação da recomposição do meio ambiente e de parcelas relativas a indenização dos danos morais coletivos, extrapatrimoniais, e que revertem para os fundos dos direitos difusos e que viabilizam importantes projetos, principalmente de educação ambiental, pelo menos para as presentes e também para as próximas gerações, visto que essa está desacreditada...

Por fim, há que se ter reservas quanto aos danos punitivos, pois a função punitiva contraria a lógica do art. 944 do CC/02, a lógica da CF/88 e a lógica da Lei (LPNMA) 81.

---

114. MILARÉ, Édis. *Direito do ambiente*: doutrina, prática, jurisprudência, glossário. São Paulo: Ed. RT, 2000. p. 333.
115. STEIGLEDER, Annelise Monteiro. *Responsabilidade civil ambiental*: As dimensões do dano ambiental no direito brasileiro. Porto Alegre: Livraria do Advogado, 2004. p. 265.
116. STEIGLEDER, Annelise Monteiro. *Responsabilidade civil ambiental*: as dimensões do dano ambiental no direito brasileiro. Porto Alegre: Livraria do Advogado, 2004. p. 188.

5. CONCLUSÃO

A responsabilidade civil, é instituto que pertence ao Direito Civil, e que na seara ambiental aferiu problemas em relação aos pressupostos e à eficácia, no que diz respeito à obrigação indenizatória.

Na Europa a solução, deu-se com a Diretiva 2004/35 CE, [internalizado pelos 27 países que compõe a União Europeia] que consagrou um "*modelo específico de responsabilidade ambiental*" pautado na prevenção e reparação ao meio ambiente e acaba por afastar o modelo tradicional civilista da responsabilidade civil. Por isso, afirme-se "A responsabilização no diploma nacional de transposição da Directiva europeia só não é criticável porque o legislador nacional resolveu incluir, no mesmo diploma legal, regras relativas à responsabilidade Civil Ambiental, (objectiva e subjectiva) no capítulo II, ao lado da chamada 'responsabilidade administrativa', no capítulo III". Veja-se: "*por um lado* i) "um regime de responsabilidade civil subjectiva e objectiva nos termos do qual os operadores-poluidores ficam obrigados a indemnizar os indivíduos lesados pelos danos sofridos por via de um componente ambiental"; *por outro lado*, ii) "um regime de responsabilidade administrativa destinado a reparar os danos causados ao ambiente perante toda a colectividade, transpondo desta forma para o ordenamento jurídico nacional a Directiva 2004/35/CE, do Parlamento Europeu e do Conselho, de 21 de outubro, que aprovou, com base no princípio do poluidor-pagador, o regime relativo à responsabilidade ambiental aplicável à prevenção e reparação dos danos ambientais, com a alteração que lhe foi introduzida pela Directiva 2006/21/CE, do Parlamento Europeu e do Conselho, relativa à gestão de resíduos da indústria extractiva".

Já no Brasil, o fundamento da responsabilidade Civil Ambiental, passou a ser o risco e não a culpa, ou seja, objetiva, e para proteger o meio ambiente, a prevenção ganha destaque, assim como a reparação efetiva.

Dessa forma, no Brasil, apesar de não se ter um regime próprio, a jurisprudência vem aplicando a Constituição, a Lei da política nacional e o código civil de forma integrada.

Assim, esses três fundamentos jurídicos merecem menção: O primeiro, da Constituição Federal de 1988 – Artigo 225, § 3º: "As condutas e atividades consideradas lesivas ao meio ambiente sujeitarão os infratores, pessoas físicas ou jurídicas, a sanções penais e administrativas, independentemente da obrigação de reparar os danos causados". Ou seja, essa é a tríade de responsabilidade: penal, administrativa, (Lei 9.605, dos Crimes e das Infrações Administrativas de 1998) e civil, com a obrigação de reparar os danos causados, sendo que essa reparação deverá ser o mais completa possível, em recompor--restabelecer o status quo ante do meio ambiente, indenizar, e compensar.

O segundo da Lei 6.938 de 1981, da Política Nacional do Meio Ambiente, Artigo 14: "Sem prejuízo das penalidades definidas pela legislação federal, estadual e municipal, o não cumprimento das medidas necessárias à preservação ou correção dos inconvenientes e danos causados pela degradação da qualidade ambiental sujeitará os transgressores: § 1º "Sem obstar a aplicação das penalidades previstas neste artigo, é o poluidor obrigado, independentemente da existência de culpa, a indenizar ou reparar os danos causados ao meio ambiente e a terceiros, afetados por sua atividade". Ou seja, os transgressores-poluidores, são obrigados a reparar e indenizar os danos, tanto ao meio ambiente como a terceiros, em razão da atividade (e não a culpa) exercida.

O terceiro do Código Civil Brasileiro de 2002, Artigo 927: "Aquele que, por ato ilícito (arts. 186 e 187), causar dano a outrem, fica obrigado a repará-lo. Parágrafo único. "Haverá obrigação de reparar o dano, independentemente de culpa, nos casos especificados em lei, ou quando a atividade normalmente desenvolvida pelo autor do dano implicar, por sua natureza, risco para os direitos de outrem". Ou seja, o Caput do artigo 927 diz respeito a responsabilidade civil geral, mas o que vincula à seara ambiental é o parágrafo único, quando menciona a obrigação de reparar o dano, nos casos especificados em lei, que é a Lei da Política Nacional do Meio Ambiente, ou, pela atividade de risco. Assim, a comprovação do nexo causal, [que é a ligação entre ação, omissão, atividade, risco e o dano causado ao meio ambiente] é fundamental,

No Brasil, são consideradas excludentes para fins de responsabilidade civil geral: a força maior, o caso fortuito, a culpa de terceiro e o fato da vítima. Todavia, em se tratando de responsabilidade Civil Ambiental, essa é objetiva, com base na teoria do risco integral, portanto, não admite excludentes. Ou seja, sistemática que se distancia do sistema europeu.

Com base no art. 4º, VII, da LPNMA/81, que estabeleceu como um dos objetivos, o de imputar ao poluidor e predador, a obrigação de recuperar e/ou indenizar os danos por ele causados, tem-se a prioridade no sistema brasileiro de reparação, ou seja, o retorno ao *status quo ante* ao dano ambiental e a indenização pecuniária.

Assim, chega-se aos Danos Punitivos pelo qual os tribunais podem condenar ao pagamento de uma quantia em dinheiro superior ao dano sofrido em virtude da conduta para servir de exemplo.

Então, as medidas que devem ser adotadas para uma efetiva reparação civil do dano ambiental são: a reparação propriamente dita, a supressão do fato danoso, com a cessação da atividade causadora do dano, a restauração natural, [quando possível], a compensação de danos extrapatrimoniais e também as indenizações. Pois, no campo da responsabilidade civil, essa se concretiza com a obrigação de fazer, não fazer e dar – no pagamento de soma em dinheiro revertida para o Fundo dos direitos difusos e coletivos, (no Brasil) para que sejam financiados projetos ambientais.

Adverte-se, no entanto, que nem toda doutrina e jurisprudência concorda, pois assim como há votos favoráveis, também há votos contrários à aplicação dos danos punitivos. O fato é que há de se ter reservas.

Verificou-se que a regra geral é a reparação integral, que deve ser a mais ampla e completa possível, a fim de restaurar o meio ambiente ao estado natural anterior, quando possível, recuperar, restabelecer o *status quo ante*, levando em consideração as singularidades dos bens ambientais atingidos. Todavia, por vezes, inviável, resta a obrigação de dar, fazer e não fazer, assim como a indenização de cunho pecuniário e que deve ter um sentido também pedagógico, seja para o poluidor-degradador, como para a sociedade.

6. REFERÊNCIAS

ALMEIDA, Maria Pilar Prazeres de. *O dano moral ambiental coletivo*. Florianópolis: Tirant lo Blanch, 2018.

AMORIM. Luís Miguel Caldas Ribeiro Silva. *A função punitiva da responsabilidade civil*. Dissertação de Mestrado, especialidade em Ciências Jurídico Forenses. Apresentada à Faculdade de Direito da Universidade de Coimbra. Orientadora: Mestre Maria Manuel Veloso Coimbra, 2014.

ANDRADE. André Gustavo Corrêa de. *Dano moral e indenização punitiva*. Rio de Janeiro: Lumen Juris, 2009.

ANTUNES VARELA. Das obrigações em geral. Coimbra: Almedina, 2000, p. 930). In: AMORIM, Luís Miguel Caldas Ribeiro Silva. *A função punitiva da responsabilidade civil*. Dissertação de Mestrado, especialidade em Ciências Jurídico Forenses. Apresentada à Faculdade de Direito da Universidade de Coimbra. Orientadora: Mestre Maria Manuel Veloso Coimbra, 2014.

ANTUNES, Henrique. *Da inclusão do lucro ilícito e de efeitos punitivos entre as consequências da responsabilidade civil*. Coimbra: Coimbra Editora, 2001.

ASCENSÃO, José de Oliveira. *Direito civil*: teoria geral. Coimbra: Coimbra Editora, 1997. v. 1.

BEVILÁQUA, Clóvis. *Código Civil*. 11. ed. Rio de Janeiro: Francisco Alves, 1956. v. 1 e 5.

BIRNFELD, Dionísio Renz. *Dano moral ou extrapatrimonial ambiental*. São Paulo: LTR, 2009.

BITTAR FILHO, Carlos Alberto. Do dano moral coletivo, no atual contexto jurídico brasileiro. *Revista do Direito do Consumidor*, v. 12, São Paulo, out./dez. 1994.

BLANK, Dionis Mauri Penning. A judicialização do dano moral coletivo do patrimônio cultural. *Veredas do Direito*, v. 10, n. 20, p. 79-110, Belo Horizonte, jul. dez. 2013.

BOSSELMANN, Klaus. Direitos humanos, meio ambiente e sustentabilidade. In: SARLET, Ingo Wolfgang (Org.). *Estado socioambiental e direitos fundamentais*. Porto Alegre: Livraria do Advogado, 2010.

BRASIL. AgInt no REsp 1532643/SC, Rel. Ministra Assusete Magalhães, Segunda Turma, julgado em 10/10/2017, DJe 23.10.2017 e REsp 1355574/SE, Rel. Ministra Diva Malerbi (Desembargadora Convocada TRF 3ª Região), Segunda Turma, julgado em 16.08.2016, DJe 23.08.2016. (AgInt no AREsp 1239530 / RJ, Rel. Min. Francisco Falcão, publicado em 24.10.2018).

BRASIL. Código Civil Brasileiro. Lei 10.406, de 10 de janeiro de 2002. Disponível em: http://www.planalto.gov.br/ccivil_03/leis/2002/l10406.htm. Acesso em: 27 mar. 2019.

BRASIL. Decreto-lei 2.848, de 7 de dezembro de 1940. Código Penal. Disponível em: http://www.planalto.gov.br/ccivil_03/decreto-lei/del2848compilado.htm. Acesso em 10 mar. 2019.

BRASIL. Lei 13.467, de 13 de julho de 2017. Altera a Consolidação das Leis do Trabalho (CLT), aprovada pelo Decreto-Lei 5.452, de 1º de maio de 1943, e as Leis 6.019, de 3 de janeiro de 1974, 8.036, de 11 de maio de 1990, e 8.212, de 24 de julho de 1991, a fim de adequar a legislação às novas relações de trabalho. Disponível em: http://www.planalto.gov.br/ccivil_03/_ato2015-2018/2017/lei/L13467.htm. Acesso em: 20 jan. 2019.

BRASIL. Lei 8.884, de 11 de junho de 1994. Transforma o Conselho Administrativo de Defesa Econômica (CADE) em Autarquia, dispõe sobre a prevenção e a repressão às infrações contra a ordem econômica e dá outras providências. Disponível em: Acesso em: http://www.planalto.gov.br/ccivil_03/LEIS/L8884.htm. Acesso em: 21 set. 2019.

BRASIL. LEI 9.605, de 12 de fevereiro de 1998. Dispõe sobre as sanções penais e administrativas derivadas de condutas e atividades lesivas ao meio ambiente, e dá outras providências. Disponível em: http://www.planalto.gov.br/ccivil_03/leis/l9605.htm. Acesso em: 10 mar. 2019.

BRASIL. PL 6.960/2002. Disponível em: https://www.camara.leg.br/proposicoesWeb/fichadetramitacao?idProposicao=56549. Acesso em: 20 dez. 2018.

BRASIL. Superior Tribunal de Justiça. Agravo Interno no Agravo em Recurso Especial 1063319/SP. Relator Ministro Sérgio Kukina, Relatora para o acórdão Ministra Regina Helena Costa. Julgado em: 03. abr. 2018.

BRASIL. Superior Tribunal de Justiça. Agravo Interno no Recurso Especial 1719756/SP. Relator Ministro Luis Felipe Salomão. Julgado em: 15 maio 2018. Disponível em: https://ww2.stj.jus.br/processo/revista/inteiroteor/?num_registro=201800146236&dt_publicacao=21/05/2018. Acesso em: 22 dez. 2018.

BRASIL. Superior Tribunal de Justiça. Agravo Regimental no Agravo em Recurso Especial 737887/SE. Relator Ministro Humberto Martins. Julgado em: 03 set. 2015. Disponível em: https://ww2.stj.jus.br/processo/revista/inteiroteor/?num_registro=201501613818&dt_publicacao=14/09/2015. Acesso em: 22 dez. 2018.

BRASIL. Superior Tribunal de Justiça. Recurso Especial 598.281. Ministério Público do Estado de Minas Gerais versus Município de Uberlândia e Empreendimentos Imobiliários Canaã Ltda. Relator Des. Luiz Fux. Disponível em: https://stj.jusbrasil.com.br/jurisprudencia/7158334/recurso-especial-resp-598281-mg-2003-0178629-9-stj/relatorio-e-voto-12878881. Acesso em 12 jan. 2019.

BRASIL. Superior Tribunal de Justiça. Recurso Especial 1.057.274-RS (2008/0104498-1). Rel. Min. Herman Benjamin, julgado em 14/08/2012).

BRASIL. Superior Tribunal de Justiça. Recurso Especial 1057274. Relatora Ministra Eliana Calmon. Julgado em: 1º dez. 2009. Disponível em: https://ww2.stj.jus.br/processo/revista/inteiroteor/?num_registro=200801044981&dt_publicacao=26/02/2010. Acesso em: 22 dez. 2018.

BRASIL. Superior Tribunal de Justiça. Recurso Especial 1245550/MG. Relator Ministro Luis Felipe Salomão. Julgado em: 17 mar. 2015. Disponível em: https://ww2.stj.jus.br/processo/revista/inteiroteor/?num_registro=201100391454&dt_publicacao=16/04/2015. Acesso em: 22 dez. 2018.

BRASIL. Superior Tribunal de Justiça. Recurso Especial 1355574/SE. Relatora Ministra Diva Malerbi (Desembargadora Convocada TRF 3ª Região). Julgado em: 16 ago. 2016. Disponível em: https://ww2.stj.jus.br/processo/revista/inteiroteor/?num_registro=201202481713&dt_publicacao=23/08/2016. Acesso em: 22 dez. 2018.

BRASIL. Superior Tribunal de Justiça. Recurso Especial 1410698/MG, Rel. Ministro Humberto Martins. Julgado em: 26 jun. 2015. Disponível em: https://ww2.stj.jus.br/processo/revista/inteiroteor/?num_registro=201303462603&dt_publicacao=30/06/2015. Acesso em: 22 dez. 2018.

BRASIL. Superior Tribunal de Justiça. Recurso Especial 331.517. Cristal Engenharia e Empreendimentos Ltda. versus Associação das Empresas de Incorporação de Goiás – ADEMI. Relator Min. Cesar Asfor Rocha. Disponível em: https://ww2.stj.jus.br/revistaeletronica/ita.asp?registro=200100807660&dt_publicacao=25/03/2002. Acesso em: 20 nov. 2019.

BRASIL. Superior Tribunal de Justiça. REsp 1077638 / RS, Rel. Ministro Sidnei Beneti, Terceira Turma, julgado em 04.11.2010, DJe 11.11.2010.

BRASIL. Supremo Tribunal Federal. Arguição de Descumprimento de Preceito Fundamental 130. Relator Ministro Carlos Britto. Julgado em: 30 abr. 2009. Disponível em: http://stf.jus.br/portal/jurisprudencia/listarJurisprudencia.asp?s1=%28ADPF%24%2ESCLA%2E+E+130%2ENUME%2E%29+OU+%28ADPF%2EACMS%2E+ADJ2+130%2EACMS%2E%29&base=baseAcordaos&url=http://tinyurl.com/9wfcrln. Acesso em: 22 dez. 2018.

BRASIL. TJSC. Diário da Justiça de Santa Catarina, 13 maio 1991.

BRASIL. TJSC. Diário Oficial de Justiça de Santa Catarina, de 30 abr. 1991.

BRASIL. Tribunal de Justiça de Minas Gerais. Apelação Cível 1.0132.05.002117-0/001. Ministério Público de Minas Gerais versus Itamar Faria de Paiva Filho.

BRASIL. Tribunal de Justiça de São Paulo. Apelação 163.470-1/8. Relator: Silvério Ribeiro. Acórdão, 16 jun. 1992. ADCOAS: informações jurídicas e empresariais, São Paulo, 1992.

BRASIL. Tribunal de Justiça do Rio Grande do Sul. Apelação Cível 70000593406. Ministério Público do Rio grande do Sul versus AGIPLIQUIGAS S.A.

BÜHRING, Marcia Andrea; TONINELO, Alexandre. C. Responsabilidade Civil Ambiental do Estado, em face dos desastres naturais: na visão das teorias mitigadas e da responsabilidade integral. Revista de *Direito ambiental e socioambientalismo*, v. 1, p. 57-77, 2018.

BÜHRING, Marcia Andrea. *Responsabilidade civil ambiental/ecológica*: Pontos e contrapontos no "transitar verde" entre contextos distintos de estudo comparado entre Portugal e Brasil. Londrina: Toth, 2022.

CAHALI, Yussef Said. *Dano moral*. 3. ed. São Paulo: Ed. RT, 2005.

CARMIGNANI, Maria Cristina da Silva. A evolução histórica do dano moral. *Revista dos Advogados*, v. 49, p. 36-39, São Paulo, 1996.

CARVALHO, Délton Winter de. *Dano ambiental futuro*: A responsabilização civil pelo risco ambiental. 2. ed. Porto Alegre: Livraria do Advogado, 2013.

CAVALIERI FILHO, Sergio. *Programa de responsabilidade civil*. 13. ed. São Paulo: Atlas, 2019.

CUSTÓDIO, Helita Barreira. Avaliação de custos ambientais em ações jurídicas de lesão ao meio ambiente. *Revista dos Tribunais*. v. 652: 14-28. São Paulo: Ed. RT, 1990.

DEEPWATER HORIZON. Disponível em: https://www.dw.com/pt-br/justi%C3%A7a-dos-eua-aprova-acordo-sobre-desastre-da-bp/a-19164844 . Acesso em: 15 dez. 2018.

DINIZ, Maria Helena. *Curso de direito civil brasileiro*: responsabilidade civil. São Paulo: Saraiva, 1995. v. 7.

FERREIRA DA SILVA. Sara Monteiro Pinto. Danos Punitivos – Problemas em relação à sua admissibilidade no ordenamento jurídico português. *Dissertação no âmbito do Mestrado Forense*. Orientador: Dr. Pedro Eiró. Lisboa, Agosto de 2012.

FERREIRA DA SILVA. Sara Monteiro Pinto. Danos Punitivos – Problemas em relação à sua admissibilidade no ordenamento jurídico português. *Dissertação no âmbito do Mestrado Forense*. Orientador: Dr. Pedro Eiró. Lisboa, Agosto de 2012.

GAGLIANO, Pablo Stolze; PAMPLONA FILHO, Rodolfo. *Manual de direito civil*. São Paulo: Saraiva, 2017.

GIANCOLI, Brunno Pandori; WALD, Arnoldo. *Direito Civil*: responsabilidade civil. 2. ed. São Paulo: Saraiva, 2012. v. 7.

GOMES, Carla Amado. *Tutela contenciosa do ambiente*: uma amostragem da jurisprudência nacional 2019. Disponível em: http://www.icjp.pt/sites/default/files/publicacoes/files/ebook_justicaambiental_jul2019.pdf. Acesso em: 16 out. 2019.

GOMES, Júlio. Uma função punitiva para a responsabilidade civil e uma função reparatória para a responsabilidade penal? *Revista de Direito e Economia*. ano 15, p 105-144. Coimbra, 1989.

GUIMARÃES, Patrícia Carla Monteiro, Os danos punitivos e a função punitiva da responsabilidade civil, *Direito e Justiça*, v. 15.1. p. 159-206. 2001.

JUNKES, Sérgio Luiz; SLAIBI FILHO, Nagib; COUTO, Sergio (Coord.). *Responsabilidade civil*: estudos e depoimentos no centenário do nascimento de José de Aguiar Dias. Rio de Janeiro: Forense, 2006.

KISS, Alexandre; BEURIER Jean-Pierre. *Droit International de l'Environnement*. 3. ed. Paris, 2004.

LEITÃO, João Menezes. Instrumentos de direito privado para proteção do ambiente. *Revista Jurídica do Urbanismo e do Ambiente*, Coimbra, v. 7, p. 37, jun. 1997.

LEITÃO, Luis Menezes. A responsabilidade civil por danos causados ao ambiente. *Actas do Colóquio*: a responsabilidade civil por dano ambiental. Faculdade de Direito de Lisboa Dias 18, 19 e 20 de Novembro de 2009. Organização de Carla Amado Gomes e Tiago Antunes. Edição: Instituto de Ciências Jurídico-Políticas. www.icjp.pt Maio de 2010.

LEITE, José Rubens Morato. *Dano ambiental*: do individual ao coletivo extrapatrimonial. 2. ed. rev., atual. e ampl. São Paulo: Ed. RT, 2003.

LEITE. José Rubens Morato. O dano moral ambiental difuso: conceituação, classificação e jurisprudência brasileira. In: GOMES, Carla Amado; ANTUNES, Tiago (Org.). *Actas do Colóquio*: a responsabilidade civil por dano ambiental. Lisboa: Instituto de Ciências Jurídico-Políticas, 2009. Disponível em: www.icjp.pt Acesso em: 04 jan. 2019.

LORENZETTI, Ricardo Luis. La nueva ley ambiental argentina. *Revista de Direito Ambiental*. n. 29: 187-306. São Paulo: Ed. RT, 2003.

LOURENÇO, Paula Meira. Os danos punitivos. *Revista da Faculdade de Direito da Universidade de Lisboa*, v. XLIII, n. 2.

LOURENÇO, Paula Meira. *A função punitiva da responsabilidade civil*. Coimbra, Coimbra Editora, 2006.

LOURENÇO, Paula Meira. Os danos punitivos. *Revista da Faculdade de Direito da Universidade de Lisboa*, v. XLIII, n. 2.

LUTZKY, Daniela Courtes. *A reparação de danos imateriais como direito fundamental*. Porto Alegre: Livraria do Advogado, 2012.

MAZZILLI, Hugo Nigro. *A defesa dos interesses difusos em juízo*: meio ambiente, consumidor e outros interesses difusos e coletivos. 9. ed. rev. e atual. São Paulo: Saraiva, 1997.

MEDEIROS NETO, Xisto Tiago de. *Dano moral coletivo*. 3. ed. São Paulo: LTr, 2012, p. 170.

MILARÉ, Édis. *Direito do ambiente*. 9. ed. São Paulo: Ed. RT, 2014.

MILARÉ, Édis. *Direito do ambiente*: doutrina, prática, jurisprudência, glossário. São Paulo: Ed. RT, 2000.

MIRANDA, Pontes de. *Tratado de Direito Privado*. 2. ed. Rio de Janeiro: Borsoi, 1958. v. 22.

MORATO LEITE, José Rubens. *Manual de direito ambiental*. São Paulo: Saraiva, 2015.

OLIVEIRA, Fabiano Melo Gonçalves de. *Manual de direito ambiental*. Disponível em: https://integrada.minhabiblioteca.com.br/books/978-85-309-57568/epubcfi/6/10[;vnd.vst.idref=copyright]!/4/16/2@0:100. Acesso em: 14 abr. 2017.

OST, François. *A natureza à margem da lei*: a ecologia à prova do direito. Lisboa, Portugal: Instituto Piaget, 1997.

RODRIGUES, Marcelo Abelha. *Direito ambiental esquematizado*. 4. ed. São Paulo: Saraiva, 2017.

ROSELVALD, Nelson. *As funções da responsabilidade civil*. 3. ed. São Paulo: Saraiva, 2017.

RUSSO, Rafael dos Santos Ramos. *Aplicação efetiva dos punitive damages no atual ordenamento jurídico brasileiro. artigo científico* (pós-graduação). Rio de Janeiro, 2009.

SAMPAIO, Francisco José Marques. *Responsabilidade civil e reparação de danos ao meio ambiente*. Rio de Janeiro: Lumen Juris, 1998.

SANTOS, Antônio Jeová. *Dano Moral Indenizável*. 4. ed. São Paulo: Ed. RT, 2003.

SEBOK, Anthony J. *The difference punitive damages make*. Disponível em: http://edition.cnn.com/2001/LAW/06/columns/fl.sebok.punitive.damages.06.14/. Acesso em: 20 out. 2019.

SENDIM, José de Souza Cunhal. *Responsabilidade civil por danos ecológicos*: da reparação do dano através da restauração natural. Coimbra: Coimbra, 1998.

SOUSA, Radindranath Valentino Aleixo Capelo de. *O direito geral de personalidade*. Coimbra: Coimbra Editora, 1997.

STEIGLEDER, Annelise Monteiro. *Responsabilidade civil ambiental*: As dimensões do dano ambiental no direito brasileiro. Porto Alegre: Livraria do Advogado, 2017.

STEIGLEDER, Annelise Monteiro. *Responsabilidade civil ambiental*: As dimensões do dano ambiental no direito brasileiro. Porto Alegre: Livraria do Advogado, 2004.

VON LANG, Agathe. Affaire de *l'Erika*: la consécration du préjudice écologique par le juge judiciaire. *AJDA*, 2008/17.

A REPARAÇÃO CIVIL POR INFRINGÊNCIA A GARANTIA AO DIREITO DE HERANÇA

Mônica Cecilio Rodrigues

Doutora em processo civil pela PUC-SP. Mestre em processo civil pela UNAERP. Professora em curso de graduação e pós-graduação. Advogada.

Sumário: 1. Introdução – 2. Direitos e garantias fundamentais – 3. Herança como garantia constitucional – 4. A responsabilidade civil aplicada ao desrespeito ao direito de herança – 5. Considerações finais – 6. Referências.

1. INTRODUÇÃO

O objetivo deste texto é despertar o operador do direito para a possibilidade de aplicação das regras da responsabilidade civil caso ocorra na sucessão hereditária um desrespeito ao direito de herança, conforme se encontra normatizado na legislação civil, quer seja quando, por liberalidade, o autor da herança extrapola a parte disponível; quer seja quando permanece o bem inventariado em posse de outrem que não o herdeiro titular ou quando o bem é omitido, dolosamente, na partilha em prejuízo ao herdeiro.

O reconhecimento da possibilidade de indenizar o desrespeito não contém só a função punitiva e pedagógica de uma condenação; mas também a pretensão de ressarcir possíveis prejuízos a ofensa de uma garantia constitucional – o direito de herança –, visto tratar de um bem de valor altamente estimável no ordenamento jurídico e que tem proteção constitucional.

2. DIREITOS E GARANTIAS FUNDAMENTAIS

Necessário caracterizar, para melhor compreender, o que são os direitos e as garantias fundamentais e assim entender o enquadramento da garantia ao direito de herança em institucional e a possibilidade de ocorrer indenização quando houver o desrespeito a este direito assegurado constitucionalmente.

De acordo com o artigo 5º, § 1º da Constituição Federal, os direitos e garantias fundamentais possuem aplicação imediata, exigibilidade plena e não precisam de regulamentação para a sua efetivação; não podem ser abolidos nem mesmo por emenda e devem se subordinar a hierarquia constitucional, sujeitando a declaração de inconstitucionalidade a lei que objetive dificultar ou impedir o cumprimento de um direito ou garantia fundamental.

Os direitos e garantias fundamentais se caracterizam como valores do povo que merecem proteção especial do constituinte, sendo definido como "normas jurídicas, intimamente ligadas à ideia de dignidade da pessoa humana e de limitação de poder, ... que, por sua importância axiológica, fundamentam e legitimam todo o ordenamento jurídico".[1]

Logo, como são normas constitucionais, encontram posição de destaque no texto magno, gozam de supremacia e com força imperativa.

Positivadas no direito interno pelas normas constitucionais e no plano internacional por meio dos tratados ou pactos internacionais. E quando as normas internacionais versarem sobre os direitos e garantias fundamentais a preferência é utilizar a expressão direitos humanos.[2]

Apesar de serem uma unidade, possuem categorias distintas em razão das diversas proteções que cumprem.

Deve ser feita uma pequena e apenas didática diferenciação, pois o mote do presente texto é a garantia ao direito de herança, que tem conteúdo assecuratório, e serve para afirmar o direito declarado, no caso sucessório. E como direito individual que é, o seu exercício também ocorre desta mesma forma.

No entender do constitucionalista Jorge Miranda, as garantias podem e devem ser vistas objetivamente como *têtes de chapitre* de grandes ramos do Direito,[3] no caso em pauta, o direito de herança, visto tratar não só do direito sucessório, mas também do direito de propriedade, em razão da transmissão desta ocorrer quando da abertura da sucessão aos herdeiros, pelo princípio de *saisine*.[4]

O direito de herança é assegurado como garantia institucional, e excepcionalmente tratado como direito subjetivo, com função de proteção da propriedade, em caso de sucessão, considerado um bem jurídico essencial e não deve ser atingindo e nem violado, pois se isso ocorrer fatalmente caracterizaria o perecimento das instituições protegidas.[5]

Como se cuida de normas assecuratórias de direito subjetivo, a titularidade dessa garantia somente pode ser exercida por quem que se sentir lesado em seu direito protegido.

O legislador infraconstitucional se sente compelido e ao mesmo tempo autorizado a disciplinar com amplitude o bem tutelado, *in casu*, o direito de herança; ressalvada algumas limitações presentes no próprio texto constitucional, visto tratar de instituto de grande importância.

Assim resta assegurado, pela lei civil, que o direito de herança será regulado pela lei vigente da data da abertura da sucessão.[6]

---

1. MARMELSTEIN, George. *Curso de Direitos Fundamentais*. 2. ed. São Paulo: Atlas S.A., 2009, p. 20.
2. Vide Declaração Universal dos Direitos Humanos, da qual o Brasil é signatário, especificamente, em seu artigo 17. 1. Todo ser humano tem direito à propriedade, só ou em sociedade com outros. 2. Ninguém será arbitrariamente privado de sua propriedade.
3. MIRANDA, Jorge. *Manual de Direito Constitucional*. Coimbra: Editora Coimbra, 2008, t. IV. Direitos Fundamentais, p. 115.
4. Art. 1.784. Aberta a sucessão, a herança transmite-se, desde logo, aos herdeiros legítimos e testamentários.
5. MENDES, Gilmar Ferreira. *Curso de direito constitucional*. 17. ed. São Paulo: Saraiva, 2022, p. 269.
6. Art. 1.787. Regula a sucessão e a legitimação para suceder a lei vigente ao tempo da abertura daquela.

Todavia, a disposição de última vontade deve seguir as determinações legais da época de sua confecção. Entretanto, se houver conflito entre a disposição patrimonial de última vontade e a regra de direito material sucessório, vigente na data do falecimento, deve haver a correção, e consequente redução, em respeito a quota assegurada aos herdeiros necessários, se houver sido extrapolada.

3. HERANÇA COMO GARANTIA CONSTITUCIONAL

Por obvio, é perceptível a preocupação dos doutrinadores em nominar o direito a herança como garantia constitucional, e não apenas como fundamental ou institucional, pois cuida-se também do amplo direito à propriedade. Isso, porque se aquele direito for entendido como garantia constitucional o desacerto será menor do que tratá-lo como garantia fundamental; pois, a palavra constitucional envolve tanto a institucional como a fundamental. O que na prática pouca ou quase nenhuma diferença faz para o resultado de aplicar a responsabilidade civil quando houver o desrespeito ao direito de herança.

Assegurado como garantia o direito de herança e recepcionado na constituição, deve ser normatizado e protegido pela legislação infraconstitucional os herdeiros legais ou testamentários, como será tratado neste item.

Uma das primeiras questões é o desrespeito a reserva legal que os herdeiros necessários possuem.

A legislação civil impõe regras e estipula o limite de disponibilidade ao proprietário de seus bens, quando este possui herdeiros instituídos pela lei e nominados de necessários. Sendo assim, o proprietário só poderá dispor de seus bens, por testamento ou por doação, se não atingir a garantia de herança legítima ou a denominada reserva legal dos herdeiros necessários.

A regra legal é bem clara e determina que se existir herdeiro necessário, filho, cônjuge ou ascendentes, haverá a restrição de testar ou doar o patrimônio,[7] *v. gratia*: o autor da herança, quando em vida, tem a liberdade de deixar apenas cinquenta por cento de todo o seu acervo hereditário a quem ele quiser, até mesmo ao próprio herdeiro legal. E nesse caso passará a figurar como herdeiro legal e como testamentário, sendo possível a coexistência das duas figuras em uma só pessoa.

E como exceção à regra de disponibilidade do autor da herança, desde que respeitada a parte disponível, a legislação, atenta aos princípios que regem o matrimônio, traz a proibição de doação feita pelo cônjuge adúltero ao seu cúmplice.[8]

Na realidade, a denominação de herdeiros necessários está restrita apenas aos nominados no artigo 1.845 do Código Civil,[9] e não se pode ampliar esta denominação ao companheiro. O Supremo Tribunal Federal, em 2017, ao julgar os Recursos Extra-

---
7. Art. 1.789. Havendo herdeiros necessários, o testador só poderá dispor da metade da herança.
8. Art. 550 do Código Civil.
9. Art. 1.845. São herdeiros necessários os descendentes, os ascendentes e o cônjuge.

ordinários 646.721 e 878.694, com repercussão geral reconhecida, Tema 809, declarou inconstitucional o artigo 1.790 do Código Civil, e em momento algum reconheceu o companheiro como herdeiro necessário, apesar do objeto de ambos os recursos dizer respeito a sucessão do companheiro; e esta conclusão é certeira ao se ler o voto do Ministro Luís Roberto Barroso, nos Embargos de Declaração interpostos no Recurso Extraordinário 878.694.[10]

Então percebe-se o porquê da reserva da Ministra Nancy Andrighi, ao julgar o Recurso Especial 1.904.374 – DF, e limitar a modulação do resultado em razão de sua aplicabilidade a inúmeros casos ainda não apreciados:

> Diante desse cenário, é correto afirmar que as interpretações subsequentes da modulação de efeitos devem ser restritivas, a fim de que não haja inadequado acréscimo de conteúdo exatamente aquilo que o intérprete autêntico pretendeu, em caráter excepcional, proteger e salvaguardar.

Razão pela qual deve-se ainda respeitar a regra legal do artigo 1.845 do Código Civil, pois ali estão nominados os herdeiros necessários, sempre legais, e nem sempre os legais são necessários, a exemplo do irmão, herdeiro colateral, que não priva a autonomia do autor da herança em dispor de todo o seu patrimônio a outrem em detrimento de não existir legítima assegurada ao colateral.

Desse modo, pode-se concluir que o resultado do julgado não permite que se faça extensão ao companheiro como herdeiro necessário; e deve-se então diferenciar esta peculiaridade.

O resultado desse julgado objetiva aplicar as regras do direito sucessório do casamento a união estável, todavia, o companheiro não é herdeiro necessário e assim a sua existência não priva o autor da herança de dispor por testamento ou doação de todo o seu patrimônio a quem desejar.

Esclarecidas as dúvidas que poderiam existir, deve-se seguir em frente, considerando que os herdeiros necessários são só aqueles que o legislador nominou no mencionado artigo 1.845, ou seja: os descendentes, os ascendentes e o cônjuge. E seguindo os preceitos civis, pertence aos herdeiros necessários, de pleno direito, a metade dos bens da herança, nominada legítima, e eles seriam os possíveis legitimados para reclamar a garantia do direito de herança se desrespeitada.[11]-[12]

Como explicitado, aos herdeiros necessários é reservado o direito de cinquenta por cento de todo o acervo patrimonial do falecido, e deve o cálculo ser feito sobre o valor dos bens existentes na abertura da sucessão, abatidas as dívidas e as despesas do

---

10. "Não há que se falar em omissão do acórdão embargado por ausência de manifestação com relação ao art. 1.845 ou qualquer outro dispositivo do Código Civil, pois o objeto da repercussão geral reconhecida não os abrangeu. Não houve discussão a respeito da integração do companheiro ao rol de herdeiros necessários, de forma que inexiste omissão a ser sanada."
11. Art. 1.846 do Código Civil.
12. DIMOULIS, Dimitri; MARTINS, Leonardo. *Teoria geral dos direitos fundamentais*. 2. ed. São Paulo: Ed. RT, 2010, p 83.

funeral, sem preterir de trazer a colação os bens que foram objeto de adiantamento da legítima.[13]

Outra possibilidade de desrespeito ao direito de herança é quando o herdeiro não recebe a sua parte que lhe cabe no acervo hereditário, seja por omissão do declarante, no caso o inventariante, seja quando não foi declarado como herdeiro, apesar de já possuir título hereditário. De qualquer forma, objetivando a restituição da herança ou de parte dela contra quem a possua desafia a ação de petição de herança.[14]

Essa ação pode ser ajuizada antes de aberto o inventário, no curso ou após sua finalização, e pretende seja condenado o possuidor direto a restituição da coisa herdada, incluindo os possíveis acessórios.

A possibilidade de ajuizamento dessa ação anteriormente a propositura do inventário se dá pelo simples motivo do princípio de *saisine*, quando são transferidos todo o acervo hereditário ao herdeiro pela morte do autor da herança.

Não se trata de ação reivindicatória ou possessória, mas sim de ação de petição de posse dos bens da herança.

E como último exemplo, tem-se a ação de sonegados, onde objetiva a inclusão de bens que foram intencionalmente omitidos, com o intento de não partilhá-los com o herdeiro então prejudicado.

Com esses três exemplos pode-se perceber que houve desrespeito a garantia do direito de herança, não só tutelada constitucionalmente, mas também nos limites das regras do direito sucessório da legislação infraconstitucional. Quanto ao primeiro exemplo deve-se decotar da liberalidade o valor que extrapola a reserva legal do herdeiro necessário, devendo ser-lhe devolvido, para completar o percentual asseverado pela lei.

No segundo exemplo, tem-se o direito de receber, em devolução, o quinhão que lhe cabe a título de herdeiro.

E por último, haverá a inclusão do bem sonegado, e pela mesma proteção legal, àquele que deu causa a sonegação perderá o direito que lhe cabe sobre este bem.

Portanto, ocorridas as hipóteses mencionadas acima, é devida a correção em cada um dos casos, garantindo o direito de herança do herdeiro prejudicado, seja pelo testamento que diminuiu a cota parte legítima; seja pela restituição da posse direta ainda mantida por aquele que não é o titular do bem herdado ou seja pela sonegação de bem pertencente ao espólio e que deve ser objeto de partilha.

Chega-se ao ponto axial do texto.

---

13. Art. 1.847 do Código Civil.
14. Art. 1.824. O herdeiro pode, em ação de petição de herança, demandar o reconhecimento de seu direito sucessório, para obter a restituição da herança, ou de parte dela, contra quem, na qualidade de herdeiro, ou mesmo sem título, a possua.

Seria suficiente apenas as correções havidas para reparar o ilícito? Ou ainda há necessidade de aplicação da responsabilidade civil ao desrespeito a garantia constitucional do direito a herança, que está contido no direito à propriedade?

4. A RESPONSABILIDADE CIVIL APLICADA AO DESRESPEITO AO DIREITO DE HERANÇA

A provocação deste texto é despertar para a necessidade e possibilidade da punição de ordem civil a quem desrespeitar a garantia constitucional do direito de herança, em qualquer dos casos supracitados, por se tratar de direito contido no direito de propriedade.

Assim, apenas a restituição, a devolução ou a inclusão do bem não é suficiente para reparar a violação ao direito do herdeiro, sendo necessário a aplicação da pena pecuniária ao agente causador do dano, ao menos pedagogicamente.

A princípio pode parecer exacerbada a aplicação da responsabilidade civil nas hipóteses descritas. Porém, a garantia constitucional diz respeito a instituição civil maior – o direito de propriedade – e a aplicação da responsabilidade civil seria prestigiar o direito fundamental resguardado no artigo 5º, inciso XXII – é garantido o direito de propriedade – da Constituição Federal.

A garantia institucional é carregada de elementos essenciais que compõem outros direitos interligados, a exemplo da dignidade humana e o legislador ordinário não vislumbrou punição mais severa a atitude de desrespeito a estas duas garantias – propriedade e herança – assim, remanesce para a responsabilidade civil a correção desse ato de desrespeito, sob pena de não existindo o ressarcimento configurar abalo ou descrédito aos direitos protegidos constitucionalmente.

Dessa forma, a responsabilidade civil deve ser aplicada as relações familiares sob pena do ofensor se beneficiar do *locus* em que ocorreu o ilícito.

Pode-se argumentar que a aplicação da responsabilidade civil agravaria os danos já existentes, mas não se pode ceder a este argumento, porque se encorajaria atitudes ilícitas e blindaria os membros da família, mal-intencionados.

No passado, o emblemático voto do Ministro Asfor Rocha foi taxativo e afastou a possibilidade de o instituto da responsabilidade civil ser aplicado nas relações familiares: "O Direito de Família tem princípios próprios que não podem receber influências de outros princípios que são atinentes exclusivamente ou – no mínimo – mais fortemente – a outras ramificações do Direito".[15]

Era perceptível que as relações familiares, naquela época, não estavam subordinadas as regras do instituto da responsabilidade civil, e devia sim ser aplicada as regras

---

15. Superior Tribunal de Justiça, Recurso Especial 757.411/MG., Relator Ministro Fernando Gonçalves, T4 – Quarta Turma, data do julgamento 29.11.2005, data da publicação DJ 27.03.2006 p. 299, RB v. 510 p. 20, REVJMG v. 175 p. 438 e RT v. 849 p. 228.

do "próprio Direito de Família", mesmo que faltasse a punição devida e eficaz para as desobediências às obrigações familiares.

Desse modo, os membros que compunham a família gozavam de proteção uns contra os outros, mesmo que houvesse desrespeito as obrigações que pudessem existir entre eles. Por muito tempo ficou relegada a possibilidade de se perquirir a irresponsabilidade aos deveres familiares entre os integrantes.

Hodiernamente, a conjuntura social é outra, e pode-se encontrar várias ocorrências em que se aplica a responsabilidade civil as relações familiares.

Prova disto é a decisão da Corte de Precedentes no Recurso Especial 1.159.242/SP,[16] no qual se vislumbra a modificação do pensamento até então existente. Começa a ser reconhecida a possibilidade da inter-relação da responsabilidade civil com o direito de família, consoante o voto da Ministra Relatora Nancy Andrigui, *in verbis*: "não existem restrições legais à aplicação das regras relativas à responsabilidade civil e o consequente dever de indenizar/compensar, no Direito de Família", embora proferido no *leading case* de indenização ao dever de cuidado.

Além disso, percebe-se a ligação que a garantia do direito de herança tem com a proteção à propriedade, valorada sobremaneira pela Constituição, acolhida não só nas relações sucessórias, mas também na ordem econômica, na inviolabilidade, ao assumir papel importante para a propalada segurança jurídica.[17]

Existem direitos fundamentais que estão interligados com a garantia constitucional do direito de herança, a exemplo do direito à propriedade e do direito à liberdade.

Enfim, não deve passar *in albis* o ilícito cometido contra o herdeiro que foi desrespeitado no seu direito de herança; por isso, deve ser aplicado o instituto da responsabilidade civil visando a desencorajar outras situações que podem ocorrer no direito sucessório e também ressarcir o dano perpetrado ao ofendido.

5. CONSIDERAÇÕES FINAIS

Destarte, verificado que o direito de herança goza de garantia constitucional e está contido no tutelado direito de propriedade, é importante os operadores do direito despertarem para a necessidade de aplicar as regras da responsabilidade civil aos atos de desrespeito às normas de direito sucessório, haja vista que não se justifica a ausência de punição quando caracterizado o agir doloso de quem pretende provocar prejuízo patrimonial ao herdeiro.

Em conclusão:

---

16. Superior Tribunal de Justiça, Recurso Especial REsp 1159242/SP., Relatora Ministra Nancy Andrighi, T3 – Terceira Turma, data do julgamento 24.04.2012, data da publicação DJe 10.05.2012 RDDP v. 112 p. 137, RDTJRJ v. 100 p. 167 RSTJ v. 226 p. 435.
17. ÁVILA, Humberto. *Teoria da Segurança Jurídica*. 6. ed. São Paulo: Malheiros. 2021, p 233.

a) Se existe garantia do direito de herança, faz-se necessário que em caso de desrespeito às regras de direito material regulatórios do direito sucessório, seja aplicada uma punição de ordem econômica, amparada nas regras do instituto da responsabilidade civil;

b) As correções feitas as atitudes de desrespeito ao patrimônio do herdeiro por si só não são capazes de reparar ou neutralizar o dano que o ofensor causou ao herdeiro;

c) Finalmente, caso reste comprovado o desrespeito a garantia do direito de herança, deve o ofensor ser apenado civilmente, pelo dano causado, que implica também ofensa ao direito de propriedade, assegurados constitucionalmente, essenciais à concretização da dignidade da pessoa humana, e proteção ao patrimônio, sua utilização e liberdade de disposição, tudo com vistas a segurança jurídica que deve ser o ideal de todo o ordenamento legal.

6. REFERÊNCIAS

ÁVILA, Humberto. *Teoria da segurança jurídica*. 6. ed. São Paulo: Malheiros. 2021.

DIAS, Maria Berenice. *Manual das sucessões*. 7. ed. Salvador: JusPodivm, 2021.

DIMOULIS, Dimitri; MARTINS, Leonardo. *Teoria geral dos direitos fundamentais*. 2. ed. São Paulo: Ed. RT, 2010.

DINIZ, Maria Helena. *Curso de direito civil brasileiro*. Direito das sucessões. 36. ed. São Paulo: Saraiva, 2022.

FARIA, Cristiano Chaves de; ROSENVALD, Nelson; BRAGA NETTO, Felipe Peixoto. *Curso de direito civil*: responsabilidade civil. 9. ed. Salvador: JusPodivm, 2022.

MARMELSTEIN, George. *Curso de direitos fundamentais*. 2. E d. São Paulo: Atlas S.A., 2009.

MENDES, Gilmar Ferreira. *Curso de direito constitucional*. 17. ed. São Paulo: Saraiva, 2022.

MIRANDA, Jorge. *Manual de Direito Constitucional*. Coimbra: Editora Coimbra, 2008. t. IV. Direitos Fundamentais.

NETTO, Felipe Braga. *Novo manual de responsabilidade civil*. 3. ed. São Paulo: JusPodivm, 2022.

ROSENVALD, Nelson. *As funções da responsabilidade civil*. São Paulo: Atlas. 2012.

ROSENVALD, Nelson. *A responsabilidade Civil pelo ilícito lucrativo*. Salvador: JusPodivm, 2019.

SARLET, Ingo Wolfgang. *A eficácia dos direitos fundamentais*. 10. ed. Porto Alegre: Livraria do Advogado, 2009.

VENOSA, SILVIO DE SALVO. *Direito civil*. Direito das sucessões. 21. ed. São Paulo: Atlas, 2021.

O DANO-MORTE:
A RESPONSABILIDADE CIVIL PELA VIOLAÇÃO AO DIREITO FUNDAMENTAL À VIDA

Nelson Rosenvald

Pós-doutor em Direito Civil na Università Roma Tre. Pós-doutor em Direito Societário na Universidade de Coimbra. Visiting Academic Oxford University. . Doutor e mestre em Direito Civil pela PUC/SP. Professor Visitante na Universidade Carlos III. Professor do corpo permanente do doutorado e mestrado do IDP/DF. Procurador de Justiça do Ministério Público de Minas Gerais. Presidente do Instituto Brasileiro de Estudos de Responsabilidade Civil (IBERC).

"Não tema a morte porque – se houver morte – você não está lá e – e se você estiver lá – não há morte" (Epicuro)

Sumário: 1. Introdução – 2. O dano *post mortem* – 3. O dano ao morto enquanto vivo – 4. A morte como fato ilícito de consequências múltiplas; 4.1 O dano reflexo à morte; 4.2 O dano pré-morte – 5. O dano-morte como terceira via – 6. O dano-morte para além da função compensatória da responsabilidade civil: *vindicatory damages* – 7. A quantificação do dano-morte – 8. Conclusão – 9. Referências.

1. INTRODUÇÃO

No direito civil brasileiro não há previsão legal para o chamado *dano-morte*. O dano que provoca a morte de uma pessoa é escassamente discutido pela doutrina e praticamente ignorado pela jurisprudência. Contudo, esta não é originalmente uma lacuna brasileira. Há muito, importantes doutrinadores tentam dar uma explicação ao aforismo do filósofo Epicuro. A sua advertência é clara: se a pessoa não mais existe, consequentemente não existe compensação pela privação de sua vida.

É da natureza das coisas que o fato jurídico morte descortina o cenário do direito das sucessões, envolvendo a conexão entre o óbito e as situações jurídicas advindas da transmissão do seu patrimônio.[1] Porém, por muito tempo o direito negligenciou a repercussão do fato jurídico morte em termos de responsabilidade civil, decorrente de uma conduta de terceiro que se coloca como causa adequada para a abrupta interrupção de uma vida.

E pior, sem que se perceba, a evolução do ordenamento brasileiro, consistiu apenas na preocupação com o dano reflexo sofrido por aqueles que ficam. Em um primeiro momento através de uma indenização por luto e pela estipulação de alimentos aos depen-

---

1. Art. 1784, Código Civil Brasileiro: "Aberta a sucessão, a herança transmite-se, desde logo, aos herdeiros legítimos e testamentários".

dentes e, mais recentemente, pela consagração do dano moral a uma classe de pessoas que presumivelmente mantinha relações afetivas com a vítima de uma conduta antijurídica.

Porém, assim como ultimamente evoluímos no planejamento sucessório mediante a gestão convencional dos efeitos jurídicos do fato jurídico morte, cremos que há espaço para visualizamos a morte enquanto fato ilícito, e as suas consequências sobre a pessoa do morto, não mais como "de cujus" e sim como vítima de um ato que de forma anômala mitigou o seu tempo de vida. Isto é fundamental, *o dano não pode ficar com quem o sofre,* sendo a morte um fato que deve desencadear uma indenização autônoma, transferindo-se o dano ao patrimônio do ofensor.

Três são as questões que se colocam: primeiro, se para além dos danos morais sofridos pelos parentes próximos, o fato da morte da vítima primária dá lugar a um dano autônomo indenizável (seja ou não morte instantânea); segundo, se os herdeiros do falecido têm o direito de reclamar os danos que o falecido sofre durante o período de tempo que decorre entre o dano e a morte. Terceiro, qual seria a natureza jurídica de uma indenização pelo dano-morte

2. O DANO *POST MORTEM*

Qual é o cenário jurídico brasileiro atual? Inexiste indenização pelo dano-morte, diante da supressão ilícita de uma vida. O fundamento para tanto consiste na própria falta da pessoa a quem a perda do bem possa estar ligada e, em cujo espólio, a indenização possa ser consolidada. O paradoxal é que, como veremos adiante, torna-se economicamente muito mais vantajoso matar uma pessoa instantaneamente do que lentamente e, de fato, mais barato matar rapidamente do que feri-la gravemente.

Face à impossibilidade jurídica da indenização pelo dano-morte, quais são as alternativas que se colocam? Antes de tratarmos propriamente dos danos que nascem da morte em si, cabe referenciar brevemente os danos decorrentes de atos ilícitos posteriores ao óbito e totalmente desvinculados do fato jurídico que ensejou a morte. Intitulo-os como "danos post mortem".

O parágrafo único do art. 12 do Código Civil[2] defere tutela *post mortem* aos membros da família pela ofensa à memória do falecido. Cuida-se de uma tutela póstuma da personalidade em atenção a bens jurídicos que não fenecem com o seu titular. Se é evidente que a morte é o marco temporal da extinção dos direitos da personalidade, o legislador reconhece a sua projeção em prol dos membros da família diante de uma violação da honra, bom nome e imagem do *de cujus,* após o seu passamento. Nesse primeiro plano não está em jogo um bem jurídico de titularidade originária do falecido transmitido por efeito hereditário.

---

2. Art. 12 Código Civil Brasileiro: "Pode-se exigir que cesse a ameaça, ou a lesão, a direito da personalidade, e reclamar perdas e danos, sem prejuízo de outras sanções previstas em lei. Parágrafo único. Em se tratando de morto, terá legitimação para requerer a medida prevista neste artigo o cônjuge sobrevivente, ou qualquer parente em linha reta, ou colateral até o quarto grau".

O Enunciado 400 do Conselho de Justiça Federal bem situa o escopo da norma: "Os parágrafos únicos dos arts. 12 e 20 asseguram legitimidade, por direito próprio, aos parentes, cônjuge ou companheiro para a tutela contra lesão perpetrada *post mortem*". Por conseguinte, em razão do dano reflexo, nasce uma legitimação por direito próprio aos familiares, havendo ilegitimidade por parte do espólio para agir, pois como uma universalidade de direito, apenas atuará em questões patrimoniais.[3] Apesar do rol taxativo dos beneficiários, é possível ampliar o círculo de legitimados, não apenas em favor de companheiros, porém, mesmo para pessoas que não tenham laços de parentesco, desde que na concretude do caso fique provado o real vínculo afetivo com o falecido. Como regra geral, tem-se que a reparação será *in re ipsa* para o grupo familiar, sendo necessária a prova da conexão afetiva para os demais casos.[4]

3. O DANO AO MORTO ENQUANTO VIVO

O legislador não disciplinou exclusivamente a fattispecie do dano *post mortem*. De acordo com o art. 943 Código Civil Brasileiro: "O direito de exigir reparação e a obrigação de prestá-la transmitem-se com a herança". O preceito se aplica as lesões e violações de caráter patrimonial ou extrapatrimonial que se verificaram enquanto a vítima vivia e não tiveram como efeito a morte. O óbito não guarda conexão com o fato ilícito que lhe antecedeu.

No final de 2020 o Superior Tribunal de Justiça publicou a Súmula 642, com o seguinte teor "O direito à indenização por danos morais transmite-se com o falecimento do titular, possuindo os herdeiros da vítima legitimidade ativa para ajuizar ou prosseguir a ação indenizatória".[5] O mérito da referida súmula consiste em fracionar as duas hipóteses que dão azo à compensação dos danos: quando a morte ocorre no curso da ação proposta pela vítima e, alternativamente, nos casos em que a morte se verifica sem que sequer o ofendido tenha ingressado com uma pretensão em juízo. Isso significa que no direito brasileiro, tanto o dever de ressarcir é transmissível através de herança, como o direito de exigir reparação (Art. 943, CC)[6]. Neste último caso, a meu juízo, excepcionar-se-ia tal possibilidade se a vítima expressamente renunciou a este direito em vida.[7]

---

3. Questões outras surgem sobre a indenização do dano *post mortem*. Ilustrativamente, o Enunciado 398 do Conselho de Justiça Federal proclama que "As medidas previstas no art. 12, parágrafo único, do Código Civil podem ser invocadas por qualquer uma das pessoas ali mencionadas de forma concorrente e autônoma". Emerge a controvérsia sobre a natureza do rol é *numerus clausus* e a limitação subjetiva de beneficiários, bem como, se em simetria, pode-se também discutir se deve ser negada a indenização nas situações excepcionais em que se demonstre que apesar do vínculo legal familiar, não subsistem os laços de afeição, como no caso de abandono afetivo ou matrimônio com longa separação de fato.
4. Em relação a outras situações, o STJ tem afirmado que o valor pode variar, pois o sofrimento pela morte do familiar atinge os membros do núcleo em gradações diversas, o que deve ser observado pelo magistrado para arbitrar o valor da indenização: "consoante a jurisprudência sedimentada nesta corte superior, são legitimados para a propositura de ação indenizatória em razão de morte de parentes, o cônjuge ou companheiro (a), os descendentes, os ascendentes e os colaterais, de forma não excludente e ressalvada a análise de peculiaridades do caso concreto que possam inserir sujeitos nessa cadeia de legitimação ou dela excluir"(STJ, AgRG no REsp 1.283.764).
5. STJ – Súmula 642, Corte Especial, julgado em 02.12.2020, DJe 07.12.2020.
6. Art. 943. CC: "O direito de exigir reparação e a obrigação de prestá-la transmitem-se com a herança".
7. No mesmo sentido, no DCFR os sucessores do falecido herdarão todos os direitos que o falecido poderia ter exercido em vida. Apontam, no entanto, uma exceção a esta regra geral, de modo que caso o falecido tenha

Com efeito, se a ação fora proposta e no seu curso o autor vem a falecer não parece haver dúvida sobre a possibilidade de os herdeiros darem continuidade à demanda, conforme sinalizado no § 2º, II, do art. 313 do CPC/15.[8] Diferentemente de uma ação de divórcio, evidentemente intransmissível pela sua natureza personalíssima – o que dará ensejo à extinção do processo –, a pretensão compensatória ostenta natureza patrimonial, integrando o patrimônio do falecido que se transmite aos herdeiros.

Contudo, ainda que a demanda não tenha sido proposta em vida, dessume-se do já referido art. 943 CC a consagração legal da noção de que mesmo desconexa ao fato ilícito antecedente, a morte posterior da vítima extingue a sua personalidade e não o dano consumado, seja ele de natureza patrimonial ou extrapatrimonial. Não cabe a aplicação da regra "actio personalis moritur cum persona". O direito da personalidade da tutela a integridade psicofísica, não pode ser confundido com o direito à reparação dos danos sofridos em decorrência da lesão, pretensão de natureza patrimonial. Ainda que o ofendido, em vida, não tenha promovido a ação de ressarcimento, poderão os familiares iniciá-la se em vida se a vítima não tenha expressamente renunciado a essa pretensão.[9] O direito de exigir reparação é transmissível; é um crédito, embora ilíquido, a que os herdeiros fazem jus. Tem-se, aqui, a natural regra de que os direitos e ações da pessoa se transferem aos herdeiros no momento de sua morte.[10]

4. A MORTE COMO FATO ILÍCITO DE CONSEQUÊNCIAS MÚLTIPLAS

Apesar do dano-morte como modelo autônomo ser o propósito deste escrito, é inegável que, enquanto fato ilícito pluriofensivo, a morte consiste em um dano que acarreta outras repercussões, em maior ou menor medida acolhidas em diversos sistemas jurídicos. Em um primeiro nível, os familiares mais próximos sofrem danos extrapatrimoniais e os dependentes econômicos fazem jus a danos patrimoniais. Todavia, não podemos

---

declarado que não apresentaria qualquer pedido de indenização pelos danos, será entendido que renunciou a esse direito, com o qual o pedido não passa para seus herdeiros como parte de seu espólio (Grupo de Estudo sobre um Código Civil Europeu ACQUIS GROUP] [2009, p. 3227]).

8. § 2º, Art. 313, Código de Processo Civil Brasileiro: "Não ajuizada ação de habilitação, ao tomar conhecimento da morte, o juiz determinará a suspensão do processo e observará o seguinte: II – falecido o autor e sendo transmissível o direito em litígio, determinará a intimação de seu espólio, de quem for o sucessor ou, se for o caso, dos herdeiros, pelos meios de divulgação que reputar mais adequados, para que manifestem interesse na sucessão processual e promovam a respectiva habilitação no prazo designado, sob pena de extinção do processo sem resolução de mérito".
9. Apoiamos tal posicionamento, porém reconhecemos que os argumentos a favor da intransmissibilidade *mortis causa* do crédito indenizatório por dano moral são, fundamentalmente, os seguintes: o primeiro é o incumprimento da função reparadora da responsabilidade civil, na medida em que já não é possível indenizar o sofrimento da pessoa quem sofreu (o falecido). Assim, se a reclamação de tais danos fosse transferida *mortis causa* aos herdeiros, o responsável seria punido com o pagamento da referida indemnização, não cabendo atualmente a função punitiva de responsabilidade civil no direito brasileiro. O segundo argumento é o caráter altamente pessoal do direito à integridade psicofísica e com ele a dor que sua violação implica. Sustenta-se que a transmissão *mortis causa* aos herdeiros do falecido do direito de reclamar a reparação do dano que, na medida em que afete o interesse muito pessoal da vítima, pertence apenas à vítima.
10. O STJ reafirmou em 2018 que "de acordo com a jurisprudência dessa corte, o direito à indenização de danos morais ostenta caráter patrimonial, sendo, portanto, transmissível ao cônjuge e aos herdeiros do de cujus" (STJ, AgInt no AREsp 711.976).

nos olvidar do dano experimentado pelo próprio morto, seja pela lesão à vida, como, eventualmente, pelo sofrimento e dor no período que mediou o ilícito e a morte. Todas essas possibilidades serão discutidas a partir da exegese do artigo 948 do Código Civil.[11]

4.1   O dano reflexo à morte

O art. 948 do Código Civil defere danos reflexos patrimoniais (explicitamente) e extrapatrimoniais (implicitamente) ao cônjuge e parentes, como um direito próprio dos familiares – não adquirido por via sucessória –, com base na lesão às suas esferas econômica/existencial, pela morte do entre querido. Discute-se ainda se a indenização aos familiares é devida apenas em caso de morte da vítima – hipótese expressa – o igualmente quando a vítima sofra lesão grave de que não resulte a morte e que comprometa gravemente a vida pessoal e familiar dos que são próximos.[12]

Nada diferente do que ocorre nas jurisdições europeias quando fazem referência às vítimas secundárias (lesados indiretos) e discutem se serão ou não indenizadas em razão do ato antijurídico que provocou a morte do familiar, conforme questões de causalidade e o fim de proteção da norma: em concreto, coloca-se se o dano foi "causado" aos parentes pelo responsável e se a finalidade da norma infringida era a de tutela os direitos dos familiares.[13]

Inicialmente, ao prever o pagamento das despesas com o tratamento da vítima e seu funeral, o inciso I do art. 948 se refere à compensação de danos patrimoniais relativos

---

11. Art. 948 do Código Civil Brasileiro: "No caso de homicídio, a indenização consiste, sem excluir outras reparações: I – no pagamento das despesas com o tratamento da vítima, seu funeral e o luto da família; II – na prestação de alimentos às pessoas a quem o morto os devia, levando-se em conta a duração provável da vida da vítima".
12. Superior Tribunal de Justiça, Informativo 459: 6 a 10 de dezembro de 2010: "Trata-se de REsp em que a controvérsia é definir se os pais da vítima sobrevivente de acidente de trânsito têm legitimidade para pleitear compensação por danos morais, considerando-se que, na espécie, a própria acidentada teve reconhecido o direito a receber a referida compensação por tais danos. A Turma assentou que, não obstante a compensação por dano moral ser devida, em regra, apenas ao próprio ofendido, tanto a doutrina quanto a jurisprudência têm firmado sólida base na defesa da possibilidade de os parentes do ofendido a ele ligados afetivamente postularem, conjuntamente com a vítima, compensação pelo prejuízo experimentado, conquanto sejam atingidos de forma indireta pelo ato lesivo. Observou-se que se trata, na hipótese, de danos morais reflexos, ou seja, embora o ato tenha sido praticado diretamente contra determinada pessoa, seus efeitos acabam por atingir, indiretamente, a integridade moral de terceiros. É o chamado dano moral por ricochete ou *préjudice d'affection*, cuja reparação constitui direito personalíssimo e autônomo dos referidos autores, ora recorridos. Assim, são perfeitamente plausíveis situações nas quais o dano moral sofrido pela vítima principal do ato lesivo atinja, por via reflexa, terceiros, como seus familiares diretos, por lhes provocar sentimentos de dor, impotência e instabilidade emocional. Foi o que se verificou na espécie, em que postularam compensação por danos morais, em conjunto com a vítima direta, seus pais, perseguindo ressarcimento por seu próprio sofrimento decorrente da repercussão do ato lesivo na sua esfera pessoal, visto que experimentaram, indubitavelmente, os efeitos lesivos de forma indireta ou reflexa, como reconheceu o tribunal de origem, ao afirmar que, embora conste da exordial que o acidente não atingiu diretamente os pais da vítima, eles possuem legitimidade para pleitear indenização, uma vez que experimentaram a sensação de angústia e aflição gerada pelo dano à saúde familiar (REsp 1.208.949-MG, Rel. Min. Nancy Andrighi, julgado em 07.12.2010).
13. Uma peculiaridade é o direito espanhol, pois a legitimação ativa de vítimas secundárias não se encontra referido no Código Civil, porém está expressamente previsto no artigo 113 do Código Penal, no que se refere à responsabilidade civil ex delito: "A Indenização por danos materiais e moral inclui não só as que foram causadas à vítima, mas também as que foram irrogadas a seus familiares ou terceiros".

aos cuidados com o falecido no período entre a lesão e o seu enterro. Abrange todos os gastos para mantê-lo vivo (despesas hospitalares que surgem da tentativa frustrada de cura do falecido) e os desembolsos efetuados para as últimas homenagens. Incluímos ainda os lucros cessantes, como, por exemplo, a receita líquida que o falecido poderia ter obtido no exercício de sua profissão no intercurso entre o fato ilícito e o passamento. Isso significa que se houver um intervalo de tempo entre a lesão e a morte da vítima, e ela falecer antes do reconhecimento do crédito de indenização, nasce uma reparação em favor da vítima pelo dano sofrido durante esse intervalo, o qual é transmissível aos herdeiros. Contudo, não será assim se a morte for instantânea, caso em que os herdeiros só poderão reclamar as despesas do sepultamento. Não existindo definição quanto ao montante das despesas funerárias, considera-se que o mais adequado é que a jurisprudência aplique, em cada caso, o teste de razoabilidade, de modo que apenas as despesas consideradas moderadas sejam reparadas, jamais as luxuosas e extraordinárias.[14]

Em complemento, quando o inciso II do art. 948 se refere à "prestação de alimentos", cuida da repercussão do dano experimentado pelo falecido na esfera material de alguém que dele era dependente e receberá uma pensão mensal, como espécie de lucros cessantes, cujo valor será fixado de acordo com as possibilidades econômicas do ofensor e as concretas necessidades dos dependentes do falecido. Portanto, lucros cessantes no período intermediário entre o ilícito e a morte beneficiam os herdeiros, enquanto lucros cessantes posteriores ao óbito apenas se direcionam aos dependentes econômicos. Ademais, o legislador consagra uma exceção ao princípio geral de que só ao titular do direito violado ou do interesse imediatamente lesado assiste direito a indenização, aí se abrangendo terceiros reflexamente prejudicados com o evento danoso. Contudo, esse direito não é de atribuição direta e automática às pessoas indicadas na norma. Só existirá se (e na medida em que) for demonstrada a facticidade em que necessariamente terá que assentar.[15]

Em matéria de danos reflexos extrapatrimoniais, duas são as possibilidades afirmativas, conforme a hermenêutica do art. 948. Podemos compreender a expressão "luto da família", ao final do inciso I, como correspondente ao dano moral indireto, por direito próprio dos parentes pela morte do ente querido. Alternativamente, servimo-nos simplesmente do conceito jurídico indeterminado "sem excluir outras reparações",

---

14. No mesmo sentido, o DCFR (*Draft Common Frame of Reference*), cujo art. VI.-2: 202 (b) também indica explicitamente o mesmo critério de razoabilidade.
15. Certamente, a maior garantia à preservação do mínimo existencial dos lesados indiretos será a prestação de alimentos, que serão pagos pelo ofensor ou responsável em prol daqueles a quem a vítima direta necessariamente os devia. Importante situação é a que envolve o falecimento de pessoa responsável pelo sustento do lar, especificamente a morte do marido, de quem dependia (economicamente) a esposa, ou vice-versa, a pensão não mais se estende até um limite rígido, tal e qual a data em que a pessoa falecida completaria 65 ou 70 anos, pois será preferível reconhecer que a idade de sobrevida não é estanque, visto que se consideram vários elementos para sua fixação, como habitat, alimentação, educação e meios de vida. Por essa razão, o Superior Tribunal de Justiça tem buscando um referencial para sua fixação por meio da adoção dos critérios da tabela de sobrevida da Previdência Social, de acordo com cálculos elaborados pelo IBGE. Trata-se de presunção jurisprudencial construída acerca da sobrevida provável que teria a pessoa se não tivesse sido atingida pelo dano. Ilustrativamente, Recurso Especial 1.311.402-SP, de relatoria do Ministro João Otávio de Noronha, Publicada em 07.03.2016.

que se encontra na parte derradeira do *caput* do art. 948, para compreendermos que o legislador dedicou os incisos I e II aos danos patrimoniais, mas não fechou as portas às emanações existenciais por "ricochete" do ilícito que redunda na morte.

A morte de uma pessoa configura uma lesão à personalidade dos que se integram em seu núcleo familiar, sendo explicada a questão imputacional pelo impacto que a morte de uma pessoa em seu seio familiar, pelo fato da pessoa não viver no isolamento. Como sinaliza Mafalda Miranda Barbosa[16] "aquele que erige uma esfera de risco/responsabilidade pondo em causa a vida de uma pessoa, tem de ter aventado a possibilidade da lesão desses terceiros que com a vítima estabelecem uma plena união, porque com a morte daquele, é também uma parte do próprio familiar que se perde irremediavelmente, mesmo tendo em conta o reencontro futuro numa outra forma de vida".

Aliás, se considerarmos a expressão "luto da família" como relativa exclusivamente ao sentido psicológico de um "processo durante o qual um indivíduo consegue desligar-se progressivamente da perda de um ente querido",[17] não há razão para nos abstermos de um outro debate, qual seja, o fato de que o sofrimento inerente ao luto pode por vezes gerar um comprometimento psíquico duradouro. Embora estudos empíricos comprovem que a morte inesperada e súbita de um ente querido seja a mais frequente experiência traumática e uma importante questão de saúde pública, por razões desconhecidas não existe responsabilidade civil por acometimentos psiquiátricos causados pela perda repentina da pessoa próxima. Os tribunais ressaltam que a conduta ilícita é uma só, e suas consequências não podem variar de acordo com as particularidades de cada vítima que sofre o dano reflexo ou por ricochete.

Em reforço a este dado, ao contrário do que ocorre no direito alemão, no Brasil não se concede aos familiares do falecido o chamado "dano de choque nervoso" ("schockschaden"), que é fruto de uma interpretação elástica dos tribunais sobre o conceito de dano à saúde, contido no § 823 do BGB.[18] Ou seja, por aqui não contamos com uma reparação autônoma em favor de familiares que presenciaram o momento da morte e efetivamente sofreram um abalo psíquico pelo evento em si, fato que transcende a perda pelo falecimento do ente querido, igualmente experimentada pelos demais parentes ou pessoas de sua intima relação. Enfim, em razão do receio quanto à indiscriminada abertura de comportas para múltiplas indenizações por danos consequentes à imediata verificação de um único evento, os tribunais optam por restringir o número de demandantes.[19]

---

16. BARBOSA, Mafalda Miranda. Considerações a propósito dos danos morais reflexos. *Cadernos de direito privado*. n. 45, p. 3-18. jan.-mar. 2014.
17. Dicionário Priberam da Língua Portuguesa [em linha], 2008-2020. Disponível em: https://dicionario.priberam.org/luto. Acesso em: 12 dez. 2020
18. Seção 823 – Responsabilidade por danos (1) A pessoa que, intencionalmente ou por negligência, lesar ilegalmente a vida, o corpo, a saúde, a liberdade, a propriedade ou outro direito de outra pessoa é responsável por indenizar a outra parte pelos danos daí decorrentes".
19. "É certo que a solução de simplesmente multiplicar o valor que se concebe como razoável pelo número de autores tem a aptidão de tornar a obrigação do causador do dano demasiado extensa e distante de padrões baseados na proporcionalidade e razoabilidade. Por um lado, a solução que pura e simplesmente atribui esse mesmo valor ao grupo, independentemente do número de integrantes, também pode acarretar injustiças. Isso porque, se no

Se, ao contrário de outros sistemas,[20] é pacífica no Brasil a concessão do dano reflexo extrapatrimonial como decorrência da morte, foge ao escopo deste artigo a amplíssima discussão acerca da legitimação para a percepção da indenização. Dentre as inúmeras fontes de controvérsia poderíamos situar as seguintes: O dano moral para os parentes é *in re ipsa*, ou requer-se a prova da conexão espiritual? Como se dá o concurso entre os parentes do falecido: os mais próximos excluem os mais remotos? Seriam os beneficiados apenas os componentes do estrito grupo familiar ou haveria uma extensão àqueles com quem o falecido mantivesse forte laço afetivo? Como se não fosse bastante, todas essas questões não excluem o árduo enfrentamento da quantificação do dano extrapatrimonial reflexo. Certamente há a opção de intervenção legislativa para a resposta rígida a todas estas indagações.[21] Nada obstante, na dupla alternativa entre um sistema inflexível e um sistema dúctil de reconhecimento da legitimidade dos lesados indiretamente para reclamar indemnizações por danos não patrimoniais por morte, os textos europeus que elaboram princípios gerais para a harmonização do Direito Europeu de Danos sem dúvida optam pelo segundo deles (PETL e DCFR).[22]

Uma última observação: tendo em consideração que a justificativa para a indenização é a relação de dependência entre a origem dos danos causados às vítimas secundárias e os causados à vítima primária – vez que os danos reflexos não existiriam se os danos diretos não existissem anteriormente – torna-se fundamental a questão da causalidade, na medida em que a contribuição do comportamento da vítima primária para o dano impactará na extensão da reparação solicitada pelas vítimas secundarias, mediante mitigação proporcional do *quantum* indenizatório.[23]

---

primeiro caso o valor global pode se mostrar exorbitante, no segundo o valor individual pode se revelar diluído e se tornar ínfimo, hipóteses opostas que ocorrerão no caso de famílias numerosas. 6. Portanto, em caso de dano moral decorrente de morte de parentes próximos, a indenização deve ser arbitrada de forma global para a família da vítima, não devendo, de regra, ultrapassar o equivalente a quinhentos salários mínimos, podendo, porém, ser acrescido do que bastar para que os quinhões individualmente considerados não sejam diluídos e nem se tornem irrisórios, elevando-se o montante até o dobro daquele valor"(REsp 1127913/RS Relator p/ Acórdão Min. Luis Felipe Salomão 4. T DJe 30.10.2012).

20. O exemplo mais claro a esse respeito é a Alemanha. As disposições do BGB dedicadas a este assunto (§ 844 e ss.) Não preveem indenização por danos não patrimoniais a favor de uma parte indiretamente lesada devido à morte de outro membro da família. A referida norma passou incólume à reforma de 2002.
21. Por outro lado, ao contrário de outros ordenamentos, no domínio específico dos acidentes automobilísticos, no Brasil não há um sistema de escalas, que atue como um conjunto de normas convencionalmente estabelecidas para avaliar danos reflexos em que caberia ao legislador indicar, além do montante da indenização, quem são os lesados que podem reclamar o dano morais em caso de morte da vítima.
22. O Artigo 10: 301 (1) PETL estatuí que "[...] dano imaterial também pode ser indenizado para aquelas pessoas próximas à vítima de um acidente fatal ou ferimento muito grave." Por sua vez, o artigo 2: 202 (1) DCFR estabelece que os danos imateriais causados a uma pessoa física devido à morte de outra pessoa constituem um dano juridicamente relevante se, no momento da morte, essa pessoa estava em um relacionamento pessoal particularmente próximo da pessoa falecida.
23. A art. 8: 101 (2) PETL trata expressamente da incidência da conduta ou atividade concorrente da vítima quando é solicitada indenização em caso de morte, concluindo que tal conduta exclui ou reduz a responsabilidade. Em complemento, o art. 5: 501 DCFR não se refere apenas à culpa concorrente, mas em geral às causas de exoneração que poderiam ter sido alegadas contra o falecido no caso de não ter morrido e que, em virtude disso, estendem-se as pessoas que têm certos direitos após a morte.

4.2 O dano pré-morte

Superada a aferição dos danos reflexos à morte direcionados aos familiares e em antecedência ao exame do dano-morte diretamente sofrido pela vítima, pretendemos enfrentar uma terceira categoria de danos conexos à morte como fato ilícito: o dano pré-morte, isto é, danos vivenciados pelo *de cujus* antes do passamento.

No direito italiano, em recente caso julgado na *corte di Cassazione* (Sentenza 8580/2019), decidiu-se sobre a morte de um trabalhador que contraiu mesotelioma pleural, devido à inalação de fibras de amianto no trabalho. Nesta oportunidade, negou-se a indenização pelo dano tanatológico, pela falta da própria pessoa a quem a privação do bem se conectava. Porém, a mesma decisão condenou o empregador por outras duas indenizações ao falecido e transmissíveis *jure hereditatis*: o chamado dano biológico terminal ("danno terminale") – quando a morte ocorre após um período considerável da data do dano – e o dano moral terminal ("danno catastrofale"), consistente no sofrimento da vítima, que convive conscientemente com a iminência do fim da própria vida, no prazo entre o ato ilícito e a morte.[24] O dano biológico é um dano-consequência à saúde, consistindo nas sequelas debilitantes que caracterizam a real duração da vida do acidentado desde o momento da lesão até a morte. A avaliação da consequência do dano pressupõe que os efeitos prejudiciais realmente ocorreram, sendo necessário, para tanto, que tenha decorrido um "período de tempo apreciável" entre o fato lesivo e o momento da morte. Em contraposição, quanto ao denominado "dano moral" subjetivo denominado "dano catastrófico", consiste no estado de sofrimento espiritual íntimo sofrido pela vítima que testemunha o desenvolvimento progressivo do perecimento de sua própria condição existencial até o fim da vida, demandando a indenização a prova da percepção consciente e lúcida da inevitabilidade do próprio fim.

O dano moral terminal do direito italiano se acerca da figura do *dano intercalar* no direito português, que consiste na conversão econômica da dor e angústia sofridas pela vítima durante o período que medeia o fato ilícito e a morte. O dano intercalar seria uma espécie de dano pré-morte que se concretiza nos casos em que a morte é antecedida por um período de clausura hospitalar e dolorosos tratamentos que perspectivam o próprio óbito, causando angústia e medo. O dano que é aqui procurado reparar engloba não só a dor física como a consciência da eminência da morte,[25] sendo que a sua valoração

---

24. *Cassazione Civile, Sez. Lav., 27 marzo 2019, n. 8580 – Morte per mesotelioma pleurico* "A compensação por perda de vida está excluída. Na verdade, falta a pessoa a quem a perda do bem possa estar ligada e, em cujo espólio, o prêmio em questão possa ser adquirido; Porém, aceita-se a reparação, considerando-se transmissível *iure hereditatis*, repartindo-se o dano imaterial nos dois componentes: 1. o dano biológico terminal: entendido como dano biológico decorrente de invalidez temporária absoluta, configurável caso ocorra a morte após um período de tempo considerável desde o dano; 2. Do dano moral terminal "ou catastrófico", que consiste no sofrimento da vítima que conscientemente atende o fim da própria vida, quando houver prova da existência desse estado de ânimo no termo entre o ato ilícito e a morte, com a aquisição de direito à compensação que pode ser transmitido aos herdeiros". Extraído em 08.12.2020 de https://olympus.uniurb.it/index.php?option=com_content&view=article&id=20128:-cassazione-civile,-sez-lav-,-27-marzo-2019,-n-8580-morte-per-mesotelioma-pleurico&catid=16&Itemid=138.
25. Sobre o dano intercalar, em recente Acórdão do Tribunal da Relação de Lisboa, fundamentou-se "é pela vida concreta que se está a perder que se mede o dano, que se mede esta consciência da morte, ou seja, independen-

tem em conta o tempo decorrido entre o evento e a morte, o estado de consciência da vítima, as circunstâncias de esta ter ou não tido presciência da morte e de ter ou não sofrido dores e a sua intensidade.[26]

De um modo geral, o panorama do direito europeu é favorável a indenização do dano pré-morte (dano intercalar),[27] com as peculiaridades do "pain and suffering" do direito inglês.[28]

No Brasil inexiste uma *fattispecie* que materialize uma indenização pelo dano que antecede a morte, compreendendo o sofrimento psicofísico suportado diretamente das lesões sofridas, eventualmente de subsequentes tratamentos ou intervenções cirúrgicas e ainda, a inexorável angústia sentida com o aproximar do decesso. Creio que podemos fundamentar um modelo próximo ao dano moral terminal com base no art. 943 do Código Civil, que enuncia a transmissão com a herança do direito de exigir reparação. A lógica subjacente a este dispositivo é a de que a morte extingue a personalidade e não o dano consumado em vida, permitindo-se ao espólio ingressar com uma pretensão de reparação pelo "dano terminal", mesmo que o falecido não tenha tomado essa iniciativa no ocaso de sua existência.

5. O DANO-MORTE COMO TERCEIRA VIA

Transcendendo as já examinadas situações jurídicas do dano reflexo à morte (aos familiares) e do dano pré-morte – diretamente sofrido pela vítima – haveria espaço para

---

temente até do medo de morrer, é perceber-se a inelutabilidade da perda de tudo quanto faz parte da vida que a vítima tem, desde o corpo, a vitalidade e a esperança de viver ainda por muitos mais anos, à casa, ao lugar, ao País, à língua, e sobretudo, como é evidente no caso concreto, à companhia e ao amor da família, do marido, dos filhos e dos netos. É a preocupação com o futuro do marido, dela dependente. É, em cinco horas ou num relance, perder tudo" (726/16.7T8CSC.L1-6, Rel. Eduardo Petersen, 07.11.2019).

26. Universidade Católica Portuguesa. *Comentários ao Código Civil. Direito das obrigações*. Lisboa. Universidade Católica Editora, 2018, p. 365.
27. No tocante à reparação dos danos morais gerados pela dor e sofrimento da vítima primária entre o ilícito e a morte, o artigo VI. –2: 202 (2) (a) do DCFR indica como regra geral a transferibilidade *mortis causa* aos herdeiros de tais danos (exceto a renúncia do falecido para reivindicá-los). Por sua vez, os comentários ao art. 10: 301 dos Princípios do Direito Europeu de Responsabilidade Civil (PETL) também consideram que se a morte não for instantânea, os danos não patrimoniais sofridos pelo falecido antes da morte devem ser transmitidos aos herdeiros, mas esclarecem que em qualquer caso isso é uma questão de Direito Processual.
28. Na Inglaterra os herdeiros, regra geral, podem reclamar a indenização pelo "pain and suffering" vivenciados pela vítima antes da morte. Tal conceito de indenização se assemelha à versão do dano moral subjetivo como *pecunia doloris*, agregando a ideia do sofrimento em suas mais diversas variantes, como o medo, a preocupação e a incerteza quanto ao desenvolvimento da lesão, da cura futura etc. No entanto, o "pain and suffering" não será compensado em dois casos: primeiro, se o lapso de tempo entre o ilícito e a morte for muito curto. Em segundo lugar, não haverá compensação se a vítima estiver inconsciente ou em coma até o momento da morte. Isto quer dizer que o período de tempo entre o início da lesão corporal e a morte deve ser longo o suficiente para que um tribunal considere que a vítima sofreu, do ponto de vista jurídico, dano físico pelo qual a dor e o sofrimento possa ser compensado. um curto período de dor consciente, desde que intensa e horrível, pode justificar a reparação do dano. Contudo, os tribunais ingleses também indenizam a perda dos prazeres sofridos pela vítima até o momento da morte ("loss of amenities of life"). Há uma diferença clara com relação à compensação pelo "pain and suffering". Se a vítima estiver inconsciente ou em coma no período que vai da lesão até a morte, não é concedida à indenização por dor e sofrimento, mas, por outro lado, isso não impede a concessão de indenização aos herdeiros por perda das amenidades da vida.

a lapidação da indenização autônoma pelo dano-morte no ordenamento brasileiro? Em linha de princípio, a Constituição Federal do Brasil consagra o princípio da dignidade da pessoa humana como fundamento de proteção dos direitos da personalidade (art. 1, III, CF/88), enquanto o direito à vida se coloca como premissa necessária para que qualquer pessoa desfrute de sua privacidade, honra, imagem e tenha liberdade para o exercício de suas escolhas patrimoniais e existenciais. Portanto, embora natural, a cessação do ciclo vital jamais poderá ser ilicitamente abreviada por terceiros.[29]

Relativamente aos danos sofridos pela própria vítima ao ensejo do ilícito que lhe causa a morte, não apenas ignoramos a *fattispecie* do dano pré-morte como desconsideramos o dano-morte como um dano autônomo. Paradoxalmente, não podemos atribuir ao nosso sistema a pecha da disfuncionalidade, pois há quase uma unanimidade no sentido da rejeição à ideia do dano-morte, colocando-se Portugal como uma exceção.[30]

O art. 496, 2. do Código Civil de Portugal prevê o dano-morte como um dano autônomo, de caráter extrapatrimonial.[31] Conforme expressa Diogo Leite de Campos: "o dano da morte é um dano de caráter não patrimonial para o próprio; ao facto que deu origem à morte podem ser imputáveis outros danos patrimoniais e não patrimoniais, sofridos pelo falecido; sendo também imputáveis à morte danos para terceiros, de caráter patrimonial e não patrimonial; todos estes danos devem ser indenizados."[32] O que ainda se discute além-mar é se a eventual indenização será buscada por algum herdeiro que compõe um rol especial, ou, se pelo espólio, sendo posteriormente canalizado aos sucessores pela ordem de vocação hereditária.[33]

No direito espanhol um setor doutrinário preconiza a viabilidade da indenização pelo dano causado pela própria morte, contrariando a tese do Direito romano de que a morte só deve ser questionada pela via penal. Indaga-se se a responsabilidade civil pode continuar a negar qualquer sanção por lesão do mais alto valor conhecido pelo sistema

---

29. CAVALCANTE, Camila. Indenizabilidade do dano morte no Brasil: uma perspectiva acerca da defesa da vida. "Sendo a dignidade humana substrato ético que regula a vida, a cessação do ciclo vital, embora natural, jamais pode ser abreviado por terceiros e, mesmo com estas nuances limitadoras ao pleno reconhecimento do direito à vida, não sobram resistências outras que impossibilitem/limitem a indenizabilidade do dano morte quando provocado por ato ilícito, imputável ao lesante, atendidos os demais pressupostos da responsabilidade civil". *Revista IBERC*, v.2, n. 2, p. 1-19, maio-ago. 2019. Disponível em: www.responsabilidadecivil.org.
30. No entanto, os comentários ao artigo VI.-2: 202 (2) do Projeto de Quadro Comum de Referência (DCFR), texto preparado pelo Grupo de Estudos sobre o Código Civil Europeu e pelo Grupo de Investigação sobre Direito Privado da CE (Grupo *Acquis*) e coordenados pela VON BAR & CLIVE em 2009, destacam que o referido preceito, que regulamenta os danos que podem ser indenizados em caso de lesão corporal ou morte, decorre do princípio de que a morte não constitui dano juridicamente relevante pela responsabilidade civil. A vida não tem um valor monetário quantificável que possa ser atribuído pelo direito privado a herdeiros ou sucessores (p. 3227). As notas de Direito Comparado do referido texto indicam que esta tese é comum na grande maioria dos ordenamentos jurídicos, exceto em Portugal (p. 3229-3230).
31. Art. 496, 2. do Código Civil de Portugal: "Por morte da vítima, o direito à indenização por danos não patrimoniais cabe, em conjunto, ao cônjuge não separado de pessoas e bens e aos filhos ou outros descendentes; na falta destes, aos pais ou outros ascendentes; e, por último, aos irmãos ou sobrinhos que os representam".
32. CAMPOS, Diogo Leite de. Os danos causados pela morte e sua indenização. *Comemorações dos 35 anos do Código Civil e dos 25 anos da Reforma de 1977*. Coimbra: Coimbra editora, 2007. v. III, Das Obrigações, p. 133-137.
33. A tese da reparabilidade do "dano da morte", embora discutida pelos tribunais nos primeiros anos de vigência do CC de Portugal, consolidou-se na jurisprudência desde o Ac. STJ 17.3.1971.

jurídico: a vida humana. Além disso, assinala-se que, atualmente, beneficia-se mais quem priva a vida de uma pessoa do que quem só causa lesões, visto que neste último caso há espaço para reparação à vítima. A isso se somam os argumentos econômicos, uma vez que a falta de valorização suficiente da vida humana impede a adoção de medidas de prevenção de riscos.[34]

Já na Itália, ao longo do tempo os tribunais fixaram uma compensação autônoma, chamada de "danno tanatologico", ou "dano pela perda de uma vida". Esta condenação extrapatrimonial surge na sequência da causação da morte da pessoa, tornando-se parte de sua herança e transmissível aos seus herdeiros. Inicialmente, a figura foi acolhida pela Suprema Corte em uma decisão de 23.01.2014 (n. 1361) no conhecido caso "Scarano".[35] Previu-se uma compensação *ex se*, ou seja, a perda do bem da vida, objeto de um direito absoluto e inviolável, seria compensável em sua objetividade. Porém, em uma súbita mudança de rumo, em decisão do ano seguinte (15.350), o mesmo tribunal a rejeitou, As Seções Unidas especificaram que não é reembolsável a perda do bem jurídico vida se a morte ocorrer imediatamente ou após um período muito curto da ofensa, em virtude da ausência daquele a quem possa estar ligada a perda do bem e em cujo patrimônio possa ser adquirido o crédito de indenização, ou em caso de falecimento após pequena lapso de tempo, a falta de utilidade de um espaço de vida muito curto.[36]

E quanto ao direito brasileiro? Uma resposta provocativa, seria a de que em nosso país saí mais barato matar uma pessoa do que feri-la gravemente. O paradoxo surge ao

---

34. GUITIÁN, Alma María Rodríguez. *Indemnización por causa de muerte: Análisis de los ordenamientos jurídicos ingles y español*. Facultad de Derecho. Universidad Autónoma de Madrid; Barcelona, abril de 2015. Porém a autora reconhece que a opinião majoritária é "en contra de que la muerte sea en sí misma un daño moral reparable se encuentran, entre otros, los siguientes: primero, el momento de la producción del daño coincide con la extinción de la personalidad jurídica, de modo que la víctima no llega a adquirir un derecho por la pérdida de la propia vida que ingrese en su patrimonio. Segundo, la privación del bien "vida" va unida a la producción de un daño moral, de modo que sería, al menos discutible, que el derecho a la indemnización por tal daño sea transmisible mortis causa. En tercer lugar, la admisión de la legitimación activa a los herederos para reclamar la reparación del daño moral del fallecido conduciría a entender que la función de la responsabilidad civil es en este caso punitiva, ya que es imposible que aquí se cumpla la función reparadora al no poderse compensar ya a la víctima fallecida". Op. cit., p. 6.
35. Com a sentença 1361/2014 (est. Scarano), o Tribunal de Cassação reconheceu explicitamente pela primeira vez o direito à indenização por "danos à vida" como tal, ou pelos danos da própria morte da vítima que podem, portanto, ser transmitidos (*iure hereditatis*) para herdeiros, quaisquer que sejam, aos quais deve ser pago o equivalente. Sob este último aspecto, a referida sentença também confirmou a existência da tríade experimentada e testada constituída por preconceitos de natureza existencial, moral e biológica, ainda que não como categoria de dano a si mesmo, mas como aspectos descritivos, ainda que ontologicamente distintos (independentemente da nomenclatura utilizada), dos categoria única de dano imaterial, de acordo com as sentenças gêmeas conhecidas pelas Seções Unidas da *corte di cassazione* em 2008.
36. CORTE SUPREMA DI CASSAZIONE SEZIONI UNITE CIVILI: "La negazione di un credito risarcitorio della vittima, trasmissibile agli eredi, per la perdita della vita, seguita immediatamente o a brevissima distanza di tempo dalle lesioni subite, è stata ritenuta contrastante con la coscienza sociale e alla quale rimorderebbe che la lesione del diritto primario ala vita fosse priva di conseguenze sul piano civilistico (cass.n.1361 del2014),anche perché, secondo un'autorevole dottrina, se la vita è oggetto di un diritto che appartiene al suo titolare, nel momento in cui viene distrutta, viene in considerazione solo come bene meritevole di tutela nell'interesse dell'intera collettività". Disponível em: http://www.dimt.it/wp-content/uploads/2015/07/Cass.-SS.UU_.danno-tanatologico-n.-15350-2015.pdf.

analisamos os arts. 949 e 950, do Código Civil.[37]-[38] Em ambos os casos, defere-se indenização pelos danos provocados à integridade física do lesado que não morreu com o fato danoso, incluída uma pensão atribuída a ele em caso de incapacitação para o trabalho. Esta indenização não afasta eventual dano reflexo em prol de familiares e dependentes econômicos. Soa incongruente que uma lesão que ofenda a integridade corporal acarrete uma indenização, sem que nenhuma referência se faça à uma compensação nos casos extremos em que a lesão física tenha levado à morte.

Todavia, retornando ao *caput* do art. 948 do Código Civil, frisa-se na parte final: "sem excluir outras reparações". Surge aqui uma abertura para que os tribunais possam admitir a indenização do dano-morte como um dano autônomo nos casos em que o ilícito ceifou a vida da vítima, tendo como fundamento a ofensa corporal que cessou com a morte.[39] A tessitura da referida norma também permite que eventual indenização alcance o dano pré-morte.

O dano-morte é um dano a um bem supremo do indivíduo, objeto de um direito absoluto e inviolável garantido primariamente pelo ordenamento jurídico, e, portanto, prescinde da consciência do lesado sobre a sua morte. Ou seja, tanto faz se o fato ilícito acarretou a morte instantaneamente, ou se a vítima sobreviveu por tempo suficiente para pressentir a inexorável chegada da morte.[40] Exatamente como delimita Menezes Cordeiro,[41] não faz sentido existir um direito à vida e não o dotar da competente tutela aquiliana, a ponto de se considerar que a recusa do dano-morte conduz a resultados inaceitáveis "se não houver nenhum dos familiares, não há indenização? Chegar-se ia ao absurdo de ser mais barato matar do que ferir: o agente responsável deve indenizar o lesado ferido, mas se conseguir matá-lo nada paga".

Recentemente, em caso emblemático envolvendo desastre ambiental em Minas Gerais mundialmente noticiado, o Tribunal Regional do Trabalho da 3. Região reconheceu o modelo jurídico do dano-morte, ressaltando decorrer "da afronta ao patrimônio

---

37. "Art. 949. No caso de lesão ou outra ofensa à saúde, o ofensor indenizará o ofendido das despesas do tratamento e dos lucros cessantes até ao fim da convalescença, além de algum outro prejuízo que o ofendido prove haver sofrido".
38. Art. 950. Se da ofensa resultar defeito pelo qual o ofendido não possa exercer o seu ofício ou profissão, ou se lhe diminua a capacidade de trabalho, a indenização, além das despesas do tratamento e lucros cessantes até ao fim da convalescença, incluirá pensão correspondente à importância do trabalho para que se inabilitou, ou da depreciação que ele sofreu.
39. No mesmo sentido, sustente Camila Cavalcante que "No diploma cível brasileiro, expressamente, não se percebe, a uma primeira leitura, a possibilidade de compensação pelo decesso de uma pessoa que sofre com uma conduta, omissiva, ou comissiva, a ponto de perder sua vida. Bem assim, pela compreensão atenta do caput artigo 948, de onde se extrai, expressamente, "sem excluir outras reparações", a abertura à indenizabilidade do dano morte como dano autônomo devido ao de cujus, pelo seu falecimento, como um direito próprio, sem excluir a já prevista possibilidade de compensação por danos morais *in re ipsa* aos familiares do lesado falecido". Op. cit., p. 16.
40. No mesmo sentido, o Artigo 2º da Convenção Europeia de Direitos Humanos: "1. O direito de qualquer pessoa à vida é protegido pela lei. Ninguém poderá ser intencionalmente privado da vida, salvo em execução de uma sentença capital pronunciada por um tribunal, no caso de o crime ser punido com esta pena pela lei".
41. MENEZES CORDEIRO, António. *Tratado de direito civil português* II, Direito das obrigações, t. III, p. 516. Coimbra, Almedina, 2010.

personalíssimo do trabalhador que teve subtraído o seu bem jurídico mais valioso: a vida, cuja inviolabilidade é protegida pelo artigo 5o, caput, da CR/88, bem como pelo artigo 3º, da Declaração Universal dos Direitos Humanos, de 1948, e artigo 4º, da Convenção Interamericana de Direitos Humanos, de 1969".[42]

6. O DANO-MORTE PARA ALÉM DA FUNÇÃO COMPENSATÓRIA DA RESPONSABILIDADE CIVIL: *VINDICATORY DAMAGES*

A indenização pelo dano-morte é claramente distinguível da compensação pelo dano da perda da relação destinado ao cônjuge e parentes, assim como de um dano moral "terminal ou catastrófico", ou seja, o dano que consiste no sofrimento da vítima que testemunha claramente a extinção de sua vida, quando houver prova da existência de um estado de consciência no intervalo entre o evento dano e morte, com a consequente aquisição de um pedido de indenização, transmissível aos herdeiros. Assim, o dano-morte só pode ser admitido dentro da *função compensatória* da responsabilidade civil como uma espécie de dano abstrato, isto é, uma exceção ao princípio da irreparabilidade do dano-evento e da reparabilidade exclusiva do dano-consequência, pois a morte tem como consequência o fim de tudo.

Uma forma de acomodação é a de compreender que em casos de homicídio com morte imediata, o evento fatal coincidiria com a ausência de vida. Se, portanto, o dano-evento e o dano-consequência coincidem, não se trataria mais de uma exceção ao princípio do dano-evento não reembolsável porque, estritamente falando, o dano consequencial está sendo indenizado. Na mesma linha, Mafalda Miranda Barbosa chama a atenção para o fato de que a morte em si mesma – mesmo que instantânea e não precedida por um processo de agonia e não conscientizada – configura um dano cuja repercussão jamais poderá ser aferida, senão em termos aproximados. O Dano pré-morte e o dano reflexo dos familiares são mensuráveis, contudo, o mesmo não se diga do dano existencial que se traduz na supressão da própria vida, "É que, tratando-se da lesão da vida, ela própria coincide com o dano, não sendo necessário ao contrário do que é a regra, procurar determinar quais as repercussões negativas que a violação do direito comporta na esfera do lesado".[43]

Apesar do mérito do raciocínio acima exposto, precisamos avançar ainda mais. Em verdade, carecemos de uma linha argumentativa alternativa, diante da postura majoritária dos sistemas jurídicos, qual seja, a de que nos casos em que a morte ocorre no imediatismo do evento lesivo, a responsabilidade civil é ineficiente como remédio destinado ao reequilíbrio da posição patrimonial da vítima, pela ausência física de um sujeito com capacidade legal, que é *conditio sine qua non* para atrair qualquer direito ao seu "patrimônio" (incluindo o direito à compensação pela privação de sua existência). Se falta a pessoa natural, não haverá sequer uma entidade legal capaz de

---

42. Processo no 0010165-84.2021.5.03.0027 (ROT), Redatora: Paula Oliveira Cantelli. 16.03.2022.
43. BARBOSA, Mafalda Miranda. Considerações a propósito dos danos morais reflexos. *Cadernos de direito privado*. n. 45, p. 3-18, jan.-mar. 2014.

"consolidar" a si mesma e depois transmitir o direito à compensação por uma súbita privação da vida.[44]

Portanto, se não quisermos raciocinar em termos de regra/exceção, parece-nos que a indenização pelo dano-morte não deva ser justificada pela função compensatória da responsabilidade civil, que se tornaria incoerente, diante da impossibilidade lógica de uma condenação pecuniária restituir a vítima falecida ao momento anterior ao ilícito.[45] Não se trata de dizer que não houve um dano, porém de se reconhecer que no paradigma reparatório, a vítima não sofreu um dano que o ordenamento justifique como compensável.

Também não nos parece que a indenização pelo dano-morte seja justificável como uma sanção punitiva, pois a pena civil requer um comportamento ultrajante por parte do infrator, enquanto o dano-morte se contenta com o ilícito, independentemente da gravidade da culpa.

Cremos que a lacuna legislativa e a própria oscilação quanto ao tema, convidam a doutrina brasileira a visitar uma diferente função da responsabilidade civil, discutida nas jurisdições da "*common law*", e mais conhecida pelo rótulo de "*vindicatory damages*". Ao contrário da responsabilidade por "negligence" (*tort* primordial no mundo do *common law*), cuja essência reside no dano e em sua compensação – existem Ilícitos acionáveis *per se*, independentemente de danos, fundamentalmente ligados à reivindicação de direitos, que desempenham um papel fundamental na proteção de direitos fundamentais dos indivíduos, seja a liberdade em razão de prisões indevidas, a reputação em caso de difamação, o direito de propriedade protegido contra invasão ou direito a própria integridade psicofísica tutelado contra agressão.[46]

Em outros termos, quando se indaga sobre o propósito da responsabilidade civil na Inglaterra, prevalece o "loss model", pela qual o demandado será responsabilizado

---

44. No Direito Português, Oliveira Ascensão considera que a compensação "nunca poderia funcionar como equivalente ou compensação para o lesado; por natureza, ele nunca poderia desfrutar desse bem. ASCENSÃO, José Oliveira. *Direito civil Sucessões*. 4. ed. Coimbra: Coimbra editora, 1989. p. 50. Antunes Varela, afirma: "embora a obrigação de indenizar assente sobre vários pressupostos, entre os quais figura, em regra, a prática do fato ilícito, não pode esquecer-se que a indemnização é, essencialmente, reparação de um dano (de terceiro). Se e enquanto não houver dano, embora haja fato ilícito, não há obrigação de indemnizar. No caso especial da lesão ou agressão mortal, a morte é um dano que, pela própria natureza das coisas, não se verifica já na esfera jurídica do seu titular." VARELA, Antunes. *Das obrigações em geral*. 10. ed. rev. e atual. Coimbra: Almedina, 2014. v. I, p. 611.
45. Como se extraí do Art. 10:101. do PETL (*Principles of European Tort Law*) "Indenização é um pagamento em dinheiro para compensar a vítima, ou seja, para restaurá-la, tanto quanto o dinheiro possa, na posição em que se encontraria se o ilícito não fosse cometido".
46. No sistema inglês afirma-se majoritariamente que a privação da vida em si não é um dano moral reparável e, portanto, o direito de exigir indenização não é transferível aos herdeiros. No common law tradicional, afirma-se que a morte como resultado de um ato negligente não pode dar origem a uma indenização, no que diz respeito à própria morte, nem em favor do próprio falecido, nem em favor de outras pessoas. Assim, em Baker v. Bolton, de 1808 Lord Ellenborough afirma que: 'the jury could only take into consideration the bruises which the plaintiff had himself sustained, and the loss of his wife's society, and the distress of mind he had suffered on her account, from the time of the accident till the moment of her dissolution. In a civil Court, the death of a human being could not be complained of as an injury; and in this case the damages, as to the plaintiff's wife, must stop with the period of her existence". [1808] EWCC J38, [1808] EWHC KB J92, (1808) 1 Camp 493, 170 ER 1033.

pela causação do dano, exceto se houver uma boa razão em contrário. Contudo, outra explicação – o "rights model" – consiste em que o desiderato da responsabilidade civil é o de tutelar direitos e que as pretensões daí resultantes tendem a vindicar tais direitos, sendo a indenização um meio para tanto, oferecendo uma reparação para a sua violação. Conforme este modelo, na linguagem de Robert Stevens, ao invés de objetivar uma indenização consequencial a um dano (*consequential damages*), como compensação pela perda resultante da interferência em um interesse, a função vindicatória propõe uma indenização substitutiva (*substitutive damages*) à violação do próprio direito por parte daquele que ofendeu o demandante – quebrando o seu dever perante ele.[47]

Em uma tradução aproximada, a "indenização reivindicatória", não é uma condenação pecuniária que tenha como objetivo compensar danos, dissuadir ilícitos ou punir comportamentos ultrajantes. É algo diferente: trata-se de uma indenização cuja finalidade é a de reivindicar direitos que foram violados, independentemente de suas consequências. Tal como no direito romano – onde surgiu a figura da "vindicatio" de tutela à propriedade a despeito de qualquer prejuízo sofrido pelo seu titular –, no dano-morte a pretensão exercida contra o réu atua como como um substitutivo para a violação ao direito. Isto é, ao se exigir que o autor do homicídio não apenas pague uma importância X pelos danos infringidos aos parentes do falecido (de natureza compensatória), mas que também seja condenado a uma soma y, por abreviar uma vida, a sentença se afasta do princípio da "restitutio in integro" e passa a exprimir o elemento moral do ordenamento jurídico.

Endossar a vindicação na responsabilidade civil não significa rejeitar a sua função compensatória. As duas funções coexistem. Todavia, *vindicatory damages* atuam quando em certas circunstâncias a função primária da *tort law* se distancia da recuperação de danos por uma perda factual, passando a exprimir a reação do sistema a uma interferência ilícita diante de um interesse protegido. Como explica o mais proeminente autor no campo dos *vindicatory damages*, Jason Varuhas: "Para ilícitos onde a vindicação de direitos é a função primária, a indenização é deferida pelo fato da interferência indevida sobre o interesse protegido de *per si*. Esta indenização compensa por um dano que é "normativo" por natureza, objetivamente avaliado, e deferido ao demandante independente de seu sofrimento ou qualquer impacto psicológico negativo, ou mesmo efeitos econômicos decorrentes do ilícito".[48]

Ao contrário de indenizações por perdas materiais (*factual loss*), a indenização normativa compreende um dano construído abstratamente no mundo jurídico, sem correlação com os efeitos sentidos no mundo real. Desta maneira, a condenação sinaliza de forma tangível que o comportamento do réu foi um ilícito perante o falecido e que, ao mesmo tempo, o direito à vida não é apenas algo a ser exercido pelo "de cujus", porém

---

47. STEVENS, Robert. *Tort and rights*. Oxford: Oxford University Press, 2007. "The award is not intended to attempt to undo the wrong but rather to make it clear to the word, or more precisely to the two parties, that the wrong was a wrong and should never have happened".
48. VARUHAS, Jason. *The Concept of 'Vindication' in the Law of Torts: Rights, Interests and Damages*. Oxford Journal of Legal Studies, v. 34, Issue 2, Summer 2014, p. 253-293. Disponível em: https://doi.org/10.1093/ojls/gqt036.

um direito fundamental que se afirma abstratamente contra qualquer um em sociedade e, concretamente, contra aquele ofensor que a ceifou por um ato antijurídico.[49]

Enfim, surge uma excelente oportunidade de alargar as funções da responsabilidade civil, pela autonomização da finalidade de vindicação de direitos, perante a tradicional reparação de danos patrimoniais e extrapatrimoniais. Até mesmo, pela própria complexidade do dano-morte, que simultaneamente apresenta aspectos existenciais e patrimoniais. Ao invés de corrigirmos as consequências do ilícito, retifica-se o próprio ato ilícito por uma indenização, a despeito do que teria acontecido se o ilícito não fosse produzido. No que tange ao dano-morte, independentemente de qualquer repercussão moral ou econômica na esfera de terceiros, o ilícito de abreviar a vida de alguém é uma violação a integridade psicofísica da própria vítima, por parte de quem intencionalmente ou não, omitiu o dever geral de cuidado, sendo a sua conduta a causa adequada para o abrupto decesso da vítima. Neste contexto a indenização pelo dano-morte transmite a importante mensagem de reforço do dever moral de preservação da vida humana.

Podemos traçar um paralelo na função vindicatória da indenização, pela simetria entre o fim e o início da vida. De forma análoga ao dano-morte, na "*wrongful conception*", também vislumbramos fundamento para uma indenização reivindicatória. Basta pensarmos na condenação de um médico a uma obrigação de indenizar por *mala práxis*, ou seja, a violação da *leges artis* por uma conduta negligente em processo de esterilização que acarretou gravidez e nascimento indesejado de filho. A indenização representará o reconhecimento da violação de um direito, a par de qualquer consequência negativa. A final, cogitar a vida de um filho como um dano em si ou uma fonte de danos, é uma ideia ruim e contradiz a própria intangibilidade da dignidade humana.[50]

É compreensível e aceitável que os pais sejam indenizados por despesas adicionais que terão pela criação do filho. Para além do mencionado dano patrimonial, é defensável que sejam os pais compensados pelo dano da privação de sua autonomia, como oportunidade perdida de viver sua vida da maneira que se desejou e planejou. Percebam: a "perda da autonomia" não é uma perda no sentido consequencial. O nascimento de uma criança, não obstante uma fracassada tentativa de esterilização de um dos pais, não é idealmente uma consequência adversa. Portanto, uma indenização pela privação da autodeterminação dos pais atua como um substitutivo à violação ao seu direito fundamental ao planejamento familiar. Se um filho vem ao mundo por uma falha em

---

49. James Edelman aponta precisamente que "The conflict is between one model, historically dominant, which sees the wrong – i.e. the violation of a right – as transparent in itself, the law looking to its factual consequences in order to compensate them, and an alternative model, increasingly influential in an age saturated with the language of rights, which sees the wrong itself as the compensable injury suffered by the claimant." *Vindicatory Damages*. TC Beirne School of Law conference 'Private Law in the 21st century' Stamford Plaza Hotel, Brisbane 15 December 2015.
50. Justamente pelo fato de que a indenização pelo dano-morte transmite a importante mensagem de reforço do dever moral de preservação da vida humana, podemos avançar ainda mais e indagar: e o dano morte do nascituro? Atualmente, a interrupção antijurídica da vida do nascituro é reconhecida como dano reflexo em favor dos progenitores, porém se a indenização pelo dano morte for reconhecida para os já nascidos, em um segundo momento a discussão fatalmente abarcará os ainda não nascidos, porém já nidados no útero.

um método anticonceptivo, proporcionando um impacto maravilhoso sobre a vida da família, subsiste o direito dos genitores à uma indenização, posto privados de sua liberdade de escolha. Se compararmos o mundo como ele é agora, com o mundo como deveria estar, ausente o ilícito, posso não estar pior, mas ainda assim posso reivindicar os meus direitos.

No julgamento da Suprema Corte da Inglaterra do caso *Rees V Darlington Memorial Hospital*, a demandante, Karina Rees, pessoa com deficiência visual gravíssima, submeteu-se à esterilização pois temia dificuldades adicionais em exercer o papel de mãe. Contudo o procedimento foi negligente e tempos depois ela teve um filho, que nasceu saudável. Na decisão que concedeu a indenização, *Lord Bingham* descreveu que a sua finalidade não se pretende compensatória pelos custos de criação de um filho indesejado, por não se tratar de um produto de um cálculo decorrente de um filho como um dano. Porém não se trataria meramente de uma indenização nominal (*nominal damages*), como uma condenação irrisória. Pelo contrário, a indenização deve proporcionar alguma medida de reconhecimento pelo ilícito à autonomia reprodutiva dos demandantes em todo o espectro de casos de gravidez indevida.[51] O mérito deste precedente foi de reconhecer que o ilícito praticado contra os pais resultou em uma condenação a uma indenização substitutiva ao direito violado por interferência indevida, ao invés de danos consequenciais por se considerar o nascimento como um "defeito".[52]

7. A QUANTIFICAÇÃO DO DANO-MORTE

Deve ser ponderada a específica natureza do dano sofrido para fins de quantificação, seja na valoração do sofrimento que antecede a morte (dano pré-morte), do dano reflexo dos familiares da vítima, como do dano da perda da vida. Especificamente no tocante à indenização pelo dano-morte, caso respaldada em nossos tribunais, seja na visão consequencialista da compensação de um dano, seja na alternativa de um ilícito indenizável como reação à violação de um direito, necessariamente o próximo passo será a avaliação quanto à extensão desta indenização. No dito popular, quando resolvemos um problema, sempre surge uma família de novos problemas. O debate quanto à quantificação de uma eventual indenização é tão importante quanto o próprio reconhecimento do dano morte, haja vista que se mantido o padrão nacional de condenações por valores irrisórios, na prática qualquer indenização corresponderá a uma não indenização.[53]

---

51. House of Lords, SESSION 2002-03 [2003] UKHL 52. REES V Darlington Memorial Hospital Nhs Trust: HL 16 OCT 2003. No julgamento, Lord Millet frisou o seguinte aspecto: "I still regard the proper outcome in all these cases is to award the parents a modest conventional sum by way of general damages, not for the birth of the child, but for the denial of an important aspect of their personal autonomy, viz the right to limit the size of their family. This is an important aspect of human dignity, which is increasingly being regarded as an important human right which should be protected by law. The loss of this right is not an abstract or theoretical one".
52. Mulligan, Andrea. *A vindicatory approach to tortious liability for mistakes in assisted human reproduction*. Legal studies. Cambridge: *Cambridge University Press*, 2020, p. 64.
53. Supremo Tribunal de Justiça – Portugal – 6/15.5T8VFR.P1.S1 – 3.11.2016: "V – A reparação do dano morte é hoje inquestionável na jurisprudência, situando-se, em regra e com algumas oscilações, entre os € 50 000,00 e € 80 000,00, indo mesmo alguns dos mais recentes arestos a €100 000,00. VI – Ponderadas a idade da vítima (52

O primeiro passo consistirá em compreender que a busca pelo atendimento ao princípio da reparação integral por vezes demandará três indenizações autônomas: a) o dano moral por direito próprio de cada ente familiar; b) o dano pelo direito à vida da vítima (dano-morte); c) eventualmente, o dano pelos sofrimentos da vítima no período que mediou entre o ato ilícito e a morte.

O primeiro aspecto que precisa ser considerado no âmbito do dano-morte é que o prejuízo que dá origem à indenização foi sofrido pelo falecido e não pelos herdeiros, logo, o valor deverá ser unitário, independentemente da quantidade de herdeiros com direito à partilha. Quanto ao valor monetário, está muito claro que deverá ser bem superior ao valor fixado para a compensação de outros prejuízos extrapatrimoniais, já que a vida, como destacado, é o principal bem imaterial de que o ser humano é dotado.[54]

Justamente por se tratar o dano morte de uma resposta a um ilícito que abrevia o ciclo vital de uma pessoa concreta, em suas circunstâncias, cada sentença alcançará um "quantum" conforme o grau de interferência ao direito à vida: com relação à vítima, fatores preponderantes serão a idade, condição de saúde, esperança de vida futura, atividade por ela desenvolvida, além de condições pessoais e familiares. Por certo, na consideração quanto à própria existência do dano-morte, inviável a sua recusa pela iminência da morte face à idade avançada da vítima, conforme uma escala de longevidade dentro da abstração da esperança média de vida de um certo país. A condição humana não pode ser reificada pela estatística. Eventualmente, se o contexto fático aponta que a vítima não era dotada de vitalidade psicofísica – por redução de capacidade de entendimento e de gestão da sua vida e de sua família – estamos no terreno da mitigação da extensão da indenização.[55]

Ademais, ao enfrentar-se o dano-morte por um viés vindicatório e não compensatório de danos, abre-se caminho para investigação da extensão da culpa do demandado na busca por um *quantum* adequado, algo que seria despiciendo em nível de pura função reparatória (art. 944, CC). Destarte, um ilícito intencional que ceifa uma vida repercutirá em uma indenização maior do que um ilícito culposo, resultante de uma negligência ou desídia, como comumente ocorre nos ilícitos de trânsito.

Em nível de políticas públicas, este debate quanto à quantificação de uma eventual indenização é tão importante quanto o próprio reconhecimento do dano morte, haja vista que se mantido o padrão nacional de condenações por valores irrisórios, na prática qualquer indenização corresponderá a uma não indenização.

---

anos) e as circunstâncias em que ocorreu o acidente (sem qualquer culpa sua), considera-se ajustada, equilibrada e adequada a indenização de €60 000,00, a título de dano morte. VII – Essa indenização é atribuída, em bloco, às pessoas a quem cabe, nos termos do art. 496º, n. 2, do Cód. Civil, e repartida entre elas, mesmo que relativamente a alguma destas haja que operar redução, nos termos do art. 570º, n. 1, do Cód. Civil. VIII – A redução daí resultante deve repercutir-se na quota ou quinhão dos restantes titulares da indemnização.

54. PINTO JÚNIOR, Amaury Rodrigues, O dano morte. A existência jurídica do "pretium mortis" *Revista do Tribunal Regional do Trabalho da 24ª Região.*

55. Não existe uniformidade de critérios. Segundo Diogo Leite de Campos, sendo a vida um valor absoluto e o prejuízo de sua perda igual para qualquer pessoa, o valor da indenização pelo dano morte não deve depender da idade, condição sociocultural, estado de saúde ou de outra circunstância atinente à vítima. Op. cit., 2007, p. 135.

A final, em um país em que as estatísticas de homicídio demonstram o desvalor da existência humana, o acolhimento de uma reivindicação de dano morte por um "arremedo monetário", apenas confirmaria na esfera cível o "descrédito" que o mais importante dos bens jurídicos já recebe como resposta na esfera criminal.

8. CONCLUSÃO

Em seu plano eficacial, eventualmente o fato jurídico morte produzirá consequências no plano da responsabilidade aquiliana como fato ilícito danoso pluriofensivo. Familiares próximos sofrem danos reflexos patrimoniais e extrapatrimoniais, sem que tais danos indiretos, impeçam a compensação *mortis causa* pela via hereditária, dos danos sofridos pelo próprio *de cujus*, seja pelo sofrimento e dor no período que mediou o ilícito e a morte, como pelo dano pela perda vida, o dano-morte.

9. REFERÊNCIAS

ASCENSÃO, José Oliveira. *Direito civil Sucessões*. 4. ed. Coimbra: Coimbra editora, 1989.

BARBOSA, Mafalda Miranda. Considerações a propósito dos danos morais reflexos. *Cadernos de direito privado*. n. 45, p. 3-18. jan.-mar. 2014.

CAVALCANTE, Camila. Indenizabilidade do dano morte no Brasil: uma perspectiva acerca da defesa da vida. *Revista IBERC*, v.2, n. 2, p. 1-19, maio-ago. 2019. Disponível em: www.responsabilidadecivil.org.

CAMPOS, Diogo Leite de. Os danos causados pela morte e sua indenização. *Comemorações dos 35 anos do Código Civil e dos 25 anos da Reforma de 1977*. Coimbra: Coimbra editora, 2007. v. III: Das Obrigações.

EDELMAN, James. *Vindicatory Damages*. TC Beirne School of Law conference 'Private Law in the 21st century' Stamford Plaza Hotel, Brisbane 15 December 2015.

GUITIÁN, Alma María Rodríguez. *Indemnización por causa de muerte*: Análisis de los ordenamientos jurídicos ingles y español. Facultad de Derecho. Universidad Autónoma de Madrid; Barcelona, abril de 2015.

MENEZES CORDEIRO, António. *Tratado de direito civil português II*. Direito das obrigações. Coimbra, Almedina, 2010. t. III.

MULLIGAN, Andrea. A *vindicatory approach to tortious liability for mistakes in assisted human reproduction*. Legal studies. Cambridge: Cambridge University Press, 2020, p. 64.

PINTO JÚNIOR, Amaury Rodrigues, O dano morte. a existência jurídica do "pretium mortis". *Revista do Tribunal Regional do Trabalho da 24ª Região*.

STEVENS, Robert. *Tort and rights*. Oxford: Oxford University Press, 2007.

UNIVERSIDADE CATÓLICA PORTUGUESA. *Comentários ao Código Civil. Direito das obrigações*. Lisboa. Universidade Católica Editora, 2018, p. 365.

VARELA, Antunes. *Das obrigações em geral*. 10. ed. rev. e atual. Coimbra: Almedina, 2014. v. I.

VARUHAS, Jason. The Concept of 'Vindication' in the Law of Torts: Rights, Interests and Damages. *Oxford Journal of Legal Studies*, v. 34, Issue 2, Summer 2014, p. 253-293. Disponível em: https://doi.org/10.1093/ojls/gqt036.